NEW AGE

Zum Buch

In allen Bereichen unseres Daseins erkennt Alvin Toffler die Umrisse der neuen »individualisierten« gesellschaftlichen Ordnung: unerschöpfbare, umweltfreundliche Energiequellen treten neben die herkömmlichen fossilen Brennstoffe; industrielle Massenproduktion wird durch computergesteuerte Herstellung abgelöst, die jedes Produkt auf die Bedürfnisse des einzelnen zurichtet; die Unterscheidung zwischen Produzenten und Konsumenten wird hinfällig; eine Fülle verschiedener Familienformen wird durch das »elektronische Heim« ermöglicht; viele von uns werden in ihren eigenen vier Wänden arbeiten; die repräsentative Demokratie verwandelt sich in eine Kooperation organisierter Minderheiten; multinationale Konzerne und internationale Organisationen auf Regierungsebene übernehmen Aufgaben und Funktionen des Nationalstaats.

Zum Autor

Alvin Toffler, 1928 in New York geboren, wandte sich nach seinem Studium dem Journalismus zu und wurde 1959 Mitherausgeber der wirtschaftspolitischen Monatszeitschrift »Fortune«. Seit 1961 ist er freier Schriftsteller; er lehrte als Gastprofessor an der Cornell University und an der New School for Social Research. Er ist Mitglied des Instituts für Futurologie der Rockefeller-Stiftung und lebt in Connecticut.

ALVIN TOFFLER

DIE DRITTE WELLE

ZUKUNFTS CHANCE

Perspektiven für die Gesellschaft des 21. Jahrhunderts

GOLDMANN VERLAG

Aus dem Amerikanischen übertragen
von Christel Rost und Till Lohmeyer
Titel der Originalausgabe: The Third Wave
Originalverlag: William Morrow and Company, Inc.

Made in Germany · 3/87 · 1. Auflage
Genehmigte Taschenbuchausgabe

Der vorliegende Band ist bereits unter der Nummer 11350
bei Goldmann erschienen
Umschlaggestaltung: Design Team München
Umschlagillustration: Design Team München
Druck: Elsnerdruck, Berlin
Verlagsnummer: 14030
GÖ/Herstellung: Gisela Ernst
ISBN 3-442-14030-7

Für Heidi

Ihre überzeugenden Argumente gaben den Anstoß zu diesem Buch, ihre engagierte, sachkundige Kritik war bei der Niederschrift eine unerläßliche Hilfe.
Sie hat weit mehr dazu beigetragen, als man von einer Kollegin, einer geistigen Gefährtin, einer Freundin, Geliebten und Ehefrau erwarten würde.

Inhalt

Einführung

Terroristen spielen mit dem Leben von Geiseln; Währungen geraten ins Wanken; Gerüchte über einen dritten Weltkrieg machen die Runde; Botschaften gehen in Flammen auf, und in vielen Ländern halten sich Sturmtruppen gefechtsbereit. Mit Entsetzen blicken wir in diesen Tagen auf die Schlagzeilen der Tagespresse. Der Goldpreis, jenes feinfühlige Barometer der Angst, bricht alle Rekorde. Banken zittern. Die Inflation gerät außer Kontrolle. Und die Regierungen der Welt sind handlungsunfähig.

Angesichts dieser Ereignisse schwillt der Chor der Kassandrarufe an. Der sprichwörtliche Mann auf der Straße meint, die Welt sei »verrückt geworden«. Experten malen katastrophale Entwicklungen an die Wand.

Dieses Buch vertritt einen anderen Standpunkt.

Es geht davon aus, daß die Welt nicht dem Wahnsinn verfallen ist und daß dem Getöse und Lärm scheinbar sinnloser Ereignisse ein erstaunlicher Plan zugrundeliegt, der potentiell zu Hoffnung Anlaß gibt. Von diesem Plan und dieser Hoffnung handelt das vorliegende Buch.

Es ist für diejenigen geschrieben, die glauben, daß die Menschheitsgeschichte noch lange nicht zu Ende ist, sondern gerade erst begonnen hat.

Ein machtvoller Gezeitenstrom erfaßt heute einen großen Teil der Welt. Er formt eine neue, oftmals bizarre Umgebung, in der wir arbeiten, spielen, heiraten, Kinder aufziehen und unseren Lebensabend verbringen. In diesem verwirrenden Umfeld kämpfen Geschäftsleute gegen unberechenbare wirtschaftliche Strömungen; das Ansehen der Politiker ist den Meinungsforschern zufolge stärksten Schwankungen ausgesetzt; Universitäten, Krankenhäuser und andere Institutionen führen einen verzweifelten Kampf gegen die steigende Kostenflut. Wertsysteme brechen auf. Familie, Kirche und Staat werden mit in den Strudel gerissen.

Wir können all diese gewaltsamen Veränderungen als Anzeichen für Instabilität, Verfall und Katastrophen deuten, die miteinander nichts zu tun haben. Wenn wir jedoch genauer hinsehen und uns etwas Zeit nehmen, wird uns einiges klar, was gemeinhin nicht beachtet wird.

Zunächst einmal sind viele der gegenwärtigen Veränderungen nicht voneinander unabhängig. Sie sind auch keine Zufallserscheinungen. So scheinen z. B. der Zusammenbruch der Kernfamilie, die globale Energiekrise, die Ausbreitung der Sekten und des Kabelfernsehens, der Übergang zu gleitender Arbeitszeit, neue betriebliche Sozialleistungsprogramme und die Entstehung von separatistischen Bewegungen von

Quebec bis Korsika allesamt isolierte Ereignisse zu sein. Das Gegenteil trifft jedoch zu. Diese und viele andere Ereignisse, die scheinbar nichts miteinander zu tun haben, stehen in einer wechselseitigen Beziehung zueinander. Sie sind Teile eines weitaus größeren Phänomens: des Untergangs der Industriegesellschaft und der Entstehung einer neuen Zivilisation.

Solange wir sie als isolierte Veränderungen ansehen und den tieferen Sinn nicht erkennen, sind wir nicht dazu imstande, eine adäquate Antwort zu finden. Unsere persönlichen Entscheidungen bleiben ziellos und selbstzerstörerisch. Unsere politischen Entscheidungsträger stolpern von einer Krise in die andere und torkeln plan- und hoffnungslos ohne Weitblick in die Zukunft.

Ohne einen systematischen Denkansatz, mit dem sich die gegenwärtig aufeinanderprallenden Kräfte dieser Welt begreifen lassen, sind wir eine Schiffsbesatzung, die, vom Sturm überrascht, versucht, sich ohne Kompaß und Karten durch gefährliche Riffe hindurchzumanövrieren. In einer Kultur, in der sich die Experten bekriegen und die in einer Flut von Einzeldaten und spitzfindigen Analysen zu ertrinken droht, ist Synthese nicht bloß nützlich — ihr muß vielmehr entscheidende Bedeutung beigemessen werden.

Aus diesem Grund schafft *Die Zukunftschance* eine umfassende Synthese. Das Buch beschreibt die alte Zivilisation, in der viele von uns aufgewachsen sind, und bemüht sich um ein sorgfältiges, detailliertes Bild von der neuen Zivilisation.

Diese neue Zivilisation bedeutet eine derart tiefgreifende Umwälzung, daß alle unsere überkommenen Vorstellungen und Begriffe in Frage gestellt werden. Die Denkkategorien, Formeln, Dogmen und Ideologien der Vergangenheit entsprechen nicht mehr den Tatsachen, so nützlich und hochgeschätzt sie einst auch gewesen sein mögen. Die Welt, die aus dem Zusammenprall neuer Wertvorstellungen und Technologien, neuer geopolitischer Beziehungen, neuer Lebensstile und Kommunikationsformen hervorgeht, verlangt nach gänzlich neuen Ideen und Analogien, Klassifikationen und Konzepten. Wir können die keimende Welt von morgen nicht einfach in die konventionellen geistigen Schubladen von gestern stecken. Orthodoxe Einstellungen oder Launen sind fehl am Platze.

Wenn sich auf den folgenden Seiten diese fremde, neue Zivilisation entfaltet, werden wir Gründe genug finden, mit denen sich der schicke Pessimismus, der heutzutage im Schwange ist, herausfordern läßt. Vermarktbare Verzweiflung und Selbstmitleid haben die Kultur für mehr als ein Jahrzehnt beherrscht. *Die Zukunftschance* kommt zu dem Schluß, daß Verzweiflung nicht nur eine Sünde ist (wie es, glaube ich, C. P. Snow einmal ausgedrückt hat), sondern daß es darüber hinaus auch gar keine Veranlassung zu Verzweiflung gibt.

Ich mache mir keine Illusionen. Es ist in unseren Tagen kaum nötig, auf die realen Gefahren, die unsere Existenz bedrohen, näher einzugehen — auf nukleare Vernichtung und Umweltkatastrophen, rassistischen Fanatismus und regionale Ausbrüche von Gewalt. Ich habe über diese Gefahren in der Vergangenheit selbst geschrieben und werde es in Zukunft gewiß wieder tun. Kriege, Wirtschaftsdebakel, großtechnische Desaster — sie alle könnten die zukünftige Geschichte in katastrophale Bahnen lenken.

Wenn wir die vielen neuen Querverbindungen näher untersuchen — etwa diejenigen, die zwischen neuen Energiesystemen und neuen Familienformen oder zwischen modernen Fertigungsmethoden und der Selbsthilfebewegung bestehen, um nur einige zu nennen —, dann entdecken wir plötzlich, daß die gleichen Bedingungen, die heute für die größten Gefahren verantwortlich sind, oftmals auch faszinierende neue Möglichkeiten eröffnen.

Die Zukunftschance zeigt uns diese Möglichkeiten. Sie geht davon aus, daß sich inmitten von Zerstörung und Verfall neues Leben entwickelt. Sie zeigt, daß — mit Intelligenz und einem Quentchen Glück — die sich herausbildende Zivilisation vernünftiger, sensibler, dauerhafter, moralischer und demokratischer sein kann als alle Zivilisationsformen, die wir bisher gekannt haben.

Wenn die Hauptthese dieses Buches stimmt, dann gibt es gewichtige Gründe für langfristigen Optimismus, selbst wenn die vor uns liegenden Jahre des Übergangs höchstwahrscheinlich stürmisch und krisengeschüttelt verlaufen.

Während meiner Arbeit an diesem Buch bin ich in den vergangenen Jahren wiederholt gefragt worden, inwieweit es sich von einem früheren Werk von mir, dem *Zukunftsschock*, unterscheidet.

Autor und Leser setzen stets andere Schwerpunkte. Nach meiner Überzeugung unterscheidet sich das neue Buch grundlegend vom *Zukunftsschock*, sowohl in der Form als auch im Ansatz. Im vorliegenden Buch wird zunächst einmal der chronologische Rahmen sehr viel weiter gespannt.

Es enthält mehr Vorschläge. Es ist anders aufgebaut. (Dem aufmerksamen Leser wird nicht entgehen, daß seine Gliederung seiner zentralen Metapher — dem Zusammenprall von Wellen — entspricht.)

Inhaltlich fallen die Unterschiede noch deutlicher auf. Im *Zukunftsschock* wurde zwar die Forderung nach gewissen Veränderungen aufgestellt, doch lag die Betonung auf den persönlichen und gesellschaftlichen Kosten des Wandels. In der *Zukunftschance* werden zwar die Umstellungsschwierigkeiten einkalkuliert, doch liegt die Betonung mehr auf den nicht minder hohen Kosten, die entstehen, wenn gewisse Veränderungen nicht rasch genug durchgeführt werden.

Im *Zukunftsschock* erwähnte ich zwar »die vorzeitige Ankunft der Zukunft«, aber ich versuchte nicht, die in der Entstehung begriffene

Gesellschaft von morgen detailliert oder systematisch zu beschreiben. Das Buch drehte sich im wesentlichen um die Veränderungsprozesse als solche und nicht um die sich aus diesen Veränderungen ergebenden zukünftigen Tendenzen.

Das vorliegende Buch steht unter umgekehrten Vorzeichen. Ich konzentriere mich weniger auf die Beschleunigung des Wandels als vielmehr auf die Ziele, auf die der Wandel uns zutreibt. Das eine Buch beschäftigt sich also mehr mit einem Prozeß, das andere mehr mit Strukturproblemen. Aus diesen Gründen ergänzen die beiden Bücher einander. Das zweite Buch ist nicht die Fortsetzung des ersten, sondern beide sind komplementäre Bestandteile eines größeren Ganzen.

Bei dem Versuch, eine so umfassende Synthese zu formulieren, lassen sich Vereinfachungen, Verallgemeinerungen und Zusammenfassungen nicht vermeiden. (Es wäre ansonsten unmöglich gewesen, ein so weit gestecktes Thema in einem einzigen Band zu bearbeiten.) Es kann daher sein, daß die Einteilung der Menschheitsgeschichte in nur drei Epochen — eine landwirtschaftlich orientierte »Erste Welle«, eine industrielle »Zweite Welle« und die Phase einer »Dritten Welle«, die zur Zeit beginnt — bei dem einen oder anderen Historiker auf Widerspruch stößt.

Es fällt nicht schwer nachzuweisen, daß die Agrarzivilisation aus ganz unterschiedlichen Kulturen bestand und daß auch der Industrialismus mehrere aufeinanderfolgende Entwicklungsstadien durchgemacht hat. Man könnte gewiß die Vergangenheit (ebenso wie die Zukunft) in 12, 38 oder 157 Stücke zerhacken. Dabei würden freilich die großen Epocheneinteilungen in einem Wust von Untergliederungen verschwinden. Oder wir bräuchten eine ganze Bibliothek anstatt eines einzigen Buches, um das Thema erschöpfend zu behandeln. Für unsere Zwecke sind daher die einfacheren Epochenaufteilungen nützlicher, selbst wenn sie etwas grob sein mögen.

Auch andere »Kürzel« ergaben sich aus dem weitgespannten thematischen Rahmen dieses Buches. So personalisiere ich in einigen Fällen den Begriff »Zivilisation«, wenn ich zum Beispiel sage, die Zivilisation der Ersten oder der Zweiten Welle »tat« dies oder das. Ich weiß natürlich ebensogut wie meine Leser, daß es die Menschen sind, die etwas »tun«, und nicht Zivilisationen. Es spart jedoch Zeit und Atem, wenn man dies oder jenes bisweilen einfach einer »Zivilisation« zuschreiben kann.

Intelligente Leser werden auch verstehen, daß niemand — weder Historiker, Futurologen oder Planer noch Astrologen oder Evangelisten — genau »weiß« oder »wissen kann«, wie die Zukunft aussehen wird. Wenn ich sage, daß irgend etwas geschehen »wird«, dann gehe ich davon aus, daß der Leser entsprechenden Raum für Unwägbarkeiten läßt. Eine andere Vorgehensweise hätte das Buch mit einer Fülle von

Wenns und Abers überfrachtet und praktisch unlesbar gemacht. Gesellschaftsbezogene Vorhersagen sind darüber hinaus niemals wertfrei oder wissenschaftlich, ganz egal, auf wie viele Computerdaten sie sich stützen. Die »Dritte Welle« ist keine objektive Vorhersage, und sie erhebt keinen Anspruch auf wissenschaftliche Belegbarkeit.

Dies soll freilich nicht heißen, daß die in diesem Buch aufgezeigten Gedankengänge schrullig oder unsystematisch sind. Der Leser wird schon bald merken, daß diese Arbeit auf umfangreichem Belegmaterial und auf einem, wie man es nennen könnte, »halbsystematischen« Zivilisationsmodell und unseren Beziehungen zu ihm beruht.

Die untergehende Industriezivilisation wird in diesem Buch in eine »Technosphäre«, eine »Soziosphäre«, eine »Infosphäre« und eine »Machtsphäre« aufgeteilt und der sich innerhalb dieser Sphären vollziehende revolutionäre Wandel dargestellt. Es wird versucht, die diversen Beziehungen dieser Sphären untereinander sowie zur »Biosphäre« und zur »Psychosphäre« herauszuarbeiten — jener Struktur psychologischer und persönlicher Beziehungen, durch die Veränderungen der äußeren Umwelt sich auf unser Privatleben auswirken.

Außerdem geht das Buch davon aus, daß jede Zivilisation sich gewisser typischer Verfahren und Prinzipien bedient und daß sie jeweils eine eigene »Super-Ideologie« zur Erklärung der Wirklichkeit und zur Selbstrechtfertigung entwickelt.

Wenn wir verstehen, wie diese Einzelbereiche, Verfahren und Prinzipien miteinander verknüpft sind und wie sie einander transformieren und dabei neue, gewaltige Strömungen auslösen, dann werden wir auch einen viel klareren Begriff von der riesigen Innovationswelle gewinnen, die gegenwärtig über uns hereinbricht.

Aus dem Gesagten geht bereits hervor, daß die übergreifende Metapher dieses Buches das Bild kollidierender Innovationswellen ist. Dieses Bild ist keine Originalprägung des Autors. In Norbert Elias' *Über den Prozeß der Zivilisation* ist die Rede von »einer Welle fortschreitender Integration, die mehrere Länder erfaßt«. Schon 1837 beschrieb ein Schriftsteller die Besiedlung des amerikanischen Westens mit Hilfe des Bildes sukzessiver »Wellen« — erst kamen die Pioniere, dann die Farmer und dann die Geschäftsleute als »dritte Wanderungswelle«. In seinem klassischen Essay *Die Bedeutung der Frontier in der amerikanischen Geschichte* (1893) zitierte Frederick Jackson Turner diese Analogie und bediente sich ihrer seinerseits. Nicht das Wellenbild ist daher neu, sondern seine Anwendung auf den gegenwärtigen Zivilisationswechsel.

Die Übernahme dieser Metapher erwies sich als außerordentlich fruchtbar. Sie ermöglicht nicht nur, große Mengen sehr unterschiedlicher Informationen zu gliedern, sondern erlaubt auch Einblicke in das, was unterhalb der tosenden Oberfläche vor sich geht. Mit Hilfe des

Wellenbildes werden viele ursprünglich sehr verwirrende Dinge verständlich und längst Vertrautes erscheint in einem neuen Licht.

Nachdem ich angefangen hatte, Geschichte als »Veränderungswellen« zu begreifen, die miteinander kollidieren und sich gegenseitig überlappen und auf diese Weise die Konflikte und Spannungen, die uns umgeben, erzeugen, änderte sich auch meine Vorstellung vom Wandel selbst. Auf allen Gebieten, vom Bildungswesen über den Gesundheitssektor bis zur Technologie und vom Privatleben bis zur Politik, war es mir von nun an möglich, Innovationen rein kosmetischen Charakters und solche, die lediglich geradlinige Fortführungen der industriellen Vergangenheit darstellen, von denen zu unterscheiden, die tatsächlich revolutionär sind.

Selbst die stärkste Metapher kann jedoch nur einen Teil der Wahrheit wiedergeben. Keine Metapher beleuchtet ein Problem von allen Seiten, und daher kann auch kein Bild von der Gegenwart, geschweige denn von der Zukunft, Anspruch auf Vollständigkeit oder Endgültigkeit erheben. Wie viele junge Leute glaubte ich als Twen — ich war damals, vor nun schon einem Vierteljahrhundert, Marxist —, ich wisse für alle Probleme die richtige Antwort. Bald mußte ich erfahren, daß meine »Antworten« bruchstückhaft, einseitig oder antiquiert waren. Inzwischen weiß ich, daß es wichtiger ist, die richtigen Fragen zu stellen, als auf falsche Fragen richtige Antworten zu geben.

Ich hoffe, daß das Buch neben den Antworten, die es gibt, auch viele neue Fragen aufwirft.

Die Erkenntnis, daß es kein vollständiges Wissen gibt, daß keine Metapher hundertprozentig stimmt, entspricht der menschlichen Natur und bildet ein Gegengewicht zum Fanatismus. Sie gesteht selbst Gegnern noch zu, daß sie in Teilaspekten recht haben und daß man selbst irren kann. Irrtümer entstehen besonders leicht bei »umfassenden Synthesen«. Der Kritiker Georg Steiner schrieb jedoch hierzu: »Größere Fragen zu stellen schließt das Risiko ein, Fehler zu machen. Sie überhaupt nicht zu stellen, schränkt die lebendige Erkenntnis ein.«

In einer Zeit rasanter Veränderungen — da unsere persönlichen Lebensumstände harten Zerreißproben ausgesetzt sind, die bestehende Ordnung zusammenbricht und ein neuer Lebensstil sich am Horizont bereits abzeichnet — kommt man nicht umhin, »große« Fragen bezüglich der Zukunft zu stellen. Es handelt sich um weitaus mehr als um intellektuelle Neugier: Es geht ums Überleben.

Ob wir es wahrhaben wollen oder nicht: Die meisten von uns sind bereits selbst aktiv an der Errichtung der neuen Zivilisation beteiligt — oder leisten Widerstand. Das Buch wird, so hoffe ich, uns allen die Wahl erleichtern.

Eine Kollision von Wellen

Sind wir hierhergekommen, um zu lachen oder zu weinen?
Sterben wir oder werden wir geboren?

Terra Nostra von Carlos Fuentes

Kapitel 1
Der Superkampf

Vor unseren Augen entwickelt sich eine neue Form menschlichen Zusammenlebens — und überall auf der Welt gibt es Uneinsichtige, die sich mit aller Macht dagegenstemmen. Die in der Entstehung begriffene Zivilisation läßt nichts unberührt: Andere Arbeitsrhythmen, neue Formen der Familie, Veränderungen im Liebes- und Sozialleben, bislang unbekannte politische Konflikte und eine neue Wirtschaftsordnung zeichnen sich ab — und darüber hinaus eine tiefgreifende Änderung unseres Bewußtseins.

Schon heute gibt es vielerorts Beispiele für diesen grundlegenden Wandel. Millionen in aller Welt haben begonnen, ihr Leben mit dem Rhythmus von morgen in Einklang zu bringen. Andere wiederum ergreift beim Gedanken an die Zukunft das blanke Entsetzen: Verzweifelt — und vergeblich — versuchen sie in der Vergangenheit Trost zu finden und die sterbende Welt ihrer Kindheit wiederherzustellen.

Die Morgenröte einer neuen Zivilisation zieht auf: Dies ist das zentrale Ereignis unserer Gegenwart, ein Ereignis voller gesellschaftlichen Zündstoffs, aber auch der Schlüssel zum Verständnis der unmittelbar vor uns liegenden Zukunft. In seiner Bedeutung kommt dieses Ereignis jenem ersten tiefen Einschnitt vor zehntausend Jahren gleich, der ersten Zivilisationswelle, als unsere Vorfahren den Ackerbau erfanden; es läßt sich vergleichen mit der die Grundfesten unserer Welt erschütternden zweiten großen Entwicklungswelle, die durch die Industrielle Revolution eingeleitet wurde. Wir Heutigen stehen an der Schwelle zur nächsten großen Transformation, der »Dritten Welle«.

Es fällt schwer, für den vollen Umfang dieses außerordentlichen Wandels die richtigen Worte zu finden. Manche sprechen vom bevorstehenden Raumzeitalter, von der Ära der Informatik oder der Elektronik oder auch vom »Globalen Dorf«. Zbigniew Brzezinski hat vom »technotronischen Zeitalter« gesprochen. Der Soziologe Daniel Bell beschreibt das Heranrücken einer »postindustriellen Gesellschaft«. Sowjetische Futurologen sprechen von der »Wissenschaftlich-technischen Revolution«. Ich selber habe ausführlich über den Beginn einer »superindustriellen Gesellschaft« geschrieben. Aber jede dieser Bezeichnungen, meine eigene inbegriffen, berücksichtigt nur Teilaspekte.

Da sie einen von vielen Faktoren überbetonen, verengen einige dieser Theorien eher die Möglichkeiten zum Verständnis des Kommenden, als daß sie sie erweitern. Andere sind statisch und wollen uns weismachen, daß eine neue Gesellschaft reibungslos, ohne Konflikte und Belastungen, aus der älteren hervorgeht. Kein einziges dieser

Schlagwörter vermag uns auch nur eine leise Ahnung von dem tatsächlichen Umfang und der Dynamik zu vermitteln, mit der der Wandel sich vollzieht und welche Spannungen und Konflikte dabei hervorgerufen werden.

Die Menschheit steht vor einem Quantensprung. Sie sieht sich konfrontiert mit sozialen Umwälzungen und einem kreativen Umstrukturierungsprozeß bisher ungeahnten Ausmaßes. Ohne bisher genau zu erkennen, wohin der Weg führt, sind wir bereits dabei, eine von Grund auf neue Stufe der gesellschaftlichen, technischen und kulturellen Entwicklung zu errichten. Hierin liegt die Bedeutung der Dritten Welle.

Im Lauf der Menschheitsgeschichte hat es bislang zwei große Innovationswellen gegeben, die jeweils die zivilisatorischen Charaktermerkmale der vorangehenden Epoche weitgehend vergessen machten. An ihre Stelle rückten neue Lebensformen, die den Menschen aus der Zeit vorher fremd, ja unvorstellbar erschienen wären.

Die Erste Welle, die Agrarrevolution, bestimmte das Leben der Menschen einige Jahrtausende lang. Die Zweite Welle, das Werden der Industriellen Revolution, beanspruchte nur mehr drei Jahrhunderte. Heutzutage geht die Entwicklung noch weitaus schneller vonstatten, und so wird wahrscheinlich die Dritte Welle innerhalb weniger Jahrzehnte über uns hinwegfegen. Wir, die wir den Planeten Erde gerade in diesem explosiven Moment der Gärung bevölkern, werden daher noch innerhalb unserer eigenen Lebensspanne die volle Wucht des Ansturms jener Dritten Welle zu spüren bekommen.

Familien driften auseinander, die Grundlagen unserer Wirtschaft werden erschüttert, unsere Wertvorstellungen geraten ins Wanken, unser politisches System ist paralysiert: Die Dritte Welle trifft jeden von uns. Die alten Machtkonstellationen, die noch immer herrschenden, obgleich gefährdeten Eliten der Gegenwart, werden mit all ihren Privilegien in Frage gestellt. Und vor dem Hintergrund dieser vielfältigen Herausforderungen werden sich die entscheidenden Machtkämpfe der Zukunft abspielen.

Vieles in dieser sich abzeichnenden neuen Gesellschaftsform steht im Widerspruch zur alten, traditionellen Industriegesellschaft. Einerseits hochgradig technologiebestimmt, ist sie auf der anderen Seite antiindustriell.

Diversifizierte, erneuerbare Energiequellen; Produktionsweisen, die das Fließband weitgehend überflüssig machen; neue, die herkömmliche Kleinfamilie ablösende Formen menschlichen Zusammenlebens; die Institutionalisierung dessen, was man als elektronisches Heim bezeichnen könnte; von Grund auf andere Schul- und Verbandsformen: Dies alles kommt im Gefolge der Dritten Welle auf uns zu und wird zu einem gänzlich neuen Lebensstil beitragen. Die Entwicklung bedingt einen veränderten Verhaltenskodex und läßt uns in Bereiche jenseits von Standardisierung, Synchronisation und Zentralisierung, aber auch jenseits von Energie-, Geld- und Machtkonzentration vordringen.

Die neue Gesellschaftsform fordert die alte heraus: Sie stürzt alte Bürokratien, schneidert dem herkömmlichen Nationalstaat ein neues Gewand und fördert die Entstehung halbautonomer Wirtschaftseinheiten in einer nachimperialistischen Welt. Sie verlangt nach einfacheren, effektiveren Regierungsformen, die trotz allem weitaus demokratischer sind als diejenigen, die wir heute kennen. Sie ist eine Gesellschaft mit einem eigenen, originären Weltbild und eigenen Ansichten bei der Betrachtung von Zeit, Raum, Logik und Kausalitätsgesetzen.

Vor allem aber wird sie, wie wir noch sehen werden, die historische Kluft zwischen Produzenten und Konsumenten überwinden helfen und eine zukünftige »Prosumenten«-Ökonomie begründen. Schon aus diesem Grund könnte es sich bei ihr um die erste wahrhaft humane Gesellschaft der Geschichte handeln — vorausgesetzt, wir überlassen die Dinge nicht sich selbst, sondern greifen überlegt in die Entwicklung ein.

Die Revolutionäre Prämisse

Zwei scheinbar widersprüchliche Vorstellungen von der Zukunft erfreuen sich heute weiter Verbreitung: Die meisten Leute, soweit sie sich überhaupt mit solchen Fragen befassen, nehmen an, daß die Welt, die sie kennen, bis in alle Ewigkeit Bestand haben wird. Es ist schwer für sie, sich einen völlig anders gearteten *way of life* vorzustellen, von einer völlig andersartigen Gesellschaft ganz zu schweigen. Natürlich entgeht auch ihnen nicht, daß die Dinge in Bewegung geraten sind. Aber sie geben sich der Hoffnung hin, daß sie selbst von all den Veränderungen verschont werden und daß nichts ihr vertrautes wirtschaftliches Umfeld sowie den dazugehörigen politischen Rahmen erschüttern kann. Vertrauensselig erwarten sie, daß die Zukunft lediglich die Gegenwart fortschreiben wird.

Diese eindimensionale Denkweise begegnet uns in recht unterschiedlichen Verkleidungen. Zum einen scheint sie ein niemals in Frage gestelltes Axiom zu sein, das hinter Entscheidungen von Geschäftsleuten, Lehrern, Eltern und Politikern steht. Zum anderen tritt sie uns in Form von Statistiken, Computerdaten und im Jargon moderner Auguren gegenüber. In beiden Fällen läuft dieses Denken auf das Bild einer Zukunft hinaus, die außer »mehr« nichts Neues zu bieten hat: Es ist das Credo vom immer mehr expandierenden, über immer weitere Teile dieses Planeten sich erstreckenden Industrialismus der Zweiten Welle.

In jüngster Zeit wurde dieses zuversichtliche Zukunftsbild von vielen Ereignissen ernsthaft erschüttert. In den Schlagzeilen löst eine Krise die andere ab. Der Iran wird von einer Revolution gebeutelt, in China hat die Entmystifizierung Maos begonnen, die Ölpreise erreichen astronomische Höhen, die Inflation läuft Amok, der Terrorismus verbreitet sich wie ein Lauffeuer und die Regierungen scheinen kaum noch mit ihm fertigzuwerden. Unter diesen Vorzeichen ist eine andere, weniger rosige Zukunftsvision zunehmend populär geworden: Verwirrt von dem nicht enden wollenden Strom von Unglücksnachrichten, Katastrophenfilmen, apokalyptischen Geschichten und Alptraum-Szenarios, die hochkarätige »Denk-Fabriken« ausgetüftelt haben, sind viele Menschen offenbar zu der Überzeugung gelangt, daß die Gesellschaft von heute deshalb nicht in die Zukunft übertragen werden kann, weil es ganz einfach keine Zukunft mehr gibt. Für diese Leute stehen wir kurz vor Armageddon: Die bösen Geister der Apokalypse versammeln die »Könige der ganzen Welt« zur letzten großen Schlacht. Die Erde rast unaufhaltsam einer endgültigen Katastrophe entgegen.

Oberflächlich betrachtet erscheinen diese beiden Zukunftsvisionen sehr unterschiedlich. Aber die von ihnen hervorgerufenen psychologischen und politischen Auswirkungen ähneln einander: Beide führen zur Lähmung des schöpferischen Denkvermögens und des Willens.

Wenn die Gesellschaft von morgen lediglich eine Cinemascope-Version der Gegenwart ist, dann ist es gar nicht erst nötig, sich darauf vorzubereiten. Wenn auf der anderen Seite unsere Gesellschaft zwangsläufig dazu verurteilt ist, sich noch innerhalb unserer Lebenszeit selbst zu zerstören, dann *können* wir gar nichts dagegen unternehmen. Kurz gesagt: Jede dieser Visionen fördert den Egoismus und läßt uns in Passivität erstarren.

Bei dem Versuch zu begreifen, was mit uns geschieht, sind wir keineswegs auf jene simple Alternative: Armageddon oder »Immer-so-weiter« angewiesen. Es gibt eine Vielzahl klarerer und konstruktiverer Methoden, derer wir uns bedienen können — Methoden, die uns auf die Zukunft vorbereiten und die uns, wichtiger noch, dabei helfen können, auch unsere Gegenwart zu verändern.

Dieses Buch basiert auf einer, wie ich es nenne, »Revolutionären Prämisse«. Es geht davon aus, daß die Menschheit sich nicht total vernichten wird, obgleich uns in den unmittelbar vor uns liegenden Jahrzehnten sehr wahrscheinlich enorme Unruhen und vielleicht sogar eine zunehmende Tendenz zur Gewalttätigkeit bevorstehen. Es geht auch davon aus, daß die abrupten Veränderungen, denen wir zur Zeit ausgesetzt sind, keine Chaos- oder Zufallsprodukte sind, sondern in Wirklichkeit in ein deutlich umrissenes Schema passen. Es geht ferner davon aus, daß diese Veränderungen aufeinander aufbauen, daß sie schließlich zu einer gigantischen Transformation unseres Arbeits-, Freizeit- und Denkverhaltens, ja, unserer gesamten Lebensumstände führen werden und daß eine gesunde, erstrebenswerte Zukunft möglich ist. Kurzum: Das Folgende ist in der Annahme geschrieben, daß gegenwärtig nichts weniger als eine den gesamten Erdball umfassende Revolution stattfindet — ein historischer Quantensprung.

Mit anderen Worten: Das Buch entspringt der Überzeugung, daß unsere Generation die letzte einer in die Jahre gekommenen Gesellschaftsform ist — und gleichzeitig die erste Generation einer neuen. Unsere persönliche Verwirrung, unsere Richtungslosigkeit und privaten Ängste können direkt auf diesen in uns selber und in unseren politischen Institutionen tobenden Konflikt zwischen der untergehenden Zweiten Welle und der mit Macht über uns hereinbrechenden Dritten Welle zurückgeführt werden.

Wenn wir dies erst einmal begriffen haben, dann werden viele scheinbar sinnlose Ereignisse plötzlich für uns verständlich. Die groben Umrisse des Wandels fangen an, sich deutlich abzuzeichnen. Es lohnt wieder, sich für unser aller Überleben einzusetzen.

Der Wellenkamm

Es genügt freilich nicht, sich mit der Behauptung zufriedenzugeben, die bevorstehenden Veränderungen seien revolutionär. Bevor wir daran denken können, sie zu kontrollieren oder in bestimmte Bahnen zu lenken, brauchen wir neue Methoden, um sie zu identifizieren und zu analysieren. Dies ist eine unverzichtbare Vorbedingung; ohne sie wäre unsere Situation hoffnungslos.

Eine vielversprechende neue Methode könnte man als »Wellenkamm-Sozialtheorie« bezeichnen. Hierbei wird die Geschichte als eine ununterbrochene Wellenbewegung betrachtet und die Frage gestellt, wohin uns der Kamm einer jeden Welle spült. In dieser Theorie liegt der Schwerpunkt nicht so sehr auf der historischen Kontinuität — ohne daß deren Bedeutung gemindert werden soll —, als vielmehr gerade auf der Diskontinuität, den Innovationen und den Bruchstellen. Auf diese Art und Weise gelangt man zur Identifikation von Grundmustern des Wandels und schafft sich damit Möglichkeiten, ihn zu beeinflussen.

Wenn man von der sehr einfachen Annahme ausgeht, daß die Herausbildung der Agrargesellschaft der erste große Wendepunkt der Menschheitsentwicklung und die Industrielle Revolution der zweite große Durchbruch waren, so wird man beide in der »Wellenkamm-Theorie« nicht als statische, einmalige Ereignisse sehen, sondern als Wellenbewegungen, die mit einer bestimmten Geschwindigkeit abgelaufen sind.

Vor der Ersten Innovationswelle lebte der größte Teil der Menschheit in kleinen, vielfach nomadisierenden Gruppen und ernährte sich von Wildfrüchten, durch Fischen, Jagen oder Herdenwirtschaft. Vor ungefähr zehntausend Jahren setzte dann die Agrarrevolution ein, verbreitete sich langsam über den gesamten Erdball, führte zur Gründung von Dörfern und größeren Siedlungen. Das Land wurde kultiviert, und ein neuer *way of life* entstand.

Die Erste Welle des Wandels war noch nicht vollendet, als gegen Ende des 17. Jahrhunderts die Industrielle Revolution über Europa hereinbrach und damit die Zweite Welle eines letztendlich globalen Wandels auslöste. Weitaus schneller als ihre Vorgängerin begann sie ihren Siegeszug durch die Länder und Kontinente, mit dem Ergebnis, daß sich auf der Erde nun zwei separate, deutlich voneinander geschiedene Innovationswellen mit unterschiedlicher Geschwindigkeit ausbreiteten.

Heutzutage ist die Erste Welle so gut wie beendet. Es gibt nur noch kleine Stammesverbände, zum Beispiel in Südamerika und in Papua-Neuguinea, die bis heute noch nicht von der Agrarrevolution erreicht sind. Im wesentlichen hat sich jedoch die Kraft der Ersten Innovationswelle erschöpft.

Die Zweite Welle, der Prozeß der Industrialisierung, setzt sich indes fort. Nachdem durch sie innerhalb weniger Jahrhunderte das Leben in Europa, Nordamerika und anderswo revolutioniert worden ist, sind gegenwärtig viele bislang primär landwirtschaftlich orientierte Länder dabei, unter großen Belastungen Stahlwerke, Eisenbahnen, Automobil-, Textil- und Nährmittelfabriken aus dem Boden zu stampfen. Die Zweite Welle hat ihre ursprüngliche Kraft noch nicht gänzlich verloren.

Doch obgleich die Industrialisierungswelle noch rollt, ist ein neuer historischer Wendepunkt bereits erreicht. In dem Moment, da die Industriegesellschaft ihre Dynamik einzubüßen beginnt, schickt sich eine nur von wenigen erkannte Dritte Innovationswelle an, die Erde zu überrollen und alles, was in ihren Einflußbereich gerät, zu transformieren.

Viele Länder sehen sich daher heute dem simultanen Ansturm von zwei oder gar drei verschieden schnellen und verschieden starken Innovationswellen ausgesetzt.

Dieses Buch geht davon aus, daß die Erste Welle um das Jahr 8000 v. Chr. einsetzte und bis ungefähr 1650 bis 1750 n. Chr. unangefochten dominierte. Danach verlor sie an Bedeutung, während die Zweite Welle zunehmend an Intensität gewann. Die Industriegesellschaft, das Produkt der Zweiten Innovationswelle, beherrschte den Planeten, bis schließlich auch ihr Wellenkamm brach und sie gleichsam »umkippte«.

Diese vorläufig letzte historische Wendemarke läßt sich in den USA ungefähr mit der 1955 beginnenden Dekade datieren. In diesem Jahrzehnt übertraf die Zahl der *white-collar*-Arbeiter — der Angestellten — erstmals die der in *blue-collar*-Positionen Beschäftigten. Im gleichen Zeitraum wurden in vielen Bereichen Computer eingeführt, die Ära des Jets als Massenverkehrsmittel begann, die Antibabypille und viele andere Neuerungen von ähnlich großer Bedeutung erschienen auf dem Markt. Und genau im gleichen Zeitraum kündigte sich in den Vereinigten Staaten die Dritte Welle an. Sie hat seitdem in den meisten anderen Industrienationen, so in England, Frankreich, Schweden, Deutschland, der Sowjetunion und Japan, Einzug gehalten. Heute nun leiden alle Länder mit einer hochentwickelten Technologie unter den Folgen der Kollision der Dritten Innovationswelle mit den überkommenen, verkrusteten Wirtschaftsformen und Institutionen der Zweiten. In der Erkenntnis dieser Zusammenhänge liegt der Schlüssel zum Verständnis vieler sozialer und politischer Gegenwartskonflikte.

Wellen der Zukunft

Immer wenn eine der genannten Innovationswellen in einer gegebenen Gesellschaft klar dominiert, läßt sich das Grundmuster der zukünftigen Entwicklung verhältnismäßig einfach erkennen. Schriftsteller, Künstler, Journalisten und andere entdecken dann die »Wellen der Zukunft«. Im 19. Jahrhundert hatten zum Beispiel viele europäische Intellektuelle, Wirtschaftsführer, Politiker und einfache Leute eine klare, in ihren Grundzügen korrekte Zukunftsvorstellung. Sie spürten, daß sich das Zeitalter der unmechanisierten Landwirtschaft ein für allemal seinem Ende zuneigte, und waren in der Lage, eine Reihe von Veränderungsprozessen der Zweiten Innovationswelle mit beachtlicher Präzision vorauszusagen: die Entwicklung energieintensiver Technologien und schnellerer Verkehrsmittel, das Wachstum der Städte, ein alle Gruppen der Bevölkerung erfassendes Erziehungssystem und dergleichen mehr.

Diese klare Vision von den Dingen, die da kommen würden, hatte unmittelbare politische Auswirkungen: Parteien und andere Interessengruppen konnten ihre Terrains abstecken. Die alten Agrarier, die noch immer in den Kategorien der Zeit vor der Industriellen Revolution dachten, rüsteten sich zum Rückzugsgefecht gegen die vorrückenden Industrieinteressen — gegen *big business,* gegen »Gewerkschaftsbonzen« und gegen die städtischen »Sündenbabel«. Die organisierte Arbeiterbewegung und das Industriemanagement bereiteten sich auf den Kampf um die Schalthebel der Macht vor. Ethnische und rassische Minoritäten waren in der Lage, ihre Ansprüche auf eine Verbesserung ihrer Position innerhalb der Industriegesellschaft anzumelden; für sie ging es um Arbeitsplätze, korporative Rechte, bessere Wohnungen in den Städten, höhere Löhne, Ausbildungschancen für ihre Kinder usw.

Die Vision einer industrialisierten Gesellschaft hatte auch bedeutende psychologische Auswirkungen. Zwar würde es auch künftig noch Auseinandersetzungen geben, die gelegentlich zu akuten, sogar blutigen Konflikten eskalieren konnten, zwar würden Boom- und

Depressionsperioden die Menschen einem ständigen Wechselbad unterziehen, doch ergab sich für das Leben des einzelnen — da das allen Gruppen gemeinsame Bild einer industrialisierten Zukunft die Optionen klar umriß — eine Art Sinngebung, eine Antwort auf die Frage nicht nur nach dem »Wer bin ich?«, sondern auch nach dem »Was wird aus mir?«. Dies bedeutete selbst in den extremen Wirren sozialen Wandels ein gewisses Maß an Stabilität und Selbstgefühl.

Wenn jedoch eine Gesellschaft simultan von zwei oder mehr gigantischen Innovationswellen erschüttert wird, bei denen zunächst noch unklar ist, welche sich schließlich als die stärkste erweisen wird, dann verwischen sich auch die Konturen des Zukunftsbildes. Es wird außerordentlich schwierig, den Charakter der entstehenden Veränderungen und Konflikte zu deuten. Die Wellenkämme prallen zusammen, der Ozean tobt. Im Spiel der gegenläufigen Strömungen, Strudel und Untiefen geraten die tieferliegenden, historischen Gezeitenschübe vorübergehend in Vergessenheit.

In den USA und in vielen anderen Ländern sorgt gegenwärtig diese Kollision zwischen der Zweiten und der Dritten Welle für soziale Spannungen, gefährliche Konflikte und neuartige »politische Wellen«, die die Grenzen der herkömmlichen Auffassungen von Klasse, Rasse, Partei und Geschlecht ignorieren. Das traditionelle politische Vokabular reicht längst nicht mehr aus, um die Auswirkungen dieser Kollision zu beschreiben. Es fällt sehr schwer, »Progressive« und »Reaktionäre«, Freund und Feind auseinanderzuhalten. Die alten Gegensätze verschwinden, und ehemalige Koalitionen brechen auf: Gewerkschaften und Arbeitgeber vereinigen sich trotz aller Rivalitäten in gemeinsamer Front gegen die Umweltschützer. In den USA kommt es zu Auseinandersetzungen zwischen Schwarzen und Juden, die einst der gemeinsame Kampf gegen die Rassendiskriminierung geeint hatte.

In vielen Ländern vertritt die organisierte Arbeiterschaft, die traditionell »progressive« politische Ziele wie z. B. gleichmäßigere Vermögensverteilung unterstützte, inzwischen nicht selten »reaktionäre« Positionen etwa in Fragen der Gleichberechtigung der Frau, der Erziehung des Nachwuchses, der Einführung von Schutzzöllen, der Einwanderung von Ausländern oder der Regionalpolitik. Die traditionelle »Linke« spricht sich heute oftmals für einen starken Zentralstaat aus, gibt sich höchst nationalistisch und lehnt Forderungen derer, die sich für die Belange der Umwelt einsetzen, rigoros ab.

Auf der anderen Seite sehen wir Politiker — von Valéry Giscard d'Estaing bis hin zu Jimmy Carter oder dem Gouverneur von Kalifornien, Jerry Brown —, die »konservative« Ansichten in Wirtschaftsfragen mit »liberalen« Positionen gegenüber den Künsten, der Sexualmoral, in Frauenfragen und beim Umweltschutz verbinden. Kein Wunder, daß unter solchen Vorzeichen viele Leute gar nicht mehr versuchen, die Welt um sich herum zu begreifen.

Aus den Medien tönen derweil Reportagen über eine scheinbar endlose Folge von Neuerungen und Rückschlägen, Attentaten, Kidnappings, Weltraumexperimenten, Regierungsstürzen, Kommandounternehmen, Skandalen und bizarren Ereignissen, die untereinander in keinerlei Zusammenhang zu stehen scheinen.

Die scheinbare Zusammenhanglosigkeit des politischen Alltags spiegelt sich im Zerfall von Persönlichkeitsstrukturen wider: Psychotherapeuten und Gurus haben Hochkonjunktur; ziellos driften die Menschen zwischen miteinander rivalisierenden Psychotherapien hin und her. Sie suchen Unterschlupf bei Kulten und Geheimbünden oder gleiten ins andere Extrem, einen pathologischen Isolationismus ab, überzeugt davon, daß die Realität absurd, verrückt oder belanglos ist. Das Leben mag ja in einem weiteren, kosmischen Sinne absurd sein, aber dies beweist noch lange nicht, daß Gegenwartsereignissen keinerlei Bedeutung zuzumessen ist. In Wirklichkeit gibt es eine klar umrissene, wenngleich noch verborgene Ordnung, die in dem Moment für uns erkennbar wird, da wir die von der Dritten Innovationswelle hervorgerufenen Veränderungen von denen zu unterscheiden lernen, die von der anderen, der im Abebben begriffenen Zweiten Welle, herrühren.

Wenn wir die Konflikte, die aus der Kollision dieser Wellen herrühren, verstehen, eröffnet sich für uns nicht nur ein deutlicheres Bild von einer alternativen Zukunft, sondern wir sind dann auch in der Lage, gleichsam wie mit Röntgenblicken die politischen und sozialen Kräfte zu durchschauen, denen wir momentan ausgesetzt sind. Wir erhalten dann auch einen Einblick in unsere eigene historische Rolle, denn jeder von uns, wie unwichtig er sich und anderen auch vorkommen mag, ist ein lebendiges Stück Geschichte.

Die Turbulenzen, die von den Innovationswellen verursacht werden, spiegeln sich in unserer Arbeit, unserem Familien- und Sexualleben und in unserer persönlichen Moral wider. Sie sind an unserem Wahlverhalten und an unserem Lebensstil ablesbar. Denn ob wir uns dessen nun bewußt sind oder nicht, im Privatleben und bei politischen Willensäußerungen benehmen sich die meisten Leute in den reichen Ländern entweder primär wie Menschen, die von der Zweiten Welle geprägt sind und sich nun dazu verschworen haben, eine untergehende Ordnung aufrechtzuerhalten, oder aber wie Vertreter der Dritten Welle, die bereits dabei sind, eine radikal veränderte Zukunft aufzubauen. Oder aber wir sind verwirrte, selbstzerstörerische Mischprodukte aus beiden Typen.

Spekulanten und Attentäter

Der Konflikt zwischen Vertretern der Zweiten und der Dritten Innovationswelle ist tatsächlich die zentrale politische Kluft, die quer durch unsere gegenwärtige Gesellschaft geht. Was immer auch die Parteien und ihre Kandidaten uns predigen mögen — ihre Reibereien untereinander sind kaum mehr als Verteilungskämpfe darum, wie aus der Konkursmasse der im Niedergang begriffenen Industriegesellschaft noch ein Geschäft zu machen ist und wer davon am meisten profitieren soll. Mit anderen Worten: Sie raufen sich um die Liegestühle auf dem Sonnendeck der sinkenden *Titanic*.

Es geht heute, wie wir noch sehen werden, nicht darum, wer in den letzten Tagen der Industriegesellschaft das Sagen hat; entscheidend ist vielmehr, wer der rapide nachwachsenden Gesellschaftsform seinen Stempel aufprägen wird.

Während kurzfristige politische Alltagskämpfe unsere Nerven und unsere Aufmerksamkeit über Gebühr strapazieren, findet gleichsam unterhalb der Oberfläche bereits eine weitaus wichtigere Schlacht statt: Auf der einen Seite stehen die Recken der industriellen Vergangenheit, auf der anderen die bereits Millionen umfassende Streitmacht derer, die erkennen, daß die dringlichsten Probleme der Welt — Ernährung, Energie, Rüstungskontrolle, Bevölkerungsdruck, Armut, Rohstoffe, Ökologie und Klima, die Sorgen der älteren Mitbürger, der Zusammenbruch der Städte, der Mangel an produktiven, befriedigenden Arbeitsplätzen — nicht mehr innerhalb der alten industrialisierten Ordnung gelöst werden können.

Dieser Konflikt ist der »Superkampf um die Zukunft«.

Die Konfrontation zwischen den etablierten Interessengruppen der Zweiten Welle und den Vertretern der Dritten kennzeichnet schon jetzt das politische Leben aller Nationen. Selbst in den Ländern, die noch nicht industrialisiert sind, wurden die alten Frontlinien durch die Ankunft der Dritten Welle gewaltsam verschoben. Der alte Krieg zwischen den oft noch im Feudalismus verhafteten Agrarinteressen und den industriellen Eliten, seien sie nun kapitalistisch oder sozialistisch geprägt, gewinnt durch das heranrückende Ende der Industriegesellschaft eine neue Dimension. Nun, da die Dritte Innovationswelle in Erscheinung tritt, stellt sich die Frage, ob rapide Industrialisierung tatsächlich mit Befreiung von Neokolonialismus und Armut gleichzusetzen ist — oder ob sie nicht vielmehr permanente Abhängigkeit bewirkt.

Wenn wir erst einmal erkennen, daß augenblicklich ein bitterer Kampf tobt zwischen den Gralshütern der Industriegesellschaft und denen, die versuchen, diese Gesellschaftsform durch eine andere zu ersetzen, dann besitzen wir bereits einen wichtigen Schlüssel zum Verständnis der Welt. Und mehr noch: Ganz gleich, ob wir gerade die politischen Ziele einer Nation, die Strategie eines Unternehmens oder aber persönliche Ziele gestalten oder mitzugestalten versuchen: Ein neues Werkzeug zur Veränderung der Welt wird uns hiermit in die Hand gegeben.

Wenn wir aber diese Methoden sinnvoll einsetzen wollen, müssen wir dazu in der Lage sein, diejenigen Veränderungen, die lediglich die alte Industriegesellschaft am Leben erhalten, deutlich von denen zu unterscheiden, die der Dritten Innovationswelle den Weg ebnen. Wir müssen, kurz gesagt, *beide* verstehen, die alte und die neue, die Zweite Welle, während derer so viele von uns das Licht der Welt erblickten, und die Dritte, die wir und unsere Kinder einst erleben werden.

In den folgenden Kapiteln werden wir zunächst noch einmal den Blick auf die beiden ersten Innovationswellen richten und uns damit auf die Erforschung der dritten vorbereiten. Wir werden sehen, daß die Zweite Welle nicht durch ein Zufallsspiel von Einzelfaktoren zustandekam, sondern ein *System* darstellte, dessen Teile mehr oder weniger voraussehbar zusammenwirkten — und daß der Charakter der Industriegesellschaft in jedem Land der gleiche war, unabhängig vom jeweiligen kulturellen Erbe und von politischen Unterschieden. Dies ist eine Gesellschaftsform, die die heutigen »Reaktionäre« von »links« und von »rechts« gleichermaßen mit allen Mitteln erhalten wollen. Es ist diese ihre Welt, die von der Dritten Zivilisationswelle bedroht wird.

Die Zweite Welle

Kapitel 2
Die Architektur der Gesellschaft

Vor dreihundert Jahren (plus oder minus ein halbes Jahrhundert) erschütterte eine Explosion die Erde, deren Schockwellen überall zu verspüren waren. Im Gefolge der Explosion stürzten alte Gesellschaftsformen in sich zusammen wie nach einem schweren Erdbeben, und eine vollkommen neue Zivilisation entstand. Die »Explosion« war natürlich die Industrielle Revolution, und die riesige Springflut, die sie auslöste, war die Zweite Welle. Sie überspülte alle Institutionen, die die Vergangenheit repräsentierten, und veränderte das Leben von Millionen.

Während der Jahrtausende, in der die Agrargesellschaft uneingeschränkt dominierte, hätte man die Bevölkerung dieser Erde in zwei Kategorien einteilen können — in eine »primitive« und eine »zivilisierte«. Die sogenannten primitiven Völker lebten in kleinen Gruppen oder Stammesverbänden und sorgten für ihren Lebensunterhalt als Fischer, Jäger und Sammler. Die Agrarrevolution war an ihnen vorübergegangen.

Im Gegensatz dazu stand die »zivilisierte Welt«: Dort trieb die Mehrzahl der Bevölkerung Ackerbau. Denn wo immer der Boden bebaut wurde, entstand eine seßhafte Zivilisation. Von China und Indien bis nach Benin und Mexiko, Griechenland oder Rom entstanden und vergingen Kulturen, bekämpften und vermischten sich in endloser, bunter Vielfalt.

Bei allen oberflächlichen Unterschieden gab es grundlegende Gemeinsamkeiten. Überall war das Land die Basis für das wirtschaftliche, familiäre, kulturelle und politische Leben. Überall organisierte sich das Leben um die Dorfgemeinschaft. In jeder dieser Zivilisationen gab es eine einfache Arbeitsteilung, und ein paar klar abgegrenzte Kasten und Klassen bildeten sich heraus — Adel, Priesterschaft, Krieger, Heloten, Sklaven oder Leibeigene. Überall wurde Herrschaft streng autoritär ausgeübt. Überall entschied die Geburt über die Stellung im zukünftigen Leben. Und überall war die Wirtschaft dezentralisiert, so daß jede Gemeinde sich weitgehend selbst versorgte.

Natürlich gab es Ausnahmen — nichts in der Geschichte ist ohne Ausnahmen. Es gab handeltreibende Kulturen, deren Schiffe die Meere überquerten, und hochzentralisierte Königreiche, die man um riesige Bewässerungsanlagen errichtet hatte. Aber trotz solcher Einzelheiten ist es gerechtfertigt, all diese scheinbar unterschiedlichen Zivilisationen als spezielle Variationen eines einzigen Phänomens anzusehen, der Agrargesellschaft — jener Gesellschaftsform, die sich im Zuge der Ersten Welle herausgebildet hatte.

Hin und wieder gab es in jener Zeit Hinweise auf zukünftige Entwicklungen: Im alten Griechenland und im Römischen Reich existierten Ansätze einer modernen Massenproduktion. Auf einer griechischen Insel bohrte man bereits im Jahr 400 v. Chr. nach Öl, und fünfhundert Jahre später geschah das gleiche in Burma. In Ägypten und Babylon blühte die Bürokratie. In Asien und Südamerika wuchsen große, urbane Metropolen. Es gab Geld und Börsen. Handelsstraßen überwanden Wüsten, Ozeane und Gebirge von China bis Calais. Korporationen und erste Nationalstaaten bildeten sich heraus, ja, im alten Alexandria gab es sogar einen bemerkenswerten Vorläufer der Dampfmaschine.

Aber nirgends in der Welt existierte eine Gesellschaftsform, die auch nur eine entfernte Ähnlichkeit mit der Industriegesellschaft besaß. Die erwähnten einzelnen Vorläufer waren nichts weiter als historische Kuriositäten, die weit verstreut an verschiedenen Orten und zu unterschiedlichen Zeitpunkten auftraten. Sie wurden niemals in einem zusammenhängenden System miteinander verbunden, noch ist es vorstellbar, daß sie miteinander hätten verbunden werden können. Bis 1650/1750 können wir daher von einer Agrargesellschaft sprechen, von der Welt der Ersten Welle. Obwohl es *noch* Inseln von »Primitiven« gab und *schon* Vorboten der industriellen Zukunft, beherrschte die Agrargesellschaft die Erde, und es schien so, als ob sie sie ewig beherrschen würde.

In diese Situation hinein platzte die Industrielle Revolution und löste die Zweite Welle aus. Sie schuf eine fremde, mächtige und fieberhaft aktive Alternativgesellschaft. Der Industrialismus bestand nicht nur aus Schloten und Fließbändern: Er stellte vielmehr ein reiches, vielseitiges soziales System dar, das keinen Aspekt des menschlichen Lebens unberührt ließ. Vor allem blieb kein einziger Wesenszug der vorangegangenen Ersten Welle von ihm verschont. Gewiß, unter seiner Ägide entstand die große Willow-Run-Fabrik vor den Toren Detroits, doch verdankt ihm andererseits die Landwirtschaft den ersten Traktor, das Bürowesen die erste Schreibmaschine und die Hausfrau den ersten Kühlschrank. Der Industrialismus erfand die Tageszeitung und das Kino, die Untergrundbahn und die DC-3. Er schenkte uns den Kubismus, die Zwölftonmusik und die Bauhaus-Architektur, Sitzstreiks, Vitamintabletten und eine höhere Lebenserwartung. Armbanduhr und Wahlurne ließ er Allgemeingut werden. Vor allem aber verband er all diese Dinge miteinander, bediente sich ihrer gleichsam als Einzelbauteile, aus denen man eine Maschine zusammensetzt — und schuf somit das mächtigste, verflochtenste und wachstumsintensivste soziale System aller Zeiten: die Zivilisation der Zweiten Welle.

Die gewaltsame Lösung

Als die Zweite Welle ihren Siegeszug quer durch die diversen Gesellschaften antrat, löste sie einen blutigen, langandauernden Krieg zwischen den Verteidigern der agrarischen Vergangenheit und den Vorreitern der industrialisierten Zukunft aus. Die Truppen der Ersten und der Zweiten Welle kollidierten frontal miteinander, und die »primitiven« Völker, die zwischen die Fronten gerieten, wurden von ihnen rücksichtslos beiseitegeschoben, teilweise gar vernichtet.

In den USA begann diese Konfrontation mit der Ankunft der Europäer, die zunächst darauf aus waren, eine landwirtschaftlich orientierte Kultur der Ersten Welle zu errichten. Die weiße Flutwelle schob sich auf der Suche nach kultivierbarem Land unaufhaltsam gen Westen vor, enteignete die Indianer und markierte den Weg zur Pazifikküste mit immer neuen Farmen und Agrarsiedlungen.

Die ersten Vertreter der kommenden Industrie-Epoche folgten den Farmern dicht auf den Fersen. In Neu-England und in den mittleren Atlantikstaaten entstanden Fabriken und Städte. Schon um die Mitte des 19. Jahrhunderts verfügte der amerikanische Nordosten über eine rapide expandierende Industrie, die Feuerwaffen, Uhren, landwirtschaftliche Maschinen und Geräte, Textilien, Nähmaschinen und andere Güter produzierte, während in den anderen Teilen des Kontinents die Agrarinteressen noch immer die Oberhand besaßen. Die wachsenden ökonomischen und sozialen Spannungen zwischen den Triebkräften der Ersten und der Zweiten Welle eskalierten ständig und führten 1861 schließlich zum Ausbruch eines bewaffneten Konflikts.

Im amerikanischen Bürgerkrieg ging es keineswegs, wie es damals vielen Leuten erscheinen mochte, um das moralische Problem der Sklaverei oder um irgendwelche begrenzten Wirtschaftsprobleme wie etwa Zölle. In Wirklichkeit ging es um die sehr viel weiterreichende Frage, wer den reichen neuen Kontinent in Zukunft beherrschen würde: die Farmer oder die Industriellen, die Verfechter der Ersten oder der Zweiten Welle. Würde das künftige Amerika primär auf der Landwirtschaft oder auf der Industrie basieren? Als die Armeen des Nordens siegreich aus dem Konflikt hervorgingen, waren die Würfel gefallen; der Industrialisierung der Vereinigten Staaten stand nichts mehr im Wege. Von diesem Zeitpunkt an befanden sich die alten Agrarier in Wirtschaft und Politik, im sozialen wie im kulturellen Leben auf dem Rückzug und die Vertreter der Industrie dementsprechend auf dem Vormarsch.

Anderswo auf der Welt kam es zu ähnlichen Zusammenstößen. In Japan wiederholte die 1868 einsetzende Meiji-Restauration den gleichen Kampf zwischen der agrarischen Vergangenheit und der industriellen Zukunft, wenngleich die unverkennbar japanischen Besonderheiten nicht verschwiegen werden sollen. Die 1876 erfolgte Abschaffung des Feudalismus, die Rebellion des Satsuma-Clans 1877 und die Annahme einer Verfassung nach westlichem Vorbild 1889 — dies alles spiegelte in Japan den Zusammenstoß der beiden Innovationswellen wider und stellte die Weichen für den Aufstieg des Landes zu einer führenden Industriemacht.

Auch in Rußland gerieten die Kräfte der Ersten und der Zweiten Welle gewaltsam aneinander. Die Revolution von 1917 war die russische Version des amerikanischen Bürgerkriegs. Es ging, obwohl es oberflächlich diesen Anschein hatte, nicht um Kommunismus, sondern auch in diesem Fall um das Problem der Industrialisierung. Die Bolschewisten fegten die letzten Spuren von Vasallentum und Feudalmonarchie hinweg und drängten damit die Landwirtschaft in die Defensive. Bewußt beschleunigten sie die Industrialisierung. Sie waren die Partei der Zweiten Innovationswelle.

In einem Land nach dem anderen brach der Kampf zwischen der Ersten und der Zweiten Welle offen aus, führte zu politischen Krisen und Unruhen, zu Streiks, Aufständen, Staatsstreichen und Kriegen. Um die Mitte des 20. Jahrhunderts waren die Kräfte der Ersten Welle gebrochen, und die Industriezivilisation beherrschte die Welt.

Heute ist der Erdball zwischen dem 25. und dem 65. Breitengrad der nördlichen Hemisphäre von einem industrialisierten Gürtel umspannt. In Nordamerika prägt die Industriegesellschaft den Lebensstil von ca. 250 Millionen Menschen. In Westeuropa, von Skandinavien bis nach Italien, lebt eine weitere Viertelmilliarde Menschen unter diesen Vorzeichen. Weiter im Osten liegt die »eurasische Industrieregion«, Osteuropa und der westliche Teil der Sowjetunion, und auch dort finden wir eine Viertelmilliarde Menschen, die ihr Leben unter den Auspizien der Industriegesellschaft verbringen. In der asiatischen Industrieregion schließlich, zu der Japan, Hongkong, Singapur, Taiwan, Australien, Neuseeland sowie Teile von Südkorea und des chinesischen Festlands gehören, leben wiederum 250 Millionen Menschen unter ähnlichen Bedingungen. Insgesamt gesehen umfaßt die Industriezivilisation grob geschätzt eine Milliarde Menschen und damit ein Viertel der Gesamtbevölkerung der Erde.*)

Trotz verwirrender Unterschiede in Sprache, Kultur, Geschichte und Politik — Divergenzen, die so tiefgreifend sind, daß Kriege darüber ausgefochten werden — haben all diese von der Zweiten Welle geprägten Gesellschaften eine Reihe von Gemeinsamkeiten, ja, man

*) In diesem Buch definiere ich den industrialisierten Teil der Welt um 1979 wie folgt: Nordamerika, Skandinavien, Großbritannien und Irland, West- und Osteuropa (mit Ausnahme Portugals, Spaniens, Albaniens, Griechenlands und Bulgariens), Sowjetunion, Japan, Taiwan, Hongkong, Singapur, Australien und Neuseeland. Über die Hinzufügung weiterer Nationen ließe sich natürlich diskutieren, ebenso wie über den Einschluß von lokalen industrialisierten Bereichen in ansonsten nicht-industrialisierten Ländern, wozu z.B. Monterrey und Mexico City in Mexiko, Bombay in Indien und zahlreiche andere Gebiete gehören.

kann sogar sagen, daß jenseits der hinlänglich bekannten Unterschiede eine feste, gemeinsame Grundlage besteht.

Um die heutzutage miteinander kollidierenden Innovationswellen verstehen zu können, müssen wir dazu in der Lage sein, diese parallelen Strukturen zu identifizieren: Sie sind das verborgene Gerüst der Industriegesellschaft schlechthin. Und es ist dieses Gerüst, das momentan so schwer erschüttert wird.

Lebende Batterien

Die Vorbedingung jeder Zivilisation, gleich ob vergangener oder zukünftiger Zeiten, ist Energie. »Lebende Batterien« — tierische und menschliche Muskelkraft — bzw. Sonne, Wasser und Wind bildeten die Energiebasis der Agrargesellschaft. Wälder wurden abgeholzt, um die notwendige Wärme zum Kochen und Heizen zu erzeugen. Wasserräder — einige von ihnen durch Gezeitenkraft angetrieben — setzten Mühlsteine in Bewegung. Auf dem Land quietschten Windmühlen, Tiere zogen den Pflug. Schätzungen zufolge sorgten noch zu Zeiten der Französischen Revolution ca. 14 Millionen Pferde und 24 Millionen Ochsen für die Deckung des europäischen Energiebedarfs. Mit anderen Worten: alle agrarischen Gesellschaften bedienten sich erneuerbarer Energiequellen. Die Natur sorgte dafür, daß die abgeholzten Wälder wieder nachwuchsen. Der Wind, der die Segel blähte, und der Fluß, der die Wasserräder drehte, waren gleichfalls Naturkräfte. Sogar Tiere und Menschen waren in ihrer Art ersetzbare »Energiesklaven«.

Die Industriegesellschaft dagegen zapfte unwiederbringliche fossile Energiequellen an — Kohle, Gas und Öl. Dieser revolutionäre Umschwung setzte ein, nachdem Thomas Newcomen 1712 eine funktionsfähige Dampfmaschine erfunden hatte. Zum erstenmal griff damit der Mensch das »Kapital« der Natur an, während er zuvor mehr oder weniger von ihren »Zinsen« gelebt hatte.

Die Ausbeutung der Energiereserven der Erde erwies sich als verschleierte Subvention für die Industriegesellschaft. Ihr vor allem waren die rasanten wirtschaftlichen Wachstumsraten zu verdanken. Von jenem Tag an bis in unsere Zeit wurden überall, wo die Zweite Welle anbrandete, eindrucksvolle technologische und ökonomische Strukturen errichtet — ausgehend von der Annahme, daß der Strom billiger fossiler Brennstoffe niemals versiegen würde. Der Umschwung machte sich in kapitalistischen und kommunistischen Gesellschaften, in Ost und West gleichermaßen bemerkbar. Man wechselte von dezentralisierten zu zentralisierten Energien über, von erneuerbaren zu nichterneuerbaren, von vielen verschiedenen Energieträgern zu einigen wenigen. Fossile Brennstoffe wurden zur Energiebasis aller Industriegesellschaften.

Der technologische Schoß

Der Sprung in ein neues Energiesystem fand seine Parallele in einem gigantischen technologischen Fortschritt. Die Gesellschaften der Ersten Innovationswelle verließen sich auf »notwendige Erfindungen«, wie Vitruvius es vor zweitausend Jahren formulierte. Im Grunde dienten jene frühen Winden und Keile, Katapulte, Weinpressen, Hebelarme und Kräne vor allem dazu, die menschliche und tierische Muskelkraft zu verstärken.

Die Zweite Welle hob die Technologie auf eine vollkommen neue Ebene. Riesige, ratternde elektromechanische Maschinenmonstren mit beweglichen Teilen, Treibriemen, Schläuchen, Halterungen und Bolzen entstanden. Derartige Maschinen taten sehr viel mehr als nur die rohe Muskelkraft zu vervielfachen. In der Industriegesellschaft bekam die Technologie so etwas wie Sinnesorgane: Die Maschinen, die entwickelt wurden, vermochten besser zu hören, besser zu sehen und mit größerer Schnelligkeit und Präzision zu arbeiten als die Menschen. Die Technologie wurde zum »Schoß«, dem neue Maschinen entsprossen, die ihrerseits dazu prädestiniert waren, in unendlicher Reihe Maschinen in die Welt zu setzen. Dazu kam insbesondere, daß die Maschinen nun zu einem Verbundsystem unter einem Dach vereint wurden. So entstand die Fabrik und schließlich innerhalb der Fabrik das Fließband.

Auf dieser technologischen Basis entwickelte sich ein ganzer Schwarm von Industrien, die der Gesellschaft der Zweiten Innovationswelle ihren unmißverständlichen Stempel aufprägten. Zunächst gab es die Kohleförderung, Textilfabriken und die Eisenbahn, dann kamen Stahlfabriken, Aluminiumhütten, Auto- und Chemiewerke sowie die Geräteindustrie. Riesige Fabrikstädte schossen empor: Lille und Manchester lebten von der Textil-, Detroit von der Autoindustrie, Essen und später Magnitogorsk von der Stahlindustrie. Hunderte anderer Städte taten es ihnen gleich.

Diesen industriellen Zentren entströmten Millionen identischer Produkte — Hemden, Schuhe, Fahrzeuge, Uhren, Spielzeug, Seife, Shampoo, Kameras, Maschinengewehre und elektrische Motoren. Die neue Technologie, angetrieben von dem neuen Energiesystem, öffnete der Massenproduktion Tür und Tor.

Die rote Pagode

Ohne entsprechende Veränderungen im Verteilungssystem war eine Massenproduktion jedoch undenkbar. Während der agrarischen Epoche beruhte die Herstellung von Verbrauchsgütern gemeinhin auf Handarbeit; die Produkte wurden einzeln und auf Bestellung gefertigt.

Ähnlich verlief die Verteilung der Güter. Gewiß gab es einige große, spezialisierte Handelsgesellschaften, die, als das Feudalsystem des Westens bereits erste Auflösungserscheinungen zeigte, von reichen Kaufleuten ins Leben gerufen worden waren. Diese Gesellschaften eröffneten Handelsrouten überall in der Welt, organisierten Schiffskonvois und Kamelkarawanen. Sie handelten mit Glas, Papier, Seide, Muskat, Tee, Wein, Wolle und Indigo. Die meisten dieser Güter erreichten jedoch ihre Kunden durch kleine Geschäfte und ambulante Händler. Erbärmliche Kommunikationsmittel und primitive Transportwege sorgten für eine drastische Begrenzung des Marktes. Die kleinen Ladenbesitzer und Marketender verfügten daher nur über ein beschränktes Angebot, und oft waren sie monate- und jahrelang nicht dazu in der Lage, dieses oder jenes Produkt zu liefern.

Mit der Zweiten Innovationswelle wurde dieses fragile, überlastete Verteilungssystem mindestens genauso radikal verändert wie das Produktionssystem, bei dem der Wandel freilich augenfälliger war. Eisenbahnlinien, große Straßen und Kanäle öffneten das Hinterland. Und mit der Industrialisierung kamen auch »Handelspaläste« — die ersten Kaufhäuser. Ein komplexes Netz aus Tagelöhnern, Groß- und Zwischenhändlern sowie Handelsvertretern entstand. Im Jahr 1871 tat George Huntington Hartford, dessen erster Laden in New York rot angestrichen war und dessen Kassenhäuschen aussah wie eine chinesische Pagode, für den Handel das, was Henry Ford später für das Fabrikwesen tun sollte: Er errichtete die erste Kaufhauskette der Welt, die »Große Atlantische und Pazifische Tee-Gesellschaft« (The Great Atlantic and Pacific Tea Company), und läutete damit ein völlig neues Handelszeitalter ein. Die Verteilung »auf Bestellung« wich nun der Verbreitung von Massengütern, deren Vertrieb eine ebenso charakteristische und zentrale Erscheinung innerhalb der industriellen Gesellschaften wurde wie die Maschine selbst.

Wenn wir all diese Veränderungen im Zusammenhang betrachten, so handelt es sich um eine Transformation dessen, was man als die »Technosphäre« bezeichnen könnte. Alle Gesellschaftsformen, primitive, agrarische oder industrielle, verbrauchen Energie; sie produzieren; sie verteilen. In allen Gesellschaftsformen stellen das Energiesystem, das Produktionssystem und das Verteilungssystem miteinander verbundene Teile eines größeren Ganzen dar. Dieses übergeordnete System ist die »Technosphäre«. In jeder Stufe der gesellschaftlichen Entwicklung besitzt sie ihre charakteristischen Erkennungsmerkmale.

Als die Zweite Welle den Erdball erfaßte, ersetzte die industrielle Technosphäre die agrarische: Nicht-erneuerbare Energien wurden unmittelbar in die Produktion von Massengütern umgesetzt, die ihrerseits zum Entstehen eines hochentwickelten Verteilungssystems führte.

Die angepaßte Familie

Die industrielle Technosphäre bedurfte einer ähnlich revolutionären »Soziosphäre«, von Grund auf neuer Formen des menschlichen Zusammenlebens. Vor der Industriellen Revolution variierte zum Beispiel der Typus der Familie von Ort zu Ort. Doch wo immer die Landwirtschaft regierte, neigten die Menschen dazu, in großen Familienverbänden zusammenzuleben, die alle Generationen einschlossen. Onkel, Tanten, Schwiegertöchter und -söhne, Großeltern und Vettern lebten alle unter einem Dach und arbeiteten alle gemeinsam als eine wirtschaftliche Produktionseinheit — vom indischen Familienverband bis zur »zadruga« auf dem Balkan und zur »Großfamilie« in Westeuropa. Dementsprechend ortsgebunden war die Familie — gleichsam der Scholle verhaftet.

Als die Zweite Welle die von der Ersten Welle geprägten Gesellschaften zu erfassen begann, machten sich auch in den Familien die durch den Wandel hervorgerufenen Belastungen bemerkbar. In jedem Haushalt führte die Kollision der Wellen zu Konflikten, die sich in Angriffen auf die patriarchalische Autorität, in veränderten Eltern-Kind-Beziehungen und neuen Eigentumsbegriffen äußerten. Als die Produktion sich immer mehr vom Acker in die Fabrik verlagerte, konnte die Familie nicht länger als eine Wirtschaftseinheit fungieren. Um mehr Arbeitskräfte für die Fabriken freizubekommen, wurden entscheidende Schlüsselfunktionen, die zuvor der Familie zugefallen waren, auf neue, spezialisierte Institutionen übertragen. Die Ausbildung der Jugend oblag von nun an den Schulen, die Sorge für die Alten wurde Armenhäusern oder Alters- und Pflegeheimen »anvertraut«. Vor allem aber erforderte die neue Gesellschaftsform Mobilität. Sie brauchte Arbeiter, die der verfügbaren Arbeit von Ort zu Ort zu folgen bereit waren.

Die »Großfamilie«, die belastet war mit älteren Verwandten, Kranken, Behinderten und einem ganzen Schwarm von Kindern, war alles andere als mobil. So kam es zu einer graduellen und für die Betroffenen oft sehr schmerzhaften Veränderung der Familienstruktur. Landflucht und ökonomische Krisen rissen die Familienverbände auseinander. Die Familien entledigten sich der ungewollten Verwandten, wurden kleiner und mobiler und paßten sich damit den Bedürfnissen der neuen Technosphäre an.

Die sogenannte »Kernfamilie« — Vater, Mutter und ein paar Kinder ohne belastende Verwandtschaft — wurde das allgemein anerkannte »Standardmodell« in allen Industriegesellschaften, kapitalistischen ebenso wie sozialistischen. Sogar in Japan, wo aufgrund des Ahnenkults den alten Menschen eine besonders wichtige Rolle zukam, brach im Verlauf der Zweiten Welle der große, eng verwobene, alle Generationen umfassende Familienverband auf. Die Kernfamilie gewann zunehmend an Boden. Zusammenfassend läßt sich sagen, daß die Kernfamilie zum gemeinsamen Charaktermerkmal aller von der Zweiten Welle geprägten Gesellschaften wurde, woran sich die Eigenart der neuen Zivilisation ebensogut erkennen läßt, wie an der Verwendung fossiler Brennstoffe, an Stahlwerken und Kaufhausketten.

Der inoffizielle Lehrplan

Mit der Verlagerung des Angebots von Arbeitsplätzen vom Land in die Fabriken ergab sich die Notwendigkeit, die heranwachsenden Generationen auf das Leben in der Fabrik vorzubereiten. Den frühen Gruben-, Mühlen- und Fabrikbesitzern in England fiel auf, daß es, wie Andrew Ure 1835 schrieb, »so gut wie unmöglich war, Leute, die die Pubertät hinter sich hatten, in nützliche Fabrikarbeiter zu verwandeln, egal, ob sie aus agrarischen oder handwerklichen Berufen stammten«. Wenn es gelänge, junge Menschen rechtzeitig auf die Bedürfnisse des industriellen Systems zurechtzutrimmen, würden die disziplinarischen Probleme in Zukunft entscheidend verringert. Das Ergebnis derartiger Überlegungen führte zu einem weiteren zentralen Strukturmerkmal aller Industriegesellschaften: der Massenerziehung.

Von den Bedürfnissen der Fabriken ausgehend, bestand die Ausbildung der Massen in der Vermittlung von Grundkenntnissen in Lesen, Schreiben und Rechnen, etwas Geschichte und ein paar anderen Fächern. Dies zumindest war der »offizielle Lehrplan«. Weitaus wesentlicher war jedoch ein »inoffizieller Lehrplan«, der diesem Unterricht zugrundelag. Er bestand — und besteht noch heute in den meisten Industrienationen — aus drei »Fächern«: Pünktlichkeit, Gehorsam und eintönigem Arbeitsrhythmus. In den Fabriken brauchte man einen Arbeiter, der morgens pünktlich erschien und zur Fließbandarbeit geeignet war. Der ideale Arbeiter folgte widerspruchslos den Befehlen des hierarchisch gegliederten Managements. Die Fabrikarbeit verlangte nach Männern und Frauen, die bereit waren, sich von Maschinen versklaven zu lassen, oder in Büros Aufgaben von brutaler Gleichförmigkeit zu verrichten. Von der Mitte des 19. Jahrhunderts an kam es mit der Ausbreitung der Zweiten Innovationswelle zu einer unaufhörlichen Kette neuer Entwicklungen im Bildungssystem. Immer jüngere Kinder wurden eingeschult, das Schuljahr wurde immer länger (in den USA nahm die Dauer zwischen 1878 und 1956 um 35 Prozent zu), und auch die Anzahl der Pflichtschuljahre stieg unentwegt.

Das alle Bevölkerungsschichten erfassende öffentliche Schulsystem war zweifellos ein großer Schritt auf dem Weg zu einer humaneren Gesellschaft. Im Jahr 1829 erklärte eine Gruppe von Mechanikern und Arbeitern in New York City: »Neben Leben und Freizeit betrachten wir Bildung als den größten Segen, der der Menschheit zuteil wurde.«

Dabei darf nicht übersehen werden, daß die Erziehungsmethoden der Zweiten Welle eine Generation von Jugendlichen nach der anderen zur willfährigen, einer strikten Reglementierung unterworfenen Hilfstruppe der Industrie machten — zu jenem Arbeitertyp, den die elektromechanische Technologie und das Fließband erforderten.

Insgesamt gesehen bildeten die Kernfamilie und das nach den Bedürfnissen der Fabriken ausgerichtete Schulsystem Teile eines einzigen integrierten Systems, das zum Ziel hatte, die jungen Menschen auf die Übernahme ihrer Rolle innerhalb der Industriegesellschaft vorzubereiten. In diesem Punkt waren sich alle industriellen Gesellschaften — kapitalistische wie sozialistische, im Norden wie im Süden — gleich.

Unsterbliche Wesen

In allen Industriegesellschaften gab es noch eine dritte Einrichtung, die die soziale Kontrollfunktion der bereits erwähnten Institutionen ergänzte. Diese Einrichtung war der Konzern. Zuvor gehörte ein Unternehmen normalerweise einem einzelnen, einer Familie oder allenfalls einer Partnergruppe. Körperschaftlich organisierte Betriebe gab es zwar auch schon, doch waren sie sehr selten.

Noch zur Zeit der Amerikanischen Revolution konnte nach Ansicht des Wirtschaftshistorikers Arthur Dewing »niemand ahnen«, daß in absehbarer Zukunft der Konzern das individuelle bzw. partnerschaftliche Eigentum als Hauptorganisationsform der Wirtschaft ablösen würde. Noch im Jahr 1800 gab es in den USA nur 335 Konzerne, von denen sich die meisten halböffentlichen Aufgaben wie dem Kanalbau und dem Betreiben von Mautstraßen widmeten.

Mit der Entwicklung der Massenproduktion änderte sich diese Situation. Die Technologien der Zweiten Innovationswelle verlangten nach riesigen Kapitalkonzentrationen, die die finanzielle Leistungsfähigkeit eines einzelnen oder sogar einer kleinen Gruppe von Geldgebern überstieg. Solange ein Eigentümer und seine Geschäftspartner bei jeder Investition ihr gesamtes persönliches Vermögen aufs Spiel setzten, hielten sie sich bei umfangreichen oder riskanten Unternehmungen zurück. Um ihre Investitionsfreudigkeit zu fördern, erfand man das Konzept der beschränkten Haftung. Wenn eine Gesellschaft bankrott machte, verlor der Geldgeber nichts außer der investierten Summe. Diese Neuerung öffnete der Investitionsflut die Schleusen.

Darüber hinaus wurde die Aktiengesellschaft von den Gerichten wie ein »unsterbliches Wesen« behandelt, was bedeutete, daß sie die ursprünglichen Kapitaleigner überleben konnte, woraus wiederum folgte, daß man sehr langfristig angelegte Pläne machen und weitaus größere Projekte angehen konnte als jemals zuvor.

1901 erschien der erste eine Milliarde Dollar schwere Konzern —

United States Steel — auf der Bildfläche. Eine derartige Konzentration von Werten wäre in jeder früheren Epoche unvorstellbar gewesen. 1919 gab es bereits ein halbes Dutzend Giganten dieser Größenordnung. Großunternehmen wurden immer mehr zu einem unabdingbaren Bestandteil des Wirtschaftslebens aller Industrienationen, einschließlich der sozialistischen und kommunistischen Länder, in denen sie zwar formal anders aufgebaut waren, sich aber, was den organisatorischen Kern betraf, kaum von ihren westlichen Pendants unterschieden. Die Kernfamilie, die Schul»fabrik« und der Konzern waren die drei charakteristischsten Institutionen, an denen sich die von der Zweiten Welle geprägten Gesellschaften erkennen ließen.

Und überall in der Welt, wo die Zweite Welle herrschte, in Japan ebenso wie in der Schweiz, in England, Polen, den USA und der Sowjetunion, verlief das Leben der Menschen auf einer vorgezeichneten Bahn: In der Kernfamilie geboren, wurden sie *en masse* durch fabrikartige Schulen geschleust und traten dann in den Dienst eines großen privaten oder öffentlichen Konzerns. Jede Phase des Lebens wurde von einer der Schlüsselinstitutionen der Zweiten Welle dominiert.

Die Musikfabrik

Um diese drei zentralen Einrichtungen entwickelte sich eine ganze Schar anderer Organisationen: Ministerien, Sportclubs, Kirchen, Handelskammern, Gewerkschaften, Berufsorganisationen, politische Parteien, Bibliotheken, Ethnische Gruppen, Vereine zur Freizeitgestaltung und tausend andere. Sie entstanden und bildeten eine komplizierte organisatorische Ökologie, in der die Gruppen untereinander entweder zusammenarbeiteten oder aber sich in ihren Widersprüchen die Waage hielten.

Auf den ersten Blick ist man geneigt, die Vielfalt dieser Gruppen als Zufallsprodukte oder gar als reines Chaos anzusehen. Aber sieht man genauer hin, entdeckt man ein verborgenes Grundmuster. In einem Industrieland nach dem anderen versuchten die Verantwortlichen, die davon überzeugt waren, daß die Fabrik die »fortschrittlichste« und »effizienteste« Produktionsform sei, die dort herrschenden Prinzipien auch auf andere Organisationen zu übertragen. Schulen, Krankenhäuser, Gefängnisse, Regierungsbürokratien und andere übernahmen daher viele Charaktermerkmale der Fabrik — Arbeitsteilung, hierarchischen Aufbau und kalte, unpersönliche Umgangsformen.

Sogar in der Kunst finden wir einige Grundzüge der Fabrik wieder. Statt für einen Mäzen zu arbeiten, wie es während der langen Agrarepoche gang und gäbe war, waren immer mehr Musiker, darstellende Künstler, Komponisten und Schriftsteller der Gnade oder Ungnade des Marktes ausgeliefert. Mehr und mehr verlegten sie sich darauf, »Produkte« für anonyme Kunden anzufertigen. Da dieser Wandel in jedem von der Zweiten Innovationswelle betroffenen Land eintrat, änderte sich die gesamte Struktur der künstlerischen Tätigkeit. Ein auffallendes Beispiel dafür bietet die Musik. Mit der Zweiten Innovationswelle schossen die Konzerthallen in London, Wien, Paris und anderswo aus dem Boden. Mit ihnen entstanden die Kassenhäuschen und die Impresarios — Geschäftsleute, die die Aufführungen finanzierten und dann Eintrittskarten an Kulturkonsumenten verkauften.

Je mehr Karten sie verkaufen konnten, um so mehr verdienten sie natürlich. Daher wurden immer mehr Sitze in den Konzerthallen installiert, woraus wiederum die Notwendigkeit größerer Säle und lauterer Geräuschkulissen entsprang ... Man brauchte eine Musik, die bis in die allerletzte Reihe zu hören war. Aus diesen Bedürfnissen resultierte der Umschwung vom Kammerorchester zu symphonischen Formen.

In seiner renommierten *Geschichte der Musikinstrumente* schreibt Curt Sachs, daß mit dem Übergang von der aristokratischen zur demokratischen Kultur im 18. Jahrhundert die kleinen Salons von immer gigantischeren Konzerthallen verdrängt wurden, die ihrerseits nach einem größeren Tonumfang verlangten. Da noch keine Technologie existierte, mit der dies möglich gewesen wäre, kamen immer mehr Instrumente und Musiker hinzu, um für die erforderliche Laustärke zu sorgen. Am Ende stand das moderne Symphonie-Orchester, und für diese Institution der Industriegesellschaft schrieben Beethoven, Mendelssohn-Bartholdy, Schubert und Brahms ihre großartigen Symphonien.

Sogar in der inneren Struktur des Orchesters spiegelte sich das System der Fabrik in mancher Beziehung wider. In den Anfängen spielte das Symphonie-Orchester ohne Dirigenten oder die Leitung wurde der Reihe nach einzelnen Orchestermitgliedern übertragen. Später wurden die Musiker, genauso wie Fabrikarbeiter oder Büroangestellte, in einzelne Orchesterstimmen aufgeteilt. Jeder einzelne leistete einen bestimmten Beitrag zum Endprodukt (der Musik). Die Koordinierung oblag einem übergeordneten Manager (dem Dirigenten) oder schließlich sogar einem »Vormann« (dem Ersten Geiger oder dem Stimmführer), der seinerseits eine Stufe unterhalb des Dirigenten in der Management-Hierarchie stand. Das Orchester verkaufte sein »Produkt« auf dem Massenmarkt und konnte schließlich mit Schallplatten sein Angebot erweitern. Die »Musikfabrik« war geboren.

Die Geschichte des Orchesters ist nur ein Beispiel dafür, wie die Soziosphäre der Zweiten Innovationswelle mit ihren drei Kern-Einrichtungen und Tausenden verschiedenartiger Organisationen entstand, die alle den Bedürfnissen und dem Stil der industriellen Technosphäre entsprachen. Aber eine Gesellschaft besteht nicht nur aus einer Technosphäre und einer dazu passenden Soziosphäre. Alle Gesellschaftsformen benötigen auch eine »Infosphäre«, um Informationen zu produzieren und zu verbreiten. Und auch auf diesem Sektor waren die Veränderungen, die durch die Zweite Innovationswelle hervorgerufen wurden, bemerkenswert.

Die Papierflut

Von den »primitiven« Epochen bis heute waren alle menschlichen Gemeinschaften auf unmittelbare persönliche Kommunikation angewiesen. Aber zur Übermittlung von Botschaften benötigte man besondere Systeme, mit denen sich Zeit und Raum überwinden ließen. Die alten Perser sollen Türme oder »Rufposten« errichtet haben, deren Besatzungen mit schriller, lauter Stimme Nachrichten von Turm zu Turm weitergaben. Die Römer bedienten sich eines ausgedehnten Botensystems, das man den *cursus publicus* nannte. Zwischen 1305 und dem frühen 19. Jahrhundert betrieb das Haus Taxis einen berittenen Kurierdienst, der sich über ganz Europa erstreckte. Im Jahr 1628 standen zwanzigtausend Mann in seinen Diensten. Die in blausilberne Uniformen gekleideten Kuriere reisten quer durch den Kontinent und übermittelten Botschaften zwischen Fürsten, Generälen, Händlern und Geldverleihern.

In den agrarisch dominierten Gesellschaften der Ersten Welle waren alle diese Möglichkeiten ausschließlich den Reichen und Mächtigen vorbehalten. Der einfache Mann hatte keinen Zugang zu ihnen. Wie der Historiker Laurin Zilliacus schreibt, wurden »selbst Versuche, Briefe auf andere Weise zu versenden, mit Mißtrauen betrachtet oder ... sie wurden von den Behörden verboten«. Während unmittelbare persönliche Kommunikation also allen offenstand, dienten die neuen Informationssysteme, mit deren Hilfe sich Botschaften über den beschränkten Raum der Familie und des Dorfes hinaustragen ließen, weitgehend sozialer oder politischer Überwachung. Im Endeffekt blieben sie Waffen der herrschenden Elite.

Die Zweite Welle zerstörte dieses Kommunikationsmittel-Monopol. Dies geschah nicht etwa, weil die Reichen und Mächtigen von einem Tag auf den anderen altruistisch zu denken begannen, sondern weil Technologie und Produktionsweise der Zweiten Welle auf »massive« Informationsschübe angewiesen waren, für die die herkömmlichen Möglichkeiten ganz einfach nicht mehr ausreichten.

In primitiven und agrarisch orientierten Gesellschaften erforderte die Aufrechterhaltung der Produktion ein vergleichsweise geringes Maß an Informationen, und normalerweise fand sich jemand nicht allzuweit vom Ort des Geschehens, der sie liefern konnte. Sie wurden dann meistens in mündlicher Form oder durch Gesten übermittelt. Im

Wirtschaftssystem der Industriegesellschaft kam es dagegen darauf an, die Produktion an verschiedenen Orten miteinander zu koordinieren. Nicht nur Rohstoffe, sondern auch große Mengen an Informationen mußten zunächst einmal gefördert bzw. produziert und dann sorgfältig verteilt werden.

Aus diesem Grund bemühten sich alle Länder, die von der Zweiten Innovationswelle erfaßt wurden, schleunigst um die Errichtung eines Postdienstes. Das Postamt erwies sich als eine Erfindung, die genauso weitblickend und gemeinschaftsdienlich war wie die der Baumwollentsamungsmaschine oder des mechanischen Webstuhls. Heute ist längst vergessen, zu welchen Begeisterungsstürmen die Einführung des Postdienstes damals führte. Der amerikanische Redner Edward Everett erklärte: »Ich sehe mich gezwungen, das Postamt nach dem Christentum als rechte Hand unserer modernen Zivilisation zu betrachten!«

Das Kommunikationswesen der Industrie-Epoche profitierte in der Tat von der Post, die gleichsam einen jedermann zugänglichen Kanal bereitstellte. 1837 übermittelte das British Post Office nicht nur Botschaften innerhalb einer Elite, sondern beförderte an die 88 Millionen Einzelsendungen pro Jahr. Gemessen an den damaligen Verhältnissen war dies geradezu eine Kommunikationslawine. 1960, als die Zweite Innovationswelle ihren Höhepunkt erreichte und die Dritte Welle sich bereits bemerkbar machte, betrug die Zahl bereits zehn Milliarden. Im gleichen Jahr verteilte das U.S. Post Office 355 Postsendungen an jeden Mann, jede Frau und jedes Kind der Nation.*)

Der Anstieg der postalisch übermittelten Botschaften, der die Industrielle Revolution begleitete, kann jedoch nur eine Andeutung von dem wahren Umfang der Informationsflut geben, die mit der Zweiten Innovationswelle einsetzte. Eine ständig steigende Anzahl von Nachrichten floß innerhalb großer Organisationen durch Kanäle, die man »mikropostalische Systeme« nennen könnte. »Memos« sind Briefe, die niemals die öffentlichen Kommunikationswege erreichen. Als die Zweite Welle um 1955 in den USA kulminierte, warf die Hoover-Kommission einen Blick in die Unterlagen dreier Großkonzerne und fand dabei heraus, daß auf jeden Angestellten 34000, 56000 bzw. 64000 Dokumente und »Memos« kamen!

Die wie Pilze aus dem Boden schießende Nachfrage nach Informationen aller Art konnte in den Industriegesellschaften mit schriftlichen Antworten allein bald nicht mehr befriedigt werden. Folgerichtig wurden im 19. Jahrhundert das Telefon und der Telegraf entwickelt und übernahmen ihren Teil an der unaufhaltsam steigenden Informationsflut. 1960 wurde in Amerika pro Tag 256 Millionen Mal telefoniert. Im

*) Die Summe der versandten Poststücke vermittelt einen guten Einblick in den jeweiligen industriellen Entwicklungsstand eines Landes. 1961 betrug der Durchschnitt pro Person in den Industrieländern 141 Einzelsendungen. In nach wie vor von der Ersten Welle beherrschten Ländern lag die Anzahl bei weniger als einem Zehntel dieser Summe — so bei zwölf pro Person und Jahr in Malaysia und Ghana und vier pro Jahr in Kolumbien.

Zeitraum eines Jahres bedeutet dies mehr als 93 Milliarden Telefongespräche, und selbst die fortgeschrittensten Fernsprechnetze der Welt sind oft genug noch überlastet.

All diese Systeme dienten im wesentlichen dazu, Botschaften von *einem* Absender an *einen* Empfänger zu übermitteln. Aber eine Gesellschaft, die Massengüterproduktion und Massenverbrauch entwickelte, benötigte bald auch Methoden der Massenkommunikation — d.h. zur Übermittlung von Botschaften von *einem* Absender an *mehrere* Empfänger gleichzeitig. Im Gegensatz zum Unternehmer der vorindustriellen Epoche, der noch persönlich jeden seiner Angestellten notfalls in seiner Wohnung aufsuchen konnte, war der »Industrielle« nicht mehr dazu in der Lage, mit jedem der Tausende von Arbeitern in seinem Betrieb in persönlichen Kontakt zu treten. Noch viel weniger war es dem Zwischen- oder dem Großhändler möglich, mit jedem seiner Kunden persönlichen Umgang zu haben. Die Industriegesellschaft verlangte nach wirksamen Mitteln, mit ein und derselben Nachricht möglichst viele Menschen auf einmal billig, schnell und zuverlässig erreichen zu können. Es überrascht nicht, daß solche Mittel auch prompt erfunden wurden.

Die Post konnte ein und dieselbe Botschaft Millionen Menschen übermitteln — aber nicht schnell genug. Mit dem Telefon ließen sich Nachrichten sehr schnell verbreiten — aber nicht unter Millionen Menschen gleichzeitig. Die bestehende Lücke wurde von den Massenmedien ausgefüllt.

Heute sind Zeitungen und Zeitschriften mit Riesenauflagen in jeder Industrienation derartig zum Bestandteil des täglichen Lebens geworden, daß sie als eine Selbstverständlichkeit empfunden werden. Doch der enorme Aufschwung, den diese Publikationsorgane im Leben der Nationen erfahren haben, reflektiert auch wieder eine konvergente Entwicklung vieler neuer industrieller Technologien und Formen des Zusammenlebens. Jean-Louis Servan-Schreiber meint, diese Entwicklung wurde ermöglicht durch die »Eisenbahnen, die die Veröffentlichungen an einem einzigen Tag durch ein Land von der Größe Europas transportieren konnten; durch Rotationsmaschinen, die in ein paar Stunden Dutzende von Millionen Exemplaren herstellen können; durch ein Netzwerk von Telegraf- und Telefonverbindungen ... vor allem aber durch eine Öffentlichkeit, die aufgrund der allgemeinen Schulpflicht lesen konnte, und durch Industriezweige, die von der massenhaften Verbreitung ihrer Produkte abhingen«.

In den Massenmedien, von Zeitungen und Radios bis hin zu Kinofilmen und Fernsehen, finden wir, wieder einmal, Grundprinzipien der Fabrik verkörpert. Sie hämmern identische Informationen in Millionen Gehirne, so wie die Fabrik identische Produkte für Millionen Haushalte aus dem Boden stampft. Standardisierte »Fakten« entstammen dieser Massenproduktion — sie sind die Gegenstücke der standardisierten Massenprodukte. Millionen von Verbrauchern werden von dieser Informationsflut aus einigen zentralisierten Bild-Fabriken überschwemmt. Ohne dieses ausgedehnte, äußerst wirksame System zur Kanalisierung von Informationen hätte die Industriegesellschaft niemals zuverlässig funktionieren, niemals zu dem werden können, was sie ist.

Eine verzweigte »Infosphäre« entstand also in allen Industriegesellschaften diesseits und jenseits des Eisernen Vorhangs: Kommunikationswege, durch die individuelle oder zum Massenverbrauch bestimmte Botschaften genauso effizient vermittelt werden konnten wie Fertiggüter oder Rohstoffe. Diese Infosphäre war ihrerseits untrennbar mit der Technosphäre verbunden und diente ihr ebenso wie der Soziosphäre, indem sie dazu beitrug, die Wirtschaftsproduktion und das private Verhalten der Menschen aufeinander abzustimmen.

Jeder dieser »Sphären« kam eine Schlüsselfunktion im Gesamtsystem zu, und keine war denkbar ohne die jeweils andere. Die Technosphäre schuf den Reichtum und verteilte ihn; die Soziosphäre mit ihren zahllosen, untereinander verquickten Organisationen wies den Individuen innerhalb des Systems bestimmte Rollen zu. Die Infosphäre schließlich sorgte dafür, daß die zum Funktionieren des Gesamtsystems notwendigen Informationen an die richtige Stelle kamen. In ihrem Zusammenwirken stellen sie das Gerüst der Gesellschaft dar.

In Umrissen werden uns hier die gemeinsamen Strukturen aller von der Zweiten Innovationswelle betroffenen Nationen deutlich. Sie sind unabhängig von kulturellen oder klimatischen Unterschieden, unabhängig vom ethnischen oder religösen Erbe und unabhängig davon, ob sich die betroffenen Nationen kapitalistisch oder kommunistisch nennen.

Diese gemeinsamen Strukturen, gleichbedeutend in der Sowjetunion und in Ungarn, ebenso wie in der Bundesrepublik Deutschland, in Frankreich oder in Kanada, stecken das Terrain ab, in dem sich politische, soziale und kulturelle Unterschiede formulieren. Überall entstanden sie erst nach bitteren politischen, kulturellen und ökonomischen Kämpfen zwischen den Kräften, die die Strukturen der vorangehenden Ersten Innovationswelle zu erhalten suchten, und denen, die erkannten, daß nur eine neue Gesellschaftsform die schmerzhaften Probleme der alten Ordnung zu überwinden vermochte.

Menschliches Hoffen erhielt durch die Zweite Innovationswelle einen phantastischen Auftrieb. Zum erstenmal wagten Frauen und Männer daran zu glauben, daß Armut, Hunger, Krankheit und Tyrannei eines Tages überwunden würden. Utopische Schriftsteller und Philosophen von Abbé Morelly und Robert Owen bis zu Saint-Simon, Fourier, Proudhon, Louis Blanc, Edward Bellamy und viele, viele andere sahen in der sich abzeichnenden industriellen Gesellschaft eine potentielle Chance dafür, Frieden, Harmonie, Vollbeschäftigung, Einkommensgleichheit oder Chancengleichheit zu erreichen. Sie hofften, daß eine Zeit bevorstünde, in der es keine durch Geburt erworbenen Privilegien mehr geben würde, und daß all jene Unbilden ein Ende haben würden, die während Hunderttausender von Jahren, in denen der Mensch unter den Bedingungen der primitiven Gesellschaft gelebt hatte, und in Tausenden von Jahren, in denen die Agrargesellschaft dominierte, unveränderlich oder gar von ewiger Dauer zu sein schienen.

Wenn unsere heutige Industriegesellschaft uns weniger utopisch erscheint, ja, wenn sie sogar bedrückend, trostlos, ökologisch gefährdet, psychologisch repressiv und von Kriegen bedroht zu sein scheint — dann müssen wir verstehen lernen, warum das so ist. Wir werden diese Frage nur beantworten können, wenn wir jenen gewaltigen Keil genauer ansehen, der die psychischen Triebkräfte der Zweiten Innovationswelle in zwei einander befehdende Parteien spaltete.

Kapitel 3

Der unsichtbare Keil

Wie eine nukleare Kettenreaktion sprengte die Zweite Innovationswelle zwei Aspekte unseres Lebens gewaltsam auseinander, die bis dahin immer ein geschlossenes Ganzes gebildet hatten. Es war, als ob ein großer, unsichtbarer Keil unsere wirtschaftliche, psychische, ja sogar sexuelle Identität spaltete.

Auf der einen Seite schuf die Industrielle Revolution ein prächtig integriertes soziales System mit seinen eigenen charakteristischen Technologien, seinen eigenen sozialen Institutionen und seinen eigenen Informationswegen, die alle eng miteinander verknüpft waren. Auf der anderen Seite riß sie die bestehende Einheit der Gesellschaft auseinander. Ökonomische Spannungen, soziale Konflikte und psychologisches Unbehagen waren die Folge. Nur wenn wir verstehen, welche Auswirkungen dieser »unsichtbare Keil« während der Zweiten Welle auf die Gestaltung unseres Lebens hatte, können wir die Dimensionen der Dritten Welle erkennen, die im Begriff ist, uns und unserem Leben eine andere Gestalt zu geben.

Die Zweite Welle teilte das Leben der Menschen in zwei Hälften, in Produktion und Konsum. Wir sind zum Beispiel gewohnt, uns als »Produzenten und Konsumenten« zu bezeichnen. Dies war freilich nicht immer so. Bis zur Industriellen Revolution wurde der weitaus größte Teil der Nahrungsmittel, Güter und Dienstleistungen, die die Menschen produzierten, von den Produzenten selber, von deren Familien oder von einer kleinen Elite, der es gelang, den produzierten Mehrwert an sich zu reißen, wieder verbraucht.

In den agrarisch strukturierten Gesellschaften bestand die Bevölkerung großenteils aus Bauern, die in halbisolierten kleinen Gemeinschaften beieinanderhockten. Sie lebten von der Hand in den Mund und bauten gerade genug an, um sich selbst und ihre Herrschaft am Leben zu erhalten. Da sie nicht über die geeigneten Lagerkapazitäten verfügten, um Nahrungsmittel über längere Zeit hinweg aufzubewahren, da es außerdem keine Straßen gab, die für den Transport ihrer Produkte zu entfernteren Märkten unentbehrlich sind, und da sie darüber hinaus genau wußten, daß alle eventuellen Überschüsse ohnehin vom Feudalherrn oder Sklavenhalter konfisziert wurden, fehlte ihnen jeder Anreiz dazu, ihre technologische Basis weiterzuentwickeln oder die Produktion als solche zu steigern.

Handel gab es natürlich. Wir wissen, daß einige wenige mutige Kaufleute Güter über Tausende von Kilometern hinweg auf dem Rücken von Kamelen, in Karren oder Booten transportierten. Wir wissen auch, daß Städte entstanden, die von den auf dem Land produzierten Lebensmitteln abhängig waren. Als im Jahr 1519 die Spanier in Mexiko eintrafen, waren sie höchst erstaunt darüber, daß in Tlatelolco Tausende von Leuten damit beschäftigt waren, Juwelen, wertvolle Metalle, Sklaven und Sandalen, Stoffe, Schokolade, Seile, Häute, Truthühner, Gemüse, Kaninchen, Hunde und zahllose Keramikarbeiten zu kaufen und zu verkaufen. Die *Fugger-Briefe*, ein privater Informationsdienst für deutsche Bankiers im 16. und 17. Jahrhundert, legen beredtes Zeugnis ab von Handelsvielfalt und Handelsvolumen in der damaligen Zeit. Ein Brief von Cochin aus Indien beschreibt im Detail die Schwierigkeiten eines europäischen Kaufmanns, der mit fünf Schiffen ausgezogen war, um Pfeffer einzukaufen. »Der Pfefferhandel ist ein schönes Geschäft,« erklärt er, »aber er erfordert großen Einsatz und große Ausdauer.« Derselbe Kaufmann brachte auch Gewürznelken, Mehl, Zimt, Muskatnüsse und Muskatblüten sowie verschiedene Rauschmittel mit nach Europa.

Dies alles jedoch waren kaum mehr als historische Spurenelemente, verglichen mit dem Umfang, den die Produktion zum sofortigen Verbrauch durch den Produzenten selber, den Sklaven oder Leibeigenen, erreichte. Noch im 16. Jahrhundert lebten nach Fernand Braudel, dessen historische Forschungen über diese Zeit noch immer unübertroffen sind, im gesamten Mittelmeerraum — von Frankreich und Spanien bis hinüber in die Türkei — 90 Prozent der 60 bis 70 Millionen Menschen von der Landwirtschaft. Sie produzierten nur eine vergleichsweise geringe Anzahl von Handelsgütern. Nach Braudel kamen »60 oder vielleicht sogar 70 Prozent der Gesamtproduktion des Mittelmeerraumes niemals in einen marktwirtschaftlichen Kreislauf«. Wenn dies schon für den Mittelmeerraum galt, so galt es, wie wir annehmen müssen, erst recht für Nordeuropa, wo der steinige Boden und der lange kalte Winter es den Bauern noch schwerer machten, Überschüsse zu erwirtschaften.

Zum Verständnis der Dritten Welle dürfte es nützlich sein, das Wirtschaftsgefüge der Ersten Welle, also die Zeit vor Beginn der Industriellen Revolution, in zwei Sektoren zu scheiden: In Sektor A produzierten die Menschen nur für ihren Eigenbedarf; in Sektor B produzierten sie für Tausch und Handel. Sektor A war gewaltig; Sektor B war winzig. Für die meisten Menschen verschmolzen daher Produktion und Konsum zu einer einzigen, lebenserhaltenden Einheit. Diese Einheit war so umfassend, daß die Griechen, die Römer und die Menschen des europäischen Mittelalters zwischen den beiden Einzelfaktoren nicht unterschieden. Sie hatten nicht einmal ein Wort für »Konsument«. Während der gesamten agrarischen Epoche war nur ein winziger Bruchteil der Bevölkerung vom Markt abhängig; die meisten Menschen blieben von ihm gänzlich unberührt. Der Historiker R. H. Tawney schrieb, daß »pekuniäre Transaktionen nur eine Marginalerscheinung in einer auf Naturalienwirtschaft basierenden Welt« waren.

Die Zweite Welle brachte einschneidende Veränderungen. An die Stelle der Selbstversorgung trat nun zum erstenmal in der Geschichte eine Situation, in der der überwiegende Teil der produzierten Nahrungsmittel, Verbrauchsgüter und Dienstleistungen für den Verkauf oder den Warenaustausch bestimmt war. Güter, die zum Eigenverbrauch — also zur Verwendung unmittelbar durch den Produzenten und seine Familie — hergestellt wurden, wischte die Zweite Welle buchstäblich von der Bildfläche. Sie schuf eine Gesellschaft, in der fast niemand, auch der Bauer nicht mehr, sich selbst versorgen konnte. Jeder geriet in die fast totale Abhängigkeit von Nahrungsmitteln, Gütern oder Diensten, die irgend jemand anders produzierte.

Kurz gesagt, der Industrialismus zerbrach die Einheit von Produktion und Konsum und schuf eine tiefe Kluft zwischen Produzenten und Konsumenten. Die »einheitliche« Wirtschaftsform der Ersten Welle wurde in die »gespaltene« Wirtschaftsform der Zweiten Welle überführt.

Die Bedeutung des Marktes

Die Konsequenzen dieser Spaltung waren überaus bedeutsam. Noch heute sind wir uns über ihren wahren Charakter kaum im klaren. Zunächst einmal rückte der Markt, der bis dahin ein eher peripheres Phänomen gewesen war, in den Mittelpunkt des Lebens. Die Wirtschaft wurde »vermarktet«, und dies geschah sowohl in den kapitalistischen wie in den sozialistischen Industrieländern.

Westliche Ökonomen neigen dazu, den Markt als eine rein kapitalistische Erscheinung zu betrachten und bedienen sich des Ausdrucks »Marktwirtschaft«, als ob er gleichbedeutend wäre mit »profitorientierter Wirtschaft«. Doch nach allem, was uns aus der Geschichte bekannt ist, entstand der Warenaustausch — und mit ihm der Markt — früher als der Profit und unabhängig von ihm. Denn genau genommen ist der Markt nichts weiter als ein Vehikel des Warenaustausches, eine Art Vermittlungszentrale, mit deren Hilfe Güter und Dienstleistungen auf den Weg zu ihren jeweiligen Empfängern geschickt werden wie Telefongespräche. Er ist nicht *eo ipso* kapitalistisch. Eine sozialistische Industriegesellschaft benötigt eine derartige Vermittlungszentrale ganz genauso wie eine vom Profitgedanken motivierte Wirtschaftsordnung.*)

*) Der Markt als Vermittlungszentrale ist unentbehrlich, egal ob der Handel auf Geld- oder Tauschverkehr beruht. Er ist unentbehrlich, unabhängig davon, ob Profit aus dem Handel gezogen wird oder nicht, ob die Preise sich nach Angebot und Nachfrage richten oder vom Staat festgesetzt werden, ob die Wirtschaft geplant wird oder nicht oder ob sich die Produktionsmittel in privater oder öffentlicher Hand befinden. Er ist sogar in einer hypothetischen Wirtschaftsform mit selbstverwalteten Betrieben unentbehrlich, in denen die Arbeiter ihre Löhne selber so hoch ansetzen, daß die Kategorie »Profit« eliminiert wird.

Wo immer der Einfluß der Zweiten Innovationswelle fühlbar wurde und der Produktionszweck sich vom sofortigen Gebrauch auf den Warenaustausch verlagerte, mußte es einen Mechanismus geben, der den Warenaustausch regelte, d.h. einen Markt. Aber der Markt war nicht passiv. Der Wirtschaftshistoriker Karl Polanyi hat gezeigt, wie der Markt, der in den früheren Gesellschaften den jeweiligen sozialen oder religiösen und kulturellen Zielen untergeordnet war, plötzlich dazu kam, den Industriegesellschaften ihre Ziele vorzuschreiben.

Die meisten Menschen wurden vom Geldsystem quasi aufgesogen. Kommerzielle Wertvorstellungen rückten in den Mittelpunkt. Wirtschaftliches Wachstum (gemessen an der Größe des Marktes) wurde sowohl für kapitalistische wie für sozialistische Regierungen zum vorrangigen Ziel.

Der Markt war eine expansive Institution mit enormer Eigendynamik. So wie schon die ersten Vorläufer der Arbeitsteilung die Entwicklung des Handels gefördert hatten, so begünstigte nun der Markt als Vermittlungszentrale durch seine bloße Existenz eine weitere Arbeitsteilung und führte zu einem rasanten Produktivitätsanstieg. Ein sich selbst ständig erweiternder Prozeß hatte damit begonnen.

Die explosionsartige Expansion des Marktes trug zu einer Anhebung des Lebensstandards bei, wie sie die Welt zuvor noch nicht gesehen hatte.

Die Regierungen der Industriegesellschaften sahen sich jedoch in zunehmendem Maße von einem neuartigen Konflikt, der aus der Spaltung von Produktion und Konsum resultierte, politisch unter Druck gesetzt. Die Überbetonung des Klassenkampfes durch die Marxisten hat systematisch den weit tieferen Konflikt vernebelt, der aus den Forderungen der Produzenten (sowohl der Arbeiter wie der Manager) nach höheren Löhnen, Profiten und anderen Vorteilen und den Gegenforderungen der Konsumenten — dem gleichen Personenkreis — nach niedrigeren Preisen entstand. Dies war der Dreh- und Angelpunkt der Wirtschaftspolitik.

Das Entstehen einer Verbraucherbewegung in den Vereinigten Staaten, die jüngsten Unruhen in Polen gegen die von der Regierung verfügten Preissteigerungen, die endlose Debatte über Preis- und Einkommenspolitik in England, die ewigen ideologischen Gefechte in der Sowjetunion darüber, ob nun der Schwerindustrie oder der Konsum-

So wenig man auf der einen Seite diesen wesentlichen Umstand erkannt hat, so sehr hat man auf der anderen Seite den Markt mit nur einer seiner vielen Varianten identifiziert, nämlich dem auf Profit und Privateigentum basierenden Modell, in dem die Preise Angebot und Nachfrage reflektieren. So gibt es in der konventionellen Wirtschaftssprache nicht einmal ein Wort, mit dem sich die Vielgestaltigkeit des Marktes adäquat benennen läßt.

In diesem Buch wird der Begriff »Markt« durchweg in seiner umfassenden Bedeutung benutzt und nicht im üblichen engen Sinn. Von semantischen Fragen abgesehen, gilt es, folgende Grundtatsachen im Auge zu behalten: Immer, wenn es zu einer Trennung zwischen Produzent und Konsument kommt, ist ein Mechanismus vonnöten, der zwischen den beiden vermittelt. Dieser Mechanismus, wie immer er im einzelnen aussehen mag, ist das, was ich als den »Markt« bezeichne.

güterproduktion der Vorrang eingeräumt werden soll — all dies sind Aspekte jenes tiefen Konflikts, der in jeder kapitalistischen oder sozialistischen Gesellschaft durch die Trennung von Produktion und Konsum hervorgerufen wird.

Die Kluft beeinflußte nicht nur die Politik, sondern auch die Kultur, indem sie die am stärksten aufs Geld fixierte, habsüchtigste, kommerzialisierteste und berechnendste Zivilisation der Geschichte schuf. Man braucht nicht unbedingt Marxist zu sein, um mit dem berühmten Vorwurf aus dem *Kommunistischen Manifest* übereinzustimmen, daß die neue Gesellschaftsform »kein anderes Band zwischen Mensch und Mensch übriggelassen [hat] als das nackte Interesse, als die gefühllose ›bare Zahlung‹ «. Familienbande, Liebe, Freundschaft, private nachbarliche und gemeinschaftliche Beziehungen — alle wurden sie von kommerziellem Eigennutz getrübt oder korrumpiert.

Obgleich Marx diese Enthumanisierung der zwischenmenschlichen Beziehungen korrekt identifizierte, so hatte er doch unrecht, als er sie auf den Kapitalismus zurückführte. Allerdings schrieb er auch zu einer Zeit, in der die einzige Form der industriellen Gesellschaft, die er studieren konnte, kapitalistisch orientiert war. Heute, nach mehr als einem halben Jahrhundert an Erfahrungen mit sozialistischen oder zumindest staatssozialistischen Industriegesellschaften, wissen wir, daß aggressive Raffgier, Wirtschaftskorruption und die Subsumierung der zwischenmenschlichen Beziehungen unter kalte, ökonomische Begriffe keineswegs ein Monopol des Profitsystems sind.

Die geradezu besessene Überbewertung von Geld, Waren und Sachwerten ist kein Kennzeichen von Kapitalismus oder Sozialismus, sondern von Industrialismus. Sie spiegelt die zentrale Rolle des Marktes in *allen* Gesellschaften wider, in denen Produktion und Konsum voneinander getrennt sind, in denen jeder einzelne schon in seinen elementarsten Lebensbedürfnissen vom Markt und nicht von seinen eigenen produktiven Fähigkeiten abhängig ist.

In einer solchen Gesellschaft werden, gleichgültig wie ihre politische Struktur aussieht, nicht nur Produkte gekauft und verkauft, gehandelt oder getauscht, sondern auch Arbeit, Ideen, Kunst und Seelen. Der Einkäufer im Westen, der illegale Provisionen einsteckt, steht dem sowjetischen Verleger, der als »stiller Teilhaber« vom Honorar der Autoren abschöpft, nachdem er der Veröffentlichung ihrer Arbeiten zugestimmt hat, oder dem Klempner, der eine Flasche Wodka für das verlangt, wofür er eigentlich bezahlt wird, kaum nach. Der französische, britische oder amerikanische Künstler, der nur fürs Geld schreibt oder malt, ist gar nicht so sehr unterschieden von dem polnischen, tschechischen oder sowjetischen Romancier, Maler oder Dramatiker, der seine schöpferische Freiheit für wirtschaftliche Vorzugsrechte wie eine Datscha auf dem Land, Sondervergütungen, einen Neuwagen oder andere sonst nicht erhältliche Waren verkauft.

Eine derartige Korruption resultiert zwangsläufig aus der Trennung von Produktion und Konsum. Schon die Notwendigkeit, mit Hilfe eines Marktes als Verteilungszentrale Konsument und Produzent wieder miteinander zu verbinden und Güter vom Produzenten zum Konsumenten zu transportieren, verleiht denjenigen, die den Markt kontrollieren, eine außerordentliche Machtposition, unbeschadet der Rhetorik, derer sie sich bedienen, um diese Machtposition zu rechtfertigen.

Die Trennung der Produktion vom Konsum, die ein gemeinsames Charaktermerkmal aller von der Zweiten Welle geprägten Gesellschaften wurde, ließ selbst unsere Psyche und unsere Auffassungen von der Persönlichkeit nicht unberührt. Menschliches Verhalten wurde von nun an nach »Beziehungen« beurteilt. An die Stelle einer Gesellschaft, die sich auf Freundschaft, Verwandtschaft, auf Stammes- und Feudalbande gründete, rückte im Gefolge der Zweiten Innovationswelle eine Gesellschaftsform, in der tatsächliche oder indirekte vertragliche Bindungen dominierten. Selbst Ehepartner sprechen heutzutage vom »Ehevertrag«.

Die Aufteilung in zwei Rollen — Produzent und Konsument — spaltete gleichzeitig die Persönlichkeit. Ein und derselben Person wurde einerseits — in ihrer Eigenschaft als Produzent — in Familie, Schule und Betrieb beigebracht, Vergnügungen zu entsagen, sich disziplinieren, kontrollieren und einschränken zu lassen, gehorsam zu sein und sich der Gemeinschaft unterzuordnen. In ihrer Eigenschaft als Konsument wurde dieselbe Person gleichzeitig zu rascher Bedürfnis- und Lustbefriedigung, eher zu hedonistischer als zu abwägender Lebensführung sowie zu Disziplinlosigkeit und individualistischen Vergnügungen — kurz, zu einem ganz und gar anderen Menschen erzogen. In den westlichen Ländern vor allem wurde das gesamte Arsenal der Werbung auf den Konsumenten gerichtet. Man drängte die Menschen dazu, beim Einkauf oder bei der Kreditaufnahme unmittelbaren Impulsen zu folgen — zum »Kaufen Sie jetzt — zahlen Sie später!« — und machte ihnen darüber hinaus noch klar, daß sie damit dem Vaterland einen Dienst erwiesen: Sie hielten schließlich die Wirtschaft in Schwung.

Die Geschlechtertrennung

Der Riesenkeil, der im Verlauf der Zweiten Innovationswelle Produzenten und Konsumenten voneinander trennte, führte schließlich auch zu einer Aufspaltung in zwei Arten von Arbeit. Dieses wiederum hatte enorme Auswirkungen auf die Familie, die Rolle der Geschlechter und die psychische Konstitution des einzelnen.

Zu den verbreitetsten sexuellen Stereotypen in der Industriegesellschaft zählt die Klassifizierung des Mannes als »objektiv« und die der Frau als »subjektiv«. Wenn ein Körnchen Wahrheit in dieser Behauptung liegen sollte, so gründet sich dies wahrscheinlich nicht auf irgendeine biologische Konstante, sondern auf die psychologischen Auswirkungen des »unsichtbaren Keils«.

In den von der Ersten Welle geprägten Gesellschaften arbeiteten die Menschen auf dem Feld oder zu Hause. Alle Mitglieder der Familie arbeiteten zusammen als eine wirtschaftliche Einheit, und der Großteil der entstehenden Produkte war zum direkten Verbrauch innerhalb der Dorf- oder Gutsgemeinschaft bestimmt. »Arbeitsleben« und »häusliches Leben« gingen bruchlos ineinander über. Und da jedes Dorf für seine Versorgung weitgehend selbst aufkam, war der Erfolg oder Mißerfolg der Bauern nicht von den Ereignissen im Nachbardorf abhängig. Selbst innerhalb ihrer Produktionseinheit übten die Bauern eine Vielzahl von Tätigkeiten aus. Wenn Wetter oder krankheitsbedingte Ausfälle es erforderlich machten, konnte man ohne weiteres einen anderen Aufgabenbereich übernehmen; auch die freie Wahl spielte eine gewisse Rolle. Die vorindustrielle Arbeitsteilung war noch sehr rudimentär. Daraus resultierte innerhalb der agrarischen Gesellschaftsformen ein sehr geringes Maß an gegenseitiger Interdependenz.

Im Zuge der Zweiten Welle führte die Landflucht in England, Frankreich, Deutschland und anderen Ländern zu einem weit höheren Maß an gegenseitiger Abhängigkeit. Von nun an erforderte die Arbeit gemeinsame Anstrengung, Arbeitsteilung, Koordinierung und Integration vieler unterschiedlicher Fähigkeiten. Der Erfolg beruhte auf sorgfältig geplantem, kooperativem Verhalten von Tausenden, aus allen Winkeln des Landes zusammengekommenen Menschen, von denen ein großer Teil einander niemals sah. Der Bankrott eines bedeutenden Stahlwerks oder einer Glashütte, von deren Zulieferungen beispielsweise eine Automobilfabrik abhängig war, konnte unter gewissen Umständen einen ganzen Industriezweig oder das Wirtschaftsgefüge einer ganzen Region erschüttern.

Die Kollision zwischen Arbeitsformen mit hoher und solchen mit niedriger Interdependenz führte zu ernsthaften Konflikten über Aufgaben, Verantwortungsbereiche und Beurteilungsmaßstäbe. Die Fabrikbesitzer der Pionierzeit beklagten sich beispielsweise darüber, daß ihre Arbeiter »kein Verantwortungsgefühl« zeigten, daß sie sich keine Gedanken über die »Effizienz« der Fabrik machten, daß sie gerade dann, wenn man sie am dringendsten brauche, lieber zum Angeln gingen, daß sie herumalberten oder betrunken zur Arbeit kamen. Tatsächlich stammten ja die meisten Industriearbeiter der ersten Generation vom Land und waren an Arbeit von geringem Interdependenzgrad gewöhnt. Sie hatten nur wenig oder gar keine Ahnung von ihrer Rolle im allgemeinen Produktionsprozeß oder von den Bankrotten, Ausfällen oder Störungen, die durch ihren »Mangel an Verantwortungsgefühl« hervorgerufen wurden. Da die meisten von ihnen überdies jämmerlich schlecht bezahlt wurden, gab es auch keinen Anreiz zu größerer Sorgfalt.

In der Auseinandersetzung zwischen den beiden erwähnten Arbeitssystemen schienen die neuen Formen die Oberhand zu behalten. Immer mehr verlagerte sich das Schwergewicht der Produktion auf Fabriken und Büros. Die Bevölkerungszahlen auf dem Land gingen zurück. Millionen Arbeiter wurden zu Rädchen in einer hochkomplizierten Maschinerie. Die Zweite Welle stellte auch auf diesem Gebiet die veralteten Traditionen der Ersten Welle in den Schatten.

Allerdings gelang es der interdependenten Arbeitsweise niemals vollständig, über das alte Prinzip der Selbstversorgung zu triumphieren. Es gab einen Ort, von dem das alte System sich nie vertreiben ließ, und dieser Ort war die Familie.

Jede Familie blieb eine dezentralisierte Einheit der biologischen Reproduktion, in der das kulturelle Erbe weitergegeben und Kinder aufgezogen wurden. Wenn eine Familie keine Nachkommen hatte oder ihre Kinder mehr schlecht als recht erzog bzw. auf das Leben im bestehenden Arbeitsprozeß ungenügend vorbereitete, so hieß das noch lange nicht, daß dadurch auch die Nachbarsfamilie bei der Bewältigung dieser Aufgaben mit den gleichen Schwierigkeiten konfrontiert war. Die Arbeit innerhalb der Familie blieb daher eine Arbeit mit geringem Interdependenzgrad.

In den Aufgabenbereich der Hausfrau fiel nach wie vor eine Anzahl entscheidender ökonomischer Funktionen. Sie »produzierte«, aber sie produzierte für den Sektor A, für den unmittelbaren Verbrauch in ihrer eigenen Familie — und nicht für den Markt.

Während dem Ehemann immer die Rolle des »direkten« Verdieners zufiel, blieb die Frau im allgemeinen im Hintergrund und damit ein »indirekter« Verdiener. Der Mann übernahm die Verantwortung für den historisch gesehen »fortschrittlichen« Teil der Arbeit; der Frau blieb es überlassen, sich um den traditionellen »rückständigen« Teil zu kümmern. Er steuerte auf die Zukunft zu — sie blieb der Vergangenheit verhaftet.

Diese Rollenverteilung führte zu einer Art Persönlichkeitsspaltung. Der öffentliche oder kollektive Charakter der Fabrik und des Büros, der dort bestehende Koordinierungs- und Integrationszwang, legte besonderen Wert auf »objektive« Analyse und »objektive Verhältnisse«. Von Kindesbeinen an wurden die Männer auf ihre Rolle im Geschäftsleben vorbereitet; darauf, wie sie sich in einer interdependenten Welt zu benehmen hätten. Man ermunterte sie dazu, »objektiv« zu werden. Frauen dagegen wurden von Geburt an auf reproduktive Aufgaben hin gedrillt, auf Kinderaufzucht und Plackerei im Haushalt, die sich zu einem beträchtlichen Teil in sozialer Isolation abspielte. Man lehrte sie, »subjektiv« zu sein, und häufig betrachtete man sie als unfähig zu rationalem, analytischem Denken, das angeblich an »Objektivität« gebunden war.

Es kann daher nicht überraschen, daß sich Frauen, die die relative Abgeschlossenheit des Haushalts verließen, um selber einen Platz im interdependenten Produktionsprozeß einzunehmen, oft dem Vorwurf ausgesetzt sahen, »kalt«, »hart« und »unweiblich« geworden zu sein — und eben: »objektiv«.

Sexuelle Unterschiede und stereotype sexuelle Rollenbilder wurden darüber hinaus noch verstärkt durch die irreführende Gleichsetzung von Männern mit Produktion und Frauen mit Konsum, obgleich Männer ebenfalls konsumierten und Frauen ihrerseits auch produzierten. Zwar waren Frauen auch schon lange vor Beginn der Zweiten Welle unterdrückt worden, doch kann der moderne »Geschlechterkampf« zu einem großen Teil auf den Konflikt zwischen den beiden Arbeitsformen zurückgeführt werden und überdies noch auf die Trennung von Produktion und Konsum. Die gespaltene Ökonomie vertiefte auch die Kluft zwischen den Geschlechtern.

Aus dem bisher Geschilderten geht hervor, daß in dem Moment, da der unsichtbare Keil zwischen Produzent und Konsument getrieben worden war, der Anlaß für tiefgreifende Änderungen gegeben war: Ein Markt mußte geschaffen (oder erweitert) werden, um die beiden Seiten wieder miteinander zu verbinden; neue politische und soziale Konflikte entstanden; die Rollen der Geschlechter wurden neu definiert. Aber der Bruch hatte noch sehr viel weiter reichende Konsequenzen. Er implizierte, daß alle von der Zweiten Innovationswelle betroffenen Gesellschaften nach ähnlichen Gesetzen funktionieren mußten; daß sie gewisse Grunderfordernisse zu erfüllen hatten. Ob der Profit oder etwas anderes die Produktion motivierte, ob die »Produktionsmittel« sich in privater oder öffentlicher Hand befanden, ob der Markt »frei« war oder ein Plan ihn dirigierte, ob die Rhetorik kapitalistisch oder sozialistisch war — darauf kam es kaum an. Solange die Produktion dem Warenaustausch unterworfen war und solange sie eines Marktes oder Verteilers bedurfte, solange gab es gewisse Prinzipien der Zweiten Welle, denen sich niemand entziehen konnte. Sobald man diese Prinzipien erkennt, treten die verborgenen Triebkräfte aller Industriegesellschaften deutlich zutage.

Überdies sieht man sich in die Lage versetzt, die typischen Denkweisen der Menschen, die gänzlich von der Zweiten Welle geprägt sind, vorauszusagen. Denn diese Prinzipien fanden ebenfalls ihren Niederschlag im Verhaltenskodex der Zweiten Welle.

Kapitel 4

Der Code wird geknackt

Jede Zivilisation besitzt einen verborgenen Code, eine Anzahl von Regeln und Prinzipien, die wie ein immer wiederkehrendes Muster in allen Lebensbereichen einen gewissen Einfluß ausüben. Als sich die Industriezivilisation auf dem Erdball ausbreitete, wurde auch der in ihr verborgene Code erkennbar. Er bestand aus einer Gruppe von sechs miteinander verknüpften Prinzipien, die das Verhalten von Millionen programmierten. Diese Prinzipien, natürliche Folgen der Trennung von Produktion und Verbrauch, drangen in jeden Lebensbereich vor, von Sex und Sport bis hin zu Arbeit und Krieg.

Ein Großteil der Ärgernisse, mit denen wir uns heute in Schulen, Betrieben und Regierungen auseinanderzusetzen haben, dreht sich um dieses halbe Dutzend Grundprinzipien, die von den Menschen, die die Zweite Innovationswelle geprägt hat, instinktiv verteidigt werden, während die Vorreiter der Dritten Welle sie herausfordern und attackieren. Aber wir wollen nicht vorgreifen.

Standardisierung

Das uns vertrauteste Prinzip der Zweiten Welle heißt Standardisierung. Jeder weiß, daß die Industriegesellschaft millionenfach gleichartige Produkte ausstößt. Nur wenigen ist bisher allerdings aufgefallen, daß wir, nachdem dem Markt erst einmal eine so wichtige Rolle zugefallen war, weit mehr taten als einfach nur Coca-Cola-Flaschen, Glühbirnen und Fahrzeuggetriebe zu normen. Wir übertrugen vielmehr das gleiche Prinzip auf viele andere Bereiche. Zu den ersten, die die Bedeutung dieses Gedankens erfaßten, zählte Theodore Vail, der um die Jahrhundertwende die American Telephone & Telegraph Company *) zu einem gigantischen Unternehmen ausbaute.

Vail, der Ende der sechziger Jahre des vorigen Jahrhunderts als Angestellter bei der Bahnpost gearbeitet hatte, war aufgefallen, daß zwei Briefe an den gleichen Empfänger oftmals auf verschiedenen Wegen am Zielort ankamen. Nicht selten reisten Postsäcke längere Zeit hin und her und benötigten Wochen oder gar Monate, bis sie ihren Empfänger erreichten. Von Vail stammt die Einführung des standardisierten Transports — alle Briefe an ein und dieselbe Adresse benützen den gleichen Weg. Mit dieser Idee trug Vail zu einer revolutionären

*) Nicht zu verwechseln mit der multinationalen International Telephone & Telegraph Corporation (ITT).

Veränderung des Postwesens bei. Später, beim Aufbau der AT&T, setzte er sich zum Ziel, in allen amerikanischen Haushalten identische Telefone einzuführen.

Vail standardisierte nicht nur den Telefonapparat und seine Einzelteile, sondern auch die Geschäftsvorgänge und die Verwaltung bei AT&T. In einer 1908 erschienenen Anzeige rechtfertigte er die Tatsache, daß AT&T eine kleine Telefongesellschaft nach der anderen schluckte, mit dem Argument, daß eine »Zentralstelle für Standardisierung« bei der »Materialbeschaffung, dem Bau von Leitungen und Konduktoren, beim Vermittlungssystem und bei der Gesetzgebung« Wirtschaftlichkeit garantiere, ganz zu schweigen von den Vorteilen »einheitlicher Betriebsführung und Buchhaltung«. Vail erkannte, daß zum Erfolg in einem von der Zweiten Welle geprägten Umfeld nicht nur die Standardisierung von Material und Ausrüstung *(hardware)*, sondern auch die Vereinheitlichung von geschäftlichen und verwaltungstechnischen Routinevorgängen *(software)* gehörte.

Vail war nur einer der »Großen Vereinfacher«, die der Industriegesellschaft ihren Stempel aufdrückten. Ein weiterer war Frederick Winslow Taylor, ein ehemaliger Mechaniker, der für seine Überzeugung, Arbeit könne durch Standardisierung jedes einzelnen Arbeitsvorganges »verwissenschaftlicht« werden, einen wahren Kreuzzug führte. In den ersten beiden Jahrzehnten dieses Jahrhunderts stellte Taylor fest, daß es eine (standardisierte) Idealmethode, ein (standardisiertes) Idealwerkzeug und einen feststehenden (standardisierten) Zeitraum für jeden Arbeitsvorgang geben müsse.

Diese Philosophie machte ihn zu einem der führenden Gurus der Betriebswirtschaft. Schon zu seinen Lebzeiten verglich man ihn mit Freud, Marx und Franklin. Die kapitalistischen Unternehmer, die ein Interesse daran hatten, aus ihren Arbeitern auch noch das letzte Quentchen Produktivität herauszupressen, standen in ihrer Bewunderung für den »Taylorismus« mit seinen »Rationalisierungsfachleuten«, »Stücklohnverfahren« und »Zeitnehmern« *(rate-busters)* keineswegs allein. Ihr Enthusiasmus wurde von Kommunisten geteilt. Lenin selber setzte sich dafür ein, Taylors Methoden den Produktionsbedingungen im Sozialismus anzupassen. Lenin, der in erster Linie ein »Industrialisator« und erst in zweiter Linie Kommunist war, vertraute felsenfest auf Standardisierung. In den Industriegesellschaften wurde neben der Arbeit auch der Arbeitsmarkt immer stärker in den Sog der Standardisierung hineingezogen. Genormte Tests dienten zur Entdeckung und Ablehnung angeblich ungeeigneter Bewerber — insbesondere im Öffentlichen Dienst. Die Löhne ganzer Industriezweige wurden standardisiert, ebenso wie Sozialausgaben, Pausendauer, Urlaub und Schlichtungswesen. Um die Jugend auf den Arbeitsmarkt vorzubereiten, entwarfen Bildungsexperten standardisierte Lehrpläne. Männer wie Binet und Terman entwickelten normierte Intelligenztests. In ähnlicher Weise wurden Zulassungsbedingungen und die Bewertung von Schulabschlüssen genormt: Der *multiple-choice*-Test gewann zunehmend an Bedeutung.

Währenddessen streuten die Massenmedien ihre Retortenbilder unters Volk, so daß Millionen die gleichen Anzeigen, die gleichen Nachrichten und die gleichen Kurzgeschichten zu sehen bzw. zu lesen bekamen. Der Einfluß der Massenkommunikationsmittel und zielgerichtete Unterdrückungsmaßnahmen von seiten der Regierungen führten in einigen Gegenden, wie in Wales und im Elsaß, zum beinahe völligen Verschwinden regionaler Dialekte oder gar ganzer Sprachen. »Standard«-Amerikanisch, -Englisch, -Französisch oder auch Standard-Russisch ersetzten »nicht-standardisierte« Sprachen. Der Einheitsstil der Tankstellen, Häuser, Plakatwände usw. glich das äußere Erscheinungsbild ehemals sehr unterschiedlicher Landesteile immer mehr aneinander an.

Was die industrielle Gesellschaft aber noch nötiger brauchte, waren genormte Maße und Gewichte. Zu den ersten Maßnahmen der französischen Revolutionäre zählten Versuche, die überkommenen, hoffnungslos zersplitterten präindustriellen europäischen Maßeinheiten durch das metrische System zu ersetzen. Dies, ebenso wie die Einführung eines neuen Kalenders, war alles andere als ein Zufall, denn die Französische Revolution leitete in Frankreich das Zeitalter der Industrialisierung ein. Überall in der Welt setzten sich im Verlauf der Zweiten Innovationswelle einheitliche Maße und Gewichte durch.

Die Massenproduktion machte die Normung von Maschinen, Produkten und Verfahrensweisen erforderlich. Dementsprechend erforderte der ständig wachsende Markt eine Standardisierung des Geldes und sogar der Preise. Zuvor hatten Banken und Privatleute ebenso wie gekrönte Häupter über die Münzrechte verfügt. Noch im 19. Jahrhundert war Geld, das aus privaten Münzstätten stammte, in Teilen der Vereinigten Staaten im Umlauf, und in Kanada sogar noch bis 1935. Nach und nach wurden jedoch in allen Ländern, die dem Industrialisierungsprozeß unterworfen waren, nicht-staatliche Währungen aus dem Verkehr gezogen und an ihrer Statt ein einziges, standardisiertes Zahlungsmittel eingeführt.

Bis ins 19. Jahrhundert hinein war es überdies in den Industrienationen durchaus noch üblich, daß Käufer und Verkäufer in bester orientalischer Basartradition bei jedem Geschäft miteinander um den Preis feilschten. Im Jahr 1825 verblüffte ein junger, nordirischer Einwanderer namens A. T. Stewart, der in New York ein Textilgeschäft eröffnete, Kunden und Konkurrenten gleichermaßen dadurch, daß er einen Fixpreis für jedes Einzelstück festsetzte. Mit seiner Fixpreispolitik — nichts anderem als Preis-Standardisierung — wurde Stewart einer der großen Handelsfürsten seiner Zeit und beseitigte eines der Haupthindernisse bei der Verteilung von Massenprodukten.

Worin auch immer führende Köpfe der Industriegesellschaft sich unterscheiden mochten — darin, daß sie Standardisierung für sehr »effizient« hielten, stimmten sie alle überein. Die unermüdliche Anwendung des Standardisierungsprinzips führte somit während der Zweiten Innovationswelle auf vielen verschiedenen Gebieten zur Beseitigung struktureller Unebenheiten.

Spezialisierung

Das zweite große Prinzip, das überall in den von der Zweiten Welle betroffenen Gesellschaften wirkte, war die Spezialisierung. Denn je mehr Vielfalt Sprache, Freizeit und Lebensstil durch die Zweite Welle einbüßten, um so mehr stieg das Bedürfnis nach Vielfalt im Arbeitsbereich. Die Zweite Innovationswelle beschleunigte die Entwicklung arbeitsteiliger Produktionsabläufe und ersetzte den Bauern, der sich in den verschiedensten Handwerken zurechtfand, durch den engstirnigen, verbissenen Spezialisten und den Arbeiter, der, à la Taylor, nur einen einzigen Arbeitsgang, den aber immer und immer wieder zu erledigen hatte.

Schon 1720 wies ein britischer Bericht über *Die Vorteile des Ostindienhandels* darauf hin, daß der »Verlust an Zeit und Arbeit« bei höherer Spezialisierung »geringer« sei. 1776 begann Adam Smith sein Werk *Der Reichtum der Nationen* mit der schrillen Behauptung, daß »der größte Fortschritt in den produktiven Kräften der Arbeit ... in den Auswirkungen der Arbeitsteilung zu liegen scheint«.

In einer klassischen Passage seines Werkes beschrieb Smith die Herstellung einer Nadel. Ein Handwerker alten Schlages, der alle Arbeitsgänge eigenhändig verrichtete, konnte nach Smith nur eine Handvoll Nadeln — nie mehr als zwanzig und unter Umständen vielleicht nicht einmal eine einzige — pro Tag anfertigen. Ihm stellte Adam Smith einen Manufakturbetrieb, den er besichtigt hatte, gegenüber, in dem die achtzehn Arbeitsgänge, die zur Fertigung einer Nadel notwendig waren, von zehn spezialisierten Arbeitern ausgeführt wurden: jeder machte nur ein paar Handgriffe. Zusammen waren sie in der Lage, mehr als 48000 Nadeln pro Tag, also 4800 pro Mann herzustellen.

Die Geschichte mit der Nadel wiederholte sich im Lauf des 19. Jahrhunderts mit der Ausbreitung des Fabriksystems in immer anderen Bereichen und in immer größeren Dimensionen. Entsprechend schnell stieg der Preis, den der einzelne für die Spezialisierung zu zahlen hatte: Kritiker des Industrialismus beklagten, daß die monotone, hochspezialisierte Arbeit dem Arbeiter mehr und mehr von seiner menschlichen Würde nahm.

Als Henry Ford 1908 mit der Fabrikation des berühmten »T«-

Modells begann, waren nicht mehr bloß 18, sondern 7882 Arbeitsgänge zur Fertigstellung des Produkts nötig. In seiner Autobiographie schrieb Ford, daß von diesen 7882 einzelnen Arbeitsgängen 949 »starke, geschickte und physisch perfekte Männer« erforderten. Für 3338 Arbeitsgänge genügten Männer mit »normaler« Körperkraft, während der größte Teil der restlichen Aufgaben von »Frauen oder größeren Kindern« bewältigt werden konnte. Eiskalt fügte er hinzu: »Wir fanden heraus, daß 670 Arbeitsplätze von Männern ohne Beine, 2637 von Einbeinigen, zwei von Armlosen, 715 von Einarmigen und zehn von Blinden besetzt werden konnten.«

Dies hieß mit anderen Worten, daß die spezialisierte Tätigkeit nicht den ganzen Menschen beanspruchte, sondern nur einen Teil von ihm. Es gibt kein lebendigeres Beispiel für die bisweilen brutalen Konsequenzen der Überspezialisierung. Diese Praxis, die Kritiker gerne dem Kapitalismus ankreideten, charakterisierte auch die sozialistischen Länder, denn extreme Spezialisierung der Arbeitsgänge, die in allen von der Zweiten Innovationswelle beeinflußten Ländern vorkam, hatte ihre Wurzeln in der Trennung von Produktion und Konsum. Fabriken ohne Spezialisten sind heute weder in der Sowjetunion noch in Polen, der DDR oder Ungarn denkbar; genausowenig wie in Japan oder den Vereinigten Staaten. Das amerikanische Arbeitsministerium veröffentlichte 1977 eine Liste mit nicht weniger als 20000 verschiedenen Beschäftigungsarten.

Sowohl in kapitalistischen wie in sozialistischen Ländern ging die zunehmende Spezialisierung mit einer zunehmenden »Professionalisierung« einher. Wo immer sich einer Gruppe von Spezialisten die Gelegenheit bot, ein esoterisches Fachwissen zu monopolisieren und Neulinge von ihrem Gebiet fernzuhalten, entstanden neue Berufe. Als die Zweite Welle an Boden gewann, intervenierte schließlich der Markt zwischen dem »Wissenden« und seinem »Kunden«. Diese Trennung erwies sich als genauso kraß wie die zwischen Konsument und Produzent: So wurde in den von der Zweiten Welle geprägten Gesellschaften z. B. Gesundheit als »Ware« betrachtet, die von einem Arzt und einer Gesundheitsbürokratie »produziert« wurde — und nicht als Ergebnis einer intelligenten Lebensweise des Patienten, d. h. einer »Produktion zum unmittelbaren Eigenverbrauch«! Man nahm an, daß Bildung und Erziehung vom Lehrer »produziert« und vom Schüler »konsumiert« würden.

Alle Berufsgruppen, von Bibliothekaren, Bewährungshelfern und Werbefachleuten bis zu Verkäufern und Vertretern des höheren Managements, beanspruchten das Recht, sich »Fachleute« nennen zu dürfen. Jede Gruppe beanspruchte außerdem für ihr Spezialgebiet das Recht zur Aufstellung von Richtlinien für Preisgestaltung und Festlegung von Zulassungsbedingungen für die Aufnahme in ihren jeweiligen Kreis. Heutzutage wird »unsere Kultur« nach Michael Pertschuk, dem Vorsitzenden der U.S. Federal Trade Commission, »von Fachleuten dominiert, die uns ihre ›Kunden‹ nennen und uns klarmachen, welche ›Bedürfnisse‹ wir haben«.

Selbst politische Agitation erhielt in den Gesellschaften, die im Zug der Zweiten Welle entstanden, ein eigenständiges Berufsbild. Lenin vertrat die Ansicht, daß die Massen ohne »professionelle« Hilfe nicht dazu in der Lage seien, eine Revolution herbeizuführen. Nach seiner Meinung war eine »Organisation von Revolutionären« vonnöten, deren Mitgliedschaft auf Leute beschränkt sein müsse, »die Berufsrevolutionäre sind«.

Die Zweite Welle förderte daher unter Kommunisten, Kapitalisten, Managern, Erziehern, Priestern und Politikern eine gemeinsame Mentalität und einen Drang nach immer ausgefalleneren Formen der Arbeitsteilung. Wie Prinz Albert anläßlich der Großen Ausstellung im Kristallpalast 1851 glaubten sie, daß Spezialisierung »die Antriebskraft der Zivilisation« sei. Die Großen »Vereinfacher« und die Großen »Spezialisierer« gingen Hand in Hand.

Synchronisierung

Der immer tiefer werdende Graben zwischen Produktion und Konsum veränderte zwangsläufig auch den Zeitbegriff der Menschen. In einem marktabhängigen System, egal ob der Markt frei ist oder geplant, gilt die Gleichung »Zeit ist Geld«. Teure Maschinen dürfen nicht ungenutzt herumstehen, und wenn sie arbeiten, bestimmen sie ihren eigenen Rhythmus. Als Konsequenz daraus entstand das dritte Prinzip der Industriezivilisation: die Synchronisierung.

Schon in den primitiven Gesellschaften war Arbeit ohne sorgfältige zeitliche Koordinierung nicht denkbar: Jagd- und Kriegshandwerk erforderten z. B. oft genug entsprechende Zusammenarbeit, und Fischer waren gezwungen, beim Rudern und beim Einholen der Netze die verfügbaren Kräfte zu koordinieren. Vor vielen Jahren hat George Thomson aufgezeigt, daß sich der Arbeitsrhythmus in verschiedenen Arbeitsliedern niederschlägt. Ruderer verliehen ihrem »Zeittakt« Nachdruck durch einen zweisilbigen Ausruf, der ungefähr klang wie *O-op*. Dabei entsprach die zweite Silbe dem Moment der stärksten körperlichen Anstrengung, während die erste die Zeitspanne der Vorbereitung untermalte. Ein Boot an Land zu ziehen, war, wie Thomson bemerkte, noch anstrengender als Rudern, und dies kam »in längeren Intervallen zwischen den jeweiligen Hauptbelastungsmomenten« zum Ausdruck. Im irischen »Einholruf« *ho-li-ho-hup* ist die »Vorbereitungsphase« dementsprechend ausgedehnt.

Bevor die Industrialisierung mit der Einführung von Maschinen die singenden Arbeiter verstummen ließ, waren die meisten Synchronisationsbemühungen natürlicher oder »organischer« Art. Sie richteten sich nach dem Rhythmus der Jahreszeiten und nach biologischen Abläufen, nach der Erdumdrehung und nach dem Herzschlag. Den Rhythmus der Industriegesellschaften bestimmte dagegen die Maschine.

Mit der Ausbreitung des Fabrikwesens, den hohen Gerätekosten und der hohen Interdependenz der Arbeit stiegen auch die Ansprüche an die Qualität der Synchronisationsmaßnahmen. Wenn die Arbeiter in einer Fabrik mit einem Arbeitsgang in Verzug gerieten, waren sofort auch diejenigen betroffen, die weiter vorn am Fließband standen. So wurde Pünktlichkeit, die in der Agrargesellschaft nie eine besondere Rolle gespielt hatte, plötzlich zu einer sozialen Notwendigkeit. Der Siegeszug der Uhr begann. Schon im letzten Jahrzehnt des 18. Jahrhunderts hatte sie sich in England weitgehend durchgesetzt — nach dem englischen Historiker E. P. Thompson »genau in dem Moment, als die Industrielle Revolution eine genauere Synchronisierung der Arbeit erforderte«.

Es ist kein Zufall, daß in allen vom Industrialismus bestimmten Kulturkreisen den Kindern schon sehr früh beigebracht wurde, die Uhr zu lesen. In der Schule drillte man sie darauf, sich zum Ertönen eines Klingelzeichens einzufinden, um zu erreichen, daß sie später im Büro oder in der Fabrik auf die Sirene entsprechend zuverlässig reagierten. Am Arbeitsplatz wurden die einzelnen Handgriffe auf Bruchteile von Sekunden genau abgestimmt. Das Zeitgefühl von Millionen Arbeitern richtete sich nach dem Achtstundentag.

Aber nicht nur am Arbeitsplatz wurde synchronisiert. In *allen* Industriegesellschaften beherrschten die Uhr und der Rhythmus der Maschinen auch das Sozialleben. Der Freizeit wurden festgelegte Termine eingeräumt. Urlaub, Ferien und Frühstückspause unterbrachen in gleichförmigen Rhythmen den Arbeitsalltag. Das Schuljahr begann und endete für alle Kinder gleichzeitig.

In den Krankenhäusern wurden alle Patienten zur selben Stunde geweckt und das Frühstück stets zum gleichen Zeitpunkt ausgeteilt. Die Nahverkehrssysteme waren in den Stoßzeiten überlastet. In den Medien richtete sich die Programmgestaltung nach den zeitlich erfaßten Einschaltquoten. In jedem Unternehmen gab es besonders arbeitsintensive Perioden, Spitzenzeiten, die mit denen der Zulieferer und Abnehmer in Einklang gebracht worden waren. Schon bald brauchte man »Synchronisationsspezialisten« — von Terminüberwachern und Planern bis zu Verkehrspolizisten und Zeitstudien-Experten.

Einige Menschen widersetzten sich freilich der neuen industriellen Zeiteinteilung, und auch hier reagierten die Geschlechter wiederum unterschiedlich. Der Widerstand war bei den Frauen stärker als bei den Männern, die voll im industriellen Arbeitsprozeß integriert und daher rigoros dem Rhythmus des Uhrzeigers unterworfen waren. Ehemänner im Industriezeitalter beschwerten sich darüber, daß ihren Frauen jegliches Zeitgefühl fehle, daß sie eine Ewigkeit zum Anziehen brauchten und bei Verabredungen ständig zu spät kamen. Frauen, die hauptsächlich mit Hausarbeit beschäftigt sind, einer Tätigkeit mit niedrigem Interdependenzgrad, sind an weniger mechanische Arbeitsrhythmen gebunden. Wenn Stadtbewohner die Landbevölkerung für langsam und unzuverlässig halten, liegen ähnliche Gründe vor. »Die Leute kommen niemals pünktlich! Man weiß nie, ob sie einen Termin einhalten oder nicht!« Derartige Beschwerden können unmittelbar auf die Unterschiede zwischen industriellem Arbeitsstil mit hohem Interdependenzgrad und dem Charakter der Land- und Hausarbeit, die noch von der Ersten Welle geprägt sind, zurückgeführt werden.

Nachdem sich die Industrialisierung erst einmal durchgesetzt hatte, paßte sich selbst das Privatleben der Menschen dem vorgegebenen Marschtakt an. In den USA und der Sowjetunion, in Singapur und Schweden, Frankreich und Dänemark, Deutschland und Japan standen die Familien morgens zur gleichen Stunde auf, frühstückten, gingen zur Arbeit, arbeiteten und kamen abends zur gleichen Stunde wieder nach Hause. Die Eheleute gingen hier wie dort zu gleichen Zeiten zu Bett und schliefen und liebten sich mehr oder weniger überall in der Welt in ähnlichem Turnus; sie unterwarfen sich also nicht nur den Prinzipien der Standardisierung und der Spezialisierung, sondern auch dem der Synchronisierung.

Konzentration

Mit der Ausweitung des Marktes entwickelte sich ein weiteres Prinzip des Industrialismus: das Prinzip der Konzentration.

Agrargesellschaften bezogen, wie wir gesehen haben, ihre Energie aus weit verstreuten Quellen. Die Industriegesellschaften gerieten indessen in eine fast totale Abhängigkeit von regional konzentrierten Vorkommen fossiler Brennstoffe.

Aber es waren nicht nur die konzentrierten Energiequellen, von denen sie abhängig waren. Auch die Bevölkerung, die bislang in weit verstreuten Siedlungen auf dem Land gelebt hatte, wurde in riesigen städtischen Ballungsgebieten zusammengezogen. Der Produktionsprozeß, der in Agrargesellschaften praktisch überall ablief — im Dorf, auf den Äckern, im Haus — verlagerte sich nun in Fabriken, wo Tausende von Arbeitern unter einem Dach vereint waren.

Und damit nicht genug. Stan Cohen hat in der sozialwissenschaftlichen englischen Zeitschrift *New Society* ausgeführt, daß, von wenigen Ausnahmen abgesehen, in der Zeit vor der Industrialisierung »die

Armen zu Hause oder bei Verwandten lebten; Kriminelle bestraft, ausgepeitscht oder von einer Gemeinde zur anderen gejagt wurden; daß Geisteskranke entweder von ihren Familien oder aber, wenn sie arm waren, von der Gemeinde unterstützt wurden«. Kurz: Alle diese sozialen Gruppen waren auf die Gesamtgesellschaft verteilt.

Die Industrialisierung änderte diese Situation von Grund auf. Man hat das frühe 19. Jahrhundert nicht zuletzt die Epoche der »Großen Einkerkerung« genannt. Kriminelle wurden aufgestöbert und in großer Zahl in Gefängnisse eingeliefert. Geisteskranke steckte man in »Irrenanstalten« und Kinder in Schulen, ganz genauso, wie man die Arbeiter herdenweise in die Fabriken trieb.

Im Kapitalverkehr kam es gleichfalls zu Konzentrationen: Die Industriegesellschaft gebar Großunternehmen und darüber hinaus Konzerne und Monopole. Mitte der sechziger Jahre dieses Jahrhunderts stellten die »Großen Drei« der amerikanischen Automobilindustrie 94 Prozent aller in den USA gebauten Wagen her. In Deutschland verteilten sich 91 Prozent auf die vier Konzerne Volkswagen, Opel (General Motors), Daimler-Benz und Ford. In Frankreich erreichten Renault, Citroën, Simca-Talbot und Peugeot zusammen praktisch 100 Prozent, und in Italien war es ein einziger Konzern, Fiat, der 90 Prozent aller Autos baute.

Ähnliche Beispiele lassen sich aus anderen Industriezweigen anführen: Vier oder fünf Konzerne sind in den USA für 80 oder mehr Prozent des Gesamtausstoßes an Aluminium, Bier, Zigaretten und Frühstücksbrot verantwortlich. In Deutschland werden 92 Prozent aller Preßplatten und Färbemittel, 98 Prozent der fotografischen Filme und 91 Prozent aller Industrienähmaschinen von höchstens vier Konzernen der betreffenden Branche hergestellt. Die Liste der »hochkonzentrierten Industrien« ließe sich beliebig verlängern.

Auch die Manager in den sozialistischen Gesellschaften waren davon überzeugt, daß die Konzentration der Produktion »effizient« sei. Marxistische Ideologen in den kapitalistischen Ländern begrüßten denn auch die industrielle Konzentration als einen notwendigen Schritt auf dem Weg zur totalen Überführung der Industrie in Staatshand. Lenin sprach von der Umwandlung *aller* Bürger in Arbeiter und Angestellte eines *einzigen* Syndikats — des Staates. Ein halbes Jahrhundert später konnte die sowjetische Wirtschaftswissenschaftlerin N. Lelyuchina in der Zeitschrift *Voprosy Ekonomi* berichten, daß die »Sowjetunion über die am stärksten konzentrierte Industrie der Welt verfügt«.

Das Prinzip der Konzentration war demnach in allen von der Zweiten Welle geformten Gesellschaften tief verwurzelt, im Energie-, im Arbeits- und Bildungsbereich, in Demographie und Wirtschaftsorganisation. Ideologische Differenzen zwischen Moskau und der westlichen Hemisphäre können darüber nicht hinwegtäuschen.

Aus der Trennung von Produktion und Konsum resultierte in allen Industriegesellschaften auch eine an Besessenheit grenzende »Makrophilie« — eine Art »texanische Krankheit«, die Größe und Wachstum zu Fetischen erhob. Man ging davon aus, daß hohe Produktionsziffern stets zu niedrigen Stückkosten führen und daß analog dazu ein gesteigerter Absatz die Produktionskosten allgemein verringern würde. »Groß« wurde gleichbedeutend mit »effizient« und Maximierung zum fünften Grundprinzip.

Überall rühmten sich von nun an Städte und Nationen ihrer Superlative: des »höchsten Wolkenkratzers«, des »größten Staudamms« und des »größten Minigolfplatzes« der Welt. Da »Größe« eine Folge von »Wachstum« war, wurde »Wachstum« von den meisten Regierungen, Unternehmen und anderen Organisationen in den Industriestaaten zu einem Ideal erhoben, das man beinahe fanatisch zu erreichen suchte.

Bei dem japanischen Elektrokonzern Matsushita führte dies beispielsweise dazu, daß Arbeiter und Management alltäglich gemeinsam folgende Hymne anstimmten:

> »Wir tun unser Bestes, um die Produktion zu steigern,
> und senden unsere Waren in alle Welt,
> unendlich und beständig,
> wie Wasser, das aus einem Springbrunnen sprudelt.
> Wachse Industrie, wachse, wachse, wachse!
> Harmonie und Aufrichtigkeit!
> Matsushita!«

1960, als der traditionelle Industrialismus in den USA bereits in die Jahre kam und sich die ersten Auswirkungen der Dritten Innovationswelle bemerkbar machten, beschäftigten die 50 größten Konzerne durchschnittlich jeweils 80000 Arbeiter und Angestellte. Allein bei General Motors waren 595000 Personen tätig, und ein Dienstleistungsbetrieb, Vails AT&T, beschäftigte sogar 736000 Frauen und Männer. Von AT&T-Löhnen und -Gehältern waren daher mehr als zwei Millionen Menschen abhängig, wenn man von der für jenes Jahr errechneten Durchschnittsgröße von 3,3 Personen pro Haushalt ausgeht.Ihre Zahl entsprach ungefähr der Hälfte der Gesamtbevölkerung zu Zeiten, da Hamilton und Washington die Nation aus der Taufe hoben. Der Gigantismus bei AT&T hat seit 1960 noch größere Dimensionen erreicht. 1970, nachdem der Konzern innerhalb eines einzigen Jahres seinen Personalstand um 136000 Personen aufgestockt hatte, betrug die Zahl der Beschäftigten bereits 956000!

AT&T war natürlich ein Spezialfall, und die Amerikaner sind bekanntlich ganz besonders vom »Größenrausch« befallen. Aber die

»Makrophilie« war keineswegs ein amerikanisches Monopol. 1963 beschäftigten in Frankreich 1400 Firmen, d. h. lediglich 0,25 Prozent aller Betriebe, 38 Prozent aller Berufstätigen. Die Regierungen in Deutschland, England und anderen Ländern förderten im Glauben, ein höherer Konzentrationsgrad würde die Industrien gegenüber den amerikanischen Giganten konkurrenzfähiger machen, aktiv den Zusammenschluß von Unternehmen zu immer größeren Konzernen.

Der Drang zur Bildung immer größerer Konzerne war nicht einfach nur ein Ergebnis der Profitmaximierung. Marx hatte einen Zusammenhang zwischen dem Wachstum des industriellen Establishments und der Weiterentwicklung der materiellen Kräfte hergestellt. Lenin seinerseits argumentierte, daß »Großunternehmen, Trusts und Syndikate die Technik der Massenproduktion aufs allerhöchste Entwicklungsniveau gebracht« hätten. Einer der ersten Punkte, der nach der russischen Revolution auf die Tagesordnung kam, war dann auch seine Anweisung, die sowjetische Ökonomie durch die Schaffung einer möglichst kleinen Zahl möglichst großer Wirtschaftseinheiten zu konsolidieren. Stalin trieb diesen Maximierungsprozeß mit noch größerer Entschiedenheit voran und rief riesige neue Projekte ins Leben, wie etwa die Stahlzentren von Magnitogorsk und Saporoschje, die Kupferschmelze von Balchasch oder die Traktorenfabriken in Charkow und Stalingrad. Er pflegte sich nach der Größe einer vergleichbaren amerikanischen Anlage zu erkundigen, um daraufhin die Errichtung einer entsprechend größeren zu befehlen ...

Leon M. Herman schreibt in *The Cult of Bigness in Soviet Economic Planning*: »In verschiedenen Teilen der UdSSR kam es zu einem Wettrennen der Lokalpolitiker bei der Ansiedlung von Projekten, die die »größten der Welt«sein sollten.« 1938 warnte die Kommunistische Partei ohne viel Erfolg vor der »Gigantomanie«. Noch heute sind sowjetische und osteuropäische Politiker Opfer des »Größenrauschs«.

Das blinde Vertrauen in Größe entsprang den eindimensionalen Vorstellungen von »Effizienz«, die sich in allen von der Zweiten Innovationswelle betroffenen Nationen breitmachten. Davon abgesehen, griff die Makrophilie über den betrieblichen Bereich hinaus auf andere Gebiete über. Wir begegnen ihr z. B. in dem statistischen Begriff des Bruttosozialprodukts: Bei einer Berechnung addiert man den Wert aller produzierten Güter und Dienstleistungen und erhält damit eine Ziffer, an der sich die »Größe« einer Volkswirtschaft messen läßt. In Wirklichkeit ist dieses beliebte »Werkzeug« der modernen Wirtschaftswissenschaft mit zahlreichen Nachteilen behaftet. Für das Bruttosozialprodukt spielt es überhaupt keine Rolle, wofür im einzelnen Geld ausgegeben wurde — für Nahrungsmittel oder Bildung, Gesundheitsfürsorge oder Munition. Ob ein Unternehmen mit dem Bau oder mit dem Abbruch eines Hauses beschäftigt wird, wirkt sich auf das Bruttosozialprodukt (BSP) gleich aus, obwohl die eine Tätigkeit das

Gesamtvolumen an Wohnraum vergrößert, die andere es dagegen verkleinert. Als ausschließlicher Indikator der auf dem Markt anfallenden Aktivitäten vernachlässigt das BSP den lebenswichtigen Wirtschaftssektor der unbezahlten Produktion völlig, z. B. also die Kindererziehung und die Hausarbeit.

Trotz dieser Schwachstellen verschrieben sich die Regierungen aller Industrieländer blind der Devise »Wachstum um jeden Preis« — und nahmen dabei sogar das Risiko einer ökologischen und sozialen Katastrophe in Kauf. Die Makrophilie war derart tief in der Mentalität des industriellen Zeitalters verwurzelt, daß sie geradezu wie der Weisheit letzter Schluß erschien. Maximierung gehörte daher neben Standardisierung, Spezialisierung und den anderen erwähnten Prinzipien zu den Grundregeln des Industrialismus.

Zentralisierung

Schließlich entwickelten sich alle Industrienationen zu wahren Meistern in der Kunst der Zentralisierung. Zwar waren die Techniken der Machtzentralisierung schon in der Agrargesellschaft Kirche und Herrscherhäusern wohlbekannt, doch waren diese im Vergleich zu den Institutionen, die die Zentralisierung der Industriegesellschaften betrieben, blutige Amateure, und die Gesellschaftssysteme, mit denen sie zu tun hatten, waren weit weniger komplex.

Alle höher entwickelten Gesellschaftsformen erfordern eine Mischung aus zentralisierten und dezentralisierten Verwaltungsmaßnahmen. Aber der Wandel von einer primär dezentralisierten Wirtschaftsordnung, wie sie in den agrarischen Gesellschaften vorgeherrscht hatte, zu den integrierten Nationalökonomien der Zweiten Welle brachte vollkommen neue Methoden der Machtzentralisierung mit sich. Sie kamen auf Betriebsebene, innerhalb ganzer Industriezweige und schließlich in der gesamten Wirtschaft zur Anwendung.

Ein klassisches Beispiel bietet die Pionierzeit des Eisenbahnbaus. Verglichen mit anderen Industriezweigen ihrer Zeit waren die Eisenbahn-Gesellschaften wahre Riesen. 1850 verfügten in den USA nur 41 Unternehmen über ein Mindestkapital von etwa 250000 Dollar. Demgegenüber konnte sich die New York Central Railroad schon 1860 eines Kapitals von 30 Millionen Dollar rühmen. Ohne neue Management-Methoden waren so gigantische Unternehmen nicht mehr zu leiten.

Die Eisenbahn-Manager der ersten Generation standen vor einem ähnlichen Problem wie die Manager der Raumfahrtindustrie in unseren Tagen: Sie mußten neue Techniken erfinden. Sie standardisierten die Technologien, die Tarife und die Fahrpläne. Sie synchronisierten den Fahrbetrieb auf Hunderten von Streckenkilometern. Sie schufen neue spezialisierte Berufe und Branchen. Sie konzentrierten Kapital, Energie und Personal. Sie setzten alles daran, ihr Streckennetz zu vergrößern. Und um all dies auch tatsächlich durchführen zu können, schufen sie neue Organisationsformen, die auf einer Zentralisierung der Informationsträger und Entscheidungsinstanzen beruhten. Man unterschied jetzt zwischen Innen- und Außendienst-Mitarbeitern. Täglich wurden Protokolle über Waggonverschiebungen, Ladungen, Schäden, Verluste, Reparaturen, zurückgelegte Kilometer pro Lokomotive usw. angefertigt. Alle derartigen Informationen wanderten auf einem zentralisierten Instanzenweg bis hinauf zum obersten Inspektor, der die Entscheidungen fällte und von oben herab seine Anordnungen traf.

Der Unternehmenshistoriker Alfred D. Chandler hat gezeigt, wie das Modell der Eisenbahn-Gesellschaften wenig später von anderen großen Organisationen übernommen wurde und wie dem zentralisierten Management in allen Industrieländern sehr bald eine spezielle, hochentwickelte Rolle zufiel.

Auch in der Politik kam es im Verlauf der Zweiten Welle zu verstärkten Zentralisierungstendenzen. Schon gegen Ende der achtziger Jahre des 18. Jahrhunderts zeichnete sich diese Entwicklung in der Auseinandersetzung ab, die in den USA darüber ausgefochten wurde, ob man die lockeren, dezentralisierten Konförderationsartikel durch eine Verfassung ablösen solle, die den Zentralbehörden größere Befugnisse einräumte. Die Vertreter der alten Agrargesellschaft widersetzten sich im allgemeinen einer solchen Machtverschiebung, während die von Hamilton angeführten Vertreter der Wirtschaft im *Federalist* und anderswo die Meinung vertraten, daß eine starke Zentralregierung nicht nur aus militärischen und außenpolitischen Gründen, sondern auch zur Förderung des Wirtschaftswachstums notwendig sei.

Das Ergebnis, die Verfassung von 1787, war ein geschickter Kompromiß. Da die Kräfte der Ersten Innovationswelle noch sehr einflußreich waren, blieben den Bundesstaaten wesentliche Machtbefugnisse erhalten. Um eine zu starke Machtkonzentration bei der Zentralregierung zu verhindern, sah die Verfassung gleichzeitig eine einzigartige Gewaltenteilung zwischen Legislative, Exekutive und Judikative vor. Auf der anderen Seite ermöglichte das vielseitig interpretierbare Verfassungsvokabular der Bundesregierung, im Lauf der Zeit ihre Einflußsphäre drastisch auszudehnen.

Genau dies geschah, als die verstärkte Industrialisierung auch den Trend zu größerer politischer Zentralisierung forcierte. Die Regierung in Washington zog immer mehr Machtbefugnisse an sich. Es gelang ihr, den politischen Entscheidungsprozeß zu monopolisieren. Und innerhalb der Bundesregierung verlagerte sich das Schwergewicht der Macht vom Kongreß und von den Gerichten immer mehr auf den am stärksten zentralisierten Entscheidungsträger — die Exekutive. Als

Nixon an der Macht war, attackierte der Historiker Arthur Schlesinger, selber einst ein glühender »Zentralisator«, die »kaiserliche Machtvollkommenheit der Präsidentschaft« *(imperial presidency)*.

Außerhalb der Vereinigten Staaten war der Trend zur Zentralisierung sogar noch stärker. Ein Blick auf Schweden, Japan, Großbritannien oder Frankreich genügt, um das amerikanische System im Vergleich regelrecht dezentralistisch erscheinen zu lassen. Jean François Revel, Autor des Buches *Uns hilft kein Jesus und kein Marx*, unterstützt diese Ansicht mit einem Beispiel: »Wenn in Frankreich eine Demonstration verboten wird, dann besteht im Fall einer größeren politischen Protestaktion niemals Zweifel darüber, wer das Verbot ausgesprochen hat: Es kommt stets von der Zentralregierung. In den Vereinigten Staaten wird dagegen bei einem solchen Verbot zunächst immer die Frage gestellt: ›Von wem kommt es?‹ « In den meisten Fällen handelt es sich dabei nach Revel um irgendeine autonom handelnde Lokalbehörde.

Die höchste Form politischer Zentralisierung fand sich natürlich in den sozialistischen Industriestaaten. 1850 forderte Marx eine »entscheidende Machtzentralisierung in den Händen des Staates«. Engels wandte sich, wie vorher schon Hamilton, mit Entschiedenheit gegen dezentralisierte Konföderationen, die er für einen »enormen Rückschritt« hielt. Die Sowjets errichteten schließlich, getrieben von dem Willen, die Industrialisierung zu beschleunigen, die am stärksten zentralisierte politische und ökonomische Struktur überhaupt. Selbst Entscheidungen von minimaler Reichweite wurden, soweit sie die Produktion betrafen, der Kontrolle der zentralen Planungsbehörden unterstellt.

Die kontinuierliche Umwandlung einer ehemals dezentralisierten Wirtschaftsordnung wurde ganz wesentlich erleichtert durch die schicksalhafte Erfindung einer Institution, deren Name bereits ihren Zweck enthüllt: der »Zentralbank«.

Im Jahr 1694 — die Industrielle Revolution hatte kaum begonnen, und Newcomen bastelte noch an seiner Dampfmaschine herum — gründete William Paterson die Bank of England, nach deren Vorbild später in allen Industrienationen ähnliche zentralistische Institutionen geschaffen wurden. Ohne ein äquivalentes Kontrollinstrument für die zentrale Überwachung von Geldern und Krediten wäre kein einziges von der Zweiten Welle erfaßtes Land in der Lage gewesen, die Industrialisierung erfolgreich voranzutreiben.

Patersons Bank verkaufte Staatsanleihen und brachte eine von der Regierung gedeckte Währung in Umlauf; später regulierte sie auch die Kreditpraktiken anderer Banken und übernahm schließlich die Hauptaufgabe aller modernen Zentralbanken: die zentrale Kontrolle über die Geldmenge. Im Jahr 1800 wurde die Banque de France zu ähnlichen Zwecken gegründet, und 1875 schließlich auch die Reichsbank.

Die Interessenkollision zwischen den Kräften der Ersten und der Zweiten Welle führte in den Vereinigten Staaten kurz nach der Verabschiedung der Verfassung zu einer scharfen Auseinandersetzung über ein zentralisiertes Banksystem. Hamilton, der brillanteste Vertreter der neuen Richtung, sprach sich für eine Nationalbank nach englischem Vorbild aus. Der Süden und die Pionierstaaten im Westen, die noch ganz von den Agrariern dominiert wurden, waren dagegen. Trotzdem gelang es Hamilton mit Unterstützung des bereits industrialisierten Nordostens, jene Gesetze durchzupeitschen, die die Gründung der Bank of the United States ermöglichten — aus der das heutige Bundesbanksystem hervorging.

Von den Regierungen ins Leben gerufen, um den Geldmarkt zu beeinflussen, führten die Zentralbanken in den kapitalistischen Ländern, quasi durch die Hintertür, ein gewisses Element inoffizieller kurzfristiger Planwirtschaft ein. Geld war der Lebenssaft aller von der Zweiten Welle geprägten Gesellschaften, und daher benötigten sowohl die kapitalistischen wie die sozialistischen Nationalökonomien eine zentrale »Geldpumpe«. Das Zentralbanksystem und die zentralisierten Regierungen arbeiteten einander zu — und Zentralisierung wurde zu einem weiteren Grundprinzip der Industriezivilisation.

Im Zusammenhang gesehen, haben wir also eine Gruppe von sechs Grundprinzipien, eine Art »Programm«, das mehr oder weniger in jedem von der Zweiten Innovationswelle geprägten Land am Werke war. Diese sechs Grundprinzipien — Standardisierung, Spezialisierung, Synchronisierung, Konzentration, Maximierung und Zentralisierung — kamen sowohl im sozialistischen wie im kapitalistischen Zweig der Industriegesellschaft zur Anwendung, denn sie ergaben sich zwangsläufig aus der Trennung von Produzent und Konsument und aus der Funktion des ständig expandierenden Marktes.

Aus dem Zusammenspiel der sich gegenseitig stützenden sechs Grundelemente erwuchs der unaufhaltsame Aufstieg der Bürokratie. Die größten, mächtigsten und unbeweglichsten bürokratischen Organisationen entstanden, die die Welt bislang gesehen hatte, und ließen das Individuum in einer kafkaesken Welt finsterer Super-Organisationen umherirren. Wenn wir uns heute davon bedrückt, ja überwältigt fühlen, so können wir unsere diesbezüglichen Probleme auf den verborgenen Code zurückführen, der die Gesellschaftsform der Zweiten Welle programmierte.

Die sechs Prinzipien, die diesem Code zugrundeliegen, verliehen der Industriegesellschaft charakteristische Züge. Wie wir bald sehen werden, wird jedes einzelne von ihnen gegenwärtig von den Kräften der Dritten Welle attackiert.

Ebenso ergeht es all jenen gesellschaftlichen Eliten, die noch immer diese Grundprinzipien anwenden — sei es im Geschäftsleben, in den

Banken, in den Beziehungen zwischen den Tarifpartnern, in den Regierungen, den Schulen oder den Medien. Die etablierten Interessengruppen der alten Gesellschaft werden an allen Fronten von der neuen Zivilisation herausgefordert.

In den unruhigen Zeiten, die vor uns liegen, wird die Eliten des Industriezeitalters — so sehr sie auch daran gewöhnt sind, daß *ihnen* die Aufstellung der Spielregeln obliegt — mit großer Wahrscheinlichkeit dasselbe Schicksal ereilen, das dereinst den Feudalherren beschieden war. Einige von ihnen wird man einfach übergehen, andere entthronen. Wieder andere werden zur Ohnmacht verurteilt oder auf das Niveau der heruntergekommenen Adelshäuser sinken. Die Intelligentesten und Anpassungsfähigsten unter ihnen werden jedoch eine Wandlung durchmachen und dann in führenden Positionen der neuen, von der Dritten Welle geprägten Gesellschaften auftauchen.

Um verstehen zu können, wer morgen, im Zeitalter der Dritten Welle, das Sagen haben wird, müssen wir zunächst einmal herausfinden, wer es heutzutage hat.

Kapitel 5
Die Techniker der Macht

Die Frage »Wer steckt dahinter?« ist typisch für die Zweite Innovationswelle, denn vor der Industriellen Revolution gab es kaum jemals einen Grund, sie zu stellen. Gleichgültig, ob die Herrschaft von Königen oder Schamanen, Feldherren, Sonnengöttern oder Heiligen ausgeübt wurde, ihre jeweiligen Untertanen wußten, wer die Macht besaß. Der Bauer in seinen Lumpen, der vom Acker aufsah, erblickte den Palast oder das Kloster seiner Obrigkeit. An ihr gab es nichts herumzurätseln, jedermann kannte sie, ohne dazu eines Politikwissenschaftlers oder eines klugen Journalisten zu bedürfen.

Doch wo immer die Zweite Welle anbrandete, tauchte eine neue Art von Macht auf, gesichtslos und diffus. Die Mächtigen waren plötzlich anonym geworden, und man mußte sich fragen: Wer sind »die da oben«?

Die Integratoren

Wir haben bereits gesehen, wie die Industrialisierung die Gesellschaft in Tausende voneinander abhängige und miteinander verwobene Einheiten stückelte, in Fabriken, Kirchen, Schulen, Gewerkschaften, Gefängnisse, Krankenhäuser usw. Die Herrschaft wurde aufgeteilt zwischen Kirche, Staat und Individuum, die Wissenschaft in einzelne Disziplinen. Beruf und Familie zersplitterten in immer kleinere Einheiten; einstige Großfamilien wurden zu Kleinfamilien. Diese Veränderungen erschütterten die Kultur und das öffentliche Leben.

Irgend jemand mußte die Einzelteile neu zusammensetzen. Aus diesem Bedürfnis heraus erwuchs eine neue Kaste von Spezialisten, deren Hauptaufgabe Integration war. Sie nannten sich »Geschäftsführer« und »Verwalter«, »Kommissar« und »Koordinator«, »Präsident« und »Vizepräsident«, »Beamter« und »Manager«, und sie wurden allgegenwärtig auf jeder Gesellschaftsebene bis hin zu Wirtschaft und Regierung. Sie erwiesen sich als unentbehrlich.

Sie definierten die Aufgaben und verteilten die Arbeit; sie entschieden, wer womit belohnt wurde; sie planten, setzten Kriterien fest, gewährten oder verweigerten Empfehlungsschreiben; sie verknüpften Produktion, Distribution, Transport und Kommunikation miteinander; sie erstellten die Regeln für den organisatorischen Überbau. Kurzum: Sie fügten die Einzelteile der Gesellschaft ineinander. Ohne sie hätte das System der Zweiten Welle niemals funktioniert.

In der Mitte des 19. Jahrhunderts glaubte Marx, daß derjenige die

Kontrolle über die Gesellschaft besäße, der über die Werkzeuge und das technologische Know-how verfüge, über die »Produktionsmittel«. Er vertrat die Ansicht, daß die Arbeiter aufgrund der Interdependenz der Arbeit die Produktion zusammenbrechen lassen und ihren Bossen die Produktionsmittel wegnehmen könnten; besaßen sie die erst einmal, so würden sie auch die Gesellschaft beherrschen.

Aber die Geschichte spielte Marx einen Streich. Denn eben diese Interdependenz verlieh denjenigen, die das Orchester des Systems zu dirigieren verstanden, noch größere Macht. Am Ende herrschten weder die Besitzenden noch die Arbeitenden. In kapitalistischen und sozialistischen Ländern gleichermaßen waren es die Integratoren, die sich an die Spitze setzten.

Nicht der Besitz der »Produktionsmittel« also führte zu Machtpositionen, sondern die Kontrolle über die »Integrationsmittel«. Betrachten wir sie ein wenig genauer.

Die frühesten Integratoren der Wirtschaft waren die Fabrikbesitzer, die Unternehmer, die Besitzer der Mühlen und Eisenhütten. Im allgemeinen war der Eigentümer in der Lage, mit nur wenigen Hilfskräften die Arbeit einer großen Zahl ungelernter Arbeiter zu koordinieren und die Firma in die Gesamtwirtschaft zu integrieren.

Eigentümer und Integrator waren damals also in ein und derselben Person vereinigt, und so ist es nicht weiter erstaunlich, daß Marx beide durcheinanderbrachte und das Eigentum überbetonte. Doch je komplizierter die Produktion wurde und je spezialisierter die Arbeitsteilung, desto mehr schwoll die Flut der Experten und Führungskräfte an, die sich zwischen den Boß und »seine« Arbeiter schoben. Mit ihnen kam die Papierflut, und bald gab es in allen größeren Unternehmen niemanden mehr — den Besitzer der Firma oder der Aktienmehrheit eingeschlossen —, der noch vollen Überblick über die Geschäftsabläufe bewahrt hätte. Die Spezialisten, die das System nur koordinieren sollten, formulierten die Entscheidungen der Unternehmer und kontrollierten sie dadurch schließlich. Auf diese Weise entstand eine neuartige Elite von Führungskräften, deren Macht sich nicht, wie bisher üblich, auf Eigentum gründete, sondern vielmehr auf die Kontrolle des Integrationprozesses.

Mit dem Aufstieg der Manager begann der Abstieg der Aktionäre. Je größer die Gesellschaften wurden, desto mehr Firmen in Familienbesitz wurden an weit verstreute Aktionäre verkauft, von denen nur wenige über die Aktivitäten des Unternehmens informiert waren. Um so mehr wiederum waren die Aktionäre auf angestellte Manager angewiesen, die nicht nur den täglichen Geschäftsgang leiteten, sondern darüber hinaus langfristige Ziele und Strategien entwickelten. Den Aufsichtsräten, die theoretisch die Interessen der Eigentümer präsentierten, entglitt zunehmend die Kontrolle über die Unternehmensleitung, die ihnen eigentlich übertragen war. Und je weniger die Investitionen direkt von Individuen gelenkt, sondern indirekt von Institutionen wie Betrieblichen Versicherungen, Versicherungen auf Gegenseitigkeit und Freien Anlagefonds der Banken übernommen wurden, um so weiter entfernten sich die tatsächlichen »Eigentümer« der Industrie von der Kontrolle.

W. Michael Blumenthal, der ehemalige Finanzminister der USA, hat vielleicht am klarsten die neue Macht der Manager zum Ausdruck gebracht. Bevor er in die Regierung eintrat, hatte Blumenthal die Leitung der Bendix Corporation inne, und als er einmal gefragt wurde, ob er Lust hätte, Bendix eines Tages selbst zu besitzen, antwortete er: »Was zählt, ist nicht Eigentum, sondern Kontrolle. Und genau die habe ich als leitender Direktor! Nächste Woche haben wir eine Aktionärsversammlung, und ich verfüge über 97 Prozent des Stimmrechts, dabei *besitze* ich nur 8000 Aktien. Das ist es, was mir wichtig ist: Kontrolle ... Kontrolle über dieses Riesenvieh zu haben und konstruktiv ausüben zu können, das gefällt mir viel besser, als albernes Zeug auf Geheiß anderer tun zu müssen.«

Die Wirtschaftspolitik wurde also immer mehr von angestellten Managern und Finanzchefs bestimmt, die anderer Leute Geld investierten, aber auf keinen Fall mehr von den Besitzern und schon gar nicht von den Arbeitern. Die Integratoren hatten die Herrschaft übernommen.

In den sozialistischen Ländern finden wir dazu gewisse Parallelen. Bereits im Jahr 1921 fühlte sich Lenin bemüßigt, seine eigene sowjetische Bürokratie anzuprangern. 1930 im Exil behauptete Trotzki, daß es bereits fünf bis sechs Millionen Manager gäbe, in einer Klasse, die »keine wirklich produktive Arbeit leistet, sondern verwaltet, bestellt, befiehlt, straft und begnadigt«. Zwar gehörten die Produktionsmittel dem Staat, meinte Trotzki, »aber der Staat ... »gehört« der Bürokratie«. In den fünfziger Jahren attackierte Milovan Djilas mit seinem Buch *Die neue Klasse* die wachsende Macht der jugoslawischen Manager-Eliten, und Tito, der ihn ins Gefängnis werfen ließ, beklagte sich selbst über »die Klassenfeinde Technokratie und Bürokratie«. Auch in Maos China war die Angst vor der Macht der Manager ein Hauptthema.*)

Die Integratoren übernahmen also die Macht ebenso in kapitalistischen wie in sozialistischen Ländern, denn ohne sie hätten die Einzelteile des Systems nicht zusammenwirken können. Der »Apparat« hätte nicht funktioniert.

*) Mao, Führer des weltgrößten Landes im Stadium der Ersten Innovationswelle, hat immer wieder vor einem Aufkommen von Manager-Eliten gewarnt, in denen er eine gefährliche Begleiterscheinung des traditionellen Industrialismus sah.

Einen Geschäftsgang oder gar eine Fabrik ins große Ganze zu integrieren, war allerdings nur ein erster Schritt. Wie wir bereits gesehen haben, hatte die moderne Industriegesellschaft einen ganzen Schwarm von Organisationen erfunden, von Gewerkschaften und Berufsgenossenschaften über Kirchen, Schulen und Krankenhäuser bis hin zu Freizeitgruppen, von denen jede innerhalb eines geregelten und berechenbaren Rahmens funktionieren sollte. Dazu brauchte man Gesetze, und vor allem mußten Infosphäre, Soziosphäre und Technosphäre miteinander in Einklang gebracht werden.

Aus diesem eklatanten Bedürfnis nach Integration entstand in den Gesellschaften der Zweiten Innovationswelle der denkbar größte Koordinator, sozusagen die Integrationsmaschine des Systems: der übermächtige Verwaltungsapparat *(big government)*. Nur der Integrationshunger des Systems erklärt den rigorosen Machtzuwachs der Verwaltungsapparate in allen Gesellschaftsformen, die von der Zweiten Welle überrollt worden waren.

Es hat immer wieder politische Demagogen gegeben, die lautstark ihre Forderung nach »weniger Staat« erhoben. Waren sie jedoch erst einmal zu Amt und Würden gelangt, so trugen eben dieselben Politiker weit eher dazu bei, den Verwaltungsapparat zu vergrößern denn ihn zu beschneiden. Dieser Widerspruch zwischen rhetorischen Forderungen und Realität wird einsichtig, sobald wir erkennen, daß alle Regierungen der Zweiten Welle ein gemeinsames, übergeordnetes Ziel haben: die Einrichtung und Aufrechterhaltung von Industriegesellschaften. Dieser Verpflichtung mußten sich alle geringfügigeren Differenzen unterordnen. Politiker und Parteien mochten sich über alle möglichen Ziele raufen: über dieses eine herrschte stillschweigendes Einvernehmen. Und ein Teil dieses unausgesprochenen Programms, gleichgültig welche politischen Lieder gesungen wurden, war eben ein mächtiger Verwaltungsapparat, den die Industriestaaten brauchten, um grundsätzliche Integrationsfragen zu lösen.

Anhänger der Freien Marktwirtschaft schimpfen darüber, daß Regierungen sich in die Wirtschaft »einmischen«. Sie vergessen dabei, daß die Industrialisierung, hätte man sie allein privatem Unternehmergeist überlassen, weit weniger rasch, ja, vielleicht überhaupt nicht vonstatten gegangen wäre. Regierungen beschleunigten den Ausbau des Eisenbahnnetzes. Sie bauten Häfen, Straßen, Kanäle und Autobahnen. Sie betrieben die Post und bauten oder kontrollierten Telegrafen-, Telefon- und Rundfunksysteme. Sie erließen Verordnungen und koordinierten die Märkte. Zur Unterstützung der heimischen Industrie übten sie mit Hilfe von Zöllen außenpolitischen Druck aus. Sie veranlaßten die Bauern, ihr Land zu verlassen und ihre Arbeitskraft in den Dienst der Industrie zu stellen. Sie subventionierten die Energie und trieben die Technologie voran (nicht selten auf dem Umweg über das Militär). Auf tausend verschiedenen Ebenen erfüllten die Regierungen ihre Integrationsaufgabe, die andere weder erfüllen konnten noch wollten.

Denn die Regierung war der große Beschleuniger. Aufgrund der zur Verfügung stehenden Zwangsmittel und Steuereinnahmen vermochte sie Dinge in Angriff zu nehmen, die sich private Unternehmen nicht leisten konnten. Die Regierungen konnten den Industrialisierungsprozeß vorantreiben, indem sie auftretende Lücken im System ausfüllten — noch bevor dies für Privatgesellschaften möglich oder gar gewinnträchtig wurde. Regierungen konnten »vorbeugend integrieren«.

Durch die Errichtung von Massenbildungsanstalten bereiteten die Regierungen nicht nur die Jugend auf ihre zukünftige Rolle am industriellen Arbeitsmarkt vor (und subventionierten dadurch im Grunde die Industrie), sondern begünstigten damit gleichzeitig die Verbreitung der Kernfamilie. Indem sie die Familie von solch traditionellen Funktionen wie Erziehung und Bildung sowie anderen Aufgaben befreiten, beschleunigten die Regierungen die Anpassung der Familienstruktur an die Bedürfnisse der Fabriken. Somit stimmten sie auf vielen verschiedenen Ebenen die komplexen Probleme der Industriezivilisation aufeinander ab.

Es überrascht nicht, daß sich Sinn und Stil der Regierungen mit zunehmender Wichtigkeit der Integrationsaufgaben änderten. Präsidenten und Premierminister beispielsweise gingen dazu über, sich in erster Linie als Manager zu betrachten und nicht mehr als kreative Führungspersönlichkeiten der Gesellschaft und der Politik. In Person und Gehabe erschienen sie beinahe austauschbar mit Männern, die große Konzerne und Produktionsgenossenschaften leiteten. Während die Nixons, Carters, Thatchers, Breschnews, Giscards und Ohiras der industrialisierten Welt nach wie vor ihre obligatorischen Lippenbekenntnisse zu Demokratie und sozialer Gerechtigkeit ablegten, eroberten sie sich ihre Posten doch in erster Linie mit dem Versprechen, »effizientes Management« zu betreiben.

So ergab sich quer durch die Reihen, in sozialistischen wie in kapitalistischen Industriegesellschaften, das gleiche Schema: Großkonzerne oder Produktionsgenossenschaften und ein gewaltiger Verwaltungsapparat. Und statt daß die Arbeiter, wie Marx vorausgesagt hatte, die Produktionsmittel übernahmen, statt daß, wie die Jünger Adam Smiths sich gewünscht haben mochten, die Kapitalisten im Besitz der Macht blieben, erwuchs eine völlig neue Kraft, die beide herausforderte. Die Techniker der Macht eroberten die »Integrationsmittel« und mit ihrer Hilfe die Kontrolle über Gesellschaft, Kultur, Politik und Wirtschaft. Die Gesellschaften der Zweiten Welle wurden von den Integratoren regiert.

Die Machtpyramiden

Diese Techniker der Macht waren jedoch ihrerseits wieder in Hierarchien von Eliten und Sub-Eliten aufgegliedert. Jeder Industrie-, jeder Verwaltungszweig gebar nunmehr sein eigenes »Establishment«, sein eigenes »Die da oben«. Sport, Religion, Erziehungs- und Bildungswesen — sie besaßen nun ihre eigenen Machtpyramiden. Ein »Wissenschafts-Establishment« tauchte auf, ein »Verteidigungs-Establishment«, ein »Kunst-und-Kultur-Establishment«. In den Gesellschaften der Zweiten Welle wurde die Macht in Hunderte, ja Tausende von Scheibchen auf dergestalt spezialisierte Eliten aufgeteilt.

Diese spezialisierten Eliten wiederum wurden in fachübergreifenden Eliten integriert, deren Mitglieder aus allen Spezialgebieten kamen. So hatte zum Beispiel die Kommunistische Partei in der Sowjetunion und in Osteuropa Mitglieder aus allen Fachbereichen, von der Luftfahrt über die Stahlindustrie bis hin zur Musik. Die Mitglieder der Kommunistischen Partei fungierten als die Wasserträger, die Nachrichten von Sub-Elite zu Sub-Elite weitergaben. Da die Partei zu allen Informationen Zugang hatte, verfügte sie über enorme Macht und konnte die Sub-Eliten der Spezialisten gängeln.

In den kapitalistischen Ländern wurden ähnliche Funktionen, wenn auch weniger formell, von Führungskräften der Wirtschaft und von Juristen wahrgenommen, die Bürgerkomitees oder Verwaltungen vorstanden. Wir sehen daher in allen Nationen der Zweiten Welle Gruppen von Integrations-Spezialisten am Werk, die ihrerseits wiederum generalistischen Integratoren unterworfen sind.

Die Super-Eliten

Schließlich kam die Integration auch noch auf einer höheren Ebene zur Anwendung, und zwar durch die »Super-Eliten«, die über die Verteilung von Investitionsgeldern bestimmten. Ob in Finanz oder Industrie, im Pentagon oder in der sowjetischen Planungsbürokratie: Wer die Hauptentscheidung über die Investitionen in der Industriegesellschaft traf, steckte den Handlungsrahmen für die Integratoren ab. War erst einmal eine Investition großen Stils beschlossen, ob nun in Minneapolis oder in Moskau, so engte sie den künftigen Entscheidungsspielraum ein. Bei einer plötzlichen Rohstoff-Verknappung konnte man weder Bessemerbirnen, Ölraffinerien noch Fließbänder stillegen, bevor sich ihre Kosten nicht amortisiert hatten. Sie waren nun einmal vorhanden und stellten die Parameter dar, nach denen sich die zukünftigen Manager oder Integratoren zu richten hatten. Diese Gruppen gesichtsloser Entscheidungsträger und Macher, die über die Investitionen bestimmten, bildeten die Super-Eliten aller Industriegesellschaften.

Folglich wuchs auch in allen Gesellschaftsformen der Zweiten Welle eine gleichartige Eliten-Struktur heran. Und diese heimliche Machthierarchie — mit kleinen Unterschieden, je nach Ort des Geschehens — erstand nach jeder Krise, jedem politischen Umbruch wieder neu. Namen, Slogans, Partei-Abzeichen und -Kandidaten mochten sich ändern, Revolutionen kommen und gehen, in den Chefetagen mochten neue Gesichter auftauchen: Die Grundstruktur der Macht blieb bestehen.

Immer wieder, in allen möglichen Ländern, haben Rebellen und Reformer während der vergangenen dreihundert Jahre versucht, die Bastionen der Macht zu erstürmen, eine neue Gesellschaft aufzubauen auf den Grundsätzen sozialer Gerechtigkeit und politischer Gleichheit. Zeitweise haben solche Bewegungen mit ihren Versprechungen von Freiheit Millionen von Menschen mitgerissen. Etlichen Revolutionären gelang es gar, ein Regime zu stürzen. Doch jedesmal kam das gleiche Ergebnis heraus. Jedesmal errichteten die Rebellen, nunmehr unter ihrem eigenen Banner, eine gleiche Struktur von Sub-Eliten, Eliten und Super-Eliten. Denn diese integratorische Struktur mit ihren Macht-Technikern war für die Zivilisation der Zweiten Welle ebenso notwendig wie ihre Fabriken, fossilen Brennstoffe oder auch ihre Kernfamilien. Der Industrialismus war in Wirklichkeit mit der umfassenden Demokratie, die er verhieß, nicht vereinbar.

Die Industrieländer konnten durch Revolutionen und dergleichen allenfalls dazu gezwungen werden, sich im Spektrum zwischen »Freier Marktwirtschaft« und »Zentraler Planung« hin- und herzubewegen; sie konnten sich von »kapitalistisch« zu »sozialistisch« wandeln und umgekehrt. Doch wie ein Leopard, der seine Flecken nicht wechseln kann, konnten auch sie nicht aus ihrer Haut. Ohne eine mächtige Hierarchie von Integratoren waren sie nicht funktionsfähig.

Kapitel 6

Der verborgene Plan

Nichts wirkt auf einen Franzosen verwirrender als das Spektakel eines amerikanischen Präsidentschafts-Wahlkampfes. Da werden Hot-Dogs in rauhen Mengen verschlungen, Schultern geklopft, Babys geherzt; da zieren sich die Kandidaten jungmädchenhaft, bevor sie ihre Kandidatur öffentlich bekanntgeben, da finden Vorwahlen und Parteitage statt, in deren Gefolge eine hektische Jagd nach Spendengeldern ausbricht; da hetzen die Kandidaten in Wahlzügen von Bahnhof zu Bahnhof; da werden endlos Reden gehalten, Werbespots im Fernsehen gesendet — und all dies im Namen der Demokratie. Aber umgekehrt können sich auch die Amerikaner keinen Reim auf französische Wahlen machen, und noch weniger verstehen sie die zahmen britischen Wahlen oder die holländischen, an denen, da sie jedermann zugänglich sind, zwei Dutzend Parteien teilnehmen; schon gar nicht verstehen sie das australische Präferenzstimmen-Wahlsystem oder die japanische Cliquenwirtschaft. All diese politischen Systeme scheinen furchtbar unterschiedlich zu sein. Noch weniger verständlich wirken gar die Ein-Parteien-Wahlen oder Pseudo-Wahlen in der UdSSR und den osteuropäischen Staaten. In der Politik gleicht kein Industrieland dem anderen.

Sobald wir uns jedoch von unseren nationalen Scheuklappen befreien, entdecken wir plötzlich, daß hinter den oberflächlichen Unterschieden eine ganze Anzahl von Parallelen zu finden ist. Tatsächlich sieht es fast so aus, als wären die politischen Systeme aller von der Zweiten Welle beeinflußten Nationen nach ein und demselben verborgenen Plan gebildet.

Als es in Frankreich, in den USA, in Rußland, Japan und anderen Ländern den Revolutionären der Zweiten Welle gelungen war, die Eliten der Ersten Welle zu stürzen, waren sie überall vor die gleichen Aufgaben gestellt: Sie mußten Verfassungen ausarbeiten, neue Regierungen installieren und, beinahe aus dem Nichts heraus, neue politische Institutionen entwerfen.

Neue Ideen, neue Strukturen wurden in kreativem Überschwang debattiert. Überall zankte man sich über Art und Weise der »Repräsentation«: Wer sollte wen repräsentieren? Sollten die Repräsentanten einem imperativen Mandat oder nur ihrem eigenen Wissen und Gewissen verantwortlich sein? Sollten die Amtsperioden kurz oder lang sein? Welche Rolle sollte den Parteien zufallen?

Aus diesen Konflikten und Debatten entstand in jedem Land ein neues politisches System. Sieht man sich die verschiedenen Strukturen genauer an, so bleibt nicht verborgen, daß sie alle auf einer Kombination aus althergebrachten, noch der Ersten Welle verhafteten Postulaten und neuerem, vom Industriezeitalter hereingetragenem Gedankengut basierten.

Nach den Jahrtausenden agrarischer Vorherrschaft konnten sich die Gründer der neuen politischen Systeme nur schwer eine Wirtschaft vorstellen, die nicht nur auf Grund und Boden basierte, sondern vornehmlich auf Arbeit, Kapital, Energie und Rohstoffen. Bis dahin hatte sich alles um Grund und Boden gedreht, und so war es nicht weiter erstaunlich, daß der Geographie eine große Rolle in unseren diversen Wahlsystemen zukam. Die Senatoren und Kongreß-Abgeordneten in Amerika — wie auch ihre Kollegen in Großbritannien und vielen anderen Industrienationen — wurden und werden nicht als Repräsentanten einer gesellschaftlichen Klasse, einer Berufs- oder ethnischen Gruppe, nach Geschlecht oder Lebensstil gewählt, sondern als Repräsentanten der Einwohner eines bestimmten Landstrichs: eines geographischen Bezirks.

Es war ein Charakteristikum der Ersten Innovationswelle gewesen, daß die Menschen ihr Leben lang an einem Ort blieben, und deshalb schien es nur natürlich für die Architekten des neuen politischen Systems, dies auch weiterhin vorauszusetzen. Daher ist auch heute noch der Nachweis des Wohnorts eine Voraussetzung zur Wahlberechtigung.

In der Agrargesellschaft ging alles langsam und bedächtig voran. Die Kommunikationsmittel waren noch so primitiv, daß eine Nachricht des Kontinentalkongresses in Philadelphia eine Woche bis New York brauchte. Es dauerte Wochen oder Monate, bis der Inhalt einer Rede von George Washington bis ins Hinterland durchgesickert war. Selbst 1865 war die Nachricht von Lincolns Ermordung noch zwölf Tage unterwegs, bis sie London erreichte. Aufgrund dieser unausgesprochenen Voraussetzung, daß alles langsam voranging, wurden repräsentativen Körperschaften wie dem Kongreß oder dem Britischen Parlament »Bedenkzeiten« gewährt — sie hatten die Zeit und nahmen sie sich auch, ihre Probleme gründlich zu durchdenken.

Die meisten Menschen, die während der Ersten Welle lebten, waren Analphabeten und unwissend. Daher wurde weithin angenommen, daß Volksvertreter, besonders wenn sie aus gebildeten Schichten kamen, zwangsläufig klügere Entscheidungen treffen würden als die Masse ihrer Wähler.

Doch indem sie diese Bedingungen der Ersten Innovationswelle beim Aufbau unserer politischen Institutionen berücksichtigten, verschlossen die Revolutionäre der Zweiten Welle ihre Augen vor der Zukunft. Daneben aber berücksichtigte das System, das sie errichteten, einige der neuesten technischen Erkenntnisse ihrer Zeit.

Die Geschäftsleute, die Intellektuellen und Revolutionäre des frühen Industriezeitalters waren geradezu hypnotisiert von der Maschine. Dampfmaschinen, Uhren, Webstühle, Pumpen und Kolben faszinierten sie, und die einfache mechanische Technologie ihrer Zeit regte sie zu endlosen Analogien an. Nicht zufällig waren Männer wie Benjamin Franklin und Thomas Jefferson sowohl Wissenschaftler und Erfinder als auch politische Revolutionäre.

Sie wuchsen auf in einer Zeit zivilisatorischen Erwachens, die mit Newtons großen Entdeckungen begann. Newton hatte den Lauf der Gestirne beobachtet und herausgefunden, daß das gesamte Universum einem gigantischen Uhrwerk vergleichbar war, das mit präziser mechanischer Regelmäßigkeit funktionierte. Der französische Physiker und Philosoph Lamettrie erklärte 1748 sogar den Menschen selbst zur Maschine. Adam Smith dehnte später diese Analogie auch auf die Wirtschaft aus, indem er argumentierte, daß die Ökonomie ein System sei und daß Systeme »in vieler Hinsicht Maschinen ähneln«.

Als James Madison die Debatten beschrieb, aus denen die Verfassung der Vereinigten Staaten resultierte, sprach er von dem Bedürfnis, das »System« zu »erneuern«, die »Strukturen« politischer Macht zu ändern und Beamte durch »eine Folge von Ausleseprozessen« zu küren. Die Verfassung selbst erhielt »Gleichgewichtsmechanismen« *(checks and balances)*, wie sie das Innere eines riesigen Uhrwerks aufweist. Jefferson sprach von der »Regierungsmaschinerie«.

Das politische Denken der Amerikaner blieb weiterhin ein Echo auf den Klang der Schwungräder, Ketten, Getriebe und Gleichgewichtsmechanismen. Entsprechend erfand Martin Van Buren die »politische Maschine«, eine lokale Partei-Organisation, die mit ihm durch dick und dünn ging, worauf New York City seine »Tweed-Maschine«, Tennessee seine »Crump-Maschine«, New Jersey seine »Hague-Maschine« erhielt. Generationen von amerikanischen Politikern, die zeitgenössischen inbegriffen, entwarfen politische »Konstruktionspläne« und »Wahlkampftechniken« und setzten mit der Energie von »Dampfwalzen« oder »Lokomotiven« Gesetzesvorlagen im Kongreß und in den Legislativen der Bundesstaaten durch. Im 19. Jahrhundert verstand der Brite Lord Cromer unter einer idealen Regierung des Empire eine, die »die harmonische Zusammenarbeit der verschiedenen Teile der Maschine garantieren« würde.

Diese mechanistische Mentalität war jedoch kein Produkt des Kapitalismus allein. Lenin beispielsweise beschrieb den Staat als »nichts weiter als eine Maschine, die von Kapitalisten benutzt wird, um die Arbeiter zu unterdrücken«. Trotzki sprach von »all den Rädern und Schrauben des Mechanismus der bürgerlichen Gesellschaft« und fuhr fort, indem er die Funktion einer revolutionären Partei mit ähnlich mechanistischen Wendungen beschrieb. Er nannte sie einen mächtigen »Apparat« und wies darauf hin, daß »sie wie jeder Mechanismus in sich statisch ist ...« und daß »die Massenbewegung ... die tödliche Lethargie überwinden muß ... Daher muß die lebendige Kraft des Dampfes die Trägheit der Maschine überwinden, bevor er das Schwungrad in Betrieb setzen kann.«

Durchdrungen von solch mechanistischer Denkweise, einem nahezu blinden Glauben an die Macht und Wirksamkeit der Maschine, erfanden die revolutionären Gründer aller Industriegesellschaften politische Institutionen, die viele gemeinsame Züge mit den Maschinen der industriellen Frühzeit besaßen.

Die Volksvertreter-Ausstattung

Die Strukturen, die sie zusammennieteten und -hämmerten, basierten auf einer elementaren Vorstellung von Repräsentation. Und in jedem Land bedienten sie sich gewisser Standardteile. Diese Komponenten könnte man die »universale Volksvertreter-Ausstattung« nennen. Es waren folgende Komponenten:

1. Individuen mit Stimmrecht
2. Parteien zum Stimmensammeln
3. Kandidaten, die durch den Gewinn einer Wahl umgehend zu »Repräsentanten« der Wähler wurden
4. Legislativen (Parlamente, Reichstage, Kongresse, Bundestage oder gesetzgebende Versammlungen), in denen die Repräsentanten per Abstimmung über Gesetze entschieden
5. Exekutiven (Präsidenten, Premierminister, Parteisekretäre), die die Gesetzesmaschinen mit Rohstoffen in Form von Politik fütterten und den Gesetzen, die dabei herauskamen, Geltung verschafften

Wählerstimmen waren die »Atome« dieses Newtonschen Mechanismus. Sie wurden von den Parteien absorbiert, die gleichsam als »Sammelleitung« des Systems dienten. Sie mobilisierten Stimmen, wo immer sie konnten, und fütterten damit die Wahlrechenmaschinen, wo sie nach Parteienstärke oder -zusammensetzung klassifiziert wurden und als Endprodukt den »Volkswillen« hervorbrachten — den Treibstoff, der angeblich die Regierungsmaschinen in Gang hielt.

Die Teile dieser Ausstattung wurden je nach Ort und Lage verschieden kombiniert und manipuliert. In manchen Ländern hatte jedermann über 21 Jahre das Wahlrecht, in anderen nur Männer weißer Hautfarbe; in einem Land diente das ganze Schauspiel nur dazu, eine Diktatur zu verschleiern, in einem anderen verfügten die Gewählten tatsächlich über beträchtliche Macht; hier gab es zwei Parteien, dort gleich eine Vielzahl und anderswo wiederum nur eine einzige. Dennoch wird das historische Schema sichtbar. Wie immer die Einzelteile umgestaltet oder zusammengesetzt sein mochten, die gleiche Grund-»Ausstattung« wurde beim Aufbau der formalen politischen Maschinerie in allen Industrieländern benutzt.

Obwohl Kommunisten häufig die »bürgerlichen Demokratien« und den »Parlamentarismus« als verschleierte Privilegienherrschaft angriffen und behaupteten, daß diese Mechanismen normalerweise von der kapitalistischen Klasse zum Zwecke privater Bereicherung manipuliert würden, haben doch alle sozialistischen Industrieländer so rasch wie möglich ähnliche Repräsentations-Maschinerien installiert.

Während sie das Versprechen »direkter Demokratie« in einer fernen, post-repräsentativen Zukunft aufrechterhielten, verließen sie sich gänzlich auf »sozialistische Repräsentations-Institutionen«. Der ungarische Kommunist Ottó Bihari schreibt in einer Untersuchung über diese Institutionen: »Im Verlauf der Wahl macht der Wille des arbeitenden Volkes seinen Einfluß in den Regierungsorganen geltend, die durch die Stimmabgaben zum Leben erweckt werden.« Nach der Definition des *Prawda*-Chefredakteurs V. G. Afanasjew in seinem Buch *Das wissenschaftliche Management der Gesellschaft* gehört zum »Demokratischen Zentralismus« »die souveräne Macht des arbeitenden Volkes ..., die Wahl von Regierungskörperschaften und -führern sowie deren Rechenschaftspflicht vor dem Volk«.

So wie die Fabrik die gesamte industrielle Technosphäre symbolisiert, so wurde die repräsentative Regierung — egal, wie deformiert sie war — zum Statussymbol jeder »fortschrittlichen« Nation. Ja, sogar viele nicht-industrialisierte Länder beeilten sich — unter dem Druck der Kolonisten oder durch blindes Nacheifern —, den gleichen formellen Mechanismus zu installieren, wobei sie sich der gleichen universalen »Volksvertreter-Ausstattung« bedienten.

Die globale Gesetzesfabrik

Diese »demokratischen Maschinerien« waren jedoch nicht nur auf Nationen beschränkt. Sie kamen auf Staats-, Bundes- und regionaler Ebene genauso zur Geltung, bis hinunter in die Rathäuser der Städte und Dörfer. In den Vereinigten Staaten gibt es heute ungefähr 500000 gewählte öffentliche Beamte und 25869 lokale Verwaltungseinheiten in Stadtzentren, von denen jede ihre eigenen Wahlen, repräsentativen Körperschaften und Wahlvorschriften hat.

Tausende dieser Repräsentations-Maschinerien knirschen und mahlen in nichtstädtischen Gebieten vor sich hin, und Zehntausende davon oder noch mehr auf der ganzen Welt. In Schweizer Kantonen und französischen Départements, in den britischen Counties und den kanadischen Provinzen, in den Woiwodschaften Polens und den Republiken der UdSSR, in Singapur und Haifa, Osaka und Oslo bewerben sich Kandidaten um Ämter und werden wie durch Zauber zu »Repräsentanten«. Es läßt sich mit Gewißheit sagen, daß zur Zeit mehr als 100000 dieser Maschinerien allein in den Ländern, die von der Zweiten Welle erfaßt wurden, Gesetze, Verordnungen und Regeln produzieren.*)

Theoretisch wurde jede dieser politischen Einheiten — ob nun auf Bundes-, Landes- oder Gemeinde-Ebene — wie jeder Mensch und jede Wählerstimme gleichsam als unverwechselbare Einheit betrachtet. Jede besaß ihren eigenen, klar abgegrenzten Zuständigkeitsbereich, ihre eigenen Machtbefugnisse, ihre eigenen Rechte und Pflichten. Diese Einheiten waren wie durch unsichtbare Drähte in einem hierarchischen Gebilde miteinander verbunden, von den staatlichen bis zu den regionalen oder lokalen Behörden. Doch als der Industrialismus in die Jahre kam und die Ökonomie immer rascher integrierte, riefen die Entscheidungen dieser politischen Einheiten Wirkungen hervor, die außerhalb ihrer eigenen Zuständigkeitsbereiche lagen, und veranlaßten dadurch andere politische Körperschaften zu Reaktionen.

Eine Entscheidung des japanischen Parlaments über die einheimische Textilindustrie konnte sich auf die Beschäftigungslage in Nord-Carolina auswirken oder auf die Sozialfürsorge in Chicago. Eine Abstimmung des Kongresses über Einfuhrbeschränkungen für ausländische Automobile konnte den Stadtverwaltungen in Nagoya oder Turin zusätzliche Arbeit aufbürden. Während die Politiker früher Entscheidungen treffen konnten, ohne dabei auf die Verhältnisse außerhalb des eigenen Zuständigkeitsbereichs störend einzuwirken, war dies nun immer seltener möglich.

Um die Mitte des 20. Jahrhunderts waren Zehntausende von scheinbar souveränen oder unabhängigen politischen Autoritäten auf dem gesamten Erdball in Wahrheit durch den Kreislauf der Wirtschaft aneinander gebunden, durch zunehmende Reisetätigkeit, durch Wanderungsbewegungen und Massenmedien, so daß sie ununterbrochen miteinander beschäftigt waren und sich gegenseitig anregten.

Die Tausende von Repräsentations-Mechanismen, die aus den Komponenten der »Volksvertreter-Ausstattung« entstanden waren, bildeten daher zunehmend eine unsichtbare Super-Maschinerie: eine globale Gesetzesfabrik. Nun müssen wir uns nur noch anschauen, wie

*) Von den Regierungen als solchen einmal abgesehen, haben sich alle politischen Parteien des Industrialismus, von der extremen Rechten bis zur extremen Linken, routinemäßig einer Wahl ihrer eigenen Führer per Abstimmung unterzogen. Selbst Kontroversen um die Führung eines Bezirks oder einer Zelle pflegten eine Art Wahl zu erfordern, und wenn es auch nur um die Absegnung einer von oben getroffenen Entscheidung ging. Und in vielen Ländern wurde das Wahlritual zu einem Grundbestandteil des Lebens, in allen möglichen Organisationen, von Gewerkschaften und Kirchen bis hin zu Pfadfindergruppen. Das Wählen gehört zum Lebensstil in den Industriegesellschaften.

die Schalthebel und Kontrollräder dieses globalen Systems gehandhabt wurden — und von wem.

Das Beruhigungsritual

Hervorgegangen aus den Befreiungsträumen der industriellen Revolutionäre, waren die Regierungen aus gewählten Volksvertretern ein erstaunlicher Fortschritt gegenüber früheren Machtsystemen, ein Triumph der Technik, der in seiner Art mehr überraschte als die Erfindung der Dampfmaschine oder des Flugzeugs.

Repräsentative Regierungen ermöglichten eine ordnungsgemäße Amtsnachfolge ohne Erbdynastien. Sie eröffneten Rückkoppelungsmöglichkeiten zwischen Spitze und Basis einer Gesellschaft. Sie sorgten für einen Rahmen, in dem die Differenzen zwischen den verschiedenen Gruppierungen friedlich beigelegt werden konnten.

Da sie an das Majoritätsprinzip gebunden waren und an die Idee »Ein Mensch = eine Stimme«, halfen sie den Armen und Schwachen, den Technikern der Macht, die die Integrations-Maschinerie der Gesellschaft beherrschten, Vergünstigungen abzuringen. Aus diesem Grund war die Ausbreitung repräsentativer Regierungen im großen und ganzen ein geschichtlicher Durchbruch zu mehr Menschlichkeit.

Von Anfang an aber hielt dieses System längst nicht alles, was es versprochen hatte. Man muß seine Vorstellungskraft schon arg strapazieren, um zu glauben, daß es jemals »vom Volk« kontrolliert war, was immer man darunter verstehen mochte. Nirgendwo änderte es wirklich die Machtstruktur, die den Industrienationen zugrundelag — die Struktur aus Sub-Eliten, Eliten und Super-Eliten. Im Gegenteil: Statt die Kontrollmöglichkeiten der Manager-Eliten zu schwächen, fiel der formalen Repräsentationsmaschinerie eine Schlüsselrolle dabei zu, die Eliten mit Hilfe der »Integrationsmittel« in ihrer Machtposition zu halten.

Die Wahlen, ganz egal wer sie gewann, erfüllten eine wichtige gesellschaftliche Funktion für die Eliten. Da jedermann Stimmrecht besaß, förderten Wahlen die Gleichheitsillusion. Abstimmungen wurden zu einem Beruhigungsritual für die Massen, indem sie ihnen den Eindruck vermittelten, Wahlen seien etwas Systematisches, liefen mit mechanischer Regelmäßigkeit ab und seien allein daher schon »vernünftig«. Wahlen waren eine symbolische Versicherung für die Bürger, daß sie immer noch die Fäden in der Hand hielten — daß sie, zumindest theoretisch, ihre Führer ebensogut wählen wie auch wieder abwählen konnten. Sowohl in kapitalistischen als auch in sozialistischen Ländern erwiesen sich diese Beruhigungsrituale oft als wichtiger denn die tatsächlichen Ergebnisse vieler Wahlen.

Die integrierenden Eliten programmierten den politischen Apparat überall anders, indem sie die Anzahl der Parteien kontrollierten oder die Wahlqualifikation manipulierten. Dennoch war das Wahlritual — man könnte auch sagen: die Wahlfarce — überall im Gebrauch. Die Tatsache, daß Wahlen in der Sowjetunion und in den Ostblockstaaten regelmäßig wunderbare Mehrheiten von 99 bis 100 Prozent ergaben, ließ darauf schließen, daß das Bedürfnis nach Beruhigung in den zentralgelenkten Gesellschaften mindestens so stark war wie in der sogenannten »freien Welt«. Wahlen nahmen Basis-Protesten den Wind aus den Segeln.

Darüber hinaus behielten die integrierenden Eliten, trotz der Anstrengungen reformerischer und radikaler Demokraten, eindeutig die permanente Kontrolle über die repräsentativen Regierungssysteme. Darüber und über die Frage, warum das so war, wurden eine ganze Menge Theorien aufgestellt, doch die meisten übersahen den mechanischen Charakter des Systems.

Wenn wir die politischen Systeme der Zweiten Welle mit den Augen eines Ingenieurs statt mit den Augen eines Politologen betrachten, fällt uns plötzlich eine Tatsache auf, die gemeinhin übersehen wird, aber tatsächlich den Schlüssel zum Verständnis liefert.

Industrie-Ingenieure unterscheiden normalerweise zwischen zwei Arten von Maschinen: denjenigen, die mit Unterbrechungen funktionieren, auch unter der Bezeichnung »schubweise produzierende« Maschinen bekannt, und denjenigen, die ununterbrochen laufen, sogenannte »Nonstop-Maschinen«. Ein Beispiel für die erstgenannte Art ist die ganz gewöhnliche Stanzpresse. Der Arbeiter legt aus einem Stapel von Metallplatten einzelne oder mehrere auf einmal in die Maschine ein, die sie dann in die gewünschte Form stanzt. Wenn der Stapel fertiggestellt ist, unterbricht die Maschine die Produktion, bis ein neuer Stapel gebracht wird. Ein Beispiel für die zweite Art ist die Öl-Raffinerie, die, einmal eingeschaltet, ununterbrochen läuft; 24 Stunden täglich fließt dann das Öl durch ihre Röhren, Leitungen und Kammern.

Betrachten wir die Gesetzesmaschine mit ihren Wahlperioden insgesamt, so sehen wir uns einer klassischen, schubweise produzierenden Maschine gegenüber. Die Öffentlichkeit darf zu festgelegten Zeiten zwischen verschiedenen Kandidaten wählen, wonach die formale »Demokratie-Maschine« wieder abgestellt wird.

Vergleichen wir das einmal mit der ununterbrochenen Einflußnahme verschiedener organisierter Interessengruppen. Schwärme von Lobbyisten aus Konzernen, Behörden und Ministerien treten als Zeugen vor Komitees auf, bekleiden ehrenamtliche Posten, nehmen an den gleichen Empfängen und Banketten teil, bringen gegenseitig Trinksprüche beim Cocktail in Washington oder beim Wodka in Moskau aus, tauschen Informationen aus und beeinflussen dergestalt rund um die Uhr die Entscheidungsprozesse.

Kurzum, die Eliten schufen sich eine mächtige Nonstop-Maschine, die, nicht selten mit konträren Zielen, neben der demokratischen, schubweise produzierenden Maschine herläuft. Nur wenn wir das Nebeneinander dieser beiden Maschinerien erkennen, wird uns klar, wie die Staatsmacht in der allumfassenden Gesetzesfabrik tatsächlich funktionierte.

Solange sie das Volksvertretungs-Spiel mitmachten, hatten die Bürger allenfalls zeitweise Gelegenheit, mit ihrer Stimmenabgabe ihre Zustimmung oder Mißbilligung gegenüber den Maßnahmen der Regierungen auszudrücken. Die Techniker der Macht dagegen nahmen permanent Einfluß darauf.

Schließlich wurde ein noch wirksameres Instrument zur gesellschaftlichen Kontrolle in die Prinzipien der Repräsentation selbst eingebaut: Bereits die bloße Wahl von Repräsentanten brachte den Eliten neue Mitglieder.

Als die Arbeiter zum Beispiel zum erstenmal um das Recht kämpften, Gewerkschaften zu organisieren, wurden sie wegen Bandenbildung gerichtlich belangt, von Firmenspitzeln verfolgt oder von Polizei und Schlägertrupps überfallen. Sie waren Außenseiter und entweder gar nicht oder unangemessen im System repräsentiert.

Sobald sich die Gewerkschaften gebildet hatten, brachten sie eine neuerliche Gruppe von Integratoren hervor — das »Gewerkschafts-Establishment«, dessen Mitglieder nicht bloß die Arbeiter repräsentierten, sondern zwischen ihnen und den Eliten in Wirtschaft und Regierung vermittelten. Die George Meanys, Georges Séguys und Oskar Vetters dieser Welt wurden, aller Rhetorik zum Trotz, Schlüsselfiguren der integratorischen Elite. Die Führer der Pseudo-Gewerkschaften in der UdSSR und den Ostblockstaaten waren nie etwas anderes als Techniker der Macht.

Theoretisch garantierte zwar das Bedürfnis, sich der Wiederwahl zu stellen, daß die Repräsentanten ehrlich blieben und weiterhin für jene sprachen, die sie vertraten, doch nirgendwo verhinderte dieser Anspruch die Eingliederung der Volksvertreter in die Machtstrukturen. Überall entstand eine breite Kluft zwischen den Repräsentanten und den Repräsentierten. Die repräsentative Regierung — nämlich das, was wir Demokratie zu nennen gelernt haben — war, kurzgesagt, eine industrielle Technik, um die Ungleichheit zu sichern. Repräsentative Regierungen waren nur pseudo-repräsentativ.

Zusammenfassend läßt sich sagen, daß die Zivilisation der Zweiten Welle überaus abhängig war von fossilen Brennstoffen, von Fabrikproduktion, Kernfamilien, Konzernen, Massenerziehung und Massenmedien, die alle auf die Trennung zwischen Produktion und Konsum zurückzuführen waren und alle von einer Handvoll Eliten gelenkt wurden, deren Aufgabe die Integration des Ganzen war.

In diesem System stellte die repräsentative Regierungsform das politische Äquivalent zur Fabrik dar, ja, sie war tatsächlich eine Fabrik zur Herstellung kollektiver Integrationsentscheidungen. Wie die meisten Fabriken wurde sie von oben gelenkt, und wie die meisten Fabriken ist sie nunmehr überflüssig, ein Opfer der fortschreitenden Dritten Welle.

Wenn die politischen Strukturen der Zweiten Welle tatsächlich immer unmoderner geworden sind, unfähig, mit den heutigen komplexen Aufgaben fertigzuwerden, so liegt ein Teil der Schuld daran, wie wir noch sehen werden, an einer weiteren wichtigen Institution, die die Zweite Welle mit sich brachte: dem Nationalstaat.

Kapitel 7
Der nationale Taumel

Abaco ist eine Insel. Sie hat 6500 Einwohner und gehört zu den vor der Küste von Florida liegenden Bahamas. Vor einigen Jahren beschlossen ein paar amerikanische Geschäftsleute — Waffenhändler, Ideologen des freien Unternehmertums, ein schwarzer Geheimdienstagent und ein Mitglied des Britischen Oberhauses —, daß es an der Zeit sei für Abaco, seine Unabhängigkeit zu erklären.

Ihr Plan bestand darin, die Insel in Besitz zu nehmen und sie der Kontrolle der Bahamas zu entziehen, indem sie jedem Einwohner von Abaco versprachen, er werde nach der »Revolution« kostenlos Grund und Boden von der Größe eines Acres (4047 qm) erhalten (wobei noch immer über eine Viertelmillion Acres für Immobiliengeschäfte und Geldgeber übriggeblieben wäre). Hinter diesem Projekt steckte der Traum von der Errichtung eines Steuerparadieses auf Abaco, in dem reiche Geschäftsleute, die die sozialistische Apokalypse fürchteten, würden Zuflucht finden können.

Die Einwohner von Abaco zeigten leider nur wenig Neigung, für das freie Unternehmertum eine Revolution vom Zaune zu brechen — und so wurde nichts aus dem Projekt von der neuen »Nation«.

Immerhin: In einer Welt, in der nationalistische Bewegungen einander die Macht streitig machen und in der sich 151 Länder zu jenem UNO genannten Nationenkartell zusammengeschlossen haben, kann diese eher groteske Episode durchaus einen guten Zweck erfüllen. Sie zwingt uns nämlich, alles, was wir bislang mit dem Begriff »Nation« verbunden haben, in Frage zu stellen.

Hätten die 6500 Einwohner von Abaco, mit oder ohne Finanzhilfe exzentrischer Geschäftsleute, eine eigene »Nation« bilden können? Wenn Singapur mit seinen 2300000 Einwohnern eine Nation ist — warum dann nicht auch New York City, wo acht Millionen Menschen leben? Und wenn Brooklyn über eigene Düsenbomber verfügen würde — wäre es dann schon eine Nation? Diese Fragen mögen absurd klingen, doch kommt ihnen angesichts der Erschütterungen, denen die Fundamente der Industriezivilisation durch den Anprall der Dritten Welle ausgesetzt sind, eine völlig neue Bedeutung zu, denn eines der Fundamente des Industriezeitalters war und ist der Nationalstaat.

Bevor wir die Schlagzeilen und den Konflikt zwischen den rivalisierenden Elementen der Ersten und der Zweiten Welle verstehen können, müssen wir, da schon die Dritte Welle heranbrandet, zunächst einmal den rhetorischen Nebel vertreiben, der das Thema »Nationalismus« noch immer umgibt.

Pferdewechsel

Vor Beginn der Industriellen Revolution in Europa war der größte Teil der Welt noch nicht in festgefügte Nationalstaaten aufgegliedert. Statt dessen gab es eine Vielfalt von Stämmen, Clans, Herzog- und Fürstentümern, Königreichen und andere mehr oder weniger regional begrenzte Einheiten. »Könige und Fürsten besaßen die Macht nur stückchenweise«, schreibt der Politologe S. E. Finer. Die Grenzen waren ungenau festgelegt, die Rechte der Regierungen schwammig. Der Staat verfügte noch nicht über standardisierte Macht: In einem Dorf durfte er zum Beispiel, wie Professor Finer berichtet, nur eine einzige Windmühle besteuern, in einem anderen dagegen die Bauernschaft und wiederum woanders besaß er das Recht zur Ernennung eines Abtes. Ein Individuum, das in verschiedenen Gebieten Land besaß, konnte mehreren Königen gleichzeitig treuepflichtig sein. Selbst die größten Kaiser geboten im Normalfall lediglich über einen Flekkenteppich, der aus zahlreichen kleinen autonomen Gemeinden und Regionen bestand. Eine uniforme politische Kontrolle gab es noch nicht.

Voltaire faßte dies alles zusammen, als er sich darüber beklagte, bei einer Reise durch Europa die Gesetze genauso häufig wie die Pferde wechseln zu müssen.

Diese Bemerkung hatte natürlich einen tieferen Sinn, denn der häufige Pferdewechsel entsprach dem primitiven Zustand der Transport- und Kommunikationswege, der seinerseits dafür verantwortlich war, daß selbst der mächtigste Monarch über ein größeres Gebiet keine effektive Kontrolle ausüben konnte: Je weiter man sich von der Hauptstadt entfernte, desto schwächer wurde die Autorität des Staates.

Aber ohne politische gab es auch keine ökonomische Integration. Die kostspieligen Technologien der Zweiten Welle amortisierten sich nur, wenn der Markt, für den sie produzierten, über den örtlichen Rahmen hinausreichte. Doch wie konnten Geschäftsleute in einem geographisch ausgedehnten Gebiet Handel treiben, wenn sie, sobald sie ihre Heimatgemeinde verließen, mit einer Unmenge von unterschiedlichen Abgaben, Steuern, Arbeitsbestimmungen und Währungen konfrontiert wurden? Sollten sich die neuen Technologien bezahlt machen, mußten die lokalen Wirtschaftseinheiten auf normaler Ebene zusammengefaßt werden. Dies bedeutete eine Arbeitsteilung auf nationaler Ebene und nationale Märkte für Kapital und Gebrauchsgüter. Und hieraus erwuchs wiederum die Notwendigkeit zur nationalen politischen Konsolidierung. Der Industrialismus erforderte eine politische Einheit, die den Ansprüchen der rapide wachsenden Wirtschaftseinheiten entsprach.

Daß das öffentliche Bewußtsein sich in dem Augenblick grundlegend änderte, da in den von der Zweiten Innovationswelle erfaßten

Gesellschaften nationale Ökonomien aufgebaut wurden, kann nicht überraschen. Der Mensch der Agrargesellschaft mit seinen kleinen, lokal beschränkten Produktionsstätten dachte sehr provinziell. Er war meistens ausschließlich an den Problemen seiner unmittelbaren Nachbarschaft oder denen der Dorfgemeinschaft interessiert. Nur sehr wenige — ein paar Adlige und Angehörige des Klerus, Kaufleute und soziale Randgruppen, wie Künstler, Studenten und Söldner — interessierten sich auch für das, was jenseits der Umfriedung ihres Dorfes vor sich ging.

Die Zahl derer, die in der weiten Welt ihr Glück suchten, vervielfachte sich rapide mit dem Beginn der Zweiten Welle. Mit Technologien, die auf Dampf- bzw. Kohlekraft und später auch auf Elektrizität basierten, wurde es für den Genfer Uhrmacher, den Frankfurter Tuchhändler oder den Textilfabrikanten aus Manchester möglich, weit mehr zu produzieren, als der lokale Markt aufzunehmen vermochte. Andererseits brauchte er Rohstoffe aus weit entfernt liegenden Gebieten. Auch der Fabrikarbeiter war von der finanziellen Lage in Gegenden, die Tausende von Kilometern entfernt lagen, betroffen; sein Arbeitsplatz hing von fremden Märkten ab.

Auf diese Weise wurde Stück für Stück das Weltbild der Menschen erweitert. Die neuen Massenmedien brachten immer mehr Informationen und Bilder aus den entferntesten Weltgegenden. Unter diesen Voraussetzungen verschwand engstirniger Lokalpatriotismus, und überall begann sich ein nationales Bewußtsein zu regen.

Beginnend mit den Revolutionen in Amerika und Frankreich, erfaßte während des 19. Jahrhunderts ein nationalistischer Taumel alle Staaten der Welt, in denen die Industrialisierung Fortschritte machte. Die 350 verschiedenen, untereinander zerstrittenen deutschen Kleinstaaten mußten zu einem einheitlichen nationalen Markt vereinigt werden — dem »Vaterland«; ebenso wie das zersplitterte Italien, dessen Regionen abwechselnd dem Hause Savoyen, dem Vatikan, den österreichischen Habsburgern und den spanischen Bourbonen untertan waren. Ungarn, Serben, Kroaten, Franzosen und viele andere entdeckten plötzlich ein mystisches Gefühl der Verbundenheit mit ihren Landsleuten. Dichter glorifizierten den »nationalen Geist«. Historiker gruben längst vergessene Helden aus, entdeckten die Literatur und die Folklore. Komponisten verherrlichten die Nation in Hymnen. Und alle taten dies genau in dem Moment, da die Industrialisierung eben diesen Nationalismus zwingend erforderlich machte.

Die Bedeutung des Nationalstaates wird uns sofort klar, wenn wir erkennen, wie wichtig die politische Integration für die Industrie war. Denn Nationen sind alles andere als »seelische Einheiten«, wie Spengler sie nannte, alles andere als ein »Verband von Männern, der sich als Ganzes fühlt«.

Was wir heute unter »Nation« verstehen, ist nichts mehr und nichts weniger als ein Phänomen der Zweiten Innovationswelle: Eine einzelne, integrierte politische Autorität, die einer einzelnen, integrierten Wirtschaft entweder aufgepfropft wurde oder mit dieser verschmolz. Ein wahllos zusammengewürfeltes Sammelsurium sich selbst versorgender lokaler Wirtschaftseinheiten, die untereinander nur locker verbunden sind, ist überhaupt nicht dazu in der Lage, eine Nation hervorzubringen. Umgekehrt ist auch kein noch so straff organisiertes politisches System, das einem losen Konglomerat lokaler Wirtschaftseinheiten übergestülpt wurde, aus sich heraus bereits eine Nation. Die moderne Nation entstand vielmehr aus der Verschmelzung beider Faktoren — eines einheitlichen politischen Systems und einer integrierten Wirtschaft.

Die Industrielle Revolution löste nationale Erhebungen in den Vereinigten Staaten, in Frankreich, Deutschland und dem übrigen Europa aus. Man kann diese Erhebungen als Bemühungen ansehen, das Niveau der für die Industrialisierung typischen ökonomischen Integration anzupassen. Es waren diese Bemühungen — und nicht Dichterworte oder mystische Einflüsse —, die dazu führten, daß die Welt in separate nationale Einheiten aufgeteilt wurde.

Der Goldene Schwellennagel

Jede Regierung, die Anstrengungen unternahm, den Markt und ihren Einflußbereich zu erweitern, stieß sehr bald an sprachliche, kulturelle, soziale, geographische Grenzen. Auch die verfügbaren Transport- und Kommunikationsmittel, die Energiereserven und die technologische Produktivität begrenzten den geographischen Raum, der von einer einzigen Regierungszentrale aus effektiv verwaltet werden konnte. Ferner wurde der Grad der politischen Integration auch noch von dem jeweiligen Entwicklungsstand der Buchhaltungs- und Budget-Techniken sowie des Managements beeinflußt.

Innerhalb dieser Grenzen führten die integratorischen Eliten auf Konzerns- und Regierungsebene den Kampf um die Expansion. Je größer das beherrschte Gebiet und der Markt wurden, desto schneller wuchsen Wohlstand und Macht. Und da jede Nation ihre wirtschaftlichen und politischen Einflußbereiche bis zum Äußersten ausdehnte, kamen sie nicht nur mit den systemimmanenten Grenzen, sondern bald auch mit denen rivalisierender Nationen in Konflikt.

Fortgeschrittene Technologien dienten den integratorischen Eliten dazu, die Fesseln zu sprengen. Beispielsweise stürzten sie sich im 19. Jahrhundert mit Verve auf den Eisenbahnbau, der in seiner Art vergleichbar war mit dem »Wettlauf zum Mond« unserer Tage.

Im September 1825 wurde in England eine Eisenbahnverbindung

zwischen den Orten Stockton und Darlington eröffnet. Im Mai 1835 wurde auf dem europäischen Festland die Strecke zwischen Brüssel und Mecheln eingeweiht. Im September des gleichen Jahres entstand in Bayern die Eisenbahnverbindung zwischen Nürnberg und Fürth. Als nächstes kamen Paris und St. Germain an die Reihe. Im April 1838 wurden weit im Osten St. Petersburg und Zarskoje Selo miteinander verbunden. In den folgenden drei Jahrzehnten verknüpften die Bautrupps immer weitere Gebiete miteinander. Der französische Historiker Charles Morazé meint dazu: »Die Länder, die 1830 schon fast geeint waren, wurden durch den Eisenbahnbau noch enger zusammengeschweißt ... die stählernen Bänder immer mehr zusammengezogen ... Es war so, als ob sich jede Region eiligst darum bemühte, ihr Existenzrecht anzumelden, um von dem Transportsystem, das die Grenzen innerhalb Europas über ein Jahrhundert lang maßgeblich mitbestimmen sollte, als Nation anerkannt zu werden.«

Die amerikanische Regierung überließ privaten Eisenbahngesellschaften die Rechte über ausgedehnte Landstriche. Dahinter stand die Überzeugung, daß — wie es der Historiker Bruce Mazlish ausdrückt — »die transkontinentalen Verkehrsverbindungen die Bande zwischen der Atlantik- und der Pazifikküste stärken würden«. Als der »Goldene Schwellennagel«, der die erste Eisenbahnverbindung zwischen den beiden Meeren vollendete, eingehämmert worden war, stand der Schaffung eines nationalen Marktes in der Größenordnung eines ganzen Erdteils nichts mehr im Wege.

Auch der Einflußbereich der Regierung konnte nun auf Gebiete ausgedehnt werden, die bislang nur nominell der Kontrolle Washingtons unterstanden hatten, denn von nun an war es der Regierung möglich, ihrer Autorität durch Entsendung von Truppen überall auf dem nordamerikanischen Kontinent Nachdruck zu verleihen. Das neue mächtige Gebilde, das auf diese Weise in einem Land nach dem anderen entstand, war die Nation. Die Weltkarte konnte nun in einander nicht überschneidende rote, blaßrote, orange, gelbe oder grüne Farbfelder aufgeteilt werden. Der Nationalstaat wurde zu einem Strukturelement der Industriezivilisation. Hinter all dem aber stand der uns bereits vertraute Imperativ des Industrialismus: der Drang zur Integration.

Dieser Drang machte jedoch an den Grenzen der Nationalstaaten noch längst nicht halt. Bei all ihren unverkennbaren Stärken waren die Industrienationen nicht dazu in der Lage, aus eigener Kraft zu überleben. Um dies zu erreichen, mußten sie vielmehr den Rest der Welt in ihr Finanzsystem integrieren und das so entstehende Gesamtsystem unter ihrer Kontrolle behalten.

Die Methoden, mit denen sie dieses Ziel erreichten, müssen wir durchschauen, wenn wir verstehen wollen, nach welchen Gesetzen die Welt der Dritten Welle funktionieren wird.

Kapitel 8

Der imperiale Drang

Keine Zivilisationsform setzt sich konfliktlos durch. Die Kräfte der Zweiten Innovationswelle unternahmen schon bald einen massiven Angriff auf die alte Agrargesellschaft, triumphierten über sie und zwangen erst Millionen, dann Milliarden von Menschen, die noch immer in agrarischen oder gar voragrarischen Gesellschaften lebten, ihren Willen auf.

Schon lange vor der Industriellen Revolution, genauer gesagt, seit dem 16. Jahrhundert, hatten die europäischen Herrscherhäuser große Kolonialreiche aufgebaut.

Spanische Priester und Konquistadoren, französische Fallensteller, britische, holländische, portugiesische und italienische Abenteurer waren in alle Winkel dieser Erde ausgeschwärmt und hatten die Bevölkerung weiter Landstriche versklavt oder dezimiert oder beides. Sie zogen die Herrschaft über riesige Gebiete an sich und erpreßten für die Monarchen in ihrer Heimat hohe Tributzahlungen.

Verglichen mit dem, was folgte, war das alles jedoch ziemlich unerheblich. Denn die Schätze, die die Abenteurer und Eroberer jener Zeit nach Hause schickten, waren im Grunde nichts anderes als die Beute privater Raubzüge. Mit den Geldern wurden Kriege und persönlicher Luxus — Winterpaläste, prunkvolle Umzüge und das müßige Hofleben — finanziert. Mit der weiterhin im wesentlichen auf Selbstversorgung basierenden Wirtschaft der Kolonialhändler hatten diese Summen nur wenig zu tun.

Vom Geldsystem und den Marktkräften großenteils gar nicht berührt, produzierten die Leibeigenen, die der sonnenverbrannten Erde Spaniens oder den nebelverhangenen Heidelandschaften Englands mit Müh und Not das Existenzminimum abrangen, wenig oder gar nichts, was sich zum Export ins Ausland geeignet hätte. Andererseits hingen sie aber auch nicht von Rohstoffen ab, die in anderen Ländern gekauft oder geraubt wurden. Für sie ging das Leben eben weiter — irgendwie. Von den überseeischen Eroberungen profitierten zwar die herrschenden Klassen und die Städte, nicht aber die Masse der bäuerlichen Bevölkerung. Der Imperialismus steckte in dieser Hinsicht während der Ersten Welle noch in den Kinderschuhen; er war noch nicht in die Gesamtwirtschaft integriert.

Mit der Industrialisierung wurden die verhältnismäßig geringfügigen Plündereien zu einem großangelegten Geschäft. Aus dem »Kleinen Imperialismus« wurde Imperialismus im großen Stil.

Dieser neue Imperialismus gab sich nicht mit ein paar Kisten voll Gold und Edelsteinen, Seidenstoffen oder Gewürzen zufrieden. Unter seiner Herrschaft wurde schließlich Schiffsladung auf Schiffsladung voller Nitrate, Baumwolle, Palmöl, Zinn, Kautschuk, Bauxit und Wolfram in die Heimat geholt. Der neue Imperialismus errichtete die Kupferminen im Kongo und die Ölbohrtürme in Arabien. Er saugte wie ein Staubsauger die Rohstoffe der Kolonien auf, um sie zu verarbeiten und sie dann sehr oft in Form von Fertiggütern mit riesigem Profit in den Ursprungsländern wieder abzusetzen. Der neue Imperialismus war, kurz gesagt, keine Randerscheinung mehr, sondern so sehr integriert in die ökonomische Grundstruktur der Industriestaaten, daß die Arbeitsplätze von Millionen einfacher Arbeiter von ihm abhängig wurden.

Und es ging nicht nur um Arbeitsplätze. Zuzüglich zu neuen Rohstoffen benötigte Europa immer größere Mengen an Lebensmitteln. Als sich das Fabriksystem in den von der Zweiten Welle betroffenen Ländern durchsetzte und immer mehr Arbeitskräfte vom Land in die städtischen Fabriken abwanderten, entstand die Notwendigkeit, immer mehr Nahrungsmittel aus dem Ausland einzuführen — Rind- und Hammelfleisch, Getreide, Kaffee, Tee und Zucker aus Indien, China, Afrika, Lateinamerika und von den Westindischen Inseln.

Mit der Zunahme der Massenproduktion brauchten umgekehrt die neuen Eliten des Industriezeitalters immer dringender neue Absatzmärkte und Anlagemöglichkeiten für ihr Kapital. In den achtziger und neunziger Jahren des 19. Jahrhunderts nahmen die europäischen Staatsmänner bei der Formulierung ihrer Interessen kein Blatt vor den Mund.

Joseph Chamberlain, Premierminister von England, verkündete: »Empire heißt Kommerz.« Sein französischer Kollege Jules Ferry war noch deutlicher. Was Frankreich benötige, erklärte er, seien »Ventile für unsere Industrie, unsere Exporte und unser Kapital«. Vom Auf und Ab der Wirtschaftszyklen geschüttelt und mit dem Phänomen chronischer Arbeitslosigkeit konfrontiert, waren die führenden Politiker Europas über Generationen hinweg von der Vorstellung besessen, daß im Falle einer Beendigung der Kolonialexpansion die Arbeitslosigkeit daheim zu einer bewaffneten Revolution führen würde.

Die Ursachen für den »Großen Imperialismus« waren jedoch nicht nur wirtschaftlicher Natur. Strategische Überlegungen, religiöses Sendungsbewußtsein, Idealismus und Abenteuerlust spielten allesamt eine Rolle, ebenso wie der Rassismus mit den ihm eigenen Vorstellungen von der Überlegenheit der Weißen bzw. der Europäer. Viele sahen in der imperialistischen Welteroberung die Übernahme gottgewollter Verantwortung. In Kiplings Formulierung: »die Bürde des weißen Mannes« begegnet uns jener missionarische europäische Eifer für die Verbreitung von Christentum und »Zivilisation« — wobei hier natürlich die von der Zweiten Innovationswelle hervorgerufene Industriezivilisation gemeint war.

Ohne Rücksicht auf den tatsächlichen Entwicklungsstand der noch in der Agrarepoche lebenden Gesellschaften hielten die Kolonisatoren nämlich alles, was sie dort vorfanden, für »rückschrittlich« und »unterentwickelt«. Die Landbevölkerung, insbesondere wenn sie zufällig schwarzer Hautfarbe war, wurde »wie Kinder« behandelt. Sie galt als »verschlagen«, »unaufrichtig« und »faul«. Sie »wußte das Leben nicht zu schätzen«.

Solche Vorurteile erleichterten es den Vertretern der Industriegesellschaften, die Vernichtung aller derer, die ihnen im Weg standen, zu rechtfertigen.

John Ellis zeigt in seinem Buch *Die Sozialgeschichte des Maschinengewehrs,* wie man diese neue, »todsichere« Waffe, die im 19. Jahrhundert perfektioniert worden war, zunächst nur gegen Eingeborene und nicht gegen Weiße einsetzte, da man es für unsportlich hielt, einen Menschen der eigenen Rasse damit zu töten. Das Abschießen von Eingeborenen wurde dagegen mehr als Jagd denn als Krieg betrachtet, und daher galten andere Maßstäbe. Ellis schreibt: »Im Niedermähen von Matabele, Derwischen oder Tibetern sah man eher einen abenteuerlichen Jagdausflug als eine echte militärische Operation.«

Die überlegene Technologie auf diesem Gebiet wurde 1898 in Omdurman, das gegenüber von Khartum am anderen Ufer des Nils liegt, mit »umwerfendem« Erfolg vorgeführt. Die kriegerischen Derwische des Mahdi wurden von den britischen Truppen mit sechs Maschinengewehren vom Typ »Maxim« vernichtend geschlagen. Ein Augenzeuge schrieb: »Es war der letzte Tag des Mahdismus und sein größter ... Es war keine Schlacht, sondern eine Exekution.« An diesem Tag blieben 28 Briten und 11000 Derwische auf der Walstatt zurück, d. h. auf 392 tote Eingeborene kam ein toter Engländer. John Ellis meint dazu: »[Dieses Ereignis] wurde zu einem weiteren Beispiel für den Triumph des britischen Geistes und der allgemeinen Überlegenheit des weißen Mannes.«

Hinter dem Rassismus und den religiös oder sonstwie verbrämten Rechtfertigungsversuchen stand damals, als Engländer, Franzosen, Deutsche, Holländer und andere in alle Winkel der Welt vordrangen, eine einzige handfeste Realität: Die Industriegesellschaft konnte isoliert nicht existieren. Sie war völlig auf die heimliche Subventionierung durch billige, von außen herangeschaffte Rohstoffe angewiesen. Darüber hinaus brauchte sie aber vor allem auch einen einzigen, integrierten Weltmarkt, durch den die Rohstoffe geschleust werden konnten.

Benzinpumpen im Garten

Der Drang zur Schaffung eines solchen integrierten Weltmarktes beruhte auf einem Gedanken, der am klarsten von Ricardo formuliert wurde, als er schrieb, daß die Arbeitsteilung unter Nationen ebenso angewandt werden sollte wie unter Fabrikarbeitern. In einer klassischen Passage seines Werkes vertrat er die Ansicht, daß, würde sich beispielsweise England auf die Herstellung von Textilien und Portugal auf den Weinbau spezialisieren, beide Länder von einer solchen Regelung profitieren müßten. Jeder würde das tun, wozu er am besten befähigt sei.

Indem sie verschiedenen Nationen jeweils andere Spezialaufgaben übertrüge, würde diese »Internationale Arbeitsteilung« schließlich jedem zugute kommen. Dieser Glaube verhärtete sich in den kommenden Generationen zum Dogma und ist noch heute vorherrschend, obwohl die Auswirkungen dieses Systems vielfach nicht bemerkt wurden.

Denn ebenso wie die Arbeitsteilung in einem gegebenen Wirtschaftssystem eine starke Nachfrage nach Integration erzeugte, die ihrerseits zum Entstehen einer Elite von Integratoren führte, so erforderte die internationale Arbeitsteilung Integration im Weltmaßstab und förderte die Entwicklung einer Welt-Elite, d.h. einer kleinen Gruppe von Industrienationen, die aus praktischen Gründen schließlich weite Teile der übrigen Welt beherrschten.

Der dynamische Erfolg der Bemühungen um einen integrierten Weltmarkt kann an den phantastischen Wachstumsraten gemessen werden, die sich einstellten, nachdem sich die Zweite Innovationswelle in Europa durchgesetzt hatte. Zwischen 1750 und 1914 hat sich das Volumen des Welthandels Schätzungen zufolge verfünfzigfacht, von ca. 700 Millionen auf fast 40 Milliarden Dollar. Wenn Ricardo recht gehabt hätte, dann hätten die Vorteile dieses Wachstums allen Beteiligten mehr oder weniger gleichmäßig zugute kommen müssen. In Wirklichkeit beruhte die eigennützige Annahme, daß Spezialisierung für alle das beste sei, auf einer Schimäre — der Phantasie von der freien Konkurrenz.

Sie setzte einen absolut effizienten Einsatz von Arbeit und Material voraus. Sie setzte voraus, daß den Handelsinteressen nicht mit militärischen und politischen Drohungen Nachdruck verliehen würde und daß sich mehr oder weniger gleichstarke Handelspartner gegenüberstanden. Nur eines blieb in dieser Theorie unberücksichtigt: die Wirklichkeit des Lebens.

In der Praxis waren die Gewichte bei den Verhandlungen über Zucker, Kupfer, Kakao und andere Rohstoffe völlig ungleich auf die Verhandlungspartner — d. h. die von der Zweiten Welle geformten Kaufleute und die noch vorindustriellen Eingeborenenvölker — verteilt. Auf der einen Seite des Tisches saßen gewitzte europäische oder amerikanische Geldleute, hinter denen riesige Konzerne, weitverzweigte Bankenkonsortien, mächtige Technologien und starke nationale Regierungen standen. Ihnen saß vielleicht ein regionaler Potentat oder ein Stammeshäuptling gegenüber, dessen Volk vom Geldsystem noch kaum etwas wußte und in dessen Gebiet die Wirtschaft noch immer auf kleinen bäuerlichen Betrieben oder dörflichem Handwerk beruhte. Auf der einen Seite saßen die Agenten einer vorwärtsstrebenden, fremden, technisch hochentwickelten Zivilisation, von ihrer eigenen Überlegenheit überzeugt und bereit, dieser Überzeugung mit Bajonetten und Maschinengewehren Nachdruck zu verleihen — auf der anderen Seite die Repräsentanten kleiner Stämme oder Fürstentümer aus der Zeit vor der Bildung der Nationalstaaten, deren Waffenarsenal aus Pfeilen, Bogen und Speeren bestand.

Oft genug wurden die lokalen Herrscher oder Händler von den Weißen ganz einfach gekauft, bestochen oder sonstwie belohnt — als Gegenleistung für die Unterdrückung eingeborener Arbeitskräfte, die Zerschlagung von Widerstand oder für die Manipulation heimischer Gesetze zugunsten der Ausländer. Nach der Eroberung einer Kolonie setzten die imperialistischen Regierungen für Geschäftsleute aus dem Mutterland oft Vorzugspreise für Rohstoffe fest und errichteten hohe Handelsschranken, um zu verhindern, daß auch Händler aus rivalisierenden Nationen mitbieten konnten.

Unter solchen Umständen nimmt es nicht wunder, daß es den Industriestaaten gelang, Rohstoffe und Energie sehr viel billiger als zu »fairen Marktpreisen« einzukaufen.

Die Preise wurden überdies durch einen Umstand, den man als »das Gesetz des ersten Preises« bezeichnen könnte, noch weiter im Interesse der Käufer gedrückt. Viele Rohmaterialien, die die Industrieländer dringend brauchten, waren für die agrarisch orientierte Bevölkerung, in deren Gebieten sie vorkamen, so gut wie wertlos. Afrikanische Bauern haben keinen Bedarf an Chrom. Araberscheichs konnten mit dem schwarzen Gold, das unter ihren Wüsten verborgen lag, nichts anfangen. Wo in der Vergangenheit noch keine Richtpreise für eine gegebene Ware existierten, war der erste festgesetzte Preis entscheidend. Und dieser erste Preis basierte häufig weniger auf Wirtschaftsfaktoren wie Profit und Konkurrenz als auf der relativen militärischen und politischen Stärke der Verhandlungspartner. Für den Fürsten oder Stammeshäuptling, der seine Bodenschätze ohnehin für wertlos hielt, war praktisch jeder Preis akzeptabel, zumal, wenn er sich einem mit Gatling-Gewehren bewaffneten Regiment gegenübersah. Aktive Konkurrenz spielte bei diesen Verhandlungen so gut wie keine Rolle. Und der einmal auf niedrigem Niveau etablierte »Erstpreis« hielt alle nachfolgenden Preise ebenfalls niedrig. Sobald die Rohstoffe in den Industrieländern eingetroffen und in Fertiggüter umgewandelt waren, war der niedrige Anfangspreis praktisch eingefroren.*)

*) Angenommen, die Firma A kauft in der Kolonie Rohmaterial für einen Dollar pro Pfund ein und benützt dieses zur Herstellung einer Ware X, die sie für zwei Dollar das Stück verkauft. Will nun eine andere Firma auf dem »Ware-X-Markt« Geschäfte machen, so wird sie alles daran setzen, die eigenen

So entwickelte sich mit der Zeit ein »Weltpreis« für jede einzelne Ware, und alle Industrienationen profitierten von der Tatsache, daß der erste Preis gleichsam im »konkurrenzfreien Raum« entstanden war. Aus vielen unterschiedlichen Gründen zogen die industrialisierten Länder, trotz aller imperialistischer Rhetorik über die Tugenden des Freihandels und des freien Unternehmertums, enormen Nutzen aus jenem System, das man euphemistisch die »imperfekte Konkurrenz« nannte.

Die Früchte des expandierenden Welthandels wurden — Rhetorik hin, Ricardo her — nicht gleichmäßig verteilt. Hauptsächlich profitierten vielmehr die industrialisierten Länder einseitig auf Kosten des noch der Ersten Innovationswelle verschriebenen Teils der Welt.

Die Margarinepflanzung

Um den einseitigen Güterstrom reibungslos abwickeln zu können, unternahmen die Industriemächte große Anstrengungen zur Ausweitung und Integration des Weltmarkts. Bald überschritt der Handel die Landesgrenzen, und die nationalen Märkte wurden ihrerseits Teile eines größeren Systems miteinander verbundener überregionaler oder kontinentaler Märkte bzw. schließlich sogar Teil eines einzigen, vereinheitlichten Handelssystems, so wie es den Vorstellungen der integratorischen Eliten entsprach, die in den Industrienationen das Sagen hatten. Der ganze Erdball war von einem einzigen monetären Netz umsponnen.

Die Zweite Welle hinterließ im Sozialleben der noch nicht industrialisierten Kulturen tiefe Spuren: Sie degradierte diese Länder zu Tankstellen, Gärten, Bergwerken, Steinbrüchen und Reservoirs billiger Arbeitskräfte. Kulturen, die über Tausende von Jahren sich selbst versorgt und ihre eigenen Nahrungsmittel produziert hatten, wurden vom Weltmarkt zwangsläufig aufgesogen und standen vor der Wahl »Handel oder Untergang«. Als sich Zinngruben und Kautschukplantagen in ihren Ländern breit machten, geriet der Lebensstandard der Bolivianer und Malayen plötzlich in unmittelbare Abhängigkeit von dem Rohstoffhunger industrialisierter Nationen auf der anderen Erdhalbkugel.

Das unschuldige Haushaltsgut Margarine liefert ein dramatisches Beispiel dafür. Ursprünglich wurde Margarine in Europa aus heimischen Zutaten hergestellt. Da sie immer beliebter wurde, reichten diese heimischen Rohstoffe bald nicht mehr aus. 1907 stellten Wissenschaft-

Kosten für den benötigten Rohstoff entweder auf dem gleichen oder sogar auf einem noch niedrigeren Niveau zu halten wie Firma A. Wenn sie keinen technologischen oder sonstigen Vorsprung besitzt, dann kann sie es sich auch nicht leisten, für die Rohstoffe mehr zu bezahlen und gleichzeitig auf dem »X-Markt« konkurrenzfähig bleiben. So wurde der *Anfangspreis*, selbst wenn er mit Hilfe von Bajonetten »ausgehandelt« worden war, zur Richtschnur für alle nachfolgenden Verhandlungen.

ler fest, daß man Margarine auch aus Kokosnüssen und Palmöl herstellen konnte. Diese europäische Entdeckung hatte zur Folge, daß das Leben der Westafrikaner auf den Kopf gestellt wurde.

»In den traditionellen westafrikanischen Anbaugebieten der Ölpalme«, schreibt Magnus Pyke, ehemaliger Präsident des britischen Instituts für Ernährungswissenschaft und Technologie, »gehörte das Land der Gemeinschaft.« Die Verwertung der Palmenprodukte war durch ein komplexes System lokaler Gewohnheiten und Gesetze geregelt. Mancherorts war der Mann, der die Palme gepflanzt hatte, zeit seines Lebens berechtigt, über ihre Produkte zu verfügen. Anderswo hatten Frauen besondere Rechte. Nach den Ausführungen Pykes zerstörten »die westlichen Geschäftsleute das fragile und komplexe Sozialsystem der nicht-industrialisierten Bevölkerung Westafrikas, indem sie den großflächigen Anbau der Ölpalme zur Herstellung des europäischen und amerikanischen ›Fertiggerichts‹ Margarine« organisierten.

Riesige Plantagen wurden in Belgisch-Kongo, Nigeria, Kamerun und an der Goldküste aus dem Boden gestampft. Der Westen bekam seine Margarine — und die Afrikaner wurden zu Halbsklaven auf gigantischen Pflanzungen.

Ein anderes Beispiel liefert das Gummi. Als in der US-Automobilindustrie nach der Jahrhundertwende plötzlich eine enorme Steigerung des Gummibedarfs für Reifen und Schläuche auftrat, versklavten westliche Händler in Zusammenarbeit mit den örtlichen Behörden die Indianer im Amazonasgebiet, um diese Nachfrage zu decken. Roger Casement, der britische Konsul in Rio de Janeiro, berichtete, daß die Produktion von 4000 Tonnen Putomayo-Kautschuk zwischen 1900 und 1911 30000 Indianern das Leben kostete.

Man kann nun einwenden, dabei habe es sich um »Exzesse« gehandelt, die für den »Großen Imperialismus« nicht typisch seien. Gewiß, die Kolonialmächte waren nicht überall und immer grausam und böse. Mancherorts errichteten sie Schulen und schufen für die von ihnen unterworfenen Völker rudimentäre Gesundheitssysteme. Sie verbesserten die sanitären Verhältnisse und die Wasserversorgung. In einigen Fällen trugen sie zweifellos zu einer Hebung des Lebensstandards bei. Auch wäre es unfair, die vorkolonialen Gesellschaften zu romantisieren und die gegenwärtige Armut in den nicht-industrialisierten Ländern ausschließlich dem Imperialismus anzulasten. Klima, Korruption und Tyrannei, Ignoranz und Fremdenfeindlichkeit waren daran mitschuldig. Schon lange vor der Ankunft der Europäer in diesen Ländern gab es dort Elend und Unterdrückung.

Herausgerissen aus dem alten Selbstversorgungssystem und plötzlich gezwungen, für Geld und Handel zu produzieren und ihre Gesellschaftsstruktur beispielsweise an Bergbau oder Plantagenwirtschaft anzupassen, wurden die Völker der Kolonialländer dennoch in wirtschaftliche Abhängigkeit von einem Markt getrieben, auf den sie so gut wie gar keinen Einfluß hatten.

Ihre Führer waren oft bestochen, ihre Kultur wurde verhöhnt und ihre Sprachen wurden unterdrückt. Darüber hinaus hämmerten ihnen die Kolonialmächte einen tiefsitzenden Minderwertigkeitskomplex ein, der noch heute ihre wirtschaftliche und soziale Entwicklung behindert.

Für die Industrienationen lohnte sich indessen der »Große Imperialismus« durchaus. Der Wirtschaftshistoriker William Woodruff formuliert es so: »Es war die Ausbeutung dieser Gebiete und der erweiterte Handel mit ihnen, der der europäischen Völkerfamilie zu einem bis dahin nicht gekannten Wohlstand verhalf.« Eng verwoben mit den ökonomischen Grundstrukturen der Zweiten Innovationswelle und stets darum bemüht, den unersättlichen Rohstoffhunger des Industrialismus zu befriedigen, breitete sich der Imperialismus über die gesamte Erdoberfläche aus.

1492, als Kolumbus erstmals den Boden der Neuen Welt betrat, kontrollierten die Europäer nur neun Prozent der Erde. 1801 war es bereits ein Drittel, 1880 waren es zwei Drittel, und 1935 kontrollierten sie politisch 85 Prozent der Landfläche und 70 Prozent der Weltbevölkerung. Die Welt war nun, genauso wie die von der Zweiten Welle geschaffenen Gesellschaften, aufgeteilt in Integratoren und Integrierte.

Integration auf Amerikanisch

Nicht alle Integratoren glichen einander. Die Industrienationen fochten untereinander immer blutigere Schlachten um die Kontrolle des entstehenden Weltwirtschaftssystems aus. Die englisch/französische Vormachtstellung wurde im Ersten Weltkrieg von der emporstrebenden deutschen Industriemacht herausgefordert. Die Kriegsverwüstungen, der zerstörerische Teufelskreis aus Inflation und Depression, die dem Ersten Weltkrieg folgten, sowie die Russische Revolution erschütterten den industriellen Weltmarkt. Zusammen führten diese Krisen zu einer drastischen Verlangsamung der Wachstumsrate der Weltwirtschaft, und obwohl immer mehr Länder in den Sog des Welthandels gerieten, ging das Gesamtvolumen der auf dem internationalen Markt umgeschlagenen Güter zurück. Durch den Zweiten Weltkrieg wurde die Ausdehnung des integrierten Weltmarkts weiter gebremst.

Gegen Ende dieses Krieges lag Westeuropa in Trümmern. Deutschland glich einer Mondlandschaft. Die Sowjetunion hatte unermeßliche Verluste an Menschen und Sachwerten erlitten. Die Industrie Japans lag am Boden. Von allen großen Industrienationen waren lediglich die Vereinigten Staaten glimpflich davongekommen. Zwischen 1946 und

1950 befand sich die Weltwirtschaft in einem derartig desolaten Zustand, daß der Außenhandel auf das niedrigste Niveau seit 1913 sank.

Die sichtbare Schwäche der vom Krieg heimgesuchten europäischen Staaten ermutigte eine Kolonie nach der anderen, ihre politische Unabhängigkeit zu verlangen. Gandhi, Ho Tschi Minh, Jomo Kenyatta und andere Antikolonialisten verstärkten ihren Widerstand gegen die Kolonialmächte.

Noch bevor der Geschützdonner verhallt war, wurde deutlich, daß nach dem Krieg die gesamte industrielle Welt auf einer neuen wirtschaftlichen Basis wiederaufgebaut werden müsse.

Zwei Nationen übernahmen die Aufgabe des Wiederaufbaus und der Reintegration des Industriellen Systems: Die Vereinigten Staaten von Amerika und die Union der Sozialistischen Sowjetrepubliken.

Die Vereinigten Staaten hatten bis dahin nur eine Nebenrolle im Konzert des »Großen Imperialismus« gespielt. Sie hatten ihre eigenen Grenzen nach Westen vorgeschoben und die eingeborenen Amerikaner entweder vernichtet oder in Reservate abgedrängt. In Mexiko, Kuba, Puerto Rico und den Philippinen imitierten die Amerikaner die imperialistische Taktik der Briten, Franzosen und Deutschen. In Lateinamerika unterstützte während der ersten Jahrzehnte dieses Jahrhunderts die nordamerikanische »Dollar-Diplomatie« United Fruit und andere Konzerne darin, daß die Niedrigpreise für Zucker, Bananen, Kaffee, Kupfer und andere Güter gewährleistet blieben. Verglichen mit den Europäern blieben die Amerikaner dennoch nur »Junior-Partner« im großen imperialistischen Kreuzzug.

Nach dem Zweiten Weltkrieg waren die USA Hauptgläubiger der Welt. Sie besaßen die fortgeschrittenste Technologie, das stabilste politische System — und nun auch die verlockende Chance, in jenes Machtvakuum vorzustoßen, das die am Boden zerstörten Konkurrenten in den Kolonien, aus denen man sie herauswarf, zurückließen.

Schon 1941 hatten die Strategen der US-Finanzpolitik begonnen, für die Reintegration der Weltwirtschaft nach dem Krieg einen Plan zu entwerfen, der auf die Interessen der Vereinigten Staaten zugeschnitten war. Auf der unter amerikanischer Leitung abgehaltenen Konferenz von Bretton Woods, 1944, beschlossen 44 Nationen die Einrichtung zweier Institutionen, die für die zukünftige Integration entscheidend sein sollten: die des internationalen Währungsfonds (IWF) und der Weltbank. Der IWF verpflichtete die Mitgliedsstaaten, ihre Währung an Gold oder an den US-Dollar zu binden, wobei zu berücksichtigen ist, daß 1948 die USA über 72 Prozent der globalen Goldreserven verfügten. Auf diese Weise legte der IWF das Verhältnis der wichtigsten Währungen zueinander fest. Die Weltbank, die gegründet worden war, um zunächst einmal die notwendigen Kredite für den Wiederaufbau Europas zur Verfügung zu stellen, begann schon bald damit, auch in den noch nicht industrialisierten Ländern als Kreditgeber aufzutreten. Sehr oft wurden mit ihrer Hilfe der Bau von Straßen, Häfen und andere »infrastrukturelle Verbesserungen« finanziert, wodurch wiederum die Ausfuhr von Rohstoffen und landwirtschaftlichen Produkten in die Industrieländer erleichtert wurde.

Bald kam eine dritte Komponente zu diesem System hinzu, das »Allgemeine Zoll- und Handelsabkommen«, abgekürzt GATT (General Agreement on Tariffs and Trade). Dieses Abkommen, das auch wieder auf amerikanische Initiative hin zustandegekommen war, bemühte sich um eine Liberalisierung des Handels. Im Endeffekt kam dabei heraus, daß den ärmeren, technologisch rückständigeren Nationen protektionistische Maßnahmen zugunsten ihrer noch sehr kleinen, in der Entwicklung begriffenen Industrien erschwert wurden.

Verbunden wurden die drei neuen Strukturelemente durch einen Paragraphen, der es der Weltbank untersagte, Nationen, die sich weigerten, dem IWF beizutreten bzw. sich nicht an die Regeln von GATT hielten, Kredite einzuräumen.

Das so entstandene System machte es den Schuldnern der USA fast unmöglich, durch Währungs- oder Zollmanipulationen den Umfang ihrer Verpflichtungen zu verringern. Es vergrößerte die Konkurrenzfähigkeit der amerikanischen Industrie auf den Märkten der Welt. Und es verschaffte den Industriemächten — allen voran den USA — enormen Einfluß auf die Wirtschaftsplanung zahlreicher nicht-industrialisierter Länder, selbst nachdem diese ihre politische Unabhängigkeit gewonnen hatten.

Gemeinsam wirkten Weltbank, Weltwährungsfonds und GATT auf den Welthandel stark integrierend. Das neue System wurde von 1944 bis in die frühen siebziger Jahre von den Vereinigten Staaten dominiert. Es integrierte die Integratoren auf internationaler Ebene.

Sozialistischer Imperialismus

Die amerikanische Führungsposition unter den Industrieländern wurde jedoch in zunehmendem Maße durch den Aufstieg der Sowjetunion herausgefordert. Die UdSSR und andere sozialistische Länder pflegen sich selbst als antiimperialistische Freunde der kolonialisierten Völker darzustellen. 1916, ein Jahr bevor er die Macht übernahm, hatte Lenin die Kolonialpolitik der kapitalistischen Länder in schärfster Form angegriffen. Seine *Imperialismus*-Schrift wurde eines der einflußreichsten Bücher dieses Jahrhunderts und bestimmt noch heute maßgeblich das Denken von Hunderten von Millionen Menschen in aller Welt.

Lenin sah im Imperialismus ein rein kapitalistisches Phänomen. Nach seiner Überzeugung unterdrückten und kolonisierten kapitalistische Staaten andere Völker nicht aus Gutdünken, sondern aus Notwendigkeit. Ein nicht ganz schlüssiger, auf Marx zurückgehender Grundsatz besagte, daß die Profite in kapitalistischen Wirtschaftssystemen nach einer Weile unweigerlich dazu tendieren, zurückzugehen. Aus diesem Grund, so folgerte Lenin, waren kapitalistische Nationen in ihrer Endphase dazu gezwungen, »Superprofite« im Ausland zu suchen, um einen Ausgleich für die sinkende heimische Profitrate zu schaffen. Er vertrat die Ansicht, daß erst der Sozialismus, dem keine ausbeuterische Eigendynamik innewohne, die kolonialisierten Völker von Unterdrückung und Armut befreien werde.

Was Lenin freilich übersah, war, daß zahlreiche in kapitalistischen Nationen maßgebliche Antriebskräfte auch in den sozialistischen Industrienationen am Werke waren. Auch diese Länder waren Teil des monetären Weltsystems. Auch in ihnen beruhte die Wirtschaft auf der Trennung von Produktion und Konsum. Auch in ihnen war daher ein Markt unerläßlich (wenn auch nicht unbedingt ein profitorientierter Markt), um Konsumenten und Produzenten wieder miteinander zu verbinden. Auch die sozialistischen Länder brauchten ausländische Rohstoffe, um ihre Maschinen damit zu füttern. Und aus allen diesen Gründen bedurften auch sie eines integrierten Weltwirtschaftssystems zur Befriedigung ihres Rohstoffbedarfs und zum Verkauf ihrer Exportgüter.

Tatsächlich sprach Lenin im gleichen Atemzug, in dem er den Imperialismus verurteilte, von dem Ziel des Sozialismus, »nicht nur die Nationen einander näherzubringen, sondern sie auch zu integrieren«. In seinem Buch *Sozialistische Integration* schrieb der sowjetische Wissenschaftler M. Senin, daß Lenin 1920 »das Einander-Näherrücken der Nationen als einen objektiven Prozeß betrachtete, der schließlich zur Schaffung einer einzigen, von ... einem gemeinsamen Plan regulierten Weltwirtschaft führen würde«. Dies war fast die Vision eines vollendeten Industrialismus.

Nach außen hin wurden die sozialistischen Industrieländer von den gleichen Rohstoffbedürfnissen getrieben wie die kapitalistischen. Auch sie brauchten Baumwolle, Kaffee, Nickel, Zucker, Weizen und andere Güter, um ihre schnell expandierende Industrie und die Bevölkerung ihrer Städte zu versorgen. Die Sowjetunion hatte (und hat noch immer) enorme natürliche Rohstoffreserven. Sie verfügt über Mangan, Blei, Zink, Kohle, Phosphate und Gold. Auch die USA befinden sich in einer ähnlichen Situation, doch hat dies keine von beiden Nationen davon abgehalten, bei Drittländern zu billigstmöglichen Preisen einzukaufen.

Die Sowjetunion war von ihrer Gründung an ein Teil des monetären Weltsystems. Sobald eine Nation diesem System beigetreten war und die »normalen« Geschäftspraktiken akzeptierte, geriet es unweigerlich sofort in den Bereich konventioneller Begriffe wie »Effizienz« und

»Produktivität« — Definitionen, deren Ursprung im Frühkapitalismus zu suchen ist. Sie waren gezwungen, fast unbewußt herkömmliche wirtschaftliche Konzepte, Kategorien, Definitionen, Verrechnungsmethoden und Maßeinheiten anzuerkennen.

Sozialistische Manager und Ökonomen sahen sich so vor das gleiche Problem gestellt wie ihre kapitalistischen Kollegen. Sie mußten kalkulieren, was billiger war: die Förderung der Rohstoffe im eigenen Land oder ihre Einfuhr aus dem Ausland. Sie standen damit vor der handfesten Alternative »Selbermachen oder Kaufen?«, mit der kapitalistische Unternehmen jeden Tag konfrontiert sind. Bald stellte sich heraus, daß der Einkauf gewisser Rohstoffe auf dem Weltmarkt billiger sein würde als die Förderung im eigenen Land.

Kaum war eine dementsprechende Entscheidung getroffen, da schwärmten auch schon mit allen Wassern gewaschene sowjetische Einkäufer aus, um auf dem Weltmarkt zu Preisen einzukaufen, die zuvor von imperialistischen Geschäftsleuten auf künstlich niedrigem Niveau etabliert worden waren. Beim Kauf des Kautschuks, aus dem die Reifen für sowjetische Lastkraftwagen hergestellt wurden, zahlten die russischen Importeure demnach Summen, die wahrscheinlich auf den ursprünglich von britischen Kaufleuten in Malaya festgesetzten »ersten Preisen« basierten. Andere Beispiele sind noch krasser: In jüngster Zeit pflegten die Sowjets Guinea (wo sie Truppen stationiert haben) sechs Dollar pro Tonne Bauxit zu zahlen, während die Amerikaner 23 Dollar dafür ausgaben. Indien hat dagegen protestiert, daß die Russen ihre Exportgüter 30 Prozent zu teuer verkaufen und umgekehrt für indische Exporte 30 Prozent zu wenig zahlen. Für Erdgaslieferungen erhielten der Iran und Afghanistan von der Sowjetunion unterdurchschnittlich niedrige Preise.

So profitierte die Sowjetunion genauso wie ihre kapitalistischen Gegenspieler auf Kosten der Kolonien. Hätte sie anders gehandelt, wäre ihr interner Industrialisierungsprozeß erheblich langsamer vorangekommen.

Auch strategische Überlegungen trieben die Sowjetunion zu imperialistischer Politik. Konfrontiert mit der militärischen Macht der Nazis, kolonialisierten die Sowjets zunächst die baltischen Staaten, griffen dann Finnland an und halfen nach dem Zweiten Weltkrieg mit ihren Truppen und Invasionsdrohungen nach, wenn es darum ging, »befreundete« Regimes in Osteuropa zu installieren oder sie am Ruder zu halten. Diese Länder, die großenteils bereits einen höheren Industrialisierungsgrad erreicht hatten als die Sowjetunion selber, wurden in der Folgezeit von den Russen derart »gemolken«, daß die Bezeichnungen »Kolonien« oder »Satelliten« durchaus gerechtfertigt sind.

»Es kann kaum Zweifel darüber bestehen«, schreibt der neomarxistische Wirtschaftswissenschaftler Howard Sherman, »daß die Sowjetunion in den ersten Nachkriegsjahren gewisse Rohstoffmengen aus

Osteuropa abtransportierte, ohne mit angemessenen Gegenlieferungen zu reagieren ... Es kamen Fälle von direkter Plünderung und militärischer Reparationen vor... Es gab auch die Errichtung gemeinsamer Gesellschaften, in denen die Sowjets das Sagen hatten, und der Kreml schöpfte von den Profiten ab, die in diesen Ländern erwirtschaftet worden waren. Ferner zwangen die Sowjets ihren ›Verbündeten‹ außerordentlich einseitige Handelsabkommen auf, die im Grunde auf weitere Reparationszahlungen hinausliefen.«

Gegenwärtig gibt es anscheinend direkte Plünderung nicht mehr, und die gemeinsamen Gesellschaften sind auch verschwunden. »Aber«, so fährt Sherman fort, »es bestehen genügend Anzeichen dafür, daß im gemeinsamen Wirtschaftsverkehr zwischen der Sowjetunion und den meisten osteuropäischen Nationen noch immer einseitige Handelsvorteile für die Russen bestehen.« Wieviel »Profit« bei solchen Methoden herausspringt, ist schwer zu sagen. Zieht man die Unzulänglichkeit der veröffentlichten sowjetischen Statistiken in Betracht, so kann es durchaus sein, daß die Stationierungskosten für die sowjetischen Truppen in Osteuropa die eigentlichen wirtschaftlichen Vorteile mehr als wettmachen.

Unbestreitbar ist jedoch: Während die Amerikaner das IWF-GATT-Weltbank-System errichteten, kamen die Sowjets der Erfüllung des Leninschen Traums von einem einzigen integrierten Weltwirtschaftssystem durch die Schaffung des »Rats für gegenseitige Wirtschaftshilfe« (Council for Mutual Economic Aid, COMECON) und die Zwangsaufnahme der osteuropäischen Länder näher. COMECON-Länder werden von Moskau nicht nur gezwungen, untereinander und mit der UdSSR Handel zu treiben, sondern sie müssen auch ihre ökonomischen Entwicklungspläne in Moskau vorlegen und absegnen lassen. Die Sowjetunion, die den von Ricardo gepriesenen Tugenden der Spezialisierung fest vertraut, hat den osteuropäischen Ländern bestimmte wirtschaftliche Sonderaufgaben zugewiesen — genauso, wie dies die alten imperialistischen Mächte mit afrikanischen, asiatischen und lateinamerikanischen Ländern zu tun pflegten.

Nur Rumänien hat sich dieser Politik offen und hartnäckig widersetzt. Die Rumänen vertreten den Standpunkt, Moskau habe versucht, ihr Land zur »Benzinpumpe« und zum »Garten« der Sowjetunion zu machen, und haben inzwischen eine, wie sie es nennen, »multilaterale Entwicklung« in Gang gesetzt, worunter eine vollständige Industrialisierung auf allen Gebieten zu verstehen ist. Sie haben der »sozialistischen Integration« allem sowjetischen Druck zum Trotz Widerstand entgegengesetzt.

Zusammenfassend läßt sich sagen: Die Vereinigten Staaten übernahmen die Führerschaft über die kapitalistischen Industrienationen. Sie schufen sich dafür die Mechanismen, die nötig waren, um das Weltwirtschaftssystem nach dem Zweiten Weltkrieg erneut zu integrieren. Gleichzeitig errichteten die Sowjets in dem von ihnen beherrschten Teil der Welt ein Gegenstück zu diesem System.

Es ist unmöglich, ein Phänomen, das derart umfangreich, komplex und in ständiger Veränderung begriffen ist wie der Imperialismus, mit einfachen Worten zu beschreiben. Seine Auswirkungen auf Religion, Bildung und Erziehung, Gesundheit, auf die Themenwahl der Literaten und bildenden Künstler, auf das Verhalten von Rassen, ja auf die Psychostruktur ganzer Völker sowie unmittelbar auf die Wirtschaft werden noch immer von Historikern untersucht. Die positiven Errungenschaften des Imperialismus stehen ebenso außer Zweifel wie die in seinem Namen begangenen Untaten. Im ganzen gesehen aber kann seine Rolle beim Aufstieg der von der Zweiten Welle geprägten Zivilisation gar nicht genügend betont werden. Wir können uns den Imperialismus als Zündmechanismus oder Gashebel des Industrialisierungsprozesses vorstellen. Wie schnell wäre die nordamerikanische, westeuropäische, japanische oder sowjetische Industrialisierung *ohne* die dauernden Lebensmittel-, Energie- und Rohstoffinfusionen von außen vorangekommen? Was wäre gewesen, wenn die Preise für unzählige Rohstoffe wie Bauxit, Mangan, Zinn, Vanadium oder Kupfer jahrzehntelang um 30 bis 50 Prozent höher gewesen wären?

Dies hätte eine entsprechende Preissteigerung bei den Endprodukten zur Folge gehabt, welche zumindest in einigen Fällen den Massenverbrauch dieser Produkte unmöglich gemacht haben würde. Der von den Ölpreiserhöhungen der frühen siebziger Jahre hervorgerufene Schock vermittelt nur eine leise Ahnung der potentiellen Auswirkungen.

Mit großer Wahrscheinlichkeit hätte das Wachstum der Industrienationen, selbst wenn es gelungen wäre, durch Ausbeutung heimischer Rohstoffe einen gewissen Ersatz zu finden, niemals einen derartigen Umfang erreicht. Ohne die durch den Imperialismus ermöglichten heimlichen Subventionen befänden sich die Industrienationen und der Stand ihrer zivilisatorischen Errungenschaften heute vielleicht auf dem Niveau von 1920 oder 1930.

Der ungezügelte Imperialismus war jedoch mehr als nur ein ökonomisches, politisches oder soziales System. Er wurde ebenso zu einer Lebens- und einer Denkweise. Er schuf eine für die Zweite Welle typische Mentalität.

Diese Mentalität erweist sich heute als ein Haupthindernis beim Aufbau einer funktionsfähigen Gesellschaftsform der Dritten Welle.

Kapitel 9
Indust-Realität

Der Siegeszug der Zweiten Welle transformierte alles, was mit ihr in Berührung kam. Technologie und Handel erlebten einen ungeahnten Aufschwung. Der Zusammenprall der ersten beiden Wellen schuf nicht nur für Millionen Menschen eine neue Realität, sondern veränderte auch ihr Realitätsbewußtsein.

Überall traf die Zweite Innovationswelle auf Werte, Konzepte, Mythen und Moralvorstellungen, die noch der Agrargesellschaft entstammten.

Die Industrialisierung führte zu einer Neudefinition von Gott, Gerechtigkeit, Liebe, Macht und Schönheit ... Sie prägte neue Ideen, Verhaltensweisen und Analogien. Sie stellte alte Auffassungen von Zeit und Raum, Materie und Kausalität auf den Kopf oder ersetzte sie durch vollkommen neue. Ein eindruckvolles, abgerundetes Weltbild entstand, das die neue Realität nicht nur erklärte, sondern auch rechtfertigte. Das Weltbild der Industriegesellschaft hatte keinen bestimmten Namen. Am besten läßt es sich als »Indust-Realität« *(indust-reality)* bezeichnen.

Indust-Realität — das war das übergreifende Meinungs- und Ideenkollektiv, das man den Kindern des Industrialismus in der Schule eintrichterte, um ihnen ein spezifisches Weltverständnis zu vermitteln. Es war ein Sammelsurium von axiomatischen Grundsätzen der Industriegesellschaft und ihrer Wissenschaftler, Wirtschaftsführer, Staatsmänner, Philosophen und Propagandisten.

Natürlich erhoben sich auch Gegenstimmen, die die Leitsätze der Indust-Realität in Frage stellten. Doch sollen uns diese »Nebenströmungen« hier nicht weiter interessieren. Es geht uns vielmehr um den intellektuellen Hauptstrom der Industriegesellschaft. Oberflächlich gesehen, gab es solch einen Hauptstrom gar nicht, sondern es hatte den Anschein, als ob zwei mächtige ideologische Gruppierungen miteinander rivalisierten. Um die Mitte des 19. Jahrhunderts gab es in jeder Industrienation zwei deutlich voneinander getrennte politische Richtungen: die Linke, die sich für Kollektivismus und Sozialismus einsetzte, und die Rechte, die für Individualismus und freies Unternehmertum stritt.

Der ideologische Krieg, der sich zunächst nur auf die Nationen beschränkte, in denen die Industrialisierung bereits im Gange war, verbreitete sich bald über den gesamten Erdball. Mit der Russischen Revolution von 1917 und der Errichtung einer zentral gesteuerten, weltweiten Propaganda-Maschine nahm der Kampf immer schärfere Formen an. Gegen Ende des Zweiten Weltkriegs, als sowohl die USA wie auch die UdSSR den Versuch unternahmen, den Weltmarkt oder zumindest große Teile davon nach ihren eigenen Vorstellungen zu reintegrieren, gaben beide Seiten riesige Summen aus, um ihre jeweiligen Glaubenssätze in den noch nicht industrialisierten Ländern der Welt zu verbreiten.

Totalitäre Regime standen den sogenannten liberalen Demokratien gegenüber. Gewehre und Bomben lagen bereit, um dort weiterzumachen, wo logische Argumente versagten. Niemals seit der großen Konfrontation zwischen Katholiken und Protestanten während der Reformation waren die doktrinären Grenzlinien zwischen zwei theoretischen Lagern so scharf gezeichnet.

In der Hitze dieses Propagandakrieges fiel allerdings nur wenigen auf, daß die zwei Seiten zwar verschiedene *Ideologien*, aber eine in wesentlichen Zügen identische *Super-Ideologie* vertraten. In ihren Schlußfolgerungen — ihren Wirtschaftsprogrammen und politischen Dogmen — unterschieden sie sich radikal, in zahlreichen Ausgangsüberlegungen stimmten sie jedoch überein.

Wie protestantische und katholische Missionare, die auf verschiedene Bibelausgaben schwören und dennoch beide die christliche Botschaft verkünden, so marschierten Marxisten und Antimarxisten, Kapitalisten und Antikapitalisten, Amerikaner und Russen in den nicht-industrialisierten Gebieten der Welt, in Afrika, Asien und Lateinamerika ein und vertrauten blindlings ein und demselben Kodex von Grundüberzeugungen. Alle verkündeten sie das Dogma von der Überlegenheit des Industrialismus über alle anderen Zivilisationsformen. Alle waren sie leidenschaftliche Apostel der Indust-Realität.

Das Fortschrittsprinzip

Das von diesen Leuten verbreitete Weltbild basierte auf drei eng miteinander verknüpften »indust-realen« Glaubenssätzen — drei Axiomen, die alle von der Zweiten Welle geformten Gesellschaften miteinander verbanden und vom überwiegenden Teil der restlichen Welt unterschieden.

Der erste dieser Kernsätze betraf die Natur. Obwohl Sozialisten und Kapitalisten total gegensätzliche Meinungen darüber haben mochten, wie man die Schätze der Natur verteilen sollte, war der Blickwinkel, aus dem heraus man die Natur betrachtete, derselbe. Für beide war die Natur ein Objekt, das nur darauf wartete, ausgebeutet zu werden.

Der Gedanke, daß der Mensch »sich die Erde untertan« machen solle, kann mindestens bis zur *Genesis* zurückverfolgt werden. Bis zur Industriellen Revolution blieb dies freilich eindeutig die Meinung einer kleinen Minderheit. In den meisten älteren Kulturen finden wir statt dessen die Bejahung eines gewissen Maßes an Armut und ein harmonisches Zusammenleben zwischen den Menschen und der sie umgebenden natürlichen Ökologie.

Zwar ging man auch in diesen älteren Kulturen nicht gerade besonders liebevoll mit der Natur um. Die Menschen rodeten und verbrannten die Wälder, sei es, um Ackerland zu gewinnen, sei es auf der Suche nach Brennholz, und ihr Vieh weidete auf den Wiesen.

Doch der Schaden, den sie anrichteten, hielt sich in Grenzen. Sie besaßen nicht die Mittel und Werkzeuge, um die Erde umzugestalten, und so bestand für sie auch nicht die Notwendigkeit, die auftretenden Schäden mit einer ausgeklügelten ideologischen Begründung zu rechtfertigen.

Die Zweite Welle brachte auch auf diesem Gebiet neue Perspektiven: Nun traten plötzlich kapitalistische Unternehmer auf, die natürliche Rohstoffe in gigantischem Maßstab abbauten, die große Giftmengen in die Luft blasen ließen und in ihrer Profitgier ganze Regionen entwaldeten, ohne dabei viele Gedanken auf die Nebeneffekte oder die langfristigen Konsequenzen eines solchen Vorgehens zu verschwenden. Der Grundgedanke, daß die Natur eben da war, um ausgebeutet zu werden, erwies sich als eine bequeme »rationale« Ausrede für Kurzsichtigkeit und Egoismus.

Allerdings befanden sich die Kapitalisten auch hier wieder in bester Gesellschaft: Wo immer marxistische »Industrialisierer« an die Macht kamen (und unbeschadet ihrer Überzeugung, daß der Profit die Wurzel allen Übels sei), benahmen sie sich ganz genauso. Ja, der unausweichliche Konflikt mit der Natur fand sogar Eingang in ihre theoretischen Schriften.

Nach marxistischer Darstellung lebten die »primitiven« Völker nicht in harmonischer Koexistenz *mit* der Natur, sondern standen in einem harten Überlebenskampf *gegen* sie. Mit dem Entstehen der Klassengesellschaft wurde der Krieg »Mensch gegen Natur« unglücklicherweise in einen Krieg »Mensch gegen Mensch« verwandelt. In einer zukünftigen, klassenlosen kommunistischen Gesellschaft würde es der Menschheit wieder ermöglicht werden, sich auf die alte Tagesordnung zu besinnen — d. h., auf den Krieg »Mensch gegen Natur«.

Auf beiden Seiten der ideologischen Wasserscheide fanden sich also einander gleichende Bilder: Die Menschheit stand der Natur feindlich gegenüber bzw. beherrschte sie. Dieses Bild war ein Schlüsselgedanke der Indust-Realität, jener »Super-Ideologie«, aus der Marxisten ebenso wie Antimarxisten ihr Ideengebäude aufbauten.

Ein zweiter Gedanke, der mit dem ersten in enger Beziehung stand, führte diese Argumentation weiter aus. Die Menschen waren nicht nur die Herren über die Natur, sondern sie waren auch der Gipfelpunkt eines langen Evolutionsprozesses. Obwohl es schon vor ihm Evolutionstheorien gab, blieb es Charles Darwin gegen Mitte des 19. Jahrhunderts vorbehalten, diese Ansicht auch wissenschaftlich zu untermauern. Darwin, der in dem damals am weitesten entwickelten Industriestaat, nämlich in England, aufgewachsen war, sprach von den blinden Kräften der »natürlichen Auslese« — einem unentrinnbaren Prozeß, der die schwachen und »ineffizienten« Lebensformen gnadenlos zum Opfer fielen. Diejenigen Arten, die überlebten, wurden als die »stärksten« bzw. »anpassungsfähigsten« definiert.

Darwin interessierte sich vornehmlich für die biologische Evolution, doch wurden die sozialen und politischen Implikationen seiner Ideen schnell von anderen aufgegriffen. Die »Sozialdarwinisten« vertraten die Ansicht, daß das Prinzip der natürlichen Auslese auch in der menschlichen Gesellschaft Gültigkeit habe. Daher waren für sie die reichsten und mächtigsten Leute gleichzeitig auch die stärksten und würdigsten.

Von hier aus war es nur ein kleiner Schritt bis zu dem Gedanken, daß sich auch ganze Gesellschaften nach denselben Selektionsmechanismen entwickelten. Nach dieser Argumentation stand der Industrialismus auf einer »höheren« Evolutionsstufe als die ihn umgebenden, noch nicht industrialisierten Kulturen: Die Zivilisationen, die bereits von der Zweiten Welle erreicht worden waren, galten schlechtweg als »höherrangig«. So wie der Sozialdarwinismus eine »rationale« Begründung für den Kapitalismus schuf, so sorgte diese kulturelle Arroganz für eine »rationale« Begündung des Imperialismus. Die Expansion der Industriestaaten war unmittelbar von billigen Rohstoffen abhängig, und so schufen sie sich eine moralische Rechtfertigung, die es ihnen erlaubte, zu Billigstpreisen an diese Rohstoffe heranzukommen — selbst wenn dabei der Untergang agrarischer oder sogenannter »primitiver« Gesellschaften in Kauf genommen werden mußte.

Die Theorie der »Sozialen Evolution« war ein intellektueller und moralischer Freibrief, der es gestattete, die nicht-industrialisierten Völker für »minderwertig« und daher für nicht überlebensfähig zu halten und entsprechend zu behandeln.

Darwin selber beschrieb ohne Mitgefühl das Massaker an den tasmanischen Ureinwohnern und prophezeite in einem Ausbruch von Völkermord-Enthusiasmus, daß »irgendwann in der Zukunft die zivilisierten Menschenrassen mit an Sicherheit grenzender Wahrscheinlichkeit die wilden Rassen überall in der Welt ausrotten und ersetzen werden«. Die intellektuellen Pioniere des Industrialismus ließen keinen Zweifel daran, wen sie für überlebenswürdig hielten.

Marx, der den Kapitalismus und den Imperialismus mit ätzender Kritik bedachte, teilte die Ansicht, daß der Industrialismus die fortschrittlichste aller Gesellschaftsformen sei und daß alle anderen Gesellschaften sich unweigerlich auf dieses Stadium zuentwickeln würden.

Und dies war das dritte Grundmotiv der Indust-Realität — das Fortschrittsprinzip. Es verband das Naturverständnis mit dem Evolutionsgedanken, indem es davon ausging, daß die Geschichte sich mit unwiderstehlicher Dynamik auf eine bessere, menschlichere Gesellschaft zubewegte.

Auch in der vorindustriellen Phase hatte es bereits derartige Vorstellungen gegeben, doch erst während der Zweiten Welle entfaltete sich der Fortschrittsglaube zu voller Blüte.

Urplötzlich stimmten überall in Europa Tausende von Kehlen das gleiche Halleluja an. Leibniz, Turgot, Condorcet, Kant, Lessing, John Stuart Mill, Hegel, Marx, Darwin und zahllose weniger erlauchte Geister fanden allesamt Gründe für einen kosmischen Optimismus. Sie debattierten darüber, ob der Fortschritt wirklich unvermeidlich sei oder ob die menschliche Rasse ihm behilflich sein müsse; darüber, was nun eigentlich ein »besseres Leben« ausmache; und ob der Fortschritt unendlich sei oder sein könne. Aber alle stimmten darin überein, daß tatsächlich ein Fortschritt stattfand.

Atheisten und Gläubige, Studenten und Professoren, Politiker und Wissenschaftler predigten den neuen Glauben. Geschäftsleute und Staatskommissare begrüßten enthusiastisch jede neue Fabrik, jedes neue Produkt, jedes neue Wohnprojekt, jede Autobahn und jeden Staudamm als Beweis des unwiderstehlichen Trends vom Schlechten zum Guten und vom Guten zum Besseren. Poeten, Dramatiker und Maler hielten den Fortschritt für eine Selbstverständlichkeit. Fortschritt rechtfertigte die Degradierung der Natur und die Eroberung der »weniger weit entwickelten« Zivilisationen.

Und einmal mehr finden wir parallele Gedankengänge bei Adam Smith und Karl Marx. Wie Robert Heilbroner angemerkt hat, »glaubte Smith an den Fortschritt ... In *Der Reichtum der Nationen* war der Fortschritt nicht mehr nur ein idealistischer Traum der Menschheit, sondern ein Zielpunkt, auf den sie zutrieb ..., ein Nebenprodukt privatwirtschaftlicher Ziele«. Für Marx erzeugten diese privaten Ziele natürlich nur den Kapitalismus und trugen die Keime der eigenen Zerstörung in sich. Aber sie fügten sich in die lange historische Entwicklung, an deren Ende Sozialismus, Kommunismus und ein noch schöneres Später stehen würde.

Überall in den von der Zweiten Welle determinierten Gesellschaften waren es also drei Grundkonzepte: der Krieg gegen die Natur, die Bedeutung der Evolution und der Fortschrittsglaube, die den Agenten des Industrialismus bei ihren Erklärungs- und Rechtfertigungsversuchen die nötige intellektuelle Munition verschafften.

Diese Überzeugungen überdeckten noch andere, tiefer liegende Vorstellungen von der Wirklichkeit — ein Sammelsurium unausgesprochener Ansichten über die elementarsten Grundsätze menschlicher

Erfahrung. Jedes menschliche Wesen muß sich mit diesen elementaren Dingen auseinandersetzen, und jede Zivilisation beschreibt sie anders. Jede Zivilisation muß ihren Kindern beibringen, Zeit und Raum verstehen zu lernen. Sie muß irgendwie, sei es mit Hilfe von Mythen, Metaphern oder wissenschaftlichen Theorien, erklären, wie die Natur funktioniert. Und sie muß einige Erklärungen auf die Frage parat haben, *warum* dies und jenes so ist, wie es ist.

Die heranreifende Industriezivilisation schuf ein gänzlich neues Realitätsverständnis, das auf den ihr eigenen charakteristischen Vorstellungen von Zeit und Raum, Materie und Kausalität beruhte. Sie nahm Fragmente auf von dem, was die Vergangenheit hinterlassen hatte, und setzte sie auf neue Weise wieder zusammen. Sie experimentierte und lernte aus Erfahrung. Sie änderte entsprechend drastisch die Art und Weise, auf die die Menschen die Welt um sie herum wahrzunehmen pflegten. Dies wiederum hatte eine nicht minder drastische Änderung des menschlichen Alltagsverhaltens zur Folge.

Das Gebrauchsgut Zeit

In einem früheren Kapitel haben wir erfahren, wie sehr die Ausbreitung des Industrialismus mit der Anpassung des menschlichen Verhaltens an den Rhythmus der Maschine verbunden war. Synchronisierung war eines der Leitprinzipien der Zweiten Innovationswelle, und überall machten die Menschen aus den Industrienationen mit ihren nervösen Blicken auf die Armbanduhr auf Außenstehende den Eindruck, als ob sie von der Zeit besessen seien.

Damit ein solches Zeitbewußtsein als Voraussetzung für Synchronisierung überhaupt entstehen konnte, mußte die Grundvorstellung von der Zeit verändert werden. Ein neuer Zeitbegriff wurde nötig.

In Agrargesellschaften, wo es darauf ankam, den richtigen Zeitpunkt von Saat und Ernte zu kennen, entwickelte die Bevölkerung bemerkenswert exakte Methoden für die Messung langer Zeitspannen. Aber da eine strikte Synchronisierung der Arbeit selbst nicht nötig war, schufen sich bäuerliche Gesellschaften nur selten präzise Einheiten zur Messung kurzer Zeiträume. Es war vielmehr typisch für sie geworden, daß sie die Zeit nicht in klar fixierte Einheiten wie Stunden und Minuten unterteilten, sondern sie an der ziemlich ungenauen Dauer eines Arbeitsvorganges maßen. So konnte ein Bauer beispielsweise seinen Zeitbegriff davon ableiten, wie lange er zum Melken einer Kuh brauchte. In Madagaskar galten »ein Reiskochen« oder der Augenblick, den man benötigte, um eine Heuschrecke zu rösten, als allgemein akzeptierte Zeiteinheiten. Die Engländer sprachen von einem »Vater-Unser-Weilchen« — der Zeit für ein Gebet — oder, etwas erdverbundener, von einer »Pinkelzeit« *(pissing while).*

Da nur wenig Kommunikation zwischen einem Dorf und dem nächsten bestand und da die Arbeit keine Vereinheitlichung des Zeitbegriffs verlangte, variierten die Assoziationen, mit denen man die Zeit maß, von Ort zu Ort und von Jahreszeit zu Jahreszeit. In Nordeuropa zum Beispiel war im Mittelalter die Zeit, in der es hell war, in eine gleichbleibende Anzahl von Stunden unterteilt. Doch weil der Zeitraum zwischen Sonnenaufgang und Sonnenuntergang an keinem Tag gleich lang wie am nächsten war, war naturgemäß eine »Stunde« im Dezember sehr viel kürzer als eine »Stunde« im März oder im Juni.

Für die Industriegesellschaften aber waren »Vater-Unser-Weilchen« viel zu vage. An ihre Stelle rückten exakte Einheiten von Stunden, Minuten oder Sekunden. Und diese Einheiten mußten normiert und von Jahreszeiten und örtlichen Gegebenheiten unabhängig gemacht werden.

Heute ist die ganze Welt fein säuberlich in Zeitzonen aufgeteilt. Wir sprechen von »Standardzeiten«. Piloten in aller Welt greifen auf die »Zulu«-Zeit, das heißt die »Greenwich Mean Time« zurück. Aufgrund einer internationalen Übereinkunft wurde der Ort Greenwich in England zu dem Punkt gewählt, von dem aus alle Zeitverschiebungen berechnet werden.

Einmütig, fast als ob ein einziger Wille sie motivierte, richteten Millionen von Menschen ihre Uhren nach dieser Zeit. Was immer unsere subjektive »innere Uhr« uns sagen mag, ob wir meinen, die Zeit dehne sich endlos oder rase an uns vorbei — eine Stunde ist und bleibt eine einzige, klar definierte, standardisierte Stunde wie jede andere.

Die Industriezivilisation bewirkte jedoch noch mehr als eine Einteilung der Zeit in genau normierte Abschnitte: Sie reihte diese Abschnitte in eine Gerade ein, die in unvorstellbar ferner Vergangenheit begonnen hatte und bis weit in die Zukunft hineinreichte. Sie machte die Zeit *linear*.

Der lineare Zeitbegriff hat sich unserem Denken derart tief eingeprägt, daß es für diejenigen von uns, die in einer von der Zweiten Innovationswelle beherrschten Gesellschaft aufgewachsen sind, schwierig ist, sich überhaupt eine Alternative dazu vorzustellen. In vielen vorindustriellen und einigen heute noch bestehenden Agrargesellschaften erscheint die Zeit als Kreis und nicht als gerade Linie. Die Maya hatten ebenso wie die Buddhisten und die Hindus einen zyklischen Zeitbegriff. Geschichte wiederholte sich in ewiger Wiederkehr; das Einzelleben wurde in endlosen Reinkarnationen wiedergeboren.

Der Gedanke, daß Zeit eine Art Kreis darstellt, findet sich bei den Hindus in der periodischen Aufeinanderfolge der *Kalpas*. Ein Kalpa ist ein Tag des Gottes Brahma und dauert vierhundert Milliarden Jahre. Er beginnt mit der Neuschöpfung und endet im Untergang, um dann von neuem zu beginnen. Auch bei Plato, Aristoteles und Pythagoras findet sich ein zyklischer Zeitbegriff. Ein Schüler des Aristoteles, Eudemos, stellte sich vor, bei jeder Vollendung des Kreises ein und denselben Moment immer wieder von neuem zu durchleben.

In seinem Buch *Time and Eastern Man* (Die Zeit und der Mensch des Ostens) berichtet uns Joseph Needham, daß »für den Indo-Hellenen ... die Zeit zyklisch und unendlich ist«. In China dominiert zwar ein linearer Zeitbegriff, doch war nach Needham »eine zyklische Zeitvorstellung gewiß unter den frühtaoistischen und spekulativen Philosophen vorherrschend«.

Auch in Europa existierten in den Jahrhunderten vor der Industriellen Revolution diese alternativen Zeitmodelle. »Während des gesamten Mittelalters rivalisierten zyklische und lineare Zeitbegriffe miteinander«, schreibt der Mathematiker G. J. Whitrow. »Der Aufstieg der Geldwirtschaft und die handeltreibenden Bevölkerungsschichten standen hinter dem linearen Konzept. Denn solange die Macht auf Landeigentum beruhte, hielt man Zeit für reichlich verfügbar und assoziierte sie mit dem gleichbleibenden Rhythmus der Fruchtfolge.«

Die Zweite Welle beendete diesen uralten Konflikt. Der lineare Zeitbegriff triumphierte. Er beherrschte schließlich alle Industriegesellschaften, im Osten wie im Westen. Die Zeit war nun wie eine Fernstraße, die eine weit zurückliegende Vergangenheit durch die Gegenwart hindurch mit der Zukunft verband, und diese Zeitkonzeption, die Millionen von Menschen in vorindustriellen Jahrhunderten fremd gewesen war, wurde nun zur Basis aller wirtschaftlichen und politischen Planung — egal, ob sie in den Vorstandsetagen von IBM, in der Japanischen Wirtschaftsplanungszentrale oder in der Sowjetischen Akademie der Wissenschaften ausgeheckt wurde.

Man muß sich auch darüber im klaren sein, daß lineare Zeit eine Vorbedingung für »indust-reale« Evolutions- und Fortschrittskonzepte war, ja, daß durch sie Evolution und Fortschritt überhaupt erst plausibel wurden. Denn wenn, wie im zyklischen Zeitmodell, die Ereignisse immer wieder zu sich selbst zurückfänden anstatt in einer einzigen geraden Richtung zu verlaufen, dann würde dies bedeuten, daß sich die Geschichte wiederholte und daß Evolution und Fortschritt Illusion wären — Schatten auf der Mauer der Zeit.

Synchronisierung, Standardisierung, Linearisierung. Sie rüttelten an den tief verwurzelten Begriffsvorstellungen der Menschheit und führten massive Veränderungen im Umgang des einzelnen mit »seiner« Zeit herbei.

Doch nicht nur für die *Zeit*, sondern auch für den *Raum* mußte eine neue Paßform gefunden werden, um ihn mit der »Indust-Realität« in Einklang zu bringen.

Unsere frühesten Vorfahren, die lang vor Beginn der Ersten Welle die Erde bevölkerten, lebten als Jäger und Sammler, Fischer und Hirten. Rastlos zogen sie von Ort zu Ort. Von Hunger, Kälte oder ökologischen Schicksalsschlägen getrieben, folgten sie dem Wetter oder dem Wild. Sie waren die ersten »hochgradig mobilen« Menschen, da sie nur wenig Gepäck mit sich führten und sich nicht mit der Anhäufung und Aneignung beweglicher oder unbeweglicher Güter belasteten. Sie zogen weit im Land umher: Für die Ernährung einer Gruppe von fünfzig Männern, Frauen und Kindern war mancherorts ein Gebiet von der sechsfachen Größe der Insel Manhattan erforderlich. Andere Stämme legten in jedem Jahr, wenn es die Umstände verlangten, buchstäblich Hunderte von Kilometern zurück. Sie führten eine, wie es moderne Geographen nennen »flächenextensive« Existenz.

Während der Ersten Welle entstand dagegen ein sehr »seßhafter« Menschentyp. Nomadentum wurde durch den Ackerbau abgelöst, und die Wanderwege von einst wichen kultivierten Feldern und festen Siedlungen. Die Bauern und ihre Familien streiften nicht mehr rastlos in weitausgedehnten Gebieten umher, sondern blieben an Ort und Stelle und beackerten ihre winzige Scholle. Der Raum um sie herum war für sie wie ein großes Meer — so groß, daß das Individium sich im Vergleich mit ihm wie ein Zwerg vorkommen mußte.

In der Zeit unmittelbar vor Beginn der Industriellen Revolution war jedes kleine Bauerndorf von weitem, offenem Land umgeben. Abgesehen von einer Handvoll Kaufleuten, Gelehrten und Soldaten verbrachten die meisten Menschen ihr Leben innerhalb eines eng begrenzten Gebietes. Bei Sonnenaufgang gingen sie auf die Felder hinaus, und bei Anbruch der Dunkelheit kamen sie wieder nach Hause. Der Weg in die Kirche war ihnen wohlvertraut. Bei seltenen Anlässen machten sie sich auf den Weg ins sechs oder sieben Kilometer entfernte Nachbardorf.

Natürlich gab es klimatisch und geographisch bedingte Abweichungen, doch läßt sich mit dem Historiker J. R. Hale sagen: »Wir dürften wahrscheinlich nicht allzu falsch liegen, wenn wir annehmen, daß die weiteste Reise, die die Menschen während ihres Lebens zurücklegten, im Durchschnitt über eine Strecke von höchstens 25 Kilometer führte.« Der Ackerbau schuf eine »flächenintensive« Gesellschaft.

Mit der stürmischen Industrialisierung Europas im 18. Jahrhundert entstand wieder eine »flächenextensive« Kultur, aber diesmal erstreckte sie sich fast über die ganze Erde. Waren, Menschen und Ideen überwanden Tausende von Kilometern. Auf der Suche nach Arbeit kam es zu wahren Völkerwanderungen. Das Schwergewicht der Produktion verlagerte sich von weitverstreuten ländlichen Arbeitsplätzen auf die Städte. In den urbanen Ballungsgebieten wurden große Menschenmassen auf engstem Raum zusammengepreßt. Alte Dörfer schrumpften oder starben aus, während die Industriezentren mit ihren Schloten und Hochöfen einen gewaltigen Aufschwung erfuhren.

Diese Entwicklung brachte eine dramatische Veränderung der Landschaft mit sich und verlangte nach einer sehr viel komplexeren Zusammenarbeit zwischen Stadt und Land. Der Zufluß von Menschen und Nahrungsmitteln, der Energie- und Rohstoffnachschub in die Ballungsgebiete mußte geregelt werden. Das gleiche galt für die Flut der Fertiggüter, Ideen, finanziellen Entscheidungen und Modetrends, die in der Stadt produziert wurden und nun nach außen drängten. Die beiden gegenläufigen Strömungen wurden sorgfältig integriert und räumlich und zeitlich koordiniert. Auch innerhalb der Städte ergab sich die Notwendigkeit, eine große Anzahl verschiedener Raumprobleme zu lösen. In der alten Agrargesellschaft bestimmten die Kirche, der Adelssitz, ein paar armselige Hütten und hier und da ein Wirtshaus oder ein Kloster das äußere Bild der Gemeinden. In der Industriegesellschaft mit ihrer um ein Vielfaches komplizierteren Arbeitsteilung waren entsprechend speziellere räumliche Einheiten erforderlich.

Schon bald sahen sich die Architekten vor die Aufgabe gestellt, Bürohäuser, Banken, Justizpaläste, Fabriken, Bahnhöfe, Kaufhäuser, Gefängnisse, Feuerwachen, Anstalten und Theater entwerfen zu müssen. Diese vielen verschiedenen »Raumtypen« mußten auf logisch funktionale Weise miteinander verbunden werden. Räumliche Koordination war überall vonnöten: bei der Standortwahl für eine Fabrik, bei den Verbindungswegen zwischen Wohn- und Einkaufszentrum, bei der Verlegung von Industriegleisen zu Speditionen oder Dockanlagen, bei der Errichtung von Schulen und Krankenhäusern, Gas- und Wasserleitungen, Kraftwerken, Abwässerkanälen und Fernsprechämtern. Der Raum mußte genauso sorgfältig komponiert werden wie eine Bach-Fuge.

Die bemerkenswerte Koordination von zweckgebundenen Räumen, die aus dem Zwang heraus entstand, die richtigen Leute zum rechten Zeitpunkt an die richtigen Stellen zu bekommen, war das genaue räumliche Analogon zur zeitlichen Synchronisierung; ja, es war tatsächlich die Synchronisierung des Raumes. Denn *sowohl* Zeit *als auch* Raum mußten sorgfältiger strukturiert werden, wenn die Industriegesellschaften funktionstüchtig bleiben sollten. So wie man den Menschen exaktere und standardisierte Zeiteinheiten hatte geben müssen, so brauchten sie jetzt auch exaktere und austauschbare Längen-, Flächen- und Raummaße. Auch auf diesem Gebiet hatte vor der Industriellen Revolution noch ein hoffnungsloses Durcheinander geherrscht. Im mittelalterlichen England schwankte zum Beispiel die Länge eines *rood* zwischen einem Minimum von 5 und einem Maximum von 7,3 Metern. Einer Empfehlung aus dem 16. Jahrhundert zufolge ermittelte man damals die Länge eines *rood* auf folgende Weise: 16 willkürlich aus der Schar der Kirchgänger herausgegriffene Männer wurden in einer geraden Linie aufgestellt, »die linken Füße jeweils hintereinander«. Die Länge dieser »Fußreihe« ergab ein *rood*. Aber es waren sogar noch vagere Begriffe in Gebrauch, wie beispielsweise »ein Tagesritt«, »ein einstündiger Fußmarsch« oder »ein halbstündiger Galopp«.

Eine derartige Unverbindlichkeit war nicht mehr möglich, nachdem erst einmal die Industrielle Revolution damit begonnen hatte, die Arbeitsmethodik zu ändern, und sich der Markt unaufhaltsam ausweitete. Mit dem Anstieg des Handelsvolumens wurde z. B. ein präzises Navigationssystem immer wichtiger. Wer Methoden entwickelte, mit denen sich die Handelsschiffe besser auf Kurs halten ließen, wurde von den Regierungen fürstlich belohnt. Auch auf dem Land führte man immer feinere und genauere Maße ein.

Die verwirrende, widersprüchliche, chaotische Vielfalt lokaler Zölle, Gesetze und Handelsgepflogenheiten, die während der Ersten Welle geherrscht hatte, mußte begradigt und rationalisiert werden. Der Mangel an Präzision und Standardmaßen bedeutete für die Manufakturen und die aufstrebende Schicht der Kaufleute ein tägliches Ärgernis. Dies erklärt die Begeisterung, mit der die französischen Revolutionäre zu Beginn der Industriellen Ära die Standardisierung der Längenmaße und der Zeit durch die Einführung des metrischen Systems und eines neuen Kalenders in Angriff nahmen. Sie erachteten diese Probleme für so wichtig, daß sie sie auf die Tagesordnung der allerersten Sitzung des Nationalkonvents setzten, der die Republik ausrief.

Mit der Zweiten Welle kam es auch zu einer Vielzahl neuer Grenzen sowie zu einer deutlicheren Grenzziehung. Bis ins 18. Jahrhundert hinein waren die Grenzen der Reiche oft sehr ungenau. Da weite Gebiete unbewohnt waren, ergab sich auch gar keine Notwendigkeit für größere Genauigkeit. Als die Bevölkerungszahlen wuchsen, der Handel sich ausweitete und die ersten Fabriken entstanden, fingen viele europäische Regierungen an, ihre Grenzen systematisch zu kartieren. Zollgebiete wurden klarer umrissen. Die Abgrenzungen gemeindlicher und sogar privater Grundstücke wurden genauer definiert, schriftlich festgehalten und im Gelände markiert oder eingezäunt. Karten waren von nun an sehr viel detaillierter und wurden besser genormt.

Vor der Industrialisierung zählten direkte Reisen, egal ob zu Land oder zu Wasser, zu den Ausnahmen. Der Fuhrweg der Bauern, der Viehtreck oder der Indianerpfad schlängelten sich je nach den geographischen Gegebenheiten durchs Land. Viele Mauern hatten Krümmungen, Ausbuchtungen und unregelmäßig gewinkelte Grundrisse. Das Straßensystem der mittelalterlichen Städte bestand aus einem verschachtelten Geflecht von Kurven, Kreuzungen und Kreisen.

Das Industriezeitalter schickte nicht nur die Schiffe auf einen geraden, exakt berechneten Kurs, sondern es schuf auch Eisenbahnlinien in schnurgerader, paralleler Streckenführung von Horizont zu Horizont. Wie der amerikanische Planungsfachmann Grady Clay ausführt, wurden diese Eisenbahn»linien« — die Bezeichnung spricht für sich selbst — zu einer Achse, an der neue Städte entstanden. Diese wurden nach dem »Gitternetzplan« konstruiert, d. h. durch die Kombination horizontal und vertikal verlaufender Geraden, die miteinander einen rechten Winkel bildeten. Das Gitternetzsystem verlieh der Landschaft eine charakteristische, mechanistische und lineare Gleichförmigkeit.

Noch heute läßt sich in älteren Vierteln gewachsener Städte ein Gewirr von Straßen, Plätzen, Kurven und komplizierten Kreuzungssystemen beobachten, das in moderneren, schon von der Industrialisierung gekennzeichneten Stadtteilen von übersichtlicher Gitternetzplanung abgelöst wird. Das gleiche gilt für ganze Regionen und Länder. Sogar landwirtschaftlich genutzte Flächen zeigten mit zunehmender Mechanisierung deutlich lineare Züge. Vor der Industrialisierung zog der Bauer mit seinem Ochsenpflug unregelmäßig gewundene Furchen in den Ackerboden. Wenn der Ochse einmal losgetrottet war, wollte ihn der Bauer nicht mehr unnötig anhalten. Am Ende jeder Furche schlug das Tier einen weiten Bogen, wodurch zum Schluß eine S-förmige Spur zustandekam. Heutzutage kennt jeder Flugpassagier die rechtwinklig begrenzten Anbauflächen mit ihren wie mit einem Lineal gezogenen Furchen.

Das System der horizontalen und vertikalen Geraden spiegelte sich nicht nur im Landschaftsbild und auf den Stadtplänen wider, sondern sogar in der für die meisten Menschen intimsten »Raumeinheit« — den eigenen vier Wänden. Gerundete Mauern sind in der Architektur des Industriezeitalters ebenso selten wie Winkel, deren Bogenmaß nicht 90 Grad beträgt. Strikt rechtwinklige Baueinheiten verdrängten nach und nach die unregelmäßigen Grundrisse ihrer Vorgänger. Im Hochhausbau bemächtigte sich die Gerade auch der Senkrechten, wobei die Fenster, die auf schnurgerade Straßenzüge herabblickten, linear oder gitternetzartig angeordnet waren.

Unsere Vorstellungen und Erfahrungen mit dem Raum machten also parallel zur Linearisierung des Zeitbegriffs ihrerseits einen Linearisierungsprozeß durch. In allen Industriegesellschaften in Ost und West wurde die Spezialisierung der architektonisch faßbaren Räume, die detaillierte Karte sowie die Anwendung uniformer, präziser Maßeinheiten und vor allem die gerade Linie zu kulturellen Konstanten — zu Grundbegriffen der neuen »Indust-Realität«.

Die »Materie« der Wirklichkeit

Die Industriezivilisation schuf nicht nur neue Zeit- und Raumbegriffe, um mit ihrer Hilfe das Alltagsverhalten zu verändern. Sie fand auch ihre eigenen Antworten auf die uralte Frage: »Woraus bestehen die Dinge?« Jeder Kulturkreis bildet sich bei dem Versuch, diese Frage zu beantworten, seine eigenen Mythen und Metaphern. In manchen Vorstellungen bildet das Universum eine wirbelnde »Einheit«. Die Menschen erscheinen hier als Bestandteil der Natur; ihr Leben ist unmittelbar mit dem der Vorfahren und dem der künftigen Generationen verknüpft. Sie sind so eng verwoben mit der natürlichen Welt, daß sie mit Tieren, Bäumen, Felsen und Flüssen eine Art Lebensgemeinschaft bilden. In vielen Gesellschaftsformen betrachtet sich die oder der einzelne überdies weniger als privates, autonomes Wesen, als vielmehr als Teil eines größeren Organismus — wie beispielsweise der Familie, des Clans, des Stammes oder des Gemein»wesens«.

In anderen Gesellschaften wurde im Gegensatz dazu nicht die Geschlossenheit oder die Einheit des Universums betont, sondern seine Zersplitterung. Die Realität erschien bei einer derartigen Betrachtungsweise nicht als verbundenes Ganzes, sondern als eine aus vielen Einzelfaktoren zusammengesetzte Struktur.

Ungefähr zweitausend Jahre vor Beginn der Industriellen Revolution vertrat Demokrit den damals ungewöhnlichen Gedanken, daß das Universum nicht ein nahtloses Ganzes darstelle, sondern aus einzelnen, unzerstörbaren, nicht weiter reduzierbaren und unteilbaren Partikeln bestehe. Er nannte diese Partikel »Atome«. In späteren Jahrhunderten kamen ähnliche Theorien immer wieder auf. Im chinesischen *Mo-Ching* (das zeitlich kurz nach Demokrit anzusiedeln ist) wurde ein »Punkt« offensichtlich als das nicht mehr unterteilbare kurze Segment einer vielfach durchtrennten Linie definiert. Kurz nach Beginn unserer Zeitrechnung kursierte auch in Indien eine Theorie vom Atom bzw. vom »kleinsten Ganzen«. Im alten Rom erläuterte der Dichter Lukrez die atomistische Philosophie. Trotz dieser Beispiele blieb dieses Konzept auf eine Minderheit beschränkt und wurde oftmals veralbert oder vernachlässigt.

Erst als sich zu Beginn der Zweiten Innovationswelle verschiedene philosophische Richtungen zu einem Strom vereinigten, der unseren Begriff von der Materie revolutionieren sollte, wurde die Atomistik zu einer vorrangigen Geisteshaltung.

Um die Mitte des 17. Jahrhunderts hatte ein von Lukrez beeinflußter französischer Abbé namens Pierre Gassendi, Astronom und Philosoph am Collège Royal in Paris, erstmals die Ansicht vertreten, daß Materie aus winzigen Korpuskeln bestehen müsse. Gassendi wußte den atomistischen Materiebegriff derartig eindrucksvoll zu vertreten, daß seine Ideen bald auch jenseits des Ärmelkanals bekannt wurden. Dort erreichten sie Robert Boyle, einen jungen Wissenschaftler, der die Kompressionsfähigkeit von Gasen studierte. Boyle übertrug den atomistischen Gedanken aus der spekulativen Theorie in die Praxis des Labors und kam dabei zu dem Schluß, daß selbst Luft aus winzigen

Partikeln zusammengesetzt sein müsse. Sechs Jahre nach Gassendis Tod veröffentlichte er eine Abhandlung, in der er die Meinung vertrat, daß jede Substanz, die — wie z. B. Erde — in einfachere Substanzen aufgelöst werden könne, kein Element sei.

Der Jesuitenschüler und Mathematiker René Descartes, den Gassendi kritisierte, behauptete, daß die Wirklichkeit nur zu verstehen sei, wenn man sie in immer kleinere Stückchen zerlege. Nach seinen eigenen Worten war es nötig, »jede Schwierigkeit, die man untersucht, in so viele Einzelteile wie möglich aufzuteilen.« Aus diesen Beispielen wird ersichtlich, daß mit Beginn der Zweiten Welle die philosophische ebenso wie die physikalische Atomistik große Fortschritte machte.

Es handelte sich um eine überlegte Attacke auf die Vorstellung vom »einheitlichen Ganzen« — und dieser Attacke schlossen sich in rascher Folge immer mehr Wissenschaftler, Mathematiker und Philosophen an. Sie fuhren fort, das Universum in immer kleinere Fragmente aufzuspalten, und kamen dabei zu aufregenden Ergebnissen. Der Mikrobiologe René Dubos schreibt, daß nach Veröffentlichung der Descartesschen *Abhandlung über die Methode* unmittelbar »aus ihrer praktischen Anwendung in der Medizin unzählige neue Entdeckungen hervorgingen«. Auch in der Chemie und auf anderen Gebieten führte die Verbindung der atomistischen Theorie mit der atomistischen Methode Descartes zu aufsehenerregenden Durchbrüchen. Schon gegen Mitte des 18. Jahrhunderts war die Auffassung, daß das Universum aus unabhängigen, separaten Teilen und Teilchen bestand, allgemein anerkanntes Bildungsgut — Bestandteil der in der Entstehung begriffenen Indust-Realität.

Jede neue Zivilisationsform greift Einzelideen aus der Vergangenheit wieder auf und formt sie so um, daß sie ihr dabei helfen, sich selbst und ihr Verhältnis zur Welt zu verstehen. Für eine aufblühende Industriegesellschaft, d. h. eine Gesellschaft, die dabei ist, eine Massenproduktion maschinell gefertigter Waren zu entwickeln, war die Vorstellung einer gleichfalls aus Einzelteilen »zusammengesetzten« Welt wahrscheinlich unerläßlich.

Für die Übernahme eines atomistischen Wirklichkeitsbegriffs gab es allerdings auch politische und soziale Gründe. Bei Aufprall der Zweiten Welle auf die noch vorhandenen Institutionen ihrer Vorgängerin entstand der Zwang, die Menschen von den Bindungen an die Großfamilie, von der Allmacht der Kirche und von der Monarchie loszureißen. Der industrielle Kapitalismus brauchte eine rationale Begründung für den Individualismus. Mit dem Verfall der alten Agrargesellschaft, der Erweiterung des Handels und den vielen neuen Städtegründungen in den ein oder zwei Jahrhunderten vor Beginn der Industriellen Revolution entstand innerhalb der aufstrebenden Kaufmannsklasse, die Handels- und Kreditfreiheit verlangte, ein neues Menschenbild — das der »atomistischen« Einzelperson.

Der Mensch war nicht länger nur ein passives Anhängsel seines Clans, sondern ein freies autonomes Individuum. Jedes Individuum hatte das Recht darauf, Eigentum zu besitzen, Waren zu erwerben, Geschäfte zu machen und, je nach Art der eigenen aktiven Bemühungen, in Saus und Braus oder im Elend zu leben. Dazu kamen entsprechende Rechte auf freie Religionswahl und das Streben nach privatem Glück. Kurzum, die Indust-Realität förderte ein Menschenbild, das bemerkenswerte Ähnlichkeiten mit einem Atom besaß: Das Individuum war nicht weiter zerlegbar, es war unzerstörbar und stellte den Grundbaustein der Gesellschaft dar.

Selbst in der Politik begegnet uns, wie wir gesehen haben, das atomistische Prinzip. Die Einzelstimme wurde zum kleinsten Teilchen. In der bei uns weitverbreiteten Auffassung, daß die internationale Politik aus den Beziehungen in sich geschlossener, unverletztlicher Einheiten, die sich Nationen nennen, besteht, klingt das gleiche Motiv an.

Aus all dem Gesagten wird deutlich, daß man davon ausging, daß nicht nur die physikalische, sondern auch die soziale und politische »Materie« aus »Bausteinen«, d. h. autonomen Einheiten oder Atomen, zusammengesetzt war. Der atomistische Gedanke durchdrang alle Lebensbereiche.

Eben diese Vorstellung von der Realität als Konglomerat organisierter, separater Einzelteile paßte perfekt zu den neuen Begriffen von Zeit und Raum, die ihrerseits ja eine Aufteilung in immer kleinere definierbare Einheiten ermöglichten. Als die Zweite Welle sich ausbreitete und sowohl die »primitiven« als auch die bäuerlichen Gesellschaften überrollte, propagierte sie überall diese immer kompaktere und schlüssiger wirkende industrielle Anschauung von Mensch, Politik und Gesellschaft.

Noch immer fehlte jedoch ein letzter Baustein zur Vollendung dieses logischen Systems.

Das letzte Warum

Wenn eine Zivilisation auf die Frage, warum dieses oder jenes geschieht, keine Antwort geben kann — und sei es eine Antwort, bei der das Verhältnis zwischen Mysterium und Analyse 9 zu 1 beträgt —, dann ist sie nicht dazu in der Lage, das Leben wirkungsvoll zu programmieren. Menschen, die den Imperativen ihrer jeweiligen Kultur Folge leisten, brauchen ein gewisses Maß an Zusicherung, daß ihr Verhalten auch zu »Ergebnissen« führen wird. Dies wiederum verlangt nach einer wie auch immer gearteten Antwort auf die ewige Frage nach dem Warum. Die Industriezivilisation fand schließlich eine Theorie, die stark genug zu sein schien, um *alles* zu erklären.

Ein Stein plumpst in einen Teich. Kreisförmige Wellen breiten sich rasch über die Wasseroberfläche aus. Warum? Worauf ist dieses Ereignis zurückzuführen? Wenn Sie ein Kind unserer Industriegesellschaft fragen, dann lautet die Antwort vielleicht: »Weil jemand den Stein hineingeworfen hat.« Ein gebildeter Europäer des 12. oder 13. Jahrhunderts wäre bei dem Versuch, diese Frage zu beantworten, auf Gedanken gekommen, die sich von den unseren in höchst bemerkenswerter Weise unterscheiden. Wahrscheinlich hätte er sich auf Aristoteles berufen und eine *causa efficiens*, eine materiale, eine formale und eine finale Ursache gesucht; eine einzige allein hätte keine ausreichende Erklärung bieten können. Ein mittelalterlicher chinesischer Weiser hätte vielleicht von Yin und Yang gesprochen und vom Kräftefeld der Einflüsse, in dem sich,wie man glaubte, alle Phänomene ereigneten.

Die Industriezivilisation fand ihre Antworten auf die Geheimnisse der Kausalität in Newtons spektakulärer Entdeckung des Schwerkraftgesetzes. Für Newton waren Ursachen »die Kräfte, die auf Körper ausgeübt wurden, um Bewegung zu erzeugen«. Das bekannte Beispiel für das Newtonsche Verständnis von Ursache und Wirkung sind die Billardkugeln, die beim Aufeinanderprall mit bestimmten Bewegungsabläufen reagieren. Dieser Begriff, der ausschließlich von äußeren Kräften ausging, die sowohl meßbar als auch identifizierbar waren, konnte einen außerordentlichen Einfluß erlangen, da er mit den neuen »indust-realen« Begriffen von Zeit und Raum völlig übereinstimmte. Die Newtonsche bzw. mechanistische Kausalität, die mit der Ausbreitung der Industriellen Revolution allgemeine Anerkennung fand, war dann auch der Faktor, der die Indust-Realität zu einem hermetisch verschlossenen »Paket« zusammenschnürte.

Wenn die Welt aus separaten Einzelteilchen — winzigen Billardkugeln — zusammengesetzt war, dann mußten alle Ursachen auf die gegenseitige Beeinflussung dieser Kugeln zurückgehen. Ein Teilchen oder Atom traf auf ein anderes. Das erste war die *Ursache* für die Bewegung des zweiten, und die Bewegung des zweiten war die *Wirkung* der Bewegung des ersten. Kein Vorgang im Raum war ohne Bewegung, und kein Atom konnte an mehreren Stellen zugleich sein.

Eine Welt, die komplex, unberechenbar, rätselhaft und chaotisch erschienen war, sah auf einmal sauber und ordentlich aus. Vom Atom innerhalb einer menschlichen Zelle bis hin zum kältesten Stern am weiten Nachthimmel konnten nun alle Phänomene als bewegte Materie erklärt werden, in der jedes Teilchen ein Nachbarteilchen aktivierte und es somit zwang, sich in den endlosen Reigen des Lebens einzureihen.

Einem Atheisten wurde mit dieser Weltschau eine Erklärung für das Leben in die Hand gegeben, bei der, wie Laplace es später ausdrückte, die Annahme der Existenz eines Gottes überflüssig war. Andererseits blieb doch noch Raum für Gott, so daß sich auch ein frommer Mensch mit dieser Theorie anfreunden konnte. Gott konnte als der erste »Beweger« angesehen werden, als derjenige, der den Billardstock nahm, um die Kugeln in Bewegung zu setzen. Danach mochte er sie sich selbst überlassen.

Diese Metapher für die Realität wirkte auf die sich entwickelnde Kultur des Industriezeitalters wie ein intellektueller Adrenalinschock. »Das Universum«, so jubelte Baron d'Holbach, einer der radikalen Philosophen, die das geistige Klima der Französischen Revolution mitbestimmten, »dieses riesige Sammelsurium alles Existierenden, stellt lediglich Bewegung und Materie dar: Unserer Beobachtung bietet sich nichts weiter als eine immense, ununterbrochene Folge von Ursachen und Wirkungen.«

In dieser kurzen, triumphierenden Feststellung ist alles enthalten: Das Universum ist zusammengesetzte Realität; es besteht aus einer Vielzahl separater Einzelteile, die eine Art »Ansammlung« bilden. Materie ist im Sinne von Bewegung verständlich, d. h. Bewegung im *Raum*. Ereignisse laufen ab in (linearer) Folge, d. h. sie paradieren auf der von der *Zeit* gezogenen Linie. Menschliche Leidenschaften wie Haß, Selbstsucht oder Liebe konnten nach d'Holbach mit physikalischen Kräften wie Abstoßung, Trägheit oder Anziehung verglichen werden. Ein kluger Staat würde sich ihrer zum Nutzen aller zu bedienen wissen, ebenso wie die Wissenschaft die physikalische Welt zum allgemeinen Nutzen manipulieren könnte.

Aus dieser indust-realen Weltanschauung und den aus ihr ableitbaren Postulaten resultieren einige der mächtigsten Verhaltenszwänge, denen unser persönliches, soziales und politisches Leben unterworfen ist. Ableiten konnte man aus ihr z. B., daß nicht nur der Kosmos und die Natur, sondern auch die Gesellschaft und die Menschen sich nach gewissen fixierten, vorhersehbaren Gesetzmäßigkeiten richteten. So zählten dann auch gerade diejenigen zu den größten Denkern des Industriezeitalters, die am nachdrücklichsten und am logischsten den Gesetzmäßigkeiten des Universums das Wort redeten.

Newton schien die Gesetze entdeckt zu haben, die den Lauf der Gestirne programmieren. Darwin hatte Gesetze entdeckt, die der sozialen Evolution zugrundeliegen. Und Freud kam angeblich hinter die Gesetze, die die Seele bestimmen. Und viele andere — Natur- und Sozialwissenschaftler, Ingenieure und Psychologen — bemühten sich um die Auffindung weiterer Gesetze.

Die Industriezivilisation verfügte nunmehr über eine Kausalitätstheorie, deren Überzeugungskraft und weite Anwendbarkeit geradezu wunderbar erschien. Vieles von dem, was bislang so kompliziert ausgesehen hatte, konnte nun mit einfachen Formeln erklärt werden. Man akzeptierte diese Gesetze nicht einfach, weil ein Newton, ein Marx oder sonst jemand sie aufgestellt hatte, sondern man unterwarf sie experimentellen und empirischen Tests, die sie bestätigten. In der Praxis konnten wir mit ihrer Hilfe Brücken errichten und Radiowellen in den Äther senden. Wir konnten zukünftigen biologischen Wandel voraussagen und vergangenen erklären. Wir konnten die Wirtschaft lenken, politische Bewegungen organisieren und Parteiapparate aufbauen. Und schließlich würden wir mit Hilfe dieser Regeln und Gesetze dazu in der Lage sein, das Verhalten des Individuums zu bestimmen. Jedenfalls implizierten sie diesen Anspruch.

Man mußte jeweils nur die kritische Variable finden, die hinter einem gegebenen Phänomen steckte. Wir würden alles erreichen können, wenn es uns gelänge, die jeweiligen »Billardkugeln« zu entdecken und sie im richtigen Winkel zu treffen.

Verbunden mit den neuen Begriffen von Zeit, Raum und Materie befreite das neue Kausalitätsverständnis einen großen Teil der Menschen aus der Tyrannei überkommenen Aberglaubens. Es ermöglichte triumphale Leistungen auf dem Gebiet der Naturwissenschaft und der Technologie, großartige Entwürfe und deren Verwirklichung. Es stellte eine Herausforderung autoritärer Regierungssysteme dar und befreite den Geist aus jahrtausendelanger Einkerkerung.

Aber die Indust-Realität schuf sich ein neues, eigenes Gefängnis — eine Industriementalität, die alles, was sich nicht quantifizieren ließ, mißbilligte oder ignorierte; eine Mentalität, die kritischen Rigorismus in den Himmel hob und Phantasie und Vorstellungskraft bestrafte, die den Menschen auf eine übersimplifizierte Protoplasmaeinheit zurückstufte, und die schließlich für jedes auftauchende Problem eine technische Lösung suchte.

Auch war die Indust-Realität moralisch keineswegs so neutral wie sie vorgab. Sie war, wie wir gesehen haben, die militante Super-Ideologie des Industriezeitalters, jene sich selbst rechtfertigende Quelle, aus der heraus all die für diese Zeit charakteristischen Rechts- und Linksideologien stammten. Wie jede andere Kultur schuf auch die Industriezivilisation Zerrspiegel, durch die die Menschen sich selbst und die Welt betrachteten. Das auf diese Weise entstehende Konglomerat aus Ideen, Bildern, Vorstellungen und den dazugehörigen Assoziationen, formte das mächtigste kulturelle System, das die Welt jemals gekannt hat.

Kapitel 10
Coda: Die Springflut

Ein Rätsel bleibt. Der Industrialismus war eine geschichtliche Springflut — er währte drei kurze Jahrhunderte, die im Ozean der Zeit versinken. Was aber waren die Gründe für die industrielle Revolution? Was war die Antriebskraft für die Zweite Welle und ihren Siegeszug rund um die Welt?

Viele Zuflüsse kamen zusammen und bildeten einen großen Strom. Die Entdeckung Amerikas am Vorabend der Industriellen Revolution gab der Kultur und dem europäischen Wirtschaftsleben ungeahnte Impulse. Das Bevölkerungswachstum begünstigte die Landflucht. In England führte die Dezimierung der Wälder und die Erschöpfung der Holzreserven zum Einsatz von Kohle. Daraus entstand die Notwendigkeit, immere tiefere Schächte in die Erde zu treiben, bis der Punkt erreicht war, wo die alten, von Pferden betriebenen Wasserpumpen nicht mehr ausreichten. Um dieses Problem zu lösen, wurde die Dampfmaschine perfektioniert, wodurch wiederum eine phantastische Reihe neuer technologischer Möglichkeiten eröffnet wurde.

Mit der graduellen Ausbreitung indust-realen Gedankenguts wurden kirchliche und politische Autoritäten in Frage gestellt. Das Analphabetentum ging zurück, Straßen und Transportmittel wurden verbessert, und all diese Entwicklungen trafen zusammen und öffneten plötzlich dem Wandel die Schleusen.

Jeder Versuch, *die* Ursache der Industriellen Revolution zu suchen, ist von vornherein zum Scheitern verurteilt. Denn eine einzige oder eine dominierende Ursache gab es nicht. Die Technologie, die Ideen oder Wertvorstellungen sind für sich genommen nicht die Haupttriebkraft in der Geschichte, auch der Klassenkampf nicht. Geschichte ist auch nicht einfach ein Register für ökologische Veränderungen, demographische Trends oder Erfindungen im Kommunikationsbereich. Wirtschaftliche Entwicklungen allein können weder dieses noch irgendein anderes historisches Ereignis erklären. Es gibt keine »unabhängige Variable«, von der alle anderen Variablen abhängig sind, sondern nur miteinander zusammenhängende Variablen von unendlicher Komplexität.

Angesichts dieses Gewirrs kausaler Zusammenhänge, die im einzelnen überhaupt nicht nachvollziehbar sind, sollten wir nur diejenigen Einflüsse herausgreifen, die für unsere Zwecke relevant sind, und uns gleichzeitig die aus einer solchen Verfahrensweise resultierenden Verzerrungen bewußt machen. Unter diesen Voraussetzungen wird deutlich, daß von all den vielen Kräften, die an der Entstehung der Industriegesellschaft beteiligt waren, nur wenige so sichtbare Folgen zeitigten wie die sich weitende Kluft zwischen Produzent und Konsument und das Wachstum jener phantastischen Vermittlungszentrale, die wir heute den »Markt« nennen.

Je größer diese Kluft wurde — in Zeit und Raum ebenso wie im sozialen und seelischen Bereich —, desto mehr gelangte der Markt in all seiner verblüffenden Vielgestaltigkeit in eine Position, von der aus er die soziale Wirklichkeit beherrschen konnte.

Wie wir gesehen haben, schuf dieser unsichtbare Keil das gesamte moderne Geldsystem mit Zentralbanken, Aktienbörsen, Welthandel und bürokratischen Planern, mit seiner stets auf Quantität und Kalkulation bedachten Mentalität, seiner Vertragsethik und seiner materialistischen Voreingenommenheit, seinen enggezogenen Erfolgsdefinitionen, seinem rigiden Belohnungssystem und dem mächtigen Apparat seines Rechnungswesens, dessen kulturelle Bedeutung wir gemeinhin unterschätzen.

Die Trennung von Produzent und Konsument war mitverantwortlich für den zunehmenden Drang nach Standardisierung, Spezialisierung, Synchronisierung und Zentralisierung. Sie war mitverantwortlich für die Unterschiede im Rollenverhalten und im Temperament von Mann und Frau. Wie auch immer wir die vielen anderen Triebkräfte der Zweiten Welle einschätzen mögen — unter ihnen nimmt die Spaltung des ehemaligen »Atoms« Produktion⇆Konsum auf jeden Fall einen hohen Rang ein. Die Schockwellen dieser Spaltung sind bis heute nicht ganz abgeklungen.

Die Industriezivilisation veränderte nicht nur die Technologie, Natur und Kultur. Sie änderte auch die Persönlichkeit und trug zur Schaffung eines neuen Menschentyps bei. Selbstverständlich prägten auch Frauen und Kinder die Zweite Welle mit und wurden ihrerseits von ihr geprägt, doch waren es die Männer, die in die Gußform des Marktes unmittelbar hineingerieten und von den neuen Arbeitsmethoden am meisten betroffen waren. Weit mehr als die Frauen nahmen sie typische Charaktermerkmale der Industriegesellschaft an.

Der Mann der Industriegesellschaft war ganz anders als alle seine Vorgänger. Er war der Herr über die »Energiesklaven«, wodurch seine schwache Machtstellung enorm ausgeweitet wurde. Den Großteil seines Lebens verbrachte er in einer fabrikartigen Umgebung, stets auf Tuchfühlung mit Maschinen und Organisationen, angesichts derer das Individuum auf Zwergengröße zusammenschrumpfte. Fast von der Wiege an machte er die Erfahrung, daß das Überleben wie niemals zuvor vom Geld abhängig war. Es war typisch für ihn, in einer Kernfamilie aufzuwachsen und in eine fabrikähnliche Schule zu gehen. Die Massenmedien bestimmten sein Weltbild. Er arbeitete entweder für einen großen Konzern oder für eine staatliche Stelle und war Mitglied einer Gewerkschaft, einer Kirche oder einer anderen Organisation — und jede von ihnen nahm einen anderen Teil seines gespaltenen Ego in

Anspruch. Er identifizierte sich immer weniger mit seinem Dorf oder seiner Stadt und immer mehr mit seiner Nation.

Er sah sich in Gegnerschaft zur Natur, die er alltäglich mit seiner Arbeit ausbeutete, die er aber paradoxerweise an den Wochenenden aufsuchte. (Ja, je mehr er die Natur verwüstete, desto mehr romantisierte und verherrlichte er sie verbal.) Er lernte sich selbst als einen Teil interdependenter politischer, sozialer und wirtschaftlicher Zusammenhänge begreifen, deren Grenzen in Bereichen verschwanden, die sein Fassungsvermögen überforderten.

Er rebellierte erfolglos gegen diese Realität. Er rackerte sich ab, um seinen Lebensunterhalt zu verdienen. Er lernte die Spielregeln, die die Gesellschaft von ihm verlangte, und fügte sich in die Rollen, die man ihm zuwies, auch wenn er sie oft haßte und sich selbst als ein Opfer genau des Systems empfand, das seinen Lebensstandard verbesserte. Er fühlte sich von der linearen Zeit mit gnadenloser Zielstrebigkeit in die Zukunft getragen, wo sein Grab schon auf ihn wartete. Während seine Armbanduhr die Sekunden zählte, näherte er sich dem Tod in der Gewißheit, daß die Erde und jedes Individuum, er selbst eingeschlossen, lediglich Teile einer größeren kosmischen Maschinerie mit gleichförmigen, unbarmherzigen Bewegungsrhythmen seien.

Der »Industriemensch« lebte in einer Umgebung, mit der seine Vorfahren in vieler Hinsicht nichts hätten anfangen können. Selbst die elementarsten Sinnesempfindungen waren vollkommen anders.

Die Zweite Innovationswelle veränderte die Tonkulisse, den Hahn ersetzte sie durch die Fabriksirene und das Zirpen der Grillen durch das Quietschen von Autoreifen. Sie machte die Nacht zum Tag und verlängerte die Zeit des Wachseins. Sie erzeugte visuelle Eindrücke, wie sie kein Auge je erblickt hatte — Bilder der Erde, vom Himmel herab fotografiert, oder surrealistische Filmszenen im Kino um die Ecke oder auch biologische Strukturen, die mit Hilfe von Hochleistungsmikroskopen erstmals sichtbar gemacht wurden. Der Geruch von Naturdünger wich dem Gestank von Benzinabgasen und Phenol. Der Geschmack von Fleisch und Gemüse änderte sich. Das Landschaftsbild wurde umgestaltet. Ebenso erging es dem menschlichen Körper, der zum erstenmal zu jenen Durchschnittsgrößen heranwuchs, die wir heute als normal bezeichnen; eine Generation nach der anderen überragte physisch ihre Eltern. Auch die Einstellung gegenüber dem Körper wandelte sich. In seinem Buch über den Prozeß der Zivilisation berichtet Norbert Elias, daß Nacktheit, die noch bis ins 16. Jahrhundert in Deutschland und anderswo in Europa »ein alltäglicher Anblick war«, im Verlauf der Industrialisierung tabuisiert wurde. Das Sexualverhalten änderte sich durch den Gebrauch von »Spezialwäsche«. Die Mahlzeiten wurden »technisiert« mit der Verbreitung der Gabel und der Spezialisierung von Besteck und Geschirr. Eine Eßkultur, in der der Anblick eines toten Tieres auf der Tafel echtes Vergnügen bereitete, wurde abgelöst durch eine andere, in der »Anspielungen darauf, daß die Fleischmahlzeit etwas mit dem Töten eines Tieres zu tun hat, aufs äußerste zu vermeiden sind«.

Die Ehe war nun mehr als eine wirtschaftliche Übereinkunft. Der Krieg erreichte neue Dimensionen und wurde gleichsam auf dem Fließband produziert. Veränderungen im Verhältnis zwischen Eltern und Kindern, in den beruflichen Aufstiegschancen und in allen Bereichen der zwischenmenschlichen Beziehungen vermittelten Millionen von Menschen ein radikal gewandeltes Selbstwertgefühl.

Konfrontiert mit so vielen psychologischen und ökonomischen, politischen und sozialen Veränderungen, zögert man bei der Bewertung. Nach welchen Kriterien beurteilen wir überhaupt eine Zivilisation in ihrer Gesamtheit? Nach dem Lebensstandard der Massen? Nach ihrem Einfluß auf diejenigen, die außerhalb ihrer Grenzen leben? Nach ihren Auswirkungen auf die Biosphäre? Nach hervorragenden Leistungen ihrer Künstler oder Wissenschaftler? Nach der Lebenserwartung ihrer Bevölkerung? Nach der Freiheit des einzelnen?

Innerhalb ihrer Grenzen verbesserte die Industriegesellschaft zweifellos den Lebensstandard des Durchschnittsbürgers, trotz massiver Wirtschaftsdepressionen und grauenerregender Vergeudung von Menschenleben. Kritiker der Industriegesellschaft, die die Massenarmut der britischen Arbeiterklasse während des 18. und 19. Jahrhunderts beschreiben, romantisieren oftmals die vorangehende Agrarepoche, indem sie sie als eine Geborgenheit vermittelnde, stabile organische Gemeinschaft mit eher spirituellen als rein materiellen Wertvorstellungen schildern. Historische Untersuchungen entlarven diese angeblich so lieblichen Landgemeinden jedoch als wahre Jauchegruben, in denen Krankheit, Armut, Obdachlosigkeit, Unterernährung und Tyrannei herrschten und die Menschen dem Hunger, der Kälte und den Peitschen ihrer Herren und Meister hilflos ausgeliefert waren.

Man hat die grauenhaften Slums, die in und um die größeren Städte entstanden, die verdorbenen Nahrungsmittel, krankheitsträchtigen Wasserleitungen, die Armenhäuser und das tägliche Elend weidlich ausgeschlachtet — aber so entsetzlich diese Bedingungen auch fraglos waren, so bedeuteten sie dennoch eine enorme Verbesserung gegenüber den Lebensumständen, die die meisten dieser Menschen bis dato gewohnt waren. Der britische Autor John Vaizey schrieb: »Das idyllische Bild des ländlichen England war sehr übertrieben.« Nach seiner Ansicht bedeutete der Umzug in ein städtisches Armenviertel für eine große Anzahl der Betroffenen »in Wirklichkeit einen dramatischen Anstieg des Lebensstandards, gemessen an der Lebenserwartung, den Wohnbedingungen und der Menge und Auswahl der ihnen zur Verfügung stehenden Lebenmittel«.

Was das Gesundheitswesen angeht, so braucht man nur die Bücher *Das Zeitalter der Agonie* von Guy Williams oder *Tod, Krankheit und*

Hunger im vorindustriellen England von L. A. Clarkson zu lesen, um denjenigen, die die Agrar- auf Kosten der Industriegesellschaft glorifizieren, Paroli bieten zu können. In einer Rezension über diese Bücher schreibt Christina Larner: »Die Arbeit der Sozialhistoriker und Demographen hat die überwältigende Allgegenwart von Krankheit, Schmerz und Tod sowohl auf dem offenen Lande wie auch in den ungesunden Städten ins rechte Licht gerückt. Die Lebenserwartung war niedrig: Sie betrug um die 40 Jahre im 16. Jahrhundert, reduzierte sich im vom Epidemien heimgesuchten 17. Jahrhundert auf etwa 35 Jahre und stieg im 18. Jahrhundert auf etwas über 40 Jahre an ... Nur selten war den Verheirateten ein langes, gemeinsames Leben vergönnt ... Alle Kinder waren höchst gefährdet.«

So gerechtfertigt die Kritik an unserem gegenwärtigen, krisengeschüttelten und fehlgeleiteten Gesundheitssystem auch sein mag, so tut man doch gut daran, sich ins Gedächtnis zu rufen, daß die offizielle Medizin vor der Industriellen Revolution ein lebensgefährliches Geschäft war, zu dem Aderlaß ebenso gehörte wie die Chirurgie ohne Betäubung. Pest, Typhus, Grippe, Ruhr, Pocken und Tuberkulose waren die Haupttodesursachen. »Kluge Leute haben oft bemerkt,« schreibt Christina Larner trocken, »daß wir diese Krankheiten lediglich durch andere Killer ersetzt haben, aber diese lassen uns wenigstens ein bißchen länger am Leben. Den vorindustriellen Epidemien fielen alt und jung ohne Unterschied zum Opfer.«

Wenden wir uns der Kunst und der Weltanschauung zu, so stellt sich auch hier die Frage, ob der Industrialismus trotz seines engstirnigen Materialismus geistig nicht doch anspruchsvoller war als die vorangegangene Feudalgesellschaft. War die mechanistische Mentalität oder Indust-Realität gegenüber neuen Ideen oder gar Ketzereien tatsächlich weniger offen als die Kirche des Mittelalters oder die alten Monarchien? So sehr wir unsere gigantischen Bürokratien verachten mögen — sind sie wirklich noch schlimmer als die chinesischen Bürokratien, die schon vor Jahrhunderten herrschten, oder als die altägyptischen Hierarchien? Und was die Kunst angeht: Sind die Romane, Gedichte und Gemälde, die in den vergangenen drei Jahrhunderten im Westen geschaffen wurden, in irgendeiner Weise weniger lebendig, weniger tiefschürfend, enthüllend oder komplex als die in früheren Epochen oder an anderen Orten entstandenen Werke?

Natürlich hat die Industriezivilisation auch ihre Schattenseiten. Zwar verbesserte sie die Lebensbedingungen unserer Eltern, doch hatte sie auch brutale Auswirkungen auf die Umwelt; Auswirkungen, an die zuvor niemand auch nur gedacht hatte. Zu diesen Konsequenzen gehörten verheerende, vielleicht irreparable Schäden an der fragilen Biosphäre der Erde. Der Industrialismus zerstörte aufgrund seiner negativen Voreingenommenheit gegenüber der Natur, aufgrund seines Bevölkerungswachstums, seiner Großtechnologie und seines zügellosen Expansionsbedürfnisses weit mehr von unserer Umwelt als jede vorangegangene Epoche. Die Berichte über Pferdeäpfel auf den Straßen vorindustrieller Städte, die gemeinhin als Beweis dafür zitiert werden, daß Umweltverschmutzung nichts Neues ist, sind mir durchaus bekannt. Ich weiß auch, daß Abwässer die Straßen antiker Städte in Kloaken verwandelten. Aber die Industriegesellschaft hob die Probleme der ökologischen Verunreinigung und des Raubbaus an Rohstoffen auf eine vollkommen neue Ebene, die einen Vergleich der gegenwärtigen mit den früheren Problemen ausschließt.

Niemals zuvor hatte sich eine Gesellschaft Mittel zur Vernichtung des gesamten Planeten geschaffen. Niemals zuvor waren ganze Ozeane von Vergiftung bedroht, verschwanden praktisch über Nacht ganze Arten aufgrund menschlicher Habgier oder Unachtsamkeit von der Erdoberfläche. Das Antlitz der Erde war nie zuvor so übel verschrammt wie heutzutage durch den Rohstoffabbau, nie zuvor wurde die Ozonschicht durch die Aerosole von Haarsprays verringert und noch nie bedrohte eine künstliche, thermische Überhitzung der Atmosphäre das Klima.

Der Imperialismus bringt ähnliche, wenngleich noch kompliziertere Fragestellungen mit sich. Die Versklavung der Indianer im südamerikanischen Bergbau, die Einführung der Plantagenwirtschaft in großen Teilen Afrikas und Asiens und die bewußte Verzerrung des Wirtschaftsgefüges der Kolonien, allein um die Bedürfnisse der Industrienationen zu befriedigen — all dies führte in den betroffenen Ländern zu Agonie, Hunger, Krankheiten und zum Verlust der kulturellen Identität. Der Rassismus, den die Industriezivilisation ausbrütete, und die zwangsweise Überführung kleiner, sich selbst versorgender Wirtschaftseinheiten in das Welthandelssystem hinterließen schwärende Wunden, und bis heute ist noch nicht einmal der Beginn eines Heilungsprozesses absehbar.

Aber auch hier wäre es ein Fehler, die früheren Subsistenzwirtschaften zu verherrlichen. Es ist sogar fraglich, ob es der Bevölkerung in den nicht-industrialisierten Ländern der Welt heute schlechter geht als vor dreihundert Jahren. Was die Lebenserwartung, die Ernährungslage, die Kindersterblichkeit, das Bildungsniveau und die Menschenwürde angeht, so steht es außer Zweifel, daß Millionen von Menschen, von der Sahelzone bis Zentralamerika, in unsäglichem Elend leben. Aber wir erweisen ihnen keinen guten Dienst, wenn wir in der hastigen Bemühung, die Gegenwart zu verurteilen, ein falsches, romantisches Bild von der Vergangenheit erfinden. Die Rückkehr in eine noch armseligere Vergangenheit ist kein Weg in die Zukunft.

So wie es keine einzelne Ursache gibt, die allein für das Entstehen der Zweiten Welle verantwortlich war, so gibt es auch kein allgemeingültiges Werturteil über sie. Ich habe versucht, die Industriezivilisation einschließlich ihrer Fehler darzustellen. Wenn ich sie auf der einen

Seite zu verdammen und auf der anderen Seite gutzuheißen scheine, so rührt das daher, daß einfache Pauschalurteile in die Irre führen. Ich verabscheue die Methoden, mit denen der Industrialismus die primitiven Völker und die noch von der ersten Zivilisationswelle beherrschten Gesellschaften vernichtete. Ich kann nicht vergessen, zu welchen Dimensionen er den Krieg aufblähte, daß er Auschwitz erfand und die Atombombe, mit der Hiroshima in Asche gelegt wurde. Ich schäme mich seiner kulturellen Arroganz und seiner Raubzüge in anderen Teilen der Welt, der Vernachlässigung und Vergeudung menschlicher Schaffenskraft, Phantasie und geistiger Substanz in unseren Gettos und Gastarbeitervierteln.

Irrationaler Haß auf seine Zeitgenossen und die Zeit, in der man lebt, ist jedoch kaum die beste Basis für die Gestaltung der Zukunft. War der Industrialismus ein klimatisierter Alptraum, Ödland, durch nichts gemildertes Grauen? Stellte er eine Welt mit »Einbahnstraßen-Ideologie« dar, so wie Gegner von Wissenschaft und Technologie uns glauben machen wollen? Zweifellos. Aber er war weit mehr als nur dies. Er war, wie das Leben selbst, ein bittersüßer Augenblick der Ewigkeit.

Egal, zu welchem Urteil über die Gegenwart man sich schließlich durchringt — wesentlich bleibt die Einsicht: Das industrielle Spiel ist aus. Die Energien sind verschlissen, die Schubkraft der Zweiten Welle läßt allenthalben nach, während die nächste Welle des Wandels schon heranrollt. Es sind vor allem zwei Veränderungen, die das Weiterbestehen der Industriezivilisation ausschließen.

Zum einen haben wir einen Wendepunkt im »Krieg gegen die Natur« erreicht. Die Biosphäre wird ganz einfach dem industriellen Angriff nicht länger standhalten. Zum anderen können wir uns nicht länger unbegrenzt auf nicht erneuerbare Energien verlassen, die bis heute die wichtigste Subvention der industriellen Entwicklung sind.

Diese Tatsachen bedeuten freilich nicht, daß es mit der technologischen Gesellschaft oder mit der Energieversorgung zu Ende ginge. Sie bedeuten vielmehr, daß jeder technische Fortschritt in Zukunft neuen, umweltbedingten Beschränkungen unterworfen ist. Sie bedeuten ferner, daß die Industriestaaten bis zur Schaffung neuer Energiequellen immer wieder unter schweren Entzugserscheinungen leiden werden, bei denen es möglicherweise zu Gewaltausbrüchen kommen wird. Der Kampf um die Schaffung neuer Energieformen selbst wird den sozialen und politischen Wandel beschleunigen.

Klar ist folgendes: Die Epoche der billigen Energie ist — zumindest für einige Jahrzehnte — vorüber. Die Industriezivilisation hat eine ihrer beiden Hauptstützen verloren. Gleichzeitig wird ihr auch die zweite »heimliche Subvention« entzogen — die billige Rohstoffversorgung.

Angesichts der Erkenntnis, daß der Kolonialismus und der Neo-

Imperialismus ein für allemal vorüber sind, werden die hochtechnisierten Nationen sich entweder auf die Suche nach neuen Rohstoffen und Ersatzenergien im eigenen Land machen, den Handel untereinander verstärken und ihre Wirtschaftsverbindungen mit den nichtindustrialisierten Ländern graduell verringern — oder aber sie werden auch weiterhin bei diesen Staaten einkaufen, diesmal allerdings unter gänzlich veränderten Handelsbedingungen. Auf jeden Fall werden die Kosten wesentlich höher sein als bisher.

Zu den von außen einwirkenden Zwängen kommen die desintegrierenden Tendenzen innerhalb der Industriegesellschaft. Ob wir den Zustand der amerikanischen Familie betrachten — schon heute lebt eines von sieben Kindern in Haushalten mit nur einem Elternteil — oder das französische Telefonsystem (das heute schlechter ist als das mancher Bananenrepublik), oder ob wir das Tokioter Nahverkehrssystem als Beispiel nehmen, das so schlecht ist, daß Passagiere die Bahnhöfe gestürmt und in Protestaktionen Bahnangestellte als Geiseln genommen haben — überall ist das Problem das gleiche: Menschen und Systeme sind überbeansprucht und stehen kurz vor dem Zusammenbruch.

Die von der Zweiten Welle geschaffenen Systeme befinden sich in der Krise: Die Sozialversorgung, das Post-, Schul- und Gesundheitswesen, die Städte, das internationale Finanzsystem. Der Nationalstaat und das Wertsystem der Zweiten Innovationswelle sind krisengeschüttelt.

Selbst die spezielle Rollenverteilung, die die Industriezivilisation zusammenhielt, hat ein kritisches Stadium erreicht. Dies wird auf drastische Weise klar in den Kämpfen um eine Neudefinition der geschlechtsspezifischen Rollen. In der Frauenbewegung, den Bemühungen um die Legalisierung der Homosexualität und in der Verbreitung von »Unisex«-Moden können wir beobachten, wie die traditionellen Grenzen zwischen beiden Geschlechtern immer mehr verschwimmen. Auch im Berufsleben verwischen sich die herkömmlichen Rollenbilder. Krankenschwestern und Patienten sehen heute gleichermaßen ihre Rolle gegenüber den Ärzten anders. Polizisten und Lehrer brechen aus den ihnen von jeher zugewiesenen Rollen aus und beteiligen sich an illegalen Streikaktionen. Alternative Juristen definieren die Rolle der Anwälte neu. Die Arbeiter verlangen immer mehr Mitbestimmung und stellen die traditionelle Rolle des Managements in Frage. Dieses quer durch alle Gesellschaftsbereiche sichtbare Aufbrechen der Rollenstruktur, von der der Industrialismus bislang abhing, ist in seinen Auswirkungen weitaus revolutionärer als die offenen politischen Protestaktionen und Demonstrationen, an denen Sensationsjournalisten den Wandel messen.

Schließlich führen die Belastungen, die von allen Seiten zusammentreffen — der Verlust der »heimlichen Subventionen«, die Funktionsstörungen in wichtigen Gesellschaftsbereichen und das Aufbrechen der festgelegten Rollen — zu einer Krise in der elementarsten und anfälligsten aller Strukturen: der Persönlichkeit. Der Zusammenbruch der Industriegesellschaft ließ die persönliche Identitätskrise zu einer Epidemie werden.

Millionen suchen heutzutage verzweifelt ihren eigenen Schatten. Sie verschlingen Filme, Schauspiele, Romane und »Selbsthilfe«-Bücher, so obskur diese auch sein mögen, solange sie nur Hilfe bei der Suche nach der eigenen Identität versprechen. In den USA hat die Persönlichkeitskrise, wie wir noch sehen werden, bereits bizarre Formen angenommen. Ihre Opfer stürzen sich in Gruppentherapien, Mystizismen und Sexspiele. Der Wandel reizt und entsetzt sie gleichermaßen. Sie hegen den dringenden Wunsch, ihre gegenwärtige Existenz aufzugeben und irgendwie in ein neues Leben hineinzuspringen, um etwas zu werden, was sie nicht sind. Sie wollen Jobs, Ehepartner, Rollen und Verantwortungen wechseln.

Selbst die angeblich so reifen und abgeklärten amerikanischen Geschäftsleute bleiben von diesem allgemeinen Überdruß nicht verschont. Die amerikanische Manager-Vereinigung fand bei einer kürzlich durchgeführten Untersuchung heraus, daß nicht weniger als 40 Prozent der mittleren Führungskräfte sich in ihrem Job nicht wohlfühlen. Mehr als ein Drittel träumt von einer Alternativkarriere, von der sie glauben, daß sie sie glücklicher machen würde. Einige tun etwas gegen diese Unzufriedenheit. Sie flippen aus und werden Farmer oder Skifanatiker. Sie suchen nach neuen Lebensformen, drücken wieder die Schulbank, oder aber sie geraten immer tiefer in den Teufelskreis hinein und brechen schließlich unter der Belastung zusammen.

Die Menschen stochern in sich selber herum, um die Ursachen ihres Unbehagens zu finden, und durchleben schwerste Anfälle unnötiger Schuldgefühle. Sie scheinen sich dessen völlig unbewußt zu sein, daß das, was sie in sich selbst spüren, die subjektive Reflexion einer weitaus größeren, objektiven Krise ist: Unwissentlich verinnerlichen sie das industrielle Drama.

Natürlich kann man die Ansicht vertreten, daß jede dieser diversen Krisen ein isoliertes Ereignis darstellt. Wir können die unterschwelligen Verbindungen zwischen der Energiekrise und der Persönlichkeitskrise, zwischen den neuen Technologien und den neuen Geschlechterrollen und andere derartige Beziehungen einfach ignorieren. Aber das geschieht auf eigene Gefahr. Sobald wir von dem Bild aufeinanderfolgender Innovationswellen und ihrer Kollision miteinander ausgehen, verstehen wir die Grundtatsache unserer Zeit — den Todeskampf des Industrialismus — und können damit nach den Zeichen des Wandels suchen, Zeichen, die schon nicht mehr zur Industriegesellschaft zählen, sondern neu sind. Wir können die Dritte Welle identifizieren.

Die Dritte Welle ist es, die den Rest unseres Lebens prägen wird.

Wenn wir den Übergang zwischen der alten, im Sterben liegenden Zivilisation und der neuen, die sich bereits abzeichnet, erleichtern wollen, wenn wir unser Selbstwertgefühl und die Fähigkeit, unser Leben zu kontrollieren, auch in den sich verschlimmernden Krisen, die vor uns liegen, bewahren wollen, dann müssen wir die Innovationen der Dritten Welle erkennen — und sie mitgestalten.

Denn wenn wir uns in unserer Umgebung nur genau umsehen, dann finden wir, kreuz und quer verstreut zwischen den Verfallserscheinungen, die Vorzeichen eines neuen, wachsenden Potentials.

Wenn wir genau hinhören, dann können wir bereits vernehmen, wie die Dritte Welle an gar nicht mehr so entfernt liegende Gestade anbrandet.

Die Dritte Welle

Kapitel 11

Die neue Synthese

Im Januar 1950 unternahm ein hochaufgeschossener junger Mann von 22 Jahren mit einem nagelneuen Universitätsdiplom in der Tasche eine lange nächtliche Busfahrt, die ihn, wie er glaubte, ins Zentrum der Gegenwart führte. Die Freundin neben sich, einen Pappkarton voller Bücher unter dem Sitz, beobachtete er die endlose Folge der Fabriken des amerikanischen Mittelwestens, die jenseits der regenverwaschenen Scheiben an ihm vorüberzog.

Amerika war das Herz der Welt, und das Gebiet um die Großen Seen das industrielle Herz Amerikas. Und die Fabrik war der pulsierende Kern in diesem innersten Herzen: Stahlwerke, Aluminiumschmelzen, Auto- und Werkzeugfabriken, Gießereien und Ölraffinerien. Schäbige Gebäude, die im Rhythmus riesiger Maschinen vibrierten, erstreckten sich über Kilometer. Hier wurde Metall gestanzt, gepreßt, gebohrt, gebogen, geschweißt, geschmiedet und gegossen. Die Fabrik war das Symbol der industriellen Epoche, und für einen jungen Mann, der aus einem mehr oder weniger gemütlichen Haus der unteren Mittelklasse stammte, war diese Welt, nach vier Jahren Plato und T. S. Eliot, Kunstgeschichte und abstrakter Sozialtheorie, so exotisch wie Taschkent oder Feuerland.

Fünf Jahre verbrachte ich in diesen Fabriken, und zwar nicht im Büro oder gar auf der Chefetage, sondern als Monteur, Maschinenbauer, Schweißer, Gabelstaplerfahrer und an der Stanzmaschine. Ich war an der Herstellung von Ventilatoren beteiligt, reparierte Maschinen, in denen die Motorblöcke für Autos gegossen wurden, baute mit an riesigen Belüftungsanlagen für afrikanische Bergwerke, brachte die Metallteile an Kleinlastern auf Hochglanz, die klappernd und quietschend auf dem Fließband vorbeiratterten. Ich erfuhr aus erster Hand, wie Fabrikarbeiter im Industriezeitalter um ihren Lebensunterhalt kämpfen mußten.

Ich schluckte den Staub, den Schweiß und den Rauch der Gießerei. Ich wurde fast taub vom Zischen des Dampfes, vom Rasseln der Flaschenzüge und vom Dröhnen der Mischmühlen. Ich fühlte die Hitze des fließenden, weißglühenden Stahls. Azetylenfunken hinterließen Brandzeichen auf meinen Beinen. An einer Presse stanzte ich Abertausende von Einzelteilen pro Schicht und wiederholte dabei immer die gleichen Bewegungen, bis mein Verstand und meine Muskeln aufschrien. Ich beobachtete die Manager, die die Arbeiter antrieben — Männer in weißen Hemden, die ihrerseits dauernd von höheren Chargen herumgehetzt wurden.

Ich half dabei, eine 65jährige Frau aus der blutverschmierten

Maschine zu befreien, die ihr gerade vier Finger abgerissen hatte, und noch heute höre ich ihre Schreie: »Jesusmaria, ich kann nie wieder arbeiten!«

Die Fabrik. Lang lebe die Fabrik! Obwohl auch heute noch Fabriken gebaut werden, liegt die Zivilisation, die die Fabrik zur Kathedrale erhob, im Sterben. Und irgendwo fahren in diesem Augenblick andere junge Männer und Frauen durch die Nacht — der Zivilisation der Dritten Welle entgegen. Im folgenden wird es, metaphorisch gesprochen, unsere Aufgabe sein, diesen Suchenden auf den vielen Pfaden, die in die Zukunft führen, zu folgen.

Wenn wir sie bis zu ihrem Zielort begleiten könnten — wohin würden wir dann gelangen? Zu den Abschußbasen, von denen aus feuerspeiende Raketen und Fragmente menschlichen Bewußtseins in den Weltraum katapultiert werden? In ozeanographische Laboratorien? In Kommunen? Zu Arbeitsgruppen, die sich mit künstlicher Intelligenz befassen? Zu leidenschaftlichen religiösen Sekten? Leben diese Leute in selbstgewählter Einfachheit? Steigen sie in innerbetrieblichen Hierarchien auf? Versorgen sie Terroristen mit Waffen? Wo ist sie, die Schmiede der Zukunft?

Wenn wir selbst eine ähnliche Expedition in die Zukunft vorhätten, nach welchen Gesichtspunkten würden wir unsere Landkarten auswählen? Daß die Zukunft in der Gegenwart beginnt, sagt sich so dahin. Aber welche Gegenwart ist gemeint? Unsere Gegenwart birst vor Paradoxen.

Unsere Kinder sind hochsensibilisiert, was Drogen, Sex oder Raumflüge angeht; einige wissen über Computer viel besser Bescheid als ihre Eltern. Und doch werden die Zeugnisse immer schlechter. Die Scheidungsraten steigen — aber es steigt auch die Zahl derjenigen, die wieder heiraten.

Antifeministinnen erscheinen zu eben dem Zeitpunkt auf der Bildfläche, da Frauen Rechte erringen, die selbst von ihren Gegnerinnen gutgeheißen werden. Homosexuelle wagen sich an die Öffentlichkeit und fordern ihre Rechte ein — nur um der erbitterten Homo-Feindin Anita Bryant in die Arme zu laufen.

Alle Industrienationen sind von hartnäckiger Inflation befallen, und dennoch wächst die Arbeitslosigkeit. Im gleichen Moment verlangen Millionen, in Mißachtung der Logik von Angebot und Nachfrage, nicht nur Arbeitsplätze, sondern kreative, seelisch erfüllende oder sozial verantwortliche Aufgaben. Die ökonomischen Widersprüche vervielfachen sich.

In der Politik erleben wir, daß Parteien die Unterstützung ihrer Mitglieder in dem Augenblick verlieren, da Schlüsselfragen wie z. B. die Technologie stärker politisiert werden als jemals zuvor. In weiten Teilen der Welt kommen unterdessen nationalistische Bewegungen an die Macht — im selben Moment, da der Nationalstaat im Namen von Universalismus und planetarischem Bewußtsein immer mehr in die Schußlinie gerät.

Wie ist es angesichts solcher Widersprüche möglich zu erfahren, was *hinter* diesen Trends und Gegentrends steckt? Gewiß, niemand hat eine Zauberformel auf diese Frage parat. Trotz aller Computerauszüge, Clusteranalysen, mathematischer Modelle und Matrizen, derer sich die Futurologen bedienen, bleiben unsere Versuche, in die Zukunft zu blicken — ja sogar die, unsere Gegenwart zu verstehen — dazu verdammt, eher Kunst als Wissenschaft zu sein.

Von systematischer Forschung können wir eine Menge lernen. Doch dürfen wir dabei Paradoxe und Widersprüche, Ahnungen, Phantasien und gewagte Spekulationen nicht einfach außer acht lassen, sondern müssen sie bei einer vorläufigen Synthese mit berücksichtigen.

Wenn wir auf den kommenden Seiten die Zukunft auf den Prüfstand stellen, dann dürfen wir uns nicht damit zufriedengeben, die Entwicklung der Haupttrends zu analysieren. So schwierig es auch sein mag — wir müssen der Versuchung widerstehen, uns von geraden Linien verführen zu lassen. Die meisten Menschen, darunter viele Futurologen, begreifen die Zukunft lediglich als Fortsetzung der Gegenwart, wobei sie vergessen, daß Trends, wie mächtig sie auch erscheinen mögen, sich nicht nur linear weiterentwickeln. Sie erreichen Endpunkte, an denen sie gleichsam explodieren und neue Phänomene hervorbringen. Sie ändern ihre Richtung. Sie halten inne und beginnen von neuem. Die Tatsache, daß etwas gerade geschieht oder seit dreihundert Jahren geschieht, ist keine Garantie dafür, daß es ewig so weitergeht. Daher werden wir im folgenden genau auf die Widersprüche, Konflikte, Wendepunkte und Bruchstellen achten, die die Zukunft zu einem Abenteuer werden lassen.

Wir werden darüber hinaus die verborgenen Zusammenhänge zwischen Ereignissen suchen, die bei oberflächlicher Betrachtung nichts miteinander zu tun zu haben scheinen. Es hat nicht viel Sinn, die Zukunft der Halbleiter, der Energieversorgung oder der Familie — nicht einmal der eigenen — vorherzusagen, wenn die Vorhersage von der Prämisse ausgeht, daß alles andere unverändert bleiben wird. Unverändert bleiben wird nämlich gar nichts.

Die Zukunft ist fließend — nicht starr. Sie setzt sich zusammen aus unseren alltäglichen, stets neu zu treffenden Entscheidungen, und jedes Ereignis wirkt sich in irgendeiner Weise auf andere Ereignisse aus. In der von der Zweiten Innovationswelle bestimmten Kultur wurde unsere Fähigkeit, Probleme in ihre Bestandteile zu zerlegen, in extremer Weise überbetont; die Fähigkeit, alles wieder zusammenzusetzen, wurde weit weniger oft belohnt. Die meisten Leute sind dank ihres kulturellen Hintergrundes sehr viel geschicktere Analytiker als Synthetiker. Dies ist eine Ursache dafür, daß unsere Vorstellungen von der

Zukunft (und von unserer eigenen Rolle in dieser Zukunft) so zufallsbestimmt, bruchstückhaft und — falsch sind. Unsere Aufgabe wird es sein, wie Generalisten, nicht wie Spezialisten zu denken.

Ich glaube, daß wir uns heute an der Schwelle zu einer neuen Epoche der Synthese befinden. Auf allen intellektuellen Domänen, angefangen bei den exakten Naturwissenschaften bis hin zur Soziologie, Psychologie und den Wirtschaftswissenschaften — und in diesen übrigens ganz besonders —, werden wir vermutlich eine Rückkehr zu übergeordneten Kategorien und zur allgemeinen Theorie erleben; wir werden die Einzelteile wieder zu einem Ganzen zusammensetzen. Langsam wird uns nämlich klar, daß die manische Besessenheit, mit der wir uns quantifizierbaren, zusammenhanglosen Details und den zunehmend feineren Messungen immer kleinerer Probleme widmen, letztlich dazu geführt hat, daß wir über immer weniger Dinge immer mehr in Erfahrung bringen.

Im folgenden werden wir daher nach den Strömungen des Wandels Ausschau halten, die unser Leben erschüttern, und die unterschwelligen Verbindungen zwischen ihnen aufzudecken versuchen. Dies tun wir nicht, weil jeder dieser Ströme *eo ipso* sehr wichtig ist, sondern weil sie sich vereinen, um immer breitere, tiefere, reißendere Gewässer zu bilden, die schließlich in etwas noch Gewaltigeres münden: in die Dritte Welle.

Wie jener junge Mann, der um die Jahrhundertmitte auszog, um das Herz der Gegenwart zu finden, beginnen wir jetzt unsere Suche nach der Zukunft.

Kapitel 12
Die Kommandohöhen

Am 8. August 1960 traf ein in West-Virginia geborener Industriechemiker namens Monroe Rathbone in seinem Büro im Rockefeller Plaza in Manhattan eine Entscheidung, die von zukünftigen Historikern dereinst vielleicht zum symbolischen Endpunkt der Industriezivilisation bestimmt wird.

An jenem Tag achtete kaum jemand darauf, daß Rathbone, der Chef des gigantischen Exxon-Konzerns, beschloß, den Ölländern künftig weniger als bisher für ihre Exporte zu zahlen. Bei den Regierungen dieser Staaten jedoch schlug diese Nachricht, die von der westlichen Presse ignoriert wurde, wie eine Bombe ein, da praktisch ihre gesamten Einnahmen auf den Zahlungen der Ölgesellschaften beruhten.

Innerhalb weniger Tage folgten die anderen Ölkonzerne Exxons Beispiel. Und einen Monat später, am 9. September, trafen sich in der sagenumwobenen Stadt Bagdad die Delegierten der am stärksten betroffenen Länder zu einer Krisensitzung. In die Enge getrieben, schlossen sie sich zu einem Komitee ölexportierender Länder zusammen.

Ganze 13 Jahre lang achtete niemand außerhalb der Redaktionen einiger weniger Fachblätter der Ölindustrie auf die Aktivitäten dieses Komitees. Nicht einmal sein Name wurde bekannt — bis 1973, als anläßlich des Yom-Kippur-Kriegs die OPEC (Organization of Petroleum Exporting Countries) plötzlich ins Rampenlicht trat, der Welt den Rohölhahn zudrehte und das gesamte Wirtschaftsgefüge der Industrieländer in den Sog einer Depression hineinriß.

Diese Aktion vervierfachte nicht nur die Einnahmen der OPEC-Länder, sondern sie beschleunigte auch eine Revolution, die innerhalb der von der Zweiten Innovationswelle geformten Technosphäre schon vorher zu gären begonnen hatte.

Die Sonne und darüber hinaus

In dem ohrenbetäubenden Geschrei über die Energiekrise, das seither nicht abgeebbt ist, sind wir mit derartig vielen Plänen, Vorschlägen, Argumenten und Gegenargumenten überhäuft worden, daß eine vernünftige Wahl sehr erschwert wird. Die Regierungen sind genauso verwirrt wie der sprichwörtliche »Mann auf der Straße«.

Eine Möglichkeit, durch dieses Gewirr hindurchzufinden, ergibt sich, wenn wir die diversen Technologien und politischen Strategien auf die ihnen zugrundeliegenden Prinzipien hin untersuchen. Dabei werden wir herausfinden, daß einige Vorschläge dem Zweck dienen, die bekannte Energiebasis des Industrialismus aufrechtzuerhalten oder zu erweitern, während andere auf neuen Grundlagen beruhen.

Die Energiebasis der Industriegesellschaft war, wie wir gesehen haben, von vornherein nicht erneuerbar; sie kam aus hochkonzentrierten, erschöpfbaren Lagerstätten; sie verließ sich auf teure, hochkonzentrierte Technologien; sie war nicht diversifiziert und beruhte auf relativ wenigen Quellen und Methoden. Dies waren die wichtigsten Charaktermerkmale der Energiebasis aller von der Zweiten Innovationswelle geformten Gesellschaften während der gesamten Dauer der Industriellen Ära.

Wenn wir diese Merkmale berücksichtigen, dann fällt es uns bei der Erörterung der verschiedenen Pläne und Vorschläge, die nach der Ölkrise gemacht wurden, nicht mehr schwer herauszufinden, welche von diesen Plänen lediglich Althergebrachtes fortsetzen und welche bereits die Vorläufer grundsätzlich neuer Ideen sind. Und die daraus resultierende Grundfrage ist nicht mehr die, ob Öl 23 Dollar pro Barrel kostet oder ob in Seabrook oder Grohnde ein neuer Kernreaktor errichtet werden soll, sondern vielmehr die, ob überhaupt irgendeine Energieform, die auf die Industriegesellschaft zugeschnitten und auf den Prinzipien der Zweiten Innovationswelle aufgebaut ist, überleben kann. Sobald die Frage in dieser Form gestellt wird, ist die Antwort unausweichlich.

Während der vergangenen fünfzig Jahre beruhten zwei Drittel des gesamten Energieverbrauchs der Welt auf Öl und Gas. Die meisten Beobachter, von den fanatischsten Umweltschützern bis zum abgesetzten Schah von Persien, von Schwärmern für Sonnenenergie bis zu saudi-arabischen Scheichs und farblosen Experten, stimmen heute darin überein, daß diese Abhängigkeit von fossilen Brennstoffen nicht unbegrenzt fortgesetzt werden kann, ganz egal, wie viele neue Ölfelder noch entdeckt werden mögen.

Die Statistiken widersprechen sich. Über die Frage, wieviel Zeit der Welt bis zum endgültigen Zusammenbruch noch bleibt, werden erbitterte Debatten ausgetragen. Die Vorhersagetechniken sind enorm kompliziert, und viele frühere Prognosen wirken heute lächerlich. Eines jedoch ist klar: Niemand pumpt Gas und Öl in die Erde *zurück*, um die Reserven wieder aufzufüllen.

Ob die Quellen nun mit einem immer lauteren Gluckern versiegen werden oder ob sich das Ende, womit eher zu rechnen ist, in einem Verwirrspiel aufeinanderfolgender Verknappungen, zeitweiliger Schwemmen und neuerlicher, verschärfter Verknappungen ankündigt — auf jeden Fall geht die Öl-Ära zu Ende. Die Iraner wissen dies ebenso wie die Kuwaitis, die Nigerianer und die Venezuelaner. Auch die Saudis wissen es — und deshalb bemühen sie sich mit aller Macht darum, eine Wirtschaft aufzubauen, die nicht mehr von Öleinnahmen abhängig ist. Auch die Ölkonzerne wissen es — und daher suchen sie hektisch nach anderen Anlagemöglichkeiten.

Die Diskussion über die Erschöpfung der Rohstoffquellen geht eigentlich am Wesentlichen vorbei. Denn in unseren Tagen ist es (noch!) der Preis — und nicht die Menge der *Rohstofflieferungen* —, der unmittelbare, schwerwiegende Auswirkungen nach sich zieht. Gerade aber auf dem Gebiet der Preisentwicklung haben sich Tatsachen ergeben, die zu genau denselben Schlußfolgerungen führen.

Innerhalb weniger Jahrzehnte kann Energie aufgrund überraschender technologischer Durchbrüche und wirtschaftlicher Veränderungen mit einem Mal wieder reichlich verfügbar und billig werden. Was immer jedoch geschieht, der relative Ölpreis wird höchstwahrscheinlich weiterhin steigen, je tiefer wir bohren, je unzugänglicher die Gebiete sind, die wir erforschen, und je größer die Zahl der konkurrierenden Käufer ist. Ganz abgesehen von der OPEC hat in den vergangenen fünf Jahren eine historische Wende stattgefunden: Trotz enormer neuentdeckter Vorkommen wie denen in Mexiko und trotz galoppierender Preise ist die Gesamtmenge der gesicherten, kommerziell nutzbaren Rohölreserven zurückgegangen. Damit wurde der Trend, der jahrzehntelang angedauert hatte, umgedreht. Falls es solcher Beweise noch bedarf, so ist dies ein weiterer Beleg dafür, daß der Ölrausch seinem Ende zugeht.

Die Kohle indessen, die für das restliche Drittel des Gesamt-Energieverbrauchs der Welt weitgehend verantwortlich ist, kommt noch immer in reichlichen Mengen vor, obwohl auch sie letztendlich erschöpfbar ist. Jede massive Ausweitung der Kohlenutzung bedeutet jedoch verstärkte Luftverschmutzung, mögliche Gefährdung des Weltklimas (aufgrund eines Anstiegs des Kohlendioxydgehalts der Atmosphäre) und weitere Verwüstung der Erdoberfläche. Selbst wenn man in den kommenden Jahrzehnten bereit wäre, diese Nachteile als notwendige Risiken zu akzeptieren, so läßt sich mit Kohle weder ein Autotank füllen noch eignet sich die Kohle für viele andere Aufgaben, für die gegenwärtig noch Öl und Gas herangezogen werden. Anlagen zur Kohlevergasung oder -verflüssigung erfordern dagegen erschreckend hohe Kapitalinvestitionen und Wassermengen (die ihrerseits dringend in der Landwirtschaft benötigt werden) und sind letztlich derart ineffizient und kostspielig, daß auch sie lediglich als teure »Ablenkungsmanöver« für einen höchst begrenzten Zeitraum angesehen werden können.

Mit der Kernenergie in ihrem derzeitigen Entwicklungsstadium kommen noch gewaltigere Probleme auf uns zu. Konventionelle Reaktoren basieren auf Uran — einem weiteren nicht-erneuerbaren Brennstoff —, und sie bergen Sicherheitsrisiken, die, wenn überhaupt, nur mit extrem teuren Methoden ausgeschaltet werden können. Niemand hat eine überzeugende Lösung für das Problem der radioaktiven

Abfälle gefunden, und die Gestehungskosten sind so hoch, daß die Atomkraft bis heute nur mit Hilfe von Regierungssubventionen einigermaßen konkurrenzfähig gehalten werden kann.

Schnelle Brüter sind eine Klasse für sich. Doch wenn sie auch der uninformierten Öffentlichkeit oftmals als eine Art Perpetuum mobile vorgestellt werden, weil das von ihnen erzeugte Plutonium seinerseits wieder als Brennstoff genutzt werden kann, sind auch sie letzten Endes von den geringen, nicht-erneuerbaren Uranreserven der Erde abhängig. Sie sind nicht nur hochzentralisiert, unglaublich teuer, störungsanfällig und gefährlich, sondern sie erhöhen auch die Risiken eines Atomkriegs und die Gefahren eines terroristisch motivierten Diebstahls von spaltbarem Material.

Nichts von dem Gesagten bedeutet, daß wir nun auf den Stand des Mittelalters zurückgeworfen werden oder daß ein wirtschaftlicher Fortschritt unmöglich ist. Was es mit Sicherheit bedeutet, ist, daß wir das Ende eines Entwicklungsstrangs erreicht haben und jetzt mit einem neuen beginnen müssen. Es bedeutet, daß die Energiebasis der Zweiten Innovationswelle nicht mehr aufrechtzuerhalten ist.

Und selbst wenn sich erweisen sollte, daß dies alles falsch ist, so gibt es noch immer einen anderen, viel entscheidenderen Grund dafür, daß die Welt sich eine radikal neue Energiebasis suchen muß und suchen wird. Denn jede Energiebasis, sei es die eines Dorfes oder die einer Industriegesellschaft, muß dem technologischen Niveau einer Gesellschaft, ihrer Produktionsweise, der Marktsituation und der Bevölkerungsdichte sowie vielen anderen Faktoren angepaßt sein.

Die Energiebasis der Zweiten Innovationswelle war gesamtgesellschaftlich aufs engste verknüpft mit dem Übergang zu einem völlig neuen Stadium der technologischen Entwicklung. Und während fossile Brennstoffe gewiß zu einer Beschleunigung des technologischen Wachstums beitrugen, ergab sich ja auch eine direkte Wechselwirkung: Die Erfindung einfacher energie-intensiver Technologien führte ihrerseits zu immer schnellerer Ausbeutung der fossilen Brennstoffe. Die Entwicklung der Autoindustrie verursachte z. B. eine derartig radikale Expansion des Ölgeschäfts, daß dieses vorübergehend kaum etwas anderes als ein Ableger der Detroiter Konzerne war. Die Ölindustrie wurde nach Donald E. Carr, ehemals Direktor der Forschungsabteilung einer Ölgesellschaft und Autor von *Energy and the Earth Machine* (Energie und die Erdmaschine), »zum Sklaven einer einzigen Form des Verbrennungsmotors«.

Heute stehen wir wieder einmal, wie wir in Kürze sehen werden, vor einem historischen technologischen Sprung, und das sich bereits abzeichnende neue Produktionssystem wird eine radikale Umstrukturierung des gesamten Energiegeschäfts erfordern — selbst dann, wenn die OPEC ihre Zelte abbrechen und sich seelenruhig aus dem Staub machen würde.

Das Energieproblem ist — und dies ist eine Tatsache, die meistens übersehen wird, — nicht nur eine Frage der Quantität, sondern auch ein Strukturproblem. Wir benötigen nicht nur eine gewisse Energie*menge,* sondern Energie muß auch in unterschiedlichen Formen, an verschiedenen (und wechselnden) Orten, zu unterschiedlichen Tages-, Nacht- und Jahreszeiten und für Zwecke, von denen wir uns zur Zeit noch nichts träumen lassen, zur Verfügung stehen.

Dies — und nicht einfach die Preisentscheidungen der OPEC — erklärt, warum die Welt nach Alternativen für das alte Energiesystem suchen muß. Inzwischen ist die Suche verstärkt worden, und wir verwenden jetzt viel Geld und Phantasie auf dieses Problem. Dies führt dazu, daß wir viele überraschende Möglichkeiten näher ins Auge fassen. Zwar wird der Wechsel von einer Energiebasis zur nächstfolgenden zweifellos von wirtschaftlichen und sonstigen Unruhen getrübt werden, doch gibt es auch noch einen anderen, positiveren Aspekt: Niemals in der Geschichte haben sich nämlich so viele Menschen mit solchem Elan auf die Suche nach Energie begeben — und noch nie standen uns so viele neue Möglichkeiten offen.

Beim gegenwärtigen Entwicklungsstand ist es noch völlig unmöglich, genau zu wissen, welche technologischen Kombinationen sich eines Tages für welche Aufgaben am besten eignen. Es läßt sich jedoch schon heute mit Sicherheit sagen, daß die Palette der uns zur Verfügung stehenden Werkzeuge und Betriebsstoffe sehr bunt sein wird, da immer exotischere Möglichkeiten angesichts der steigenden Ölpreise kommerziell rentabel werden.

Diese Möglichkeiten reichen von Fotozellen, die Sonnenlicht in Elektrizität umwandeln (eine Technologie, die zur Zeit von Texas Instruments, Solarex, Energy Conversion Devices und einer Reihe anderer Konzerne erforscht wird) bis zu einem sowjetischen Plan, Windmühlen tragende Ballons in der Tropopause, der höchsten Schicht der Troposphäre, zu verankern, um von dort Elektrizität zur Erde zu leiten. Die Stadt New York hat mit einem privaten Unternehmen einen Vertrag über die Verwendung von Müll als Brennstoff abgeschlossen, und die Philippinen errichten Anlagen zur Elektrizitätserzeugung aus Kokusnußabfällen. In Italien, Island und Neuseeland wird Elektrizität bereits aus geothermischen Quellen gewonnen, d. h., die Wärme des Erdinneren wird angezapft. Vor der Küste der japanischen Insel Honshu wird auf einer 500 Tonnen schweren Schwimmplattform Elektrizität aus Wellenenergie erzeugt. Überall in der Welt wächst die Zahl der auf den Dächern angebrachten Solarzellen, und die Southern California Edison Company ist dabei, einen Solarturm zu errichten. Hierbei wird die Sonnenenergie durch ein computergesteuertes Spiegelsystem eingefangen und auf einen Turm konzentriert, in dem sich ein Dampfkessel befindet. Die so gewonnene Energie soll dann ins bestehende Netz eingespeist werden. Im Stuttgarter Straßenverkehr wurde ein bei Daimler-Benz gebauter, wasserstoffbetriebener Bus gefahren, während Ingenieure von Lockheed-California dabei sind, ein wasserstoffgetriebenes Flugzeug zu konstruieren...

Wenn wir neue Technologien zur Energieerzeugung mit neuen Methoden der Energiespeicherung koppeln, werden die Möglichkeiten sogar noch vielfältiger. General Motors hat eine neue, wirksamere Batterie zum Antrieb elektrischer Autos angekündigt. Wissenschaftler der amerikanischen Weltraumbehörde NASA haben derweilen »Redox« entwickelt, ein Speichersystem, von dem sie glauben, daß es nur ein Drittel der herkömmlichen Säurebatterien kostet. Längerfristig stehen Forschungen auf den Gebieten der Supraleitfähigkeit und sogar — jenseits der »seriösen« Wissenschaft — mit Teslawellen zur verlustarmen Energieübertragung mittels gebündeltem Strahl auf dem Programm.

Während sich die meisten dieser Technologien noch in einem frühen Entwicklungsstadium befinden und viele von ihnen sich gewiß als absurd und unpraktikabel erweisen werden, sind andere bereits wirtschaftlich einsetzbar oder werden es innerhalb von ein oder zwei Jahrzehnten sein. Von höchster Bedeutung ist die nicht selten verkannte Tatsache, daß große Durchbrüche oftmals nicht auf eine einzige, isoliert stehende Technologie zurückzuführen sind, sondern auf die einfallsreiche parallele Anwendung oder die Kombination mehrerer Technologien. So werden womöglich solare Fotozellen in Gebrauch kommen, die Elektrizität erzeugen, welche ihrerseits zur Gewinnung von Wasserstoff herangezogen wird, der wiederum als Autotreibstoff dienen kann. Wir befinden uns gegenwärtig noch immer in der Phase vor dem Start. Sobald wir damit anfangen, diese vielen neuen Technologien miteinander zu kombinieren, wird die Zahl der wirklich lohnenden Möglichkeiten entsprechend wachsen, und wir werden die Energiebasis der Dritten Welle sehr viel schneller errichten können.

Die neue Energiebasis wird sich in ihren Hauptmerkmalen kraß von der der Zweiten Welle unterscheiden. Sie bezieht einen Großteil ihres Nachschubs aus erneuerbaren, nicht mehr zur Neige gehenden Quellen. Sie ist nicht mehr von hochkonzentrierten Brennstoffen, sondern von einer Vielzahl weitverstreuter Quellen abhängig, und an Stelle der Abhängigkeit von streng zentralisierten Technologien tritt eine Kombination sowohl zentralisierter wie dezentralisierter Energieerzeugung. Schließlich beruht sie nicht mehr auf gefährlichem, blindem Vertrauen zu einer Handvoll Methoden oder Quellen, sondern auf radikaler Diversifikation. Eben diese Vielfalt wird — da sie es uns ermöglicht, Energieformen und Energiequalität an die in zunehmendem Maße unterschiedlichen Bedürfnisse anzupassen — dafür sorgen, daß wir der Energieverschwendung werden Einhalt gebieten können.

Wir können also momentan zum erstenmal die Umrisse einer neuen Energiebasis erkennen; sie beruht auf Prinzipien, die fast diametral denen entgegengesetzt sind, die in den vergangenen dreihundert Jahren dominiert haben. Ebenso klar ist, daß sich diese Energiebasis der Dritten Welle erst nach einem bitteren Kampf durchsetzen wird.

In diesem Krieg der Ideen und des Geldes, der in den hochtechnisierten Ländern bereits tobt, lassen sich nicht nur zwei, sondern sogar drei antagonistische Gruppen erkennen. Zunächst sind da einmal diejenigen, die seit langem geschäftliche und persönliche Verbindungen mit der Energiebasis der Zweiten Innovationswelle haben. Sie sprechen sich für konventionelle Energiequellen und Technologien aus — für Kohle, Gas, Öl, Kernkraft und deren diverse Mutationen. Sie kämpfen im Grunde für eine Verlängerung des *status quo* der Zweiten Welle. Und da sie überall in den Ölgesellschaften, Versorgungsbetrieben, Reaktorkommissionen, Bergwerkskonzernen und den jeweils dazugehörigen Gewerkschaften gut vertreten sind, scheint ihre dominierende Position unanfechtbar zu sein.

Demgegenüber wirkt die Schar derer, die sich für die Schaffung einer neuen Energiebasis engagieren — eine Gruppe aus Verbrauchern, Umweltschützern, Wissenschaftlern und Unternehmern, die an der Spitze des industriellen Fortschritts stehen —, eher verloren, unterfinanziert und politisch oft ungeschickt. Von den Propagandisten der Zweiten Welle werden sie regelmäßig als Naive dargestellt, die sich über die harten Realitäten des Geschäfts keine Gedanken machen und von »sauberer« Technologie träumen.

Und es kommt noch schlimmer: Die Vorreiter der Dritten Welle werden in der Öffentlichkeit mit einer lautstarken Randgruppe verwechselt, die man am besten noch als »Kräfte der Ersten Welle« bezeichnet. Dabei handelt es sich um Leute, die sich nicht für den Durchbruch zu einem neuen, intelligenteren, dauerhaften und wissenschaftlich begründeten Energiesystem einsetzen, sondern für die Rückkehr in die vorindustrielle Vergangenheit. Die extremen Vertreter dieser Politik wollen die Technik zum größten Teil eliminieren, die Mobilität einschränken, die Städte entvölkern und unter dem Vorzeichen der Bewahrung unserer natürlichen Lebensgrundlagen eine Asketenzivilisation einführen.

Industrielobbyisten, Public-Relations-Fachleute und Politiker vertiefen die Verwirrung der Öffentlichkeit noch, indem sie diese beiden Gruppen über einen Kamm scheren, und halten somit die Vertreter der Dritten Welle in der Defensive.

Letztendlich werden jedoch weder die Streiter der Ersten noch die der Zweiten Welle gewinnen. Die Erstgenannten haben sich einem Phantasiegebilde verschrieben, und die letzteren versuchen eine Energiebasis aufrechtzuerhalten, deren Probleme schwer in den Griff zu bekommen, ja, in Wirklichkeit unlösbar sind.

Die unaufhaltsam steigenden Kosten für fossile Brennstoffe wirken sich sehr zum Nachteil der Interessenvertreter der Zweiten Welle aus. Gegen sie arbeiten auch die astronomisch hohen Kapitalkosten, die die für die Zweite Innovationswelle charakteristischen Technologien verschlingen. Der Umstand, daß die herkömmlichen Methoden oftmals einen enormen Energieaufwand vorab erfordern, ehe verhältnismäßig geringe Gewinne an »Nettoenergie« erzielt werden können, arbeitet ebenso gegen sie wie die eskalierenden Probleme der Umweltverschmutzung und die Bereitschaft von Tausenden in vielen Ländern, sich mit der Polizei zu prügeln, um den Bau von Kernreaktoren, Tagebaugruben oder Kraftwerken zu verhindern. Außerdem sehen sie sich einem ständig steigenden Energiehunger der noch nicht industrialisierten Länder gegenüber, dem der Wunsch nach höheren Rohstoff-Preisen in nichts nachsteht.

Obwohl Kernreaktoren, Anlagen zur Kohlevergasung bzw. -verflüssigung und andere derartige Techniken »hochentwickelt« oder »futuristisch« und daher »progressiv« *scheinen* können, gehören sie in Wirklichkeit zum Instrumentarium einer vergehenden Zivilisation, die sich in ihre eigenen tödlichen Widersprüche verstrickt hat. Einige dieser Werkzeuge mögen in einer Übergangsphase unentbehrlich sein, doch bleiben sie im wesentlichen regressiv. Ähnliches gilt für die Kräfte der Zweiten Welle ganz allgemein: Obgleich sie stark und mächtig *scheinen* und ihre zukunftsorientierten Kritiker schwach, wäre es töricht, auf die Vergangenheit noch allzu große Stücke zu setzen. Denn es geht nicht darum, *ob* die Energiebasis der Zweiten Welle umgestoßen und von einer neuen ersetzt wird, sondern darum, *wie bald* dies geschieht.

Werkzeuge von morgen

Kohle, Eisenbahnen, Textilien, Stahl, Kraftfahrzeuge, Gummi, Werkzeugmaschinen — dies waren die klassischen Industriebranchen der Zweiten Innovationswelle. Basierend auf im wesentlichen recht einfachen elektromechanischen Prinzipien, waren sie sehr energie-intensiv, hochgradig verschwenderisch und umweltgefährdend. Sie waren charakterisiert durch lange Produktionsabläufe, hohen Bedarf an ungelernten Arbeitskräften, monotone Arbeitsweisen, standardisierte Waren und stark zentralisierte Kontrollinstanzen.

Etwa seit Mitte der fünfziger Jahre wurde immer deutlicher, daß diese Branchen rückständig sind und in den Industrienationen mehr und mehr an Bedeutung verlieren. In den Vereinigten Staaten wuchs zum Beispiel die Anzahl der in der Textilindustrie Beschäftigten nur um sechs Prozent zwischen 1965 und 1974 bei einem gleichzeitigen Anstieg der Zahl der Erwerbstätigen um 21 Prozent. In der Eisen- und Stahl-Industrie war im gleichen Zeitraum sogar ein Rückgang von zehn Prozent zu konstatieren. Ähnliche Entwicklungen ließen sich in Schweden, der Tschechoslowakei, in Japan und anderen Industriestaaten beobachten.

Je mehr diese »altmodischen« Industriezweige in sogenannte »Entwicklungsländer« verlagert wurden, wo die Arbeitskräfte billiger und die Technologie auf einem weniger hohen Stand waren, desto geringer wurde auch ihr gesellschaftlicher Einfluß, und eine Gruppe dynamischer neuer Branchen schoß an ihrer Stelle aus dem Boden.

Diese neuen Industrien unterschieden sich von ihren Vorgängern vor allem in einem Punkt: Sie beruhten nicht mehr vorrangig auf der Elektromechanik und der klassischen Wissenschaft des Industriezeitalters. Vielmehr verdankten sie ihren Aufstieg einer Reihe von immer schneller aufeinanderfolgenden Durchbrüchen auf Gebieten der Wissenschaft, die noch vor fünfundzwanzig Jahren entweder gar nicht oder nur in Ansätzen vorhanden waren: Quantenelektronik, Informationstheorie, Molekularbiologie, Ozeanographie, Kernphysik, Ökologie und Weltraumwissenschaften. Sie ermöglichten es uns, die groben Raster von Raum und Zeit zu sprengen, in denen die Industrie der Zweiten Welle vornehmlich befangen war, und, wie der sowjetische Physiker B. G. Kusnezow bemerkt hat, mit »sehr kleinen Räumen (wie beispielsweise dem Radius eines Atomkerns, d. h. einer Strecke von 10^{-13} cm) und zeitlichen Intervallen in der Größenordnung von 10^{-23} Sekunden« zu arbeiten.

Diese neuen Wissenschaften und unsere radikal verbesserten »handwerklichen« Fähigkeiten standen an der Wiege der neuen Industriezweige: Computer und Datenverarbeitung, Luft- und Raumfahrt, hochgezüchtete Petrochemie, Halbleiter, hochentwickelte Kommunikationssysteme und zahlreiche andere. In den Vereinigten Staaten, wo der Übergang von der Zweiten zur Dritten Welle sich zuerst bemerkbar machte, sanken alte Industriegebiete wie das Merrimack Valley in Neu-England auf das Niveau von wirtschaftlichen Notstandsgebieten ab, während andere Gegenden wie die »Route 128« bei Boston oder das »Silicon Valley« in Kalifornien plötzlich in den Vordergrund traten. In den Vorstädten wohnten Spezialisten für Festkörperphysik, Systemanalyse, künstliche Intelligenz oder Polymerchemie.

Darüber hinaus ließ sich die Verlagerung von Arbeitsplätzen und Wohlstand infolge der Verlagerung der Technologie auch geographisch nachvollziehen: Die Staaten im sogenannten »Sonnengürtel« der USA bauten, versorgt mit lukrativen Aufträgen des Verteidigungsministeriums, eine technologisch fortgeschrittene Industrie auf, während die älteren Industriegebiete im Nordosten und an den Großen Seen an den Rand des Bankrotts gerieten. Die seit langem vor sich hin brodelnde Finanzkrise New Yorks reflektiert deutlich diesen technologischen Umschwung. Ähnliches vollzog sich in Frankreich, wo in Lothringen, dem Zentrum der Stahlindustrie, die Wirtschaft stagnierte, und auf noch höherer Ebene findet diese Entwicklung Ausdruck im Versagen des britischen Sozialismus. In England hatte die Labour-Regierung am Ende des Zweiten Weltkriegs davon gesprochen, die »Kommandohöhen« der Industrie zu erobern, und demgemäß handelte sie auch. Sie verstaatlichte die Eisenbahnen, die Kohle- und die Stahlindustrie — also diejenigen Branchen, die gerade von der technologischen Entwicklung überholt wurden: die Kommandohöhen von gestern.

Wirtschaftssektoren und Gebiete, die von Technologien der Dritten Welle abhingen, erlebten einen großen Aufschwung, während diejenigen, die nach wie vor auf die Techniken der Zweiten Welle bauten, von einer Krise in die andere schlitterten. Aber der eigentliche Wandel hat noch immer kaum begonnen. Viele Regierungen bemühen sich heute darum, den Strukturwandel zu beschleunigen und die Härten, die der Übergang mit sich bringt, zu mildern. In Japan studieren Planer des Ministeriums für Außenhandel und Industrie neue Technologien zur Unterstützung der Dienstleistungsbetriebe der Zukunft.

Es gibt heute vier Gruppierungen miteinander verwandter Industriezweige, die vor einer großen Wachstumsperiode stehen und wahrscheinlich das wirtschaftliche Rückgrat der Dritten Innovationswelle bilden werden. Ihr Aufstieg wird größere Verschiebungen in der wirtschaftlichen Machtverteilung und bei der sozialen und politischen Anpassung nach sich ziehen.

Eine dieser Gruppierungen stellt eindeutig die elektronische und die Computer-Industrie dar. Die elektronische Industrie, ein relativer Neuling in der Weltwirtschaftsszene, hat bereits einen Umsatz von mehr als 100 Milliarden Dollar pro Jahr aufzuweisen. Für die späten achtziger Jahre rechnet man mit 325 oder sogar 400 Milliarden Dollar. Damit wäre sie nach Stahl-, Automobil- und Chemie-Industrie bereits die viertgrößte Branche der Welt. Die Geschwindigkeit, mit der sich Computer überall breitgemacht haben, ist allseits bekannt und bedarf kaum näherer Ausführungen. Die rapide Senkung der Herstellungskosten und der spektakuläre Anstieg der Kapazitäten veranlaßten das Magazin *Computerworld* zu folgendem Vergleich: »Wenn sich die Automobilindustrie in den letzten dreißig Jahren genauso schnell entwickelt hätte wie die Computerindustrie, dann würde ein Rolls Royce jetzt 2,50 Dollar kosten und zwei Millionen Kilometer Fahrleistung aus einer einzigen Gallone Benzin herausholen.«

Billige Minicomputer halten heute bereits Einzug ins Privatleben der Amerikaner. Im Juni 1979 waren schon hundert Firmen mit der Herstellung von »Heimcomputern« beschäftigt. Industriegiganten wie Texas Instruments waren daran beteiligt, und Kaufhausketten wie Sears und Montgomery Ward standen kurz davor, Haushaltscomputer in ihr Angebot aufzunehmen. »Eines gar nicht mehr so fernen Tages«, frohlockte ein Minicomputer-Händler in Dallas, »wird jeder Haushalt einen Computer haben. Er wird so selbstverständlich sein wie die Toilette.«

Verknüpft mit Banken, Läden, Behörden, mit dem Nachbarhaus und dem Arbeitsplatz, sind solche Computer geradezu dazu prädestiniert, nicht nur das Geschäftsleben von der Herstellung bis zum Einzelhandel, sondern auch unmittelbar die Arbeitsweise und sogar die Struktur der Familie zu verändern.

Wie die Computerbranche, mit der sie unmittelbar verbunden ist, erlebte auch die Elektronische Industrie einen explosionsartigen Boom. Die Verbraucher wurden überschwemmt mit Taschenrechnern, Digitaluhren und Videospielen, die jedoch nur eine blasse Andeutung von dem vermitteln können, was uns auf diesem Gebiet bevorsteht: Kleine, billige Klima- und Bodensensoren für die Landwirtschaft, winzige, in die Alltagskleidung eingesetzte medizinische Aggregate, die den Herzschlag und den Grad der Streßbelastung des Trägers überwachen — mit diesen und einer Unzahl anderer Anwendungsmöglichkeiten der Elektronik wird schon in naher Zukunft zu rechnen sein.

Die Energiekrise wird überdies die Entwicklung der Industriestruktur der Dritten Welle radikal beschleunigen, insbesonders deshalb, weil viele der neuen Branchen uns mit Prozessen und Produkten vertraut machen werden, die bezüglich ihres Energiebedarfs wahre Geizhälse sind. Die Telefonsysteme der Zweiten Welle z. B. erforderten die Verlegung ganzer Kupferminen unter die Straßen unserer Städte — endlose Kilometer verschlungener Kabel, Isolierrohre, Relais und Schalter. Wir sind heute dabei, auf faseroptische Systeme umzusteigen, bei denen haarfeine, Lichtwellen übertragende Fasern zur Nachrichtenübermittlung herangezogen werden. Die energiepolitischen Implikationen eines solchen Wechsels sind faszinierend: Die Herstellung von Glasfasern verbraucht nur ein Tausendstel der Energie, die zur Förderung, Schmelze und Verarbeitung eines gleich langen Stückes Kupferdrahts nötig war. Mit der gleichen Tonne Kohle, die für 135 Kilometer Kupferdraht erforderlich ist, lassen sich 120 000 Kilometer Glasfaser herstellen!

Der Übergang zur Festkörperphysik im Bereich der Elektronik vollzieht sich in derselben Richtung: Bei jedem Schritt vorwärts entstehen Bauteile, die immer weniger Energie benötigen. Die jüngsten Entwicklungen in der LSI(Large Scale Integration) -Technologie bei IBM drehen sich unter anderem um Teile, die bereits von 50 Mikrowatt aktiviert werden.

Dieser charakteristische Trend der Elektronischen Revolution läßt den Schluß zu, daß eine der vielversprechendsten Sparmaßnahmen für energiehungrige, hochtechnisierte Wirtschaftssysteme die schnelle Umstellung von energieverschwendenden Branchen der Zweiten Innovationswelle auf die weniger energie-intensiven Technologien der Dritten Welle ist.

In einem allgemeineren Zusammenhang hat die Zeitschrift *Science* recht mit der Behauptung, daß »die Wirtschaftstätigkeit des Landes« durch die explosionsartige Entwicklung der Elektronischen Industrie »substantiell verändert werden kann. Es ist sogar wahrscheinlich, daß aufgrund der Geschwindigkeit, mit der neue und oft unerwartete Anwendungsbereiche der Elektronik erschlossen werden, die Realität die Phantasie bald hinter sich läßt.«

Die »Explosion« der Elektronik ist freilich nur ein Schritt auf dem Weg zu einer gänzlich neuen Technosphäre.

Weltraumökonomie

Über unsere Vorstöße in den Weltraum und in die Tiefen der Ozeane, wo wir die klassischen Technologien der Zweiten Welle in noch sensationellerer Weise überwunden haben, läßt sich Ähnliches sagen.

Die Raumfahrtindustrie bildet ein zweites Cluster der neuen Technosphäre. Schon in absehbarer Zeit ist damit zu rechnen, daß fünf Raumfähren im Wochenrhythmus Menschen und Material zwischen der Erde und dem Weltraum hin- und hertransportieren. Die Auswirkungen dieses Programms werden von der Öffentlichkeit bis heute unterschätzt, doch betrachten viele Konzerne in den USA und in Europa die »Himmelsgrenze« *(high frontier)* als Quelle der nächsten Industriellen Revolution und treffen die entsprechenden Vorkehrungen.

Grumman und Boeing sind gegenwärtig mit der Konstruktion von Satelliten und Raumstationen zur Energieerzeugung beschäftigt. Nach der Zeitschrift *Business Week* »beginnt eine weitere Industriebranche erst jetzt zu verstehen, was Raumstationen für sie bedeuten können — Hersteller und verarbeitende Industrien mit einem Produktionsspektrum vom Halbleiter bis zum Arzneimittel ... Viele hochtechnische Werkstoffe erfordern sorgfältige, kontrollierte Behandlung, und die Schwerkraft kann dabei sehr lästig sein ... Im Weltraum braucht man sich um die Schwerkraft nicht zu kümmern, da es sie nicht gibt; Behälter sind unnötig und Gifte sowie hochgradig reaktionsfreudige Substanzen können problemlos gehandhabt werden. Es gibt ein grenzenloses Vakuum, und extrem hohe wie extrem niedrige Temperaturen stehen gleichfalls zur Verfügung.«

Infolgedessen ist die »Produktion im Weltraum« unter Wissenschaftlern, Ingenieuren und »High-Technologie«-Managern zu einem »heißen« Thema geworden. McDonnell Douglas bietet pharmazeutischen Firmen ein Programm an, bei dem die Trennung seltener Enzyme von menschlichen Zellen im Weltraum durchgeführt wird. Glashersteller beschäftigen sich mit Methoden zur Produktion von Materialien für Laser und Faseroptik im Weltraum. Im Raum hergestellte Einkristall-Halbleiter lassen solche, die auf der Erde gefertigt wurden, primitiv erscheinen. Urokinase, ein Stoff zur Auflösung von Blutgerinseln, der von Patienten benötigt wird, die an bestimmten Blutkrankheiten leiden, kostet zur Zeit 2500 Dollar pro Dosis. Nach Jesco von Puttkamer, dem Chef der Studiengruppe für Weltraum-Industrialisierung bei der NASA, könnte er im All für weniger als ein Fünftel dieser Summe produziert werden.

Noch wichtiger sind vollkommen neue Produkte, die auf der Erde praktisch überhaupt nicht hergestellt werden können. TRW, ein Konzern, der sowohl in der Luft- und Raumfahrt als auch in der Elektronik tätig ist, hat 400 verschiedene Legierungen identifiziert, die wir aufgrund der Schwerkraft auf der Erde nicht produzieren können. General Electric hat inzwischen mit der Konstruktion eines Weltraumofens begonnen. In der Bundesrepublik Deutschland interessieren sich Daimler-Benz und MAN für die Kugellagerproduktion im All, und die Europäische Raumfahrtbehörde ist ebenso wie die British Aircraft Corporation dabei, Ausrüstungen und Produkte zu entwerfen, die die wirtschaftliche Nutzung des Raumes ermöglichen sollen. *Business Week* sagt seinen Lesern darüber: »Bei solchen Projekten handelt es sich nicht um Science-fiction. Einer immer größer werdenden Zahl von Firmen ist es bitter ernst damit.«

Genauso ernsthaft und mit noch größerer Begeisterung bei der Sache sind die Anhänger von Gerard O'Neills Plan zur Schaffung von Städten im All. O'Neill, ein Physiker aus Princeton, hat unermüdliche Aufklärungsfeldzüge unternommen, um der Öffentlichkeit vor Augen zu führen, daß man großangelegte Siedlungen im All errichten könnte — Weltraumplattformen oder -inseln, deren Bevölkerung in die Tausende gehen kann, und er hat dafür die enthusiastische Unterstützung der NASA, des Gouverneurs von Kalifornien (dessen Wirtschaft sehr von der Raumfahrt abhängt) und überraschenderweise auch die einer Gruppe wortgewaltiger Ex-Hippies gewonnen, die von Stewart Brand, dem Vater des *Whole Earth Catalog*, angeführt werden.

Nach O'Neills Idee soll die Weltraumstadt Stück für Stück aus dem Mond oder sonstwo im All geförderten Rohstoffen zusammengebaut werden. Ein Kollege von ihm, Dr. Brian O'Leary, hat die Möglichkeit untersucht, auf den Planetoiden Apollo und Amor Rohstoffe abzubauen. Auf Konferenzen, die regelmäßig in Princeton stattfinden, treffen sich Experten der NASA, von General Electric, staatlichen Energiebehörden und sonstige Interessenten und tauschen Informationen aus: über die chemische Verarbeitung von Mondgestein und anderen außerirdischen Mineralien sowie über Architektur und Bau von Wohnmöglichkeiten im All und über die Schaffung geschlossener ökologischer Systeme.

Die Kombination hochentwickelter Elektronik und ein Weltraumprogramm, das Produktionsverfahren vorantreibt, die auf der Erde gar nicht möglich sind, führt die Technosphäre in ein neues Stadium, in dem sie nicht mehr von der Belangen der Zweiten Innovationswelle gehemmt wird.

In die Tiefen

Der Drang in die Tiefsee bietet eine Art Spiegelbild zum Vorstoß ins All und schafft die Basis für ein drittes industrielles Cluster, das aller Wahrscheinlichkeit nach einen größeren Teil der neuen Technosphäre ausmachen wird. Die erste historische Innovationswelle setzte ein, als unsere Vorfahren aufhörten, als Jäger und Sammler zu leben, und statt dessen damit begannen, Haustiere zu halten und den Erdboden zu kultivieren. Was unser Verhältnis zu den Meeren betrifft, befinden wir uns zur Zeit genau in diesem Stadium.

Der Ozean kann der hungernden Welt helfen, das Ernährungsproblem unter Kontrolle zu bekommen. Bei sorgfältiger Bewirtschaftung bietet er eine geradezu unerschöpfliche Quelle für die so dringend benötigten Proteine. Die hochindustrialisierte Handelsfischerei — japanische und sowjetische Fabrikschiffe fischen praktisch die Meere leer — führt in unseren Tagen zu einem rücksichtslosen Overkill. Zahlreiche Meereslebewesen sind von totaler Ausrottung bedroht. Im Gegensatz dazu könnte eine intelligente »Aquakultur« — Fischzucht und Fisch-»Herdenwirtschaft« sowie Wasserpflanzenanbau — die Welternährungskrise eindämmen, ohne die fragile Biosphäre zu beschädigen, von der unser aller Leben abhängt.

Der Sturm auf die vor der Küste liegenden Ölfelder hat indessen die Möglichkeit in den Hintergrund gedrängt, Öl im Meer »anzubauen«. Lawrence Raymond vom Battelle Memorial Institute hat jedoch gezeigt, daß es möglich ist, Algen mit hohem Ölgehalt zu züchten, und gegenwärtig sind Bemühungen im Gange, diese Verfahren ökonomisch nutzbar zu machen.

Darüber hinaus bieten die Ozeane eine überwältigende Auswahl an Mineralien — von Kupfer, Zink und Zinn bis Silber, Gold und Platin, und, was sogar noch wichtiger ist, phosphathaltige Erze, aus denen sich Düngemittel für die Landwirtschaft herstellen lassen. Bergbauunternehmen haben ein Auge auf die warmen Fluten des Roten Meeres geworfen, in denen Schätzungen zufolge Zink, Silber, Kupfer, Blei und Gold im Werte von 3,4 Milliarden Dollar liegen sollen. Etwa hundert Firmen, unter ihnen einige der größten der Welt, bereiten sich momentan auf den Abbau kartoffelförmiger Manganknollen vor, die auf dem Meeresboden liegen. (Dabei handelt es sich um einen erneuerbaren Rohstoff: 6 bis 10 Millionen Tonnen Manganknollen pro Jahr bilden sich allein in einem einzigen, gut erforschten Gürtel südlich von Hawaii.)

Vier wahrhaft internationale Firmenkonsortien treffen gerade die letzten Vorbereitungen für den »Unterwasser-Bergbau«, der Mitte der achtziger Jahre bereits ein Milliardengeschäft sein soll. In einem dieser Konsortien haben sich 23 japanische Unternehmen, eine bundesdeutsche Gruppe namens AMR und die amerikanische Tochtergesellschaft der kanadischen International Nickel zusammengefunden. In einem zweiten ist die belgische Firma Union Minière gemeinsam mit U.S. Steel und der Sun Company beteiligt. Im dritten Konsortium ist der kanadische Noranda-Konzern mit Mitsubishi (Japan) sowie Rio Tinto Zinc und Consolidated Gold Fields (Großbritannien) vereinigt, und im vierten schließlich finden wir einen Zusammenschluß von Lockheed mit der Royal Dutch/Shell-Gruppe. Von diesen Bemühungen nimmt man an, so die Londoner *Financial Times*, »daß sie bei einigen ausgewählten Mineralien den Bergbau revolutionieren werden«.

Der pharmazeutische Konzern Hoffmann-La Roche hat in den Weltmeeren in aller Stille nach neuen Arzneimitteln, wie z. B. Fungiziden, schmerzstillenden Drogen, diagnostischen Hilfen und blutstillenden Präparaten, gesucht.

Im Zusammenhang mit der Entwicklung dieser Technologien werden wir voraussichtlich den Bau halb oder gänzlich versenkter »Aquadörfer« und schwimmender Fabriken erleben. Die Kombination von (zumindest zur Zeit noch) kostenlosen »Grundstücken« mit an Ort und Stelle erzeugter Energie (aus Wind und Gezeitenkraft bzw. warmen Strömungen) läßt derartige Projekte mit solchen auf dem Land konkurrenzfähig werden. Die technische Zeitschrift *Marine Policy* kommt zu dem Schluß, daß »die Technologie schwimmender Ozean-Plattformen billig und einfach genug ist, um von den meisten Nationen dieser Welt ebenso wie von vielen Konzernen und privaten Gruppen beherrscht zu werden«. Gegenwärtig sieht es so aus, als ob die ersten schwimmenden Städte von Industriegesellschaften mit hoher Bevölkerungsdichte gebaut würden, um vor der Küste Wohngebiete zu schaffen... Multinationale Konzerne könnten in ihnen bewegliche Handelsstützpunkte oder Fabrikschiffe sehen, Nahrungsmittelhersteller werden vielleicht schwimmende Städte zur Anlage von unterseeischen Kulturen errichten ... Konzerne, die Steuerparadiese, und Abenteurer, die neue Lebensweisen suchen, werden möglicherweise schwimmende Städte bauen und diese dann zu unabhängigen Staaten erklären. Schließlich ist es vorstellbar, daß schwimmende Städte formale diplomatische Anerkennung erhalten ... oder von ethnischen Minoritäten, die unabhängig werden wollen, bewohnt werden.

Die Konstruktion und der Bau Tausender von Bohrinseln, von denen einige am Meeresboden verankert, viele aber dynamisch mit Hilfe von Propellern, Ballast und Stabilisatoren in Position gebracht worden sind, hat zu einer rapiden technologischen Entwicklung geführt und damit die Grundlage für die »schwimmenden Städte« und zahlreiche neue Zulieferindustrien geschaffen.

Insgesamt gesehen vervielfachen sich die wirtschaftlichen Gründe für den Aufbruch in die Ozeane derartig schnell, daß viele Konzerne heute nach Ansicht des Wirtschaftswissenschaftlers D. M. Leipziger »schon Schlange stehen und wie die Kolonisten im alten Westen darauf warten, daß man ihnen zur Absteckung weiter Gebiete des Meeresbodens grünes Licht erteilt«. Daher wird auch erklärlich, warum die nicht-industrialisierten Nationen darum kämpfen, daß die in den Ozeanen vorhandenen Rohstoffreserven zum »gemeinsamen Erbe« aller Menschen erklärt werden und nicht nur den reichen Ländern allein gehören.

Wenn wir diese verschiedenen Entwicklungsstränge nicht isoliert betrachten, sondern davon ausgehen, daß sie alle miteinander verknüpft sind und sich gegenseitig stabilisieren (wobei der technische oder wissenschaftliche Fortschritt auf einem Gebiet den auf anderen Gebieten beschleunigt und umgekehrt), dann erhellt daraus, daß wir es nicht länger mit der technologischen Stufe zu tun haben, auf die sich die Zweite Innovationswelle gründete. Wir sind hier vielmehr auf dem Wege zu einem von Grund auf neuen Energiesystem und einem von Grund auf neuen technologischen System.

Aber selbst diese Beispiele sind winzig, verglichen mit der Größenordnung der technologischen Explosion, die zur Zeit in unseren molekularbiologischen Laboratorien stattfindet. Die biologische Industrie wird die vierte Gruppe in der Wirtschaftsordnung von morgen bilden, und es ist gut möglich, daß sie die stärksten Auswirkungen von allen nach sich ziehen wird.*)

Die Gen-Industrie

Unser Wissensstand auf dem Gebiet der Genetik verdoppelt sich alle zwei Jahre. Die Genetiker machen Überstunden. Der *New Scientist* berichtet: »Die Genchirurgie, die sich bisher im wesentlichen in der Aufbauphase befand, ist nun bereit, ins Geschäft einzusteigen.« Der angesehene Wirtschaftsjournalist Lord Ritchie-Calder erklärt: »So wie wir Plastik und Metalle bearbeitet haben, so stellen wir jetzt lebende Materie her.«

*) In meinem Buch *Der Zukunftsschock*, in dem ich mich schon vor vielen Jahren erstmals mit diesen Dingen auseinandersetzte, deutete ich die Möglichkeit an, daß wir eines Tages dazu in der Lage sein würden, den menschlichen Körper »vorzuplanen«, »Maschinen zu züchten«, das Hirn chemisch zu programmieren, mit Hilfe des »Klon-Verfahrens« identische Doppelgänger von uns und vollkommen neue und gefährliche Lebensformen zu erzeugen. Ich fragte: »Wer soll Forschungen auf diesem Gebiet überwachen? Wie sollen die Ergebnisse angewandt werden? Entfesseln wir nicht Schrecken, auf die der Mensch gänzlich unvorbereitet ist?«

Einigen Lesern erschienen diese Vorhersagen zu weit hergeholt. Sie stammten allerdings aus der Zeit *vor* 1973 und *vor* der DNS-Rekombination. Heute werden die gleichen Fragen von besorgten Bürgerrechtlern, von Kongreßkomitees und von Wissenschaftlern selber gestellt, während die biologische Revolution schon außer Kontrolle zu geraten scheint.

Viele Firmen suchen bereits mit großem Eifer nach wirtschaftlichen Anwendungsbereichen der neuen Biologie. Sie träumen davon, mit Hilfe von Enzymen die Abgase von Kraftfahrzeugen zu überwachen und mit den gewonnenen Daten einen Mikroprozessor zu füttern, der daraufhin den Motor justiert. Sie sprechen, wie es die *New York Times* ausdrückt, von »metallhungrigen Mikroben, die man zur Gewinnung wertvoller Spurenelemente aus dem Meerwasser einsetzen kann«. Sie haben bereits das Recht, neue Lebensformen patentieren lassen zu können, gefordert und erhalten. Die Großkonzerne Eli Lilly, Hoffmann-La Roche, G. D. Searle, Upjohn und Merck — ganz zu schweigen von General Electric — beteiligen sich allesamt an dem Rennen.

Kritiker, zu denen viele Wissenschaftler gehören, sind zu Recht beunruhigt darüber, daß ein solches Wettrennen überhaupt stattfindet. Die Schreckensbilder, die sie an die Wand malen, zeigen keine Ölteppiche, sondern »Mikrobenteppiche«, die Krankheiten verursachen, welche ganze Regionen entvölkern könnten. Die Herstellung und die unabsichtliche Freisetzung bösartiger Mikroben sind indessen nur ein Grund zur Sorge. Nüchterne und angesehene Wissenschaftler sprechen von anderen Gefahren, die unser Vorstellungsvermögen übersteigen.

Sollen wir zum Beispiel Menschen mit Kuhmägen züchten, die in der Lage sind, Gras und Heu zu verdauen — und durch eine solche Modifikation, die es uns ermöglichen würde, einfachere Nahrungsmittel zu uns zu nehmen, das Ernährungsproblem lindern? Sollen wir Arbeiter den Anforderungen ihres jeweiligen Berufs entsprechend biologisch verändern — z. B. also Piloten erfinden, die kürzere Reaktionszeiten haben, oder Fließbandarbeiter, deren Nervenkostüm darauf zugeschnitten ist, monotone Arbeiten für uns zu erledigen? Sollen wir versuchen, »minderwertige« Menschen zu eliminieren und eine »Superrasse« zu züchten? Sollen wir im Klon-Verfahren Soldaten produzieren, die uns dann das Kämpfen abnehmen? Sollen wir uns genetischer Prognosen bedienen, um auf diese Weise »lebensuntüchtige« Babies vorzeitig zu vernichten? Sollen wir für uns selber Ersatzorgane züchten, das heißt, soll sich jeder von uns eine »Bank« mit Ersatznieren, -lebern und -lungen anlegen?

So wild diese Ideen auch klingen mögen — jede von ihnen hat in Wissenschaftlerkreisen Befürworter und Gegner, und für jede von ihnen gibt es wirtschaftlich nutzbare Anwendungsbereiche. Zwei Kritiker der Genchirurgie, Jeremy Rifkin und Ted Howard, behaupten in ihrem Buch *Who shall play God?* »Auf breiter Ebene angewandte Genchirurgie wird in Amerika wahrscheinlich in ähnlicher Weise eingeführt werden wie Fließbänder, Kraftfahrzeuge, Impfstoffe, Computer und alle anderen Technologien. Sobald eine neue genetische Technik wirtschaftlich verwertbar ist, wird auch ein neues Verbraucherbedürfnis... ausgenutzt und ein Markt für die neue Technologie geschaffen.« Die Zahl der möglichen Anwendungen ist Legion. Die neue Biologie kann zum Beispiel auch zur Lösung der Energiefragen herangezogen werden. Wissenschaftler untersuchen zur Zeit, ob sich nicht mit Bakterien, die Sonnenlicht in elektrische Energie umwandeln können, arbeiten läßt. Sie sprechen von »biologischen Solarzellen«. Könnten wir eventuell mit neuen Lebensformen Kernreaktoren ersetzen? Und wenn dem so ist, müssen wir dann damit rechnen, daß wir uns an Stelle der Gefahren, die durch das Freiwerden von Radioaktivität entstehen, neue biologische Gefahren einhandeln?

Im Gesundheitsbereich werden viele zur Zeit noch unheilbare Krankheiten zweifellos kuriert oder verhindert werden können — und neue, womöglich noch schlimmere, durch Nachlässigkeit oder gar Heimtücke entstehen. (Man denke sich nur eine profitgierige Firma, die heimlich eine neue Krankheit entwickelt, gegen die nur sie allein ein Heilmittel besitzt. Selbst eine leichte erkältungsartige Krankheit könnte schon einen großen Markt für ein passendes monopolistisch kontrolliertes Medikament schaffen.)

Nach den Worten des Präsidenten der Cetus, einer in Kalifornien ansässigen Firma, mit der viele weltbekannte Genetiker Wirtschaftsverbindungen pflegen, »wird die Biologie« in den nächsten dreißig Jahren »den Rang einnehmen, den bislang die Chemie innehatte«. In Moskau fordert derweilen eine offizielle politische Verlautbarung »die verstärkte Anwendung von Mikroorganismen in der Nationalökonomie...«.

Die Biologie wird den Ölbedarf bei der Herstellung von Plastikmaterialien, Düngemitteln, Textilien, Farben, Pestiziden und Tausenden anderer Produkte von Holz, Wolle und anderen »natürlichen« Gütern von Grund auf ändern. Es kann kein Zweifel darüber bestehen, daß Konzerne wie U.S. Steel, Fiat, Hitachi, ASEA oder IBM ihre eigenen biologischen Abteilungen aufbauen werden, je weiter wir uns von der »Manufaktur« fort und auf die »Biofaktur« zubewegen. Die Art und Zahl der zu erwartenden Produkte ist heute noch unvorstellbar. Theodore J. Gordon, der Vorsitzende von The Futures Group sagt: »Wenn die Sache erst einmal ins Rollen gekommen ist, dann werden wir uns auf dem Gebiet der Biologie mit Fragen beschäftigen müssen wie: ... können Sie uns ein»zellgewebefreundliches Hemd«herstellen oder eine»Brustmatratze«— gefertigt aus dem gleichen Material wie die menschliche Brust?«

Schon lange bevor mit derartigen Entwicklungen zu rechnen ist, wird die Genchirurgie dazu herangezogen werden, das Nahrungsmittelangebot zu erweitern. Die vielgepriesene »Grüne Revolution« der sechziger Jahre hat sich für viele Bauern in agrarisch orientierten Ländern als ein großer Reinfall erwiesen. Sie erforderte nämlich enorme Mengen von Düngemitteln, die auf Erdöl basierten und im Ausland gekauft werden mußten. Die nächste bioagrarische Revolution zielt darauf ab, eben diese Abhängigkeit von Kunstdünger zu reduzieren. Mit Hilfe der Genchirurgie wird die Aussicht auf ertragreiche Getreidesorten eröffnet, die in Sandböden oder auf salzhaltigen Böden gedeihen und schädlingsresistent sind. Man bemüht sich gleichfalls darum, mit ihrer Hilfe völlig neue Nahrungsmittel und Fasern herzustellen, ebenso wie einfachere und billigere, energiesparende Methoden zur Lagerung und Verarbeitung von Lebensmitteln. Gleichsam als Gegengewicht für einige der schlimmsten Gefahren, die sie birgt, bietet uns die Genchirurgie die Möglichkeit, endlich das Problem weltweiter Hungerkatastrophen zu lösen.

Eine gesunde Skepsis gegenüber diesen vielversprechenden Aussichten ist gewiß angebracht. Wenn jedoch nur 50 Prozent von dem stimmen, was einige Verfechter eines genetischen Landbaus behaupten, dann wird dessen Einfluß auf die Landwirtschaft ungeheuer sein und unter anderem dazu führen, daß sich die Beziehungen zwischen den reichen und den armen Ländern verändern. Die »Grüne Revolution« verringerte die Abhängigkeit der Armen von den Reichen nicht, sondern verstärkte sie. Die bioagrarische Revolution könnte das Gegenteil erreichen. Noch ist es zu früh, um mit einiger Sicherheit voraussagen zu können, wie sich die Bio-Technologie entwickeln wird. Aber die Uhren lassen sich nicht mehr zurückstellen. Wir können unsere Entdeckungen nicht wieder rückgängig machen, sondern nur darum kämpfen, daß die praktische Anwendung dieser Entdeckungen unter Kontrolle gehalten und eine zu hastige Nutzung verhindert wird. Wir können uns darum bemühen, alle Länder an der Entwicklung teilhaben zu lassen und die Rivalitäten zwischen Konzernen, Nationen und Wissenschaftlern auf ein Minimum zu beschränken — bevor es zu spät ist.

Die Techno-Rebellen

Der enorme Umfang dieses Fortschritts und seine Bedeutung für die Zukunft der Evolution als solcher machen es unbedingt erforderlich, ihn zu steuern. Die Hände in den Schoß zu legen und den Dingen ihren Lauf zu lassen, kann zu unserem eigenen und unser Kinder Verderben führen. Kraft, Reichweite und Geschwindigkeit des Wandels sind beispiellos in der Geschichte, und wir alle erinnern uns noch gut an die Beinahe-Katastrophe von Harrisburg, den Absturz einer DC-10 bei Chicago, an das kaum zu schließende Ölleck im Golf von Mexiko und an Hunderte anderer Schreckensnachrichten aus dem Bereich der Technik. Können wir es angesichts solcher Desaster zulassen, daß die Entwicklung und Koppelung der noch stärkeren Technologien von morgen den gleichen kurzsichtigen und eigennützigen Kriterien unterworfen werden, die während der Zweiten Welle maßgebend waren?

Es waren im Grunde recht einfache Fragen, an denen neue Technologien während der vergangenen dreihundert Jahre gemessen wurden, im Kapitalismus ebenso wie im Sozialismus. Sie lauteten: Was kann man mit diesen Neuerungen verdienen? Und: Verbessern sie die militärische Schlagkraft? Diese beiden Kriterien reichen heute nicht mehr aus. Neue Technologien werden weitaus strengeren Eignungsprüfungen unterzogen werden müssen — ökologischen und sozialen ebenso wie wirtschaftlichen und strategischen.

Wenn wir uns die in jüngerer Zeit aufgetretenen technologischen Katastrophen genau ansehen, entdecken wir, daß die meisten von ihnen in den Industrien der Zweiten Welle auftraten. Der Grund dafür liegt auf der Hand: Bis heute haben die Techniken der Dritten Welle eine vergleichbare Größenordnung noch nicht erreicht. Viele von ihnen befinden sich noch in den Anfangsstadien. Dennoch können wir bereits die Gefahren von »elektronischem Smog« (den es bereits gibt) erkennen, von »Informationsverschmutzung«, Weltraumkriegen, genetischen Lecks, Klimamanipulationen und dem, was man »ökologische Kriegführung« nennen könnte (z. B. eine bewußte Herbeiführung von Erdbeben durch ferngesteuerte Druckwellen). Dazu kommt ein ganzer Schwarm anderer Gefahren, der mit dem Umstieg auf eine neue technologische Basis verbunden ist.

Unter diesen Umständen überrascht es nicht, daß wir in den vergangenen Jahren einen massiven öffentlichen Widerstand beobachten konnten, der sich fast unterschiedslos gegen jede neue Technologie richtete. Auch in der Anfangsphase des Industriezeitalters gab es Versuche, die Einführung neuer Techniken zu blockieren. Schon im Jahr 1663 rissen Londoner Arbeiter neugebaute Sägemühlen wieder ein, die ihre Existenzgrundlage bedrohten. Textilarbeiter zerschlugen 1676 ihre Maschinen. 1710 liefen Demonstranten gegen die neu eingeführten Strumpfwirkmaschinen Sturm. Später mußte John Kay, der Erfinder des in Textilfabriken verwendeten Weberschiffchens, erleben, wie ein außer Rand und Band geratener Mob sein Haus demolierte; schließlich floh er aus England. Das bekannteste Beispiel waren die Maschinenstürmer, die sich »Ludditen« nannten. Sie zerstörten 1811 ihre Maschinen in den Textilfabriken von Nottingham.

Dennoch blieb der damalige Widerstand sporadisch und auf spontane Ausbrüche beschränkt. Nach Meinung eines Historikers waren dies »nicht so sehr Resultate einer unmittelbaren Feindschaft gegen die Maschine selber als vielmehr Versuche, sich gegen schikanöse, verhaßte Arbeitgeber durchzusetzen«. Arbeiter und Arbeiterinnen, ungebildet, hungrig, arm und verzweifelt wie sie waren, sahen sich in ihrem individuellen Überlebenskampf von der Maschine bedroht.

Die heutige Rebellion gegen eine Technologie, die drauf und dran ist, außer Kontrolle zu geraten, ist etwas anderes. Die Zahl derer, die sich ihr anschließen, wächst schnell, und dabei handelt es sich keineswegs um die Armen und Ungebildeten. Die heutigen Rebellen sind nicht unbedingt Gegner des technischen Fortschritts oder des Wirtschaftswachstums, doch fürchten sie, daß die unkontrollierte Dynamik der Technologie eine Bedrohung für ihr eigenes Leben, ja für die gesamte Erde darstellt.

Einige Fanatiker unter ihnen würden vielleicht sogar, gäbe man ihnen die Chance, zu den Methoden der Ludditen greifen. Es gehört nicht viel Phantasie dazu, sich Bombenanschläge auf Computeranlagen, genetische Labors oder ein halbfertiges Kernkraftwerk vorzustellen. Genausowenig läßt sich die Vorstellung von der Hand weisen, daß ein besonders schwerwiegender Großunfall eine Hexenjagd auf weißbekittelte Wissenschaftler auslösen könnte, die »an allem schuld sind«.

Die meisten heutigen Techno-Rebellen sind jedoch weder Bombenwerfer noch Ludditen. Zu ihnen gehören Tausende von Menschen, die selber Wissenschaftler sind — Kerntechniker, Biochemiker, Ärzte, Beamte der Gesundheitsbehörden und Genetiker sowie Millionen einfacher Bürger. Sie sind gut organisiert und wissen zu argumentieren — auch dies unterscheidet sie von den Ludditen. Sie haben ihre eigenen technischen Zeitschriften und ihre eigene Propaganda. Sie führen Prozesse vor Gericht, schlagen Gesetze vor, stellen Streikposten auf und demonstrieren.

Diese Bewegung, die oftmals als reaktionär verschrieen wird, ist in Wirklichkeit ein vitaler Bestandteil der kommenden Dritten Welle. Ihre Mitglieder sind die Vorhut in einem politischen und wirtschaftlichen Dreifrontenkrieg, der auf dem Gebiet der Technologie dem bereits geschilderten Kampf um die Energie entspricht.

Auch hier stehen sich die Recken der Zweiten auf der einen und die rückwärts gewandten Kämpen der Ersten Innovationswelle auf der anderen Seite gegenüber — und die Vorkämpfer der Dritten Welle streiten gegen beide. Das herkömmliche, gedankenlose Technologieverständnis klingt in den Worten seiner Verteidiger so: »Wenn es funktioniert, baut es. Wenn es sich verkaufen läßt, produziert es. Wenn es uns stark macht, macht es.« Viele der von einem überholten, industrealen Fortschrittsbegriff geprägten Anhänger der industriellen Vergangenheit sind aufgrund überkommener Ansprüche an der unverantwortlichen Vermarktung der Technologie interessiert. Achselzuckend ignorieren sie deren Gefahren.

Auf der anderen Seite begegnen wir auch hier einer kleinen, aber lautstarken Randgruppe romantischer Extremisten, die alles außer den einfachsten Technologien des Agrarzeitalters ablehnen. Eine Rückkehr zu mittelalterlichen Gewerbeformen und zur Handarbeit ist ihnen lieber. Sie kommen meist aus dem Mittelstand und vertreten ihre Überzeugungen aus der Behaglichkeit eines stets vollen Magen heraus. Ihr Widerstand gegen den technischen Fortschritt ist so blind und einseitig wie die Haltung der uneingeschränkten Befürworter des alten Industrialismus. Sie träumen von der Rückkehr zu einer Welt, die die meisten von uns — und die meisten von ihnen — entsetzlich finden würden.

Diesen beiden Extremen steht in jedem Land eine immer größer werdende Zahl von Menschen gegenüber, die den »harten Kern« der Techno-Rebellen bilden. Sie sind es, die — ohne es zu wissen — die Sache der Dritten Welle vertreten. Ihr Protest setzt nicht bei der Technologie an, sondern beginnt mit harten Fragen darüber, was für eine Gesellschaft wir in Zukunft haben wollen. Sie erkennen, daß wir nicht mehr alle technischen Möglichkeiten, die wir gegenwärtig haben, finanzieren, weiterentwickeln und ausnützen können. Daher, so argumentieren sie, müssen wir eine sorgfältige Auswahl treffen und uns dann für diejenigen Technologien entscheiden, die langfristigen sozialen und ökologischen Zielen dienen. Anstatt sich die Ziele von der Technologie vorschreiben zu lassen, möchten sie die gesellschaftliche Kontrolle über die Hauptentwicklungslinien des technologischen Fortschritts gewährleistet sehen.

Die Techno-Rebellen haben bisher noch kein klares, umfassendes Programm formuliert. In den zahlreichen, von ihnen herausgegebenen Manifesten, Petitionen, Stellungnahmen und Studien lassen sich jedoch einige gedankliche Leitlinien erkennen, die sich in ihrer Gesamtheit zu einem neuen Technologieverständnis verdichten — eine positive Politik für einen möglichst reibungslosen Übergang in die Zukunft.

Die Techno-Rebellen gehen von der Prämisse aus, daß die Biosphäre der Erde sehr verletzlich ist. Das Risiko, daß unserem Planeten irreparabler Schaden zugefügt wird, wächst nach ihrer Ansicht mit der zunehmenden Größenordnung unserer neuen Technologien. Sie fordern daher, daß alle neuen Technologien zunächst einmal auf mögliche schädliche Nebeneffekte überprüft werden und daß diejenigen Vorhaben, die gefährlich sind, entweder neu konzipiert oder aber gar nicht zugelassen werden — kurz, daß die Technologien von morgen strikteren ökologischen Kontrollen unterliegen, als dies während der Zweiten Welle üblich war.

Die Techno-Rebellen meinen, daß *wir* die Technik kontrollieren sollen und nicht umgekehrt sie uns und daß »wir« nicht länger nur eine kleine Elite von Wissenschaftlern, Ingenieuren, Politikern und Geschäftsleuten sein können. Was immer man von den Anti-Atomkraft-Kampagnen in der Bundesrepublik Deutschland, in Frankreich, Schweden, Japan und den Vereinigten Staaten, dem Kampf gegen die Concorde oder den zunehmenden Forderungen nach Richtlinien für die genetische Forschung halten mag — überall spiegelt sich ein weitverbreitetes, leidenschaftliches Verlangen nach Demokratisierung des technologischen Entscheidungsprozesses wider.

Die Techno-Rebellen vertreten den Standpunkt, daß Technologie nicht unbedingt groß, teuer oder sehr komplex sein muß, um »hohen

Ansprüchen« zu genügen. Die schwerfälligen Technologien der Zweiten Welle erschienen sehr viel »effizienter«, als sie in Wirklichkeit waren, da Konzerne und sozialistische Staatsbetriebe die enormen Kosten für die Sauberhaltung von Luft und Wasser, die Unterstützung der Arbeitslosen und die Probleme der Entfremdung einfach auf die Gesellschaft umlegten. Wenn man diese Kosten zu den eigentlichen »Produktionskosten« hinzuaddiert, dann wird sich manche scheinbar »effiziente« Maschine als höchst »ineffizient« erweisen.

Die Techno-Rebellen treten daher für die Entwicklung einer ganzen Reihe »angemessener Technologien« ein, deren Aufgabe es sein soll, humane Arbeitsplätze zu schaffen, Luft- und Wasserverschmutzung zu vermeiden, die Umwelt zu schonen und Produkte zu erzeugen, die sich nicht ausschließlich für nationale oder globale Märkte, sondern für den persönlichen und regional begrenzten Gebrauch eignen. Überall auf der Welt hat die Techno-Rebellion Tausende von Experimenten auf »kleintechnologischem« Niveau angeregt — sie werden auf den verschiedensten Gebieten durchgeführt, in der Fischzucht und bei der Nahrungsmittelproduktion, bei der Energie-Erzeugung, beim Abfall-Recycling, bei billigen Bauprojekten und der Konstruktion einfacher Transportmittel.

Zwar sind viele dieser Experimente recht naiv und orientieren sich an einer mythisch-verklärten Vergangenheit. Andere hingegen sind mehr praxisorientiert. Einige arbeiten mit den allerneuesten Materialien und wissenschaftlichen Werkzeugen und verbinden sie auf neuartige Weise mit alten Techniken. Jean Gimpel zum Beispiel, Historiker und Spezialist auf dem Gebiet der Technologie des Mittelalters, hat elegante Modelle einfacher Werkzeuge konstruiert, die sich in nicht-industrialisierten Ländern durchaus als nützlich erweisen könnten.

Auch die Kombination von neuen Werkstoffen mit alten Methoden findet sich. Ein weiteres Beispiel liefert das neuerwachte Interesse an Luftschiffen. Hier geht es um die Wiederaufnahme einer überholten Technologie, für die heute neue Pläne und Materialien zur Verfügung stehen, mit deren Hilfe die Nutzlast erheblich erhöht werden kann. Luftschiffe sind ökologisch einwandfrei und könnten als langsame, aber billige und sichere Transportmittel in Gegenden eingesetzt werden, in denen es keine Straßen gibt — in Teilen Brasiliens oder Nigerias etwa. Experimente mit angemessenen oder alternativen Technologien, vor allem auf dem Energiesektor, lassen vermuten, daß einfache »Kleintechnologie« genauso »hochentwickelt« sein kann wie komplexe Großanlagen, wenn man den gesamten Umfang der Nebenwirkungen bedenkt und wenn die Maschine sorgfältig auf ihre Aufgabe abgestimmt ist.

Die Techno-Rebellen nehmen im übrigen an der weltweit unausgewogenen Verteilung von Wissenschaft und Technologie Anstoß; Länder, in denen 75 Prozent der Weltbevölkerung leben, stellen nur drei

Prozent der Wissenschaftler. Daher sprechen sich die Techno-Rebellen dafür aus, den Bedürfnissen der Armen dieser Welt mehr Aufmerksamkeit zu widmen und die Rohstoffreserven des Weltalls und der Ozeane gleichmäßiger zu verteilen. Sie erkennen, daß nicht nur die Meere und der Himmel Teile des gemeinsamen Erbes der Menschheit sind, sondern daß auch die moderne Technologie ohne die historischen Beiträge vieler Völker, von den Indern und Arabern bis zu den alten Chinesen, nicht das wäre, was sie heute ist.

Schließlich vertreten die Techno-Rebellen auch die Ansicht, daß wir uns beim Übergang in die neue Ära Schritt für Schritt von dem verschwenderischen, unsere Umwelt zerstörenden Produktionssystem des Industrialismus entfernen und auf ein »metabolischeres« System einstellen müssen, in dem Verschwendung und Verschmutzung dadurch beseitigt werden, daß Produkte und Nebenprodukte jedes industriellen Prozesses bereits Grundstoffe für den nächsten Prozeß sind. Endziel ist ein System, in dem nichts produziert wird, was später nicht weiterverarbeitet werden kann. Ein derartiges System ist nicht nur »effizienter« im Sinne der Produktion, sondern es reduziert oder eliminiert sogar die Gefahr für die Biosphäre.

Im ganzen gesehen, schafft das Programm der Techno-Rebellen die Basis für eine Humanisierung des ungestümen technologischen Fortschritts.

Die Techno-Rebellen sind, ob sie es wissen oder nicht, die Handlanger der Dritten Welle. In den vor uns liegenden Jahren werden sie nicht mehr von der Bildfläche verschwinden, ja, ihre Zahl wird sich noch vervielfachen. Sie sind genauso Teil unseres Fortschritts in Richtung auf eine neue Zivilisationsstufe wie unsere Venus-Sonden, unsere erstaunlichen Computer, unsere Entdeckungen auf dem Gebiet der Biologie oder unsere wissenschaftlichen Vorstöße in die Tiefen der Ozeane.

Aus dem Konflikt mit schwärmerischen Anhängern der agrarischen Vergangenheit und Fürsprechern einer »Technologie-über-alles«-Ideologie werden vernünftige Technologien hervorgehen, die dem neuen, stabileren Energiesystem entsprechen. Die Koppelung der neuen Technologien mit der neuen Energiebasis wird unsere gesamte Zivilisation auf eine höhere Stufe heben. Ihr Kernstück ist ein Verbundsystem aus hochentwickelten, wissenschaftlich fundierten Industriekomplexen — die strikten ökologischen und sozialen Kontrollen unterworfen sind — und gleichermaßen »hochgezüchteten« kleineren Industrien, die überschaubarer und menschlicher sind. Beide basieren auf Prinzipien, die von denen der Zweiten Welle grundverschieden sind. Diese beiden industriellen Ebenen werden gemeinsam die »Kommandohöhen« von morgen bilden.

Kapitel 13

Die Individualisierung der Massenmedien

Der Spion ist eine der stärksten Symbolfiguren unserer Zeit. Keine andere hat unsere Vorstellungskraft so erfolgreich gefesselt. Unzählige Filme verherrlichen 007 und seine tollkühnen, fiktiven Gegenspieler. Der Spion als Draufgänger, als Romantiker, als Mann ohne Moral — überlebensgroß: In endloser Folge werden uns im Fernsehen und in Krimis immer neue Bilder von ihm serviert. Regierungen geben Milliarden für Spionage aus. Agenten des KGB, der CIA und Hunderter anderer Nachrichtendienste stolpern zwischen Berlin und Beirut, zwischen Macao und Mexico City geradezu übereinander.

In Moskau werden westliche Korrespondenten der Spionage bezichtigt. In Bonn tritt der Kanzler zurück, weil sich ein Spion in seinem Büro eingenistet hat. In Washington untersuchen Kongreßausschüsse die Übeltaten amerikanischer und koreanischer Geheimagenten, und selbst der Himmel über uns ist voll von Spionagesatelliten, die offenbar jeden Zentimeter der Erde fotografieren.

Der Spion ist, historisch gesehen, nichts Neues. Es stellt sich daher die interessante Frage, warum gerade jetzt das Spionagethema die Menschen so sehr fasziniert und selbst Privatdetektive, Polizisten und Cowboys in den Schatten stellt. Wenn wir uns mit dieser Frage näher befassen, erkennen wir sofort einen bedeutenden Unterschied zwischen dem Spion und jenen anderen Kulturheroen: Während fiktive Polizisten und Cowboys sich gemeinhin auf ihre eigene Findigkeit und ihre nackten Fäuste verlassen, ist der fiktive Spion immer mit den allerneuesten exotischen Technologien ausgerüstet — elektronischen Abhörwanzen, Computern, Infrarotkameras, Autos, die fliegen oder schwimmen, Helikoptern, Ein-Mann-Unterseebooten, Todesstrahlen und ähnlichem mehr.

Für den Erfolg des Spions gibt es jedoch noch einen tieferen Grund. Cowboys, Polizisten, Privatdetektive, Abenteurer und Entdecker — die traditionellen Helden der Leinwand und des Taschenbuchs — verfolgen das Greifbare: Sie wollen Land für ihre Rinder, sie wollen Geld, sie wollen einen Bösewicht fangen oder ein Mädchen erobern. Nicht so der Spion.

Denn das Geschäft des Spions heißt Information — und Informationen sind zur vielleicht wichtigsten und wachstumsintensivsten Branche der Welt geworden. Der Spion ist das lebende Symbol der Revolution, die gegenwärtig in der Infosphäre stattfindet.

Ein Warenhaus voller Bilder

In unserer Mitte explodiert eine Informationsbombe. Wie Schrapnelle hageln die Eindrücke auf uns ein. Drastisch verändern sich unsere privaten Einstellungen und Aktionen. Im Übergang von der Infosphäre der Zweiten zu der der Dritten Welle transformieren wir auch unsere eigene Psyche.

Jeder von uns formt sich in Gedanken ein Modell der Realität — ein Warenhaus voller Bilder. Einige davon sind visueller, andere akustischer Natur, wieder andere verdanken wir dem Tastsinn. Manche sind nur flüchtige Wahrnehmungen — Informationsspuren aus unserer Umgebung, wenn wir etwa ein Fleckchen blauen Himmels am Rande unseres Blickfelds registrieren. Andere assoziieren Verwandtschaftsverhältnisse — so wie die beiden Wörter »Mutter« und »Kind«. Einige Bilder sind einfach, andere sind komplex und begrifflich, wie zum Beispiel der Gedanke: »Inflation entsteht durch steigende Löhne.« In ihrer Gesamtheit formen diese Eindrücke unser »Weltbild« und definieren unseren Standpunkt in Raum, Zeit und im persönlichen Bereich.

Die Bilder entstehen nicht von ungefähr. Sie werden nach uns unbegreiflichen Gesetzen aus Signalen und Informationen zusammengesetzt, die wir von unserer Umgebung erhalten. Und da unsere Umgebung von Veränderungen erschüttert wird — am Arbeitsplatz, zu Hause, in den Kirchen und Schulen sowie im politischen Leben macht sich der Einfluß der Dritten Innovationswelle bemerkbar —, gerät auch die Oberfläche des Informationsmeeres um uns herum in Aufruhr.

Bevor es Massenmedien gab, empfing ein Kind, das in ländlicher Umgebung in einem sich nur sehr langsam verändernden Dorf aufwuchs, die Bilder, aus denen es sich sein Realitätsmodell formte, aus einer Handvoll Quellen — vom Lehrer, Priester, Häuptling und vor allem aus der Familie. Der Psychologe und Futurologe Herbert Gerjuoy schreibt: »Es gab weder Fernsehen noch Radio im Haus, wodurch das Kind die Chance hätte bekommen können, verschiedene fremde Menschen aus verschiedenen Lebensbereichen oder sogar aus anderen Ländern kennenzulernen ... Nur sehr wenige Leute sahen jemals eine fremde Stadt ... Daher gab es nur sehr wenige Menschen, die man imitieren oder sich zum Vorbild nehmen konnte. Die Auswahl wurde noch dadurch geschmälert, daß diese Vorbilder selber nur über begrenzte Erfahrungen im Umgang mit anderen Menschen verfügten.« Das Weltbild eines solchen Dorfkindes war aus diesen Gründen äußerst begrenzt.

Darüber hinaus stammten die Informationen, die es empfing, in den allermeisten Fällen aus nur zwei Quellen, und zwar gemeinhin aus der Umgangssprache, in der häufig Pausen und Wiederholungen auftreten, sowie aus den »Leitgedanken«, die von verschiedenen Informanten ständig wiederholt wurden. In Kirche und Schule schallte dem Kind dasselbe »Du sollst nicht ...!« entgegen. Beide Institutionen verstärkten Weisungen, die auch in der Familie und vom Staat ausgesprochen wurden. Die »öffentliche Meinung« sowie starke Anpassungszwänge innerhalb der Gemeinde wirkten von Geburt an auf das Kind ein und verengten ihrerseits das potentielle Spektrum seines geistigen Horizonts.

Die Zweite Welle vermehrte die Quellen, aus denen das Individuum sein Weltbild schöpfte. Das Kind bezog seine Eindrücke nicht mehr allein aus der Natur oder von seinen Mitmenschen, sondern auch aus Zeitungen und Zeitschriften, aus dem Radio und später auch aus dem Fernsehen. Kirche, Staat, Elternhaus und Schule sprachen zwar nach wie vor im wesentlichen mit einer Stimme und bestärkten einander, doch wurden nun auch die Massenmedien zu einem einzigen, riesigen Lautsprecher. Durch sie wurden über regionale, ethnische, linguistische und Stammes-Grenzen hinweg die bildlichen Eindrücke genormt, die das Bewußtsein der Gesellschaft mitbestimmten.

Manche Bilder wurden so weit verbreitet und nisteten sich so tief in Millionen von Gehirnen ein, daß sie geradezu Symbolcharakter bekamen. Das Bild Lenins mit triumphal vorgeschobenem Unterkiefer wurde für Millionen Menschen ebenso zum Symbol wie für andere das Bild des Gekreuzigten. Die Bilder Charlie Chaplins mit Stock und Melone; des wütenden Hitler auf dem Nürnberger Reichsparteitag; der wie Holzscheite aufgestapelten Leichen in Buchenwald; von Churchill, der mit zwei Fingern ein »V« signalisiert; von Roosevelt im schwarzen Umhang, von Marilyn Monroe im vom Wind geblähten Rock und schließlich die Bilder unzähliger Produkte: Ivory-Seife in den USA, Morinaga-Schokolade in Japan, die Perrier-Flasche in Frankreich — sie alle wurden zu festen Bestandteilen eines universellen »Bilderfundus«.

Die zentralgesteuerte Bildproduktion, die dem »Bewußtsein der Masse« mit Hilfe der Medien eingeimpft wurde, trug mit zur Standardisierung des Verhaltens bei, die für das industrielle Produktionssystem erforderlich war.

Die Dritte Welle ist heute im Begriff, dies alles drastisch zu verändern. Mit dem beschleunigten gesellschaftlichen Wandel verändern auch wir uns immer schneller. Ununterbrochen erreichen uns neue Informationen und zwingen uns, unseren »Bilderfundus« in immer schnellerer Folge zu revidieren. Ältere Vorstellungen, die einer vergangenen Wirklichkeit entstammen, müssen ersetzt werden; wenn wir das nicht tun, laufen wir Gefahr, daß wir den Bezug zur Realität verlieren und unsere Leistungsfähigkeit entsprechend nachläßt. Wir fühlen uns überfordert.

Die rasante Geschwindigkeit, in der sich unsere Bilder und Eindrücke formen, bringt es mit sich, daß die Zeitspannen, für die sie gelten, immer kürzer werden. Wegwerfkunst, billige Fernsehkomödien, Polaroid-Schnappschüsse, Fotokopien und Grafikserien tauchen auf und verschwinden. Ideen, Religionen, Marotten sind urplötzlich in aller Munde, werden in Frage gestellt, abgelehnt und verschwinden sang- und klanglos. Wissenschaftliche Theorien werden täglich abgewandelt oder von anderen verdrängt. Ideologien brechen auf. Austauschbare Zelebritäten huschen durch unser Bewußtsein. Einander widersprechende moralische und politische Slogans stürmen auf uns ein.

Es fällt schwer, sich auf diese verwirrende Phantasmagorie einen Reim zu machen und zu verstehen, welchem Veränderungsprozeß die »Bildindustrie« unterworfen ist. Denn die Dritte Welle beschleunigt nicht nur die Informationsschübe, sondern greift auch tief in die Informationsstruktur ein, die unser tägliches Handeln bestimmt.

Die individualisierten Medien

Der Einfluß der Massenmedien wuchs kontinuierlich im Verlauf der Zweiten Innovationswelle. Heutzutage findet jedoch ein bemerkenswerter Wandel statt: Sie bekommen plötzlich Konkurrenz. An vielen Fronten werden sie von den, wie ich sie nennen möchte, »entmassten Medien« zurückgeschlagen *(de-massified media*, im folgenden »individualisierte Medien« d. Ü.).

Ein gutes Beispiel dafür liefern die Zeitungen. Das älteste Massenmedium der Industriegesellschaft verliert seine Leser. Im Jahr 1973 erreichten die Zeitungen der Vereinigten Staaten eine tägliche Gesamtauflage von 63 Millionen Exemplaren. Seitdem haben sie diese Auflagen nicht mehr steigern können, sondern im Gegenteil noch Einbußen hinnehmen müssen. 1978 war die tägliche Auflage auf 62 Millionen zurückgegangen, und die Zukunft ließ noch Schlimmeres befürchten. Der prozentuale Bevölkerungsanteil derer, die jeden Tag Zeitung lesen, ging von 69 Prozent im Jahr 1972 auf 62 Prozent im Jahr 1977 zurück. Einige der wichtigsten Zeitungen in den Vereinigten Staaten waren von dieser Entwicklung besonders schwer betroffen. Zwischen 1970 und 1976 verloren die drei größten Tageszeitungen New Yorks zusammen 550000 Leser. Die *Los Angeles Times*, die 1972 ihre höchste Auflagenziffer erreichte, verlor bis 1976 80000 Leser. (In England sieht die Lage ähnlich aus: Zwischen 1965 und 1975 verloren die überregionalen Zeitungen acht Prozent ihrer Leserschaft, während Provinzblätter ihre Auflage um zehn Prozent erhöhen konnten.)

Das Fernsehen war nicht der einzige Grund für derartige Verluste. Alle Tageszeitungen mit Massenauflagen sehen sich heute dem zunehmenden Konkurrenzdruck von Wochenzeitschriften mit Mini-

Auflagen, von zweimal wöchentlich erscheinenden Zeitschriften und Anzeigenblättern ausgesetzt, die nicht auf den innerstädtischen Massenmarkt, sondern auf bestimmte Stadtteile und deren Bevölkerung zugeschnitten sind. Die Nachrichten und Annoncen sind dementsprechend stärker lokalbezogen. Die Massenpresse der Großstädte hat ihren Höhepunkt überschritten und befindet sich in Schwierigkeiten. »Individualisierte Medien« versuchen ihnen den Rang abzulaufen.*)

Ein zweites Beispiel liefern die Illustrierten und Magazine. Seit Mitte der fünfziger Jahre ist kaum ein Jahr vergangen, in dem nicht wenigstens ein größeres amerikanisches Magazin einging. *Life, Look* und die *Saturday Evening Post* wurden beerdigt — nur um später als Schatten ihrer selbst in kleineren Auflagen aufzuerstehen.

Obwohl die Bevölkerung der Vereinigten Staaten zwischen 1970 und 1977 um 14 Millionen Menschen zunahm, fiel die Gesamtauflage der 25 wichtigsten noch übriggebliebenen Zeitschriften um vier Millionen Exemplare.

Im gleichen Zeitraum erlebten die USA geradezu eine Explosion auf dem Sektor der Mini-Magazine — Tausende brandneuer Zeitschriften, die sich an einen kleinen, speziellen Interessentenkreis wendeten oder auf regionale bzw. lokale Märkte ausgerichtet waren. Piloten und Luftfahrt-Fans stehen heute buchstäblich Dutzende von Publikationen zur Auswahl, die ausschließlich für sie gemacht werden. Teenager, Sporttaucher, Pensionäre, Sportlerinnen, Sammler alter Kameras, Tennisfreunde, Skifahrer und Skateboard-Fans — sie alle haben ihre eigene Presse. Regionalzeitschriften wie *New York, New West, D* in Dallas oder *Pittsburgher* werden immer häufiger. Einige von ihnen spalten den Markt in noch feinere Einheiten auf, indem sie regionale und fachspezifische Interessen miteinander verbieten — so zum Beispiel der *Kentucky Business Ledger* oder der *Western Farmer*.

Neuartige, schnelle und billige Druckmaschinen ermöglichen es jeder Organisation und jeder Bevölkerungsgruppe, jeder politischen oder religiösen Sekte, eine eigene Publikation herauszugeben. Noch kleinere Gruppen vervielfältigen ihre Zeitschriften mit Hilfe von Fotokopiergeräten, die in amerikanischen Büros im Lauf der vergangenen Jahre allgegenwärtig geworden sind. Das Magazin mit Massenauflage hat seinen ehemals starken Einfluß auf das Leben der Nation verloren. Das »individualisierte« Magazin — die Mini-Zeitschrift — schickt sich an, an seine Stelle zu rücken.

*)Manche Verleger betrachten Zeitungen nicht als »Massenmedien«, da viele nur kleine Auflagen und einen begrenzten Leserkreis haben. Aber die Spalten der meisten Zeitungen (jedenfalls in den USA) sind gefüllt mit Nachrichten von AP und UPI, Comic-Strips, Kreuzworträtseln, Modeartikeln und Sonderberichten, die von überregionalen Agenturen stammen und von Stadt zu Stadt kaum variieren. Um mit den kleineren, örtlichen Medien konkurrieren zu können, haben die großen Zeitungen ihre Lokalteile erweitert und bieten auf Sonderseiten eine Vielzahl von Spezialinformationen an. Die in den achtziger und neunziger Jahren noch existierenden Tageszeitungen werden aufgrund der zunehmenden Segmentierung ihres Leserkreises völlig anders aussehen.

Die Dritte Welle macht sich im Kommunikationssektor nicht nur auf dem Gebiet des gedruckten Wortes bemerkbar. Zwischen 1950 und 1970 stieg die Zahl der Rundfunkanstalten in den USA von 2336 auf 5359. Auf 38000 Amerikaner kommt heute eine Radiostation. Die Verbreitung des Radios hat ebenso zugenommen wie der Prozentsatz derjenigen, die es auch einschalten.

Der Publizist Richard Reeves schreibt dazu: »Ich habe in Newport, Rhode Island, die Mittelwelle durchprobiert und kam dabei auf 38 Sender, darunter drei religiöse, zwei für Schwarze und einen in portugiesischer Sprache.«

Auch das Angebot der einzelnen Rundfunkstationen ist beträchtlich erweitert worden. Verschiedene Sender wenden sich jetzt an spezielle Hörergruppen anstatt, wie bisher, an ein undifferenziertes Massenpublikum. Reine Nachrichtensender *(all news stations)* wenden sich an gebildete Erwachsene aus der Mittelklasse. Auf verschiedene Gruppen jugendlicher Zuhörer sind Rundfunkstationen zugeschnitten, die sich auf Hard Rock, Soft Rock, Punk, Country-Musik und Folk-Musik spezialisiert haben. Soul-Sender wenden sich an schwarze Amerikaner. Sender, die klassische Musik ausstrahlen, versorgen Erwachsene höherer Einkommensschichten. Fremdsprachensender kümmern sich um diverse Volksgruppen, wie die Portugiesen in Neu-England, die Italiener, Spanier, Japaner und Juden.

Neue akustische Medien sind unablässig dabei, das ehemalige Massenpublikum zu individualisieren. Während der sechziger Jahre verbreiteten sich unter den Jugendlichen kleine, billige Tonbandgeräte und Kassettenrecorder wie Präriefeuer. Die heutigen Teenager verbringen übrigens, allen gegenläufigen Ansichten zum Trotz, *weniger* Zeit vor den Radiogeräten als die der sechziger Jahre. Im Jahr 1967 wurde durchschnittlich 4,8 Stunden pro Tag Radio gehört, 1977 waren es nur noch 2,8 Stunden.

Dann kam der CB-Funk auf. Im Gegensatz zum Rundfunk, der »Einweginformationen« liefert (das heißt, die Zuhörer können nicht mit dem Programmgestalter in Kontakt treten), ermöglichen es in Autos installierte CB-Geräte den Fahrern, innerhalb eines acht bis 25 Kilometer umfassenden Radius miteinander zu kommunizieren.

Zwischen 1959 und 1974 kamen lediglich eine Million CB-Geräte in den USA zum Einsatz. Danach dauerte es, in den Worten eines verblüfften Beamten der Federal Communications Commission in Washington, »acht Monate bis zur zweiten, und drei Monate bis zur dritten Million«. Das CB-Gerät hob ab wie eine Rakete. 1977 waren schon knapp 25 Millionen Geräte in Gebrauch, und munteres Geplauder füllte den Äther — von Warnungen vor Radarfallen über Gebete bis hin zur Prostituierten-Vermittlung.

Rundfunkleute, die um ihre Werbeeinkünfte bangen, verneinen hartnäckig, daß die Sprechfunkgeräte sich negativ auf die Zahl der

Radiohörer ausgewirkt haben. Die Anzeigenagenturen sind sich dessen jedoch nicht so sicher. Eine von ihnen, Marsteller Inc., führte in New York eine Untersuchung durch und kam dabei zu dem Ergebnis, daß 45 Prozent der CB-Benutzer um zehn bis 15 Prozent weniger oft als früher ihr normales Autoradio einschalten. Wichtiger noch: Sie fanden heraus, daß mehr als die Hälfte aller CB-Benutzer die Geräte und das Autoradio gleichzeitig laufen ließen.

Auf jeden Fall läßt sich der Trend zur Diversifikation parallel zur Entwicklung bei den gedruckten Medien auch im Rundfunkbereich feststellen.

Allerdings erlitten die Medien der Zweiten Innovationswelle erst 1977 ihre bisher aufsehenerregendste Niederlage. Eine Generation lang war das mächtigste und »massenträchtigste« Medium von allen natürlich das Fernsehen. 1977 trübte sich das Bild plötzlich. *Time* schrieb: »Den ganzen Herbst über starrten Rundfunk- und Werbemanager nervös auf die Statistiken ... Sie konnten nicht glauben, was sie sahen ... Zum erstenmal in der Geschichte des Fernsehens sank die Zahl der Zuschauer.«

»Niemand«, murmelte ein entgeisterter Werbefachmann, »hätte angenommen, daß die Zuschauerzahlen *jemals* zurückgehen würden.«

Noch heute gibt es eine Vielzahl von Erklärungen dafür. Man sagt uns, daß die Qualität der Shows noch schlechter sei als früher; daß zu viel von diesem und zu wenig von jenem geboten werde. In den Top-Positionen der Rundfunkanstalten rollten die Köpfe. Man hat uns diesen oder jenen neuen Show-Typ versprochen. Erst allmählich beginnt sich im Fernsehnebel die Wahrheit abzuzeichnen. Die Zeit der übermächtigen, zentralisierten, die Bildproduktion beherrschenden Fernsehanstalten geht zu Ende. Ein ehemaliger Präsident der NBC hat bereits die drei führenden amerikanischen Fernsehgesellschaften strategischer »Stupidität« bezichtigt und prophezeit, daß sie gegen Ende der achtziger Jahre während der Hauptsendezeiten nur noch halb so viele Zuschauer haben werden wie heute. Die Kommunikationsmittel der Dritten Welle unterminieren die beherrschende Stellung der alten Medienzaren auf breiter Front.

Das Kabelfernsehen erreicht heute schon 14500000 amerikanische Haushalte. Man erwartet, daß es sich in den frühen achtziger Jahren mit orkanartiger Geschwindigkeit weiter ausbreitet. Experten der Industrie rechnen mit 20 bis 26 Millionen Kabelkunden gegen Ende des Jahres 1981. Das Kabelfernsehen wird dann für 50 Prozent aller amerikanischen Haushalte erreichbar sein. Noch schneller wird die Entwicklung voranschreiten, sobald erst einmal der Wechsel von Kupferkabeln zu billigen faseroptischen Systemen vollzogen ist, bei denen Lichtimpulse durch haarfeine Fasern übertragen werden. Und ebenso wie Schnelldruckereien oder Fotokopiergeräte trägt das Kabelfernsehen dazu bei, das Publikum zu »individualisieren« und es in eine Vielzahl von Mini-Öffentlichkeiten aufzuspalten. Kabelfernseh-Systeme ermöglichen darüber hinaus auch gegenseitige Kommunikation, so daß die Kunden nicht nur passiv zuschauen, sondern auch aktiv diverse Dienstleistungen anfordern können.

In Japan werden in den frühen achtziger Jahren ganze Städte durch Lichtwellenleiter miteinander verbunden sein, die ihren Benutzern nicht nur gestatten, bestimmte Programmwünsche zu äußern, sondern auch unbewegte Bilder, Daten, Zeitungs- und Zeitschriftenausschnitte abzurufen sowie Theaterkarten zu bestellen. Diebstahlsicherungen und Feueralarmsysteme werden an das gleiche System angeschlossen sein.

In Ikoma, einer Schlafstadt bei Osaka, interviewte man mich in einer Fernsehshow des experimentellen Hi-Ovis-Systems. Dabei werden ein Mikrophon und eine Fernsehkamera auf den Fernsehapparaten der Teilnehmer installiert, so daß die Zuschauer selber Sendungen ausstrahlen können. Als ich vom Moderator interviewt wurde, schaltete sich eine Frau Yamamoto ein, die die Sendung in ihrem Wohnzimmer miterlebte, und nahm in gebrochenem Englisch an unserer Plauderei teil. Die Fernsehzuschauer und ich konnten, während Frau Yamamoto mich in Ikoma willkommen hieß, sie und ihren kleinen Jungen, der im Zimmer herumtollte, auf der Mattscheibe sehen.

Hi-Ovis hat auch Videokassetten über alles mögliche in petto: Musik, Kochkurse und Bildungsprogramme. Die Zuschauer können eine Codenummer eingeben und den Computer wann immer sie wollen auffordern, eine bestimmte Kassette für sie auszuwählen und vorzuspielen.

Obwohl bislang erst 160 Haushalte angeschlossen sind, wird das Hi-Ovis-Experiment von der japanischen Regierung unterstützt. Konzerne wie Fujitsu, Sumitomo Electric, Matsushita und Kintetsu sind gleichfalls beteiligt. Es ist technisch außerordentlich weit entwickelt und basiert bereits auf der Glasfaser-Technologie.

Eine Woche zuvor hatte ich mir in Columbus, Ohio, das Qube-System der Warner Cable Corporation angesehen. Die Teilnehmer am Qube-System haben die Wahl zwischen 30 Kanälen (gegenüber vier regulären Sendern), über die Spezialprogramme für die verschiedensten Gruppen — für Kinder im Vorschulalter, für Ärzte und Rechtsanwälte sowie Sendungen »Nur für Erwachsene« — ausgestrahlt werden. Qube ist das am weitesten entwickelte, wirtschaftlich arbeitende Kabelfernsehsystem der Welt. Jeder Teilnehmer erhält ein Gerät, das einem Taschenrechner ähnelt; er braucht nur auf einen Knopf zu drücken, um mit dem Sender Kontakt aufzunehmen. Wer einen sogenannten »heißen Knopf« *(hot button)* drückt, kann unmittelbar das Qube-Studio und seinen Computer erreichen. *Time* gerät bei der Beschreibung dieses Systems geradezu ins Schwärmen und weist darauf hin, daß der Teilnehmer »seine Meinung in lokalpolitischen Debatten äußern, seine alten Möbel versteigern und auf Wohltätigkeitsveranstaltungen Kunstobjekte ersteigern kann ... Per Knopfdruck können Joe und Jane die Stadtverordneten befragen oder elektronisch Preisrichter in einer lokalen Talentshow spielen.« Verbraucher können »in den örtlichen Supermärkten die Preise vergleichen« oder einen Tisch im Orientalischen Restaurant bestellen.

Das Kabelfernsehen ist jedoch nicht die einzige Sorge, mit der sich die großen Sender gegenwärtig herumschlagen müssen.

Videospiele gehören zu den »größten Rennern unserer Zeit«. Millionen von Amerikanern haben eine Leidenschaft für Geräte entdeckt, die ihre Fernsehschirme in Tischtennisplatten, Hockeyfelder oder Tennisplätze verwandeln. Orthodoxen Analytikern der politischen oder sozialen Szene mag diese Entwicklung trivial vorkommen. In Wirklichkeit hat sie jedoch einen nicht zu unterschätzenden erzieherischen Einfluß; sie stellt eine Art Vorbereitung für das Leben in der elektronischen Umwelt der Zukunft dar. Videospiele individualisieren nicht nur das Publikum und verringern auf ihre Weise die Zahl derer, die das eigentliche Fernsehprogramm ansehen — diese scheinbar so unschuldigen Geräte ermöglichen es Millionen von Menschen, mit dem Fernsehapparat zu spielen, sich gleichsam mit ihm zu unterhalten. Dabei verwandeln sich passive Zuschauer in aktive, »sendende« Partner, die den Fernsehapparat manipulieren, anstatt sich selbst vom Fernsehapparat manipulieren zu lassen.

Bildschirm-Informationsdienste sind zur Zeit bereits in Großbritannien verfügbar, wo ein Zuschauer, der einen entsprechenden Adapter besitzt, auf Knopfdruck Daten aus zirka einem Dutzend verschiedener Themenbereiche abrufen kann — Nachrichten, Wetter-, Sport- und Börsenberichte usw. Die gewünschten Meldungen laufen dann über die Bildfläche wie bei einem Fernschreiber. Es wird sicherlich nicht mehr sehr lange dauern, bis man Kopiergeräte an den Fernsehapparat anschließen und alle Bilder, die man behalten will, auf Papier bannen kann.

Video-Kassettengeräte verbreiten sich gleichfalls mit rapider Geschwindigkeit. Marktstrategen rechnen damit, daß 1981 in den USA eine Million Einheiten in Gebrauch sein werden. Sie gestatten den Zuschauern nicht nur die Aufzeichnung des samstäglichen Fußballspiels, das sie dann vielleicht erst am Montag ansehen (und zerstören damit die von den großen Fernsehanstalten geförderte Synchronisierung der bildlichen Eindrücke), sondern sie ermöglichen auch den Verkauf von aufgezeichneten Filmen und Sportereignissen. Video-Geräte ermöglichen auch den Verkauf von Kassetten mit hochspezialisierter Thematik — beispielsweise mit medizinischem Unterrichtsmaterial für Krankenhausangestellte, Anleitungen zur Zusammensetzung zerlegbarer Möbel oder zur Anbringung eines neuen Kabels am Toaster. Die Videorecorder versetzen darüber hinaus den *Konsu-*

menten in die Lage, seinerseits zum *Produzenten* bildlicher Eindrücke zu werden. Einmal mehr wird das Publikum individualisiert.

Landesinterne Satelliten schließlich ermöglichen einzelnen Fernsehstationen zeitlich begrenzte Mini-Sender für Spezialthemen einzurichten; sie können Signale kostengünstig von Ort zu Ort übermitteln und auf diese Weise die herkömmlichen Sender ausmanövrieren. Ende 1980 werden den Betreibern des Kabelfernsehens bereits 1000 Bodenstationen zum Empfang von Satellitensignalen zur Verfügung stehen. »Wenn es soweit ist«, schreibt dazu die Zeitschrift *Television/Radio Age*, »braucht jemand, der ein Programm unter die Leute bringen will, lediglich Satellitenzeit zu kaufen, und schon steht ihm ein landesweites Kabelfernsehsystem offen... Er kann jedes Netz erreichen, das er sich aussucht.« Nach den Worten von William J. Donnelly, dem Vizepräsidenten der Abteilung für elektronische Medien bei der großen Werbeagentur Young & Rubicam, bedeuten Satelliten »kleinere Zuschauergruppen und eine größere Anzahl landesweit ausgestrahlter Programme«.

All diese verschiedenen Entwicklungen haben ein gemeinsames Kennzeichen: Sie teilen das Fernseh-Massenpublikum in immer kleinere Gruppen auf, und jede dieser Gruppen vergrößert nicht nur unsere kulturelle Vielfalt, sondern schränkt auch die Macht der großen Sendeanstalten ein, die bislang unsere Bildwelt so unangefochten dominiert haben. John O'Connor, der scharfsinnige Kritiker der *New York Times*, faßt diese Entwicklung zusammen: »Eins steht fest: Das kommerzielle Fernsehen wird nicht mehr länger diktieren können, was wir sehen bzw. wann wir es sehen.«

Signalkultur

Die Individualisierung der Medien individualisiert auch unser Bewußtsein. Die kontinuierliche Berieselung durch die standardisierten Bilder der Massenmedien führte im Verlauf der Zweiten Innovationswelle zur Entstehung eines »Massenbewußtseins«, wie Kritiker es nannten. An Stelle des passiv auf den Empfang von Botschaften eingestellten Massenpublikums gibt es heute kleinere Gruppen, die untereinander sowohl als Sender wie als Empfänger eigener bildlicher Signale in regem Austausch stehen. Da die Dritte Welle in allen Bereichen des gesellschaftlichen Lebens den Trend zu größerer Vielfalt mit sich bringt, reflektieren die neuen Medien diese Entwicklung und tragen ihrerseits zu deren Beschleunigung bei.

Damit läßt sich teilweise erklären, warum die Meinungen auf allen Gebieten — sei es über Pop-Musik oder Politik — immer weiter auseinandergehen. Der allgemeine Konsens ist erschüttert. Im persönlichen Bereich stehen wir alle unter einer Art Dauerbeschuß durch fragmentarische Eindrücke, die einander widersprechen oder in keinerlei Zusammenhang miteinander stehen. Sie schütteln unsere alten Überzeugungen durcheinander und prasseln auf uns ein wie verstümmelte Radarsignale. Im Grunde leben wir in einer »Signalkultur« *(blip-culture)*.

Der Kritiker Geoffrey Wolff beklagt, daß »sich die Belletristik mit immer kleineren Lebensbereichen beschäftigt« und fügt hinzu, daß die Schriftsteller »immer weniger die großen Zusammenhänge begreifen«. Bei den Sachbüchern ist nach Ansicht von Daniel Laskin in einer Rezension über so phänomenal erfolgreiche Nachschlagewerke wie *The People's Almanac* und *The Book of Lists* »die Vision von einer umfassenden Synthese unhaltbar. Die Alternative besteht darin, aufs Geratewohl zu sammeln, was die Welt uns bietet — vor allem die amüsanteren Bruchstücke.« Aber die Zersplitterung unserer Vorstellungswelt in einzelne Signale beschränkt sich keineswegs nur auf die Literatur. Sie ist vielmehr in der Presse und den elektronischen Medien noch stärker ausgeprägt.

In dieser neuen Kulturlandschaft mit ihren bruchstückhaften, vergänglichen Bildern beginnt sich eine immer größer werdende Kluft zwischen den Medienkunden der Zweiten und denen der Dritten Welle abzuzeichnen.

Menschen, die von der Zweiten Welle geprägt sind, lechzen nach einer Allerweltsmoral und den ideologischen Selbstverständlichkeiten der Vergangenheit. Der Ansturm neuer Informationen ärgert und verwirrt sie. Nostalgisch schwärmen sie von den Radioprogrammen der dreißiger und den Filmen der vierziger Jahre. Sie fühlen sich von der neuen Medienlandschaft ausgeschlossen, nicht nur, weil vieles von dem, was sie hören, ihnen bedrohlich oder unbehaglich vorkommt, sondern auch, weil ihnen die äußere Form, in der die Informationen angeboten werden, ungewohnt ist.

Wir empfangen keine langen, aufeinander bezogenen Ideen»stränge«, die man für uns gegliedert oder zusammengefügt hat, sondern wir sind immer häufiger kurzen, signalartigen Informationen ausgesetzt, wie Werbespots, Befehlen, Theorien, bruchstückhaften Nachrichten, ungestalten Brocken von diesem und jenem, die sich nicht ohne weiteres in bereits vorhandene geistige Schubladen einordnen lassen. Die neuen Eindrücke widersetzen sich einer Klassifizierung, da sie mit unseren alten begrifflichen Kategorien nicht faßbar sind, aber auch deshalb, weil sie uns in fremden, flüchtigen und unzusammenhängenden »Verpackungen« gegenübertreten. Die Menschen, die geistig in der Zweiten Welle verharren, kommen sich in dieser »Signalkultur« wie in einem Irrenhaus vor, ja, fühlen sich sogar von ihr angegriffen und reagieren mit unterdrücktem Zorn auf die Medien.

Die Menschen, die die Dritte Welle bereits erreicht hat, fühlen sich im Trommelfeuer der Signale dagegen sichtlich wohler — neunzig

Sekunden lange Nachrichtensendungen, die von dreißig Sekunden Werbung unterbrochen werden, Textfragmente aus einem Lied oder einem Gedicht, eine Schlagzeile, ein Cartoon, eine Collage, ein Flugblatt, ein Computerauszug. Unermüdlich lesen sie Hobbymagazine und alle möglichen Taschenbücher. Sie verschlingen Unsummen von Kurzinformationen. Bei alledem behalten sie ein offenes Auge für diejenigen neuen Konzepte oder Metaphern, die aus den einzelnen Signalen größere Einheiten zusammenfügen. Anstatt den Versuch zu unternehmen, die neuen modularen Daten in standardisierte Kategorien der Zweiten Welle zu pressen, lernen sie, sich ihren eigenen Reim auf die Informationspartikel zu machen, die von den neuen Medien auf sie abgefeuert werden.

Wir *empfangen* nicht mehr einfach ein Bild von der Wirklichkeit, sondern wir sind jetzt gezwungen, uns selbst eines zu *erfinden*, ja sogar, es immer wieder von neuem zu erfinden. Dadurch werden wir enormen Belastungen ausgesetzt, doch bedeutet es gleichzeitig einen Weg zu größerer Individualität, eine Individualisierung der Persönlichkeit ebenso wie der Kultur. Manche von uns zerbrechen unter diesen neuen Belastungen, verfallen in Apathie oder ziehen sich in den Schmollwinkel zurück. Andere erweisen sich dem Druck gewachsen, entpuppen sich als anpassungs- und lernfähig.

Vor allem aber wird die Individualisierung der Gesellschaft die zwischenmenschliche Information und Kommunikation insgesamt intensivieren. Wir sind dabei, eine »informierte Gesellschaft« zu werden.

Je facettenreicher eine Zivilisation ist, je differenzierter ihre Technologie, ihre Energiequellen und die Menschen, die in ihr leben, desto mehr Informationen müssen zwischen den einzelnen Bestandteilen hin- und herfließen, wenn das Ganze zusammenhalten soll, zumal unter den besonderen Belastungen einer Übergangsperiode. Eine Organisation beispielsweise muß, wenn sie ihre eigenen Schritte sinnvoll planen will, einigermaßen voraussagen können, wie andere Organisationen auf eine Veränderung der Lage reagieren. Das gleiche gilt für den einzelnen: Je uniformer wir sind, desto weniger brauchen wir, wenn wir das Verhalten des anderen vorhersagen wollen, voneinander zu wissen. Da aber die Menschen um uns herum immer individueller werden, benötigen wir *mehr* Information, um wenigstens ungefähr abschätzen zu können, wie sie sich uns gegenüber verhalten werden. Andernfalls können wir nicht miteinander arbeiten, geschweige denn miteinander leben.

Kapitel 14
Die intelligente Umwelt

Viele Völker auf der Welt glaubten — bzw. glauben zum Teil heute noch —, daß alle Dinge außer ihrer unmittelbaren physischen Realität auch noch ein spirituelles Wesen besitzen, ja, daß sogar scheinbar toten Objekten wie Felsen oder Erde eine lebendige Kraft innewohnt, das *mana.* Bei den Sioux hieß diese Kraft *wakan,* bei den Algonkin-Indianern *manitou* und bei den Irokesen *orenda.* Für diese Menschen lebt die gesamte Natur.

Wir, die wir heute eine neue Infosphäre für die Zivilisation der Dritten Welle errichten, billigen der »toten« Welt um uns herum zwar kein Leben zu, dafür aber Intelligenz.

Den Schlüssel zu diesem evolutionären Fortschritt liefert natürlich der Computer. Computer — Kombinationen aus elektronischem Gedächtnis und Programmen, die der Maschine sagen, wie sie die gespeicherten Daten verarbeiten soll — waren in den frühen fünfziger Jahren noch wissenschaftliche Kuriositäten. Zwischen 1955 und 1965 jedoch, in dem Jahrzehnt also, da die dritte Innovationswelle sich in den USA erstmals bemerkbar machte, begann ihr unaufhaltsamer Vormarsch in der Geschäftswelt. Zunächst waren es einzelne Einheiten mit bescheidenen Kapazitäten, die hauptsächlich im Finanzwesen zum Einsatz kamen. Bald drangen dann Maschinen mit gewaltigem Speicherungsvermögen in die Chefetagen der großen Konzerne vor und wurden zu den verschiedensten Aufgaben herangezogen. Zwischen 1965 und 1977 erlebten wir nach Ansicht von Harvey Poppel, dem ersten stellvertretenden Vorsitzenden der Unternehmensberatungsfirma Booz Allen and Hamilton, die »Ära des großen Zentralcomputers. Er repräsentiert den Gipfel, die letzte große Offenbarung im Denken des Maschinenzeitalters. Er ist die Krönung aller Mühen — ein großer Super-Computer, Hunderte von Metern unter der Zentrale eingegraben, in einer bombensicheren ... aseptischen Umgebung ..., betrieben von einer Clique von Supertechnokraten.«

Diese zentralisierten Giganten waren derart eindrucksvoll, daß sie schon bald zu festen Bestandteilen der sozialen Mythologie wurden. Filmemacher, Cartoonisten und Science-fiction-Autoren benutzten sie als Zukunfssymbole. Sie stellten den Computer routinemäßig als allmächtiges Gehirn dar, als geballte Konzentration übermenschlicher Intelligenz.

Während der siebziger Jahre überholten die Tatsachen die Phantasie, und das alte Computerbild entsprach bald nicht mehr der Realität. Die Computer wurden immer kleiner, ihre Kapazitäten größer und die Preise pro Arbeitsgang sanken rapide. Überall kamen kleine, billige, leistungsstarke Mini-Computer auf. Jeder Zweigbetrieb, jedes Labor, jedes Verkaufsbüro und jede technische Abteilung wollte einen Computer haben. Ihre Zahl nahm derart zu, daß manche Firmen tatsächlich nicht mehr überblickten, wie viele Computer sie eigentlich besaßen. Die »Geisteskraft« des Computers war nicht mehr auf einzelne Punkte konzentriert, sondern wurde »verteilt«.

In unseren Tagen geht dieser Verteilungsprozeß mit hoher Geschwindigkeit weiter. 1977 betrugen die Kosten für dezentrale Datenverarbeitung in den USA 300 Millionen Dollar. Der International Data Corporation zufolge, einem führenden Marktforschungsunternehmen, wird diese Summe bis 1982 auf drei Milliarden Dollar steigen. Kleine billige Maschinen, die nicht länger von einer besonders ausgebildeten Computer-Priesterschaft betreut werden müssen, werden bald so selbstverständlich wie die Schreibmaschine sein. Wir machen unseren Arbeitsplatz »intelligenter«.

Überdies ist außerhalb von Industrie und Verwaltung eine parallele Entwicklung in Gang gekommen, die auf einem Gerät beruht, das schon bald überall verbreitet sein wird — dem Heimcomputer. Vor fünf Jahren war die Zahl der privaten Computer noch eine *quantité négligeable*. Heute schätzt man, daß bereits 300000 Computer in Wohnzimmern, Küchen und Hobbyräumen überall in Amerika vor sich hin surren. Und dabei sind die breitangelegten Verkaufskampagnen der wichtigsten Herstellerfirmen wie IBM und Texas Instruments noch gar nicht angelaufen. Bald werden Heimcomputer nicht mehr viel teurer sein als ein Fernsehgerät.

Schon jetzt werden diese cleveren Maschinen zu den verschiedensten Aufgaben herangezogen. Sie arbeiten private Steuererklärungen aus und überwachen den Energieverbrauch des Hauses. Man kann Spiele mit ihnen machen. Sie haben ein Programm von Kochrezepten vorrätig, erinnern ihre Eigentümer an bevorstehende Termine und dienen als »intelligente Schreibmaschinen« *(smart typewriters)*. Diese Beispiele stellen jedoch nur einen winzigen Teil ihres Gesamtpotentials dar.

Die Telecomputing Corporation of America bietet ein Computersystem mit dem simplen Namen »Die Quelle« *(The Source)* an. Für wenig Geld stehen dem Benutzer ein direkter Anschluß an die Nachrichtenagentur UPI zur Verfügung, eine Unzahl Daten von Wertpapier- und Warenbörsen sowie Lernprogramme für Kinder in Mathematik, Rechtschreibung, Französisch, Deutsch oder Italienisch. Außerdem ist der Benutzer der »Quelle« Mitglied im Kundenklub einer computerisierten Discount-Ladenkette, kann sich automatisch Hotelzimmer und Reisen buchen lassen und vieles andere mehr.

Die »Quelle« ermöglicht jedem, der ein billiges Computerterminal besitzt, mit anderen, die an das System angeschlossen sind, zu kommunizieren. Bridge-, Schach- oder Backgammonspieler können sich ihre Partner über Tausende von Kilometern hinweg suchen. Die »Quelle«-

Benutzer können einem oder einer Anzahl von Teilnehmern private Nachrichten übermitteln und ihre gesamte Korrespondenz elektronisch speichern. Die »Quelle« wird sogar die Bildung »elektronischer Gemeinschaften« ermöglichen, d. h. Menschen mit gemeinsamen Interessen miteinander verbinden. So kann beispielsweise ein Dutzend Fotofreunde in einem Dutzend verschiedener Städte durch die »Quelle« elektronisch zusammengeschaltet werden und herzerfrischende Gespräche über Kameras, Fotoausrüstungen und Dunkelkammertechniken, Belichtungen oder Farbfilme führen. Und ein paar Monate später können sie ihre Kommentare aus dem elektronischen Gedächtnis abrufen, geordnet nach Gesprächsthemen, Datum oder anderen Kategorien. Allein schon die Ausdehnung des Computerwesens auf private Haushalte, ganz abgesehen von seiner Einbindung in übergeordnete Netzwerke, stellt einen weiteren Schritt auf dem Weg zur »intelligenten Umwelt« dar. Aber selbst das ist noch lange nicht alles.

Mit der Verbreitung von Mikroprozessoren und Mikrocomputern erklimmt die »maschinelle Intelligenz« eine vollkommen neue Stufe. Diese winzigen Chips geballter Intelligenz sind drauf und dran, zu festen Bestandteilen nahezu aller Dinge zu werden, mit denen wir uns beschäftigen.

Abgesehen von ihrer Verwendung in Fertigungsprozessen und in der Wirtschaft generell, sind sie bereits in Klimaanlagen, Autos, Nähmaschinen und Waagen eingebaut bzw. werden es bald sein. Sie werden Energieverschwendung im Haushalt erkennen und auf ein Minimum beschränken. Sie werden für jede Waschmaschinenfüllung die korrekte Waschmittelmenge und Wassertemperatur berechnen und einstellen. Sie werden den Benzinverbrauch eines Wagens aufs genaueste regeln. Sie werden uns Reparaturen signalisieren. Morgens werden sie uns den Radiowecker, den Toaster, die Kaffeemaschine und die Dusche anstellen. Sie werden die Garage heizen, die Türen verschließen und eine schwindelerregende Anzahl anderer einfacher und weniger einfacher Aufgaben übernehmen.

Wohin dies alles innerhalb von ein paar Jahrzehnten führen kann, beschreibt Alan P. Hald, ein führender Mikrocomputer-Händler, in einer amüsanten Geschichte mit dem Titel *Fred the House*.

Nach Hald »können Heimcomputer bereits sprechen, Sprache interpretieren und Geräte überwachen. Setzen Sie ihnen bloß ein paar Sensoren ein, geben Sie ihnen ein bescheidenes Vokabular — und schon können das Bell Telephone System und Ihr Haus ... mit aller Welt reden.« Zwar sind viele knifflige Fragen noch nicht gelöst, doch ist die Richtung, in der sich der Wandel vollziehen wird, klar erkennbar.

»Stellen Sie sich vor,« schreibt Hald, »Sie sind bei der Arbeit. Da klingelt das Telephon. Am Apparat ist Fred, Ihr Haus. Fred hat die

Vormittagsnachrichten auf Meldungen über die jüngsten Einbrüche hin abgehört und dabei im Wetterbericht mitbekommen, daß mit schweren Regenfällen zu rechnen ist. Dies alarmierte Freds Gedächtnis und veranlaßte ihn, das Dach einer Routineüberprüfung zu unterziehen. Dabei entdeckte er eine möglicherweise undichte Stelle. Bevor er Sie anrief, telefonierte Fred mit Slim und bat ihn um Rat. Slim ist ein Haus im Ranch-Stil einen Block weiter... Fred und Slim tauschten oft miteinander Daten aus und wußten beide, daß sie mit einer effektiven Untersuchungstechnik programmiert waren, die es ihnen ermöglichte, herauszufinden, was im Haus zu tun war ... Sie wissen bereits, daß Sie sich auf Freds Urteil verlassen können und stimmen der Reparatur zu. Der Rest ist einfach: Fred ruft den Dachdecker...«

Dies ist eine lustige, erdachte Geschichte. Aber sie trifft die Atmosphäre in einer »intelligenten Umwelt«. Das Leben in einer solchen Welt wirft beunruhigende philosophische Fragen auf: Werden Maschinen die Macht übernehmen? Können intelligente Maschinen, besonders wenn sie zu größeren Verbundsystemen zusammengeschlossen werden, unsere Fähigkeit, sie zu beherrschen, unterminieren? Wird der »Große Bruder« eines Tages nicht nur unsere Telefone anzapfen, sondern auch unsere Toaster und Fernsehgeräte überwachen und über jede unserer Bewegungen und Stimmungen Buch führen? Bis zu welchem Grad sollen wir uns in die Abhängigkeit von Computer und Chip begeben? Laufen wir nicht Gefahr, geistig zu verkümmern, wenn wir unsere materielle Umwelt mit immer mehr Intelligenz ausstatten? Und was geschieht, wenn jemand den Stecker aus der Dose zieht? Verlieren wir nicht elementare Überlebensfähigkeiten, wenn so viele Arbeiten von Maschinen übernommen werden?

Jede dieser Fragen gibt Anlaß zu unzähligen Gegenfragen: Kann der »Große Bruder« wirklich über jeden Toaster und jeden Fernsehapparat, jeden Automotor und jedes Küchengerät Buch führen? Kann er wirklich alles kontrollieren, wenn Intelligenz überall verbreitet ist, wenn sie von Leuten an Tausenden von Orten gleichzeitig aktiviert werden kann, wenn Computerbenützer miteinander kommunizieren, ohne daß alles durch einen großen Zentralcomputer läuft? Wird die Dezentralisierung der Intelligenz die Gefahr des Totalitarismus nicht eher verringern als vergrößern? Werden nicht vielleicht *wir* raffiniert genug sein, um die Regierung auszutricksen? In dem brillanten Roman *The Shockwave Rider* (Der Schockwellen-Reiter) von John Brunner sabotiert die Hauptfigur erfolgreich die Bemühungen der Regierung, mit Hilfe eines Computersystems eine Gedankenkontrolle einzuführen. *Müssen* wir geistig verkümmern? Wie wir in Kürze sehen werden, kann die Errichtung einer »intelligenten Umwelt« genau den gegenteiligen Effekt haben. Wenn wir Maschinen entwerfen, die tun, was wir ihnen sagen — können wir sie dann nicht darauf programmieren, niemals einem Menschen Unheil zuzufügen (so wie den »Robbie« in

Isaac Asimovs klassischer Erzählung *Ich, der Robot*)? Das letzte Wort zu all diesen Fragen ist noch längst nicht gesprochen. Zwar wäre es unverantwortlich, die Gefahren zu ignorieren, doch ist es gleichwohl naiv anzunehmen, der Untergang der Menschheit sei bereits eine abgemachte Sache. Wir besitzen Intelligenz- und Phantasiereserven, die wir bisher noch nicht einmal andeutungsweise genutzt haben.

Die Erweiterung des Gehirns

Die Umwandlung der Infosphäre führt zwangsläufig auch zu einer Veränderung unseres Bewußtseins, d. h. der Art und Weise, wie wir über unsere Probleme nachdenken, wie wir Informationen verarbeiten und wie wir die Folgen unserer Handlungen einschätzen. Die Fähigkeit, lesen und schreiben zu können, wird in unserem Leben wahrscheinlich nicht mehr einen so wichtigen Platz einnehmen wie bisher, und es ist möglich, daß wir sogar die Chemie unserer Gehirne verändern.

Alan P. Halds Bemerkungen über die Fähigkeit von Computern, mit uns Konversation zu treiben, sind gar nicht so blauäugig, wie sie zunächst erscheinen. »Spracheingabe«-Terminals gibt es heute bereits. Diese Geräte sind dazu in der Lage, ein tausend Wörter umfassendes Vokabular zu erkennen und darauf zu antworten. Viele Firmen, von Branchenriesen wie IBM oder Nippon Electric bis zu »Zwergen« wie Heuristics Inc. oder Centigram Corporation, bemühen sich intensiv um die Erweiterung dieses Vokabulars, um die Vereinfachung der Technik und um radikale Kostensenkung. Antworten auf die Frage, wie lange es dauern wird, bis Computer mit der gesprochenen Sprache zurechtkommen, schwanken zwischen »länger als zwanzig Jahre« und »fünf Jahre«. Die Auswirkungen einer solchen Entwicklung könnten sowohl auf wirtschaftlichem wie kulturellem Gebiet ganz ungeheuer sein.

Heutzutage sind Millionen Menschen vom Arbeitsmarkt ausgeschlossen, weil sie Analphabeten sind. Selbst zu den einfachsten Arbeiten werden Leute gebraucht, die Formulare, Schalterbeschriftungen, Schecks, Gebrauchsanweisungen und ähnliches lesen können. In der Industriegesellschaft war Lesen die elementarste Fähigkeit, die von einem Bewerber verlangt wurde.

Analphabetismus ist nicht mit Dummheit gleichzusetzen. Wir wissen, daß es überall in der Welt Analphabeten gibt, die auf so unterschiedlichen Gebieten wie der Landwirtschaft, dem Bauwesen, der Jagd und der Musik über hervorragende Kenntnisse verfügen. Viele Analphabeten haben ein vorzügliches Gedächtnis und beherrschen mehrere Sprachen fließend — was man z. B. von den meisten Amerikanern mit Hochschulbildung nicht sagen kann. In den Gesellschaften der Zweiten Innovationswelle waren jedoch die wirtschaftlichen Aussichten von Analphabeten gleich Null.

Die Fähigkeit, lesen und schreiben zu können, hilft natürlich nicht nur am Arbeitsplatz. Sie eröffnet Phantasie und Vergnügen Tor und Tür. Aber in einer »intelligenten Umwelt«, in der Maschinen, Geräte und sogar Wände sprechen können, kann ihr Einfluß auf die Höhe des Gehalts geringer sein als jemals zuvor in den vergangenen dreihundert Jahren. Angestellte im Buchungsbüro einer Fluggesellschaft, Lagerarbeiter und Mechaniker kämen vermutlich ganz gut ohne Lesen aus, wenn ihnen eine Maschinenstimme erklärt, was sie als nächstes zu tun haben oder wie man ein defektes Teil auswechselt.

Computer sind nichts »Übermenschliches«. Sie gehen kaputt. Sie begehen Irrtümer — manchmal sogar recht gefährliche. Sie sind von keinerlei Magie umgeben und mit Sicherheit keine »Geister« oder »beseelte Wesen«. Trotzdem bleiben sie eine der verblüffendsten und beunruhigendsten menschlichen Errungenschaften, denn sie erweitern unsere Geisteskräfte in ähnlicher Weise wie die Technologie der Zweiten Welle unsere Muskelkräfte verstärkte. Wir wissen nicht, wohin uns unser Geist letztlich führt.

Da uns die »intelligente Umwelt« immer vertrauter wird und unsere Kinder schon von der Wiege an mit ihr umzugehen lernen, werden wir eines Tages Computer mit größter Selbstverständlichkeit bedienen. Sie werden uns alle — und nicht nur eine Handvoll »Supertechnokraten« — zu intensivem Nachdenken über uns und die Welt anregen.

Wann immer wir heutzutage mit einem Problem konfrontiert sind, suchen wir sofort nach den Ursachen. Auch die klügsten Köpfe haben jedoch bis jetzt immer versucht, alle Dinge auf verhältnismäßig wenige Kausalketten zurückzuführen. Selbst das beste menschliche Gehirn hat nämlich große Schwierigkeiten, mit mehreren Variablen gleichzeitig zu arbeiten.*)

Daher neigen wir bei wirklich komplizierten Problemen dazu — z. B., wenn es darum geht herauszufinden, warum ein Kind straffällig geworden ist oder warum ein Wirtschaftssystem von Inflation heimgesucht wird —, einen einzigen oder eine Handvoll Faktoren herauszugreifen und dabei viele andere zu vernachlässigen, die einzeln oder zusammengenommen sehr viel wichtiger sein können.

Und es kommt noch schlimmer: Normalerweise besteht jede Expertengruppe darauf, daß »ihre« Ursachen die wichtigsten sind und andere Ursachen ausschließen. Konfrontiert mit dem erschütternden Verfall der Städte, meint der Wohnungsbaufachmann, Überbevölkerung und die Verringerung des Wohnraumangebots seien daran

*) Während wir auf der Ebene des Unterbewußtseins oder der Intuition durchaus mit mehreren Faktoren gleichzeitig operieren können, ist ein systematisches, bewußtes Denken mit einer Vielzahl von Variablen äußerst schwierig. Jeder, der es einmal probiert hat, kennt diese Erfahrung.

schuld; der Verkehrsexperte verweist auf den Mangel an Massenverkehrsmitteln, der Sozialexperte auf die unzureichenden Etatposten für Tageskinderstätten und Sozialarbeit; der Kriminalist meint, es gebe zu wenig Polizeistreifen, und der Wirtschaftsfachmann, daß die Investitionsfreude der Geschäftsleute durch hohe Steuern getrübt werde usw. Jeder gibt zwar großmütig zu, daß alle diese Probleme irgendwie miteinander verknüpft sind und eine Art Teufelskreis bilden, aber niemand vermag Lösungsvorschläge anzubieten, die die Gesamtheit der komplexen Querverbindungen berücksichtigen.

Der Niedergang der Städte ist nur ein Beispiel für eine ganze Reihe von Problemen, die Peter Ritner in seinem Buch *The Society of Space* (Die Weltraumgesellschaft) treffend »Webfehler« genannt hat. Er warnte vor zukünftigen Krisen, die »mit einer»Analyse von Ursache und Wirkung«nicht mehr in Griff zu bekommen sind, sondern eine »Analyse gegenseitiger Abhängigkeiten«erfordern, die nicht mehr aus leicht zerlegbaren Elementen bestehen, sondern aus Hunderten zusammenwirkender Einflüsse, die ihrerseits Dutzenden unabhängiger, einander überlappender Quellen entspringen«.

Der Computer, der in der Lage ist, eine große Anzahl kausaler Zusammenhänge zu speichern, kann uns dabei helfen, solche Probleme auf höherem Niveau als bisher zu bewältigen. Er kann enorme Datenmassen verarbeiten, um diffizilste Gesetzmäßigkeiten zu erkennen. Er kann »Signale« zu größeren, sinnvolleren Einheiten zusammenfügen. Wenn er mit einer Anzahl von Annahmen oder einem Modell gefüttert wird, kann er, systematischer und umfassender als irgendein Individuum, die Konsequenzen alternativer Entscheidungen berechnen. Er kann sogar bei manchen Problemen Phantasielösungen vorschlagen, wenn er neue oder bislang übersehene Beziehungen aufdeckt.

Menschliche Intelligenz, Vorstellungskraft und Intuition werden auch in den kommenden Jahrzehnten noch weitaus wichtiger sein als Maschinen. Dennoch kann man damit rechnen, daß Computer das Kausalitätsverständnis unserer gesamten Kultur vertiefen, unseren Blick für die wechselseitigen Beziehungen der Dinge untereinander schärfen und uns dabei helfen werden, aus den zusammenhanglosen Einzeldaten, die uns umschwirren, sinnvolle »Ganzheiten« zu schaffen. Der Computer ist auf jeden Fall ein Gegengift gegen die »Signalkultur«.

Die »intelligente Umwelt« wird schließlich nicht nur unsere Fähigkeit zu analytischem Denken und zur Verarbeitung von Informationen verändern, sondern vielleicht auch die Biochemie unseres Gehirns. Experimente von David Krech, Marian Diamond, Mark Rosenzweig, Edward Bennett und anderen haben gezeigt, daß Tiere, die einer »angereicherten« Umgebung ausgesetzt sind, breitere Großhirnrinden, mehr Gliazellen, größere Neuronen, aktivere Neurotransmitter und ein besser durchblutetes Gehirn aufweisen als Tiere einer Kontrollgruppe. Kann es sein, daß wir unsere eigene Intelligenz steigern, je komplexer und intelligenter wir unsere Umwelt gestalten?

Donald F. Klein, Forschungsdirektor am New Yorker Psychiatrischen Institut und einer der führenden Neurologen der Welt, stellt folgende Spekulationen an: »Krechs Arbeit legt den Schluß nahe, daß die Fülle der Anregungen und die Aufnahmebereitschaft der frühkindlichen Umwelt zu den Variablen gehören, die die Intelligenz beeinflussen. Kinder, die sozusagen in einer ›dummen‹, das heißt wenig stimulierenden, armen, teilnahmslosen Umgebung aufwachsen, lernen sehr bald, kein Risiko einzugehen. Für Irrtümer gibt es nur wenig Raum, und es lohnt sich, vorsichtig, konservativ und nicht zu neugierig, ja sogar regelrecht passiv zu sein. Das Gehirn profitiert von keiner dieser Eigenschaften.

Kinder dagegen, die in einer gescheiten und engagierten, komplexen und anregenden Umwelt aufwachsen, können ganz andere Fähigkeiten entwickeln. Je mehr Kinder von ihrer Umgebung erwarten können, desto früher werden sie von ihren Eltern unabhängig. Sie können eine Art Selbstwertgefühl bezüglich ihrer Fertigkeiten und Kompetenzen entwickeln. Sie können sich Neugier, Entdeckerfreude und Phantasie sowie die Einstellung erlauben, daß die Probleme des Lebens lösbar sind. All dies kann Veränderungen im Gehirn selbst hervorrufen. Noch können wir darüber nur Vermutungen anstellen. Aber es ist nicht unmöglich, daß eine intelligente Umwelt dazu führen kann, daß sich bei uns neue Synapsen [Nervenübergangsstellen] und eine breitere Großhirnrinde bilden werden. Eine klügere Umgebung kann klügere Menschen hervorbringen.«

Die tiefere Bedeutung des Wandels, den die neue Infosphäre mit sich bringt, wird durch all diese Beispiele jedoch nur andeutungsweise erkennbar. Denn die Individualisierung der Medien und der parallel dazu stattfindende Aufstieg des Computers ändern gemeinsam unser soziales Gedächtnis.

Das soziale Gedächtnis

Es gibt rein persönliche oder private Erinnerungen sowie solche sozialen Charakters, die man mit anderen teilt. Ungeteilte, private Erinnerungen sterben mit dem Individuum. Soziale Erinnerungen leben weiter. Unsere bemerkenswerte Fähigkeit, »geteilte« Erinnerungen zu speichern und wieder hervorzuholen, ist das Geheimnis des evolutionären Erfolges der Spezies Mensch. Und alles, was den Aufbau, die Speicherkapazität und die Anwendungsbereiche unseres sozialen Gedächtnisses in einschneidender Weise ändert, berührt daher unmittelbar die ursprünglichen Quellen unseres Schicksals.

Zweimal hat die Menschheit in ihrer bisherigen Geschichte ihr soziales Gedächtnis revolutioniert. Mit der Errichtung der neuen Infosphäre befinden wir uns heute an der Schwelle einer weiteren solchen Transformation.

Am Anfang waren die Menschen dazu gezwungen, ihre »geteilten« Erinnerungen an der gleichen Stelle zu bewahren, wo auch ihr privates Erinnerungsvermögen ruhte — das heißt, in den Köpfen von Individuen. Stammesälteste, weise Männer und andere gaben diese Erinnerungen in Erzählungen, Liedern, Mythen und Legenden an ihre Kinder weiter. Wie man ein Feuer anzündet, wie man am besten Vogelschlingen legt, ein Floß zusammenbaut, Wasserbrotwurzeln stampft, einen Hakenpflug schärft oder Rinder versorgt — all diese angesammelten Gruppenerfahrungen wurden in menschlichen Neuronen, Gliazellen und Synapsen gespeichert.

Solange dies so blieb, blieb auch der Umfang des sozialen Gedächtnisses sehr begrenzt. Egal, wie gut sich die Älteren erinnerten, ganz gleich, wie denkwürdig ihre Lieder und Lektionen waren — es gab nichts anderes als den »Speicherraum« in den Gehirnen der Bevölkerung.

Die Zweite Innovationswelle zerschmetterte die Gedächtnisbarriere. Sie verbreitete allenthalben Lese- und Schreibkenntnisse. Sie führte systematisch Geschäftsbücher. Sie errichtete Bibliotheken und Museen und erfand den Aktenschrank. Sie verlagerte das soziale Gedächtnis auf Bereiche außerhalb des Gehirns, fand neue Speicherungsmethoden und ermöglichte ihm auf diese Weise, die ihm bis dahin gesetzten Grenzen zu sprengen.

Die Vergrößerung des Bestandes an kumulativem Wissen beschleunigte alle Innovationsprozesse und den sozialen Wandel. Die Kultur der Industriezivilisation veränderte und entwickelte sich mit bis dato unbekannter Geschwindigkeit.

Wir sind heute im Begriff, eine gänzlich neue Entwicklungsstufe des sozialen Gedächtnisses zu erreichen. Die radikale Individualisierung alter und die Erfindung neuer Medien, die Kartierung der Erde per Satellit, die Überwachung von Krankenhauspatienten mit Hilfe elektronischer Sensoren, die Speicherung von Firmenakten in Computern — minuziös registrieren wir alle gesellschaftlichen Aktivitäten. Wenn wir nicht die gesamte Erde — und mit ihr unser soziales Gedächtnis — in Brand stecken, dann werden wir in absehbarer Zeit eine Zivilisation mit einem fast totalen Erinnerungsvermögen geschaffen haben. Der Gesellschaft der Dritten Welle werden mehr und besser geordnete Informationen über sich selbst zur Verfügung stehen, als man noch vor einem Vierteljahrhundert ahnen konnte.

Der Übergang zum sozialen Gedächtnis der Dritten Welle ist allerdings nicht nur rein quantitativ zu sehen. Wir vermitteln auch gleichsam unserem Gedächtnis Leben.

Als das soziale Gedächtnis noch in menschlichen Gehirnen gespeichert wurde, war es permanenter Erosion ausgesetzt; es wurde wiederaufgefrischt, durcheinandergewirbelt und in immer neuen Kombinationen wieder zusammengefügt. Es war aktiv oder dynamisch und im wahrsten Sinne des Wortes »lebendig«.

Als die Industriezivilisation das soziale Gedächtnis dem menschlichen Gehirn entzog, wurde die Erinnerung zum Objekt. Sie manifestierte sich in Gebrauchsgegenständen, Büchern, Lohnstreifen, Zeitungen, Fotografien und Filmen. Aber ein Symbol blieb, sobald es erst einmal auf dem Papier stand, passiv oder statisch, ebenso wie ein Foto, sobald es auf den Film gebannt, oder eine Zeitung, sobald sie gedruckt war. Erst wenn diese Symbole wieder ein menschliches Hirn erreichten, wurden sie auch wieder lebendig und konnten von neuem manipuliert und rekombiniert werden. Zwar vergrößerte die Industriegesellschaft radikal den Gesamtbestand an sozialen Erinnerungen — aber sie fror ihn auch ein.

Der Sprung in die Infosphäre der Dritten Welle ist historisch nicht nur deshalb so aufregend, weil das soziale Gedächtnis erneut enorm erweitert wird, sondern auch weil es gleichsam von den Toten wiederaufersteht. Da der Computer Daten, die er speichert, auch verarbeiten kann, schafft er eine Situation, für die es in der Geschichte kein Beispiel gibt: Er macht das soziale Gedächtnis sowohl extensiv als auch aktiv. Diese Kombination wird sich als überaus dynamisch erweisen.

Die Aktivierung dieses erweiterten Gedächtnisses wird unverbrauchte, kulturelle Energien auslösen. Der Computer hilft uns nicht nur, einzelne Signale zu logisch verständlichen Realitätsmodellen zusammenzusetzen, er erweitert auch Grenzen des Möglichen. Keine Bibliothek, kein Aktenschrank konnte denken und schon gar nicht in unorthodoxen Bahnen. Der Computer dagegen kann von uns aufgefordert werden, »das Undenkbare« und bislang »Ungedachtes« zu denken. Er ermöglicht eine Flut neuer Theorien, Ideen, Ideologien, künstlerischer Erkenntnisse, technischer Fortschritte sowie wirtschaftlicher und politischer Innovationen, die in des Wortes eigenster Bedeutung bisher »undenkbar« oder unvorstellbar waren. Auf diese Weise beschleunigt er den historischen Wandel und treibt den für die Dritte Welle charakteristischen Trend zu sozialer Vielfalt weiter voran.

In allen bisherigen Gesellschaftsformen lieferte die Infosphäre die zwischenmenschlichen Kommunikationsmittel; die Dritte Welle vervielfacht sie. Aber sie bietet auch zum erstenmal in der Geschichte leistungsstarke Vorrichtungen, die die Kommunikation zwischen Maschinen untereinander und — was noch erstaunlicher ist — die Unterhaltung zwischen Menschen und ihrer »intelligenten Umwelt« ermöglichen. Wenn wir das so entstehende Gesamtbild aus einiger Distanz betrachten, wird deutlich, daß die Revolutionierung der Infosphäre mindestens so dramatisch ist wie die der Technosphäre.

Kapitel 15
Jenseits der Massenproduktion

Vor einiger Zeit mietete ich mir einen Wagen und fuhr von den schneebedeckten Höhen der Rocky Mountains auf kurvenreichen Straßen bergab, durchquerte die Hochebenen, und weiter ging's, bis ich endlich in Colorado Springs ankam. Dort begab ich mich bei strahlend blauem Himmel zu einem langen, niedrigen Gebäudekomplex, der neben der Straße lag und gegenüber den hochragenden Gipfeln unnatürlich klein wirkte.

Als ich das Gebäude betrat, fielen mir die Fabriken wieder ein, in denen ich einst gearbeitet hatte, das Geratter und Getöse, der Schmutz, der Rauch und all die unterdrückte Wut. Seit jenem Tag, da meine Frau und ich unsere manuelle Tätigkeit aufgegeben haben, sind wir »Fabrik-Voyeure«. Anstatt uns alte Kathedralen anzusehen und uns in den üblichen Touristenzentren neppen zu lassen, haben wir es uns auf all unseren Weltreisen zur Gewohnheit gemacht, Menschen bei der Arbeit zu beobachten. Nichts sagt uns nämlich mehr über ihre Kultur. Hier in Colorado Springs besuchte ich also wieder einmal eine Fabrik. Man hatte mir gesagt, es handle sich um einen der modernsten Fertigungsbetriebe der Welt.

Ich fand schnell heraus, warum. Fabriken wie diese bieten praktischen Anschauungsunterricht für das Zusammenwirken neuester Technologien mit modernsten Informationssystemen.

In diesem Betrieb der Firma Hewlett-Packard entstehen alljährlich elektronische Apparaturen im Wert von 100 Millionen Dollar — Kathodenstrahlröhren für Fernsehmonitoren und medizinische Geräte, Oszillographen, »Logikanalysatoren« zu Testzwecken und noch geheimnisvollere Dinge. Von den 1700 Beschäftigten sind 40 Prozent Ingenieure, Programmierer, Techniker, Büroangestellte und Manager. Sie arbeiten in einer großen, hohen Halle. Eine Wand besteht aus einem riesigen Panoramafenster, das einen imposanten Blick auf den Pike's Peak einfängt. Die anderen Wände sind hellgelb und weiß gestrichen. Der Boden, blitzsauber wie in einem Krankenhaus, ist mit hellem Kunststoff ausgelegt.

Die Angestellten bei H-P, von den Bürokräften bis zu den Computerspezialisten, vom Geschäftsführer bis zu Monteuren und Prüfern, arbeiten räumlich nicht voneinander getrennt, sondern in offenen Abteilungen. Anstatt einander anzubrüllen, um den Lärm von Maschinen zu übertönen, sprechen sie miteinander im normalen Umgangston. Da außerdem alle normale Alltagskleidung tragen, gibt es keine sichtbaren Rangunterschiede. Die in der Produktion Beschäftigten sitzen an Bänken oder Tischen, die größtenteils mit Efeu, Blumen oder anderen Pflanzen geschmückt sind, so daß man manchmal glaubt, man befände sich in einem Garten.

Ich stellte mir vor, wie es wäre, wenn ich ein paar von meinen alten Kumpels aus der Gießerei oder vom Fließband in der Autofabrik aus dem ganzen Radau und Schmutz, von der Knochenarbeit und der dazugehörigen rigiden, autoritären Disziplin wegzaubern und in diese neue Arbeitsatmosphäre versetzen könnte.

Sie kämen aus dem Staunen nicht mehr heraus. Ich bezweifle, daß H-P ein reines Arbeiterparadies ist, und meine Freunde im Overall würden sich auch nicht so leicht blenden lassen. Sie würden sich genauestens nach Bezahlung, Sozialleistungen, Schlichtungsverfahren usw. erkundigen. Sie würden fragen, ob die exotischen neuen Materialien, mit denen man in dieser Fabrik arbeitet, auch wirklich sicher sind und ob Umwelt- und Gesundheitsrisiken bestünden. Sie würden ganz richtig feststellen, daß es auch hier, trotz des zwanglosen Umgangstons, Befehlende und Befehlsempfänger gibt.

Dennoch würden meine alten Freunde vieles sehen, was gegenüber den ihnen bekannten Fabriken grundlegend anders ist. Sie würden zum Beispiel bemerken, daß die Angestellten bei H-P nicht alle gleichzeitig an den Stechuhren vorbei zu ihren Arbeitsplätzen hasten, sondern daß sie — innerhalb gewisser Grenzen — ihre Arbeit selbst bestimmen können. Sie können sich nach Lust und Laune frei im Betrieb bewegen. Meine Freunde würden staunen über die Freiheit, mit der die H-P-Angestellten — auch hier freilich innerhalb gewisser Grenzen — über ihr Arbeitstempo entscheiden, wie sie mit Managern und Ingenieuren sprechen können, ohne auf Status und Hierarchien Rücksicht nehmen zu müssen, wie sie anziehen können, was sie wollen — kurz, wie viele individuelle Freiheiten sie haben. Ich glaube, es würde meinen alten Kollegen schwerfallen, diesen Betrieb überhaupt als »Fabrik« zu bezeichnen.

Betrachtet man die Fabrik als Hort der Massenproduktion, ist diese Ansicht durchaus gerechtfertigt. Denn mit *Massen*produktion hat diese Anlage nicht mehr viel zu tun.

Mäusemilch und T-Shirts

Es ist inzwischen allgemein bekannt, daß in den »entwickelten« Ländern der Anteil der Arbeiter in Produktionsbetrieben während der letzten zwanzig Jahre zurückgegangen ist. (In den Vereinigten Staaten stellen heute nur neun Prozent der Gesamtbevölkerung — d. h. 20 Millionen Arbeiter — Waren für 210 Millionen Menschen her. Die übrigen 65 Millionen Arbeiter sind im Dienstleistungsgewerbe oder in der Informations-Industrie tätig.) Je schneller der Sektor der Produktionsgüterindustrie im industrialisierten Teil der Welt schrumpfte, desto mehr Fließbandarbeit wurde in sogenannte »Entwicklungsländer« ausquartiert — nach Algerien, Mexiko, Thailand und anderswohin. Die rückständigsten Industrien der Zweiten Welle werden also von den reichen Nationen wie rostige Gebrauchtwagen in die armen Länder exportiert.

Aus strategischen Gründen können es sich die reichen Nationen nicht leisten, die Fertiggüterproduktion gänzlich einzustellen. Reine »Dienstleistungsgesellschaften« oder »Informationsökonomien« werden sie gewiß nicht. Die Vorstellung einer Welt, in der der reiche Teil von »nichtmaterieller Produktion« lebt und der Rest mit der Herstellung materieller Güter beschäftigt ist, ist eine grobe Vereinfachung. Die reichen Nationen werden auch weiterhin wichtige Waren selbst produzieren — und dazu allerdings immer weniger Arbeitskräfte benötigen, da wir im Begriff sind, die gesamte Güterproduktion auf eine vollkommen neue Basis zu stellen.

Charakteristisch für den Produktionsprozeß der Zweiten Welle waren die langen »Serien« von Millionen identischer, genormter Waren. Der Produktionsprozeß der Dritten Welle dagegen zeichnet sich durch kleine Serien aus, die ganz oder teilweise auf individuelle Kundenwünsche zugeschnitten sind.

In der Öffentlichkeit assoziiert man heute noch Fabrikproduktion mit langen Fertigungsserien, und wir stellen natürlich immer noch Zigaretten, Textilien, Glühbirnen, Streichhölzer, Ziegelsteine und Zündkerzen in astronomischer Quantität her. Daran wird sich auch in Zukunft so schnell nichts ändern. Und dennoch sind diese Dinge eher die Produkte rückständiger Branchen als moderner Industrien.

In *Critique*, einer Zeitschrift für »Sowjetologie«, heißt es: »Während sich die weniger entwickelten Länder — das heißt solche mit einem jährlichen BSP zwischen 1000 und 2000 US-Dollar pro Kopf — auf die Herstellung von Massenproduktionsgütern konzentrieren, konzentrieren sich die meisten hochentwickelten Länder ... auf die Herstellung von kleinen Serien, Gütern, die von hochqualifizierten Arbeitskräften und ... hohen Forschungskosten abhängig sind: Computer, Spezialmaschinen, Flugzeuge, automatisierte Produktionssysteme, hochwertige Farben, pharmazeutische Produkte, hochgezüchtete Polymere und Kunststoffe.«

In Japan, Westdeutschland, den Vereinigten Staaten und sogar in der Sowjetunion läßt sich ein deutlicher Trend zu individualisierter Produktion unter anderem in der Elektro- und Chemie-Industrie, der Weltraumtechnik, der Elektronik, bei Spezialfahrzeugen und im Nachrichtenwesen beobachten. In der supermodernen Fabrik von Western Electric im Norden des US-Bundesstaates Illinois fertigen die Arbeiter über 400 verschiedene Schaltungen in Serien zwischen 2000 und zwei Stück pro Monat. Bei Hewlett-Packard in Colorado Springs sind kleine Serien von 50 bis 100 Einheiten bereits gang und gäbe.

Bei IBM, Polaroid, McDonnell Douglas, Westinghouse und General Electric in den Vereinigten Staaten, bei Plessey und ITT in Großbritannien, bei Siemens in der Bundesrepublik Deutschland oder bei Ericsson in Schweden ist die gleiche Verschiebung zugunsten kleiner Serien und maßgefertigter Produkte festzustellen. In Norwegen hat sich die Aker-Gruppe, ehemals verantwortlich für 45 Prozent aller im Land gebauten Schiffe, auf die Herstellung von Bohrinseln verlegt. Ergebnis: eine Umstellung von der Schiffs-»Serienproduktion« auf »maßgeschneiderte« Ölförderanlagen.

Die Firma Exxon ist nach Auskunft ihres Geschäftsführers R. E. Lee im Chemiebereich dabei, »bei Fertigprodukten — Polypropylen und Polyäthylen, extrudierten Kunststoffen für Rohre, Verschalungen usw. — auf kleine Serien überzugehen. Bei Paraminen arbeiten wir in zunehmendem Maße auf Bestellung.« Einige von diesen Serien seien so klein, fügt Lee hinzu, »daß wir sie ›Mäusemilch-Serien‹ nennen«.

Auch bei der Herstellung von militärischen Produkten denken die meisten Leute noch immer an »Masse«, obwohl man in Wirklichkeit längst davon abgekommen ist. Wir denken an Millionen gleichaussehender Uniformen, Helme und Gewehre, doch werden die meisten Ausrüstungsgegenstände für moderne Armeen längst nicht mehr in Massenproduktion hergestellt. Kampfflugzeuge können in kleinen Serien von etwa zehn bis 50 Einheiten produziert werden. Jedes einzelne dieser Flugzeuge kann je nach Einsatzzweck und Waffengattung modifiziert werden. Und aufgrund der geringen Auftragshöhe werden viele Einzelteile für diese Flugzeuge ebenfalls in kleinen Serien hergestellt.

Eine Untersuchung, die sich damit beschäftigte, wieviel das Pentagon für die Anschaffung von Endprodukten ausgibt, kam zu dem aufschlußreichen Ergebnis, daß von den 9,1 Milliarden Dollar für Güter, deren Produktionszahlen ermittelt werden konnten, 78 Prozent (7,1 Milliarden Dollar) auf solche Waren entfielen, die in Stückzahlen von unter hundert hergestellt wurden.

In einigen hochmodernen Industriezweigen werden zwar noch immer etliche Produkte in sehr großen Mengen hergestellt, doch handelt es sich dabei meistens um Einzelteile, die zur Verwendung in einer ganzen Reihe unterschiedlicher — und nur in kleinen Serien hergestellter — Endprodukte bestimmt sind.

Man achte nur einmal auf die unglaubliche Typenvielfalt der Fahrzeuge, die zum Beispiel über einen Highway in Arizona brausen, um zu sehen, wie aufgesplittert der ehemals relativ einheitliche Automarkt inzwischen ist. Selbst unsere technologischen Tyrannosaurier, die Automobilhersteller, haben sich murrend damit abgefunden, daß sie zumindest in Teilbereichen Sonderwünsche erfüllen müssen. Die großen Automobilwerke in Europa, den USA und Japan stellen inzwischen Einzelteile und größere Bauelemente in Massenproduktion her, die sie dann auf verschiedenste Weise zusammensetzen.

Oder sehen wir uns nur einmal das bescheidene T-Shirt an: Es wird in Massenproduktion gefertigt. Aber durch neuartige und billige Dampfdruckverfahren ist es wirtschaftlich geworden, geringe Stückzahlen mit Bildern oder Slogans zu bedrucken. Das Ergebnis ist eine wildwuchernde Hemdenpracht, deren Träger sich scherzhaft als Beethoven-Fans, Biertrinker oder »Porno-Star« ausgeben. Autos, T-Shirts und viele andere Produkte charakterisieren das Übergangsstadium zwischen Massenproduktion und individualisierter Produktion.

Der nächste Schritt wäre natürlich die vollständige »Maßfertigung« — d. h., die Herstellung von Einzelstücken. Und der Trend geht ganz eindeutig in diese Richtung: hin zu Produkten, die genau auf die individuellen Bedürfnisse der Kunden zugeschnitten sind.

Nach Robert H. Anderson, Leiter der Informationsabteilung bei der Rand Corporation und Experte auf dem Gebiet moderner Fabrikationsmethoden, »wird die Herstellung eines ›maßgefertigten‹ Produktes schon in naher Zukunft nicht schwieriger sein ... als es die Herstellung von Massengütern heute ist ... Wir haben das Stadium der Modularisierung verlassen, in dem man eine Menge von Einzelteilen herstellt und sie dann zusammensetzt, und bewegen uns nun auf das Stadium der unmittelbaren ›Maßschneiderei‹ wie bei Kleidungsstücken zu.«

Der Trend zur Fertigung nach Maß wird vielleicht am besten durch einen computergesteuerten Laser symbolisiert, der vor einigen Jahren in der Textilindustrie eingeführt wurde. Bevor mit der Zweiten Innovationswelle die Massenproduktion einsetzte, ging jemand, der ein Kleidungsstück brauchte, zum Schneider oder ließ es sich von seiner Frau nähen. In beiden Fällen handelte es sich um Handarbeit nach seinen individuellen Maßen. Jede Näharbeit war im Grunde Maßschneiderei.

Nach der Industriellen Revolution begannen wir identische Kleidungsstücke auf Massenbasis herzustellen. Der Arbeiter legte ein paar Schichten Stoff übereinander, darauf ein Muster, und schnitt dann mit einem elektrischen Messer dem Muster entsprechende identische Stücke aus. Diese wurden dann gleichartig weiterverarbeitet. Zum Schluß kamen in Größe, Form und Farbe identische Endprodukte heraus.

Die neue Laser-Maschine funktioniert nach radikal anderen Prinzipien. Sie schneidet nicht zehn, 50 oder sogar 500 Hemden- bzw. Jakkenteile auf einmal aus, sondern immer nur jeweils *ein* Stück. Und doch arbeitet sie schneller und billiger als die bisher benutzten Massenproduktionsverfahren und verringert dazu noch die Ausschußrate. Der Vorsitzende von Genesco, dem größten Bekleidungsproduzenten der Vereinigten Staaten, meint daher: »Die Laser-Maschinen können so programmiert werden, daß die Erfüllung eines Auftrags für ein einziges Kleidungsstück wirtschaftlich wird.« Das besagt, daß eines Tages möglicherweise sogar die Konfektionsgrößen verschwinden. Es ist vorstellbar, daß man dann einfach seine Körpermaße telefonisch durchgibt oder eine Videokamera auf sich selbst richtet und auf diese Weise seine Daten direkt in den Computer füttert. Dieser veranlaßt dann seinerseits die Maschine, das perfekt auf den Kunden zugeschnittene Kleidungsstück herzustellen.

Es geht bei dieser Entwicklung tatsächlich um »Maßschneiderei« auf einer hochtechnologischen Basis. Es ist die Wiederaufnahme eines Produktionssystems, das bereits vor der Industriellen Revolution in Blüte stand — nun allerdings auf der Grundlage modernster Technologie.

Der Schnappschuß-Effekt

Während einige Branchen von der Massenproduktion auf die Produktion kleinerer Serien übergehen, gibt es andere, die auch *dieses* Stadium bereits hinter sich lassen und die Maßfertigung rund um die Uhr zur Regel erheben wollen. Anstatt die Produktion zu Beginn und am Ende einer jeden kleinen Serie von neuem zu starten bzw. zu stoppen, ist man hier bald soweit, daß sich die Maschinen permanent selbst einstellen und ohne Unterbrechung weiterarbeiten können, obgleich sich jedes fertige Einzelstück vom nächstfolgenden unterscheidet. Mit einem Wort: Wir bewegen uns mit rasender Geschwindigkeit auf die maschinelle »Maßschneiderei« im 24-Stunden-Rhythmus zu.

Bisher weitgehend unbeachtet geblieben ist eine andere bedeutende Veränderung, durch die der Kunde viel direkter als je zuvor selbst in den Fertigungsprozeß einbezogen wird. In einigen Industriezweigen werden die Käufer schon sehr bald ihre Spezifikationen direkt in den Computer der Lieferfirma einspeisen können, der das Band kontrolliert. Je weiter sich diese Praxis verbreitet, desto schwieriger wird es, zwischen »Konsumenten« und »Produzenten« zu unterscheiden.

Während der Zweiten Welle war die Fabrikationsweise insofern kartesianisch, als die Produkte in Einzelteile zerlegt und dann sorgfältig zusammengesetzt wurden. Demgegenüber ist die Fabrikationsweise der Dritten Welle nach-kartesianisch oder »ganzheitlich«. Dies läßt sich am Beispiel häufig hergestellter Produkte wie der Armbanduhr illustrieren: Während Armbanduhren früher aus Hunderten von beweglichen Einzelteilen bestanden, werden heute genauere und verläßlichere Digitaluhren hergestellt, die überhaupt keine beweglichen Teile mehr haben. Ähnlich verhält es sich mit den modernen Panasonic-Fernsehgeräten, die nur noch aus halb so vielen Einzelteilen bestehen wie die Fernsehapparate zehn Jahre zuvor. Die winzigen, bei immer neuen Produkten verwendeten Mikroprozessoren ersetzen viele herkömmliche Bauelemente. Während die IBM-Selectric noch Hunderte von beweglichen Teilen besitzt, sind es bei der von Exxon entwickelten Schreibmaschine Qyx nur mehr eine Handvoll. Die Canon AE-1, eine bekannte Kleinbild-Kamera, hat 300 Teile weniger als ihre Vorgängerin. Dabei wurden allein 175 Teile durch einen einzigen Chip von Texas Instruments ersetzt.

Durch Intervention im Molekularbereich, mit Hilfe computerberechneter Baupläne und anderer moderner Fertigungsmethoden integrieren wir immer mehr Funktionen in immer weniger Teile und ersetzen damit eine Vielzahl einzelner Bausteine durch »Ganzheiten« *(wholes)*. Diese Entwicklung läßt sich mit der der Fotografie vergleichen: Anstatt eine Leinwand mit unzähligen Farbklecksen zu bearbeiten, »malt« der Fotograf sein Bild, indem er auf einen Knopf drückt. Der »Schnappschuß-Effekt« läßt sich nun auch in der Industrie beobachten.

Das Grundmuster wird deutlich: Weitreichende Veränderungen in Techno- und Infosphäre haben gemeinsam eine Änderung unserer Produktionsverfahren hervorgerufen. Die Entwicklung deutet auf die Überwindung der traditionellen Massengüterherstellung durch eine raffinierte Mischung aus Massen- und individualisierter Produktion hin. Das Endziel dieser Bemühungen ist klar: »Maßgeschneiderte« Güter, die in »ganzheitlichen« Produktionsprozessen rund um die Uhr hergestellt und in zunehmendem Maße direkt vom Kunden kontrolliert werden. Wir revolutionieren also die Tiefenstruktur der Produktion und lösen damit Veränderungsprozesse auf allen Ebenen des gesellschaftlichen Lebens aus.

Stirbt die Sekretärin aus?

In den reichen Nationen hat die Zahl der körperlich Arbeitenden immer mehr abgenommen, während der Bedarf an geistiger Arbeit gestiegen ist: Ideen, Patente, wissenschaftliche Formeln, Rechnungen, Reorganisationspläne, Akten, Dossiers, Marktforschung, Verkaufsvorlagen, Briefe, Grafiken, juristische Schriftsätze, Computerprogramme und tausend andere Daten und Symbolformen werden gebraucht. Das Anwachsen der technischen und administrativen Bereiche ist in vielen Ländern oft genug nachgewiesen worden, so daß wir hier auf Statistiken verzichten können. Einige Soziologen sehen sogar in der zunehmend abstrakten Produktion einen Beweis dafür, daß die Gesellschaft bereits das »post-industrielle« Stadium erreicht hat.

Tatsächlich ist die Sache jedoch komplizierter. Denn die Ausweitung des Bürosektors stellt eher eine Fortsetzung des Industrialismus dar — einen letzten Kamm der Zweiten Welle; sie bedeutet nicht unbedingt einen qualitativen Sprung in ein neues System. Zwar stimmt es, daß die Arbeit als solche abstrakter geworden ist, doch waren die

Büros, in denen diese Arbeit getan wurde, unmittelbar dem Fabrikmodell der Industriegesellschaft angeglichen. Die Arbeitsteilung war stark ausgeprägt, die Arbeit selbst eintönig, stumpfsinnig und entwürdigend. Noch heute ist die Anpassung des Büros an die Fabrik Ziel der meisten Reorganisationsversuche.

In dieser nachgemachten Fabrik schuf sich die Zweite Innovationswelle auch ein fabrikartiges Kastensystem. Die Arbeiterschaft in der Fabrik ist in Hand- und Kopfarbeiter aufgeteilt. Im Büro finden wir eine ähnliche Unterscheidung zwischen Beschäftigten in Bereichen mit »hohem« und solchen mit »niedrigem Abstraktionsgrad«. Auf der einen Seite stehen die »hoch-abstrakten« technokratischen Eliten: Wissenschaftler, Ingenieure und Manager, deren Zeit hauptsächlich mit Gesprächen, Konferenzen, Geschäftsessen, Diktaten, Telefonaten und Notizen oder anderen Formen des Informationsaustauschs ausgefüllt ist. Einer neueren Untersuchung zufolge verbringt ein Manager schätzungsweise 80 Prozent seiner täglichen Arbeitszeit mit 150 bis 300 »Informations-Transaktionen«.

Auf der anderen Seite stehen die Beschäftigten in Jobs mit »niedrigem Abstraktionsgrad« — das technische und administrative Proletariat sozusagen. Ihre Arbeit besteht wie die der Fabrikarbeiter aus endloser und tödlich langweiliger Routine. Diese Gruppe, hauptsächlich gewerkschaftlich nicht organisierte Frauen, hat allen Grund, über das Soziologengerede vom »Post-Industrialismus« zu lachen.

Heute befindet sich auch das Büro an der Schwelle zur Dritten Welle. Das industrielle Kastensystem, die alten Hierarchien und Strukturen des Bürobetriebs werden in Kürze vollkommen umgekrempelt werden.

Die Revolution, die durch die Dritte Welle ins Büro getragen wird, ist das Resultat mehrerer miteinander kollidierender Kräfte. Der Bedarf an Information ist so sprunghaft angestiegen, daß nicht einmal eine Armee von herkömmlichen kaufmännischen Angestellten, Stenotypistinnen und Sekretärinnen mit den anfallenden Problemen fertigwerden kann. Da zudem die Kosten für Schreibarbeiten verhängnisvoll gestiegen sind, wird eilends nach Mitteln und Wegen gesucht, um sie einzudämmen. (Bürokosten machen inzwischen in vielen Firmen 40 bis 50 Prozent aller Kosten aus, und es gibt Experten, die den finanziellen Aufwand für einen einzigen Geschäftsbrief unter Einfluß aller Nebenfaktoren auf 14 bis 18 Dollar schätzen.) Während heute hinter jedem amerikanischen Fabrikarbeiter Technologie im Wert von durchschnittlich 25000 Dollar steht, »arbeitet der Büroangestellte«, wie es ein Rank-Xerox-Vertreter ausdrückt, »mit alten Schreib- und Rechenmaschinen, die 500 oder 1000 Dollar wert sind, und gehört wahrscheinlich zu den am wenigsten produktiven Arbeitskräften der Welt«. Die »Produktivitätsrate« in den Büros ist im vergangenen Jahrzehnt um ganze vier Prozent gestiegen. In anderen Ländern sind die Bedingungen wahrscheinlich noch krasser.

Vergleichen wir damit die — gemessen an der Zahl der ausgeübten Funktionen — rapide sinkenden Computerkosten: Schätzungen zufolge ist die Produktivität des Computers innerhalb der letzten fünfzehn Jahre um das Zehntausendfache gestiegen, während die Kosten für einen einzelnen Arbeitsgang um das Hunderttausendfache gesunken sind. Steigende Kosten und stagnierende Produktivitätsraten auf der einen sowie die Fortschritte der Computertechnologie auf der anderen Seite lassen uns kaum noch eine Wahl. Wir stehen vor einem »Wort-Beben« *(word-quake)* ungeahnten Ausmaßes.

Das Hauptsymbol dieses Umbruchs ist eine elektronische Apparatur, die sich »Text-Verarbeiter« *(word-processor)* nennt. In amerikanischen Büros arbeiten bereits ungefähr 250000 dieser Geräte. Ihre Hersteller — unter ihnen Industriegiganten wie IBM und Exxon — wetteifern um einen Markt, der sich, wie sie glauben, schon bald auf zehn Milliarden Dollar im Jahr belaufen wird. Die Maschine, die bisweilen auch als »intelligente Schreibmaschine« *(smart typewriter)* oder als »Redaktionsmaschine« *(text-editor)* bezeichnet wird, ändert den Informationsfluß im Büro grundlegend, und mit ihm die Struktur der Arbeitsplätze.

Auf der Tagung der International Word Processing Association im Juni 1979 in Chicago inspizierten 20000 schwitzende Besucher der Ausstellungshalle ein aufregendes Arsenal neuer Maschinen: optische Abtaster, Schnellpressen, mikrografische Geräte, Fernkopierer, Computerterminals und dergleichen mehr. Das »papierlose Büro« von morgen stellte sich vor.

In Washington, D.C., hat ein Firmenberatungsunternehmen namens Micronet Inc. Maschinen von 17 verschiedenen Herstellern zu einem integrierten Büro zusammengeschlossen, in dem Papier »verboten« ist. Jedes eintreffende Dokument wird unverzüglich auf Mikrofilm aufgenommen und im Computer gespeichert. Dieses Anschauungs- und Schulungsbüro integriert Diktiergeräte, Mikrofilme, optische Abtaster und Videoterminals zu einem funktionierenden System. Ziel ist nach Larry Stockett, dem Vorsitzenden von Micronet, ein Büro der Zukunft, in dem es keine »Fehlablagen gibt, in dem Marketing-, Verkaufs-, Buchhaltungs- und Forschungsdaten immer auf dem neuesten Stand sind; in dem stündlich Hunderttausende von Seiten an Informationsmaterial für den Bruchteil eines Cent pro Seite reproduziert und weitergegeben werden; und in dem ... Informationen nach Belieben in gedruckte, digitale und fotografische Medien übertragen werden können«.

In einem konventionellen Büro der Industrieepoche wird ein Vermittler, das heißt, die Sekretärin gerufen, wenn ein Manager einen Brief oder ein Memorandum loswerden will. Zuerst schreibt sie den

Text auf einen Notizblock oder tippt einen Entwurf. Daraufhin wird die Nachricht korrigiert, um Irrtümer auszuschließen, und vielleicht ein paarmal abgeschrieben. Es folgt die Reinschrift. Ein Durchschlag oder eine Fotokopie wird gemacht. Das Original wird seinem Empfänger durch Boten oder per Post zugestellt. Das Duplikat wird abgeheftet. Ohne den ersten Schritt, das heißt den Entwurf der Nachricht, mitzurechnen, sind nacheinander fünf getrennte Arbeitsgänge erforderlich.

Moderne Maschinen ziehen diese fünf Arbeitsgänge zu einem einzigen zusammen.

Um ihre Funktionsweise kennenzulernen — und um meine Arbeit schneller voranzubringen — kaufte ich mir einen einfachen Computer und einen »Text-Verarbeiter« und schrieb damit die zweite Hälfte dieses Buches. Zu meiner Freude konnte ich nach einer einzigen kurzen Einweisung mit der Maschine umgehen. Schon nach ein paar Stunden war die Arbeit an ihr bereits Routine. Obwohl ich sie nun schon länger als ein Jahr benütze, bin ich immer wieder erstaunt über ihre Geschwindigkeit und ihre Leistung.

Heute tippe ich meine Kapitelentwürfe nicht mehr auf Papier, sondern gebe sie einem elektronischen Rechner ein, der sie auf einer Magnetplatte, der sogenannten *floppy disc*, speichert. Mein Text erscheint vor mir auf einem Bildschirm. Mit ein paar Knopfdrücken kann ich ihn sofort revidieren oder umstellen, ganze Abschnitte verschieben, Streichungen und Unterstreichungen sowie Ergänzungen vornehmen — bis ich die Version habe, die mir gefällt. Radieren, »tipp-exen«, Auseinanderschneiden und Kleben, Fotokopieren und mehrmaliges Abschreiben bleiben mir erspart. Sobald ich einen Entwurf korrigiert habe, drücke ich auf einen Knopf, und ein angeschlossener Drucker liefert mit atemberaubender Geschwindigkeit eine perfekte Endkopie.

Derartige Maschinen aber überhaupt zu so etwas Primitiven wie der Herstellung von Papierabzügen heranzuziehen, verstößt im Grunde gegen ihren Geist. Denn die eigentliche Schönheit des elektronischen Büros liegt nicht darin, daß es der Sekretärin das Abtippen und Korrigieren von Briefen erspart. Das automatische Büro kann diese Arbeitsgänge in Form elektronischer Informationseinheiten auf Magnetband oder -scheibe speichern. Schon in naher Zukunft werden Texte »elektronische Wörterbücher« durchlaufen, die automatisch Rechtschreibfehler verbessern. Wenn die Computer sowohl untereinander als auch mit dem Telefonsystem gekoppelt sind, kann die Sekretärin Briefe direkt auf den Drucker oder den Bildschirm der Empfänger übertragen. Die Geräte können somit gleichsam in einem einzigen Arbeitsgang ein Original aufnehmen, korrigieren, vervielfältigen, abschicken und »abheften«. Die Geschwindigkeit steigt, die Kosten fallen.

Die Folgen dieser Arbeits- und Zeitersparnis wirken weit über den eigentlichen Bürobereich hinaus. Wenn man diese Geräte mit Satelliten, Mikrowellen und anderen Fernmeldetechniken verbindet, kann man zum Beispiel auf die Post, jene überlastete, schlecht funktionierende, klassische Institution der Industriegesellschaft, verzichten. Überhaupt wird die Einrichtung elektronischer Postsysteme eine direkte Folge der Büro-Automatisierung sein. Der Briefträger wird ersetzt. In den Vereinigten Staaten bestehen schon heute 35 Prozent aller Inlandspost aus Geschäftsvorgängen: Rechnungen, Quittungen, Bestellungen, Bankauszügen, Schecks und ähnlichem. Große Mengen an Post werden nicht zwischen Einzelpersonen, sondern zwischen Organisationen verschickt. Die Verschärfung der Krise im Postwesen hat dazu geführt, daß immer mehr Firmen Alternativen zum Postsystem der Zweiten Innovationswelle gesucht und gefunden haben.

Basierend auf Fernschreibern, Bildübertragungsgeräten, »Wortverarbeitern« und Computerterminals, verbreitet sich das elektronische Postwesen in Windeseile, vor allem in den modernen Industriezweigen. Die neuen Satellitensysteme werden diesen Trend noch gewaltig verstärken.

IBM, Aetna Casualty and Surety und die (quasi regierungseigene Behörde für Fernmeldesatelliten) Comsat haben gemeinsam eine Gesellschaft namens Satellite Business Systems (SBS) gegründet, die andere Firmen mit integrierten Informationsdiensten versorgen soll. SBS plant, für ihre Kunden — wie zum Beispiel General Motors, Hoechst oder Toshiba — Satelliten in eine Erdumlaufbahn zu schicken. Mit Hilfe billiger Bodenstationen auf dem Gelände der einzelnen Zweigfirmen wird jeder Konzern über sein eigenes elektronisches Postsystem verfügen und damit das öffentliche Postwesen großenteils umgehen können.

Anstatt Papier zu transportieren, schickt das neue System elektronische Impulse auf die Reise. Schon heute, so bemerkt Vincent Giuliano von der Arthur D. Little Research Organization, ist die Elektronik auf vielen Gebieten das »heiße« Medium. Es ist der elektronische Impuls, der eine geschäftliche Transaktion bewerkstelligt. Eine papierne Rechnung, eine Quittung oder eine schriftliche Erklärung folgen nur noch als Bestätigung. Wie lange Papier überhaupt noch gebraucht wird, ist strittig.

Nachrichten und Dossiers werden geräuschlos und unverzüglich übertragen. Die Bildschirme der Terminals, von denen es in jeder größeren Organisation Tausende gibt, flimmern auf jedem Tisch. Informationsströme jagen via Satellit durchs All, um im Büro- oder Heimterminal eines Managers auf der anderen Seite des Erdballs aufgefangen zu werden. Computer verbinden die Datenbänke verschiedener Konzerne untereinander. Manager können Informationen aus Hunderten von außerbetrieblichen Datenspeichern, wie zum Beispiel der *New York Times Information Bank*, abrufen.

Wie weit die Entwicklung in dieser Richtung geht, bleibt abzuwarten. Zu glatt, zu konturenlos ist die Vorstellung vom Büro der Zukunft, um real zu sein, denn schon die partielle Einführung elektronischer Büros wird weltweit soziale, psychologische und wirtschaftliche Konsequenzen ungeahnten Ausmaßes nach sich ziehen.

Zunächst werden der Sekretärin zahlreiche Aufgaben abgenommen werden. Selbst Maschineschreiben wird in den Büros von morgen überflüssig sein, sobald erst einmal Spracherkennungs-Technologien eingeführt sind. Bis dahin müssen allerdings Nachrichten zur Erfassung und Übertragung noch getippt werden. Doch in nicht allzu langer Zeit werden Diktiergeräte, die auf den Tonfall des jeweiligen Benutzers abgestimmt sind, Laute in Schrift umwandeln und somit den gesamten Tippvorgang erübrigen.

Giuliano meint: »Die alte Technologie war umständlich und brauchte daher eine Stenotypistin. Als wir noch auf Tontäfelchen schrieben, brauchten wir Schreiber, die wußten, wie man Ton brennt und Zeichen darauf ritzt. Schreiben blieb wenigen vorbehalten. Heute nennen wir unsere Schreiber Stenotypistinnen. Sobald aber die Technik Methoden entwickelt, mit denen sich eine Nachricht leichter festhalten, korrigieren, aufbewahren, abrufen, verschicken und kopieren läßt, werden wir alle diese Dinge selber tun ... genauso, wie wir selber schreiben und reden. Sobald die Umstandskrämerei entfällt, brauchen wir keine Stenotypistinnen mehr.«

Viele Experten in der »wortverarbeitenden Industrie« hegen die Hoffnung, daß die Sekretärin der Zukunft anspruchsvollere Aufgaben übernehmen wird, während die Manager, wenigstens solange das Maschineschreiben noch nicht vollkommen abgeschafft ist, einen Teil der Tipparbeit übernehmen. Als ich bei der *International Word Processing*-Konferenz eine Rede hielt, fragte man mich, ob meine Sekretärin meine Maschine benutze. Als ich sagte, daß ich meine Manuskripte selber tippe und daß meine Sekretärin kaum in die Nähe meiner Computer-Maschine komme, bekam ich Beifall aus dem Publikum. Die Leute träumen von dem Tag, an dem in einer Zeitung Stellenanzeigen wie die folgende erscheinen:

> Internationales Unternehmen sucht: Stellvertreter des Direktors.
> Verantwortungsbereich betrifft
> Koordinierung des Finanzwesens, Marketing, Produktentwicklung in verschiedenen Abteilungen.
> Gründliche Erfahrung im Management Voraussetzung.
> Bewerbungen mit den üblichen Unterlagen bitte an ...
> MASCHINENSCHREIBEN ERFORDERLICH.

Man wird allerdings damit rechnen müssen, daß Manager etwas dagegen haben werden, sich die Finger schmutzig zu machen, so wie sie ja auch etwas dagegen haben, sich ihren Kaffee selber zu kochen. Ihr Widerstand gegen das Tippen wird um so hartnäckiger sein, da sie wissen, daß die Einführung von Geräten zur Spracherkennung kurz bevorsteht und sie dann unmittelbar der Maschine diktieren können.

Wie dem auch sei — fest steht, daß die Dritte Welle, wenn sie mit den Systemen der Zweiten Welle kollidiert, in den Büros Furcht und Unruhe hervorrufen wird. Neue Organisationsformen und neue Strukturen werden entstehen. Manche werden auch eine Art Wiedergeburt in neuen Karrieren mit neuen Chancen erfahren. Die neuen Systeme werden auch die alten Privilegien des Managements, die Hierarchien und die sexuelle Rollenverteilung in Frage stellen.

Die Ansichten derer, die steif und fest behaupten, daß Millionen von Arbeitsplätzen ganz einfach verschwinden (bzw. daß die Sekretärinnen von heute auf das Niveau mechanischer Sklaven reduziert werden), stehen im krassen Gegensatz zu der optimistischeren, vor allem in Kreisen der »wortverarbeitenden Industrie« verbreiteten Meinung, die zum Beispiel von Randy Goldfield, Direktorin bei Booz Allen Research, vertreten wird. Nach Frau Randfield werden Sekretärinnen keinesfalls zu geistloser Routinearbeit degradiert, sondern in einigen Berufszweigen zu »Co-Direktoren« avancieren und am Entscheidungsprozeß, von dem sie bislang weitgehend ausgeschlossen waren, mitwirken.

Ich halte es für wahrscheinlicher, daß sich eine tiefe Kluft bilden wird zwischen Angestellten, die in verantwortungsvolle Positionen aufsteigen, und den Absteigern, die schließlich völlig verdrängt werden.

Was wird mit diesen Leuten — und mit der Wirtschaft ganz allgemein — geschehen? Während der fünfziger und sechziger Jahre, als Automatisierung erstmals aufs Tapet kam, sagten Wirtschaftsfachleute und Gewerkschaftler in vielen Ländern hohe Arbeitslosenziffern voraus. Statt dessen nahm die Zahl der Beschäftigten in den hochtechnisierten Nationen noch zu. Der wachsende Sektor der Angestellten- und Dienstleistungsberufe nahm auf, was in der Produktionsgüterindustrie frei wurde. Aber wenn die Schrumpfung auf dem einen Sektor weitergeht und die Belegschaften der Büros gleichzeitig in die Mangel geraten — wo werden dann die Jobs der Zukunft herkommen?

Keiner kann das momentan sagen. Die Vorhersagen und das umfangreiche Beweismaterial widersprechen sich. Versuche, Mechanisierungs- und Automatisierungs-Investitionen mit dem Beschäftigungsstand in den Fabriken in Zusammenhang zu bringen, zeigen, wie es die Londoner *Financial Times* ausdrückt, »einen fast totalen Mangel an Korrelation«. Zwischen 1963 und 1973 hatte Japan von allen sieben Ländern, die man einer vergleichenden Studie unterzog, die höchste Investitionsrate auf dem Gebiet der modernen Technologien und die höchste Wertzuwachsrate. Es verfügte gleichfalls über den höchsten Beschäftigungsstand. England dagegen, wo die Investitionen für neue Maschinen am niedrigsten waren, wies den größten *Verlust* an Arbeitsplätzen auf. Die Amerikaner machten ungefähr die gleichen Erfahrungen wie die Japaner, während die Entwicklung in Schweden, Frankreich, Westdeutschland und Italien bemerkenswert individuelle Züge trug.

Selbstverständlich reflektiert der Beschäftigungsstand nicht einfach den technischen Fortschritt. Er ist nicht nur vom jeweiligen Automatisierungsgrad der Wirtschaft abhängig, sondern ergibt sich aus einer Vielzahl einander beeinflussender politischer Maßnahmen.

In den kommenden Jahren kann sich die Situation auf dem Arbeitsmarkt durchaus dramatisch zuspitzen. Aber dies wird nicht nur dem Computer zuzuschreiben sein.

Gewiß ist, daß sowohl im Büro wie in der Fabrik in den nächsten Jahrzehnten revolutionäre Veränderungen bevorstehen. Die doppelte Revolution im Arbeiter- bzw. Angestelltenbereich summiert sich zu nichts geringerem als einem völlig neuen Produktionssystem, das nicht nur den Beschäftigungsstand und die Industriestruktur berührt, sondern auch die Verteilung politischer und wirtschaftlicher Macht, die Größe unserer Arbeitseinheiten, die internationale Arbeitsteilung, die Rolle der Frau in der Wirtschaft und die Trennung von Produzent und Konsument. Auch auf die Frage, *wo* wir in Zukunft arbeiten werden, ergeben sich neue Antworten.

Kapitel 16
Das elektronische Heim

Das neue Produktionssystem fördert nicht nur kleinere Arbeitseinheiten, es erlaubt nicht nur die Dezentralisierung und De-Urbanisierung der Produktion, es ändert nicht nur den Charakter der Arbeit als solcher — sondern es wird vielleicht auch Millionen von Arbeitsplätzen wieder aus den Fabriken und Büros dahin zurückverlegen, wo sie sich ursprünglich befanden: in die eigenen vier Wände.

Noch vor dreihundert Jahren hätte allenfalls ein Verrückter angesichts schwer arbeitender Bauern geglaubt, daß der Tag nicht mehr fern sei, an dem die Felder sich entvölkern und die Menschen in großen Scharen in die städtischen Fabriken ziehen würden, um dort ihr Brot zu verdienen. Und nur ein Verrückter hätte recht behalten. Doch wer hat heute schon den Mut zu sagen, daß vielleicht noch zu unseren Lebzeiten große Fabriken und Bürohochhäuser halbleer herumstehen und nur noch als gespenstische Lagerhäuser, bestenfalls aber als Wohnraum dienen werden? Aber genau darauf laufen die neuen Produktionsmethoden hinaus. Mit der Rückkehr zur »Heimindustrie« auf einer modernen, elektronischen Basis wird auch die Wohnung als Mittelpunkt des gesellschaftlichen Lebens wieder aufgewertet.

Die Behauptung, daß Millionen von uns schon bald zu Hause bleiben können anstatt ins Büro oder in die Fabrik zu gehen, fordert massiven Widerstand heraus. Und es gibt eine ganze Menge vernünftiger Gründe für diese Skepsis: »Die Leute wollen gar nicht zu Hause arbeiten, selbst wenn sie könnten. Schauen Sie doch all die Frauen an, die darum kämpfen, aus dem Haus *heraus* zu kommen und eine Stellung zu finden!« — »Wie kann man irgendeine Arbeit erledigen, wenn einem die Kinder dauernd in die Quere kommen?« — »Wenn kein Boß da ist, der ihnen auf die Finger schaut, werden die Leute gar keine Lust zum Arbeiten haben!« — »Die Leute brauchen direkten Kontakt miteinander, um das Vertrauen und Selbstbewußtsein zu entwickeln, ohne die es nun einmal nicht geht!« — »Das Durchschnittshaus ist dafür schon architektonisch nicht geeignet.« — »Was wollen Sie damit sagen? Ein kleiner Hochofen im Parterre?« — »Und wie stellen Sie sich das in reinen Wohngebieten vor, und was ist, wenn der Hauswirt etwas dagegen hat?« — »Die Gewerkschaften werden da nicht mitmachen!« — »Und das Finanzamt? Die Behörden interessieren sich ohnehin immer mehr für die Heimarbeit.« — Und schließlich: »Was, ich soll den ganzen Tag zu Hause bei meinem Ehegespons bleiben?«

Selbst der alte Karl Marx würde die Stirn runzeln. Heimarbeit ist seiner Ansicht nach eine reaktionäre Produktionsform; er meinte, die Agglomeration der Arbeiter in den Fabriken sei eine notwendige

Bedingung für die gesellschaftliche Arbeitsteilung. Kurzum, es gab und gibt viele Gründe (und Pseudogründe) dafür, die ganze Idee für albern zu halten.

Hausaufgaben

Allerdings gab es vor dreihundert Jahren ebenso gute Gründe für die Annahme, daß die Menschen niemals Haus und Hof verlassen würden, um in Fabriken zu arbeiten. Schließlich hatten sie und ihre Vorfahren zehntausend — und nicht bloß dreihundert — Jahre lang auf dem Land gelebt und gearbeitet. Die Familienstruktur, die Kindererziehung und die Persönlichkeitsbildung, die Eigentums- und Machtverhältnisse, die Kultur und der tägliche Kampf ums Dasein — all das war wie mit tausend unsichtbaren Ketten an den heimischen Herd und die Scholle gebunden. Und doch wurden diese Ketten gesprengt, sobald ein neues Produktionssystem aufkam.

Heute stehen wir vor einer ähnlichen Situation. Während des Übergangs vom Produktionssystem der Zweiten zu dem der Dritten Welle verringert sich zunächst die Zahl der Arbeiter, die tatsächlich mit »greifbaren« Gegenständen zu tun haben. Das bedeutet, daß sogar in der Produktionsgüterindustrie immer mehr Arbeit anfällt, die — bei entsprechendem Einsatz von Telekommunikationsmitteln und anderen modernen Apparaturen — überall erledigt werden kann, selbst im eigenen Wohnzimmer.

Dabei handelt es sich keineswegs um Science-fiction-Phantasien. Die Umstellung von der Herstellung elektromechanischer Schalter für die Telefongesellschaft auf die Produktion elektronischer Schalter veränderte bei Western Electric auch die Zusammensetzung der Belegschaft: Vor der Umstellung betrug in dem modernen Zweigwerk in Nord-Illinois das Verhältnis zwischen Arbeitern auf der einen und technischem bzw. administrativem Personal auf der anderen Seite 3:1; heute hat die *Hälfte* der 2000 dort Beschäftigten mit Informationen statt mit Gegenständen zu tun. Ein Großteil ihrer Arbeit könnte zu Hause erledigt werden. Dom Cuomo, der technische Direktor, sagt unumwunden: »Wenn Sie die Ingenieure mit einbeziehen, dann könnte schon mit der *gegenwärtigen* Technologie 10 bis 25 Prozent von dem, was wir hier tun, zu Hause gemacht werden.«

Cuomos Manager, Gerald Mitchell, geht sogar noch weiter: »Insgesamt könnten 600 bis 700 von unseren 2000 Mitarbeitern *jetzt*, mit der uns gegenwärtig zur Verfügung stehenden Technologie, zu Hause arbeiten. Und in fünf Jahren könnten es noch viel mehr sein.«

Diese Schätzungen aus informierter Quelle sind denen Dar Howards, Produktionsleiter bei der Hewlett-Packard-Gruppe in Colorado Springs, recht ähnlich. »Wir haben 1000 Beschäftigte im eigentlichen Produktionssektor. Von der Technologie her könnten ca. 250 von ihnen zu Hause arbeiten. Die Logistik wäre schwierig, aber die Werkzeugausstattung oder die Finanzen wären kein Hinderungsgrund. Im Forschungs- und Entwicklungsbereich könnten zwischen 50 und 75 Prozent der Angestellten zu Hause arbeiten, wäre man bereit, entsprechend in [Computer-]Terminals zu investieren.« Bei Hewlett-Packard wären dies weitere 350 bis 520 Beschäftigte.

Unterm Strich kommt dabei heraus, daß 30 bis 50 Prozent der Belegschaft dieses modernen Betriebs den überwiegenden Teil, wenn nicht sogar ihre gesamte Arbeit, zu Hause erledigen könnten, vorausgesetzt, man entschlösse sich, die Produktion auf diese Weise zu organisieren. Die Herstellungsverfahren der Dritten Welle setzen — Marx hin oder her — keineswegs voraus, daß 100 Prozent aller Werktätigen in den Fabriken zusammengedrängt werden.

Nicht nur in der elektronischen Industrie oder in Großkonzernen kursieren solche Berechnungen. Nach Peter Tattle, dem Vizepräsidenten der Ortho Pharmaceutical (Canada) Ltd., lautet die Frage heute nicht mehr: »Wie vielen kann man erlauben, zu Hause zu arbeiten?« sondern eher: »Wie viele *müssen* noch im Büro oder in der Fabrik arbeiten?« Von den 300 Beschäftigten in seiner Fabrik sagt Tattle: »75 Prozent könnten zu Hause arbeiten, wenn wir die notwendige Kommunikationstechnologie zur Verfügung stellen würden.« Was in der elektronischen und pharmazeutischen Industrie gilt, gilt mit Sicherheit auch für andere moderne Branchen.

Und wenn schon jetzt so viele im Produktionsbereich Beschäftigte ihren Arbeitsplatz ins eigene Heim verlegen könnten, dann dürfte dies erst recht auf das administrative und technische Personal zutreffen.

Handelsvertreter und -vertreterinnnen, die per Telefon oder Hausbesuch arbeiten und nur noch gelegentlich im Büro auftauchen, erledigen schon jetzt einen nennenswerten Teil ihrer Arbeit von ihrer Wohnung aus. Das gleiche gilt für Architekten und Designer, für die immer größer werdende Schar spezialisierter Berater in vielen Industriezweigen, für eine große Anzahl von Beschäftigten im Sozialbereich, wie zum Beispiel Therapeuten und Psychologen, für Musik- und Sprachlehrer, Kunsthändler, Investitionsberater, Versicherungsagenten, Rechtsanwälte und Wissenschaftler sowie für viele andere Kategorien von Freiberuflern.

Die aufgeführten Sparten gehören überdies zu den Berufsfeldern mit den höchsten Wachstumsraten, und wenn plötzlich Technologien verfügbar werden, die den Aufbau einer kostengünstigen »Arbeitsstation« in den eigenen vier Wänden ermöglichen — also vielleicht eine »intelligente« Schreibmaschine mit einem Bildübertragungsgerät oder eine Computertruhe samt Vorrichtung für Telekonferenzen —, dann werden die Möglichkeiten für Heimarbeit drastisch erweitert.

Wer wird der erste sein, der mit Hilfe solcher Ausrüstungen den

Schritt zur Dezentralisierung wagt und die Arbeit ins elektronische Heim verlegt? Zwar wäre es ein Fehler, das Bedürfnis nach direktem Kontakt von Angesicht zu Angesicht und die unterbewußte und wortlose Kommunikation, die diesen Kontakt begleitet, in ihrer Bedeutung für das Geschäftsleben zu unterschätzen, wahr ist jedoch, daß eine Reihe von Aufgaben Außenkontakte überhaupt nicht und wenn, dann nur in gewissen Abständen, erfordert.

Administrative Arbeiten mit »niedrigem Abstraktionsgrad« — Datenspeicherung, Tippen, Wiederabrufen von Daten, Abrechnungen, Ausstellung von Rechnungen usw. — erfordern nur wenige direkte Kontakte. Sie könnten am leichtesten in das elektronische Heim verlegt werden. Berufsgruppen mit »ultrahohem Abstraktionsgrad« — wie zum Beispiel Forscher, Wirtschaftswissenschaftler, politische Berater, Organisationsplaner — brauchen *sowohl* unmittelbaren Kontakt mit Kollegen *als auch* Zeit für eigenständige Arbeit. Sogar Händler müssen sich ab und zu zurückziehen, um ihre »Hausaufgaben« zu machen.

Nathaniel Samuels, Chefberater der Investmentbank Kuhn-Loeb der Lehmann-Brothers, stimmt dem zu. Er, der 50 bis 75 Tage jährlich zu Hause arbeitet, behauptet, daß »die zukünftige Technologie die Summe der ›Heimarbeit‹ erhöhen wird«. Viele Firmen beharren schon längst nicht mehr so nachhaltig wie früher darauf, daß die Arbeit im Büro gemacht wird. Als bei Weyerhaeuser, einem Großbetrieb aus der Holzverarbeitenden Industrie, unlängst ein Papier über Personalführung erstellt werden sollte, trafen sich der stellvertretende Direktor R. L. Siegel und drei seiner Mitarbeiter fast eine ganze Woche lang täglich bei ihm zu Hause, bis sie einen Entwurf ausgearbeitet hatten. »Wir meinten, wir müßten woanders arbeiten, um nicht dauernd abgelenkt zu werden«, sagt Siegel. »Die Heimarbeit paßt ganz gut zu unserer Umstellung auf gleitende Arbeitszeit«, fügt er hinzu. »Worauf es ankommt, ist, daß die Arbeit erledigt wird. Es ist uns egal, *wo* das geschieht.«

Nach dem *Wall Street Journal* steht Weyerhaeuser nicht allein. »Auch viele andere Firmen lassen ihre Angestellten zu Hause arbeiten«, berichtet die Zeitung. Zu diesen Firmen zählen unter anderen United Airlines, deren Public-Relations-Chef seinen Mitarbeitern gestattet, bis zu zwanzig Tagen pro Jahr zu Hause Schreibarbeiten zu erledigen. Sogar McDonald's, dessen niedere Dienstränge die Hamburger-Restaurants bemannen, fördert beim hohen Management die Heimarbeit.

»Braucht man überhaupt noch ein Büro?« fragt Harvey Poppel von Booz Allen & Hamilton. In einem unveröffentlichten Ausblick auf die Zukunft vertritt Poppel die Ansicht, daß »in den neunziger Jahren die Kapazitäten der Zweiwege-Kommunikation weit genug entwickelt sein werden, um die Heimarbeit zu einer weitverbreiteten Praxis zu machen.« Seine Meinung wird von vielen anderen Forschern unterstützt, z. B. von Robert F. Latham, einem für langfristige Entwicklungen zuständigen Planer bei Bell Canada in Montreal. Nach Latham wird die Anzahl der Menschen, die zu Hause oder in örtlichen Arbeitszentren arbeiten, zunehmen, je mehr Jobs es im Informationswesen gibt und je besser die Kommunikationsmittel werden.

Hollis Vail, Industrieberater beim amerikanischen Innenministerium, behauptet, daß Mitte der achtziger Jahre »der Schwerpunkt der Textverarbeitung in Privathaushalten liegen könnte«. In einem von ihm geschriebenen Szenario kommt eine Sekretärin namens »Jane Adams« vor, die bei einer »Afgar-Company« angestellt ist, zu Hause arbeiten kann und ihren Chef nur noch ab und zu »bei Büroparties« sieht und um »über anstehende Probleme zu reden«.

Auch das Institute for the Future (IFF) teilt diesen Standpunkt. Schon 1971 befragte es 150 Experten aus »führenden« Unternehmen, die sich mit den neuen Informationstechnologien beschäftigen, und stellte daraufhin fünf Arbeitskategorien auf, die in die eigenen vier Wände verlagert werden könnten.

Mit den geeigneten Geräten könnten nach den Forschungen des IFF viele der gegenwärtigen Aufgaben der Sekretärin »zu Hause genausogut wie im Büro erledigt werden. Ein solches System würde den Arbeitsmarkt erweitern, da es verheirateten Sekretärinnen ermöglicht, sich zu Hause um ihre Kinder zu kümmern und gleichzeitig weiterzuarbeiten ... Es gibt keinen überzeugenden Grund dafür, daß eine Sekretärin nicht in vielen Fällen ein Diktat zu Hause aufnehmen und den Text in ein in ihrer Wohnung installiertes Terminal eingeben könnte, das dann im Haus oder im Büro des Autors für eine saubere Abschrift sorgt.«

Dazu kommt laut IFF außerdem, daß »viele Aufgaben von Ingenieuren, Technischen Zeichnern und anderen Angestellten ebensogut zu Hause erledigt werden können wie im Büro — oder sogar noch besser. In Großbritannien zum Beispiel gibt es bereits eine Gesellschaft namens F. [für: Freelance] International Ltd., die 400 Teilzeit-Programmierer beschäftigt hat, von denen bis auf wenige Ausnahmen alle in ihren eigenen Wohnungen arbeiten. Die Firma, die Programmierer-Teams für die Industrie zusammenstellt, hat ihr Betätigungsfeld mittlerweile auf Holland und Skandinavien ausgedehnt und zählt Großkonzerne wie British Steel, Shell und Unilever zu ihren Kunden. »Programmieren in der eigenen Wohnung«, so schreibt der *Guardian,* »ist die Heimarbeit der achtziger Jahre.«

In der Dritten Welle lassen sich nach Auskunft eines Forschers immer mehr Firmen lediglich als »Leute, die sich um einen Computer drängeln« beschreiben. Stellt man die Computer in ihren Wohnungen auf, so brauchen sie sich nicht mehr zu drängeln.

Die Schwierigkeiten beim Transfer der Arbeit aus Fabrik und Büro ins eigene Heim sollten nicht unterschätzt werden. Motivations- und Managementprobleme sowie Fragen, die sich durch firmeninterne und soziale Neuorganisation ergeben, werden die Übergangszeit verlängern und vielleicht auch unangenehme Begleiterscheinungen mit sich bringen. Auch läßt sich nicht in jedem Fall direkte Kommunikation umgehen. Einige Tätigkeiten, besonders solche, bei denen Kreativität eine große und Routine-Entscheidungen gar keine Rolle spielen, erfordern unmittelbaren persönlichen Kontakt.

Tele–Pendler

Trotz allem wird die Einrichtung des elektronischen Heims von starken Kräften gefördert. Am deutlichsten tritt dies zutage, wenn man die Kosten für Verkehrsmittel und Fernmeldetechnik gegeneinander aufrechnet. Die meisten Industrienationen erleben zur Zeit eine Krise ihrer Verkehrssysteme: Die Massentransportmittel sind völlig überlastet, Straßen und Autobahnen verstopft, Parkplätze rar; Luftverschmutzung ist ein ernstes Problem, Streiks und Betriebsstörungen sind zur Routine geworden.

Die eskalierenden Kosten der Massenverkehrsmittel trägt der einzelne Arbeitnehmer. Indirekt betreffen sie aber auch den Arbeitgeber, der höhere Löhne, und den Verbraucher, der höhere Preise zahlen muß. Jack Nilles und ein von der National Science Foundation gefördertes Team haben ausgerechnet, wieviel Geld und Energie gespart werden könnten, wenn ein wesentlicher Teil der Arbeitsplätze, die heute auf die Bürohäuser der Innenstädte konzentriert sind, »ausgelagert« würde. Die Nilles-Gruppe ging nicht davon aus, die Arbeitsplätze in die eigenen vier Wände der Angestellten zu verlegen, sondern bediente sich eines Modells, das man das »Haus-auf-halbem-Wege« nennen könnte. Dieses Modell verteilt die Arbeitsplätze auf Nachbarschaftszentren in der Nähe der Angestelltenwohnungen.

Die Ergebnisse der Untersuchung sind brisant: Das Nilles-Team fand heraus, daß jeder einzelne einer Gruppe von 2048 Versicherungsangestellten in Los Angeles im Durchschnitt 21,4 Meilen pro Tag auf dem Weg zum und vom Arbeitsplatz zurücklegte (gegenüber einem nationalen Durchschnitt von 18,8 Meilen für städtische Arbeitnehmer). Je höher die Position des einzelnen in der Firmenhierarchie, desto länger sein Weg zur Arbeit: Die führenden Manager kamen auf einen Durchschnitt von 33,2 Meilen. Insgesamt legten die befragten Arbeitnehmer im Jahr 12 400 000 Meilen zurück. Die Anzahl der Stunden, die sie damit verbrachten, ergibt zusammen fast ein halbes Jahrhundert.

Bei den Preisen von 1974 kostete jede Meile 22 Cent. Die sich daraus ergebende Gesamtsumme beträgt 2 730 000 Dollar, für die indirekt die

Firma und ihre Kunden aufkommen mußten. Nilles fand heraus, daß die in den Vorstädten lebenden Angestellten des Unternehmens jährlich durchschnittlich 520 Dollar mehr erhielten als ihre Kollegen in »ausgelagerten« Betrieben. Im Grunde handelte es sich dabei um eine »Subvention der Transportkosten«. Die Firma stellte überdies Parkplätze und andere kostspielige Dienstleitungen zur Verfügung, die aufgrund der zentralen Lage notwendig waren. Wenn wir nun annehmen, daß beispielsweise eine Sekretärin um die 10 000 Dollar im Jahr verdient, dann hätte die Eliminierung der Transportkosten der Firma erlaubt, entweder fast 300 Mitarbeiter mehr einzustellen oder aber einen erheblich höheren Profit zu erzielen.

Die Schlüsselfrage ist, wann der Punkt erreicht wird, an dem die Kosten für Einrichtung und Betrieb eines Telekommunikationssystems unter die Marge der heutigen Kosten für den Berufsverkehr fallen. Während Benzin- und andere Beförderungskosten in ungeahnte Höhen schnellen, sinken die Preise für Telekommunikationsmittel spektakulär.*) Irgendwann müssen sich die Kurven schneiden.

Aber dies sind beileibe nicht die einzigen Kräfte, die uns mit sanfter Gewalt zu einer Streuung der Produktionsstätten veranlassen und uns letztlich das elektronische Heim der Zukunft bescheren werden. Das Nilles-Team fand heraus, daß der durchschnittliche Benzinverbrauch eines amerikanischen Pendlers pro Tag einer Energieleistung von 64,6 Kilowatt entspricht. (Die Versicherungsangestellten in Los Angeles verbrannten demnach auf dem Weg zur Arbeit Energie im Wert von 37400000 Kilowatt pro Jahr.) Die Übermittlung von Informationen erfordert im Gegensatz dazu einen sehr viel geringeren Energieaufwand.

Ein normales Computerterminal benötigt nur 100 bis 125 Watt während der Betriebsdauer, eine Telefonleitung höchstens ein Watt. Von Schätzungen über den Umfang der benötigten Anlagen und ihrer Lebensdauer ausgehend, errechnete Nilles, daß »beim Energieverbrauch der relative Vorteil der Telekommunikation gegenüber dem Pendlersystem (d. h., das Verhältnis zwischen Energieaufwand bei der Beförderung von Menschen zum Arbeitsplatz und Energieaufwand für Telekommunikationsmittel) mindestens 29 : 1 beträgt, wenn Pkw benutzt werden, sowie 11 : 1 bei normal ausgelasteten und 2 : 1 bei hundertprozentig ausgelasteten Massenverkehrsmitteln«.

Führt man diese Überlegungen weiter, so zeigen die Kalkulationen, daß, wenn 1975 auch nur zwölf bis 14 Prozent des städtischen Pendler-

*) Durch Satelliten werden die Kosten für Langstrecken-Übertragungen pro Signal bis fast auf Null gedrückt, so daß Techniker heute von »entfernungsunabhängigen« Kommunikationsmitteln sprechen. Die Leistungsfähigkeit der Computer ist exponentiell gestiegen, und die Preise sind so drastisch gesunken, daß Techniker und Investoren aus dem Staunen nicht mehr herauskommen. Da die Faseroptik und andere bahnbrechende Technologien schon so gut wie einsatzreif sind, besteht kaum ein Zweifel daran, daß weitere Kostensenkungen pro gespeicherter Einheit, pro Fertigungsvorgang und pro übermitteltem Signal bevorstehen.

verkehrs durch Telekommunikationssysteme ersetzt worden wären, die Vereinigten Staaten annähernd 75 Millionen Barrel Benzin eingespart hätten — und damit vom Benzin-Import vollkommen unabhängig gewesen wären. Dies wäre gewiß nicht ohne Einfluß auf die Handelsbilanz und die Nahostpolitik der USA geblieben.

Während Benzinpreise und Energiekosten ganz allgemein in den vor uns liegenden Jahrzehnten weiter steigen, werden sowohl die Betriebs- als auch die Energiekosten »intelligenter« Schreibmaschinen, Telekopierer, audiovisueller Kommunikationsmittel und Computeranlagen für den Hausgebrauch zurückgehen und somit die Verlegung wenigstens einiger Produktionsbereiche aus den großen zentralen Fabriken, die für die Zweite Innovationswelle charakteristisch waren, noch attraktiver machen.

Die Sachzwänge, die das »Tele-Pendeln« *(tele-commuting)* begünstigen, werden weiter intensiviert durch gelegentliche Benzinverknappungen, Fahrbeschränkungen, lange Schlangen an den Tankstellen und vielleicht auch durch Rationierungen — alles Dinge, die den normalen Pendelverkehr verzögern oder unterbrechen und die Kosten weiter nach oben treiben.

Und es lassen sich weitere Sachzwänge nennen, die in die gleiche Richtung weisen: Konzerne und Behörden werden entdecken, daß sie mit der Verlagerung der Arbeit in die eigenen vier Wände des Angestellten — oder in nachbarschaftliche Arbeitszentren in den Wohngebieten — die Riesensummen, die sie zur Zeit noch für Immobilien ausgeben, stark reduzieren können, je kleiner Zentralbüros und Fertigungsanlagen werden. Auch die Kosten für Heizung, Klimaanlagen, Beleuchtung, Bewachung, Reinigung und Instandhaltung werden fallen. Da die Grundstückspreise und die Preise für gewerbliche und industrielle Immobilien ebenso wie die damit verbundene Steuerlast allesamt in die Höhe schnellen, wird die Hoffnung, sie reduzieren und/oder die Abhängigkeit von ihnen einschränken zu können, die »Aussiedlung« der Arbeit gleichfalls begünstigen.

Die Verlagerung der Arbeit und die Einschränkung des Pendlerverkehrs wird ihrerseits die Umweltverschmutzung und die mit ihr verbundenen Kosten verringern. Je öfter es den Umweltschützern gelingt durchzusetzen, daß die Unternehmen selbst für die Kosten der von ihnen verursachten Verschmutzung aufkommen müssen, desto attraktiver wird es für diese, sich umweltfreundlichen Betätigungsfeldern zuzuwenden — und auch dies beinhaltet eine Abkehr von großflächigen, zentralisierten Fabriken zu kleineren Arbeitszentren oder — besser noch — zur »Heimarbeit«.

Abgesehen davon fördern unwissentlich auch Umweltschützer und Bürgerinitiativen die Verlagerung der Arbeit, indem sie sich gegen den Bau von Straßen und Autobahnen zur Wehr setzen und dafür sorgen, daß der Autoverkehr aus manchen Gebieten ferngehalten wird. Denn unterm Strich erschweren und verteuern sie dadurch den Individualverkehr noch zusätzlich gegenüber den niedrigen Preisen der ohnehin bequemeren Telekommunikationsmittel.

Sobald sie die ökologischen Disparitäten zwischen den beiden Möglichkeiten erkannt haben und sobald die Verlagerung der Arbeit in die eigenen vier Wände zu einer realen Alternative geworden ist, werden die Umweltschützer ihr Gewicht zugunsten der Dezentralisierung in die Waagschale werfen und daran mitwirken, uns den Lebens- und Arbeitsstil der Dritten Welle schmackhaft zu machen.

Auch soziale Faktoren sprechen für das elektronische Heim. Je kürzer der Arbeitstag wird, desto länger dauert im Verhältnis die Fahrt zum Arbeitsplatz. Der Arbeitnehmer, der es haßt, wegen acht Stunden Arbeit jeweils eine Stunde Hin- und Rückweg in Kauf nehmen zu müssen, wird sich eines Tages, wenn die Arbeitsdauer verkürzt worden ist, möglicherweise weigern, so viel Zeit in die Anfahrt zu investieren. Je ungünstiger das Verhältnis zwischen Fahrt- und Arbeitszeit wird, desto irrationaler, frustrierender und absurder wird das Hin- und Herpendeln als solches. Wenn aber der Widerstand gegen dieses System wächst, dann werden die Arbeitgeber die Sonderzulagen für Beschäftigte in großen, zentralen Arbeitsstätten gegenüber denjenigen Angestellten anheben müssen, die bereit sind, für kürzere Fahrtzeiten auch weniger Gehalt zu akzeptieren.

Ein ähnlicher Trend zeigt sich auch bei den Wertvorstellungen. Neben dem Hang zur Eigenbrötelei und dem modischen Liebäugeln mit dem Leben in kleineren Städten und auf dem Land beobachten wir eine grundlegend veränderte Einstellung gegenüber der Familie. Die Kernfamilie, der genormte, gesellschaftlich anerkannte Familientypus der Industriegesellschaft, befindet sich zweifelsohne in einer Krise. Der Familie der Zukunft werden wir uns im folgenden Kapitel zuwenden — hier sei nur soviel gesagt, daß in den USA wie in Europa, wo die Abkehr von der Kernfamilie bereits am weitesten vorangeschritten ist, der Ruf nach einer neuerlichen Stärkung der familiären Einheit immer lauter wird. Bemerkenswert ist in diesem Zusammenhang, daß die gemeinsame Arbeit historisch gesehen einer der Gründe für den engen Zusammenhalt der Familie war.

Man vermutet heute, daß die Scheidungsrate bei Paaren, die gemeinsam arbeiten, vergleichsweise niedrig ist. Das elektronische Heim bietet breiten Bevölkerungsschichten die Chance, mit dem Ehepartner und vielleicht sogar den Kindern gemeinsam zu Hause zu arbeiten. Wenn diejenigen, die sich heute lauthals für die Stärkung des Familienlebens engagieren, diese Chance erkennen, dann werden die Forderungen nach politischen Maßnahmen zur Beschleunigung dieser Entwicklung — also zum Beispiel nach Steuervergünstigungen und neu konzipierten Arbeitnehmerrechten — entsprechend zunehmen.

In der Anfangsphase der Industrialisierung kämpfte die Arbeiterbewegung um den »Zehnstundentag« — ein Postulat, das während der Ersten Innovationswelle fast unbegreiflich gewesen wäre. In Kürze werden wir vielleicht Bewegungen erleben, die verlangen, daß alle Arbeit, die zu Hause erledigt werden *kann*, auch zu Hause erledigt werden *soll*. Viele Arbeitnehmer werden dies als ihr gutes Recht ansehen und darauf bestehen. Und je mehr die Einsicht wächst, daß die Verlagerung der Arbeit auch das Familienleben stärkt, desto mehr Leute der unterschiedlichsten politischen, religiösen und kulturellen Couleur werden diese Forderung unterstützen.

Das Heim als Mittelpunkt

Eine Kettenreaktion bedeutender gesellschaftlicher Entwicklungen könnte ausgelöst werden, von denen viele selbst den begeistertsten Umweltschützer und Techno-Rebellen zufriedenstellen, gleichzeitig aber auch dem Unternehmertum neue Optionen eröffnen würden.

Soziale und politische Auswirkungen: Heimarbeit eines meßbaren Bevölkerungsanteils könnte zu größerer gesellschaftlicher Stabilität führen — ein Ziel, das gegenwärtig in vielen Gebieten, auf denen sich große Umbrüche vollziehen, unerreichbar zu sein scheint. Wenn die Arbeitnehmer ihre gesamte Arbeit oder einen Teil davon bei sich zu Hause erledigen können, dann brauchen sie nicht bei jedem Arbeitsplatzwechsel umzuziehen, so wie das heute vielfach der Fall ist. Sie schließen sich ganz einfach einem anderen Computernetz an.

Dies bedeutet weniger erzwungene Mobilität, weniger Streß für den einzelnen, weniger flüchtige zwischenmenschliche Beziehungen und eine größere Beteiligung am Gemeindeleben. Die Mitglieder einer Familie, die sich in einer neuen Umgebung niederläßt, sträuben sich heute nicht selten gegen eine Teilnahme an Nachbarschafts-Organisationen, gegen enge Freundschaftsbindungen, gegen kommunalpolitisches Engagement und ganz allgemein gegen eine aktive Betätigung am Gemeinschaftsleben, wenn sie damit rechnen, in ein, zwei Jahren erneut umziehen zu müssen. Das elektronische Heim könnte das Zusammengehörigkeitsgefühl in den Gemeinden wiederbeleben und Freiwilligenverbänden wie Kirchen, Frauengruppen, Logen, Sportvereinen und Jugendclubs neuen Auftrieb geben.

Auswirkungen auf die Umwelt: Die Verlagerung aller oder eines Teils der Arbeit in die eigenen vier Wände würde nicht nur, wie bereits ausgeführt, den Energiebedarf reduzieren, sondern könnte auch zu einer Dezentralisierung der Energie führen. Dies ergäbe sich aus der Tatsache, daß wir nicht mehr auf hochkonzentrierte Energiemengen für Bürohochhäuser und weitausgedehnte Fabrikkomplexe, die ihrerseits zentralisierte Energieerzeugung erfordern, angewiesen wären. Die

Benutzung von Sonnenwärme, Windkraft und anderen alternativen Energien würde somit erleichtert. Kleine Generatoren in jedem Haus könnten zumindest einen Teil der heute zentral erzeugten Energie ersetzen. Dieses wiederum würde aus zwei Gründen die Umweltverschmutzung verringern: Erstens entfiele bei einer Umstellung auf dezentralisierte, erneuerbare Energiequellen der Bedarf an hochgradig umweltschädigenden Brennstoffen, und zweitens würde die Emmission stark konzentrierter Schadstoffe, die mancherorts die Umwelt bedrohen, reduziert.

Wirtschaftliche Auswirkungen: Einige Industriezweige würden in einem solchen System schrumpfen, andere dagegen wachsen und gedeihen. Es ist klar, daß vor allem die Computer- und Kommunikationsbranche aufblühen würde. Demgegenüber hätten die Ölkonzerne, die Autoindustrie und kommerzielle Baulanderschließungsgesellschaften Einbußen hinzunehmen. Kleinere Computergeschäfte und Informationsdienste neuen Typs würden entstehen. Papierhersteller müßten mit Verlusten rechnen, der Dienstleistungssektor und die »Kopfarbeiter« würden profitieren.

Jeder, der sein eigenes, gegebenenfalls auf Kredit gekauftes Terminal mit der dazugehörigen elektronischen Ausrüstung besäße, würde im Endeffekt eher unabhängiger Unternehmer denn klassischer Angestellter sein. Die »Produktionsmittel« würden immer mehr in den Besitz der Arbeiter übergehen. Es ist auch denkbar, daß »Heimarbeiter« sich zu Gesellschaften zusammenschließen und auf Vertragsbasis arbeiten bzw. Kooperativen mit gemeinsamem Maschinenpark bilden.

Psychologische Auswirkungen: Eine Arbeitswelt, die von abstrakten Symbolen abhängt, beschwört das Bild einer kopflastigen Arbeitsatmosphäre herauf, die uns fremd und in gewisser Hinsicht noch unpersönlicher erscheint als die jetzige. Andererseits liegt es nahe, daß emotionale Bindungen in Familie und Nachbarschaft vertieft werden. Anstelle einer unpersönlichen, »vermittelten« Welt mit einem elektronischen Schirm zwischen dem einzelnen und dem Rest der Menschheit, wie sie in vielen Science-fiction-Geschichten dargestellt wird, kann man sich auch gut eine zweigeteilte Welt der Zukunft vorstellen — mit einer realen und einer »vermittelten« Hälfte und jeweils unterschiedlichen Regeln und Rollenverteilungen.

Wir werden nicht umhin können, verschiedene Wege einzuschlagen, und werden auch mit halbherzigen Maßnahmen experimentieren müssen. Viele Menschen werden zeitweise zu Hause und zeitweise außer Haus arbeiten. Dezentralisierte Arbeitsstätten wird es vermutlich immer häufiger geben. Manche Menschen werden monate- oder jahrelang abwechselnd zu Hause und außerhalb arbeiten. Führungs- und Managementkonzepte werden sich ändern müssen. Kleinere Firmen werden von größeren Betrieben gewisse technische oder administrative Aufgaben auf Vertragsbasis übernehmen und sich auf die Organisation, Ausbildung und Vermittlung von Heimarbeiterteams spezialisieren. Um die Verbindung zwischen den Teammitgliedern aufrechtzuerhalten, würden diese kleinen Firmen Parties und andere Veranstaltungen organisieren, so daß sich die Beteiligten auch persönlich und nicht nur per Computer oder Tastendruck kennenlernen könnten.

Gewiß wird nicht jeder zu Hause arbeiten können (bzw. wollen). Gewiß wird es Konflikte über Löhne und alternative Kosten geben. Was passiert mit einer Gesellschaft, in der es kaum noch direkte menschliche Kontakte am Arbeitsplatz gibt, in der sich emotionale und persönliche Bindungen großenteils auf die eigenen vier Wände beschränken? Was geschieht mit den Städten? Wie wirkt sich dies alles auf die Arbeitslosenstatistiken aus? Und was verstehen wir in einem solchen System unter »Arbeitslosigkeit« und »Vollbeschäftigung«? Es wäre naiv, solche schwerwiegenden Fragen und Probleme einfach zu ignorieren.

Andererseits wird der Übergang in ein neues Produktionssystem wahrscheinlich viele der verzwicktesten Probleme der zuende gehenden Ära lösen. Die Schinderei der Feudalzeit konnte z.B. nicht gemildert werden, solange ein feudales Agrarsystem herrschte. Sie wurde auch nicht durch Bauernaufstände, altruistische Adelige oder religiöse Utopisten abgeschafft, sondern blieb in ihrer ganzen Jämmerlichkeit erhalten, bis das Fabriksystem mit seinen eigenen — wenngleich total anders gearteten Nachteilen — die Gesellschaft von Grund auf änderte.

Die charakteristischen Probleme der Industriegesellschaft — Arbeitslosigkeit, enervierende Monotonie, Überspezialisierung, rohe Behandlung des Individuums, niedrige Löhne — dürften ebenso ungelöst bleiben, solange die Zweite Welle das Maß aller Dinge ist, allen guten Absichten und Versprechungen von Gewerkschaftlern, wohlwollenden Arbeitgebern oder revolutionären Arbeiterparteien zum Trotz. Wenn diese Probleme dreihundert Jahre lang sowohl in kapitalistischen wie in sozialistischen Gesellschaftsordnungen weitgehend die gleichen geblieben sind, dann besteht Grund zu der Annahme, daß sie untrennbar mit der Produktionsweise verbunden sind.

Wir können heute noch nicht sagen, ob das elektronische Heim in Zukunft zur Norm werden wird. Aber selbst wenn nur 10 bis 20 Prozent der arbeitenden Bevölkerung innerhalb der nächsten 20 bis 30 Jahre diesen historischen Schritt vollzögen, würden unser gesamtes Wirtschaftsgefüge, unsere Städte, unsere Familienstruktur, unsere Umwelt, unsere Wertvorstellungen und sogar unsere Politik fast bis zur Unkenntlichkeit verändert.

Inzwischen können wir eine ganze Anzahl von Veränderungen, die der Dritten Welle zuzuschreiben sind und die gemeinhin nur isoliert gesehen werden, miteinander in Beziehung setzen. Wir erleben die Umformung unseres technologischen Systems und unserer Energiebasis in eine neue *Technosphäre*. Dies geschieht im gleichen Moment, da wir die Medien individualisieren, eine »intelligente Umwelt« errichten und damit auch die *Infosphäre* revolutionieren. Diese beiden großen Entwicklungsströme fließen zusammen und verändern die Tiefenstruktur unseres Produktionssystems, wodurch wiederum die Natur der Arbeit in Fabrik und Büro geändert wird und es letztlich zu einer Verlagerung der Arbeit zurück in die eigenen vier Wände kommt.

Solch ein massiver historischer Umbruch würde die Behauptung, daß wir uns an der Schwelle einer neuen Zivilisation befinden, schon von sich aus rechtfertigen. Aber wir gestalten auch unsere persönlichen Beziehungen neu — in Familie, Betrieb, Schule und anderswo. Wir sind dabei, neben der Technosphäre und der Infosphäre auch die *Soziosphäre* der Dritten Welle zu errichten.

Kapitel 17
Familien der Zukunft

In den dreißiger Jahren, während der Großen Weltwirtschaftskrise, verloren Millionen Menschen ihre Arbeit. Als die Fabriktore hinter ihnen zuschlugen, waren viele von ihnen völlig verzweifelt und quälten sich mit Schuldkomplexen. Blaue Briefe zerstörten ihr Selbstwertgefühl.

Erst im Lauf der Zeit ging man dazu über, Arbeitslosigkeit etwas differenzierter zu sehen — nicht mehr als Folge persönlicher Faulheit oder moralischen Versagens, sondern mächtiger externer Kräfte, die sich der Kontrolle des einzelnen entziehen. Ungleiche Besitzverteilung, kurzsichtige Investitionen, hysterisches Spekulationsfieber, unsinnige handelspolitische Maßnahmen, unfähige Regierungen — und nicht persönliche Schwächen entlassener Arbeiter — waren für die Arbeitslosigkeit verantwortlich. Schuldgefühle waren in den meisten Fällen naiv und unangebracht.

Auch heute zerbricht wieder so manches Ego. Heutzutage sind Schuldgefühle jedoch eher auf das Auseinanderbrechen familiärer Bande als auf wirtschaftliche Probleme zurückzuführen. Millionen von Frauen und Männern stehen vor den Trümmern ihrer Ehen und machen sich schlimmste Selbstvorwürfe. Und wiederum ist ein Gutteil dieser Vorwürfe unangebracht.

Das Auseinanderbrechen der Familien könnte möglicherweise ein Indiz für individuelles Versagen sein, wenn nur eine kleine Minderheit betroffen wäre. Es ist jedoch absurd, die Ursachen rein im persönlichen Bereich zu suchen, wenn Scheidung, Trennung und andere Formen familiärer Katastrophen zum gemeinsamen Schicksal vieler Millionen Menschen verschiedener Nationalität werden.

Die Risse, die sich heute in den Familien zeigen, sind in Wirklichkeit Teil der allgemeinen Krise des Industrialismus, des Auseinanderbrechens aller Institutionen, die im Verlauf der Zweiten Innovationswelle entstanden sind. Sie sind Teil einer Art Flurbereinigung, die Raum schafft für die neue Soziosphäre der Dritten Welle. Dieser traumatische Prozeß spiegelt sich in unserem Privatleben wider und verändert die Familienstruktur bis zur Unkenntlichkeit.

Immer wieder bekommen wir zu hören, daß »die Familie« auseinanderfällt oder daß »die Familie« unser Problem Nr. 1 sei. US-Präsident Jimmy Carter erklärt: »Selbstverständlich muß die Regierungspolitik die Familie unterstützen... Es kann kein dringlicheres Anliegen geben.« Prediger, Premierminister und die Presse stoßen praktisch ins gleiche Horn. Wenn sie von »der Familie« sprechen, meinen sie freilich *nicht* die Familie in ihrer ganzen Variationsbreite, sondern nur einen speziellen Familien*typ*: die Familie der Zweiten Welle.

Was ihnen gemeinhin vorschwebt, sind ein Ehemann, der die Brötchen verdient, eine Gattin, die den Haushalt versorgt, und ein oder zwei Kinder. Obgleich es viele verschiedene Familientypen gibt, war es gerade diese besondere Form der Familie, die Kernfamilie, die in der Zivilisation der Zweiten Welle idealisiert wurde und in weiten Teilen der Welt eine dominierende Position gewann.

Die Kernfamilie wurde zum gesellschaftlich anerkannten Standardmodell, weil sie in ihrer Struktur perfekt auf die Erfordernisse der Massenproduktionsgesellschaft mit ihren weithin idealistischen Wertvorstellungen und Lebensgewohnheiten, ihrer hierarchischen, bürokratischen Machtstruktur und ihrer klaren, marktgerechten Trennung von Arbeits- und Familienleben zugeschnitten war.

Wenn uns die Behörden heute drängen, die Familie »wiederherzustellen«, dann haben sie normalerweise nur die Kernfamilie der Zweiten Innovationswelle im Kopf. Dieses Schmalspurdenken führt dazu, daß sie die gesamte Problematik vollkommen falsch einschätzen. Doch damit nicht genug: Sie enthüllen eine geradezu kindliche Naivität angesichts der Maßnahmen, die tatsächlich erforderlich wären, wollte man der Kernfamilie wieder zu ihrer einstmaligen Bedeutung verhelfen.

Alles — von der Rockmusik bis zur Pornographie — wird für die Krise der Familie verantwortlich gemacht. Einige wollen uns weismachen, daß der Kampf gegen Schwangerschaftsunterbrechungen und Feminismus sowie die Abschaffung des Sexualkundeunterrichts »die Familie« wieder zusammenschweißen wird. Andere propagieren »Familienerziehungskurse«. Der führende amerikanische Regierungsstatistiker für Familienfragen will uns durch »effektiveres Training« beibringen, schon bei der Eheschließung mehr Vernunft walten zu lassen, und setzt sich ansonsten für ein »wissenschaftlich erprobtes und attraktives Ehepartner-Auswahlverfahren« ein. Was uns fehlt, so meinen wieder andere, sind genügend Eheberater oder sogar eine Werbekampagne, mit der das Image der Familie aufpoliert wird! Da sie den Einfluß historischer Veränderungsprozesse nicht erkennen, machen sie gutgemeinte, aber oftmals sinnlose Vorschläge, die den Kern des Problems völlig verfehlen.

Die Kampagne für die Kernfamilie

Wenn wir der Kernfamilie wirklich wieder zu ihrer früheren Vorrangstellung verhelfen wollten, dann *gäbe* es einiges, das wir tun könnten. Hier ein paar Vorschläge:

1. Einfrieren der technologischen Entwicklung auf dem Niveau der

Zweiten Welle zwecks Erhaltung der auf dem Fabriksystem basierenden Massenproduktionsgesellschaft. Erster Schritt dazu: die Zerschlagung des Computers. (Der Computer stellt eine weitaus größere Bedrohung der Kernfamilie dar als alle Pornographie, alle Abtreibungsgesetze und alle Homosexuellenbewegungen der Welt zusammengenommen, denn die Kernfamilie *braucht* das System der Massenproduktion, wenn sie ihre Vorrangstellung behalten will — und der Computer führt zur Überwindung der Massenproduktion.)

2. Subventionierung der Produktionsgüterindustrie und Verhinderung einer weiteren Zunahme des Dienstleistungssektors in der Wirtschaft. Freiberufler, Akademiker und Techniker sind weniger traditionsbewußt und familienorientiert, dafür aber intellektuell und psychisch mobiler als Fabrikarbeiter. Die Scheidungsraten und die Beschäftigungsquoten im Dienstleistungssektor sind *gleichzeitig* gestiegen!

3. »Lösung« der Energiekrise mittels Atomkraft und anderer stark zentralisierter Methoden der Energiegewinnung. Die Kernfamilie paßt besser in eine zentralisierte als in eine dezentralisierte Gesellschaft, und Energiesysteme haben einen großen Einfluß auf den jeweiligen Grad der sozialen und politischen Zentralisierung.

4. Verbot individualisierter Medien, angefangen bei Kabel- und Kassettenfernsehen, nicht zu vergessen auch lokale oder regionale Zeitschriften. Wenn es einen nationalen Konsens im Informations- und Wertsystem gibt, funktioniert die Kernfamilie besser als in einer hochdifferenzierten Gesellschaft. Zwar attackieren einige Kritiker naiverweise die Medien, da diese angeblich die Familie zersetzen, doch waren es ja gerade die Massenmedien, die die Kernfamilie von Anfang an idealisierten.

5. Verbannung der Frauen in die Küche. Reduzierung der Löhne und Gehälter weiblicher Arbeitskräfte auf das absolute Minimum. Stärkung und nicht etwa Lockerung dienstalterbezogener Vorrechte, damit die Chancen der Frauen auf dem Arbeitsmarkt noch weiter sinken. Die Kernfamilie hat keinen Kern, wenn kein Erwachsener im Hause bleibt. (Natürlich könnte man den gleichen Effekt auch erzielen, wenn man die Frauen arbeiten läßt und die Männer dazu zwingt, zu Hause zu bleiben und die Kinder großzuziehen.)

6. Kürzung der Löhne junger Arbeiter, um deren Abhängigkeit von der Familie zeitlich zu verlängern und damit ihre psychische Abnabelung hinauszuzögern. Die Kernfamilie wird ja nur weiter ent-kernt, wenn die Jugendlichen sich der Kontrolle des Elternhauses entziehen und arbeiten gehen.

7. Verbot empfängnisverhütender Mittel und genetischer Forschung. Beides fördert die Unabhängigkeit der Frau und außerehelichen Sex, der notorischerweise die (kern)familiären Bande lockert.

8. Senkung des gesamtgesellschaftlichen Lebensstandards auf das

Niveau von vor 1955, da Überfluß dazu führt, daß Alleinstehende, Geschiedene, berufstätige Frauen und andere bindungslose Individuen wirtschaftlich auf eigenen Füßen stehen können. Die Kernfamilie bedarf einer Prise Armut (nicht zu viel und nicht zu wenig), um bestehen zu können.

9. Zu guter Letzt: »Re-Massifizierung« unserer rapide individueller werdenden Gesellschaft durch Widerstand gegen sämtliche Veränderungen in Politik, Kunst, Erziehung, Wirtschaft und anderswo, die zu größerer Vielfalt, Individualisierung, Freizügigkeit und Gedankenfreiheit führen. Nur in einer Massengesellschaft kann die Kernfamilie ihre dominierende Position bewahren.

So müßte also eine »familienfördernde« Politik aussehen, wenn wir darauf bestehen, »Familie« mit »Kernfamilie« gleichzusetzen. Wollten wir wirklich den Familientypus der Zweiten Welle wiederherstellen, so sollten wir auch bereit sein, die Zivilisation der Zweiten Welle als Ganzes wiederherzustellen — und nicht nur die technologische Entwicklung, sondern die Geschichte selbst einzufrieren.

Ent-kernte Lebensformen

Das Herannahen der Dritten Innovationswelle bedeutet natürlich nicht das »Ende« der Kernfamilie, genausowenig wie die Zweite Welle das »Ende« der Großfamilie bedeutete. Als Modell, an dem sich die Gesellschaft zu orientieren hat, kann die Kernfamilie freilich nicht mehr dienen.

Nur von wenigen wird die Tatsache akzeptiert, daß zumindest in den Vereinigten Staaten, wo die Dritte Innovationswelle am weitesten vorangeschritten ist, die meisten Menschen jetzt schon außerhalb der klassischen Kernfamilie leben.

Ein berufstätiger Ehemann, eine den Haushalt führende Frau und zwei Kinder — wenn wir die Kernfamilie so definieren und dann die Frage stellen, wie viele Amerikaner noch in diesem Familientyp leben, lautet die verblüffende Antwort: 7 Prozent! 93 Prozent der Gesamtbevölkerung passen nicht mehr in dieses Schema.

Selbst wenn wir die Definition auf Familien erweitern, in denen beide Ehepartner arbeiten, bzw. auf solche mit mehr oder weniger als zwei Kindern, bleiben noch immer zwei Drittel bis drei Viertel der Bevölkerung unberücksichtigt. Überdies deuten alle Indizien darauf hin, daß die Zahl der Kernfamilien weiterhin sinkt, während sich andere Formen familiären Zusammenlebens rasch ausbreiten.

Zunächst einmal ist da die explosionsartige Zunahme der »Singles« zu nennen: Zwischen 1970 und 1978 stieg in den USA die Zahl der Alleinstehenden im Alter zwischen 14 und 34 Jahren von 1,5 auf 4,3 Millionen, verdreifachte sich also beinahe; heute besteht ein Fünftel aller Haushalte aus Einzelpersonen. Bei ihnen handelt es sich keineswegs nur um Verlierer oder Eigenbrötler, die zum Alleinleben gezwungen wurden. Viele von ihnen haben sich aus freien Stücken dazu entschlossen, zumindest für einen gewissen Zeitraum. Zu einer Stadträtin in Seattle sagte eine Behördenangestellte: »Wenn mir der Richtige über den Weg liefe, würde ich schon an Heirat denken, aber meine Karriere würde ich dafür nicht opfern.« So lebt sie bis auf weiteres allein. Sie gehört zu einem großen Kreis jüngerer Erwachsener, die das Elternhaus früher verlassen, aber später heiraten und somit, wie der Bevölkerungsstatistiker Arthur Norton es nennt, eine »Übergangsphase« schaffen, die »zu einem akzeptablen Bestandteil des persönlichen Lebenszyklus wird«.

Bei den älteren Bevölkerungsgruppen finden wir eine große Zahl ehemals Verheirateter — oftmals in einem Stadium »zwischen zwei Ehen« —, die allein leben und in vielen Fällen dies auch sehr gern tun. Das Anwachsen dieser Gruppen sorgte für eine blühende »Single-Kultur« und hat vielzitierte Institutionen und Produkte für unabhängige Individuen entstehen lassen — spezielle Bars, Skihütten, Reiseprogramme etc. Die Immobilienwirtschaft bietet Wohnblöcke »nur für Alleinstehende« an und stellt sich bereits auf eine gesteigerte Nachfrage nach kleinen Apartments und Vorstadthäusern mit weniger Schlafzimmern ein. Fast ein Fünftel aller Hauskäufer in den USA ist heute alleinstehend.

Auch die Zahl derer, die zusammenleben, ohne sich um gesetzliche Formalitäten zu kümmern, wächst kontinuierlich. Sie hat sich in den letzten zehn Jahren nach Auskunft der Behörden mehr als verdoppelt. So verbreitet ist diese Praxis, daß das US-Ministerium für Wohnungsbau und Stadtentwicklung bisherige Gepflogenheiten aufgegeben und seine Statuten geändert hat: Sozialwohnungen können nun auch Paaren ohne Trauschein gewährt werden. Die Gerichte zwischen Connecticut und Kalifornien grübeln derweil über die gesetzlichen und eigentumsrechtlichen Konsequenzen, die sich ergeben, wenn solche Paare sich »scheiden« lassen. In Zeitschriften zerbricht sich der Briefkastenonkel über die korrekte Anrede von »Lebenspartnern« den Kopf, und neben der Eheberatung hat sich im Dienstleistungsgewerbe die »Partnerberatung« etabliert.

Die »kinderlose« Kultur

Die wachsende Zahl derer, die sich bewußt für Kinderlosigkeit entscheiden, stellt eine weitere bedeutsame Veränderung dar. Nach James Ramey, Assistent am Center for Policy Research, können wir z. Zt. eine massive Verschiebung vom »kinderzentrierten« zum »erwachsenenzentrierten« Haushalt beobachten. Noch um die Jahrhundertwende gab es nur wenig Alleinstehende, und meistens hatten die Eltern nicht mehr lange zu leben, wenn ihr jüngstes Kind aus dem Haus ging. Die meisten Haushalte waren tatsächlich »kinderzentriert«. Demgegenüber lebte in den USA 1970 nur mehr einer von drei Erwachsenen mit Kindern bis zum Alter von 18 Jahren unter einem Dach.

Heute entstehen in vielen Industrieländern Organisationen, die für das Leben ohne Kinder eintreten. 1960 waren nur 20 Prozent der verheirateten, geschiedenen oder verwitweten Frauen unter dreißig kinderlos. 1975 waren es bereits 32 Prozent. Innerhalb von nur fünfzehn Jahren war also ein Anstieg um 60 Prozent zu verzeichnen. Eine stimmgewaltige »Nationale Allianz für freiwillige Elternschaft« (National Alliance for Optional Parenthood) formierte sich, um die Rechte der Kinderlosen zu schützen und die Propaganda ihrer Gegner zu bekämpfen.

In Großbritannien hat sich eine ähnliche Organisation, die »Nationale Assoziaton der Kinderlosen« (National Alliance for the Childless) etabliert. Überall in Europa bekennen sich zahlreiche Paare freiwillig zur Kinderlosigkeit. In der bundesdeutschen Hauptstadt Bonn beispielsweise sagen Theo und Agnes Rohl, beide Mitte Dreißig, er Beamter bei der Stadtverwaltung und sie Sekretärin: »Wir glauben nicht, daß wir noch Kinder haben werden.«

Die Rohls haben es zu bescheidenem Wohlstand gebracht. Sie besitzen ein kleines Haus. Sie können sich gelegentlich Urlaubsreisen nach Südfrankreich oder Kalifornien leisten. Kinder würden ihr Leben drastisch ändern. »Wir sind an unseren gegenwärtigen Lebensstil gewöhnt«, sagen sie, »und wir sind gerne unabhängig.«

Die Abneigung gegen das Kinderkriegen läßt sich auch nicht einfach als Zeichen kapitalistischer Dekadenz interpretieren: Sie existiert in der Sowjetunion ebenfalls, wo viele russische Ehepaare genau den gleichen Gefühlen Ausdruck verleihen wie die Rohls und es *expressis verbis* ablehnen, Eltern zu werden. In offiziellen Kreisen ist man darüber angesichts der nach wie vor hohen Geburtenrate bei einigen nichtrussischen Minoritäten recht besorgt.

Wenn wir uns nun den Leuten *mit* Kindern zuwenden, so beweist gerade die spektakuläre Zunahme der Familien mit nur einem Elternteil, wie schlecht es um die Kernfamilie bestellt ist. In jüngster Zeit kam es zu derart vielen Scheidungen und Trennungen, daß heute schon jedes siebte amerikanische Kind von nur einem Elternteil aufgezogen wird, und in städtischen Gebieten sogar schon jedes vierte.*)

Je mehr Haushalte dieser Art entstanden, desto stärker setzte sich auch die Einsicht durch, daß es unter gewissen Umständen trotz schwerer Probleme für das Kind besser ist, wenn es anstatt in einer von

*) In der Gesamtzahl sind auch uneheliche Kinder und Adoptionen durch alleinstehende Frauen und Männer enthalten.

dauerndem Zank zerrütteten Kernfamilie mit nur einem Elternteil aufwächst. Zeitungen und Organisationen haben sich inzwischen der alleinstehenden Eltern angenommen und ihr Gruppenbewußtsein ebenso wie ihr politisches Gewicht gestärkt.

Auch in diesem Fall handelt es sich um kein rein amerikanisches Problem. In England lebt heute fast jede zehnte Familie mit nur einem Elternteil (knapp ein Sechstel von ihnen nur mit dem Vater) — und Haushalte dieser Art bilden nach der Zeitschrift *New Society* »die am schnellsten wachsende Gruppe unter den Armen«. Eine Organisation mit Sitz in London, der »Nationalrat für Familien mit einem Elternteil« (National Council for One-Parent Families), wurde ins Leben gerufen, um sich der Interessen dieser Menschen anzunehmen.

In Köln hat eine Wohnungsbaugesellschaft einen besonderen Wohnblock samt Tageskinderstätte für solche Familien errichtet, so daß die Eltern arbeiten gehen können. In Skandinavien ist bereits ein ganzes Netz sozialer Rechte für derartige Familien entstanden. Die Schweden gewähren beispielsweise Haushalten mit nur einem Elternteil bei Kindergarten- und Tagesstättenplätzen Vorrang. Sowohl in Norwegen wie in Schweden können sich solche Familien mitunter einen höheren Lebensstandard leisten als herkömmliche Kernfamilien.

Ein neuer Familientyp reflektiert unterdessen die hohe Anzahl von Wiederverheiratungen nach Scheidungen. In meinem Buch *Der Zukunftsschock* habe ich diesen Typ als »Aggregatfamilie« bezeichnet: Zwei geschiedene Paare mit Kindern heiraten wieder und bringen die Kinder beider Ehen (ebenso wie die Erwachsenen) in eine neue, erweiterte Familie ein. Man schätzt, daß in naher Zukunft 25 Prozent aller Kinder in den USA zu solchen Familienverbänden gehören werden. Nach Davidyne Mayleas könnten solche Einheiten mit »vielen Eltern« *(poly-parents)* in Zukunft überwiegen. Mayleas sagt: »Wir steuern auf ökonomische Polygamie zu«, — d.h., daß innerhalb der beiden verschmolzenen Familien finanzielle Transaktionen in Form von Alimenten und Unterhaltszahlungen stattfinden. Je weiter sich diese Form der Familie ausbreitet, desto häufiger kommt es nach dem Bericht von Davidyne Mayleas zu sexuellen Beziehungen zwischen Eltern und nicht-blutsverwandten Kindern.

In den technologisch hochentwickelten Nationen gibt es heute eine erstaunliche Vielzahl unterschiedlicher Familientypen: Homosexuellen-Ehen, Kommunen, ältere Menschen, die Lebenskosten miteinander teilen wollen (und manchmal auch sexuelle Beziehungen suchen), stammesartige Gruppierungen bei gewissen ethnischen Minoritäten und viele andere Formen existieren nebeneinander. Es gibt Ehen auf Vertragsbasis, Serienheiraten, Familienzusammenschlüsse und eine Fülle anderer Beziehungen mit oder ohne Sex. Und es gibt Familien, bei denen Mutter und Vater in zwei verschiedenen Städten leben und arbeiten.

Noch ganz andere Spielarten blühen im Verborgenen. Bei dem Versuch, die »Familienvariationen« eines von Schwarzen bewohnten Armenviertels in Chicago aufzuzeichnen, fanden die Psychologen Kellam, Ensminger und Turner »nicht weniger als 86 verschiedene Kombinationen von Erwachsenen« heraus, darunter zahlreiche Formen von »Mutter-Großmutter-«, »Mutter-Tante-«, »Mutter-Stiefvater-« und »Mutter-und-andere-«Familien.

Angesichts dieses veritablen Labyrinths verwandtschaftlicher Verhältnisse haben sich selbst konservative Wissenschaftler zu der einstmals radikalen Ansicht durchgerungen, daß wir das Zeitalter der Kernfamilie verlassen und uns auf eine Gesellschaftsform zubewegen, die von einer enormen Variabilität im familiären Bereich geprägt sein wird. Die Soziologin Jessie Bernard formuliert es folgendermaßen: »Die zukünftige Ehe wird vor allem unter dem Aspekt stehen, welches Angebot von Optionen verschiedenen Menschen, die an ihre Beziehungen zueinander verschiedenartige Erwartungen haben, offensteht.«

Bei der Frage: »Wie sieht die Zukunft der Familie aus?« wird häufig davon ausgegangen, daß irgendein anderer Familientyp die Kernfamilie der Zweiten Welle ersetzen wird, sobald diese einmal ihre dominierende Stellung verloren hat. Es ist indessen wahrscheinlicher, daß während der Dritten Welle überhaupt kein bestimmter Typus über längere Zeit hinaus das Bild der Familie prägen wird. Statt dessen werden wir Strukturen von immenser Variationsbreite erleben.

»Heiße« Beziehungen

Bei der blühenden Vielzahl diverser Formen familiären Zusammenlebens läßt es sich jetzt noch nicht sagen, welche Lebensformen die Dritte Welle charakterisieren werden.

Werden unsere Kinder jahre- oder vielleicht jahrzehntelang allein leben? Werden sie kinderlos bleiben? Werden wir unseren Lebensabend in Altenkommunen verbringen? Und wie steht's mit den noch exotischeren Möglichkeiten? Familien mit mehreren Ehemännern und nur einer Frau? (Dies könnte z. B. passieren, wenn uns durch genetisches Experimentieren die Chance geboten wird, das Geschlecht unserer Kinder vorherzubestimmen, und zu viele Eltern dann Knaben wählen.) Werden Homosexuellen-Familien Kinder aufziehen? Gerichte debattieren schon jetzt über dieses Thema.

Werden wir nacheinander Erfahrungen mit verschiedenen Formen familiären Zusammenlebens machen? Und wie teilen wir uns unser Leben dann ein? In eine Dreierehe, gefolgt von einer karrierebedingten Zweierehe ohne Kinder, und einer Homosexuellen-Ehe *mit* Kindern? Die Zahl der möglichen Varianten ist Legion. Allen moralischen Unmutsbekundungen zum Trotz sollte keine von ihnen als »undenkbar« angesehen werden. Jessie Bernard meint: »Man kann sich in puncto Ehe buchstäblich nichts vorstellen, das es nicht tatsächlich schon einmal gegeben hat... Den unmittelbar Betroffenen erscheinen all diese Varianten ganz natürlich.«

Welche spezifischen Familienformen verschwinden und welche sich weiter ausbreiten werden, hängt weniger von Kanzelsprüchen über die »Heiligkeit der Familie« als vielmehr von den Entscheidungen ab, die wir in bezug auf Arbeit und Technologie treffen. Zwar wird die Struktur der Familie von vielen Kräften beeinflußt — Kommunikationsrastern, Wertvorstellungen, religiösen Bewegungen —, doch besteht eine besonders enge Relation zwischen den Arbeitsbedingungen und der Familienstruktur. Genauso wie der Aufstieg des Fabriksystems und der Büroarbeit die Kernfamilie förderte, wird daher auch jede Bewegung, die von Fabrik und Büro *weg*führt, nachhaltige Auswirkungen auf die Familie haben.

Es ist unmöglich, in einem einzigen Kapitel auf alle Aspekte des Familienlebens einzugehen, die von den bevorstehenden Veränderungen auf dem Arbeitsmarkt und in der Arbeitsweise betroffen sein werden. Eine Veränderung ist jedoch potentiell so revolutionär und unserem Empfinden so fremd, daß sie weit mehr Aufmerksamkeit verdient, als ihr bisher zuteil geworden ist. Gemeint ist hier natürlich die Verlagerung der Arbeit von Fabrik und Büro zurück in die eigenen vier Wände.

Nehmen wir einmal an, daß in 25 Jahren 15 Prozent aller Berufstätigen ganz oder teilweise zu Hause arbeiten. Wie würde sich die Heimarbeit auf die Liebe und unsere privaten Beziehungen auswirken? Wie sähe das Leben im elektronischen Heim aus?

Ob man zu Hause einen Computer programmiert, ein Flugblatt schreibt, einen entfernten Fertigungsprozeß am Monitor überwacht, ein Gebäude entwirft oder elektronische Korrespondenzen erledigt — eine Veränderung fällt sofort auf: Die Rückverlagerung der Arbeit ins eigene Heim brächte viele Ehepartner, die sich gegenwärtig nur wenige Stunden pro Tag sehen, einander wieder näher. Manche würden das zweifellos abscheulich finden; viele andere jedoch sähen ihre Ehe gerettet und ihre Partnerbeziehungen durch viele gemeinsame Erfahrungen bereichert.

Besuchen wir nun einige elektronische Heime, um festzustellen, wie sich die Menschen diesem fundamentalen gesellschaftlichen Wandel anpassen.

In einigen Häusern — vielleicht in den meisten — finden wir Paare, die sich ihr Leben mehr oder weniger konventionell einteilen, d. h., eine Person erledigt den Haushalt, und die andere verdient das Geld. Er arbeitet z. B. Computerprogramme aus, während sie auf die Kinder aufpaßt. Allein der Umstand, daß die Arbeit im Haus stattfindet, legt jedoch eine Arbeitsteilung nahe: In vielen Häusern erleben wir daher, daß Mann und Frau *gemeinsam* einen Ganztagsjob ausüben. Wir finden z. B. beide abwechselnd jeweils vier Stunden vor dem Bildschirm im Arbeitszimmer damit beschäftigt, einen komplizierten Fertigungsprozeß zu überwachen.

Ein paar Häuser weiter treffen wir auf ein Paar mit zwei völlig verschiedenen Berufen. Ein Zellphysiologe und eine amtlich zugelassene Wirtschaftsprüferin arbeiten in ihrem jeweiligen Fach. Aber sogar hier wird es, obgleich die beiden Berufe herzlich wenig miteinander zu tun haben, ein gewisses Maß an gemeinsamer Problembewältigung, eine gegenseitige Beeinflussung des Vokabulars sowie einige gemeinsame Sorgen und berufsbezogene Gespräche geben. Unter den obwaltenden Umständen ist es fast unmöglich, das Arbeitsleben des einzelnen strikt von seinem Privatleben zu trennen. Ebenso ist es so gut wie unmöglich, den Partner aus einem ganz wesentlichen Bereich der eigenen Existenz einfach auszusperren.

Gleich nebenan begegnet uns ein Paar, das gemeinsam zwei verschiedene Berufe ausübt. Der Mann arbeitet halbtags als Versicherungsagent und halbtags als Assistent eines Architekten. Seine Frau löst ihn alternierend ab. Auf diese Weise ist die Arbeit für beide abwechslungsreicher und daher auch interessanter.

In solchen Familien, gleich, ob ein oder zwei Berufe ausgeübt werden, lernt zwangsläufig ein Partner vom anderen. Beide profitieren voneinander und überwinden gemeinsam auftauchende Schwierigkeiten, wodurch das gegenseitige Vertrauen vertieft wird. Natürlich garantiert erzwungene Nähe noch lange nicht gemeinsames Glück. Die erweiterten Familienformen der Agrargesellschaft, die auch ökonomische Produktionseinheiten waren, taugen kaum als Modelle für zwischenmenschliches Feingefühl und gegenseitige psychologische Hilfestellung. Sie hatten ihre eigenen Sorgen und Probleme. Aber die Beziehungen waren weniger unverbindlich und nicht so »kalt«. Die gemeinsame Arbeit sorgte zumindest für menschliche Wärme und ein Gefühl der Zusammengehörigkeit — wonach sich heutzutage viele Menschen sehnen.

Käme es also in größerem Maßstab zu einer Verlagerung der Arbeit in die eigenen vier Wände, so würden nicht nur die Struktur der Familie, sondern auch die Beziehungen innerhalb der Familie transformiert. Ein gemeinsamer Schatz an Erfahrungen würde geschaffen, die Ehepartner würden wieder miteinander sprechen. Das Eheklima, vielfach erkaltet, würde sich erwärmen. Die Verlagerung der Arbeit ins eigene Haus könnte sogar die Liebe neu definieren. »Mehr als Liebe« wird verlangt.

Mehr als Liebe

Wir haben gesehen, wie im Lauf der Zweiten Innovationswelle die Familie viele ihrer Funktionen auf andere Institutionen übertrug — Bildung und Erziehung auf die Schule, Krankenpflege auf Hospitäler usw. Diesem kontinuierlichen Funktionsverlust entsprach der Liebesbegriff der Romantik.

Während der Ersten Innovationswelle mochte ein Heiratswilliger ungefähr folgende Ansprüche an sein zukünftige Partnerin gestellt haben: »Ist sie fleißig? Versteht sie was von der Krankenpflege? Wird sie unseren künftigen Kindern etwas beibringen können? Kann ich gut mit ihr zusammenarbeiten? Wird sie die Last mit mir teilen oder sich als Drückebergerin erweisen?« In Bauernfamilien wurde ganz direkt gefragt: »Ist sie stark? Kann sie sich bücken und schwer tragen? Oder ist sie kränklich und schwach?«

Als die Familie während der Zweiten Innovationswelle viele ihrer Funktionen verlor, änderten sich diese Fragen. Die Familie war nicht länger eine Kombination aus Produktionsgemeinschaft, Schule, Feldhospital und Kindergarten. Statt dessen gewannen ihre psychologischen Funktionen an Bedeutung. Von der Ehe erwartete man Gemeinschaft, Sex, Wärme und Rückhalt. Sehr bald wirkte sich diese Veränderung auch auf die Kriterien der Partnerwahl aus, die sich schließlich zu einem einzigen Begriff verdichteten: Liebe. Die Liebe ist es, sagt der Volksmund, »um die die Welt sich dreht«.

Natürlich entsprach die Realität nur selten der romantischen Fiktion. Klassenzugehörigkeit, sozialer Status und Einkommen spielten nach wie vor eine Rolle bei der Partnerwahl. Aber all diese Überlegungen blieben zweitrangig — Liebe wurde großgeschrieben.

Das elektronische Heim wird diese einseitige Betrachtungsweise möglicherweise korrigieren. Wer mit seinem Partner im gemeinsamen Heim zusammenarbeiten und nicht mehr den überwiegenden Teil seiner Tagesstunden von ihm getrennt leben will, wird wahrscheinlich auch andere Dinge im Sinn haben als simple sexuelle und psychologische Befriedigung oder soziale Statussymbolik. Er/sie dürfte auf »mehr als Liebe« *(love plus)* bestehen — auf sexueller und psychologischer Zufriedenheit *plus* Intelligenz, so wie einst die Großeltern Muskeln und Liebe *plus* Gewissenhaftigkeit, Verantwortungsgefühl, Selbstdisziplin und andere Arbeitstugenden wünschten.

Es ist durchaus vorstellbar, daß Familien der Zukunft eher zusätzliche Funktionen übernehmen als weitere abgeben und somit gesellschaftlich als »Vielzweck«-Einheit fungieren.

Im elektronischen Heim werden auch die Kinder wahrscheinlich anders aufwachsen, und wenn auch nur aus dem einen Grund, weil sie bei der Arbeit zusehen können. In der Agrargesellschaft sahen Kinder vom ersten bewußten Moment an ihre Eltern arbeiten. In der Industriegesellschaft — zumindest in den letzten Jahrzehnten — führten sie in Schulen ein Sonderdasein und waren von der realen Arbeitswelt abgeschnitten. Heute haben die meisten von ihnen allenfalls eine sehr nebelhafte Vorstellung von dem, was ihre Eltern tun. (Eine — vielleicht erfundene — Geschichte illustriert dies anschaulich: Ein Manager beschließt, seinen Sohn einmal ins Büro mitzunehmen und mittags mit ihm auszugehen. Der Junge sieht den Plüschteppich im Büro, die indirekte Beleuchtung, den eleganten Empfangsraum. Er sieht das schicke Restaurant, in dem der Vater auf Firmenkosten speist, die unterwürfigen Kellner und die exorbitanten Preise. Schließlich kann der Junge nicht mehr an sich halten und platzt heraus: »Pappi, wie kommt es, daß du so reich bist und wir so arm?«)

Tatsache ist, daß Kinder — besonders in wohlhabenden Familien — von einem der wichtigsten Lebensbereiche ihrer Eltern völlig ausgeschlossen sind. In einem elektronischen Heim erleben sie nicht nur, wie gearbeitet wird, sondern sie können sich von einem gewissen Alter an selbst daran beteiligen. Gesetze, mit denen in den Industrieländern die Kinderarbeit eingeschränkt wurde, entsprangen einst bester Absicht und waren auch notwendig, erweisen sich heute jedoch immer mehr als anachronistischer Trick, mit dessen Hilfe junge Leute vom überfüllten Arbeitsmarkt ferngehalten werden sollen. Die Situation im zukünftigen Heim wird die Überwachung dieser Regeln noch mehr erschweren. Einige Arbeiten werden vielleicht sogar auf Jugendliche zugeschnitten und Bestandteil ihrer Ausbildung sein. (Jeder, der die Fähigkeit junger und sehr junger Menschen bezweifelt, komplizierte Arbeiten zu bewältigen, hat noch nie jene 14- oder 15jährigen Burschen gesehen, die — wahrscheinlich illegal — in kalifornischen Computergeschäften als »Verkäufer« tätig sind. Ich habe dort Kinder mit Zahnklammern im Mund erlebt, die mir die Finessen von Heimcomputern erklären konnten.)

Die Entfremdung der jungen Menschen von heute kommt im wesentlichen daher, daß sie gezwungen sind, während ihrer endlos in die Länge gezogenen Pubertät gesellschaftlich »unproduktiv« zu bleiben. Das elektronische Heim würde dem entgegenwirken.

Die Integration junger Leute in den Arbeitsprozeß des elektronischen Heims kann sogar die einzig reale Lösung für die Probleme sein, die sich aus der hohen Jugendarbeitslosigkeit ergeben. In vielen Ländern werden diese Probleme mit all ihren üblen Begleiterscheinungen, wie Jugendkriminalität, Gewalt und psychischer Verarmung, immer explosiver. Innerhalb des von der Zweiten Innovationswelle gesteckten Rahmens können sie nicht gelöst werden — es sei denn durch totalitäre Maßnahmen wie Zwangsrekrutierungen zu Kriegen oder Arbeitsdiensten. Das elektronische Heim eröffnet eine Alternative für die Rückführung der Jugend zu gesellschaftlich wie wirtschaftlich produktiven Aufgaben. In gar nicht allzu ferner Zukunft werden wir daher möglicherweise Kampagnen *für* statt *gegen* Kinderarbeit erleben, bei denen es gleichzeitig um die zur Verhütung grober wirtschaftlicher Ausbeutung notwendigen Maßnahmen gehen wird.

Der elektronische Familienverband

Man kann sich leicht vorstellen, daß sich die Familie, wenn die Arbeit ins eigene Heim verlegt wird, zu einer »elektronischen Großfamilie« entwickelt.

In Agrargesellschaften war der vielleicht verbreitetste Familientypus die sogenannte Großfamilie, in der mehrere Generationen gemeinsam unter einem Dach lebten. Es gab darüber hinaus Familienverbände, bei denen zum eigentlichen Kern noch ein oder zwei nicht verwandte Waisen, ein Lehrling, Knechte und Mägde hinzukamen. Analog dazu kann man sich eine »Heimarbeiter«-Familie von morgen vorstellen, die einen oder zwei Außenseiter bei sich aufnimmt — zum Beispiel einen Betriebskollegen der Frau oder des Mannes, einen Kunden oder Lieferanten, der in einem ähnlichen Beruf arbeitet, oder ein Nachbarskind, das bei der Familie lernen will. Voraussichtlich wird solch eine Familie juristisch als Kleinbetrieb anerkannt werden und besonderen Gesetzen zur Förderung der »Kommune mit gewerblicher Tätigkeit« oder der Kooperative unterstehen. Für viele würde dann die Hausgemeinschaft zum »elektronischen Familienverband«.

Gewiß, die meisten Kommunen, die sich in den sechziger und siebziger Jahren bildeten, fielen rasch wieder auseinander, wodurch der Eindruck entstehen kann, sie seien als solche von ihrer gesamten Struktur her nicht stabil genug, um in hochtechnologisierten Gesellschaften überleben zu können. Bei näherem Hinsehen stellt sich jedoch heraus, daß diejenigen Kommunen, die am schnellsten wieder auseinandergingen, ursprünglich hauptsächlich aus psychologischen Motiven entstanden waren — zur Stärkung gegenseitigen Verständnisses, zur Überwindung von Einsamkeit, um mehr Raum für Intimität zu schaffen usw. Die meisten verfügten über keine wirtschaftliche Basis und verstanden sich selbst als utopische Experimente. Diejenigen Kommunen, die erfolgreich die Jahre überdauert haben — und davon gibt es einige —, vertraten nach außen hin ein gemeinsames Ziel, besaßen eine ökonomische Basis und eine eher praktische denn utopische Weltanschauung.

Ein gemeinsames Ziel schmiedet eine Gruppe zusammen, ja, es kann bereits die notwendige wirtschaftliche Basis liefern. Wenn es darin besteht, ein neues Produkt zu entwerfen, einem Krankenhaus den »elektronischen Papierkram« abzunehmen, für eine Abteilung in einer Versicherungsgesellschaft die Datenverarbeitung zu erledigen, den Fahrplan für eine Linienfluggesellschaft auszuarbeiten, Kataloge vorzubereiten oder einen technischen Informationsdienst zu führen — dann kann die elektronische Kommune von morgen eine durchaus lebensfähige und stabile Familienform sein.

Da solche »elektronischen Familienverbände« nicht Demonstrationszwecken oder dem Protest gegen den Lebensstil anderer dienen, sondern eher einen integralen Bestandteil des wirtschaftlichen Systems darstellen, würden sich ihre Überlebenschancen merklich erhöhen. Wahrscheinlich würden sich »erweiterte« Haushalte zusammenschließen und eigene Systeme bilden, um sich gegenseitig mit Arbeit und sozialen Dienstleistungen zu versorgen, um ihre Arbeit gemeinsam zu vermarkten oder um eine Art eigener »Handelskammer« zur Vertretung der Kommune-Interessen aufbauen zu können. Innerhalb der Kommunen *können* außereheliche Sexualbeziehungen bestehen — *müssen* aber nicht. Sie können, müssen aber nicht heterosexueller Natur sein. Kommunen mit Kindern sind ebensogut vorstellbar wie kinderlose.

Was wir hier sehen, ist, kurz gesagt, die mögliche Wiederauferstehung des Familienverbandes. Heute leben sechs Prozent aller amerikanischen Erwachsenen in normalen Großfamilien. Es ist leicht vorstellbar, daß sich diese Zahl im Lauf der nächsten Generation verdoppelt oder verdreifacht, wobei einige Familien dazu übergehen werden, auch andere Personen in ihren Kreis aufzunehmen. Dies wäre keine Marginalerscheinung, sondern eine Bewegung, die allein in den Vereinigten Staaten Millionen Menschen erfassen würde. Für das gesellschaftliche Leben, für die Vorstellungen von Liebe, Ehe und Freundschaft, für die Wirtschaft und den Verbraucher, besonders aber auch für die Psyche und die Persönlichkeit des einzelnen wäre die Verbreitung des »elektronischen Familienverbandes« überaus bedeutsam.

Elterliches Fehlverhalten

Die bunte Vielfalt neuer Familienformen wird nicht ohne schmerzliche Erfahrungen zustandekommen. Denn jeder Wandel in der Familienstruktur bedingt zwangsläufig auch eine Veränderung unseres persönlichen Rollenverhaltens. Durch ihre jeweiligen Institutionen schafft sich jede Gesellschaft ihre eigenen sozialen Erwartungshaltungen. Arbeitgeber und Gewerkschaften machten mehr oder weniger unter sich aus, was man von Arbeitnehmern bzw. Chefs zu erwarten hatte. Die Schulen bestimmten das Verhältnis zwischen Lehrern und Schülern. Der Familientyp des Industrialismus wies Mann, Frau und Kind die jeweiligen Rollen zu. Jetzt, da sich die Kernfamilie in der Krise befindet, geraten die mit ihr assoziierten Rollenbilder ins Wanken, sie brechen auf — was entsetzliche Folgen für den einzelnen haben kann.

Seit Betty Friedans aufrüttelndes Buch *Der Weiblichkeitswahn* in vielen Ländern die moderne Frauenbewegung in Gang setzte, sind wir Zeugen eines harten Kampfes um die Neudefinition der Rollen von Mann und Frau. Die Streitpunkte, um die es dabei geht, fügen sich in die Diskussion über die Familientypen ein, die die Kernfamilie ablösen werden. Die Erwartungen und das Verhalten beider Geschlechter haben sich in bezug auf Beruf, gesetzliche und finanzielle Rechte, die Verantwortung für den Haushalt, ja sogar hinsichtlich der sexuellen Leistung geändert. Peter Knobler, der Herausgeber des Rock-Magazins *Crawdaddy,* schreibt: »Heute muß sich ein junger Mann gegenüber Frauen behaupten, die alle Regeln brechen ...« Und er fügt hinzu: »Viele Regeln *müssen* gebrochen werden, aber dadurch wird die Sache nicht gerade leichter.«

Herkömmliche Rollenbilder verschieben sich zum Beispiel in der Auseinandersetzung um die Schwangerschaftsunterbrechung, wo Frauen darauf bestehen, daß sie selbst — und nicht Politiker, Priester, Ärzte oder auch Ehemänner — über ihren Körper entscheiden können. Sexuelle Grenzen werden weiterhin dadurch verwischt, daß Homosexuelle »Schwulen-Rechte« verlangen und zum Teil auch schon erhalten haben. Sogar die Rolle des Kindes ändert sich. Plötzlich rühren sich Lobbyisten, die für eine *Bill of Rights* der Kinder eintreten.

Während Alternativen zur Kernfamilie immer häufiger werden und gesellschaftliche Anerkennung finden, sind die Gerichte überlastet mit Fällen, in denen es um die Neudefinition von Rollen geht. Müssen unverheiratete Partner nach dem Bruch ihrer Beziehungen ihren Besitz aufteilen? Ist es gesetzlich zulässig, daß ein Ehepartner eine Frau dafür bezahlt, wenn sie den beiden ein durch künstliche Befruchtung gezeugtes Kind austrägt? (Ein britisches Gericht verneinte diese Frage — aber für wie lange?) Kann eine Lesbierin eine »gute Mutter« sein und nach der Scheidung das Sorgerecht für ihr Kind zugesprochen bekommen? (Ein amerikanisches Gericht bejahte es.) Was versteht man unter »guten Eltern«? Nichts ist bezeichnender für die Änderung der Rollenstruktur als jenes Gerichtsverfahren in Boulder, Colorado, das ein zorniger junger Mann namens Tom Hansen anstrengte. Sein Rechtsanwalt vertrat die Ansicht, daß Eltern zwar Fehler machen dürfen, für deren Resultate jedoch die gesetzliche und finanzielle Verantwortung zu tragen hätten. Hansen verlangte daher 350 000 Dollar »Schadenersatz« mit einer juristischen Begründung, für die es bisher keinen Präzedenzfall gab: elterliches Fehlverhalten.

Hinter all dieser Verwirrung und Unruhe bildet sich das neue Familiensystem der Dritten Welle. Es basiert auf unterschiedlichen Formen familiären Zusammenlebens und auf einer variableren Rollenverteilung. Die Individualisierung der Familie eröffnet viele neue Optionen für den einzelnen. Keiner wird mehr in eine einzige, allgemeinverbindliche Familienform eingezwängt. Aus diesem Grund kann in dem entstehenden Familiensystem jeder von uns sich den ihm gemäßen Platz aussuchen.

Erst einmal müssen jedoch die Übergangsschwierigkeiten gemeistert werden. Millionen Menschen, die vom Zusammenbruch des alten Systems betroffen sind, während sich das neue noch nicht etabliert hat, finden die moderne Mannigfaltigkeit eher verwirrend als hilfreich. Anstatt freier zu werden, leiden sie unter der Qual der Wahl, fühlen sich verletzt, sind verbittert und verfallen in Kummer und Einsamkeit, die gerade durch die Vielzahl der Optionen noch verschlimmert wird.

Wir müssen ungerechtfertigte Schuldgefühle ablegen, die sich aus der Umstrukturierung der Familien ergeben. Die Medien, die Kirchen, die Gerichte und die Politiker sollten, anstatt diese Gefühle noch zu verstärken, gemeinsam darauf hinarbeiten, die Schuldschwelle zu senken.

Der Entschluß, in Alternativen zur Kernfamilie zu leben, sollte erleichtert und nicht erschwert werden. Wertvorstellungen ändern sich in der Regel langsamer als die gesellschaftliche Realität. Bis heute haben wir daher gegenüber der Vielfalt von Lebensformen noch nicht die ethische Toleranz entwickelt, die in einer individualisierten Gesellschaft notwendig ist, aber auch durch sie erzeugt wird. Einer großen Anzahl von Menschen, die unter den Bedingungen der Industriegesellschaft aufgewachsen sind, hat man von Kindesbeinen an eingebleut, daß eine einzige Sorte von Familie »normal« und alle anderen irgendwie verdächtig (wenn nicht gar »abartig«) sind. Diese Leute bleiben gegenüber den verschiedenen neuen Formen familiären Zusammenlebens intolerant.

Auch im wirtschaftlichen und sozialen Bereich kann der einzelne der Optionen eines weitergefaßten familiären Spektrums nicht recht froh werden, solange Gesetze, Steuervorschriften, Praktiken der Sozialbehörden, Schulen, Hausordnungen und sogar Baustile ihre inhärente Voreingenommenheit für die Kernfamilie beibehalten und die speziellen Bedürfnisse arbeitender Frauen und daheimbleibender Hausmänner, die für die Kinder sorgen, kaum berücksichtigen. Vernachlässigt werden auch Junggesellen und »alte Jungfern« *) (ein scheußlicher

*) Anmerkung der Übersetzer: »Spinster« (alte Jungfer) wird im Juristen-Englisch auch für »unverheiratete Frau« gebraucht.

Ausdruck!), alleinstehende oder gemeinsam lebende Witwen, »Aggregatfamilien« und Leute, die sich im Stadium »zwischen zwei Ehen« befinden. Alle diese Gruppen werden in Gesellschaften der Zweiten Welle mehr oder weniger offen diskriminiert.

Obgleich sie Küche und Haushalt mit frommen Worten pries, beraubte die Zivilisation der Zweiten Welle die Person, die sich dieser Aufgabe annahm, ihrer Menschenwürde. Die Führung des Haushalts ist eine produktive und außerordentlich wichtige Tätigkeit, die als Bestandteil der Gesamtwirtschaft anerkannt werden muß. Egal, ob die Hausarbeit von Frauen oder Männern, von einzelnen oder Gruppen ausgeübt wird: Wir müssen ihren Status aufwerten, indem wir sie entlohnen oder auf andere Weise wirtschaftlich vergüten.

In »aushäusigen« Wirtschaftsbetrieben *(out-of-the-home economy)* gehen die Einstellungspraktiken vielerorts noch immer von der überholten Annahme aus, daß der Mann der Hauptverdiener und die Frau lediglich eine zusätzliche, entbehrliche Mitarbeiterin ist statt eine völlig eigenständige Größe auf dem Arbeitsmarkt. Die Einführung flexibler Altersgrenzen, gleitende Arbeitszeit und ein zusätzliches Angebot an Halbtagsbeschäftigungen humanisieren den Produktionsprozeß nicht nur, sondern passen ihn auch den Erfordernissen des diversifizierten Familiensystems an. Es gibt heute schon eine Reihe von Anzeichen, daß das Arbeitssystem sich auf die neue Vielfalt der familiären Formen einstellt. Kurz nachdem die Citibank, eines der größten Geldinstitute der Vereinigten Staaten, damit begonnen hatte, Frauen in Managerpositionen aufsteigen zu lassen, mußte sie feststellen, daß die männlichen Manager ihre neuen Kolleginnen heirateten. Daraufhin mußte die Bank einen uralten Passus ihrer Statuten ändern, der besagte, daß Ehepaare nicht beschäftigt werden dürfen. Nach Ansicht von *Business Week* ist das »Firmenehepaar« *(company couple)* eine Institution, die prächtig gedeiht und sich aufs Geschäfts- wie aufs Familienleben positiv auswirkt.

Es ist anzunehmen, daß wir über kurz oder lang noch viel weiter gehen werden. Wahrscheinlich werden nicht nur »Firmenehepaare« immer gefragter, sondern sogar ganze Familien, die als Produktionsteam zusammenarbeiten. Wenn so etwas im Fabriksystem als »ineffizient« galt, so heißt das noch lange nicht, daß dies auch heute noch so sein muß. Keiner weiß, wie sich solche Gepflogenheiten letztlich auswirken werden, doch sollten wir auf diesem wie auf anderen die Familie betreffenden Gebieten Experimente in kleinerem Umfang ermutigen oder sogar öffentlich mitfinanzieren.

Kapitel 18
Die Identitätskrise der Konzerne

Der Großkonzern war die charakteristische Geschäftsform der industriellen Ära. Es gibt heute ein paar Tausend dieser Kolosse, private wie staatseigene, überall auf der Welt. Ein Großteil aller von uns erworbenen Güter und Dienstleistungen wird von ihnen produziert.

Von außen betrachtet wirken sie ehrfurchtgebietend. Sie kontrollieren riesige Rohstoffreserven, beschäftigen Millionen von Arbeitnehmern und haben nicht nur wirtschaftlich, sondern auch politisch großen Einfluß. Computer und Firmenjets sowie noch nie dagewesene Fähigkeiten beim Planen, Investieren und Ausführen großer Projekte lassen ihre Macht unerschütterlich erscheinen. Zu einer Zeit, da sich die meisten Individuen ihrer eigenen Machtlosigkeit bewußt werden, erwecken die Konzerne den Anschein, als hielten sie unser Schicksal in Händen.

Für die Männer (und die wenigen Frauen), die diese Organisationen leiten, sieht dies alles ganz anders aus. Tatsächlich fühlen sich viele Topmanager genauso frustriert und machtlos wie wir. Denn ebenso wie die Kernfamilie, die Schule, die Massenmedien und andere Schlüsselinstitutionen der Industrieepoche werden die Konzerne von der Dritten Welle erschüttert und transformiert. Und viele Topmanager wissen nicht, was mit ihnen geschieht.

Kabuki-Währung

Der Konzern ist unmittelbar betroffen von der Krise der Weltwirtschaft. Dreihundert Jahre lang bemühte sich die Industriezivilisation um einen integrierten globalen Markt. Zeitweilig wurden diese Anstrengungen durch Kriege, Depressionen oder andere Katastrophen zurückgeworfen, doch jedesmal erholte sich die Weltwirtschaft und war am Ende noch umfassender und noch stärker integriert als je zuvor.

Die heutige Weltwirtschaftskrise unterscheidet sich von allen früheren Krisen des Industriezeitalters. Dieses Mal geht es nicht nur ums Geld, sondern um die gesamte Energiebasis. Anders als bei allen früheren Krisen treten dieses Mal Inflation und Arbeitslosigkeit neben- und nicht nacheinander auf. Anders als bei früheren Krisen bestehen dieses Mal direkte Zusammenhänge mit fundamentalen ökologischen Problemen, mit einer völlig neuen Technologie und mit der Einführung eines neuen Kommunikationssystems in die Produktion. Schließlich handelt es sich nicht, wie Marxisten behaupten, allein um die Krise des

Kapitalismus, sondern um eine Krise, die sozialistische genauso wie kapitalistische Industrienationen heimsucht — kurz, um die allgemeine Krise der industriellen Zivilisation.

Das Tohuwabohu in der Weltwirtschaft bedroht die Überlebensfähigkeit des herkömmlichen Konzerns und zwingt die Manager dazu, sich mit Dingen zu befassen, die ihnen bislang vollkommen fremd waren. Nach dem Ende des Zweiten Weltkriegs arbeitete der Konzern bis in die frühen siebziger Jahre hinein in einer verhältnismäßig sicheren Umgebung. Wachstum hieß die Parole. Der Dollar war König. Währungen blieben über längere Zeiträume hinweg stabil. Die Finanzstruktur der Nachkriegszeit, die von den kapitalistischen Industrieländern durch die Abkommen von Bretton Woods und von der Sowjetunion durch die Errichtung des COMECON geschaffen worden war, schien solide. Es ging unentwegt bergauf. Die Ökonomen sprachen von der »Feinsteuerung« der Wirtschaft — so sicher waren sie sich ihrer Prognosen und so überzeugt waren sie von den Kontrollmechanismen, die ihnen zur Verfügung standen.

Heutzutage rufen derartige Sprüche nur mehr höhnisches Gelächter hervor. Jimmy Carter gibt zum besten, er kenne einen Wahrsager in Georgia, dessen Vorhersagen besser seien als die der Wirtschaftsfachleute. Carters früherer Finanzminister W. Michael Blumenthal meint: »Die Wirtschaftswissenschaft steht, was das Verständnis der gegenwärtigen Situation betrifft, vor dem Bankrott... Sie ist weder zu exakten Vorhersagen noch zu nachträglichen Erklärungen imstande.« Umgeben von Wrackteilen der klassischen Wirtschaftstheorie und dem Trümmerhaufen der wirtschaftlichen Infrastruktur der Nachkriegszeit, sehen sich die Entscheidungsträger der Konzerne mit immer neuen Unwägbarkeiten konfrontiert.

Die Zinssätze machen Zickzackbewegungen. Die Währungen purzeln durcheinander. Zentralbanken kaufen und verkaufen waggonweise Devisen, um die Kursverschiebungen aufzufangen, doch werden die Turbulenzen immer extremer. Der Dollar und der Yen vollführen einen Kabuki-Tanz, die Europäer bringen ihre eigene Euro-Währung ins Spiel, die Araber sind hektisch darum bemüht, ihre Dollarmilliarden wieder loszuwerden. Der Goldpreis bricht alle Rekorde.

Währenddessen strukturieren Technologie und Kommunikationswesen den Weltmarkt um. Transnationale Produktion ist nicht nur möglich, sondern unumgänglich geworden. Ein ultramodernes Geldsystem sorgt für die praktische Durchführbarkeit solcher Projekte. Ein weltweites Netz von Bankverbindungen — undenkbar vor der Zeit des Computers und des Satelliten — verknüpft inzwischen in Sekundenschnelle Hongkong, Manila oder Singapur mit den Bahamas, den Caymans-Inseln und New York.

Dieses sich in alle Richtungen ausdehnende Netz mit seinen Citibanks und Barclays, seinen Sumitomos und Narodnys schafft sich einen Ballon »staatenloser Währung« — Geld und Kredit außerhalb der Einflußsphäre individueller Regierungen —, der jederzeit zu platzen und uns alle zu treffen droht.

Der Hauptteil dieser »staatenlosen Währung« besteht aus Eurodollars — Dollars außerhalb der USA. Als ich 1975 über den Anstieg der Eurodollar-Reserven schrieb, wies ich warnend darauf hin, daß diese neue Währung eine Art Joker im Wirtschaftsspiel sei: »Hier tragen die ›Euros‹ zur Inflation bei, dort verschieben sie die Zahlungsbilanzen, wieder woanders unterminieren sie auf ihrer wilden Jagd von Ort zu Ort die Währung.« Damals gab es schätzungsweise 180 Milliarden Eurodollars, für die keine nationalen Grenzen existierten.

1978 berichtete *Business Week* in Panikstimmung über »den unglaublichen Zustand« des internationalen Finanzsystems, und die 180 Milliarden waren auf 400 Milliarden Eurodollar, Euromark, Eurofrancs, Eurogulden und Euroyen angewachsen. Banken, die mit dieser supranationalen Währung handelten, war es freigestellt, unbeschränkte Kredite zu geben, und sie konnten ihr Geld, da niemand sie zur Haltung von Bargeldreserven verpflichtete, stets zu »Dumpingpreisen« verleihen. Heute beläuft sich die Gesamtsumme der Eurowährung auf schätzungsweise 900 Milliarden Dollar.

Das Wirtschaftssystem der Industrie-Epoche, in dem der Konzern entstand, beruhte auf nationalen Märkten, nationalen Währungen und nationalen Regierungen. Diese nationale Infrastruktur ist indessen längst völlig unfähig, die neue transnationale, elektronische »Euro-Blase« unter Kontrolle zu halten. Die für die Zweite Welle konzipierten Strukturen sind den heutigen Anforderungen nicht mehr gewachsen.

In der Tat ist das gesamte globale Gerüst, das die Handelsbeziehungen zum Nutzen der Großkonzerne stabilisierte, ins Wanken geraten und läuft Gefahr auseinanderzubrechen. Die Weltbank, der Weltwährungsfonds und GATT sind unter Beschuß geraten. Die Europäer sind eifrigst damit beschäftigt, ein neues, von ihnen kontrolliertes System zu errichten. Die »unterentwickelten Länder« auf der einen und die mit ihren Petro-Dollars winkenden Araber auf der anderen Seite verlangen mehr Einfluß auf das Finanzsystem von morgen und sprechen davon, eigene Pendants zum Weltwährungsfonds einzurichten. Der Dollar wird entthront, und die Weltwirtschaft windet sich in Krämpfen.

All dies wird noch kompliziert durch unberechenbare Engpässe und Schwemmen auf dem Energie- und Rohstoffmarkt, durch rapide Änderungen in der Erwartungshaltung von Verbrauchern, Arbeitern und Managern; durch schnell wechselnde Verschiebungen in den Handelsbilanzen und vor allem durch die wachsende Militanz der nichtindustrialisierten Welt.

In diesem unbeständigen, verwirrenden Umfeld müssen sich die Konzerne von heute zurechtfinden. Die verantwortlichen Manager wollen keine Machtverluste hinnehmen. Noch immer kämpfen sie um

Profite, Produkte und um ihre persönlichen Karrieren. Die intelligentesten unter ihnen stellen jedoch angesichts immer größerer Unwägbarkeiten, zunehmender öffentlicher Kritik und politischen Drucks die Ziele, die Struktur und die Verantwortungsbereiche, ja, den gesamten Daseinszweck ihrer Organisation in Frage. Um sie herum zerfällt das ehemals so stabile Gerüst der Zweiten Innovationswelle. Viele Großkonzerne erleben eine Art Identitätskrise.

Die ökonomische Beschleunigung

Die Geschwindigkeit, mit der die Ereignisse ablaufen, intensiviert die Identitätskrise der Konzerne und stellt für das Management eine unbekannte Größe dar. Die ohnehin schon nervösen Führungskräfte sehen sich gezwungen, immer mehr Entscheidungen innerhalb immer kürzerer Fristen zu treffen. Für Überlegungen bleibt kaum noch Zeit.

Je mehr Geldinstitute zur Computertechnik übergehen, desto rascher laufen finanzielle Transaktionen ab. Einige Banken verlagern ihre Zentrale, um aus den Unterschieden zwischen den Zeitzonen Profite zu ziehen. Die internationale Bankerzeitschrift *Euromoney* sagt: »Zeitzonen können im Konkurrenzkampf eine entscheidende Rolle spielen.«

In einer derartig aufgeheizten Atmosphäre müssen die Großkonzerne fast zwangsläufig über Nacht oder von einer Minute auf die andere Entscheidungen über Investitionen und die Aufnahme von Krediten in den verschiedensten Währungen treffen und können nicht mehr auf Jahres-, Dreimonats- oder Siebentage-Basis abschließen. In den Direktionsbüros der Konzerne sitzt ein neuer Top-Funktionär, der »Internationale Cash-Manager«, der 24 Stunden am Tag weltweit elektronisches Roulette spielt und ständig auf der Suche nach den niedrigsten Zinssätzen, den besten Devisengeschäften und dem schnellsten Geldumschlag ist.*)

Parallel dazu vollzieht sich der Prozeß in den sozialistischen Industrieländern, obwohl er noch nicht die gleichen Ausmaße erreicht. Das COMECON, das die Preise jeweils bei Aufstellung der Fünfjahrespläne neu festzusetzen pflegte, ging gezwungenerweise zu einer jährlichen Preisanpassung über, um mit der Entwicklung Schritt halten zu können. Es wird nicht lange dauern, bis diese Frist auf sechs Monate oder einen noch kleineren Zeitraum verkürzt wird.

Aus der allgemeinen Beschleunigung des ökonomischen Stoffwechsels ergibt sich eine Vielzahl von Folgeerscheinungen: eine kürzere

*) Er ist keineswegs überflüssig. Ähnlich wie Bauern, die aus dem Verkauf von Land mehr Geld schlagen, als sie mit dem Anbau von Nahrungsmitteln verdienen, ist der Gewinn (bzw. der Verlustausgleich), den manche Großkonzerne bei Währungs- und Finanzmanipulationen erzielen, höher als der im eigentlichen Produktionsbereich.

Lebensdauer der Produkte, häufigeres Leasing und Mieten; schnelleres An- und Verkaufen; kurzlebigere Verbrauchergewohnheiten und Modeerscheinungen; die Arbeiter und Angestellten, die sich permanent auf neue Prozeduren einstellen müssen, verbringen mehr Zeit bei Fortbildungskursen; Verträge werden häufiger geändert; es wird mehr verhandelt und mehr prozessiert; die Preise ändern sich schneller; der Arbeitsplatz wird öfter gewechselt; die Abhängigkeit von Daten wächst; geplant wird immer mehr nach dem ad-hoc-Verfahren — und all dies wird noch durch Inflation verschärft.

Die individualisierte Gesellschaft

Das Auseinanderbrechen der Massengesellschaft erscheint den Managern rätselhaft und beunruhigend. Man hatte ihnen beigebracht, daß Massenproduktion die »effizienteste« Produktionsform ist..., daß ein Massenmarkt standardisierte Güter braucht..., daß ein Verteilungssystem für Massengüter unumgänglich ist..., daß uniforme Arbeiter»massen« im Grunde alle gleich sind und durch uniforme Anreize motiviert werden können. Der »erfolgreiche« Manager lernte, daß Synchronisierung, Zentralisierung, Maximierung und Konzentration unabdingbar sind, wenn er seine Ziele erreichen will. Und diese Annahmen waren unter den Bedingungen der Zweiten Innovationswelle auch durchaus zutreffend.

Heute muß der Konzernmanager feststellen, daß all seine bisherigen Überzeugungen in Frage gestellt werden. Die Massengesellschaft selber, auf die der Konzern zugeschnitten war, wird individualisiert. Nicht nur Informationen, Produktionsprozesse und das Familienleben, sondern auch der Markt und der Arbeitsmarkt zersplittern in immer kleinere, verschiedenartige Partikel.

Der Markt ist in eine kontinuierlich wachsende, permanenten Änderungen unterworfene Anzahl von Minimärkten aufgespalten, die nach immer neuen Optionen, Modellen, Typen, Größen, Farben und Spezialanfertigungen verlangen. Bell Telephone, einstmals von der — beinahe erfüllten — Hoffnung geleitet, in jedem amerikanischen Haushalt das gleiche schwarze Telefon installieren zu können, stellt heute ca. 1000 verschiedene Telefonanlagen her — rosafarbene, grüne und weiße Apparate, Telefone für Blinde, für Menschen, die keinen Kehlkopf mehr haben, und explosionssichere Baustellentelefone. In Kaufhäusern, die ursprünglich für die Ausweitung des Massenmarkts konzipiert waren, finden sich immer häufiger »Spezial-Shops«, und Phyllis Sewel, Vizepräsidentin der Warenhauskette Federated Department Stores, sagt voraus, daß »wir in puncto Spezialisierung immer weiter gehen werden ... mit immer *mehr* Unterabteilungen«.

Die verstärkte Diversifikation des Warenangebots in den Industriestaaten wird oft als Versuch der Konzerne gewertet, den Verbraucher zu manipulieren, falsche Bedürfnisse zu wecken und die Profite durch überhöhte Preise für überflüssige Dinge aufzublasen. Derartige Vorwürfe sind zwar nicht ganz unberechtigt, doch liegen die eigentlichen Gründe für diese Entwicklung tiefer. Die wachsende Differenzierung von Waren und Dienstleistungen reflektiert nämlich auch die wachsende Variabilität tatsächlicher Bedürfnisse, Wertvorstellungen und Lebensformen einer individualisierten Gesellschaft der Dritten Welle.

Diese soziale Mannigfaltigkeit erhält weiteren Auftrieb durch immer neue Unterteilungen des Arbeitmarktes. Ständig entstehen neue Berufe. In den Stellenanzeigen der Zeitungen werden »Vydec-Sekretärinnen« oder »Minicomputer-Programmierer« gesucht. Bei einer Konferenz begegnete ich einem Psychologen, der 68 neue Berufe aufzählte: Verbraucheranwalt, öffentlich besoldeter Verteidiger, Sextherapeut, Psycho-Chemo-Therapeut, Ombudsmann und viele andere mehr.

So wie die Berufe sind auch die Menschen immer weniger austauschbar. Im vollen Bewußtsein ihrer beruflichen, ethischen, religiösen, sexuellen, subkulturellen und individuellen Eigenarten erscheinen sie am Arbeitsplatz. Gruppen, die während der Zweiten Innovationswelle um »Integration« und »Assimilation« in die Massengesellschaft kämpften, sind nun stolz auf ihre Besonderheiten; Konzerne, die sich immer noch an den Arbeitsbedingungen der Massengesellschaft orientieren, wissen nicht, wie sie mit dem bei Angestellten und Kunden gleichermaßen auftretenden Hang zum Individualismus fertigwerden sollen.

Die Individualisierung der Gesellschaft ist vor allem in den USA bereits sehr augenfällig. Sie macht jedoch auch anderswo rapide Fortschritte. In England zum Beispiel, das sich einst für sehr homogen hielt, vermischen sich jetzt ethnische Minoritäten — Pakistanis, Westinder, Zyprioten, Asiaten aus Uganda, Türken und Spanier — mit einer »eingeborenen« Bevölkerung, die selber immer heterogener wird. Schottische und walisische Nationalisten, denen man früher kaum Beachtung schenkte, können nicht länger ignoriert werden. Die Touristenflut aus Japan, Amerika, Holland, Deutschland sowie den arabischen und afrikanischen Ländern führt zu einer wachsenden Anzahl von amerikanischen »Hamburger«-Buden, japanischer Tempura-Restaurants — und zu Schildern mit der Ankündigung »Se Habla Espanol«.

Überall auf der Welt pochen ethnische Minoritäten auf ihre Eigenständigkeit und fordern ihr Recht auf Arbeit, Einkommen und Karriere in den Konzernen, das ihnen lange Zeit versagt wurde. Australische Ureinwohner, die Maori in Neuseeland, die Eskimos in Kanada, Amerikaner schwarzer Hautfarbe und mexikanischer Abstammung sowie asiatische Minderheiten, die früher als politisch passiv galten, formieren sich. Überall in Nordamerika verlangen die Indianer unter dem Banner der »Red Power« die Wiederherstellung ihrer Stammesländer und liebäugeln mit der politischen und wirtschaftlichen Unterstützung durch die OPEC-Staaten.

Selbst in Japan, dem seit langem homogensten Industriestaat, nimmt die Individualisierung Konturen an. Ein Sträfling ohne höhere Schulbildung wird über Nacht zum Sprecher der Ainu-Minorität. Die koreanische Minderheit wird unruhig, und der Soziologe Masaaki Takane von der Sophia-Universität in Tokio sagt: »Mich verfolgt das unangenehme Gefühl ..., daß die japanische Gesellschaft gegenwärtig sehr schnell ihre Einheit verliert und auseinanderfällt.«

In Dänemark kommt es vereinzelt zu Straßenschlachten zwischen Dänen und ausländischen Arbeitern sowie zwischen langhaarigen Jugendlichen und Motorradfahrern in Lederjacken. In Frankreich verlangen Korsen und Bretonen Autonomie. In Belgien werden wieder die alten, im Grunde aus vorindustriellen Zeiten stammenden Rivalitäten zwischen Flamen und Wallonen wach. In Kanada droht Quebec mit der Sezession; Konzerne ziehen ihre Hauptsitze aus Montreal ab und verlagern sie in andere Provinzen. Englischsprachige Manager überall im Land machen Französisch-Intensivkurse.

Die Motive, die zur Formierung der Massengesellschaft beitrugen, schlagen ins Gegenteil um: Der Nationalismus von einst wird im technologisch hochentwickelten Umfeld zu Regionalismus. Den Zwängen des »Schmelztiegels« folgt neues ethnisches Selbstbewußtsein. Die Medien schaffen keine Massenkultur mehr, sondern individualisieren die Szene. Alle diese Entwicklungen laufen ihrerseits parallel zur Diversifikation der Energieformen und dem Vorstoß in Bereiche jenseits der Massenproduktion.

In ihrer Gesamtheit tragen sie dazu bei, daß ein vollkommen neues Operationsfeld für die Produktionsorganisationen — ob sie sich nun Konzerne oder volkseigene Betriebe nennen — geschaffen wird. Manager, die nach wie vor in den Kategorien der Massengesellschaft denken, sind schockiert und verwirrt von einer Welt, die sie nicht mehr verstehen.

Die Neudefinition des Konzerns

Verschärft wird die Identitätskrise des Konzerns noch dadurch, daß vor einem ohnehin schon beunruhigenden Hintergrund weltweit Forderungen nicht nur nach dieser oder jener kleinen Veränderung in der Konzernpolitik, sondern vielmehr nach einer gänzlich neuen Zielsetzung lautwerden.

David Ewing von der *Harvard Business Review* schreibt, daß sich in den USA »ein allgemeiner Volkszorn auf die Konzerne in erschreckendem Maße breitmacht«. Ewing zitiert eine Studie, die 1977 von der Harvard Business School in Zusammenarbeit mit einem Forschungsinstitut herausgegeben wurde, deren Erkenntnisse, wie er sich ausdrückt, »die Konzerne erzittern ließen«. Nach dieser Studie glaubt mehr als die Hälfte aller Befragten, daß sich die Marktsituation des Verbrauchers in den letzten zehn Jahren verschlechtert hat; drei Fünftel sagen, daß die Qualität der Produkte nachgelassen hat, und über die Hälfte mißtraut den Herstellergarantien. Aber es kommt noch schlimmer. Nach Ewing »sind immer mehr Leute nicht einfach desillusioniert, verwirrt oder wütend, sondern zeigen eine irrationale und unberechenbare Furcht vor neuen Technologien und geschäftlichen Risiken«.

Laut John C. Biegler, Manager bei Price Waterhouse, einer großen, exklusiven Wirtschaftsprüfer-Firma, »befindet sich das Vertrauen der Öffentlichkeit in den amerikanischen Konzern auf dem niedrigsten Niveau seit der Weltwirtschaftskrise von 1929. Die amerikanische Geschäftswelt und das Rechnungswesen müssen sich praktisch für alles, was sie tun, immer wieder von neuem rechtfertigen ... Die Leistungen der Konzerne werden an bisher unbekannten Kriterien gemessen.«

Ähnliche Tendenzen sind in Skandinavien und Westeuropa sichtbar, deuten sich aber auch in den sozialistischen Industrieländern an. Die japanische Szene beschreibt die offizielle Gazette des Toyota-Konzerns folgendermaßen: »Eine in dieser Art für Japan vollkommen neue Bürgerbewegung gewinnt zunehmend an Bedeutung: Sie kritisiert die Methoden, mit denen die Konzerne sich ins tägliche Leben einmischen.«

Gewiß sind Großunternehmer schon in früheren Zeiten schwer angegriffen worden. Der Tenor der heutigen Kritik ist jedoch grundlegend anders. Er entstammt nicht mehr den Vorstellungen des absterbenden Industrialismus, sondern dem Erwartungshorizont und den Wertsystemen der in der Entwicklung begriffenen Dritten Welle.

Während der gesamten Industriellen Ära betrachtete man Konzerne als ökonomische Größen, und die gegen sie gerichteten Angriffe beschränkten sich weitgehend auf wirtschaftliche Themen. Ihre Kritiker warfen ihnen Unterbezahlung der Arbeiter, Übervorteilung der Kunden, Kartellbildung, Produktion minderwertiger Waren und tausend andere wirtschaftliche Verfehlungen vor. Doch egal, wie heftig sich dieser Protest im einzelnen äußerte — die meisten Kritiker akzeptierten die Eigendefinition des Konzerns und betrachteten ihn als systemimmanente Institution.

Heutige Konzernkritiker gehen von total anderen Prämissen aus. Sie attackieren die künstliche Trennung der Wirtschaft von Politik, Moral und anderen Lebensbereichen. Sie machen mit besonderer Vorliebe den Konzern für alles — von der Luftverschmutzung bis zum Streß der

Manager — verantwortlich. Man wirft den Konzernen vor, Asbestvergiftungen zu verursachen, arme Bevölkerungsschichten als Versuchskaninchen der Arzneimittelforschung zu mißbrauchen, die Entwicklung der nicht-industrialisierten Welt in falsche Bahnen zu lenken, und beschuldigt sie des Rassismus und Sexismus, der Heimlichtuerei und des Betrugs. Sie werden öffentlich angeprangert, weil sie ungeliebte politische Parteien und Regierungen wie die faschistischen Generale in Chile, die Rassisten in Südafrika oder die Kommunistische Partei Italiens unterstützen.

Es geht uns hier nicht darum, ob diese Vorwürfe auch gerechtfertigt sind (was allzuoft der Fall ist). Wichtiger ist die dahintersteckende Vorstellung vom Konzern, denn mit der Dritten Welle wird die Forderung nach einer völlig anders gearteten Institution laut — nach einer Korporation, die nicht länger lediglich dazu da ist, Profite zu machen und Güter zu produzieren, sondern die gleichzeitig einen Beitrag zur Lösung extrem komplizierter ökologischer, moralischer, politischer, rassischer, sexueller und sozialer Probleme leistet.

Statt weiterhin an scharf abgegrenzten wirtschaftlichen Spezialfunktionen festzuhalten, wird der Konzern, angetrieben von Kritikern, Gesetzgebern und weitsichtigen Vertretern des eigenen Managements, zu einer Vielzweck-Einrichtung.

Ein Fünfeck aus Zwängen

Diese Neudefinition entspringt nicht freier Wahl, sondern ist vielmehr eine notwendige Reaktion auf fünf revolutionäre Veränderungen der tatsächlichen Produktionsbedingungen. Sie betreffen die Umwelt, die Kräfteverteilung innerhalb der Gesellschaft, das Informationswesen, die Regierungsstrukturen und die Moral.

Die erste dieser zwangsläufigen Veränderungen ergibt sich aus der Biosphäre.

Mitte der fünfziger Jahre, als die Zweite Innovationswelle in den USA ihren Höhepunkt erreichte, bewohnten nur 2 750 000 000 Menschen den Erdball. Heute sind es mehr als vier Milliarden. Mitte der fünfziger Jahre verbrauchte die Erdbevölkerung nur 21,924 Billiarden Kilokalorien an Energie. Heute sind es über 65 Billiarden. Mitte der fünfziger Jahre lag der Jahresverbrauch eines wichtigen Rohstoffs wie Zink bei 2,7 Millionen Tonnen, heute beträgt er 5,6 Millionen Tonnen.

Gleich, nach welchen Maßstäben wir messen: Die Anforderungen, die wir an unseren Planeten stellen, eskalieren. Daher funkt die Biosphäre SOS. Umweltverschmutzung, Ausdehnung der Wüsten, Vergiftungserscheinungen in den Ozeanen, schleichende Klimaveränderungen sind Alarmzeichen, die uns zu verstehen geben, daß wir die Produktion nicht länger nach den Kriterien der industriellen Vergangenheit organisieren dürfen, wenn wir es nicht zur Katastrophe kommen lassen wollen.

Da der Konzern Hauptorganisator unserer Wirtschaftsproduktion ist, ist er auch Haupt»produzent« von Umweltschäden. Wenn unsere Wirtschaft weiterhin wachsen soll und wenn uns wirklich daran gelegen ist zu überleben — dann müssen die Manager von morgen dafür Sorge tragen, daß die Umwelt durch die Konzerne nicht mehr negativ, sondern positiv beeinflußt wird. Sie werden diese zusätzliche Verantwortung entweder freiwillig auf sich nehmen oder aber durch Veränderungen in der Biosphäre dazu gezwungen werden. Der Konzern wird in eine wirtschaftliche *und* umweltfreundliche Institution umgewandelt — und zwar nicht nur von Weltverbesserern, Radikalen, Ökologen oder Regierungsbürokraten, sondern aufgrund materieller Veränderungen im Verhältnis zwischen Produktion und Biosphäre.

Die zweite Bedingung rührt von einem nur wenig beachteten Wandel im gesellschaftlichen Umfeld des Konzerns her. Dieses Umfeld ist inzwischen weit stärker durchorganisiert als jemals zuvor. Früher arbeiteten die Firmen in quasi »unterorganisierten« Gesellschaften. Heute hat die Soziosphäre, vor allem in den Vereinigten Staaten, einen ganz anderen Organisationsgrad erreicht: Es wimmelt geradezu von gut funktionierenden und finanziell blendend ausgestatteten Verbänden, Behörden, Gewerkschaften und anderen Institutionen, die wechselseitig miteinander verflochten sind.

Gegenwärtig pflegen in den USA etwa 1 370 000 Unternehmen Kontakte mit mehr als 90 000 Schulen und Universitäten, 330 000 Kirchen und den vielen hunderttausend Zweigstellen von 13 000 auf nationaler Ebene geführten Organisationen sowie zahllosen anderen, die rein regionale Interessen vertreten oder sich für Belange der Umwelt, für religiöse, sportliche, soziale, politische und ethnische Ziele oder für Bürgerrechte einsetzen. Jede dieser Gruppen hat ihr eigenes Programm und setzt ihre eigenen Prioritäten. 144 000 Anwaltskanzleien sind nötig, um in diesem Wirrwarr von Beziehungen zu vermitteln!

In dieser dichten Soziosphäre wirkt sich jede Maßnahme eines Konzerns nicht nur direkt auf hilflose Individuen aus, sondern auch auf organisierte Gruppen, von denen viele über ausgebildetes Verwaltungspersonal, eine eigene Presse, direkte Drähte zur politischen Szene und über die notwendigen Mittel verfügen, mit denen Experten, Rechtsanwälte und andere Hilfskräfte finanziert werden können.

Entscheidungen von Konzernen werden unter diesen Voraussetzungen stets einer genauen Prüfung unterzogen. »Soziale Umweltverschmutzung« durch den Konzern — wie Arbeitslosigkeit, Störung des Gemeindelebens, erzwungene Mobilität und ähnliches — wird sofort entdeckt. Der Konzern wird unter Druck gesetzt, nicht nur gegenüber seinen wirtschaftlichen, sondern auch gegenüber seinen sozialen »Produkten« ein erheblich höheres Maß an Verantwortung zu übernehmen, als dies jemals zuvor der Fall war.

Eine dritte Gruppe von Zwängen, die sich auf den Konzern auswirken, spiegelt sich in der veränderten Infosphäre wider: Die Individualisierung der Gesellschaft setzt voraus, daß weit mehr Informationen als zuvor zwischen den einzelnen gesellschaftlichen Institutionen — einschließlich des Konzerns — ausgetauscht werden müssen, um das Gleichgewicht zwischen ihnen aufrechtzuerhalten. Auch die Produktionsmethoden der Dritten Welle intensivieren den Hunger des Konzerns auf den »Rohstoff« Information. Wie ein gigantischer Staubsauger schluckt die Firma Daten, verarbeitet sie und leitet sie nach komplizierten Verteilungsschlüsseln an andere Empfänger weiter. Je wichtiger Informationen für die Produktion werden und je mehr Infomanager sich in der Industrie breitmachen, desto stärker beeinflußt der Konzern notwendigerweise auch die Infosphäre.

Die neugewonnene Bedeutung der Informationen führt zu einem Konflikt über die Kontrolle der von den Konzernen gespeicherten Daten. Harte Kämpfe toben um die Veröffentlichung von Informationen und über die Forderung nach Offenlegung der Geschäftsbücher (die zum Beispiel Aufschluß geben über Produktionsvolumen und die Profite einer Ölgesellschaft). Das Verlangen nach »Ehrlichkeit in den Anzeigen« oder »Ehrlichkeit bei Kreditgeschäften« wächst, da in der neuen Ära »Informationsflüsse« genauso ernstzunehmen sind wie Umwelt- und soziale Einflüsse.

Viertens ist der Konzern bestimmten politischen und machtstrategischen Zwängen ausgesetzt. Die Diversifikation der Gesellschaft und der beschleunigte Wandel auf allen Gebieten komplizieren auch den Verwaltungsapparat, und jeder Konzern ist daher gezwungen, Verbindungen zu Behörden zu pflegen, deren Kompetenzen auf immer engere Bereiche spezialisiert sind. Diese Behörden sind schlecht koordiniert; jede einzelne von ihnen setzt eigene Prioritäten und darüber hinaus befinden sie sich alle in einem permanenten organisatorischen Durcheinander.

So wird jedes Unternehmen immer mehr in lokale, regionale, nationale oder sogar transnationale Politik verwickelt. Umgekehrt »produziert« jede größere Konzernentscheidung zumindest indirekt auch politische Auswirkungen und wird in zunehmendem Maße dafür zur Rechenschaft gezogen.

Schließlich und fünftens kommt zu einem Zeitpunkt, da die Zivilisation der Zweiten Welle dahinschwindet und ihr Wertsystem erschüttert wird, ein erhöhter moralischer Druck hinzu, dem sich keine Institution, auch der Konzern nicht, entziehen kann. Verhaltensweisen, die einst als »normal« galten, werden neu interpretiert und plötzlich als korrupt, unmoralisch oder skandalös angesehen. So bringen die Lockheed-Bestechungsgelder eine japanische Regierung zu Fall. Die

Olin Corporation wird wegen Verschiffung von Waffen nach Südafrika angeklagt. Der Vorsitzende von Gulf Oil muß infolge eines Bestechungsskandals zurücktreten. In England löst die mangelnde Bereitschaft der Distillers Company, den Opfern des Thalidomid-Skandals angemessene Entschädigung zu zahlen, einen Sturm moralischer Entrüstung aus, ebenso wie das Verhalten von McDonnell Douglas im Fall der DC-10-Abstürze.

Die Meinung, daß die ethische Einstellung des Konzerns einen direkten Einfluß auf das Wertsystem der Gesellschaft hat, ist weit verbreitet und scheint manchen genauso signifikant wie der Einfluß des Konzerns auf die Umwelt und das soziale System. Immer mehr gilt der Konzern als »Produzent« von Moral.

Diese fünf weitreichenden Veränderungen in den materiellen und nicht-materiellen Produktionsbedingungen machen die Schulbuchweisheit aus der Industrie-Epoche, derzufolge der Konzern ausschließlich eine ökonomische Einrichtung ist, unhaltbar. Unter den neuen Bedingungen kann der Konzern nicht einfach wie eine Maschine weiterarbeiten, deren einzige Aufgabe es ist, eine ökonomische Funktion, sei es die Güterproduktion oder die Erwirtschaftung von Profiten, zu maximieren. Selbst die Definition des Begriffs »Produktion« erfährt eine drastische Ausweitung und schließt künftig auch die Begleiterscheinungen sowie die unmittelbaren und langfristigen Auswirkungen der Konzernpolitik mit ein. Einfacher ausgedrückt: Jeder Konzern hat nun mehr »Produkte« — und wird für entsprechend mehr verantwortlich gemacht. Zu den ökonomischen gesellen sich fortan soziale, politische und moralische »Produkte« sowie Umwelt- und Informations»erzeugnisse« — alles Dinge, die ein Manager der Zweiten Innovationswelle nicht zu berücksichtigen brauchte.

Aus dem bisher weitgehend einem einzigen Zweck dienenden Konzern wird auf diese Weise eine »Vielzweck«-Institution, und zwar nicht nur in Reden und öffentlicher Selbstdarstellung. Auch das Selbstverständnis des Konzerns bleibt von dieser Entwicklung nicht unberührt.

Es steht zu erwarten, daß in einem Konzern nach dem anderen ein interner Kampf ausbricht zwischen denjenigen, die sich nach wie vor an die der Vergangenheit angehörende, eindimensionale Zweckbestimmung des Konzerns halten, und denen, die bereit sind, sich mit den Produktionsbedingungen der Dritten Welle zu arrangieren und sich für die Schaffung des »Vielzweck-Konzerns« von morgen einzusetzen.

Der Vielzweck-Konzern

Denjenigen unter uns, die während der Zweiten Innovationswelle aufgewachsen sind, fällt es schwer, sich »Vielzweck«-Institutionen vorzustellen. Etwa ein Krankenhaus mit medizinischen *und* wirtschaftlichen und eine Schule mit erzieherischen *und* politischen Funktionen — oder eben einen Konzern, der große nicht-ökonomische oder »transökonomische« Aufgaben besitzt. Henry Ford II, Musterexemplar für die Ideologie der Zweiten Welle und seit kurzem Pensionär, besteht darauf, daß der Konzern »ein Spezial-Instrument ist, das auf die ökonomischen Bedürfnisse der Gesellschaft zugeschnitten und keineswegs besonders dazu geeignet ist, auch der Erfüllung sozialer Bedürfnisse, die mit seinen Geschäften nichts zu tun haben, zu dienen«. Zwar sträuben sich Henry Ford und andere Verteidiger des Industrialismus gegen eine Neudefinition der Produktionsstruktur, doch haben viele andere Unternehmen vorsichtig damit begonnen, sowohl ihre Wortwahl als auch ihre Politik zu ändern.

Noch ergibt sich kein klares Bild. Oftmals ersetzen Lippenbekenntnisse und die Rhetorik der öffentlichen Selbstdarstellung tatsächliche Veränderungen. Hinter phantasievoll ausgeschmückten Broschüren, die eine neue Ära »sozialer Verantwortung« verkünden, versteckt sich sehr oft eine raffgierige Raubrittermentalität. Dennoch findet als Reaktion auf die neuen, von der Dritten Welle hervorgerufenen Zwänge ein grundsätzlicher »Paradigmenwechsel«, ein Umdenken bezüglich der Struktur, der Ziele und der Verantwortlichkeiten des Konzerns statt.

Amoco, eine führende Ölgesellschaft, stellt zum Beispiel fest, daß »es die Politik unserer Gesellschaft ist, bei der Ansiedlung von Fertigungsanlagen die routinemäßige, wirtschaftliche Einschätzung durch eine detaillierte Untersuchung der sozialen Konsequenzen zu ergänzen... Wir ziehen dabei viele Faktoren in Betracht, unter anderem den Einfluß auf öffentliche Einrichtungen... sowie den Einfluß auf den örtlichen Arbeitsmarkt mit besonderer Berücksichtigung der Minderheiten.«

Amoco legt zwar nach wie vor das meiste Gewicht auf wirtschaftliche Erwägungen, doch mißt der Konzern auch anderen Faktoren Bedeutung zu. Wenn also zwei oder mehrere Standorte einander in ökonomischer Hinsicht ähneln, sich aber »in bezug auf den sozialen Einfluß unterscheiden«, dann können diese sozialen Faktoren das Zünglein an der Waage sein.

Die Direktoren von Control Data Corporation, einem führenden amerikanischen Computerhersteller, berücksichtigen bei Firmenfusionsplänen ausdrücklich nicht nur rein finanzielle oder wirtschaftliche Gesichtspunkte, sondern »alle relevanten« Faktoren — einschließlich der sozialen Folgen der Fusion und ihre Auswirkungen auf die Angestellten und die Gemeinden, in denen Control Data arbeitet. Und während andere Firmen immer mehr in die Vorstädte drängen, hat Control Data bewußt neue Anlagen in den Innenstädten von Washington, St. Paul und Minneapolis gebaut, um Arbeitsplätze für Minderheiten zu schaffen und die heruntergekommenen Stadtkerne neu zu beleben. Der Konzern betrachtet es ausdrücklich als seine Aufgabe, »die Lebensqualität, Gleichheit und Chancen der Menschen zu verbessern« — wobei »Gleichheit« ein für einen Konzern höchst unorthodoxes Ziel darstellt.

Ein seit langem anstehendes innenpolitisches Thema in den Vereinigten Staaten ist die Besserstellung der Frauen und Farbigen. Einige Firmen gehen so weit, daß sie ihre Manager finanziell belohnen, wenn es ihnen gelungen ist, die auf diesem Gebiet gesetzten Ziele zu erfüllen. Bei Pillsbury, einem führenden Unternehmen aus der Nahrungsmittelbranche, müssen die drei Produktgruppen nicht nur einen Verkaufsplan für das folgende Jahr vorlegen, sondern auch einen Plan zur Einstellung, Ausbildung und Beförderung von Frauen und Mitgliedern ethnischer Minderheiten. Die Erfüllung dieser sozialen Ziele wird prämiert. Bei AT&T werden die Leistungen der Manager alljährlich überprüft; dabei wird die Erfüllung frauen- und minderheitenfördernder Zielvorstellungen als Pluspunkt gewertet. Bei der Chemical Bank in New York beruht die Leistungsbewertung eines Zweigstellenleiters zu zehn bis 15 Prozent auf seinen Erfolgen im Sozialbereich. Dazu gehören beispielsweise die Vergabe von Krediten an gemeinnützige Organisationen, die Anwerbung und Beförderung von Mitgliedern ethnischer Minderheiten und die Mitarbeit in Bürgerinitiativen. Allen Neuharth, Chef des Pressekonzerns Gannett, erklärt seinen Redakteuren kurz und bündig, daß »über einen Großteil« ihrer Bonusse »auf der Basis der in diesen... Programmen erreichten Fortschritte entschieden wird«.

In ähnlicher Weise erleben wir in vielen führenden Konzernen eine deutliche Statusanhebung und Einflußerweiterung von Managern, die mit den Auswirkungen der Konzernspolitik auf die Umwelt befaßt sind. Einige von ihnen erstatten nun unmittelbar dem Chef Bericht. Andere Firmen haben spezielle Aufsichtsratsgremien ins Leben gerufen, deren Aufgabe es ist, die neuen Verantwortungsbereiche des Konzerns abzustecken.

Diese neue Sensibilität des Konzerns für soziale Fragen hat sich noch längst nicht überall durchgesetzt. Rosemary Bruner, mit der Öffentlichkeitsarbeit bei der amerikanischen Tochtergesellschaft von Hoffmann-La Roche betraut, sagt: »Einiges dient nur der öffentlichen Selbstdarstellung, anderes nur eigennützigen Absichten. Aber eine ganze Menge davon reflektiert tatsächlich eine veränderte Auffassung von den Funktionen eines Konzerns.« Mit Protestaktionen, Gerichtsverfahren und der Furcht vor Regierungsinterventionen im Nacken sowie bisweilen auch aus löblicheren Motiven, beginnen die Manager sich an die neuen Produktionsbedingungen anzupassen und sich mit dem Gedanken vertraut zu machen, daß der Konzern eine Vielzahl von Zwecken erfüllt.

Der entstehende Vielzweck-Konzern erfordert unter anderem klügere Führungskräfte. Das Management muß fähig sein, multiple Ziele zu formulieren, sie gegeneinander abzuwägen und miteinander in Bezug zu setzen. Es muß eine Kooperationsstrategie entwickeln, mit der sich mehrere Ziele zugleich erreichen lassen. Es muß eine Politik finden, mit der sich nicht nur eine, sondern mehrere Variablen gleichzeitig optimieren lassen. Nichts widerspricht diesen Bedingungen mehr als das eingleisige Denken des traditionellen Managers der Zweiten Welle.

Viele Manager sind angesichts der Komplexität dieser neuen Entwicklungen bestürzt. Es fehlt ihnen das für die Dritte Welle nötige intellektuelle Rüstzeug. Wir wissen, wie man die Rentabilität eines Konzerns berechnet — aber wie berechnet oder wertet man Erfolg bei nicht-ökonomischen Zielen? John C. Biegler von Price Waterhouse sagt, die Manager »werden ersucht, Rechenschaft über Aktivitäten des Konzerns auf Gebieten abzulegen, für die noch gar keine richtigen Bewertungskriterien existieren ... ja, wo es noch nicht einmal die sprachlichen Voraussetzungen für eine Bewertung gibt.«

Dies erklärt die gegenwärtigen Bemühungen um neue »Bewertungskriterien«. Steht doch auch das betriebliche Rechnungswesen kurz vor einer Revolution und sprengt seinen traditionellen, rein wirtschaftlichen Rahmen.

Die amerikanische Wirtschaftsprüfer-Vereinigung hat die Berichte eines Komitees für nicht-finanzielle Leistungskriterien und eines Komitees für Leistungskriterien im Sozialbereich herausgegeben. Daß jeder dieser Berichte in seiner Bibliographie nahezu 250 Aufsätze, Monographien und Dokumente zitiert, zeigt, wieviel Arbeit auf diesen Gebieten geleistet wird.

In Philadelphia arbeitet ein Berater-Unternehmen namens Human Resources Network zusammen mit zwölf amerikanischen Großkonzernen an der Entwicklung von branchenübergreifenden Methoden zur genaueren Bestimmung dessen, was man als »transökonomische« Ziele des Konzerns bezeichnen könnte. Das Unternehmen versucht, derartige Ziele in die Planung der Konzerne zu integrieren und Beurteilungskriterien für transökonomische Leistungen zu finden. In Washington entfachte Handelministerin Juanita Kreps eine heftige Kontroverse, als sie vorschlug, die Regierung selber solle einen Sozialleistungsindex vorbereiten, den sie als einen »Mechanismus« beschrieb, »mit dessen Hilfe Unternehmen ihre Leistungen und deren soziale Konsequenzen einschätzen könnten«.

Die Europäer arbeiten auf dem gleichen Gebiet. Nach Meinolf Dierkes und Rob Coppock vom Internationalen Institut für Umwelt und Gesellschaft in Berlin experimentieren viele große und mittlere Betriebe in Europa mit dem Konzept eines Sozialberichts. In der

Bundesrepublik Deutschland beispielsweise veröffentlichen etwa zwanzig der größten Unternehmen regelmäßig Sozialberichte, zusammen mit dem Jahresabschluß. Dazu kommen mehr als hundert weitere, die Sozialberichte für den internen Gebrauch des Managements zusammenstellen.

Einige dieser Berichte sind nichts weiter als plumpe Reklame-Darstellungen der »guten Taten« des Konzerns, die kontroverse Probleme wie Umweltverschmutzung geflissentlich ignorieren. Andere jedoch sind bemerkenswert offen, objektiv und hart. Ein von dem großen Schweizer Lebensmittelkonzern Migros-Genossenschaftsbund herausgegebener Sozialbericht gesteht zum Beispiel selbstkritisch ein, daß Frauen schlechter als Männer bezahlt werden, daß viele Arbeiten »extrem langweilig« sind und daß sich die Stickstoffdioxyd-Emissionen innerhalb von vier Jahren erhöht haben. Der geschäftsführende Direktor der Firma, Pierre Arnold, sagt: »Es gehört Mut dazu, wenn ein Unternehmen auf die Unterschiede zwischen seinen Zielen und den tatsächlichen Ergebnissen aufmerksam macht.«

Konzerne wie die STEAG und die Saarbergwerke AG haben Pionierarbeit dabei geleistet, Betriebsausgaben in Relationen zu spezifischen Sozialausgaben zu setzen. Ähnlich haben auch Konzerne wie z. B. die Bertelsmann AG, die Rank Xerox GmbH und der Chemiekonzern Hoechst AG das Spektrum der veröffentlichten Daten radikal erweitert.

Auf breiterer theoretischer Grundlage hat sich Trevor Gambling, Professor für Finanzwissenschaft an der Universität von Birmingham, in einem Buch mit dem Titel *Sozialbilanzen* für eine radikale Neuformulierung des Revisionswesens ausgesprochen, bei der die Arbeit von Wirtschafts- und Finanzfachleuten mit der von Sozialwissenschaftlern abgestimmt werden soll, die soziale Indikatoren und Methoden für soziale Betriebsführung entwickelt haben.

In Holland hat Cornelius Brevoord eine Anzahl mehrdimensionaler Kriterien für die Überwachung des Konzernverhaltens entworfen, das seiner Überzeugung nach durch tiefgreifende Änderungen der gesellschaftlichen Wertvorstellungen notwendig geworden ist, unter anderem durch den Wechsel von »einer-produktionsbezogenen Einstellung« zu einer »total wohlfahrtsorientierten«. Dementsprechend bemerkt er auch eine Verschiebung von »funktionaler Spezialisierung zu einem interdisziplinären Ansatz«. Beide Veränderungen bekräftigen die Forderung nach einem schlüssigen Konzern-Modell.

Brevoord führt 32 Kriterien auf, nach denen ein Konzern seine Leistung berechnen sollte. Dazu gehören die Beziehungen zu Kunden, Aktionären und Gewerkschaften, zu Umweltschutz-Organisationen und das Verhältnis zum eigenen Management. Doch selbst diese 32 Kriterien sind nach Ansicht Brevoords nur einige der Parameter, an denen der Konzern der Zukunft sich selber messen wird.

Die Infrastruktur der Zweiten Innovationswelle ist zerrüttet, Individualisierungstendenzen in allen Bereichen beschleunigen den gesellschaftlichen Veränderungsprozeß, die Biosphäre sendet Notsignale, der Organisationsgrad innerhalb der Gesellschaft steigt ständig, und die informationstechnischen, politischen und ethischen Bedingungen der Produktion wandeln sich: Das Großunternehmen der Zweiten Innovationswelle ist restlos überholt.

Kapitel 19

Der neue Code wird entschlüsselt

In Millionen Bürgerhäusern spielt sich ein fast schon rituelles Drama ab: Der Sohn oder die Tochter, der bzw. die gerade seine/ihre Ausbildung abgeschlossen hat, kommt zu spät zum Abendbrot, murrt, wirft die Zeitung mit den Stellenangeboten in die Ecke und verkündet, daß der Achtstundentag eine entwürdigende Schmach und überdies reiner Unsinn sei. Kein Mensch mit auch nur einem Fünkchen Selbstachtung könne sich einem Achtstundenregiment unterwerfen.

Auftritt der Eltern:

Vater, der gerade seinen eigenen Achtstundentag hinter sich hat, und Mutter, nach Begleichung der letzten Rechnungen erschöpft und niedergeschlagen, sind außer sich. Sie kennen das schon. Sie haben gute und schlechte Zeiten gesehen und meinen, daß ihr Sprößling sich einen Arbeitsplatz bei einem großen Konzern suchen soll. Der/die Angesprochene rümpft die Nase. Kleine Firmen sind besser. Gar keine Firma ist das allerbeste. Also weiterstudieren und noch einen besseren Abschluß machen? Wofür? Das ist doch alles fürchterliche Zeitvergeudung!

Entsetzt erleben die Eltern, daß ihre Vorschläge einer nach dem anderen abgelehnt werden. Der Frustrationspegel steigt. Schließlich erschallt als *ultimo ratia* der verzweifelte elterliche Ruf: »Willst du nicht endlich den Tatsachen ins Auge sehen?«

Zu solchen Szenen kommt es nicht nur in amerikanischen und europäischen Familien. Die Großmoguln japanischer Konzerne schwadronieren über ihren Sakegläsern, daß Arbeitsethik, Firmenloyalität, Pünktlichkeit und Disziplin der Jugend sehr zu wünschen übrigließen. Sogar in der Sowjetunion haben Eltern aus der Mittelklasse ähnliche Sorgen mit ihren heranwachsenden Kindern.

Ist dies nun nichts anderes als nur ein weiterer Fall von *épater les parents* — der traditionelle Generationskonflikt also? Oder handelt es sich um etwas Neues? Kann es sein, daß junge Leute und ihre Eltern ganz einfach nicht dasselbe meinen, wenn sie von »Tatsachen« sprechen?

Nein, es ist nicht bloß die klassische Konfrontation zwischen einer romantischen Jugend und realistischen Eltern, mit der wir es hier zu tun haben. Was einst »realistisch« war, ist es heute nicht mehr, da der Einfluß der Dritten Welle die Grundregeln des gesellschaftlichen Lebens und mit ihnen unseren Verhaltenskodex verändert.

In einem früheren Kapitel haben wir gesehen, wie sich die Zweite Welle einen »Code« aus Prinzipien oder Regeln schuf, der das Alltagsverhalten beherrschte. Prinzipien wie Synchronisierung, Standardisierung oder Maximierung galten im Geschäftsleben und bei Behörden, und Terminpläne und fanatische Pünktlichkeit bestimmten den Tagesablauf.

Heutzutage entsteht ein Gegen-Code — mit neuen Grundregeln für ein neues Leben auf der Basis einer individualisierten Wirtschaft, individualisierter Medien sowie neuartiger Familien- und Konzernstrukturen. Viele jener scheinbar sinnlosen Gefechte zwischen jung und alt sind in Wirklichkeit nichts anderes als Auseinandersetzungen über die Frage, welcher Code angewendet werden soll. Und genau darum geht es auch bei anderen Konflikten in Schulen, Sitzungssälen und politischen Hinterstübchen.

Der neue Code greift viele Lehrmeinungen der Zweiten Welle direkt an: die Bedeutung von Pünktlichkeit und Standardisierung, Synchronisierung und Konformismus. Er stellt die angebliche Effizienz von Zentralisierung und Spezialisierung in Frage. Er zwingt uns, unsere Überzeugung: »größer ist besser« und unser Verständnis von »Konzentration« neu zu überdenken. Wenn man diesen neuen Code und die Unterschiede zwischen ihm und seinem Vorgänger versteht, dann versteht man sofort auch viele der ansonsten verwirrenden Konflikte um uns herum, die unsere Energien erschöpfen und unser Prestige oder unser Einkommen bedrohen.

Das Ende des Achtstundentags

Nehmen wir den Fall der frustrierten Eltern: Wie wir gesehen haben, synchronisierte die Zivilisation der Zweiten Welle den Alltag und paßte Schlafen und Wachen, Arbeit und Spiel dem Takt der Maschine an. Die in dieser Zivilisation aufgewachsenen Eltern halten es für selbstverständlich, daß die Arbeit synchronisiert wird und jeder zur gleichen Zeit am Arbeitsplatz erscheinen muß. Für sie ist das Verkehrsgewühl der Stoßzeiten unvermeidlich; Essenszeiten müssen festgelegt sein, und Kindern muß schon im zartesten Alter Zeitbewußtsein und Pünktlichkeit eingetrichtert werden. Sie können nicht verstehen, warum ihre Sprößlinge bei festabgemachten Terminen eine so aufreizende Gleichgültigkeit an den Tag legen und warum eine Arbeitszeit von acht bis fünf Uhr, die in der Vergangenheit ihren Sinn hatte, nun plötzlich von ihren Kindern für unerträglich gehalten wird.

Die Dritte Welle bringt ein völlig neues Zeitverständnis. Während die Zweite Welle das Leben dem Tempo der Maschine anglich, fordert die Dritte Welle diese mechanische Synchronisierung heraus, ändert unsere einfachsten sozialen Rhythmen und befreit uns somit von der Maschine.

Unter diesen Voraussetzungen kann es uns nicht mehr überraschen, daß in den siebziger Jahren die »gleitende Arbeitszeit« — eine Regelung, die es dem Arbeitnehmer erlaubt, innerhalb festgelegter Grenzen seine eigene Arbeitszeit zu wählen — zu den Innovationen zählte, die sich am schnellsten verbreiteten. Anstatt zu verlangen, daß alle Belegschaftsmitglieder zu ein und demselben Zeitpunkt oder zu gestaffelten, fixierten Schichtanfängen am Fabriktor oder im Büro erscheinen müssen, setzt eine Firma, die mit flexibler Arbeitszeit operiert, gewisse »Kernstunden« *(core-hours)* und erwartet, daß innerhalb dieses Zeitraums jeder an seinem Arbeitsplatz eintrifft. Andere Stunden werden als »flexibel« definiert, d.h., jeder Arbeitnehmer kann dabei selbst entscheiden, wann er arbeiten will.

Dies bedeutet, daß ein »Morgenmensch«, also jemand, den sein biologischer Rhythmus regelmäßig in aller Frühe weckt, z.B. um acht Uhr mit der Arbeit beginnen kann, während ein »Abendmensch« mit anderem Stoffwechsel, wenn er will, erst um zehn oder halb elf anzufangen braucht. Ein Angestellter kann sich also Zeit für den Haushalt und zum Einkaufen nehmen oder das Kind zum Zahnarzt bringen. Arbeitskollegen, die früh am Morgen oder am Spätnachmittag zusammen Kegeln gehen wollen, können ihre Arbeitszeiten aufeinander abstimmen. Die Zeit wird, kurz gesagt, »individualisiert«.

Der Siegeszug der gleitenden Arbeitszeit begann 1965, als die deutsche Wirtschaftswissenschaftlerin Christel Kämmerer sie empfahl, um Müttern mehr Chancen auf dem Arbeitsmarkt einzuräumen.

1972 berichtete die Zeitschrift *Europa*, daß »in ca. 2000 westdeutschen Firmen die strenge deutsche Pünktlichkeit unwiderruflich der Vergangenheit angehört. Der Grund dafür ist die Einführung der ›Gleitzeit‹.« 1977 war bereits ein Viertel aller westdeutschen Arbeitnehmer, d. h. mehr als fünf Millionen Beschäftigte, von dieser oder jener Spielart der Gleitzeit betroffen. In Frankreich, Finnland, Dänemark, Schweden, Italien und Großbritannien bedienten sich ca. 22000 Firmen mit schätzungsweise vier Millionen Arbeitnehmern dieses Systems. In der Schweiz hatten 15 bis 20 Prozent aller Industriebetriebe ganz oder teilweise auf Gleitzeit umgestellt.

Multinationale Konzerne (die in der heutigen Welt eine treibende Kraft bei der kulturellen Diffusion sind), begannen sehr bald, das Gleitzeitsystem aus Europa zu exportieren. Nestlé und die Lufthansa führten es z. B. bei ihren amerikanischen Tochtergesellschaften ein. 1977 gab es nach einem von Professor Stanley Nollen und der Unternehmensberaterin Virginia Martin für die amerikanische Manager-Vereinigung erstellten Bericht bereits in 13 Prozent aller amerikanischen Betriebe gleitende Arbeitszeit. In ein paar Jahren werden es dem Bericht zufolge 17 Prozent sein, die mehr als acht Millionen Arbeitnehmer repräsentieren. Zu den amerikanischen Firmen, die Gleitzeitsysteme ausprobieren, gehören solche Giganten wie Scott Paper, die Bank of California, General Motors, Bristol-Myers und Equitable Life.

Einige konservative Gewerkschaften — Gralshüter des *status quo* der Zweiten Welle — verhielten sich abwartend. Die Arbeiter selbst sind im großen und ganzen der Ansicht, daß die gleitende Arbeitszeit ihre Bewegungsfreiheit vergrößert. Der Manager einer Londoner Versicherungsgesellschaft meint: »Die jungverheirateten Frauen waren absolut begeistert von der Umstellung.« Nach einer Schweizer Untersuchung sind 95 Prozent der betroffenen Arbeiter mit der Gleitzeit einverstanden. 35 Prozent — mehr Männer als Frauen übrigens — sagen, daß sie jetzt mehr Zeit für ihre Familien haben.

Eine schwarze Mutter, die für eine Bostoner Bank tätig war, stand, obgleich sie ansonsten eine gute Arbeitskraft war, kurz vor ihrer Entlassung, da sie regelmäßig zu spät kam. Ihre Unpünktlichkeit war Wasser auf die Mühlen derer, die sich gern in rassistischen Stereotypen über die »Unzuverlässigkeit« und »Faulheit« schwarzer Arbeiter verbreiten. Als jedoch das Büro, in dem sie beschäftigt war, auf gleitende Arbeitszeit überging, konnte man ihr den alten Vorwurf nicht mehr machen. Wie sich herausstellte, berichtet der Soziologe Allan R. Cohen, »war sie immer zu spät gekommen, weil sie ihren Sohn in die Kindertagesstätte bringen mußte und es danach einfach nie schaffte, rechtzeitig zum Arbeitsbeginn im Büro zu sein«.

Die Arbeitgeber ihrerseits geben an, daß die Produktivität gestiegen ist und Fälle von unentschuldigter Abwesenheit seltener geworden sind. Andere Vorteile kommen hinzu. Natürlich gibt es — wie bei jeder Innovation — auch Probleme, doch versuchen nach dem schon einmal erwähnten A. M. A. - Bericht nur zwei Prozent der Betriebe wieder zur alten, starren Zeiteinteilung zurückzukehren. Die prägnante Formulierung eines Lufthansa-Managers lautete: »Ein Pünktlichkeitsproblem gibt es nicht mehr.«

Die schlaflose Gorgo

Über die gleitende Arbeitszeit wird zwar viel geredet und geschrieben, doch ist sie nur ein kleiner Bestandteil der allgemeinen Neustrukturierung des Zeitbegriffs im Rahmen der Dritten Welle. Immer mehr Arbeit wird z.B. auf die Nachtstunden verlegt. Dies gilt nicht so sehr für die traditionellen Fabrikzentren wie Akron oder Baltimore, wo schon immer zahlreiche Arbeiter Nachtschicht hatten, als vielmehr für den schnell wachsenden Dienstleistungssektor und die modernen, auf der Computertechnik basierenden Industriebranchen.

Die französische Tageszeitung *Le Monde* schreibt: »Die moderne Stadt ist eine Gorgo, die niemals schläft und in der ein immer größerer Prozentsatz der Bürger außerhalb der (normalen) Tagesstunden arbeitet.« Insgesamt gesehen beträgt der Anteil der Nachtarbeiter an der Gesamtzahl der Beschäftigten in den Industrienationen zwischen 15 und 25 Prozent. In Frankreich ist dieser Prozentsatz zwischen 1957 und 1974 von 12 auf 21 Prozent gestiegen. In den Vereinigten Staaten wuchs die Rate der »Ganzzeit«-Nachtarbeiter zwischen 1974 und 1977 um 13 Prozent; ihre Gesamtzahl (einschließlich »Teilzeit«-Nachtarbeitern) schwoll auf 13,5 Millionen an.

Noch dramatischer verbreitete sich die Teilzeitarbeit — und immer mehr Menschen bekannten sich offen zu ihr. Bei der Kaufhauskette J. L. Hudson im Gebiet von Detroit sind schätzungsweise 65 Prozent aller Angestellten Teilzeitbeschäftigte. Die Versicherungsgesellschaft Prudential Insurance beschäftigt in ihren kanadischen und amerikanischen Büros 1600 »Teilzeitler«. Insgesamt kommt inzwischen auf fünf ganzzeitig Beschäftigte ein Teilzeitbeschäftigter, deren Zahl seit 1954 zweimal so schnell gewachsen ist wie die der »Ganzzeitler«.

Diese Entwicklung ist bereits so weit fortgeschritten, daß in einer Studie, die 1977 Forscher der Georgetown-University vorlegten, die Vermutung geäußert wurde, in Zukunft könnten fast alle Berufe als Teilzeitjobs ausgeübt werden. Die Untersuchung mit dem Titel: *Permanente Teilzeitbeschäftigung: Die Perspektive des Managers* bezog sich auf 68 Betriebe, von denen bereits mehr als die Hälfte Teilzeitkräfte eingestellt hatte. Noch bemerkenswerter ist die Tatsache, daß sich die Anzahl der *Arbeitslosen,* die eine Teilzeitbeschäftigung suchen, in den letzten zwei Jahrzehnten verdoppelt hat.

Vor allem Frauen, ältere Menschen, Personen, die sich bereits teilweise aus dem Arbeitsleben zurückgezogen haben, und viele junge Leute, die es in Kauf nehmen, weniger Geld zu verdienen, wenn sie dafür mehr Zeit für ihre Hobbies, ihre sportlichen, religiösen, künstlerischen oder politischen Interessen gewinnen, begrüßen das breitere Angebot an Teilzeitbeschäftigungen.

Wir erleben also einen fundamentalen Bruch mit der alten Synchronisierung, die die Zweite Innovationswelle charakterisierte. Immer mehr Menschen arbeiten dank der Kombination von Gleitzeit, Teilzeit und Nachtarbeit außerhalb des üblichen Achtstundentags. Die Gesellschaft stellt sich auf den Betrieb »rund um die Uhr« ein.

Parallel zu den Veränderungen in der Zeitstruktur der Produktion kommen neue Verbrauchergewohnheiten auf. Man denke z.B. an die die ganze Nacht über geöffneten Supermärkte, die immer beliebter werden. »Wird der ›Vier-Uhr-morgens-Kunde‹ ,der lange Zeit als Symbol kalifornischer Skurrilität galt, im weniger exzentrischen Osten bald eine alltägliche Erscheinung sein?« fragt die *New York Times.* Die Antwort lautet eindeutig: »Ja!«.

Der Sprecher einer Supermarktkette in den Oststaaten der USA sagt, daß seine Gesellschaft die Läden künftig die ganze Nacht über geöffnet halten wird, weil »die Leute länger aufbleiben als früher«. Der *Times*-Redakteur verbrachte eine Nacht in einem typischen Laden und berichtete über diverse Kunden, die sich die späten Öffnungszeiten zunutze machten: Ein LKW-Fahrer, dessen Frau krank ist, kauft für seine sechsköpfige Familie ein; eine junge Frau, die auf dem Weg zu einer nachmitternächtlichen Verabredung ist, schaut vorbei, um eine Glückwunschkarte zu besorgen; ein Mann stürmt mit seiner kranken Tochter herein, kauft ihr ein Spielzeug-Banjo und nimmt gleich noch eine Holzkohlenpfanne mit; eine Frau, die gerade von ihrem Töpferkurs kommt, tätigt den wöchentlichen Einkauf. Um drei Uhr morgens fährt knatternd ein Motorrad vor; der Fahrer kauft ein Kartenspiel. Im Morgengrauen erscheinen dann noch zwei Männer, die auf dem Weg zum Fischen sind ...

Auch die Essenszeiten sind von diesen Veränderungen betroffen und werden in ähnlicher Weise entsynchronisiert. Die Menschen nehmen ihre Mahlzeiten längst nicht mehr alle zur gleichen Zeit ein, so wie das früher meist der Fall war. Das feste Schema von drei Mahlzeiten pro Tag wird immer häufiger durchbrochen, während gleichzeitig immer mehr Schnellimbißstuben entstehen und rund um die Uhr Milliarden von Gerichten servieren. Das Fernsehverhalten ändert sich ebenfalls, und die Programmgestalter erfinden immer mehr Spezialsendungen, die sich u.a. an »Erwachsene in den Städten, Nachtarbeiter und solche, die einfach nicht schlafen können« richten. Sogar die Banken gehen von ihren geheiligten »Bankstunden« ab.

Die große Citibank in Manhattan wirbt mit Fernsehspots für ihr neues automatisches Schaltersystem: »Gleich werden Sie Zeuge einer Revolution im Bankwesen sein. Es ist der neue 24-Stunden-Service der Citibank..., mit dem Sie fast alle täglich anfallenden Bankgeschäfte erledigen können. Wenn also Don Slater im frühen Morgengrauen seinen Kontostand wissen will, so kann dem Mann geholfen werden. Und Brian Holland kann Geld vom Spar- aufs Girokonto überweisen, wann immer er will ... Sie wissen genauso wie wir, daß das Leben nicht jeden Morgen um drei einfach stehenbleibt ... Die Citi schläft niemals.«

Ganz allgemein läßt sich sagen, daß im Zeitempfinden der Gesellschaft ein latenter, aber starker Trend dazu besteht, vom Rhythmus der Zweiten Welle abzurücken und unserem Leben eine neue Zeitstruktur zu geben. Unter dem Ansturm der Dritten Welle findet parallel zur Individualisierung anderer Bereiche des gesellschaftlichen Lebens eine Individualisierung der Zeit statt.

Freunde nach Plan

Wir spüren die sozialen Konsequenzen dieser Neustrukturierung der Zeit erst andeutungsweise. Während die zunehmende Individualisierung der Zeit gewiß dazu beiträgt, daß die Arbeit weniger anstrengend wird, so kann sie doch auch Einsamkeit und gesellschaftliche Isolierung verstärken. Wenn Freunde, Liebende und Familienmitglieder alle zu unterschiedlichen Zeiten arbeiten und man ihnen nicht hilft, ihre persönlichen »Stundenpläne« zu koordinieren, dann wird es für sie immer schwieriger, unmittelbare persönliche Kontakte zu pflegen. Die alten Zentren des gesellschaftlichen Lebens — die Kneipe um die Ecke, die Kirchengemeinde, der Schulball — verlieren ihre traditionelle Bedeutung. Neue Institutionen, die den Anforderungen der Dritten Innovationswelle gerecht werden, müssen an ihre Stelle treten.

Ohne weiteres vorstellbar wäre z.B. ein moderner Computer-Service, der einen nicht nur an seine Verabredungen erinnert, sondern auch die Zeitpläne diverser Bekannter und Familienmitglieder speichert, so daß jedes Mitglied eines bestimmten Freundeskreises per Knopfdruck feststellen kann, wo sich der Freund, die Freundin oder andere Bekannte zu welchem Zeitpunkt befinden.

Die Individualisierung der Zeit zieht noch ganz andere Konsequenzen nach sich. Schon jetzt ist ihr Einfluß z.B. im Transportwesen erkennbar. Das hartnäckige Bestehen auf streng geregelten Massenarbeitszeiten verursachte während der Hauptverkehrszeiten das für die Zweite Welle typische Verkehrschaos. Durch die Individualisierung der Zeit wird der Verkehrsstrom räumlich wie zeitlich in neue Bahnen gelenkt.

Überhaupt erlaubt ein Blick auf die Verkehrsströme einer Gemeinde eine grobe Schätzung darüber, wie weit in dem betreffenden Ort die Dritte Welle schon gediehen ist. Wenn die Stoßzeiten sich noch immer deutlich abheben und der Vormittags- bzw. Nachmittagsverkehr sich jeweils nur in einer Richtung bewegt, dann dominiert noch die Synchronisierung der Zweiten Welle. Wenn der Verkehr dagegen auf den ganzen Tag verteilt ist und sich in alle Richtungen bewegt, so wie dies in immer mehr Städten der Fall ist, dann kann man mit einiger Sicherheit annehmen, daß die Zahl der im Dienstleistungssektor Beschäftigten die der Fabrikarbeiter übersteigt; daß die Gleitzeit sich weiter Verbreitung erfreut; daß ein hoher Prozentsatz an Teilzeit- und Nachtarbeitern existiert und daß Läden, Banken, Tankstellen und Restaurants, die die ganze Nacht über geöffnet haben, nicht lange auf sich warten lassen werden.

Der Übergang zu flexibleren und individuelleren Zeitplänen verringert auch die Energiekosten und die Umweltverschmutzung, weil die besonderen Stoßzeitbelastungen wegfallen. In einem Dutzend US-Staaten arbeiten Energieversorgungsunternehmen jetzt mit »Tagestarifen« für industrielle und private Kunden, die dazu veranlaßt werden sollen, während der traditionellen Spitzenzeiten weniger Energie zu verbrauchen. Die Umweltschutzbehörde von Connecticut hat Betriebe aufgefordert, die gleitende Arbeitszeit einzuführen, und sieht darin einen Schritt zur Erfüllung bundesweiter Umweltschutzbestimmungen.

Diese Beispiele gehören zu den am deutlichsten in Erscheinung tretenden Implikationen der Zeitverschiebung. Je weiter dieser Prozeß in den kommenden Jahren und Jahrzehnten voranschreitet, desto tiefgreifender werden seine Konsequenzen sein. Einige von ihnen sind heute noch unvorstellbar. Die neuen Zeitraster werden sich auf unseren Alltagsrhythmus auswirken. Sie werden die Kunst beeinflussen und unsere Biologie. Denn wo immer es um Zeit geht, geht es um den gesamten menschlichen Erfahrungsschatz.

Computer und Marihuana

Die Rhythmen der Dritten Welle entspringen starken psychologischen, wirtschaftlichen und technologischen Triebkräften. Einerseits basieren sie auf Veränderungen der Bevölkerungsstruktur: Die Menschen sind heute wohlhabender und besser ausgebildet als ihre Eltern. Das Leben bietet ihnen mehr Chancen — und stellt sie vor die Qual der Wahl. Sie weigern sich ganz einfach, sich »vermassen« zu lassen. Je deutlicher die Leute sich in puncto Arbeitsweise und Konsumverhalten voneinander unterscheiden und je nachhaltiger sie darauf Wert legen, als Individuen behandelt zu werden, desto stärker wird ihr Widerstand gegen gesellschaftlich aufgezwungene Zeitpläne.

Andererseits kommt in den neuen, individuelleren Zeitrhythmen der Dritten Welle auch das weitgefächerte Angebot an neuen Technologien zum Ausdruck. Videokassetten und Videorecorder z.B. bieten Fernsehzuschauern die Möglichkeit, Sendungen aufzuzeichnen und zu einem selbstgewählten Termin anzusehen. Der Journalist Steven Brill schreibt: »Innerhalb der nächsten zwei, drei Jahre wird der Zeitpunkt erreicht sein, von dem an das Fernsehen nicht einmal mehr die Zeiteinteilung des schlimmsten Bildschirmfanatikers wird diktieren können.« Die Epoche, in der in den USA große Gesellschaften wie NBC, BBC oder NHK das Fernsehverhalten synchronisierten, geht ihrem Ende entgegen.

Auch der Computer ist an der Neugestaltung unserer Zeitpläne und unseres Zeitbegriffs beteiligt. Schließlich war er es, der die Einführung der Gleitzeit in Großorganisationen möglich machte, indem er Tausende individueller, flexibler Zeitpläne aufeinander abstimmte. Außerdem verändert er unser Kommunikationsverhalten dadurch, daß er uns »synchronen« (d.h. gleichzeitigen) oder »asynchronen« Zugang zu Daten bzw. Datenaustausch ermöglicht.

Was dies bedeutet, demonstriert die wachsende Zahl von Computerbenutzern, die per Heim- oder Büroterminal an sogenannten »Computerkonferenzen« teilnehmen. Mit Hilfe eines »Elektronischen Informationsaustauschsystems« führen heute ca. 660 Wissenschaftler, Futurologen, Planer und Bildungsspezialisten aus verschiedenen Ländern intensive Diskussionen über Energiefragen, Wirtschaftsprobleme, Dezentralisierung und Weltraumsatelliten. Fernschreiber und

Videoschirme in ihren Wohnungen bieten Auswahl zwischen unmittelbarer und zeitversetzter Kommunikation. Jeder der durch mehrere Zeitzonen voneinander getrennten Teilnehmer kann selbst bestimmen, wann er Informationen senden bzw. abrufen will. Wenn jemandem der Sinn danach steht, um drei Uhr morgens zu arbeiten, so steht dem nichts im Wege. Andererseits können auch mehrere Teilnehmer, wenn sie es wünschen, gleichzeitig »im Bilde« sein.

Der Einfluß des Computers erstreckt sich jedoch auch auf unseren Zeitbegriff. Ein neues Vokabular (Ausdrücke wie »Realzeit« z.B.) entsteht, das Zeitphänomene benennt, präzisiert und neuen Begriffsbestimmungen zuordnet. Die Uhr wird Schritt für Schritt aus ihrer Rolle als wichtigstes Zeitmeßgerät und wichtigster »Schrittmacher« der Gesellschaft verdrängt. Dank des Computers verarbeiten wir Daten routinemäßig in »subliminaler« Zeit — d.h. in Zeitintervallen, die viel zu kurz sind, um von menschlichen Sinnesorganen wahrgenommen zu werden. Wir besitzen inzwischen computergesteuerte Mikroprinter, die 10 000 bis 20 000 Zeilen pro Minute drucken können. Dies ist mehr als zweihundertmal so schnell wie die menschliche Lesegeschwindigkeit und gehört trotzdem noch zu den langsamsten Vorgängen in Computersystemen. Computerwissenschaftler sprechen heute nicht mehr, wie noch vor zwanzig Jahren, von Millisekunden (= 1/1000 Sek.), sondern von Nanosekunden (1/100 000 000 Sek.). Eine derartige Komprimierung der Zeit übersteigt unsere Vorstellungskraft. Es ist, als ob die gesamte Zeit, die ein Mensch in seinem Leben arbeitet — sagen wir, 80 000 bezahlte Stunden (2000 Stunden pro Jahr, und dies vierzig Jahre lang), — in einen Zeitraum von 4,8 Minuten gepreßt würde.

Neben dem Computer gibt es noch andere Technologien und Produkte, die die Zeit individualisieren. Psychopharmaka (ganz zu schweigen von Marihuana) ändern unser inneres Zeitempfinden. Mit einer weiteren Individualisierung dieser unserer »inneren Uhr« einschließlich unseres Empfindens für längere Zeiträume ist zu rechnen, da immer abenteuerlichere Psychodrogen auf den Markt kommen. Ob dies eine positive oder negative Entwicklung ist, sei dahingestellt.

Während der Zweiten Innovationswelle waren Maschinen grob aufeinander abgestimmt, und die Menschen am Fließband wurden mit diesen Maschinen synchronisiert. Die sozialen Folgen, die daraus resultierten, sind sattsam bekannt. Heutzutage hat die maschinelle Synchronisierung einen so hohen Vollkommensheitsgrad erreicht und die Arbeitsgeschwindigkeit selbst der schnellsten Arbeiter ist im Vergleich dazu so lächerlich gering geworden, daß wir nur dann die Technologie voll nutzen können, wenn wir den Arbeiter, anstatt ihn an die Maschine zu koppeln, von der Maschine *abkoppeln*.

Zu den psychologischen Konsequenzen dieser Entwicklung gehört der Bedeutungswandel, den der Begriff »Pünktlichkeit« in unserem Leben erfährt. Wir kommen ab von »allgemeinverbindlicher Pünktlichkeit« und gehen statt dessen zu einer Art »selektiver« oder »situationsbedingter Pünktlichkeit« über. »Pünktlich sein« bedeutet nicht mehr das gleiche wie früher — und unsere Kinder ahnen dies vielleicht.

Während der Ersten Welle war Pünktlichkeit, wie wir gesehen haben, nicht übermäßig wichtig, vor allem deshalb, weil landwirtschaftliche Arbeit nicht hochgradig interdependent war. Während der Zweiten Welle konnte das Zuspätkommen eines Arbeiters dagegen unmittelbar die Arbeit vieler anderer in der Fabrik oder im Büro unterbrechen und dramatische Folgen nach sich ziehen. Daraus resultierte der enorme zivilisatorische Zwang, mit dem man Pünktlichkeit zu gewährleisten suchte.

Da die Dritte Innovationswelle individuelle statt universelle oder massenbezogene Zeiten setzt, sind die Folgen des Zuspätkommens weniger kraß. Für einen Freund oder einen Mitarbeiter mögen sich Unannehmlichkeiten ergeben, doch sind negative Auswirkungen auf den Produktionsprozeß — so schlimm sie in gewissen Arbeitsbereichen auch noch sein mögen — im allgemeinen weniger klar zu erkennen. Besonders für junge Leute wird es immer schwieriger zu sagen, wann Pünktlichkeit wirklich am Platze ist, und wann sie lediglich aufgrund der Macht der Gewohnheit, aus Höflichkeit oder Tradition gefordert wird. In einigen Situationen bleibt Pünktlichkeit lebenswichtig, aber je weiter sich die Computertechnik ausbreitet und je mehr Leuten gestattet wird, je nach Gusto ihre Arbeitszeit auf den gesamten Tag zu verteilen, desto schneller wird die Zahl derer abnehmen, deren Produktivität von der Pünktlichkeit abhängt.

Der Druck, sich »auf die Minute« genau einzufinden, wird daher nachlassen. Bei der jüngeren Generation wird sich eine saloppere Einstellung der Zeit gegenüber immer mehr durchsetzen. Ebenso wie die Moral wird Pünktlichkeit »situationsbedingt«.

Kurzum, die Dritte Innovationswelle fordert die alten Methoden der Industriegesellschaft heraus und verändert das gesamte Zeitverständnis der Gesellschaft. Die alte mechanische Synchronisierung, die so viel Spontaneität und Lebensfreude zerstörte und geradezu ein Symbol der Zweiten Welle war, befindet sich auf dem Rückzug. Die jungen Leute, die das strenge Regiment des Achtstundentages ablehnen und sich von der klassischen Pünktlichkeit nicht mehr beeindrucken lassen, verstehen vielleicht nicht, warum sie sich so benehmen, wie sie es tun. Aber die »Tatsachen« haben sich ebenso verändert wie der Zeitbegriff — und gleichzeitig änderten wir die Grundregeln, die einstmals für uns maßgeblich waren.

Nach der Standardisierung

Nicht nur die Synchronisationsraster des Industrialismus, sondern auch die Standardisierung, ein weiterer Grundzug der Zweiten Innovationswelle, wandeln sich.

Der »verborgene Code« der Industriegesellschaft löste eine Standardisierungswelle aus, die mit der ungestümen Kraft einer Dampfwalze über die Welt hereinbrach und Wertvorstellungen, Maße und Gewichte, Zeiten, Währungen, Produkte und Preise erfaßte. Geschäftsleute der Industrie-Epoche normierten alles, was ihnen in den Weg kam, und einige von ihnen tun dies auch heute noch.

Die gescheitesten unter ihnen wissen inzwischen jedoch, wie man »Maßarbeiten« (im Gegensatz zu genormten Erzeugnissen) kostengünstig herstellt, und setzen mit großer Erfindungsgabe die modernsten Technologien zur Individualisierung von Produkten und Dienstleistungen ein. Die Zahl der Arbeiter mit gleichen Tätigkeiten geht zurück, während die Berufsvielfalt zunimmt. Löhne und Spezialleistungen variieren von Arbeiter zu Arbeiter. Auch die Arbeiter unterscheiden sich voneinander mehr und mehr, und da sie (und wir) immer auch Verbraucher sind, werden diese Unterschiede unmittelbar auf den Markt übertragen.

Die Abkehr von der traditionellen Massenproduktion wird daher von einer Individualisierung des Marketing, des Handels und des Konsums begleitet. Die Verbraucher treffen ihre Wahl nicht mehr nur, weil eine Ware eine besondere materielle oder psychologische Funktion erfüllt, sondern achten auch darauf, wie sie in den Kontext der von ihnen gewünschten Güter und Dienstleistungen paßt. Diese sehr individuellen Konstellationen sind nur kurzlebig — genauso wie die Lebensformen, zu deren Charakterisierung sie beitragen.

Sogar die Preise, die während der Anfangsphase des Industrialismus genormt worden waren, gewinnen individuellere Züge, da Maßanfertigungen Maßtarife verlangen. Der Preis für ein Auto hängt von der jeweiligen Summe der Sonderwünsche ab. In ähnlicher Weise ist der Preis für eine Hi-Fi-Anlage von den jeweiligen Einzelbauteilen und von der Arbeit, die der Kunde selbst noch investieren will, abhängig. Die Preise für Flugzeuge, Ölbohrinseln, Schiffe, Computer und anderes technologisch anspruchsvolles Gerät variieren von Mal zu Mal.

In der Politik lassen sich ähnliche Trends beobachten. Unsere Ansichten entsprechen immer weniger einem »Standard«. In einer Nation nach der anderen bricht der Konsens auseinander. Tausende von themenbezogenen »Initiativen« entstehen, die für engbegrenzte und oft nur kurzfristige Zielvorstellungen kämpfen. Dementsprechend kommt es zu einer zunehmenden »Entstandardisierung« der Kultur.

Mit der Einführung neuer Kommunikationsstellen, wie sie in Kapitel 13 beschrieben wurden, erleben wir die Aufsplitterung der »Massenmeinung«. Die Individualisierung der Massenmedien — d. h. die wachsende Bedeutung von Mini-Zeitschriften, Flugblättern und (oftmals fotokopierten) Informationsblättchen mit winzigen Auflagen sowie die Einführung von Kabel- und Kassettenfernsehen und Computern — erschüttert das standardisierte Weltbild, das von den Kommunikationstechnologien der Zweiten Welle verbreitet wurde. Statt dessen wird die Gesellschaft mit einer Vielfalt von Bildern, Ideen, Symbolen und Wertungen überschwemmt. Wir bedienen uns nicht nur maßgefertigter Produkte, sondern auch verschiedenartiger Symbole, um uns ein ureigenes Weltbild »maßzuschneidern«.

Die Zeitschrift *Art News* faßte die Ansichten von Dieter Hönisch, dem Direktor der Nationalgalerie in West-Berlin, wie folgt zusammen: »Was man in Köln bewundert, kommt vielleicht in München gar nicht an, und ein Erfolg in Stuttgart beeindruckt möglicherweise das Hamburger Publikum überhaupt nicht. Von regionalen und lokalen Interessen bestimmt, beginnt das Land sein Gefühl für eine nationale Kultur zu verlieren.«

Nichts illustriert diesen Prozeß kultureller Diversifikation treffender als ein Artikel, der jüngst in *Christianity Today*, einem führenden Sprachrohr des konservativen amerikanischen Protestantismus, erschien. Darin heißt es: »Viele Christen verwirrt offenbar die Vielfalt der angebotenen Bibelübersetzungen. In früheren Zeiten gab es für Christen keine so große Auswahl.« Dann folgt ein bezeichnender Satz: »*Christianity Today* empfiehlt, keine Version als die ›Standardfassung‹ anzusehen.« Selbst auf einem so engbegrenzten Gebiet wie Bibelübersetzungen — wie ganz allgemein im religiösen Leben — hält man also nichts mehr von allgemeinverbindlichen Normen. Unsere religiösen Vorstellungen und unser Geschmack werden individueller und — »entstandardisiert«.

Mit einer Huxleyschen oder Orwellschen Gesellschaft und ihren gesichtslosen, genormten Homunkuli, die Wirklichkeit werden könnte, wenn die Trends der Zweiten Welle einfach nur weitergeführt und verstärkt würden, hat dies alles nicht mehr viel zu tun. Statt dessen bewegen wir uns auf eine Gesellschaftsform zu, die von einer Fülle verschiedener Lebensformen und Persönlichkeiten geprägt sein wird. Die Zeit nach der Standardisierung bringt uns einen »entstandardisierten Geist« und eine »entstandardisierte Öffentlichkeit«.

In der Einsamkeit und der gesellschaftlichen Isolation um uns herum deuten sich die besonderen sozialen, psychologischen und philosophischen Probleme einer solchen Entwicklung an. Sie sind jedoch gänzlich anderer Natur als die Probleme der Massenkonformität, von denen wir während der Industriellen Epoche heimgesucht wurden.

Da bis heute die Dritte Welle nicht einmal in den technologisch fortschrittlichsten Ländern unangefochten dominiert, sind die Kräfte des

Industrialismus vielerorts noch deutlich spürbar. In einigen Bereichen setzen wir erst heute die Reformen der Zweiten Welle durch. So läuft beispielsweise die Massenproduktion von Hardcovers in den Vereinigten Staaten jetzt erst richtig an, obgleich sie auf dem Taschenbuchsektor und in den meisten anderen Branchen der Konsumgüterindustrie schon vor über einer Generation gang und gäbe war. Auf manchen Gebieten gibt es sogar Entwicklungen, die wie Donquichotterien anmuten; man denke z. B. an die verspäteten Bemühungen, in den USA das metrische System einzuführen, um die amerikanischen Maßeinheiten mit den europäischen in Einklang zu bringen. Auch die Errichtung bürokratischer Imperien hat entsprechende Auswirkungen: So bemühen sich die Brüsseler EWG-Technokraten, von Auto-Rückspiegeln bis zu Universitätsdiplomen alles zu »harmonisieren« — wobei »Harmonisierung« nichts weiter ist als der derzeitige Amtsstubenterminus für industrielle Standardisierung.

Schließlich gibt es auch noch Bewegungen, die tatsächlich die Uhren zurückdrehen wollen — z. B. die Bewegung »Zurück zu den Grundwerten« in den Schulen der USA. Legitimerweise aufgebracht durch das Scheitern der Massenerziehung, verkennen deren Anhänger, daß eine individualisierte Gesellschaft *neuer* erzieherischer Strategien bedarf, und versuchen, die Uniformität der Zweiten Welle in den Schulen wiederherzustellen bzw. sogar noch zu verschärfen.

All diese Versuche, uniforme Normen zu schaffen, sind jedoch im Grunde nichts weiter als Rückzugsgefechte einer Zivilisation, die sich längst verausgabt hat.

Die Veränderungen, die die Dritte Innovationswelle mit sich bringt, werden sich in größerer Vielfalt und nicht in weiterer Standardisierung manifestieren. Und dies gilt in gleichem Maße für Ideen, politische Überzeugungen, sexuelle Neigungen, Erziehungsmethoden, Eßgewohnheiten, religiöse Ansichten, das Verhalten ethnischer Minderheiten, den Musikgeschmack, die Mode, Familienformen und die automatisierte Produktion.

Ein historischer Wendepunkt ist erreicht: Mit der Standardisierung entfällt ein weiteres Leitmotiv der Zweiten Welle.

Die neue Matrix

Nachdem wir nun gesehen haben, wie schnell wir industrielle Synchronisierung und Standardisierung hinter uns lassen, überrascht es kaum noch, daß wir auch andere Paragraphen des sozialen Codes neu formulieren. Zwar kommt keine Gesellschaftsform ohne ein gewisses Maß an Zentralisierung und Dezentralisierung aus, doch wurden zentralistische Tendenzen während der Zweiten Welle eindeutig bevorzugt. Die großen »Vereinfacher«, die zum Aufbau der Industriegesellschaft beitrugen, gingen Hand in Hand mit den großen »Zentralisierern« — von Hamilton bis Lenin und Roosevelt.

Heute schlägt das Pendel offensichtlich in die Gegenrichtung aus. Neue politische Parteien, neue Methoden im Management und neue Philosophien kommen auf, die die zentralistischen Prämissen des Industrialismus *expressis verbis* aufs Korn nehmen. Von Kalifornien bis Kiew ist Dezentralisierung zu einem heiß umstrittenen politischen Thema geworden.

In Schweden vertrieb eine Koalition aus überwiegend dezentralistisch orientierten kleineren Parteien die zentralistischen Sozialdemokraten nach 44jähriger Amtszeit aus der Regierung. Frankreich wird seit ein paar Jahren von Auseinandersetzungen über Dezentralisierung und Regionalisierung erschüttert. Auf der anderen Seite des Kanals und noch weiter nördlich, bei den schottischen Nationalisten, gibt es mittlerweile einen Flügel, der sich »radikaler wirtschaftlicher Dezentralisierung« verschrieben hat. Ähnliche politische Bewegungen gibt es auch anderswo in Westeuropa, während in Neuseeland eine (noch immer kleine) »Werte-Partei« *(Values Party)* aufgekommen ist, die »die Ausweitung der Funktionen und der Autonomie gemeindlicher und regionaler Verwaltungskörperschaften ... sowie konsequente Beschränkung von Funktionen und Umfang der Zentralregierung« fordert.

Auch in den Vereinigten Staaten hat der Dezentralismus Anhänger gewonnen. Aus seinen Kreisen bezieht die Steuerrevolte, die — was immer man im einzelnen von ihr halten mag — überall im Land an Boden gewinnt, einen Teil ihrer Anhängerschaft. Auch innerhalb der Gemeinden wächst der Dezentralismus; lokale Politmatadore verlangen »Wohnbezirksmacht« *(neighborhood power)*. Aktive Nachbarschaftsgruppen machen allerorts auf sich aufmerksam, von einer »Bürgerinitiative für eine bessere und schönere Umwelt« in San Antonio, Texas, bis zur Gruppe »Bürger für die Wiederbelebung des Broadway« in Cleveland, Ohio, und der »Volksfeuerwehr« in Brooklyn, New York. Für viele trägt die Washingtoner Zentralregierung die Schuld an lokalen Mißständen, und kaum jemand erwartet noch Hilfe von ihr.

Nach Ansicht von Geno Baroni, ehemals selbst aktiver Mitarbeiter bei Bürgerinitiativen und heute Abteilungsleiter im US-Ministerium für Wohnungsbau und Stadtentwicklung, spiegeln solche kleinen, dezentralisierten Gruppen den Zusammenbruch der von den Parteiapparaten dominierten Politik und die Unfähigkeit von »denen da oben« wider, mit der Vielfalt lokaler Probleme und Interessen fertigzuwerden. Die *New York Times* schreibt, daß Aktivisten lokaler Bürgerinitiativen »in Washington und überall im Lande Siege« feiern.

Die dezentralistische Sicht dringt darüber hinaus auch in die Hochschulen für Architektur und Planung von Berkeley und Yale in den USA bis zur Architektenvereinigung in London vor, wo die Studenten unter anderem neue Technologien der Umweltüberwachung, Solarheizsysteme oder städtischen Landbau studieren, um den Gemeinden künftig partielle Selbstversorgung zu ermöglichen. Der Einfluß dieser jungen Planer und Architekten wird sich, wenn sie in den kommenden Jahren in verantwortliche Positionen aufrücken, bemerkbar machen.

Auch im modernen Management ist der Ausdruck »Dezentralisierung« zu einem Zauberwort geworden, und viele Betriebe können ihre Abteilungen gar nicht schnell genug in immer kleinere, autonomere »Profitcenters« aufgliedern. Die Umstrukturierung der Esmark Inc., eines großen Konzerns, der im Lebensmittel-, Chemie-, Öl- und Versicherungsgeschäft tätig ist, lieferte ein typisches Beispiel.

»Früher«, so erklärt Esmarks Präsident Robert Reneker, »war unser Betrieb schwerfällig ... Der einzige Weg, der uns zur Koordinierung der Arbeit blieb, bestand darin, sie in mundgerechte Happen aufzuteilen.« Das Ergebnis: Esmark wurde in tausend verschiedene »Profitcenters« aufgestückelt, von denen jedes einzelne für seine Aktivitäten weitgehend selbst verantwortlich ist.

»Unter dem Strich kommt dabei heraus«, schreibt *Business Week*, »daß Reneker von Routine-Entscheidungen verschont bleibt. Außer der Finanzkontrolle ist bei Esmark alles dezentralisiert.«

Es geht uns hier nicht um den Esmark-Konzern als solchen — der seit damals wahrscheinlich noch mehr als einmal umorganisiert hat —, sondern um die allgemeine Tendenz, die sich hier andeutet. Hunderte, vielleicht sogar Tausende von Betrieben befinden sich gleichfalls in einem Prozeß kontinuierlicher Reorganisation und dezentralisieren. Manchmal schießen sie übers Ziel hinaus und fallen danach vorübergehend wieder ins andere Extrem, doch vermindern sie graduell die zentrale Kontrolle über den Geschäftsalltag.

Besondere Bedeutung verdient auch, daß große Organisationen von den Autoritätsstrukturen abgehen, die den Zentralismus stützen. Typische Industriebetriebe bzw. Behörden der Zweiten Welle basierten auf dem Prinzip »Ein Mann, ein Boß«. Während ein leitender Angestellter oder ein Manager ohne weiteres viele Untergebene haben konnte, war er selbst nie mehr als nur einem Höhergestellten rechenschaftspflichtig. Dieses Prinzip bedeutete, daß die Fäden der Macht alle in einem Zentrum zusammenliefen.

Es ist heute faszinierend mitanzusehen, wie dieses System in den modernen Industrien, im Dienstleistungssektor, den freien Berufen und in vielen Behörden unter seinem eigenen Gewicht zusammenbricht. In der Tat hat eine wachsende Anzahl von uns schon jetzt mehr als nur einen Chef.

Im *Zukunftsschock* wies ich darauf hin, daß Großorganisationen immer mehr von zeitlich befristeten Untereinheiten wie Teams für Spezialaufgaben, interdisziplinären Komitees und Projektgruppen durchsetzt seien. Dieses Phänomen nannte ich die »Adhocratie«. Seit damals sind viele Großkonzerne dazu übergegangen, temporäre Einheiten dieser Art in einer von Grund auf neuen Form gleichsam zu institutionalisieren — nämlich in sogenannten »Matrix-Organisationen«. An die Stelle der zentralen Kontrolle rückt bei der »Matrix-Organisation« ein »multiples Kommandosystem«.

Jeder Angestellte gehört wie bisher zu einer Abteilung und erstattet wie gehabt einem Vorgesetzten Bericht. Aber er ist gleichzeitig auch einem oder mehreren Teams zugeteilt, die die Aufgabe haben, Dinge zu erledigen, mit denen eine einzelne Abteilung allein nicht fertig wird. So können z.B. einer Projektgruppe Mitarbeiter von der Herstellung und von der Forschungsabteilung, vom Verkauf und von der Technik sowie von der Buchhaltung und anderen Abteilungen angehören. Alle Mitglieder einer solchen Gruppe erstatten sowohl dem Projektleiter als auch ihrem »regulären« Chef Bericht.

Diese Entwicklung hat inzwischen dazu geführt, daß viele Leute heutzutage bei dem einen Chef nur noch aus administrativen Gründen und bei einem anderen (oder einer wechselnden Folge von anderen) bei allen praktischen, die Arbeit betreffenden Fragen vorsprechen. Das System gestattet es den Angestellten, an mehreren Aufgaben gleichzeitig mitzuwirken. Es beschleunigt den Informationsfluß und verhindert, daß Probleme aus dem engen Blickwinkel jeweils nur einer einzigen Abteilung gesehen werden. Es hilft der Organisation, sich auf unterschiedliche, raschem Wandel unterworfene Bedingungen einzustellen. Allerdings wird damit auch die zentrale Kontrolle unterlaufen.

Ausgehend von Firmen wie General Electric in den USA und der Skandia-Versicherung in Schweden, die sich ihrer schon sehr früh bedienten, hat sich die Matrix-Organisation schnell ausgebreitet und ist jetzt in Krankenhäusern und Wirtschaftsprüferfirmen sowie selbst im Kongreß der Vereinigten Staaten zu finden (wo alle möglichen neuen, quasi-behördlichen »Clearing-Stellen« und »Arbeitskreise« unabhängig von den einzelnen Ausschüssen entstehen). »Matrix« ist nach Professor S. M. Davis von der Universität Boston und seinem Harvard-Kollegen P. R. Lawrence »nicht wieder einmal eine von vielen kleineren Management-Techniken oder eine vorübergehende Laune ..., sondern stellt eine neue Art der Betriebsorganisation dar«.

Die neue Organisationsform ist von ihrer Struktur her weniger zentralistisch als das alte »Liniensystem« der Zweiten Innovationswelle.

Am wichtigsten ist jedoch, daß wir auch die Wirtschaft in ihrer Gesamtheit dezentralisieren. Ein Beispiel bietet die wachsende Bedeutung kleiner Regionalbanken in den Vereinigten Staaten gegenüber den traditionellen Giganten des »Geldmarkts«. (Die zunehmende geographische Streuung der Industrien bringt es mit sich, daß Firmen, die sich zuvor auf die großen »Geldzentren« verlassen mußten, mehr und mehr Geschäfte mit Regionalbanken machen. Kenneth L. Roberts, Präsident der in Nashville ansässigen First American Bank, sagt: »Die Zukunft des amerikanischen Bankgewerbes liegt nicht länger bei den *money market banks* [Nicht-Emissionsbanken].« Und dies gilt nicht nur für das Bankensystem, sondern auch für die gesamte Wirtschaft.

Mit der Zweiten Welle entstanden die ersten echten nationalen Märkte und das Konzept einer »National-Ökonomie«. Gleichzeitig entstanden auch nationale Instrumente für ökonomisches Management — zentrale Planungsbehörden in den sozialistischen Ländern, Zentralbanken und nationale Geld- und Steuerpolitik im kapitalistischen Bereich. Heute versagen diese beiden Instrumentarien — sehr zur Verblüffung jener noch immer von der Zweiten Welle geprägten Wirtschaftsfachleute und Politiker, die versuchen, das System durch die Krise zu steuern.

Bislang weitgehend unbeachtet geblieben ist die Tatsache, daß die National-Ökonomien rasch in regionale und sektorale »subnationale« Wirtschaftseinheiten mit jeweils eigenen, charakteristischen Problemen auseinanderfallen. Regionen wie der Sonnengürtel *(Sun-Belt)* in den Vereinigten Staaten, der Mezzogiorno in Italien oder Kansai in Japan werden einander nicht ähnlicher wie während der Zweiten Welle, sondern entwickeln sich im Hinblick auf Energie- und Rohstoffbedarf, Beschäftigungslage, Bildungsniveau, Kultur und andere Schlüsselfaktoren auseinander. Darüber hinaus haben viele dieser subnationalen Wirtschaftseinheiten mittlerweile Größenordnungen erreicht, wie sie noch vor einer Generation nur auf Landesebene vorkamen.

Die Unfähigkeit, dies einzusehen, ist zu einem gerüttelt Maß dafür verantwortlich, daß Bemühungen zur Wirtschaftsstabilisierung seitens der Regierungen fehlschlagen. Alle Versuche, durch Steuersenkungen oder -erhöhungen, durch Geld- und Kreditmanipulationen oder durch andere uniforme, undifferenzierte politische Maßnahmen Inflation und Arbeitslosigkeit auf nationaler Ebene einzudämmen, verschlimmern die Krankheit nur noch.

Die Politiker, die eine moderne, von der Dritten Welle geprägte Wirtschaft mit Methoden der Zweiten Welle kurieren wollen, erinnern an einen Arzt, der eines Morgens ins Krankenhaus kommt und allen Patienten blindlings die gleiche Adrenalinspritze verschreibt — ohne Rücksicht darauf, ob sie nun an Beinbrüchen, Milzrissen, Gehirntumoren oder an eingewachsenen Zehennägeln leiden. Nur spezifische, zunehmend dezentralisierte wirtschaftliche Maßnahmen können in der neuen Ökonomie zum Erfolg führen, da sie selbst, obwohl sie weltumspannend und uniform wie nie zuvor erscheint, kontinuierlich dezentralisiert wird.

All diese antizentralistischen Tendenzen in Politik und Wirtschaft schaffen eine gänzlich neue Gesellschaft und verurteilen die Regeln von gestern zur Bedeutungslosigkeit.

Kleine Einheiten im großen Ganzen

Viele weitere Bereiche des sozialen Codes der Zweiten Welle werden von der Dritten Innovationswelle völlig neu formuliert. So geriet die Maximierungsmanie der Industriezivilisation ebenfalls unter schweren Beschuß. Niemals zuvor sind die Vertreter des »Größer-ist-besser« so scharf von den Fürsprechern eines »Klein-ist-schön« *(Small is Beautiful)* angegriffen worden. Erst in den siebziger Jahren war es möglich, daß ein Buch dieses Titels ein einflußreicher, weltweiter Besteller werden konnte.

Allseits dämmert die Erkenntnis, daß unsere vielgepriesene größenorientierte Wirtschaft an ihre Grenzen stößt und viele Organisationen diese Grenzen bereits überschritten haben. Konzerne suchen inzwischen eifrig nach Methoden, mit deren Hilfe sich die Größe ihrer Arbeitseinheiten reduzieren läßt. Neue Technologien und der Trend zu den Dienstleistungsgewerben tragen beide zu einer erheblichen Verkleinerung der Projektgrößen bei. Der traditionelle Industriebetrieb bzw. das herkömmliche Büro, wo Tausende von Menschen unter einem Dach zusammengepfercht waren, werden in den Industrieländern künftig Seltenheitswert haben.

In Australien bat ich den Präsidenten eines Automobil-Unternehmens, mir die Autofabrik der Zukunft zu beschreiben. Im Brustton der Überzeugung antwortete er: »Niemals würde ich wieder eine Fabrik wie diese mit 7 000 Arbeitern unter einem Dach bauen. Ich würde den Betrieb auf kleinere Einheiten mit jeweils 300 oder 400 Arbeitern aufspalten. Die neuen Technologien machen das jetzt möglich.« Ähnliche Stellungnahmen habe ich seitdem auch von Präsidenten bzw. Vorstandsvorsitzenden von Betrieben aus der Lebensmittelbranche und aus vielen anderen Bereichen gehört.

Langsam setzt sich heute die Einsicht durch, daß *weder* groß *noch* klein schön ist, sondern daß eine angemessene Größe und die intelligente Mischung großer *und* kleiner Einheiten am schönsten ist. (Darüber war sich übrigens E. F. Schumacher, der Autor von *Small is Beautiful,* besser im klaren als einige seiner eifrigsten Anhänger. Freunden hat er einmal erzählt, daß er, lebte er in einer Welt mit lauter kleinen Organisationen, ein Buch mit dem Titel *Big is Beautiful* geschrieben hätte.)

Wir beginnen auch mit neuen Organisationsformen zu experimentieren, die die Vorteile beider Systeme verbinden. Die schnelle Ausbreitung des Konzessionswesens in den USA, in England, Holland und anderen Ländern gilt z.B. häufig als Reaktion auf Kapitalmangel oder steuerrechtliche Anomalien und ist gewiß aus verschiedenen Gründen problematisch. Andererseits ist es aber auch eine Methode zur Schaffung kleiner Einheiten, die leicht zu größeren Systemen zusammengeschlossen werden können, wobei der Grad der Zentralisierung bzw. Dezentralisierung jeweils variiert. Es handelt sich um einen Versuch, Organisationen verschiedener Größenordnung miteinander zu koppeln. Maximierung im Sinne der Zweiten Innovationswelle ist *out* — angemessene Größenordnungen sind *in*.

Auch die für die Zweite Welle typische Spezialisierung wird kritisch unter die Lupe genommen. Der Code der Zweiten Innovationswelle räumte dem Experten einen Ehrenplatz ein. Eine der Grundregeln lautete: »Spezialisieren, um Erfolg zu haben.« Heute erleben wir auf allen Gebieten einschließlich der Politik eine grundsätzliche Abkehr von dieser Haltung. Der Experte für die öffentliche Meinung, einst eine vertrauenswürdige Quelle neutraler Intelligenz, ist inzwischen entthront. Immer häufiger wird er bezichtigt, nur seinen eigenen Interessen zu dienen und Scheuklappen zu tragen. Immer häufiger bemüht man sich, seine Macht durch die Aufnahme von Laien in Entscheidungsgremien zu beschneiden — zum Beispiel in Krankenhäusern und in vielen anderen Institutionen.

Eltern verlangen mehr Einfluß auf schulische Entscheidungen und geben sich nicht länger damit zufrieden, sie berufsmäßigen Erziehern zu überlassen. Eine Arbeitsgruppe im US-Staat Washington, die vor einigen Jahren die Bürgerbeteiligung an der Politik untersuchte, schloß mit einer Feststellung, die für diese neue Haltung typisch ist: »Man muß kein Experte sein, um zu wissen, was man will.«

Auch die Konzentration gehörte zu den Prinzipien der Zweiten Welle. Sie konzentrierte Geld, Energie, Rohstoffe und Menschen. Große Bevölkerungsmassen strömten in die Städte. Heute hat sich dieser Prozeß in sein Gegenteil verkehrt. Auf dem Energiesektor verringern wir unsere Abhängigkeit von konzentrierten Lagerstätten fossiler Brennstoffe und steuern auf eine Vielzahl dezentralisierter Energieformen zu. Wir sind Zeuge zahlreicher Experimente, deren Ziel es ist, die Menschenzusammenballungen in Schulen, Hospitälern und Heilanstalten zu »entkonzentrieren«.

Man könnte systematisch den Code der Zweiten Innovationswelle durchforsten — angefangen bei Standardisierung und Synchronisierung bis hin zur Zentralisierung, Maximierung und Konzentration — und Punkt für Punkt zeigen, wie die alten Grundregeln, die unser tägliches Leben und unsere Entscheidungen bislang bestimmt haben, gegenwärtig revolutioniert werden.

Wir haben bereits gesehen, daß alle Prinzipien der Zweiten Welle zusammenwirkten und gemeinsam die klassische industrielle Bürokratie hervorbrachten, eine riesige, hierarchische, permanente mechanistische Organisation, die bestens dafür geeignet war, immer wieder dieselben Produkte herzustellen und immer wieder dieselben Entscheidungen in einer vergleichsweise stabilen industriellen Umwelt zu treffen.

Inzwischen aber sind wir dabei, zu neuen Prinzipien und neuen Organisationsformen überzugehen, deren hierarchische Strukturen weniger ausgeprägt sind. Sie sind nicht so kopflastig. Sie bestehen aus kleineren Elementen, die temporär miteinander kombiniert werden. Jedes einzelne Bauelement verfügt über seine eigenen Beziehungen zur Außenwelt, sozusagen über seine eigene »Außenpolitik«, die es verfolgen kann, ohne vorher die Zentrale konsultieren zu müssen.

Von Bürokratien unterscheiden sie sich noch in einem anderen fundamentalen Punkt: Sie sind, wie man es nennen könnte, »Poly«-Organisationen, die je nach den Umständen zwei oder mehr unterschiedliche Strukturformen annehmen können — ähnlich wie Plastikstoffe, die unter Hitze- bzw. Kälteeinwirkung ihre Gestalt verändern, bei »Normal«-Temperatur aber wieder eine »Grundform« einnehmen.

So könnte man sich etwa eine Armee vorstellen, die in Friedenszeiten demokratisch organisiert ist, während eines Krieges aber zentralistisch und autoritär: Sie ist von Anfang an so eingerichtet, daß sie zu *beidem* in der Lage ist.

Wir brauchen Manager, die sowohl in einem offenen, freimütigen Stil *als auch* nach hierarchischen Grundsätzen arbeiten können, d. h. sowohl in pyramidenartigen Organisationen als auch in »Mobile«-Organisationen, wo wenige dünne Management-Fäden ein kompliziertes Gebilde aus nahezu autonomen Einheiten zusammenhalten, die sich bei jedem Windhauch bewegen.

Wir haben bis jetzt noch kein Vokabular, mit dem sich diese Organisationen der Zukunft beschreiben ließen. Begriffe wie »Matrix« und »ad hoc« reichen nicht aus. Verschiedene Theoretiker haben unterschiedliche Termini vorgeschlagen. Der Werbefachmann Lester Wunderman spricht von »Ensembles, die als intellektuelle Kommandoeinheiten handeln« und »die hierarchische Strukturen zu ersetzen« beginnen. Tony Judge, ein brillanter Organisationstheoretiker, hat ausführlich über den »Netz«-Charakter der künftigen Organisationsformen geschrieben und unter anderem darauf hingewiesen, daß »das Netz von niemandem ›koordiniert‹ wird; die teilnehmenden Einzelkörperschaften koordinieren sich selbst, so daß man von ›Autokoordination‹ sprechen könnte«.

Welcher Terminologie wir uns auch bedienen — wir befinden uns mitten in einer Revolution. Wir erleben nicht nur die Geburt neuer Organisationsformen, sondern auch die Geburt einer neuen Zivilisation. Ein neuer Code bildet sich heraus, die Prinzipien der Dritten Welle.

Es nimmt kaum wunder, daß Eltern — die weitgehend noch an den Code der Industriegesellschaft gebunden sind — mit Kindern in Konflikt geraten, die zwar merken, daß die alten Regeln immer irrelevanter werden, aber die neuen entweder überhaupt nicht oder kaum kennen. Beide — Eltern und Kinder, sie und wir — sind zwischen die sterbende Ordnung der Zweiten Innovationswelle und die kommende Gesellschaftsordnung der Dritten Welle geraten.

Kapitel 20
Der Aufstieg des Prosumenten

Winzige Veränderungen im Alltagsverhalten symbolisieren mitunter gewaltige historische Umbrüche. Eine solche Veränderung, deren Bedeutung fast niemandem auffiel, ereignete sich in den frühen siebziger Jahren, als in den Apotheken Frankreichs, Englands, Hollands und anderer europäischer Länder ein neues Produkt eingeführt wurde. Es handelte sich dabei um Schwangerschaftstests zur Selbstuntersuchung. Innerhalb weniger Jahre waren etwa 15 bis 20 Millionen solcher Tests an europäische Frauen verkauft worden. Bald schrie es uns auch aus den Anzeigen amerikanischer Zeitungen entgegen: »Schwanger? Je eher Sie Bescheid wissen, desto besser.« Als Warner-Lambert, eine amerikanische Firma, den Test unter ihrem Markennamen einführte, war die Reaktion »überwältigend gut«. Zu Beginn der achtziger Jahre führen bereits Millionen von Frauen auf beiden Seiten des Atlantiks routinemäßig einen Test durch, für den sie zuvor Ärzte und Laboratorien in Anspruch nehmen mußten.

Sie waren nicht die einzigen, die auf den Arztbesuch verzichteten. Nach Ansicht der *Medical World News* ist »Selbsthilfe — der Gedanke, daß die Leute sich medizinisch mehr auf sich selbst verlassen können und sollen — eine neue, schnell an Boden gewinnende Bewegung... Überall im Land lernen einfache Menschen mit Stethoskopen und Blutdruckmanschetten umzugehen, führen Brustuntersuchungen, ›Papanicolaou-Tests‹ und sogar einfache chirurgische Eingriffe an sich selbst durch.

Mütter machen Rachenabstriche bei ihren Kindern. In den Schulen gibt es Kurse für alles mögliche — von der Fußpflege bis hin zur »Kinder-Sofortheilkunde«. Ältere Leute überprüfen ihren Blutdruck an Münzautomaten, die in den USA in mehr als 1300 Einkaufszentren, Flughäfen und Kaufhäusern installiert sind.

Noch 1972 wurden nur sehr wenige medizinische Instrumente an Laien verkauft. Heute ist ein wachsender Anteil des Instrumentenmarktes für den Hausgebrauch bestimmt. Die Verkaufsziffern für Ohrenspiegel und Ohrenreinigungsgeräte, Apparaturen für Rachen- und Nasenspülung sowie Spezialprodukte für Rekonvaleszenten schießen in die Höhe, da immer mehr Menschen die Verantwortung für ihre Gesundheit selbst übernehmen. Sie gehen nicht mehr so häufig zum Arzt und verkürzen die Dauer ihrer Krankenhausaufenthalte.

Oberflächlich betrachtet kann der Anschein entstehen, es handle sich dabei nur um eine Modeerscheinung. Aber das intensive Interesse daran, selbst mit den eigenen Problemen fertigzuwerden (anstatt jemand anderen dafür zu bezahlen) reflektiert einen substantiellen

Wandel in unseren Wertvorstellungen, unserem Verständnis von Krankheit und unserer Einstellung gegenüber dem Körper und dem eigenen Ich. Aber auch diese Erklärung trifft noch nicht den Kern der Sache. Um die tatsächliche historische Dimension dieses Phänomens würdigen zu können, müssen wir einen kurzen Blick zurückwerfen.

Die unsichtbare Ökonomie

Während der Ersten Welle konsumierten die Menschen, was sie selbst produzierten. Sie waren weder Produzenten noch Konsumenten im herkömmlichen Sinne. Statt dessen waren sie, wie man sagen könnte, »Prosumenten« (*prosumers*).

Die Industrielle Revolution trieb einen Keil in die Gesellschaft, der diese beiden Funktionen voneinander trennte und damit den Produzenten und den Konsumenten von heute schuf. Diese Spaltung führte zur raschen Ausbreitung des Marktes, jenes Kanalsystems, durch das Güter und Dienstleistungen uns erreichen, und wir sie.

Ich habe an anderer Stelle bereits ausgeführt, daß wir mit der Zweiten Innovationswelle von der agrargesellschaftlichen »Produktion für den Eigenverbrauch« — einer Prosumenten-Ökonomie — zu einer industriellen »Produktion für den Markt« übergingen. In Wirklichkeit waren die Dinge jedoch nicht ganz so einfach. Denn so, wie schon zur Zeit der Agrargesellschaft ein kleiner Prozentsatz der Produkte für den Markt bestimmt war, so blieb auch während der Zweiten Welle ein kleiner Rest der Produktion dem Eigenverbrauch vorbehalten.

Aufschlußreicher ist es, von der Annahme auszugehen, daß die Wirtschaft in zwei Sektoren aufgeteilt ist. Sektor A umfaßt die unbezahlte Arbeit, die von den Menschen direkt für sich selbst oder ihre Familie geleistet wird. Sektor B enthält die gesamte Produktion von Gütern und Dienstleistungen, die zum Verkauf oder Tausch auf den Markt kommen.

Wir können also sagen, daß während der Ersten Welle Sektor A — der auf Produktion zum Eigenverbrauch basiert — sehr groß war, Sektor B jedoch winzig. Während der Zweiten Welle war das Gegenteil der Fall. Ja, die Produktion von Gütern und Dienstleistungen nahm derart zu, daß die Wirtschaftsexperten des Industriezeitalters die Existenz des Sektors A buchstäblich vergaßen. Ihre Definition von »Wirtschaft« schloß alle Formen von Arbeit oder Produktion, die nicht für den Markt bestimmt waren, aus. Damit verschwand der Prosument von der Bildfläche.

Dies hatte z. B. zur Folge, daß die unbezahlte Hausarbeit der Frauen — Waschen, Putzen und Kindererziehung sowie soziale Betätigung — verächtlich als nicht-produktiv abqualifiziert wurde, obgleich Sektor B — die sichtbare Ökonomie — ohne die Güter und Dienstleistungen, die in Sektor A — der unsichtbaren Ökonomie — entstanden, überhaupt nicht hätte existieren können. Wäre niemand zu Hause geblieben und hätte auf die Kinder aufgepaßt, so hätte es auch keine nachfolgende Lohnarbeiter-Generation für Sektor B gegeben und das System wäre unter seinem eigenen Gewicht zusammengebrochen.

Kann irgend jemand sich eine funktionierende oder gar hochproduktive Wirtschaft vorstellen ohne Arbeiter, die schon als Kinder zu Sauberkeit erzogen wurden, sprechen lernten und an ihr kultiviertes Umfeld gewöhnt wurden? Wie wäre es um die »Produktivität« des Sektors B bestellt, wenn die neu hinzukommenden Arbeiter selbst diese minimalen Kenntnisse nicht besäßen?

Heute, in der Endkrise der überkommenen Industriegesellschaft, schieben sich Politiker und Experten noch immer gegenseitig Statistiken zu, die ganz und gar auf Transaktionen des Sektors B beruhen. Sie jammern über Rückgänge von »Wachstum« und »Produktivität«. Aber wenn sie weiterhin in den Kategorien der Zweiten Welle denken, wenn sie weiter den Sektor A ignorieren und ihn außerhalb des eigenen Wirtschaftslebens ansiedeln, werden sie auch nicht dazu in der Lage sein, unsere Wirtschaft wieder in den Griff zu bekommen.

Bei näherem Hinsehen entdecken wir nämlich die ersten Anfänge einer fundamentalen Änderung im Verhältnis der beiden Sektoren zueinander. Wir sehen, wie die Trennungslinie zwischen Produzent und Konsument sich immer mehr verwischt. Der Prosument gewinnt an Bedeutung. Und jenseits dieser Entwicklungen steht ein Wandel bevor, der die Rolle des Marktes in unserer Gesellschaft verändern wird.

Hier schließt sich der Kreis: Denn die vielen Menschen, die heute bereits auf manche ärztliche Dienstleistung verzichten, tun im Grunde nichts anderes, als einen Teil der Produktion aus Sektor B auf Sektor A zu verlagern, d. h. von der sichtbaren Ökonomie, die von den Wirtschaftsexperten beobachtet und untersucht wird, auf die Phantom-Ökonomie, die sie vergessen haben.

Witwen und Fettsüchtige

Sie prosumieren. Und sie sind dabei nicht allein. Katherine Fisher, Hausfrau im britischen Manchester, hatte jahrelang panische Angst davor, ihre Wohnung zu verlassen. 1970 gründete sie eine Organisation für Leute mit ähnlichen Phobien. Die »Phobiker-Gesellschaft« hat heute zahlreiche Dependancen und ist nur eine unter Tausenden neuartiger Gruppierungen, die derzeit in den Industrienationen entstehen und deren Ziel es ist, unmittelbare Hilfe bei psychischen, medizinischen und sozialen oder sexuellen Problemen zu leisten.

In Detroit wurden ca. 50 »Hinterbliebenen-Gruppen« gegründet, die Personen, welche den Verlust eines Verwandten oder Freundes zu beklagen haben, über ihren Schmerz hinweghelfen wollen. In Australien bringt eine Organisation namens GROW ehemalige Psychiatrie-Patienten und »nervöse Menschen« miteinander in Kontakt. GROW verfügt inzwischen über Dependancen in Hawaii, Neuseeland und Irland. In 22 US-Bundesstaaten formiert sich gegenwärtig eine Organisation namens »Eltern von Schwulen und Lesben«, um denjenigen, deren Kinder homosexuell sind, zu helfen. Die »Vereinigung der Depressiven« hat 60 lokale Unterorganisationen in England. Es gibt »Anonyme Suchtkranke«, einen »Staublungen-Club«, eine »Witwen-Gruppe«.

Natürlich ist es nicht neu, daß sich Leute zusammenfinden, um gemeinsam über ihre Schwierigkeiten und Probleme zu sprechen und voneinander zu lernen; historische Präzedenzfälle für eine derartig rasante, wie ein Flächenbrand um sich greifende Selbsthilfebewegung wie der heutigen sind jedoch rar.

Frank Riessman und Alan Gartner, Direktoren des New Human Services Institute, schätzen, daß es allein in den USA mittlerweile über 500 000 solcher Gruppierungen gibt — d. h. eine für ungefähr 435 Einwohner. Viele sind nur kurzlebig, doch für jede, die von der Bildfläche verschwindet, treten gleich mehrere neue auf.

Das Spektrum dieser Organisationen ist sehr breit. In einigen spiegeln sich das neue Mißtrauen gegenüber den Spezialisten wider und der Versuch, ohne sie zurechtzukommen. Man verläßt sich gänzlich auf eine sogenannte »Beratung auf Gegenseitigkeit«. Hierbei helfen die Teilnehmer einander mit Ratschlägen, die aus persönlichen Lebenserfahrungen resultieren (im Gegensatz zur traditionellen fachmännischen Beratungspraxis). Andere Gruppen wollen in Not geratene Mitbürger unterstützen. Wieder andere bemühen sich um Gesetzes- und Steuerreformen. Manche haben quasi religiösen Charakter, während andere Zweckgemeinschaften bilden, deren Mitglieder sich nicht nur regelmäßig treffen, sondern auch miteinander leben.

Regionale und sogar übernationale Verbindungen werden zur Zeit geknüpft. Soweit Berufspsychologen, Sozialarbeiter oder Ärzte in solchen Gruppen überhaupt vertreten sind, geben sie die Rolle des unpersönlichen »Experten«, von dem man voraussetzt, daß er alles »am besten weiß«, auf und verwandeln sich in Zuhörer, Lehrer oder Leiter, die mit ihren Patienten oder Klienten zusammenarbeiten. Bereits etablierte freiwillige oder gemeinnützige Hilfsorganisationen bemühen sich, mit dieser neuen Selbsthilfebewegung Schritt zu halten.

Die Selbsthilfebewegung strukturiert die Soziosphäre um. Raucher, Stotterer, Selbstmordgefährdete, Spieler, Eltern von Zwillingen, Fettsüchtige und andere Gruppen bilden inzwischen ein dichtes organisatorisches Netz, das mit den neuen Familien- und Unternehmensstrukturen der Dritten Welle verflochten ist.

Was immer man von ihrer Bedeutung für die soziale Organisation halten mag — auf jeden Fall repräsentieren diese Gruppen eine grundlegende Abkehr vom passiven Konsumentendasein und eine Zuwendung zum aktiven Prosumententum. Aus diesem Grund kommt ihnen auch wirtschaftliche Bedeutung zu. Zwar hängen auch sie vom Markt ab, doch übertragen sie Tätigkeiten aus dem B-Sektor der Wirtschaft in den A-Sektor, das heißt, vom »Markt«- auf den »Prosum«-Sektor. Die aufblühende Selbsthilfebewegung ist nicht die einzige Kraft: Einige der reichsten und größten Konzerne der Welt beschleunigen aus technologischen und wirtschaftlichen Gründen — ihrerseits den Aufstieg des Prosumenten.

Die Do-it-yourself-Bewegung

1956 begann die American Telephone & Telegraph Company, der die Nachfrage nach neuen Kommunikationsmitteln über den Kopf zu wachsen drohte, mit der Einführung elektronischer Technologien, die den Telefonkunden bei Ferngesprächen direkte Durchwahl ermöglichen. Heute kann man sogar nach Übersee direkt durchwählen: Mit dem Wählen einer bestimmten Ziffernfolge übernimmt der Verbraucher eine Aufgabe, für die früher das »Fräulein vom Amt« zuständig war.

1973/74, als die Araber die Ölschraube anzogen, schossen die Benzinpreise zum erstenmal in die Höhe. Für die großen Ölgesellschaften erwies sich das als Goldgrube; kleine Tankstellenbesitzer jedoch mußten verzweifelt ums wirtschaftliche Überleben kämpfen. Um die Kosten zu senken, stellten viele von ihnen auf Zapfstellen zur Selbstbedienung um, die zunächst noch als Kuriosität betrachtet wurden. In den Zeitungen erschienen humorige Geschichten über Autofahrer, die ihren Benzintank im Kühler suchten. Sehr bald jedoch gewöhnte man sich an den Anblick von Verbrauchern, die ihr Benzin eigenhändig zapften.

1974 gab es nur bei acht Prozent aller Tankstellen in den Vereinigten Staaten Selbstbedienung, 1977 schon bei fast 50 Prozent. In der Bundesrepublik Deutschland hatten 1976 von 33 500 Tankstellen ungefähr 15 Prozent auf Selbstbedienung umgerüstet. In diesen Tankstellen wurden jedoch 35 Prozent allen Benzins verkauft. Kenner der Branche meinen, daß es bald 70 Prozent sein werden. Einmal mehr ersetzt der Konsument den Produzenten und wird zum Prosumenten.

Im gleichen Zeitabschnitt erlebten wir die Einführung der Elektronik im Bankwesen. Dadurch zerbrach nicht nur das strenge System der Banköffnungszeiten. Es wurden auch immer mehr Schalter abgeschafft. Der Kunde konnte nunmehr selbst Tätigkeiten übernehmen, die zuvor Angestellte seiner Bank für ihn ausgeübt hatten.

Die Methode, einen Teil der Arbeit dem Kunden zu überlassen — Fachleute sprechen von der »Auslagerung der Lohnkosten« —, ist nicht neu. Aus diesem Grund gibt es ja Selbstbedienungsläden. Der lächelnde Verkäufer, der wußte, was auf Lager war, und uns die gewünschte Ware brachte, wurde durch den Einkaufswagen ersetzt. Zwar trauerten manche Kunden den guten alten Zeiten nach, in denen sie noch persönlich bedient wurden, doch viele freundeten sich rasch mit dem neuen System an. Sie konnten sich die Waren selber aussuchen und zahlten am Ende ein paar Pfennig weniger. Im Endeffekt bezahlten sie sich selbst dafür, daß sie die Arbeit des Verkäufers übernahmen.

Diese Form der »Auslagerung« ist heute auf vielen Gebieten anzutreffen. Ein weiterer kleiner Schritt in dieser Richtung sind die Discount-Läden. Angestellte gibt es nur noch wenige; der Kunde arbeitet ein bißchen mehr und zahlt ein bißchen weniger. Sogar Schuhgeschäfte, in denen man lange Zeit ohne einen gelernten Angestellten angeblich nicht auskommen konnte, gehen jetzt zur Selbstbedienung über und übertragen Arbeit auf den Kunden.

Dieses Prinzip findet sich auch anderswo. In ihrem scharfsinnigen Buch *The Crowding Syndrome* schrieb Caroline Bird: »Es gibt immer mehr Bausätze, die angeblich leicht zu Hause zusammenzubasteln sind..., und während des Weihnachtsgeschäftes müssen die Kunden sogar der exklusivsten New Yorker Geschäfte Kassenzettel selbst ausfüllen, da den Angestellten die Zeit oder der Wille fehlen, sie auszustellen.«

Im Januar 1978 gab der Kühlschrank eines dreißigjährigen Regierungsangestellten in Washington, D. C., seltsame Geräusche von sich. Früher hätte man in einem solchen Fall einen Fachmann geholt und ihn für die Reparatur des Gerätes bezahlt. Da ihm dies zu teuer war und sich kein passender Termin für den Installateurbesuch finden ließ, las sich Barry Nussbaum die Gebrauchsanweisung seines Kühlschrankes durch. Darin fand er eine Telefonnummer »in den 800ern«, mit der er die Herstellerfirma Whirlpool Corporation in Benton Harbor, Michigan, kostenlos anrufen konnte.

Es handelte sich um eine Sonderleitung, die sogenannte *Cool-Line,* die Whirlpool eingerichtet hat, um Kunden zu helfen, die Kummer mit ihren Geräten haben. Nussbaum wählte die Nummer. Der Mann am Ende der Leitung gab ihm nun Anweisungen für die Reparatur. Er erklärte Nussbaum genau, welche Schrauben er zu lösen habe, auf welche Geräusche er achten und später dann auch, welches Ersatzteil er sich beschaffen müsse. »Dieser Bursche war überaus hilfreich«, meint Nussbaum. »Er wußte nicht nur, was zu tun war, sondern er gab mir auch eine Menge Selbstvertrauen.« Im Nu war der Kühlschrank repariert.

Whirlpool beschäftigt neun Vollzeit- und einige Teilzeit-Berater, die derartige Anrufe per Kopfhörer entgegennehmen. Manche von ihnen waren früher im Außendienst tätig. Sie haben einen Bildschirm vor sich, der auf Abruf sofort ein Diagramm des betreffenden Gerätes zeigt (Whirlpool stellt außer Kühlschränken Tiefkühltruhen, Geschirrspülmaschinen, Klimaanlagen u.ä. her), so daß sie dem Kunden entsprechende Anleitung geben können. Allein 1978 erreichten Whirlpool 150 000 solcher Anrufe.

In ihren Grundzügen ist die *Cool-Line* Modell für einen künftigen Wartungsdienst, bei dem der Wohnungsinhaber selber viele Aufgaben übernehmen kann, die zuvor von einem bezahlten Mechaniker oder Spezialisten erledigt wurden. Möglich wurde dieses System durch die Senkung der Gebühren für Ferngespräche. In Zukunft wird es vielleicht Systeme geben, bei denen der Fachmann auf dem Bildschirm des Kunden den gesamten Reparaturvorgang Schritt für Schritt erklärt. Sollten sich solche Systeme weiter ausbreiten, dann blieben den Mechanikern im Außendienst nur wirklich schwierige Aufgaben vorbehalten. Aus den Mechanikern würden (ebenso wie aus Ärzten und Sozialarbeitern) möglicherweise Lehrer, Berater oder Gurus für Prosumenten.

Das hierbei zutage tretende Grundschema läßt sich in vielen Branchen gleichzeitig beobachten: Wachsende Externalisierung, wachsende Inanspruchnahme des Kunden für Aufgaben, die vorher anderen zufielen, und daher, einmal mehr, ein Tätigkeitstransfer vom Wirtschaftssektor B auf den Sektor A, vom Marktsektor auf den Sektor des Prosums.

Im Vergleich zu den dramatischen Veränderungen, die in anderen Bereichen der »Do-it-yourself-Industrie« stattgefunden haben, verblassen freilich die genannten Beispiele. Heimwerker sind noch immer mit einer zersprungenen Fensterscheibe, einer angeknacksten Fliese oder auch einer defekten Lampe zu Rande gekommen. Das ist nichts Neues. Was sich in erstaunlicher Weise verändert hat, ist die Relation zwischen Heimwerkern und berufsmäßigen Baumeistern, Zimmerleuten, Elektrikern, Klempnern usw.

Noch vor zehn Jahren wurden in den USA nur 30 Prozent aller Elektrowerkzeuge an Heimwerker verkauft, während 70 Prozent an Tischler und andere Handwerker gingen. Innerhalb eines einzigen Jahrzehnts sind diese Zahlen auf den Kopf gestellt worden: Heute werden nur 30 Prozent an »Profis« verkauft, während 70 Prozent von Heimwerkern erworben werden.

Zwischen 1974 und 1976 passierten die USA, nach Angaben von Frost & Sullivan, einem führenden industriellen Forschungsinstitut, einen weiteren »Meilenstein«, als »zum erstenmal mehr als die Hälfte aller Baumaterialien... direkt von Hausbesitzern und nicht mehr von deren Vertragspartnern gekauft wurde«. Darin sind noch nicht einmal die 350 Millionen Dollar enthalten, die von Heimwerkern für Jobs unter 25 Dollar ausgegeben werden. Die Gesamtausgaben für Baumaterialien stiegen während der ersten Hälfte der siebziger Jahre um 31 Prozent. Die Ausgaben der Heimwerker allein erhöhten sich dagegen um 65 Prozent — also mehr als doppelt so schnell. Diese Veränderungen sind nach dem *Frost & Sullivan Report* »sowohl drastisch als auch von Dauer«.

In einer anderen Studie von Frost & Sullivan ist von »rasantem« Wachstum der Heimwerkerbranche die Rede. Auch der wachsende Stellenwert der Selbstversorgung wird betont. »Während man — zumindest in den Mittelschichten — einst auf die Handarbeit herabsah, gilt sie heute als Ausdruck von Selbstbewußtsein. Die Leute sind stolz auf ihre eigene Arbeit.«

Schulen, Universitäten und Verlage bieten diensteifrig eine Flut von Lehrgängen und Ratgeber-Büchern an. Im *U.S. News & World Report* heißt es: »Reich und arm sind gleichermaßen von dem Boom betroffen. In Cleveland werden Reparaturanleitungen für den Hausgebrauch im Rahmen des sozialen Wohnungsbaus angeboten. In Kalifornien sind selbstgebaute Saunen, Fitness-Räume und Terrassen weit verbreitet.« Auch in Europa ist die sogenannte »DIY-Revolution« (»Do-it-yourself«-Revolution) im Gange — wobei es je nach nationalem Temperament gewisse Unterschiede gibt. Die Ursachen sind auch hier vielschichtig. Inflation; Schwierigkeiten, einen Tischler oder Klempner zu bekommen; schlampige Arbeit, mehr Freizeit — all dies spielt eine Rolle. Aufschlußreicher ist ein Phänomen, das man »das Gesetz der relativen Ineffizienz« nennen könnte. Dieses Gesetz besagt, daß wir mit zunehmender Automatisierung der Güterproduktion und sinkenden Kosten pro produzierter Einheit die relativen Kosten der Handarbeit und der nicht-automatisierten Dienstleistungen erhöhen. Gesetzt den Fall, ein Klempner erhält 20 Dollar für einen einstündigen Hausbesuch und ein Taschenrechner kostet ebensoviel: Der Klempner wird entsprechend teurer, sobald man für die 20 Dollar *mehrere* Taschenrechner bekommt.

Aus diesen Gründen müssen wir damit rechnen, daß viele Dienstleistungsgewerbe sich in den vor uns liegenden Jahren immer weiter verteuern werden. Immer häufiger werden die Leute also selbst zum Werkzeugkasten greifen. Sogar ohne Inflationsausfälle würde das »Gesetz der relativen Ineffizienz« die Produktion für den Eigenbedarf zusehends rentabler machen und damit weitere Tätigkeitsbereiche aus dem B-Sektor der Volkswirtschaft in den A-Sektor übertragen — d. h., von der Produktion für den Markt auf den Prosum.

Outsider und Insider

Um die langfristigen Aussichten dieser Entwicklung beurteilen zu können, dürfen wir uns nicht nur auf den Dienstleistungsbereich beschränken, sondern müssen auch einen Blick auf die Warenproduktion werfen. Dabei stellen wir fest, daß auch hier der Verbraucher immer mehr in den Produktionsprozeß einbezogen wird.

Clevere Unternehmer lassen sich von ihren Kunden beim Design neuer Produkte helfen — und zahlen sogar dafür. Dies gilt nicht nur für Industriezweige, die Güter für den täglichen Gebrauch produzieren, wie Nahrungsmittel, Seife, Toilettenartikel usw., sondern sogar für so moderne Branchen wie die elektronische Industrie, wo die Individualisierung am weitesten fortgeschritten ist.

»Am besten läuft es, wenn wir mit einem oder zwei Kunden eng zusammenarbeiten ...«, sagt der Manager der Planungsabteilung bei Texas Instruments. »Gleich loslegen, ein Projekt ganz allein planen und durchziehen und es danach als Standardprodukt auf den Markt werfen — das geht nicht so gut.«

Cyril H. Brown von der Firma Analog Devices Inc. teilt sämtliche Produkte in zwei Kategorien ein: in *»inside-out-*Produkte« und *»outside-in-*Produkte«. Unter den letztgenannten versteht man solche, die nicht vom Hersteller, sondern vom potientiellen Kunden definiert werden. Nach Browns Meinung sind diese »Outsider«-Produkte ideal.

Die Mitglieder der CAM-I (Computer-aided Manufacturing International) bemühen sich heute intensiv darum, Teile und Arbeitsprozesse zu klassifizieren und zu codieren, um die Produktion durchgehend automatisieren zu können. Die Arbeit steckt nach Ansicht von Professor Inyong Ham von der Fakultät für Industrie- und Verfahrenstechnik an der Pennsylvania State University noch in den Kinderschuhen, doch wird der Kunde eines Tages seine Wünsche direkt in den Computer des Herstellers eingeben können.

Der Computer wird nach Auskunft von Professor Ham nicht nur das Produkt, das der Kunde wünscht, konzipieren, sondern er wird auch die nötigen Arbeitsgänge und Maschinen bestimmen. Er wird die Abfolge der einzelnen Arbeitsschritte, von der Materialaufbereitung bis hin zum Schlußanstrich, regeln. Er wird für Subcomputer die nötigen Programme oder numerischen Steuerungsverfahren ausarbeiten. Und er wird vielleicht sogar eine »adaptive Steuerung« einführen, die diese verschiedenen Prozesse wirtschaftlich und ökologisch sinnvoll optimiert.

Der Verbraucher, der nicht nur für spezifische Anleitungen sorgt, sondern per Knopfdruck auch den gesamten Prozeß in Gang setzt, wird letztlich genauso zum Produktionsablauf gehören wie einst der Fließbandarbeiter.

Zwar werden vom Kunden angeregte Produktionsverfahren noch eine Weile auf sich warten lassen, doch einige Voraussetzungen dafür existieren bereits. In Kapitel 15 war die Rede vom computergesteuerten Laser, der in der Bekleidungsindustrie Verwendung findet. Telefonisch verbunden mit einem Heimcomputer, ermöglicht er es dem Kunden —

zumindest theoretisch—, seine Maße durchzugeben, den gewünschten Stoff auszuwählen und dann die Laser-Schneidevorrichtung in Gang zu setzen — und das alles von der eigenen Wohnung aus.

Robert H. Anderson, Chef der Informationsabteilung der RAND Corporation, ein führender Spezialist auf dem Gebiet computergesteuerter Fertigungsverfahren, meint dazu: »In zwanzig Jahren wird der kreative Konsum zu den schöpferischsten Tätigkeiten gehören ... das heißt, man wird seine Kleider selber entwerfen oder an Standardmodellen Veränderungen vornehmen, so daß der Computer per Laser die passenden Stücke zurechtschneiden und von numerisch gesteuerten Maschinen zusammennähen lassen kann ... Man könnte sogar seine Wünsche auflisten und ein Auto daraus machen. Selbstverständlich wären in solchen Programmen alle bundeseinheitlichen Sicherheitsvorschriften und technischen Normen berücksichtigt, so daß niemand allzu weit übers Ziel hinausschießen kann.«

Bedenken wir außerdem, daß wir in absehbarer Zeit vielleicht in elektronischen Heimen leben und arbeiten werden, dann können wir uns die Bedeutung der neuen »Werkzeuge«, die dem Verbraucher zur Verfügung stehen, noch eher vorstellen: Viele der elektronischen Apparaturen, mit denen wir daheim unser Geld verdienen werden, werden es uns auch ermöglichen, Güter oder Dienstleistungen für den Eigengebrauch zu produzieren. In einem solchen System rückt der Prosument wie einst während der Ersten Welle ins Zentrum des wirtschaftlichen Lebens — dieses Mal jedoch unter den technologischen Bedingungen der Dritten Welle.

Ob es um die Selbsthilfe-Organisationen, die Heimwerker-Welle oder neue Produktionstechnologien geht — überall beobachten wir dieselbe Tendenz zur immer engeren Einbeziehung des Verbrauchers in den Produktionsprozeß. In einer solchen Welt verschwinden die herkömmlichen Unterschiede zwischen Produzent und Konsument. Der »Outsider« wird zum »Insider«, und immer mehr Produktivität wird vom Sektor B der Volkswirtschaft auf den Sektor A übertragen, in dem der Prosument das Zepter führt.

Unter diesen Voraussetzungen werden wir erst langsam, später vielleicht aber immer schneller die elementarste unserer Institutionen ändern: den Markt.

So lebt der Prosument

Die Bereitwilligkeit, mit der sich der Verbraucher zur Produktion verlocken läßt, hat weitreichende Konsequenzen. Zum besseren Verständnis sei daran erinnert, daß der Markt genau auf jene Trennung von Produzent und Konsument zurückgeht, die heute zunehmend an

Konturen verliert. Das Marktsystem war unnötig, solange die meisten Menschen das, was sie produzierten, auch selbst verbrauchten. Erst in dem Moment, da der Verbrauch von der Herstellung geschieden wurde, wurde auch der Markt unerläßlich.

In der enggefaßten Definition traditioneller Autoren erscheint der Markt als ein kapitalistisches, vom Geld abhängiges Phänomen. In Wirklichkeit ist »Markt« jedoch nur ein anderes Wort für »Austauschsystem«. Uns in den westlichen Ländern ist der profitabhängige, kapitalistische Markt am besten vertraut. Aber es gibt auch sozialistische Märkte — Austauschsysteme, über die die Güter oder Dienstleistungen von Iwan Iwanowitsch in Smolensk gegen die Güter und Dienstleistungen von Willy Krause in Ost-Berlin gehandelt werden. Es gibt sowohl Märkte, die auf Geld, als auch solche, die auf Tausch basieren. Der Markt ist weder kapitalistisch noch sozialistisch. Er ist vielmehr die direkte, unentrinnbare Konsequenz der Trennung zwischen Produzent und Konsument. Wo immer sich diese Trennung zeigt, tritt der Markt in Aktion. Und wo immer sich die Kluft zwischen Konsument und Produzent verringert, werden Funktion, Rolle und Macht des Marktes in Frage gestellt.

Die Rolle, die der Markt in unserem Leben spielt, wird daher durch den Aufstieg des Prosums verändert.

Noch ist es zu früh, um genau sagen zu können, wohin uns diese kaum merkliche, aber bedeutsame Kräfteverschiebung führen wird. Der Markt wird sicher nicht einfach verschwinden. Wir kehren *nicht* zu den Wirtschaftsformen aus Zeiten zurück, in denen es noch keinen Markt gab. Der Sektor B, d. h. der »Marktsektor«, wird nicht einfach schrumpfen und sich in Nichts auflösen; vielmehr werden wir noch lange auf den Markt angewiesen sein.

In der Wirtschaftsordnung der Dritten Welle wird das Gewicht nicht mehr einseitig auf Sektor A oder Sektor B liegen. Sie wird weder der Wirtschaftsordnung der Ersten noch der der Zweiten Welle ähneln, sondern Charaktermerkmale beider Phasen in einer neuen historischen Synthese zusammenfassen.

Enorme Preissteigerungen bei zahlreichen Dienstleistungen, der Zusammenbruch der Bürokratien des Industriezeitalters, die Verfügbarkeit neuer Technologien, die Probleme struktureller Arbeitslosigkeit und viele andere konvergente Faktoren fördern den Aufstieg des Prosumenten, der seinerseits neue Arbeits- und Lebensweisen hervorbringt. Eingedenk des erwähnten Trends zur Entsynchronisierung und zur Teilzeitarbeit sowie der potentiellen Etablierung des elektronischen Heims und des Strukturwandels im Familienleben, zeichnen sich einige dieser Veränderungen bereits ab.

In der zukünftigen Wirtschaftsordnung wird eine große Anzahl von Menschen nicht voll berufstätig sein, bzw. der Begriff »voll berufstätig« wird sich, wie der Trend der vergangenen Jahre beweist, auf immer kürzere wöchentliche oder jährliche Arbeitszeiten beziehen. (In Schweden, wo ein kürzlich verabschiedetes Gesetz allen Arbeitern, unabhängig von Alter und Dauer der Betriebszugehörigkeit, fünf Wochen bezahlten Urlaub garantiert, berechnete man ein »normales« Arbeitsjahr mit 1840 Stunden. Die Abwesenheitsquoten sind jedoch so hoch, daß ein realistischer Jahresdurchschnitt bei 1600 Stunden pro Arbeiter angesetzt werden muß.)

Eine große Anzahl von Arbeitnehmern arbeitet bereits jetzt insgesamt nur drei bis vier Tage in der Woche. Andere nehmen sich sechs Monate oder ein Jahr frei, um sich weiterzubilden oder sich zu erholen. Ihr Beispiel kann durchaus Schule machen, da die Zahl der Familien mit zwei Verdienern ständig steigt. Die Aufnahme von immer mehr Menschen in den »bezahlten« Arbeitsmarkt — Wirtschaftler sprechen von der »Steigerung der Partizipationsrate« — kann sehr wohl zu einer Senkung der individuellen Arbeitszeit führen.

Diese Entwicklung wirft auch auf den Komplex »Freizeit« ein neues Licht:

Sobald wir erkennen, daß ein Großteil unserer sogenannten Freizeit im Grunde darauf verwandt wird, Güter und Dienstleistungen für den Eigenbedarf zu produzieren — das heißt also zu »prosumieren« —, wird die alte Unterscheidung zwischen Arbeit und Freizeit hinfällig. Es geht dann nicht mehr um die Alternative Arbeitszeit *oder* Freizeit, sondern um bezahlte Arbeit in Sektor B oder unbezahlte, selbstbestimmte Arbeit in Sektor A.

Ein von der Dritten Welle determiniertes Umfeld macht es uns möglich, unser Leben so einzurichten, daß wir zur Hälfte für den Markt und zur Hälfte für den Eigenbedarf produzieren. In der Frühzeit der Industriellen Revolution war eine solche Lebensweise bei der Landbevölkerung, die erst allmählich vom städtischen Proletariat absorbiert wurde, gang und gäbe. Während einer langen Übergangsperiode arbeiteten Millionen von Menschen die eine Hälfte des Tages in den Fabriken und die andere Hälfte auf ihren Feldern. Sie deckten einen Großteil ihres Lebensmittelbedarfs aus eigener Produktion, kauften nur das Nötigste hinzu, und was noch fehlte, stellten sie selbst her. In vielen Gegenden der Erde ist diese Lebensweise auch heute noch vorherrschend, basiert jedoch gemeinhin auf einer relativ gering entwickelten Technologie.

Übertragen auf das 21. Jahrhundert mit seinen modernen landwirtschaftlichen und industriellen Produktionstechnologien und einem stark erweiterten Angebot an Selbsthilfe-Methoden bieten sich ganz neue Perspektiven für einen solchen Lebensstil. Der Prosument von morgen wird sich vielleicht an Stelle eines Schnittmusters eine Kassette mit einem Computerprogramm für seine »kluge« Nähmaschine kaufen. Mit Hilfe einer solchen Kassette könnte selbst der täppischste »Hausmann« seine eigenen Hemden maßschneidern. Autonarren, die bisher bloß ihre Motoren frisiert haben, sind nun in der Lage, sich ein halbes Auto zusammenzubauen.

Wie bereits erwähnt, wird der Kunde eines Tages seine Spezialwünsche per Computer oder Telefon direkt in den Fertigungsprozeß der Autofabrik einprogrammieren können. Aber schon jetzt wird ihm die Chance geboten, selber am Bau eines Autos mitzuwirken. Eine Firma namens Bradley Automotive bietet einen »Bradley-GT«-Bausatz an, den man »zum eigenen Luxus-Sportwagen zusammensetzen« kann. Der Prosument, der den teilweise vormontierten Bausatz kauft, setzt die Fiberglas-Karosserie auf ein VW-Fahrgestell, verkabelt die Anschlüsse, baut Lenkung und Sitze ein usw.

Vielleicht wird bald für einen beträchtlichen Teil der Bevölkerung, der gern handwerklich arbeitet und über eine Reihe billiger Mini-Technologien im eigenen Heim verfügt, die bezahlte Halbtagsarbeit zur Norm geworden sein. Diese Menschen agieren teils innerhalb, teils außerhalb des Marktes, arbeiten nicht das ganze Jahr über, sondern eher periodisch, und nehmen sich hin und wieder ein ganzes Jahr frei. Sie verdienen voraussichtlich nicht so viel — machen aber diesen Einkommensverlust dadurch wett, daß sie viele Arbeiten selbst ausführen, die gegenwärtig bezahlt werden müssen. Auf diese Weise tragen sie auch zur Senkung der Inflationsrate bei.

Die amerikanischen Mormonen geben uns einen weiteren Hinweis auf mögliche Lebensweisen der Zukunft. Viele Mormonengemeinden besitzen und bewirtschaften eigene Farmen. Gemeindemitglieder, Städter eingeschlossen, verbringen einen Teil ihrer Freizeit mit freiwilliger Farmarbeit. Der größte Teil der Erzeugnisse wird nicht verkauft, sondern für Notfälle zurückgelegt oder an bedürftige Mormonen verteilt. Es gibt zentrale Konservenfabriken, Abfüllanlagen und Getreidesilos. Die Konservenfabrik wird auch von Mormonen beliefert, die in eigener Regie landwirtschaftliche Produkte anbauen, und von anderen, die frisches Gemüse im Supermarkt eingekauft haben.

Ein Mormone aus Salt Lake City sagt: »Meine Mutter will Tomaten kaufen und eindosen. Ihre ›Frauenhilfsgruppe‹ bekommt einen Termin, dann treffen sich alle Frauen in der Fabrik und machen ihre Tomaten ein.« Viele Mormonen zahlen nicht nur Kirchenbeiträge, sondern leisten freiwillige Arbeit, zum Beispiel auf Baustellen.

Dies heißt natürlich nicht, daß wir nun alle Mormonen werden sollen oder daß es in Zukunft möglich sein wird, die Organisationsformen dieser sehr partizipatorischen, theologisch aber autokratischen Kirche in großem Stil auf die Gesellschaft zu übertragen. Aber das Prinzip der Produktion für den Eigenbedarf wird sich voraussichtlich weiter ausbreiten.

Heimcomputer; Saatgut, das genetisch speziell auf die Anbaubedingungen innerhalb der Stadt — oder gar innerhalb der eigenen Wohnung — zugeschnitten ist; billige Heimwerkzeuge für die Bearbeitung von Plastik; neuartige Materialien; Klebstoffe und Membranen; frei verfügbare technische Beratung per Telefon, die gegebenenfalls auf dem Bildschirm des Fernsehgeräts oder des Heimcomputers illustriert wird — all diese Dinge ermöglichen einen neuen Lebensstil, der abwechslungsreicher und kreativer, vor allen Dingen jedoch weniger monoton und marktorientiert ist als das Leben während der Zweiten Innovationswelle.

Die Wirtschaft der Dritten Welle

Kann es sein, daß der vielbeklagte Niedergang der protestantischen Arbeitsethik mit dem Transfer von der Produktion für andere zur Produktion für den Eigenbedarf zusammenhängt? Der Verfall dieses arbeitswütigen Industrie-Ethos ist allenthalben sichtbar. Westliche Wirtschaftsbosse schwadronieren von der »Englischen Krankheit«, die uns ihrer Meinung nach alle an den Bettelstab bringt, wenn wir sie nicht rechtzeitig kurieren. »Nur noch Japaner arbeiten hart«, sagen sie. Ich habe allerdings führende japanische Industrielle gehört, die behaupten, daß auch ihre Arbeitnehmer schon von dieser Krankheit infiziert seien. Sie sagen: »Nur die Südkoreaner arbeiten noch hart.«

Die gleichen Leute aber, die angeblich nicht hart arbeiten wollen, sind oft sehr fleißig, sobald sie den Arbeitsplatz verlassen haben: Sie kacheln Badezimmer, weben Teppiche, investieren Zeit und Geld in politische Kampagnen, sind Mitglieder von Selbsthilfegruppen, nähen, bauen Gemüse an, schreiben Kurzgeschichten oder renovieren die Dachkammer. Kommt womöglich die Motivation, die den Sektor B so mächtig machte, nun dem Sektor A, dem Prosum, zugute?

Die Zweite Innovationswelle schenkte uns nicht nur die Dampfmaschine und den mechanischen Webstuhl, sondern veränderte auch den menschlichen Charakter. Diese Veränderungen können wir an Völkern beobachten, die gerade von der Ersten zur Zweiten Welle übergehen — etwa bei den Koreanern, die noch immer mit großem Eifer Sektor B auf Kosten von Sektor A erweitern.

In den ausgereiften Industriegesellschaften, die mit dem Anprall der Dritten Innovationswelle zu kämpfen haben, kommt es zu einer neuerlichen Veränderung der Charaktere. Auf diesen faszinierenden Wandel werden wir später noch näher eingehen. Für den Augenblick genügt es, wenn wir uns vergegenwärtigen, daß die Ausbreitung des Prosums höchstwahrscheinlich auch auf die Struktur der Persönlichkeit einen nachhaltigen Einfluß ausüben wird.

Nirgendwo dürfte der Aufstieg des Prosumenten jedoch so explosive Veränderungen zeitigen wie in der Wirtschaft. Die Ökonomen werden nicht mehr ihre ganze Weisheit auf den Sektor B konzentrieren können, sondern müssen eine »Ganzheitsmethode« entwickeln. Sie müssen auch analysieren, was in Sektor A geschieht und in welchem Verhältnis die beiden Sektoren zueinander stehen.

Seitdem die Weltwirtschaft unter dem Vorzeichen der Dritten Welle neu gegliedert wird, sind die Wirtschaftswissenschaftler schwer attakkiert worden, weil sie nicht dazu in der Lage sind zu erklären, was eigentlich vorgeht. Selbst die modernsten Methoden, wie z. B. vom Computer erarbeitete Modelle und Planspiele, sagen immer weniger über den Funktionsablauf der Volkswirtschaft aus. Inzwischen kommen allerdings viele Wirtschaftswissenschaftler selber zu der Erkenntnis, daß die konventionellen, kapitalistischen und marxistischen Wirtschaftstheorien den Bezug zur Realität verloren haben.

Ein Hauptgrund dafür dürfte sein, daß immer mehr Veränderungen von großer Tragweite außerhalb des Sektors B, d. h., außerhalb des Marktsystems, stattfinden. Wenn der Realitätsbezug der Wirtschaftswissenschaften gestärkt werden soll, dann müssen die Ökonomen der Dritten Welle neue Modelle, Maßstäbe und Kategorien zur Beschreibung von Vorgängen in Sektor A entwickeln und viele tiefverwurzelte Überzeugungen unter Berücksichtigung des Prosumenten revidieren.

Sobald wir erkannt haben, daß zwischen der quantifizierten Produktion (und Produktivität) in Sektor B und der nicht-quantifizierten Produktion (und Produktivität) in Sektor A — d. h., der unsichtbaren Wirtschaft — sehr enge Beziehungen bestehen, werden wir um eine Neudefinition der Begriffe nicht mehr herumkommen. Victor Fuchs vom Amt für Wirtschaftsforschung war schon Mitte der sechziger Jahre auf dem richtigen Weg, als er darauf hinwies, daß die Ausweitung des Dienstleistungssektors traditionelle Produktivitätsmaßstäbe außer Kraft setze. Fuchs erklärte: »Wissen, Erfahrung, Aufrichtigkeit und Motivation des Verbrauchers beeinflussen die Produktivität im Dienstleistungsbereich.«

Aber selbst in diesem Zusamenhang wird die »Produktivität« des Verbrauchers noch immer ausschließlich in Kategorien des Sektors B gesehen, nämlich als bloßer Beitrag zur Produktion für den Markt. Bis heute wird noch nicht anerkannt, daß auch in Sektor A produziert wird, d. h., daß Güter und Dienstleistungen für den Eigenbedarf durchaus real sind und daß sie Güter und Dienstleistungen aus Sektor B verdrängen oder ersetzen können. Herkömmliche Produktionsziffern, insbesondere Bruttosozialprodukt-Statistiken, werden zusehends an Sinn verlieren, es sei denn, wir beziehen Sektor A ausdrücklich mit ein.

Auch der »Kosten«begriff läßt sich bei Berücksichtigung des Prosums schärfer umreißen. Aufschlußreiche Einblicke gewinnen wir schon durch die Erkenntnis, daß die Effektivität des Prosumenten in Sektor A die Kosten bei Firmen und Regierungsbehörden, die in Sektor B operieren, positiv oder negativ beeinflussen kann.

Legen wir konventionelle Maßstäbe in Sektor B an, werden z. B.

Ausfälle, die auf Alkoholmißbrauch, unentschuldigtes Fernbleiben vom Arbeitsplatz, Nervenzusammenbrüche und psychische Krankheiten zurückzuführen sind, zu den »Betriebskosten« hinzugerechnet. (Man schätzt, daß allein der alkoholbedingte Verlust an Arbeitszeit die amerikanische Industrie jährlich 20 Milliarden Dollar kostet. In Polen oder der Sowjetunion, wo diese Krankheit eher noch weiter verbreitet ist, müssen die vergleichbaren Ziffern noch erschreckender sein.) Selbsthilfe-Organisationen, die zur Linderung solcher Probleme beitragen, reduzieren diese »Betriebskosten«. Die »Effizienz« des Prosums wirkt sich somit unmittelbar auf die »Effizienz« der Produktion aus.

Es gibt auch subtilere Faktoren, die die Produktionskosten in der Industrie beeinflussen: Wie hoch ist der Bildungsstand der Arbeiter? Sprechen sie alle die gleiche Sprache? Bringen sie die zivilisatorischen Voraussetzungen für ihre Arbeit mit? Wie wirken sich die in der Familie erlernten Verhaltensweisen auf ihre berufliche Kompetenz aus? All diese Eigenschaften, Wertvorstellungen, Fähigkeiten und Motivationen, die für hohe »Produktivität« im Sektor B erforderlich sind, werden in Sektor A produziert oder, genauer gesagt, prosumiert. Der Anstieg des Prosums — die Reintegration des Konsumenten in den Produktionsprozeß — wird uns dazu zwingen, derartige Querverbindungen im Detail zu untersuchen.

Aus dem gleichen Grund werden wir den Begriff »Effizienz« neu definieren müssen. Heutzutage vergleichen Fachleute bei der Ermittlung der Effizienz verschiedene Produktionsmethoden für ein oder dieselbe Ware oder Dienstleistung. Selten vergleichen sie die Effizienz der Produktion in Sektor B mit der Effizienz des Prosums in Sektor A. (Millionen von Menschen, die angeblich von Wirtschaft keine Ahnung haben, tun genau dieses: Sie entdecken, daß Prosum, sobald eine gewisse finanzielle Basis vorhanden ist, ökonomisch und psychologisch lukrativer als zusätzliches Einkommen ist.)

Volkswirtschaftler und Geschäftsleute versäumen auch, die negativen Auswirkungen von »Effizienz« in Sektor B auf Sektor A systematisch zu untersuchen, z. B. in einer Firma, die von ihren Managern hohe Mobilität verlangt und damit eine Welle streßbedingter Krankheiten und Familienkrisen sowie erhöhten Alkoholkonsum hervorruft. Möglicherweise werden wir feststellen, daß Dinge, die nach konventionellen »Sektor-B-Kriterien« »ineffizient« erscheinen, gesamtwirtschaftlich gesehen, außerordentlich »effizient« sind.

Was geschieht nun mit Begriffen wie »Einkommen«, »Fürsorge«, »Armut« oder »Arbeitslosigkeit«? Welche materiellen bzw. nichtmateriellen Produkte sind dem Einkommen zuzurechnen, wenn ein Mensch teils innerhalb, teils außerhalb des Marktsystems lebt? Welche Bedeutung kommt Einkommensstatistiken überhaupt noch zu in einer Gesellschaft, in der Eigentum zum großen Teil Prosum ist? Wie definieren wir »Fürsorge« in einem solchen System? Sollen Fürsorge-Empfänger arbeiten? Und wenn, muß all diese Arbeit unbedingt in Sektor B geleistet werden? Oder soll man Fürsorge-Empfänger zum Prosum anspornen?

Was steckt wirklich hinter der Arbeitslosigkeit? Ist ein vorübergehend entlassener Automobilarbeiter, der das Dach seines Hauses neu deckt oder seinen Wagen überholt, im gleichen Sinne arbeitslos wie einer, der nur vor dem Fernseher herumsitzt? Die Entstehung des Prosums zwingt uns ohnehin, die Doppelproblematik von Arbeitslosigkeit auf der einen und Beschäftigung nicht benötigter Arbeitskräfte auf der anderen Seite neu zu überdenken.

In Industriegesellschaften ist z. B. versucht worden, die Arbeitslosigkeit dadurch zu bekämpfen, daß man die Einführung neuer Technologien erschwerte, die Einwanderung unterband, Arbeitsämter gründete, den Export ankurbelte, Importe drosselte, staatliche Arbeitsbeschaffungs-Programme einführte, die Arbeitszeit verkürzte, die Mobilität der Arbeitnehmer zu steigern suchte, ganze Bevölkerungsteile deportierte oder sogar Kriege anzettelte, um die Wirtschaft zu stimulieren. Trotz alledem wird das Problem täglich komplizierter und schwieriger.

Sind innerhalb der Rahmenbedingungen der Industriegesellschaft — im Kapitalismus wie im Sozialismus — Arbeitsmarktprobleme womöglich unlösbar? Bekommen wir, wenn wir die Wirtschaft im ganzen betrachten und uns nicht ausschließlich auf ein Teilgebiet konzentrieren, die Problematik besser in den Griff?

Wie wirkt sich die Erkenntnis, daß in *beiden* Sektoren produziert wird, auf den Streit um ein garantiertes Einkommensminimum für jeden aus? Allen Industriegesellschaften war gemeinsam, daß Einkommen untrennbar an die Arbeit für den Markt-Sektor gebunden war. Sollten nicht Menschen, die zu Hause bleiben und ein Kind aufziehen — und durch diese Arbeit in Sektor A zur Produktivität in Sektor B beitragen —, ein gewisses »Einkommen« erhalten, selbst wenn sie keinen bezahlten Job in Sektor B ausüben?

Die Konkurrenz zwischen Arbeiter-Produzenten und Manager-Produzenten wird zweifellos bestehen bleiben. Aber sie wird an Bedeutung verlieren, je mehr der Prosum zunimmt und je weiter die Dritte Welle voranschreitet. Statt dessen werden neue soziale Konflikte entstehen.

Schwere Kämpfe werden darüber entbrennen, welche Bedürfnisse durch welchen Wirtschaftssektor erfüllt werden. Die Auseinandersetzungen über behördliche Genehmigungen, Bauverordnungen oder ähnliches werden sich verschärfen, wenn die Vertreter der Zweiten Welle Arbeitsplätze und Profite dadurch zu erhalten suchen, daß sie Prosumenten nicht zum Zug kommen lassen. Lehrergewerkschaften kämpfen mit der gleichen Hartnäckigkeit darum, Eltern aus den Schulen fernzuhalten, wie Handwerker um die Erhaltung überholter Bauverordnungen. Aber ebenso wie viele Gesundheitsprobleme (wie z. B. diejenigen, die auf Völlerei, Mangel an Bewegung und aufs Rauchen zurückzuführen sind) nicht von Ärzten allein, sondern nur dann gelöst werden können, wenn der Patient aktiv mitarbeitet, können auch viele Schwierigkeiten im Bereich von Bildung und Erziehung ohne die Mithilfe der Eltern nicht überwunden werden.

Der Prosum verändert die ökonomische Landschaft.

Ein Ereignis von historischer Tragweite wird all dies noch intensivieren und die gesamte Weltwirtschaft verändern. Den Volkswirtschaftlern und Theoretikern der Zweiten Welle scheint es bisher entgangen zu sein. Alles, was wir bisher in diesem Kapitel besprochen haben, gewinnt durch dieses Ereignis eine ganz andere Dimension.

Das Ende der Vermarktung

Gemeint ist mit diesem historischen Ereignis das Ende des Marktes. Trotz seiner revolutionären Implikationen ist dieser Wendepunkt so unauffällig, daß kapitalistische und marxistische Theoretiker verstrickt in indust-reale Polemik, wie sie nun einmal sind, ihn kaum wahrnehmen. Weil er in keine ihrer Theorien paßt, ist er — für sie — nicht vorhanden.

Mindestens zehntausend Jahre lang war der Mensch mit der Errichtung des weltweiten Marktes beschäftigt. In den vergangenen dreihundert Jahren, seit Beginn der Zweiten Innovationswelle, ist dieser Prozeß sehr schnell vorangetrieben worden; die Industriezivilisation »vermarktete« die Welt. In unseren Tagen neigt er sich nun dem Ende zu — genau zu dem Zeitpunkt, da der Prosum wieder zu Ehren kommt.

Die immense historische Tragweite dieses Ereignisses kann nicht entsprechend gewürdigt werden, wenn wir uns nicht zuvor darüber im klaren sind, was ein Markt eigentlich ist. Stellen wir ihn uns als ein Röhrensystem vor. Als die Industrielle Revolution die Zweite Welle auslöste, waren erst sehr wenige Menschen ins Geldsystem integriert. Handel gab es zwar schon, doch erreichte er nur gesellschaftliche Randgruppen. Das Netz der Tagelöhner, Groß- und Zwischenhändler, Krämer, Bankiers und anderer war grobmaschig und rudimentär. Der Geld- und Warenstrom konnte nur durch wenige enge Röhren fließen.

Dreihundert Jahre lang setzten wir alle unsere Energien ein, um diese »Pipeline« auszubauen. Drei Methoden wurden dabei angewandt: Zum einen schwärmten die Händler und Söldner der Industrieländer in alle Teile der Welt aus und veranlaßten immer mehr Völker mittels Versprechungen oder Zwangsmaßnahmen, sich dem Markt anzuschließen, d. h., mehr zu produzieren und weniger zu prosumieren. Afrikanische Stämme, die bislang sich selber versorgten, wurden überredet — oder gezwungen —, leicht verkäufliche Agrarprodukte anzubauen oder in Kupferminen zu arbeiten. Asiatische Bauern, die zuvor ihren eigenen Reis anbauten, wurden zur Plantagenarbeit angehalten und mußten nun Gummibäume für die Herstellung von Autoreifen anzapfen. Die Südamerikaner begannen mit dem Anbau von Kaffee, der für den Verkauf in Europa und den USA bestimmt war. All diese Entwicklungen trugen zum weiteren Ausbau des Röhrensystems bei, von dem nun immer mehr Völker abhängig wurden.

Die zweite Methode zur Ausweitung des Marktes war die Überschwemmung mit Waren. Der Markt umspannte nicht nur immer größere Bevölkerungsgruppen, sondern es wurden auch immer mehr Güter und Dienstleistungen direkt für den Markt konzipiert. Daraus ergab sich die Forderung nach einer kontinuierlichen Erweiterung der »Kapazität« des Systems — das heißt, um im Bild zu bleiben, nach einer Vergrößerung des Röhrendurchmessers.

Schließlich gab es eine dritte Methode zur Marktexpansion. Je komplexer die Gesellschaft und ihre Wirtschaft wurden, desto schneller stieg auch die Anzahl der Transaktionen, die notwendig waren, um z. B. ein Stück Seife vom Produzenten zum Konsumenten zu befördern. Je mehr Zwischenhändler daran beteiligt waren, desto dichter schloß sich das Netz der Röhren. Diese wachsende Verfeinerung des Systems stellte an sich schon eine weitere Entwicklungsstufe dar.

Gegenwärtig erreichen alle drei Formen der Marktexpansion die äußerste Grenze ihrer Möglichkeiten. Nur noch wenige Bevölkerungsgruppen sind übriggeblieben, die an den Markt angeschlossen werden können. Nur noch eine Handvoll isoliert lebender Völker sind nach wie vor von ihm unberührt. Selbst die vielen hundert Millionen auf Subsistenzbasis wirtschaftenden Bauern in den armen Ländern sind zumindest teilweise in den Markt und das dazugehörige Geldsystem integriert.

Es bleibt also bestenfalls noch die Möglichkeit, Restbestände zusammenzukehren; durch die Einbeziehung neuer, breiter Bevölkerungsmassen läßt sich der Markt nicht mehr vergrößern.

Die zweite Expansionsform ist zumindest theoretisch noch denkbar. Mit etwas Phantasie kann man sich zweifellos noch zusätzliche Dienstleistungen und Güter ausmalen, die sich verkaufen oder tauschen lassen. Aber genau hier kommt der wachsende Prosum ins Spiel. Das Verhältnis zwischen den Sektoren A und B ist sehr komplex, und viele Tätigkeiten des Prosumenten sind abhängig von Materialien und Werkzeugen, die auf dem Markt erworben werden müssen. Indes signalisieren uns besonders die Ausbreitung der Selbsthilfe und die »Entmarktung« vieler Güter und Dienstleistungen, daß auch hier das Ende des »Vermarktungsprozesses« in Sicht ist.

Schließlich scheint auch der wachsende Verfeinerungsgrad des Röhrensystems — die zunehmende Komplexität der Verteilung und die Einschaltung von immer mehr Mittelsmännern und -frauen — einem

Kulminationspunkt zuzustreben. Die Vertriebskosten übertreffen selbst nach herkömmlichen Berechnungsmethoden auf vielen Gebieten bereits die Herstellungskosten. Irgendwann geht es so einfach nicht mehr weiter. Computer und die Entstehung prosumentenbestimmter Technologien deuten auf eine Verkleinerung des Inventars und eine Vereinfachung der Verteilungsketten hin. Einmal mehr läßt also die Beweislage den Schluß zu, daß das Ende des »Vermarktungsprozesses« nicht mehr allzu lange auf sich warten lassen wird.

Welche Auswirkungen wird die bevorstehende Vollendung des »Röhrensystems« auf unsere Arbeit, unsere Wertvorstellungen und unser Seelenleben haben? »Markt« — das ist schließlich nicht einfach eine Ansammlung von Stahl und Schuhen, Baumwolle oder Konserven; der Markt ist vielmehr die Struktur, mit deren Hilfe Güter und Dienstleistungen umgeschlagen werden. Und er ist nicht nur eine Wirtschaftsstruktur. Durch ihn werden Menschen organisiert. Er ist eine Ideologie, ein Ethos, ein gemeinsamer Fundus von Erwartungen (z. B. der Erwartung, daß gekaufte Güter auch tatsächlich geliefert werden). Der Markt ist ebensosehr eine psychosoziale Strukturform wie eine wirtschaftliche Realität. Er wirkt weit über den ökonomischen Bereich hinaus.

Systematisch verband der Markt Milliarden von Menschen miteinander. Dadurch schuf er eine Welt, in der niemand in völliger Unabhängigkeit über sein eigenes Schicksal entscheiden konnte — kein Mensch, keine Nation und keine Kultur. Mit ihm kam die Überzeugung auf, daß Integration in den Markt »progressiv« sei, während Selbstversorgung als »rückständig« galt. Er verbreitete einen vulgären Materialismus und den Glauben, Wirtschaft und wirtschaftliche Motive seien die Haupttriebkräfte im Leben des Menschen. Er förderte eine Weltanschauung, die das Leben als eine Folge vertraglicher Transaktionen betrachtete und den gesellschaftlichen Konsens durch »Eheverträge« oder einen »Sozialkontrakt« gesichert sah. Die »Vermarktung« bestimmte somit die Gedanken, die Wertvorstellung und das Handeln von Milliarden von Menschen. Sie gab in der Zivilisation der Zweiten Welle den Ton an.

Ein enormer Aufwand an Zeit, Energie, Kapital und Rohstoffen war nötig, um eine Situation zu schaffen, die es einem Einkäufer in Süd-Carolina ermöglichte, mit einem ihm unbekannten Angestellten in Südkorea Geschäfte zu tätigen; eine Situation, in der beide ihre eigenen Rechenschieber bzw. Computer sowie ein verinnerlichtes Marktverständnis besitzen; in der beide bestimmte Erwartungen dem anderen gegenüber hegen; in der jeder gewisse vorhersehbare Handlungen vollzieht, weil beide ihr ganzes Leben lang darauf gedrillt worden sind, sich in gewisse, vorgegebene Rollen zu fügen; in der schließlich beide Bestandteil eines weltumspannenden Systems sind, das noch Milliarden anderer Menschen mit einschließt.

Es gibt gute Gründe für die Ansicht, daß die Errichtung dieses ausgefeilten, globalen Systems menschlicher Beziehungen die eindrucksvollste Errungenschaft der Industriezivilisation war und selbst deren spektakuläre technologische Leistungen in den Schatten stellt. Der schrittweise Ausbau dieses im Kern soziokulturellen und psychologischen Systems — von der Flut der Waren und Dienstleistungen einmal abgesehen — kann mit der Errichtung der ägyptischen Pyramiden, der römischen Aquädukte, der Chinesischen Mauer und der mittelalterlichen Dome verglichen werden und ist doch tausendmal monumentaler als sie alle zusammengenommen.

Jenes Röhren- und Kanalsystem war die größte Bauleistung der Geschichte und verlieh der Industriezivilisation, wo immer sie auftrat, ihre Dynamik. Wenn diese Zivilisation, die jetzt im Sterben liegt, überhaupt eine Mission zu erfüllen hatte, dann war es die, die Welt zu »vermarkten«.

Heute ist diese Mission so gut wie erfüllt.

Das heroische Zeitalter der Marktbildung ist vorüber — es wird von einer neuen Phase abgelöst, in der wir das Röhrensystem lediglich warten, erneuern und modernisieren. Zweifellos werden wir wichtige Teile neu konstruieren müssen, um die rasant anschwellende Flut von Informationen kanalisieren zu können. Das System wird in zunehmendem Maße von der Elektronik, der Biologie und neuen Kommunikationstechnologien abhängen, die ihrerseits ebenfalls den Einsatz von Rohstoffen und Energien, Phantasie und Kapital erfordern. Verglichen jedoch mit dem kräfteverschleißenden »Vermarktungsprozeß« der Zweiten Welle wird das Modernisierungsprogramm einen weitaus geringeren Anteil unserer Zeit, unserer Energie, unseres Kapitals und unserer Phantasie sowie weniger Menschen und Material beanspruchen.

Wie komplex die Umstellung im einzelnen auch sein mag: »Vermarktung« wird nicht länger im Zentrum des gesellschaftlichen Interesses stehen.

Die Dritte Innovationswelle wird daher die erste »Transmarkt«-Gesellschaft aller Zeiten schaffen.

Ich verstehe darunter nicht etwa eine Gesellschaft, in der es kein Verteilernetz mehr gibt; keine Welt, die wieder aus kleinen, isolierten, auf Selbstversorgung angewiesenen Gemeinden besteht, die miteinander keinen Handel treiben können oder wollen. Ich verstehe darunter auch keinen Schritt zurück in die Vergangenheit. Was ich indessen mit »Transmarkt«-Zivilisation meine, ist eine Gesellschaft, die zwar nach wie vor vom Markt abhängig ist, aber nicht mehr unter dem Druck steht, diese Struktur aufbauen, ausdehnen, verfeinern und integrieren zu müssen. Es ist eine Gesellschaft, die sich eine neue Tagesordnung setzen kann — weil nämlich der Markt bereits vorhanden ist.

Kein Mensch des 16. Jahrhunderts hätte sich vorstellen können, wie sehr die Ausweitung des Marktes die Prioritäten auf den Gebieten der Technik, der Politik, der Religion, der Kunst, des gesellschaftlichen Lebens, der Gesetzgebung, der Ehe und der Persönlichkeitsentwicklung verändern würde, und so ist es auch für uns Heutige extrem schwierig, die langfristigen Auswirkungen abzuschätzen, die das Ende der »Vermarktung« hervorrufen wird.

Wenn nicht wir selbst, so werden doch wahrscheinlich unsere Kinder im Bann dieser Entwicklung stehen. Das »Vermarktungs«projekt kostete seinen Preis, und dieser Preis war schon rein ökonomisch sehr hoch. Von dem Produktivitätsanstieg der letzten dreihundert Jahre (in beiden Sektoren) wurde ein beträchtlicher Teil abgezweigt und in den Aufbau des Marktes investiert.

Nun, da die Grundkonstruktion so gut wie fertig ist, werden die ungeheuren Energien, die früher in den Aufbau des Weltmarktsystems flossen, für andere Zwecke frei.

Kapitel 21
Der geistige Malstrom

Nie zuvor waren so viele Menschen in so vielen Ländern, darunter zahlreiche gebildete und angeblich differenziert denkende Leute, intellektuell so hilflos wie heute. Eine Flut wirrer Ideen droht sie mit sich zu reißen. Widersprüche erschüttern unser Weltbild.

Jeder Tag beschert uns neue Modegags, wissenschaftliche Erkenntnisse, Religionen, Bewegungen und Manifeste. Naturverehrung, außersinnliche Wahrnehmung, holistische Medizin, Soziobiologie, Anarchismus, Strukturalismus, Neomarxismus, die neue Physik, östliche Mystik, Technophilie und Technophobie sowie tausend andere Strömungen und Gegenströmungen huschen an unserem geistigen Auge vorbei.

Wir erleben immer schärfere Attacken auf das wissenschaftliche Etablishment. Wie ein Buschfeuer greifen fundamentalistische Religionen um sich, und allenthalben wird verzweifelt nach etwas gesucht, an das man noch glauben kann.

Diese Konfusion ist zu einem großen Teil das Ergebnis eines sich verstärkenden Kulturkampfes: Die Kultur der Dritten Welle kollidiert mit den eingefahrenen Ideen und Axiomen der Industriegesellschaft. Genau wie einst die Zweite Welle traditionelle Ansichten überrollte und jenes Glaubenssystem, das ich Indust-Realität nenne, verbreitete, so erleben wir heute die Anfänge einer philosophischen Revolte, die sich den Sturz der während der vergangenen dreihundert Jahre vorherrschenden Meinungen zum Ziel gesetzt hat. Die Leitmotive der industriellen Ära geraten in Mißkredit. Sie werden angezweifelt, ersetzt oder gehen in breiter gefaßten und plausibleren Theorien auf.

Die Kernthesen der Industriezivilisation konnten sich erst nach einem bitteren Kampf allgemein durchsetzen. In Wissenschaft, Bildung, Erziehung, Religion und auf tausend anderen Gebieten fochten die »progressiven« Köpfe des Industrialismus gegen »Reaktionäre«, die die geistigen Strömungen agrarischer Gesellschaften vertraten. Heute stehen die Verteidiger des Industrialismus mit dem Rücken zur Wand, während die Kultur der Dritten Welle Form anzunehmen beginnt.

Das neue Naturverständnis

Nichts illustriert diesen Sachverhalt besser als unser sich wandelndes Naturverständnis.

Im vergangenen Jahrzehnt entstand als Reaktion auf fundamentale, potentiell gefährliche Veränderungen unserer Biosphäre eine weltweite Umweltschutzbewegung, die weit mehr tat als nur die Luft- und Wasserverschmutzung, Lebensmittelzusätze, Kernkraftwerke, Autobahnen und Haarspray-Aerosole anzuprangern. Sie zwang uns, das Problem unserer Abhängigkeit von der Natur neu zu überdenken. Die Vorstellung, wir befänden uns in einem blutigen Krieg gegen die Natur, weicht daher langsam einer Überzeugung, die sehr viel mehr Wert auf Symbiose und Harmonie zwischen Mensch und Natur legt. Wir geben ein Feindbild auf.

In den Naturwissenschaften hat diese Erkenntnis eine Flut von Untersuchungen ausgelöst, die sich um ein besseres Verständnis ökologischer Zusammenhänge bemühen und uns die Möglichkeit geben, unsere Inanspruchnahme der Natur einzuschränken bzw. sie in konstruktive Bahnen zu lenken. Schritt für Schritt erfassen wir die Komplexität und Dynamik dieser Beziehungen und beginnen, Recycling, erneuerbare Energien und die Belastbarkeit der natürlichen Systeme in unser Gesellschaftskonzept miteinzubeziehen.

Das neue Naturverständnis findet in einer breiten Öffentlichkeit Anklang. Wohin wir auch blicken — in Meinungsumfragen, Schlagertexten, Werbung und Predigten —, überall finden sich Beweise für eine erhöhte, obgleich oftmals romantische Sensibilität gegenüber der Natur.

Millionen Städter sehnen sich nach dem Land, und das Urban Land Institute in den USA berichtet über eine bemerkenswerte Bevölkerungsumschichtung zugunsten ländlicher Gebiete. Das Interesse an »naturreinen Lebensmitteln«, »natürlicher Geburt«, Stillen, Biorhythmen und Körperpflege ist in den letzten Jahren geradezu boomartig gestiegen.

Öffentliches Mißtrauen gegenüber der Technik ist so weit verbreitet, daß selbst die engstirnigsten Verteidiger des Bruttosozialprodukts sich heutzutage zu Lippenbekenntnissen durchringen und sagen, daß die Natur Schutz verdiene und nicht mehr vergewaltigt werden dürfe und daß die negativen Auswirkungen der Technik auf die Natur vorausberechnet und verhindert werden müßten.

Wir sind imstande, Schäden ungeahnten Ausmaßes anzurichten. Die Anfälligkeit der Erde muß daher heute sehr viel höher eingeschätzt werden, als man es sich während der Zweiten Welle je träumen ließ. Gleichzeitig sehen wir unseren Planeten als einen verschwindend kleinen Punkt in einem Universum, das sich in jedem Moment weiter ausdehnt und immer komplizierter wird.

Seit Beginn der Dritten Innovationswelle vor fünfundzwanzig Jahren hat die Wissenschaft ein ganzes Arsenal neuer Werkzeuge geschaffen, mit deren Hilfe sich die fernsten Winkel der Natur erforschen lassen. Laser, Raketen, Teilchenbeschleuniger, Plasmen und die phantastischen Möglichkeiten der Fotografie haben unsere alten Vorstellungen von den Dingen, die uns umgeben, zerstört.

Die Forschungsobjekte, mit denen wir es heute zu tun haben, sind größer, kleiner und schneller als alles, was wir in der Vergangenheit untersucht haben. Wir erforschen heute Phänomene in der Größenordnung von einem Billiardstel Zentimeter (1/1 000 000 000 000 000 cm) innerhalb eines Universums, dessen äußere Grenze mindestens 165 Trilliarden (165 000 000 000 000 000 000 000) Kilometer entfernt ist. Wir studieren Vorgänge, die innerhalb einer Zehntrilliardstel Sekunde (1/10 000 000 000 000 000 000 000 sec) vorüber sind. Demgegenüber sagen uns unsere Astronomen und Kosmologen, daß das Universum ca. 20 000 000 000 Jahre alt ist. Die Dimensionen der erfaßten Natur haben die wildesten Spekulationen der Vergangenheit übertroffen.

Und dann erzählt man uns auch noch, daß wir vielleicht nicht die einzigen Lebewesen in dieser wirbelnden Weite sind. Der Astronom Otto Struve meint: »Die große Anzahl von Sternen, die Planeten haben müssen, die Ansicht vieler Biologen, daß Leben eine inhärente Eigenschaft gewisser Typen komplizierter Moleküle oder Molekularverbindungen ist, die Gleichartigkeit der chemischen Elemente überall im Weltall, das Licht und die Hitze, die von sonnenähnlichen Sternen ausgestrahlt werden, und das Vorkommen von Wasser nicht nur auf der Erde, sondern auch auf Mars und Venus, zwingen uns dazu, »umzudenken« und die Möglichkeit extraterrestrischen Lebens einzukalkulieren.

Wir wollen damit nicht entscheiden, ob es kleine grüne Männchen oder UFOs gibt (oder nicht gibt). Aber allein die Annahme, daß Leben keine singuläre Erscheinung ist, ändert unsere Auffassung von der Natur und unserem Platz in ihr. Seit 1960 horchen Wissenschaftler — in der Hoffnung auf Signale von intelligenten Wesen — ins All hinein. Der amerikanische Kongreß hat Hearings über »Die Möglichkeit intelligenten Lebens anderswo im Universum« abgehalten. Die Weltraumsonde Pioneer 10 führt auf ihrer Reise in den interstellaren Raum bildliche Grüße an die Außerirdischen mit sich.

Unser Planet wirkt zu Beginn der Dritten Welle viel kleiner und verwundbarer als je zuvor, und unsere Stellung im Universum erscheint uns weniger grandios. Der Gedanke, daß wir vielleicht nicht die einzigen sind, macht uns nachdenklich.

Die konstruierte Evolution

Auch unsere Vorstellung von der Evolution, ja die Evolution selbst, ist nicht mehr die gleiche wie früher.

Biologen, Paläontologen und Anthropologen, die versuchen, die Geheimnisse der Evolution zu entschleiern, entdecken, daß es sich bei Phänomenen, denen früher Gesetzescharakter zugemessen wurde, in in Wirklichkeit um Spezialfälle handelt.

Der Genetiker und Nobelpreisträger François Jacob sagt: »Nach Darwin entwickelten die Biologen allmählich eine... Tabelle der Evolutionsmechanismen, die man natürliche Auslese nannte. Auf dieser Basis ist oft der Versuch gemacht worden, die gesamte — die kosmische, chemische, kulturelle, geistige und soziale — Evolution zu erklären, so als ob überall ähnliche Selektionsmechanismen herrschten. Aber derartige Konzeptionen werden sich wohl nicht mehr lange halten können, zumal sich auf allen Ebenen die Gesetze ändern.«

Auch in der Biologie werden Gesetze, die man einst überall anwenden zu können glaubte, in Frage gestellt. Wissenschaftler müssen daher überprüfen, ob wirklich jede Form biologischer Evolution direkt auf Variation und natürliche Auslese zurückführbar ist, oder ob nicht vielmehr auf molekularer Ebene Variationsakkumulation stattfindet, die eine »genetische Drift« hervorruft, ohne daß dabei das Darwinsche Prinzip der »natürlichen Auslese« in Erscheinung tritt. Professor Motoo Kimura vom japanischen Nationalinstitut für Genetik meint, daß auf der molekularen Ebene die Evolution anscheinend »nicht mit den Erwartungen des Neodarwinismus in Einklang zu bringen ist«.

Andere langgehegte Vorstellungen werden ebenfalls erschüttert. Lange Zeit hörten wir von den Biologen, daß »Eukaryonten« (Menschen und die meisten anderen Lebensformen) ursprünglich von einfacheren Zellformen abstammen, die man »Prokaryonten« nennt (und zu denen die Bakterien und Algen gehören). Neuere Untersuchungen ziehen diese Theorie in Zweifel und geben Anlaß zu der aufregenden These, daß die einfacheren Lebensformen von den komplexeren abstammen könnten.

Es heißt, daß die Evolution die Anpassungsfähigkeit fördert, wodurch die Überlebenschancen vergrößert werden. Inzwischen gibt es jedoch eindrucksvolle Beispiele für evolutionäre Entwicklungen, die sich — auf Kosten kurzfristiger Nachteile — langfristig positiv auswirken. Welcher Trend wird hier von der Evolution gefördert?

Eine sensationelle Nachricht kommt aus dem Grant Park Zoo in Atlanta: Dort wurde nach der zufälligen Paarung zweier Affenarten mit völlig unterschiedlichen Chromosomensätzen die erste nachweisbar hybride Äffin geboren. Obwohl die Forscher daran zweifeln, daß der Bastard fortpflanzungsfähig sein wird, unterstützt die bizarre Genetik dieses Tieres die These, daß sich Evolution nicht nur in der Akkumulation kleiner Veränderungen manifestiert, sondern ebensogut auch »springen« kann.

Anstatt von vornherein die Evolution als einen kontinuierlichen, bruchlosen Prozeß zu sehen, studieren daher moderne Biowissenschaftler und Paläontologen die sogenannte »Katastrophentheorie«, um »Lücken« und »Sprünge« in den diversen Zweigen der Evolutionsgeschichte zu erklären. Andere untersuchen kleine Abweichungen, die durch Rückkoppelung zu plötzlichen Strukturveränderungen geführt haben können. In der wissenschaflichen Welt ist jede einzelne dieser Fragen heiß umstritten.

Kontroversen dieser Art verblassen jedoch gegenüber einem anderen Ereignis, das den Lauf der Geschichte veränderte.

Es war an einem Tag im Jahr 1953. In der britischen Universitätsstadt Cambridge saß der junge Biologe James Watson gerade im »Eagle Pub«, als sein Kollege Francis Crick aufgeregt hereinstürmte und es »jedem, der sich in Hörweite befand« verkündete, »daß wir das Geheimnis des Lebens entdeckt hatten«. So war es. Watson und Crick hatten die Struktur der Desoxyribonukleinsäure (DNS) entdeckt.

1957, als sich die ersten Vorboten der Dritten Innovationswelle bereits bemerkbar machten, fand Arthur Kornberg heraus, wie sich die DNS selbst reproduziert. Eine populärwissenschaftliche Zusammenfassung dessen, was seitdem erreicht worden ist, lautet: »Wir haben den DNS-Code geknackt... Wir wissen, wie die DNS ihre Informationen an die Zelle weitergibt... Wir haben Chromosomen untersucht, um Genfunktionen zu bestimmen... Wir haben eine Zelle synthetisiert... Wir haben Zellen von zwei verschiedenen Arten miteinander verschmolzen... Wir haben menschliche Gene isoliert... Wir haben Gene ›kartiert‹... Wir haben einen Gen synthetisiert... Wir haben die Erbinformation einer Zelle verändert.« Heute können Genchirurgen überall auf der Welt in ihrer Laboren neue Lebensformen erzeugen. Sie haben der Evolution einen Schnippchen geschlagen.

Führende Köpfe der Zweiten Welle betrachteten den Menschen als Höhepunkt eines langen evolutionären Prozesses. Ihre Kollegen der Dritten Welle müssen sich damit auseinandersetzen, daß der Mensch selbst zum Konstrukteur der Evolution wird.

Der Fortschrittsbaum

Angesichts dieser Voraussetzungen überrascht es wenig, daß wir auch den Fortschrittsbegriff der Zweiten Welle revidieren. Wie wir bereits gesehen haben, war das Industriezeitalter durch einen naiven Optimismus charakterisiert, der in jedem wissenschaftlichen Durchbruch oder jedem »neuen und besseren Produkt« einen Beweis für den unvermeidlichen Fortschritt auf dem Weg zur menschlichen Vollendung sah. Es gibt nur wenige Ideen, die seit Mitte der fünfziger Jahre so vehement unter Beschuß geraten sind wie dieses frohsinnige Glaubenbekenntnis.

Die »Beatniks« in den fünfziger und die »Hippies« in den sechziger Jahren sorgten dafür, daß nicht mehr Optimismus, sondern ein tiefgehender Pessimismus bezüglich der menschlichen Existenz in der Diskussion den Ton angab. Diese Bewegungen trugen viel dazu bei, daß bedingungsloser Optimismus durch bedingungslose Hoffnungslosigkeit ersetzt wurde.

Schon bald wurde Pessimismus richtig »chic«. In Hollywood-Filmen der fünfziger und sechziger Jahre traten an die Stelle der breitschultrigen Helden der dreißiger und vierziger Jahre entfremdete Anti-Helden — Rebellen ohne Credo, modische Pistoleros, charmante Dealer, von Angst umgetriebene Motorradfahrer und schließlich harte, artikulationsunfähige (aber seelenvolle) Punks. Das Leben war ein Spiel, in dem es keinen Sieger gab.

In der Belletristik, auf der Bühne und in den Bildenden Künsten machte sich in vielen Industriestaaten gleichfalls eine morbide Hoffnungslosigkeit breit. Camus hatte Anfang der fünfziger Jahre den thematischen Ton angegeben, dem sich zahllose Romanautoren fortan verpflichtet fühlten. Ein britischer Kritiker beschrieb die Grundstimmung dieser Themen so: »Der Mensch ist fehlbar. Politische Theorien sind relativ. Automatischer Fortschritt ist eine Fata Morgana...« Selbst in der Science-fiction-Literatur, wo einst das utopische Abenteuer dominiert hatte, schlug die Stimmung um und wurde pessimistisch; unzählige schwache Imitationen von Huxley und Orwell entstanden.

Die Technik, die früher als Triebwerk des Fortschritts galt, erschien nun immer häufiger im Gewand eines blutrünstigen Molochs, der sowohl die Freiheit der Menschen wie die natürliche Umgebung zerstört. Für viele Umweltfreunde wurde »Fortschritt« zu einem unanständigen Wort. Gewichtige Werke mit Titeln wie *Die festgefahrene Gesellschaft, Das kommende dunkle Zeitalter, Vorsicht Fortschritt* oder *Der Tod des Fortschritts* überschwemmten den Büchermarkt.

Als die Gesellschaft der Zweiten Welle in die siebziger Jahre taumelte, schuf der Report des Club of Rome, *Die Grenzen des Wachstums,* mit seinem Katastrophenszenario für die Industrielle Welt eine Art Begräbnisstimmung, die das kommende Jahrzehnt mitprägte. Unruhen, Arbeitslosigkeit und Inflation, die durch das Ölembargo von 1973 noch forciert wurden (und durch den gegenwärtigen Ölschock forciert werden), trugen ihrerseits dazu bei, daß Pessimismus weiter um sich greifen und die Theorie von der Unvermeidlichkeit menschlichen Fortschritts immer mehr zurückgedrängt werden konnte. Henry Kissinger sprach in Spenglerschen Tönen über den Niedergang der westlichen Welt, und erneut liefen unzähligen Leuten Angstschauer über den Rücken.

Ob eine solche Hoffnungslosigkeit gerechtfertigt war bzw. ist, muß jeder Leser selbst entscheiden. Eines ist jedoch klar: Die Vorstellung, der Fortschritt sei eine nicht zu verfehlende Einbahnstraße — und damit ein weiterer Stützpfeiler der Indust-Realität — verlor, je näher das Ende der Zweiten Welle heranrückte, immer mehr Anhänger.

Rapide gewinnt heute überall in der Welt die Erkenntnis an Boden, daß Fortschritt nicht mehr ausschließlich am technischen Entwicklungsstand oder am Lebensstandard gemessen werden kann, daß eine

Gesellschaft, die moralisch, ästhetisch und politisch korrupt ist und deren natürliche Umwelt vor die Hunde geht, nicht »fortschrittlich« genannt werden kann, ganz egal, auf welchem Niveau sich ihre Technologie und ihr Lebensstandard befinden. Unser Fortschrittsbegriff wird umfassender und orientiert sich nicht länger an rein materiellen Kriterien.

Fortschritt — das ist für uns jetzt ein blühender Baum mit vielen Ästen, die in die Zukunft weisen. Die Vielfalt und der Reichtum der menschlichen Kulturen dienen als einzige Richtschnur, an der sich Fortschritt messen läßt. Unter diesen Voraussetzungen wird man eines Tages vielleicht auch den gegenwärtigen Trend zu einer diversifizierten, individualisierten Welt als einen wichtigen Sprung nach vorn betrachten, analog der Tendenz zu größerer Differenzierung und Komplexität, die in der biologischen Evolution so deutlich zutage tritt.

Was immer geschehen wird: Es ist unwahrscheinlich, daß die Zivilisation jemals wieder zu dem naiven, einspurigen, blauäugigen Fortschrittsglauben zurückkehren wird, der die Zweite Innovationswelle charakterisierte und inspirierte.

In den vergangenen Jahrzehnten sind wir also Zeugen einer zwangsläufigen Neudefinition unserer Begriffe von Natur, Evolution und Fortschritt gewesen. Diese Begriffe beruhen freilich ihrerseits auf noch elementareren Gedanken — nämlich auf unseren Vorstellungen von Zeit, Raum, Materie und Kausalität. Die Dritte Welle ist nun dabei, selbst diese Axiome — das »intellekuelle Bindemittel«, das die Industriezivilisation zusammenhielt, aufzulösen.

Die Zukunft der Zeit

Seit Newton hielt man die Zeit in den Industriegesellschaften für eine einzige, gerade Linie, die die graue Vorzeit mit einer fernen Zukunft verbindet. Sie galt als absolut und wurde so dargestellt, als ob sie in allen Teilen des Universums gleich aussehe und unabhängig von Materie und Raum sei. Man nahm an, daß jeder Moment, jedes »Stück Zeit«, dem nächstfolgenden in jeder Hinsicht glich.

Heute sagen uns — laut John Gribbin, einem ehemaligen Astrophysiker, der jetzt als Wissenschaftspublizist tätig ist — »nüchterne Wissenschaftler mit einwandfreiem Ruf und jahrelanger Erfahrung, daß ... Zeit nicht etwas ist, das mit der Gleichförmigkeit unserer Uhren und Kalender dahinfließt sondern daß sie vielmehr verdreht und verzerrt werden kann, wobei das Resultat je nach dem Punkt, von dem aus man es mißt, unterschiedlich ausfällt. Im Extremfall können superkollabierte Objekte — sogenannte ›Schwarze Löcher‹ — die Zeit gänzlich negieren, das heißt, sie in ihrer Umgebung völlig zum Stillstand kommen lassen.«

Albert Einstein hatte bereits um die Jahrhundertwende den Beweis dafür erbracht, daß Zeit nicht absolut, sondern komprimierbar und dehnbar ist. Er versuchte dies mit dem inzwischen klassisch gewordenen Beispiel von der Eisenbahnstrecke und den zwei Beobachtern zu veranschaulichen, das ungefähr folgendermaßen lautet:

Ein Mann steht neben einem Eisenbahngleis und sieht zwei Blitze gleichzeitig einschlagen, einen am äußersten nördlichen Ende der Strecke, den anderen ganz im Süden. Der Beobachter selbst befindet sich auf dem halben Weg zwischen den beiden Einschlagpunkten. Ein zweiter Mann sitzt in einem mit hoher Geschwindigkeit in nördlicher Richtung über das Gleis donnernden Schnellzug. Als der Zug an dem an der Strecke stehenden Beobachter vorbeikommt, sieht auch der zweite Mann die Blitze. Für ihn jedoch leuchten sie nicht gleichzeitig auf. Da er mit dem Zug in rasender Geschwindigkeit von der südlichen Einschlagstelle weg und auf die nördliche zufährt, erreicht ihn das Licht aus dem Norden eher als das des südlichen Blitzes. Der Mann im fahrenden Zug meint daher, daß der nördliche Blitz zuerst aufleuchtet.

Im täglichen Leben sind die Entfernungen so gering und die Lichtgeschwindigkeit ist so schnell, daß der Unterschied nicht wahrnehmbar ist. Dagegen illustriert dieses Beispiel Einsteins These, daß die chronologische Abfolge der Ereignisse — was kommt zuerst, was als zweites und was danach — von der Geschwindigkeit des Beobachters abhängig ist. Zeit ist nicht absolut, sondern relativ.

Ein solcher Zeitbegriff hat nicht mehr viel mit dem der klassischen Physik und der Indust-Realität zu tun, die beide davon ausgingen, daß »vorher« und »nachher« vom Beobachter unabhängige Fixpunkte seien.

Die Physik ex- und implodiert gegenwärtig. In den Hypothesen der Wissenschaftler — bzw. in ihren Experimenten — tauchen ständig neue Elementarteilchen oder astrophysikalische Phänomene von Quarks bis zu Quasaren auf. Die Folgerungen daraus sind oft sehr erstaunlich, und einige von ihnen erfordern zusätzliche Veränderungen in unserem Zeitbegriff.

Da ist z. B. unser Firmament anscheinend mit »Schwarzen Löchern« durchsetzt, die alles, auch das Licht, in sich aufsaugen. Sie strapazieren die physikalischen Gesetze bis zum Zerreißen. Diese finsteren Strudel enden, so wird berichtet, in »Singularitäten«, in denen Energie und Materie einfach verschwinden. Der Physiker Roger Penrose hat sogar die These aufgestellt, daß es »Wurmlöcher« und »Weiße Löcher« gebe, durch die die verlorene Energie und Materie in ein anderes Universum »gespuckt« werden — was immer das heißen mag.

Ein einziger Moment in der Nachbarschaft eines Schwarzen Loches kann, wie man vermutet, auf der Erde Äonen dauern. Wenn wir also im Rahmen eines interstellaren Raumfahrtprogramms ein Raumschiff zur Erforschung eines Schwarzen Loches starten würden, so könnte es sein, daß wir eine Million Jahre warten müßten, bis die Sonde ihr Ziel erreicht. Ganz abgesehen von den Auswirkungen der Geschwindigkeit würde aufgrund der Schwerkraftverzerrung in der Nähe des Schwarzen Loches die Uhr des Raumschiffs lediglich das Verstreichen weniger Minuten oder Sekunden anzeigen.

Wenn wir die Weite des Alls verlassen und in die mikroskopische Welt der Teilchen oder Wellen vordringen, stoßen wir auf ähnlich rätselhafte Phänomene. In den Hypothesen Gerald Feinbergs von der Columbia-Universität existieren Teilchen namens »Tachyonen«, die schneller sind als Licht und für die — nach Ansicht einiger Kollegen Freibergs — die Zeit rückläufig ist.

Der britische Physiker J. G. Taylor sagt uns: »Der mikroskopische Zeitbegriff ist ein ganz anderer als der makroskopische«. Ein anderer Physiker, Fritjof Capra, drückt dies noch einfacher aus. Zeit, so meint er, »fließt in verschiedenen Teilen des Universums verschieden schnell«. Wir können daher kaum noch von »Zeit« im Singular sprechen: Es scheint alternative und plurale »Zeiten« zu geben, für die an verschiedenen Stellen der Welt oder der Welten, die wir bewohnen, unterschiedliche Gesetze gelten. All dies stellt die Grundlagen der linearen, universalen Zeitvorstellung der Zweiten Welle in Frage — ohne im übrigen die älteren zyklischen Zeitbegriffe zu ersetzen.

Auch unsere Einstellung zur Zeit im gesellschaftlichen Bereich verändert sich gegenwärtig radikal. Durch die Einführung der Gleitzeit, die Loslösung der Arbeiter vom Fließband und andere Entwicklungen, die in Kapitel 19 geschildert wurden, formulieren wir zugleich unsere theoretischen Vorstellungen von der Zeit neu. Zwar scheinen diese theoretischen Erkenntnisse keine unmittelbar praktischen Auswirkungen auf das tägliche Leben zu haben, doch galt dies zunächst auch für jene scheinbar spekulativen Kreidezeichen auf der Tafel — die Formeln, die zur Atomspaltung führten.

Reisende im Weltraum

Veränderungen in unserem Zeitbegriff erschüttern auch unsere Vorstellungen vom Raum, denn Zeit und Raum sind eng miteinander verwoben. Es gibt Beispiele dafür, daß wir unseren Raumbegriff direkt transformieren.

Wir verändern die Räume, in denen wir leben, arbeiten und spielen. Wie wir arbeiten, wie weit und wie oft wir reisen, wo wir leben — all dies wirkt sich unmittelbar auf unser Raumgefühl aus, und in all diesen Bereichen sind die Dinge in Bewegung geraten. Die Dritte Welle eröffnet eine neue Phase der Beziehungen zwischen Mensch und Raum.

Wie wir gesehen haben, führte die Agrarepoche zur Gründung ortsfester Bauernsiedlungen. Die meisten Menschen verbrachten ihr gesamtes Leben in einem Radius von wenigen Kilometern um ihren Geburtsort. Die Agrargesellschaft schuf eine statische, flächenintensive Existenz und förderte ein enges örtliches Zusammengehörigkeitsgefühl — die Dorfmentalität.

Demgegenüber wurden von der Industriegesellschaft riesige Bevölkerungsmassen in großen Städten zusammengezogen, und da es von nun an nötig war, Rohstoffe von weither heranzukarren und Waren in entfernten Gegenden auf den Markt zu bringen, brachte die Zweite Innovationswelle mobile Menschen hervor. Die neue Kultur war flächenextensiv und drehte sich nicht mehr um die Dorfgemeinschaft, sondern um die Stadt oder um die Nation.

Anstatt die Bevölkerung weiter zu konzentrieren, zerstreut die Dritte Welle sie eher und ändert damit unsere räumlichen Erfahrungen.

Während in den Ländern, die sich noch am Beginn des Industrialisierungsprozesses befinden, auch weiterhin Millionen von Menschen in die Städte strömen, vollzieht sich in den Industriestaaten bereits eine gegenläufige Entwicklung. In Tokio, London, Zürich, Glasgow und einigen Dutzend anderen Großstädten geht die Bevölkerungszahl zurück, während kleine und mittlere Städte Zuwachs zu verzeichnen haben. Der amerikanische Lebensversicherer-Verband erklärt: »Einige Städteplaner glauben, daß die amerikanische Großstadt der Vergangenheit angehört.«

Das Magazin *Fortune* berichtet, daß »Verkehrswesen und die Kommunikationstechnologie die Bande zerschnitten haben, die die großen Konzerne und die traditionellen Metropolen miteinander verknüpften.« Und *Business Week* überschreibt einen Artikel: »Ausblick auf eine Nation ohne Großstädte.«

Die Neuverteilung und Entzerrung der Bevölkerung wird in angemessener Zeit unsere Vorstellungen und Erwartungen von persönlichem und sozialem Raum verändern, etwa bezüglich der zumutbaren Entfernung zwischen Heim und Arbeitsplatz, der Bebauungsdichte und auf vielen anderen Gebieten.

Sie fördert darüber hinaus die Entwicklung einer neuen Weltanschauung, die einerseits stark ortsgebunden, andererseits aber auch global, ja galaktisch ist. Überall rücken die »Gemeinde«, die »Nachbarschaft«, die Lokalpolitik usw. in den Mittelpunkt des öffentlichen Interesses — und gleichzeitig finden wir, daß sich immer mehr Menschen (und oft genau dieselben, die sich am meisten für die lokalen Belange interessieren) auch mit globalen Problemen beschäftigen und besorgt sind über Hungersnöte und Kriege in weit entfernten Weltgegenden.

Mit der Verbreitung der modernen Kommunikationsmittel und der

Verlagerung der Arbeit ins »elektronische Heim« werden wir den Trend zu einer »dualen« Orientierung weiter bestärken. Die Menschen, die aus einem solchen System hervorgehen, werden weniger oft umziehen und sich mehr in der Nähe ihrer Wohnungen aufhalten. Sie unternehmen vielleicht häufiger Vergnügungsreisen, Geschäftsreisen dagegen seltener. Ihre Ideen werden sich über den gesamten Erdball verbreiten und darüber hinaus bis in die Tiefen des Weltalls vordringen.

Unsere Vorstellungen vom Raum werden dynamischer und relativistischer. In meinem Büro hängen einige Vergrößerungen von Satelliten- und U-2-Fotos, die New York City und Umgebung zeigen. Die Satellitenfotos sehen aus wie phantastisch schöne abstrakte Kompositionen; das Meer ist tiefgrün, die Küste hebt sich deutlich davon ab. Auf den U-2-Fotos erscheint die Stadt in Infrarot, und die Detailtreue ist so hervorragend, daß man das Metropolitan Museum und sogar einzelne Flugzeuge an den Gangways des La-Guardia-Flughafens erkennen kann. Als ich dies gegenüber einem NASA-Beamten erwähnte und ihn fragte, ob man bei noch stärkerer Vergrößerung der Bilder auch die Streifen und Symbole auf den Flügeln erkennen könne, sah er mich nachsichtig lächelnd an und verbesserte mich: »Die Nieten!«

Aber wir sind nicht mehr allein auf hochkarätige Fotos angewiesen. Professor Arthur H. Robinson, Kartograph an der Universität von Wisconsin, sagt, daß wir dank der Satelliten vielleicht schon innerhalb der nächsten zehn Jahre lebende Landkarten haben werden und Vorgänge in einer Stadt oder einem Land im gleichen Moment beobachten können, in dem sie stattfinden.

Sollte diese Prophezeiung eintreffen, werden Landkarten nicht mehr statische, sondern filmische Darstellungen sein — bewegliche Röntgenstrahlen quasi, denn sie werden nicht nur die Erde zeigen, sondern auch Schicht für Schicht bloßlegen, was sich unter- und oberhalb der Erdoberfläche befindet. Sie werden uns ein genaues, ständig wechselndes Bild der Geographie liefern und unser Verhältnis zu ihr ändern.

Inzwischen rebellieren bereits einige Kartographen gegen die konventionellen Weltkarten, die in den Klassenzimmern der Zweiten Welle hängen. Seit der Industriellen Revolution beruhte die übliche Weltkarte auf der Mercatorschen Projektion. Dieser Landkartentyp ist zwar für die Navigation auf See recht nützlich, doch die Landflächen werden verzerrt wiedergegeben. Man braucht bloß einen Blick in einen der üblichen Atlanten nach Mercator-Prinzip zu werfen und wird sehen, daß dort Skandinavien größer wirkt als Indien, obwohl letzteres doch in Wirklichkeit fast dreimal so groß ist.

Unter den Kartographen tobt eine heiße Kontroverse über eine neue Projektionsmethode, die der deutsche Historiker Arno Peters entwickelt hat und die die Länder in richtige Proportionen zueinander setzt. Peters behauptet, daß die Verzerrungen der Mercator-Karte die Arroganz der Industrienationen gefördert und es uns erschwert habe, die nicht-industrialisierte Welt in der richtigen politischen wie auch kartographischen Perspektive zu sehen.

»Die Entwicklungsländer wurden bezüglich ihrer Größe und Bedeutung betrogen«, behauptet Peters. Auf seiner Karte sind — ungewohnt für europäische und amerikanische Augen — Europa geschrumpft, Alaska, Kanada, die Sowjetunion verflacht und zusammengequetscht, wohingegen Südamerika, Afrika, Arabien und Indien gewachsen zu sein scheinen. Von dieser Peters-Karte wurden 60000 Exemplare von kirchlichen Organisationen in den nicht-industrialisierten Ländern verteilt.

Diese Kontroverse unterstreicht nur noch die Erkenntnis, daß es keine einzelne »richtige« Landkarte gibt, sondern lediglich unterschiedliche Bilder vom Raum, die unterschiedlichen Zwecken dienen.

Ganzheiten und Halbheiten

Dieser Wandel in unseren Anschauungen von Natur, Evolution, Fortschritt, Zeit und Raum vollzieht sich in dem Augenblick, da wir uns von der Kultur der Zweiten Innovationswelle — die großen Wert darauf legte, die Dinge losgelöst voneinander zu untersuchen — auf die Kultur der Dritten Welle zubewegen, in der die Betonung auf Zusammenhängen, Verwandtschaften und Ganzheiten liegt.

In den frühen fünfziger Jahren, fast genau zur gleichen Zeit, als Biologen den genetischen Code entschlüsselten, begann eine Periode intensiver und aufregender Arbeit für die Kommunikationstheoretiker und Ingenieure in den Laboratorien von Bell, für die Computer-Spezialisten bei IBM, die Physiker der Britischen Post und die Spezialisten am Centre National de Recherche Scientifique in Frankreich.

Aufbauend auf der während des Zweiten Weltkrieges durchgeführten »Systemforschung«, aber noch weit darüber hinausgehend, brachte diese Arbeit die Automatisierungs-Revolution hervor sowie eine gänzlich neue Art von Technologie, die die Basis für die Produktion in den Fabriken und Büros der Dritten Welle schuf. Mit den neuen Maschinen und Werkzeugen kam eine neue Denkweise auf; denn ein Schlüsselprodukt der Automatisierungs-Revolution war das »Systemdenken«.

Wo Kartesianer die Analyse einzelner Komponenten herausstrichen, häufig auf Kosten des Kontexts, betonen die Systemtheoretiker das, was Simon Ramo, ein früher Vertreter der Systemtheorie, die »totale statt fragmentarische Betrachtung von Problemen« nannte. Da die Systemanalyse die rückgekoppelten Verbindungen innerhalb von

Subsystemen und den größeren Ganzheiten betont, die aus diesen Einheiten bestehen, ist ihr Einfluß überall spürbar, seit sie Mitte der fünfziger Jahre aus den Laboratorien an die Öffentlichkeit drang. Ihre Sprache und Konzepte wurden übernommen von Sozialwissenschaftlern und Psychologen, von Philosophen und außenpolitischen Experten, von Logikern und Linguisten, Ingenieuren und Administratoren.

Doch die Verteidiger der Systemtheorie blieben in den vergangenen zehn oder zwanzig Jahren nicht die einzigen, die einen integratorischen Ansatz zur Problembewältigung forderten.

Die Revolte gegen das Fachidiotentum erfuhr Unterstützung durch die Umweltschutz-Bewegung der siebziger Jahre, als Ökologen die Einheit des Öko-Systems entdeckten. »Leute ohne Umweltbewußtsein neigen dazu, Probleme in ihre einzelnen Bestandteile zu zerlegen und immer eines nach dem anderen zu lösen«, schrieb Barry Lopez in *Environmental Action*. »Umweltbewußte Menschen sehen die Dinge ganz anders ... Intuitiv wollen sie die Balance des Ganzen wahren und nicht nur ein Einzelproblem herausgreifen.« Der ökologische Standpunkt und das Systemdenken ergänzten einander und zielten beide auf Synthese und Integration des Wissens ab.

Auch an den Universitäten wurde mittlerweile der Ruf nach interdisziplinärer Denkweise immer lauter. Während die Fachbereichsgrenzen noch immer gegenseitigen Ideenaustausch und Integration der Information an den meisten Universitäten verhindern, hat sich die Forderung nach inter- oder multidisziplinärer Arbeit dermaßen verbreitet, daß sie schon fast zum Ritual geworden ist.

Diese Änderungen im intellektuellen Leben spiegelten sich auch in anderen Kulturbereichen. Die östlichen Religionen beispielsweise hatten schon lange eine winzige Gefolgschaft aus der europäischen Mittelklasse aufzuweisen. Doch erst, als es mit der Desintegration der Industriegesellschaft ernst wurde, fingen Tausende von westlichen Jugendlichen an, indische Swamis zu feiern und 16jährigen Gurus zuzuhören; sie lauschten Ragas, eröffneten hinduistische Vegetarier-Restaurants und tanzten die Fifth Avenue hinunter. Die Welt, die sie da plötzlich besangen, war nicht mehr kartesianisch, sie war eine »Einheit« *(oneness)*.

Im Bereich der Psychotherapie wurde nach Wegen gesucht, den »ganzen Menschen« zu heilen, und zwar mit Hilfe der Gestalt-Therapie. Eine »Gestalt-Explosion« brach aus. Überall in den Vereinigten Staaten etablierten sich Gestalt-Therapeuten und -Institute. Diese Aktivität hatte, dem Psychotherapeuten Frederick S. Perls zufolge, zum Ziel, »das menschliche Potential durch die Integration« individuellen sinnlichen Bewußtseins, des Wahrnehmungsvermögens und der Beziehungen zur Außenwelt »zu steigern«.

Auf dem Gebiet der Medizin entstand eine »Holismus«-Bewegung, die sich auf die Idee gründete, daß das Wohlbefinden des Individuums auf einer Integration von Körper, Geist und Seele beruht. Diese Bewegung vermengte Kurpfuscherei mit seriöser medizinischer Innovation und erhielt in den späten Siebzigern enormen Zulauf.

»Vor ein paar Jahren noch«, berichtet *Science*, »wäre es undenkbar für die Bundesregierung gewesen, eine Gesundheits-Konferenz zu bezuschussen, die sich mit solchen Themen wie Glaubensheilung, Augendiagnostik, Akupressur, buddhistischer Meditation und Elektro-Medizin befaßte.« Seitdem sei »das Interesse an alternativen Heilmethoden und -systemen unter holistischen Vorzeichen explosionsartig angewachsen«.

Bei so viel Aktivität auf so vielen verschiedenen Gebieten kann es kaum noch erstaunen, daß sich die Begriffe »Ganzheit« und »Holismus« in die Umgangssprache eingeschlichen haben. Heutzutage werden sie nahezu wahllos gebraucht. Ein Experte der Weltbank fordert »holistisches Verständnis von ... städtischem Wohnungsbau«, eine Forschungsgruppe im Kongreß der USA verlangt langfristige, »holistische« Untersuchungen. Ein Lehrplan-Experte will die »Ganzheitsmethode« anwenden, um Schulkindern Lesen und Schreiben beizubringen, und ein Schönheitssalon in Beverly Hills bietet »holistische Gymnastik« an.

Jede dieser Bewegungen, Moden und kulturellen Strömungen ist anders, doch eines haben sie alle gemeinsam: Sie alle attackieren die Annahme, daß ein Ganzes nur dann verstanden werden kann, wenn man seine Einzelteile isoliert voneinander untersucht. Oder wie es der Philosoph Ervin Laszlo, ein führender Systemtheoretiker ausdrückt: Wir sind »Teil eines komplexen, natürlichen Systems, und wenn informierte ›Generalisten‹ es sich nicht zur Aufgabe machen, systematische Theorien der Interrelations-Schemata zu entwickeln, werden uns unsere kurzfristigen Projekte und begrenzten Kontrollmöglichkeiten vielleicht ins Verderben führen«.

Die Angriffe gegen alles Fragmentarische, Partielle und Analytische sind so heftig geworden, daß schon viele fanatische »Holisten« in ihrem Streben nach dem unbeschreibbaren Ganzen fröhlich die Einzelteile vergessen. Dies ist allerdings keinerlei Holismus, sondern wiederum nur Stückwerk. Ihre »Ganzheit« ist Halbheit.

Nachdenklichere Kritiker jedoch versuchen, die analytischen Kenntnisse, die uns die Zweite Innovationswelle bescherte, durch stärkere Hervorhebung der Synthese auszugleichen. Dieser Gedanke wurde vielleicht am deutlichsten von dem Ökologen Eugene P. Odum formuliert, der seine Kollegen dazu aufforderte, Holismus mit Reduktionismus zu kombinieren — die Ganzheit eines Systems ebenso zu betrachten wie seine Einzelteile. »Da Komponenten ... kombiniert werden, um größere, funktionale Ganzheiten hervorzubringen«, erklärte er, als er und sein noch berühmterer Bruder Howard gemeinsam den Prix de l'Institut de la Vie gewannen, »tauchen neue Eigenschaften auf, die auf der nächstunteren Ebene noch nicht vorhanden oder nicht sichtbar waren ... Das heißt nicht, daß wir die reduktionistische Wissenschaft ablehnen, zumal daraus viel Gutes für die Menschheit hervorging«; doch nun sei die Zeit gekommen, Untersuchungen »großangelegter, integrierter Systeme« in gleicher Weise zu unterstützen.

Insgesamt genommen sind Systemtheorie, Ökologie sowie die generelle Betonung holistischer Denkweise — ebenso wie unsere gewandelten Begriffe von Zeit und Raum — ein Teil der kulturellen Attacke auf die intellektuellen Prämissen der Zweiten Welle. Diese Attacke gipfelt in einer neuen Ansicht darüber, warum und wie etwas geschieht: in der neuen Kausalität.

Das kosmische Spielzimmer

Die Kultur der Zweiten Welle gab uns die angenehme Gewißheit, den Ursprung aller Dinge zu kennen (oder zumindest entdecken zu können). Sie machte uns klar, daß jedes Phänomen einen einzigen, räumlich und zeitlich bestimmbaren Platz einnahm, daß die gleichen Bedingungen immer die gleichen Ergebnisse hervorbrachten und daß das gesamte Universum sozusagen aus Billardstöcken und -kugeln bestand — aus Ursachen und Wirkungen.

Dieser mechanistische Kausalitätsbegriff war — und ist — außerordentlich nützlich. Er hilft uns Krankheiten zu heilen, Wolkenkratzer zu errichten, raffinierte Maschinen zu konstruieren und Organisationen aufzubauen. Und dennoch: So bedeutend er für die Erklärung von Phänomenen ist, die wie einfache Maschinen arbeiten, so wenig befriedigend sind die Erklärungen, die er für Vorgänge zu bieten hat wie Wachstum, Verfall, plötzliche Durchbrüche zu neuen, komplexeren Stadien, große Umstellungen, die dann zu nichts führen, bzw. umgekehrt für winzige, oft zufallsbedingte Ereignisse, die sich gelegentlich zu mächtigen, explosiven Kräften ausweiten.

Der Newtonsche Billardtisch wird heute in eine Ecke des kosmischen Spielzimmers geschoben. Mechanistische Kausalität gilt als ein Sonderfall, der auf manche, aber nicht auf alle Phänomene zutrifft. Gelehrte und Wissenschaftler in aller Welt sind dabei, ein neues Konzept von Wandel und Ursache zu schaffen — ein Konzept, das besser zu unseren rapider Veränderung unterworfenen Erkenntnissen über Natur, Evolution, Fortschritt, Zeit, Raum und Materie paßt.

Hinweise darauf, wie es sich mit der Kausalität in nichtmechanischen Systemen verhält, die leben, sterben, wachsen und sowohl Evolution wie Revolution erfahren, liefern uns unter anderen der in Japan geborene Epistemologe Magoroh Maruyama, der französische Soziologe Edgar Morin sowie Informatiker wie Stafford Beer und Henri Laborit. Der belgische Nobelpreisträger Ilya Prigogine entwirft eine verblüffende Synthese der Begriffspaare Ordnung und Chaos sowie Zufall und Notwendigkeit und setzt diese in Bezug zur Kausalität.

Die Kausalität der Dritten Welle ist zum Teil auf einen Schlüsselbegriff der Systemtheorie zurückzuführen, nämlich auf den der Rückkoppelung (*feedback*). Ein klassisches Beispiel zur Erläuterung dieses Begriffs ist der Zimmerthermostat, der dafür sorgt, daß die Raumtemperatur gleichbleibt. Der Thermostat schaltet die Heizung an und überwacht den nun eintretenden Temperaturanstieg. Wenn das Zimmer warm genug ist, schaltet die Heizung ab. Fällt die Temperatur wieder, reagiert er auf die Veränderung und schaltet die Heizung wieder ein.

Wir haben es hier mit einem Rückkoppelungsprozeß zu tun, der das Gleichgewicht bewahrt. Sobald Abweichungen ein gewisses Maß zu überschreiten drohen, wird ihre Dynamik gebremst. Die Funktion dieser sogenannten »negativen Rückkoppelung« ist die Aufrechterhaltung der Stabilität.

Nachdem die »negative Rückkoppelung« in den vierziger und frühen fünfziger Jahren von Informatikern und Systemtheoretikern beschrieben und erforscht worden war, begannen auch Wissenschaftler nach Beispielen oder Analogien zu suchen. Und sie fanden tatsächlich ähnliche stabilisierende Systeme auf allen Gebieten — von der Physiologie (z. B. bei den Prozessen, die die Körpertemperatur regulieren) bis hin zur Politik (etwa in den Methoden, mit denen ein »Establishment« Unzufriedenheit erstickt, sobald diese ein akzeptables Maß überschritten hat).»Negative Rückkoppelung« schien überall um uns herum stattzufinden und dafür Sorge zu tragen, daß die Dinge ihr Gleichgewicht oder ihre Stabilität bewahrten.

In den frühen sechziger Jahren erhoben jedoch Kritiker wie Professor Maruyama ihre Stimme und bemerkten, daß der Stabilität zu viel und dem Wandel zu wenig Aufmerksamkeit gewidmet wurde. Er wies darauf hin, daß es nun darum gehen müsse, die »positive Rückkoppelung« genauer zu erforschen — Prozesse also, die den Wandel nicht unterdrückten, sondern verstärkten, und die die Stabilität nicht aufrechterhielten, sondern herausforderten, ja sie in manchen Fällen sogar vernichteten. Maruyama betonte, »positive Rückkoppelung« könne eine kleine Abweichung oder einen kleinen »Stoß« im System zu einer riesigen, strukturverändernden Erschütterung ausweiten.

War der erste Rückkoppelungs-Typ veränderungsfeindlich oder »negativ«, so handelte es sich nun um veränderungsfördernde oder »positive« Prozesse. Positive Rückkoppelung konnte zur Aufdeckung von Ursache und Wirkung in vielen zuvor rätselhaften Vorgängen herangezogen werden.

Da die positive Rückkoppelung die Stabilität zerstört und aus sich heraus Kraft gewinnt, kann sie unheilvolle (oder gute) Kreisläufe erklären helfen. Stellen Sie sich wieder den Thermostat vor, aber dieses Mal einen, dessen Sensor oder Auslösemechanismus andersherum funktioniert: Jedesmal, wenn es im Zimmer warm ist, schaltet der Thermostat die Heizung nicht *ab,* sondern *an,* so daß die Temperatur immer mehr steigt. Oder denken Sie an das Monopoly-Spiel (bzw. an das Hasard-Spiel im realen Geschäftsleben), wo ein Spieler, der viel Geld hat, auch mehr Immobilien kaufen kann, wodurch wiederum die Mieteinnahmen steigen und damit das Kapital, mit dem sich Immobilien erwerben lassen. Beides sind Beispiele für positive Rückkoppe lung.

Mit positiver Rückkoppelung lassen sich alle Prozesse erklären, die sich selbst stimulieren — wie z. B. der Rüstungswettlauf: Jedesmal, wenn die UdSSR eine neue Waffe baut, bauen die USA eine größere, worauf sich die Sowjetunion veranlaßt sieht, wieder eine neue Waffe zu bauen... Das Ende ist globaler Wahnsinn.

Wenn wir positive und negative Rückkoppelung gemeinsam betrachten und sehen, wie diese unterschiedlichen Prozesse in komplexen Organismen wie dem menschlichen Gehirn oder der Wirtschaft auf mannigfache Weise interagieren, so ergeben sich überraschende Einsichten. Sobald wir erkennen, daß jedes komplizierte System — sei es ein biologischer Organismus, eine Stadt oder die internationale politische Ordnung — sowohl veränderungsfeindliche wie veränderungsfördernde, d. h. negative wie positive Rückkoppelungsfaktoren, die sich wechselseitig beeinflussen, in sich trägt, entdecken wir in der Welt, in der wir leben, eine völlig neue Stufe der Komplexität. Unser Kausalitätsverständnis vertieft sich.

Weitere Einsichten gewinnen wir, wenn wir darüber hinaus realisieren, daß diese veränderungsfeindlichen und veränderungsfördernden Elemente nicht unbedingt von Anfang an biologischen oder sozialen Systemen innewohnen müssen. Sie können zunächst fehlen und dann langsam heranwachsen, mitunter als Folge einer mehr oder weniger zufälligen Ursache. Ein beiläufiges Ereignis kann eine phantastische Kettenreaktion unerwarteter Folgen auslösen.

Daraus ergibt sich eine Erklärung auf die Frage, warum Veränderungen häufig nur schwer nachvollziehbar sind und oft völlig überraschend eintreten. Dies liegt daran, daß ein langsamer, steter Prozeß urplötzlich in explosionsartigen Wandel umschlagen kann und umgekehrt. Und daraus wiederum erhellt, daß aus ähnlichen Anfangsbedingungen gänzlich unterschiedliche Ergebnisse resultieren können — ein Gedanke, der der Mentalität der Zweiten Welle fremd ist.

Die Kausalität der Dritten Welle, die allmählich Konturen annimmt, zeigt uns eine komplexe Welt voller Überraschungen, mit veränderungsfördernden und veränderungsfeindlichen Faktoren und vielen anderen Komponenten — nicht mehr einfach nur Billardkugeln, die auf einem statischen, unveränderlichen Spieltisch in unvorhersehbarer Folge aneinanderstoßen. Es ist eine viel fremdere Welt als die, von der der simple Mechanismus der Zweiten Innovationswelle ausging.

Ist alles prinzipiell vorhersehbar, wie es die mechanische Kausalität im Grunde implizierte? Oder sind die Ereignisse aus sich heraus zwangsläufig unvorhersehbar, wie es die Kritiker der mechanistischen Position behaupten? Werden wir von Zufall oder Notwendigkeit geleitet?

Auch zu dieser uralten Alternative kann die Kausalität der Dritten Welle neue Gedanken beisteuern. Ja, sie hilft uns sogar dabei, der »Entweder-Oder«-Falle Notwendigkeit gegen Zufall zu entkommen, in der so lange Deterministen und Antideterministen gefangen waren. Möglicherweise ist dies sogar ihr wichtigster Durchbruch auf dem Gebiet der Philosophie.

Die Termitenlektion

Ilya Prigogine und seine Mitarbeiter an der Freien Universität Brüssel und der Universität von Texas in Austin zeigten, wie chemische und andere Strukturen durch eine Kombination von Zufall und Notwendigkeit höhere Differenzierungsstadien und Komplexitätsebenen erreichten. Für diese Forschungen erhielt Prigogine den Nobelpreis.

Das Problem der Zeit hatte den in Moskau geborenen und in Belgien aufgewachsenen Wissenschaftler von Jugend an fasziniert. Ein scheinbarer Widerspruch erregte seine Neugier besonders. Zum einen glaubte der Physiker an Entropie — d. h., daß das Universum im Niedergang begriffen ist und daß alle Organisationsformen letztendlich zerfallen müssen. Auf der anderen Seite erkannte der Biologe, daß das Leben selbst Organisation ist und daß wir kontinuierlich immer höhere und komplexere Organisationsformen schaffen. Entropie deutete in eine ganz andere Richtung als Evolution.

Davon ausgehend fragte Prigogine, auf welche Weise höhere Organisationsformen entstehen, und um diese Frage zu beantworten, führte er jahrelange physikalische und chemische Forschungen durch.

Nach seinen heutigen Erkenntnissen sind alle Einzelteile komplexer Systeme — von den Molekülen einer Flüssigkeit über die Neuronen im Hirn bis hin zum Verkehr in einer Stadt — einem permanenten, langsamen Veränderungsprozeß unterworfen: Sie sind ständig im Fluß. Fluktuation kennzeichnet das Innenleben jeden Systems.

Ist negative Rückkoppelung im Spiel, werden diese Fluktuationen mitunter gehemmt oder unterdrückt, wodurch das Gleichgewicht des Systems erhalten bleibt. Wenn aber veränderungsfördernde oder positive Rückkoppelung stattfindet, kann es zu einer enormen Ausweitung einiger dieser Fluktuationen kommen — bis hin zu einem Punkt, an dem das Gleichgewicht des gesamten Systems bedroht ist. In diesem Moment können äußere Fluktuationen eintreten und die zunehmenden Schwankungen weiter verstärken — bis das gesamte Gleichgewicht zerstört und die bestehende Struktur zerschlagen ist.*)

Die Zerstörung des alten Gleichgewichts, ob sie nun das Ergebnis außer Kontrolle geratener interner Fluktuationen, externer Kräfte oder einer Kombination beider ist, führt oft nicht zu Chaos oder Zusammenbruch, sondern zur Entstehung einer vollkommen neuen Struktur auf höherer Ebene. Diese neue Struktur kann differenzierter, aktiver und komplexer als die alte sein und benötigt mehr Energie und Materie (sowie vielleicht Informationen und andere Ressourcen), um sich selbst am Leben zu erhalten. Prigogine, der in der Hauptsache über physikalische und chemische Reaktionen spricht, aber gelegentlich auch auf soziale Analogien verweist, nennt diese neuen, komplexeren Systeme »dissipative Strukturen«.

Er stellt die These auf, daß die Evolution selbst als ein Prozeß gesehen werden kann, der durch das Entstehen neuerer, höher entwickelter dissipativer Strukturen zu zunehmend komplexeren und diversifizierteren biologischen und sozialen Organismen führt. So entwickeln wir nach Prigogine, dessen Gedanken außer rein wissenschaftlicher Bedeutung auch politische und philosophische Resonanz haben, »Ordnung aus Fluktuation« oder — so der Titel einer seiner Vorlesungen — »Ordnung aus Chaos«.

Eine solche Evolution kann indessen nicht mechanistisch geplant oder vorherbestimmt werden. Bevor es die Quantentheorie gab, glaubten viele kluge Köpfe, daß Zufall gar keine oder nur eine kleine Rolle bei Veränderungsprozessen spiele. Die Anfangsbedingungen eines Vorgangs bestimmten sein Ergebnis. Im Bereich der subatomaren Physik zum Beispiel herrscht dagegen heute weitgehend die Ansicht, daß Veränderung zufallsdominiert ist. Viele Wissenschaftler, wie der Biologe Jacques Monod, der Soziologe Walter Buckley oder Maruyama auf dem Gebiet der Epistemologie und der Kybernetik, haben in jüngster Zeit damit begonnen, diese beiden widersprüchlichen Richtungen miteinander in Einklang zu bringen.

In Prigogines Werk werden nicht nur Zufall und Notwendigkeit miteinander verbunden, sondern auch ihr Verhältnis zueinander festgelegt. Er behauptet, daß es theoretisch und praktisch möglich ist, an dem Punkt, wo eine Struktur auf eine neue Komplexitätsstufe »springt«,

*) Es ist recht aufschlußreich, sich die Wirtschaft unter diesen Gesichtspunkten vorzustellen. Angebot und Nachfrage werden durch verschiedene Rückkoppelungsprozesse im Gleichgewicht gehalten. Durch positive Rückkoppelung intensivierte Arbeitslosigkeit (die nicht durch anderswo im System angesiedelte negative Rückkoppelung ausgeglichen wird) kann die Stabilität des Ganzen gefährden. Äußere Fluktuationen — wie Ölpreissteigerungen — können dazu beitragen, daß die internen Fluktuationen und Schwingungen noch wilder werden, bis das Gleichgewicht des Gesamtsystems zerschmettert ist.

vorherzusagen, welche von vielen möglichen Formen sie annehmen wird.*) Aber sobald ein Weg gewählt worden ist, sobald die neue Struktur Gestalt gewinnt, herrscht wieder Determinismus vor.

Mit einem anschaulichen Beispiel beschreibt Prigogine, wie Termiten ihre hochstrukturierten Nester aus augenscheinlich strukturloser Aktivität heraus errichten. Sie fangen zunächst damit an, willkürlich auf einer Fläche herumzukrabbeln, halten hier und dort inne und deponieren kleine Batzen einer klebrigen Masse. Diese »Ablagerungen« werden zufällig verteilt, aber die Substanz, aus der sie bestehen, enthält ein chemisches Lockmittel, so daß andere Termiten angelockt werden.

Auf diese Weise häuft sich die klebrige Masse an ein paar Stellen und wächst Schritt für Schritt zu einem Pfeiler oder einer Mauer heran. Stehen diese Bauten isoliert, wird die Arbeit an ihnen eingestellt. Wenn sie sich aber zufällig nahe genug beieinander befinden, entsteht ein Bogen, der dann zur Grundlage für die komplexe Architektur des Baus wird. Was mit Zufallsaktivitäten begann, verwandelt sich in hochgradig ausgefeilte, nicht mehr vom Zufall beherrschte Strukturen. Wir sehen, wie Prigogine sagt, »die spontane Formation kohärenter Strukturen«. Ordnung aus Chaos.

All dies erschüttert den alten Kausalitätsbegriff erheblich. Prigogine faßt zusammen: »Die Gesetze strikter Kausalität erscheinen uns heute als Grenzsituationen, die nur in höchst idealisierten Fällen Anwendung finden, fast alle Karikaturen der Beschreibung des Wandels ... Die Wissenschaft von der Komplexität ... führt zu einer gänzlich anderen Betrachtungsweise ...«

Wir sind nicht in einer geschlossenen Welt eingesperrt, die wie eine mechanische Uhr funktioniert, sondern wir befinden uns in einem um ein vielfaches flexibleren System, in dem es, wie Prigogine sagt, »immer die Möglichkeit gibt, daß irgendeine Instabilität zu einem neuen Mechanismus führt. Wir haben in Wirklichkeit ein offenes ›Universum‹ «.

Wir lassen die Kausalitätsvorstellungen der Zweiten Innovationswelle hinter uns und fangen an, gegenseitige Abhängigkeit, veränderungsfeindliche und -freundliche Elemente, Systembrüche und revolutionäre Sprünge, dissipative Strukturen und die Fusion von Zufall und Notwendigkeit mit ins Kalkül zu ziehen — kurz: Wir legen unsere indust-realen Scheuklappen ab und blicken in eine total neue Kultur — die Kultur der Dritten Welle.

Diese an Wandel und zunehmender Vielfalt orientierte neue Kultur versucht, das neue Naturverständnis und den neuen Begriff von Evolution und Fortschritt, die neuen, reicheren Konzeptionen von Zeit und

*) Dies gilt vermutlich für den Sprung von der Zivilisation der Zweiten zu der der Dritten Welle genauso wie für chemische Reaktionen.

Raum sowie die Fusion von Reduktionismus und Holismus mit einer neuen Kausalität zu integrieren.

Die Indust-Realität, die einst so mächtig und vollkommen erschien, jene allumfassende Antwort auf die Frage, wie die Welt und ihre Bestandteile zusammenpaßten, erweist sich im Nachhinein als äußerst nützlich. Aber ihre Universalitätsansprüche haben keinen Bestand mehr. Die Superideologie der Zweiten Welle wird künftigen Beobachtern provinziell vorkommen. Sie diente einem Selbstzweck.

Der Verfall des Gedankengebäudes der Zweiten Welle hat dazu geführt, daß Millionen von Menschen verzweifelt nach allem greifen, woran sie sich halten können — an alles, von texanischem Taoismus über schwedischen Sufismus zu philippinischer Glaubensheilung und walisischer Hexerei. Anstatt eine neue Kultur aufzubauen, die zu der neuen Welt paßt, versuchen sie, alte Ideen, die zu anderen Zeiten und anderen Orten gehörten, zu importieren und auf die Gesellschaft aufzupfropfen — oder aber sie versuchen, die fanatischen Bekenntnisse ihrer eigenen Vorfahren, die unter gänzlich anderen Bedingungen lebten, wieder aufzuwärmen.

Ursache für die Leichtfertigkeit, mit der heute alte Antworten gesucht werden, für den unaufhörlichen Strom pseudointellektueller Modeerscheinungen, die auftauchen, kurze Zeit vorherrschen und dann wieder verschwinden, ist der Zusammenbruch der industriellen Denkstruktur und deren zunehmende Irrevelanz angesichts neuer technologischer, sozialer und politischer Realitäten.

Mitten in diesem geistigen Supermarkt mit seinem deprimierenden Tamtam und seinen Schwindelreligionen wird der Keim zu einer positiven neuen Kultur gelegt — einer Kultur, die unserer Zeit und dem Ort, an dem wir leben, angemessen ist. Bedeutende neue, integrative Erkenntnisse und neue Metaphern, die die Wirklichkeit erklären helfen, nehmen Formen an. Es ist bereits möglich, die ersten Anfänge neuer Kohärenz und Eleganz zu erblicken — während die kulturellen Trümmer des Industrialismus von der Dritten Innovationswelle der Geschichte hinweggefegt werden.

Kapitel 22

Die Nation zerbricht

Während die Wogen nationaler Begeisterung überall auf der Welt hohe Wellen schlagen, während nationale Befreiungsbewegungen in Ländern wie Äthiopien und den Philippinen ständig Zulauf gewinnen und winzige Inseln wie Dominica in der Karibik oder Fidschi im Südpazifik ihre nationale Unabhängigkeit erklären und Delegierte zu den Vereinten Nationen entsenden, geschieht in der industriellen Welt etwas Merkwürdiges: Nicht neue Nationen entstehen, sondern alte Nationen drohen auseinanderzufallen.

Unter dem Einfluß der Dritten Welle gerät der Nationalstaat, die entscheidende politische Einheit des Industriezeitalters, unter Druck. Von oben wie von unten einwirkende Kräfte nehmen ihn gleichsam in die Zange.

Da gibt es zum einen die Kräfte, die die politische Macht des Nationalstaates auf regionale Einheiten und Gruppen übertragen wollen. Andere zielen darauf ab, übernationalen Einrichtungen und Organisationen mehr Macht zu geben. Gemeinsam tragen beide Gruppen zu einer Aufspaltung der hochtechnisierten Länder in kleinere und weniger mächtige Einheiten bei.

Abchasen und Texikaner

August 1977. Drei maskierte Männer sitzen an einem behelfsmäßigen Tisch. An einem Ende steht eine Laterne, am anderen eine tropfende Kerze; die Mitte des Tisches ist mit einer Flagge bedeckt. Auf der Flagge: ein grimmiges Männergesicht mit verwegenem Stirnband und die Buchstaben FLNC. Die Männer erzählen ihre Geschichte einer kleinen Gruppe von Reportern, die man mit verbundenen Augen zu diesem Rendezvous gebracht hat. Sie erklären sich verantwortlich für einen Bombenanschlag auf den Fernsehsender Serra-di-Pigno — der einzigen korsischen Station, von der aus französische Fernsehprogramme gesendet werden. Sie wollen die Sezession Korsikas von Frankreich.

Ohnehin schon wütend über die traditionelle Herablassung, mit der sie Paris behandelt, und über die wirtschaftliche Vernachlässigung der Insel seitens der französischen Regierung, waren die Korsen besonders aufgebracht, als Einheiten der Fremdenlegion nach dem Algerienkrieg auf ihrer Insel stationiert wurden. Als dann die Regierung den *pieds noirs* — heimgekehrten Algerienfranzosen — finanzielle Unterstützung gewährte und besondere Niederlassungsrechte auf Korsika einräumte, trafen in Scharen neue Siedler ein und kauften zahlreiche Weingärten auf. (Der Weinbau ist, abgesehen vom Tourismus, die Haupteinnahmequelle der Insel.) Dies verstärkte bei den Korsen das Gefühl, Fremde im eigenen Lande zu sein. Auf Korsika gärt es — und Frankreich sieht sich mit einer Mini-Krise auf seiner Mittelmeerinsel konfrontiert.

Am anderen Ende des Landes, in der Bretagne, sind in jüngster Zeit wieder seit langem vor sich hin glimmende separatistische Emotionen aufgeflackert. Hohe Arbeitslosigkeit und ein Lohnniveau, das zu den niedrigsten in ganz Frankreich gehört, sorgen dafür, daß die Separatistenbewegung auf Sympathien im Volk stößt. Sie ist jedoch in rivalisierende Fraktionen aufgespalten, darunter einen terroristischen Flügel, dessen Mitglieder wegen Bombenanschlägen auf öffentliche Gebäude — unter anderem auf das Schloß von Versailles — verhaftet worden sind. In Paris beanspruchen derweil Elsässer und Lothringer sowie andere Regionen des Landes kulturelle und regionale Autonomie.

Auf der anderen Seite des Kanals sieht sich die englische Regierung vergleichbaren, wenn auch weniger gewalttätigen Forderungen der Schotten gegenüber. Noch Anfang der siebziger Jahre pflegte man in London zu lachen, wenn das Gespräch auf den schottischen Nationalismus kam. Heute, da das Nordseeöl zum Potential einer unabhängigen wirtschaftlichen Entwicklung Schottlands werden könnte, lacht keiner mehr über dieses Thema. Zwar erhielt der Plan, ein eigenes schottisches Parlament zu errichten, bei einer Abstimmung im Jahr 1979 nicht die erforderliche Mehrheit, doch sind die Autonomieforderungen tief verwurzelt. Schottische Nationalisten, die sich lange Zeit darüber ärgerten, daß die Politik der Regierung vorrangig die Entwicklung des Südens fördere, vertreten heute den Standpunkt, daß die stagnierende britische Ökonomie einen durchaus möglichen Aufschwung der schottischen Wirtschaft verhindert.

Die Schotten verlangen größere Kontrollbefugnisse über ihr Öl. Sie bemühen sich außerdem, ihre darniederliegende Stahl- und Schiffbauindustrie durch Ansiedlung von Betrieben aus der Elektronik und anderen modernen Branchen zu ersetzen. Während in England noch immer eine heftige Kontroverse über Pläne zur Errichtung einer staatlich geförderten Halbleiterindustrie tobt, ist Schottland schon jetzt nach Kalifornien und Massachusetts der drittgrößte Produzent integrierter Schaltkreise in der Welt.

Auch in anderen Teilen Großbritanniens, so in Wales, treten separatistische Spannungen auf. Kleine autonomistische Bewegungen machen sogar in Wessex und Cornwall von sich reden, wo regionalistische Gruppen Selbstregierung, eigene gesetzgebende Versammlungen und die Umstellung von veralteten Industrien auf moderne Technologien verlangen.

Von Belgien (wo sich die Spannung zwischen Wallonen und Flamen verschärft) bis in die Schweiz (wo die Jurassier unlängst einen erfolgreichen Kampf für einen eigenen Kanton Jura führten), bei der deutschsprachigen Bevölkerung im italienischen Südtirol; bei den Slowenen in Österreich, den Basken und Katalanen in Spanien, den Kroaten in Jugoslawien und Dutzenden weniger bekannten Volksgruppen — überall in Europa gewinnen die zentrifugalen Kräfte an Boden.

Auf der anderen Seite des Atlantik, in Kanada, ist die Quebec-Krise noch lange nicht gelöst. Die Wahl des Separatistenführers René Lévesque zum Premierminister von Quebec, die Kapitalflucht und Geschäftsverlagerungen aus Montreal in andere Teile des Landes sowie die erhöhten Spannungen zwischen Kanadiern englischer bzw. französischer Muttersprache haben den Zerfall des Landes in den Bereich des Möglichen rücken lassen. Premierminister Pierre Trudeau, der für die Wahrung der nationalen Einheit kämpft, mahnte: »Wenn wir zulassen, daß gewisse zentrifugale Tendenzen sich bestätigen, dann bricht dieses Land auseinander — oder es wird innerlich so sehr gespalten, daß seine Existenzgrundlagen und seine Fähigkeit, als eine Nation zu handeln, zerstört werden.« Im Ausland weit weniger bekannt ist, daß nicht nur in Quebec, sondern auch in der kanadischen Ölprovinz Alberta seperatistische bzw. autonomistische Stimmen laut werden.

In der pazifischen Region zeigen sich in Ländern wie Australien und Neuseeland ähnliche Entwicklungen. In Perth erhob ein einflußreicher Bergwerksmagnat namens Lang Hancock den Vorwurf, daß der rohstoffreiche Staat Westaustralien für Waren aus dem Osten des Landes künstlich überhöhte Preise zu zahlen habe. Die Westaustralier behaupten u. a., daß sie im Parlament in Canberra unterrepräsentiert seien, daß sie — in einem Land mit riesigen Entfernungen — durch die Gestaltung der Flugpreise benachteiligt würden und daß ausländische Geldgeber durch die Politik des Bundes von Investitionen in Westaustralien abgehalten werden. Die Aufschrift eines Schildes vor dem Büro Lang Hancocks lautet in goldenen Lettern: »Western Australia Secession Movement« (Westaustralische Sezessionsbewegung).

Auch Neuseeland hat seine Probleme mit Sezessionsbewegungen. Die Wasserkraftwerke der Südinsel decken einen Großteil des neuseeländischen Energiebedarfs. Die Bewohner der Südinsel, die etwa ein Drittel der Gesamtbevölkerung stellen, sagen nun, daß die Gegenleistungen, die sie für ihre Energielieferungen bekommen, zu gering sind und daß die Industrie immer mehr nach Norden abwandert. Vor kurzem wurde auf einer Versammlung, bei der der Bürgermeister von Dunedin den Vorsitz führte, eine Bewegung aus der Taufe gehoben, deren Ziel die Unabhängigkeit der Südinsel ist.

Überall auf der Welt erleben wir, wie sich die Risse erweitern, an denen die Nationalstaaten auseinanderzubrechen drohen. Selbst in den USA und der UdSSR fehlen derartige Spaltungstendenzen nicht.

Eine Aufsplitterung der Sowjetunion, wie sie der Historiker und Dissident Andrej Amalrik einst voraussagte, können wir uns nur schwer vorstellen. Doch verhafteten die sowjetischen Behörden armenische Nationalisten, denen vorgeworfen wurde, sie seien für einen Bombenanschlag auf die Moskauer U-Bahn 1977 verantwortlich. Seit 1968 führte eine »Nationale Vereinigungspartei« eine Untergrundkampagne für die Wiedervereinigung Armeniens.

In anderen Sowjetrepubliken existieren ähnliche Gruppierungen. In Georgien gingen Tausende auf die Straße und zwangen die Regierung, Georgisch zur »offiziellen« Sprache der Sowjetrepublik zu erklären, und auf dem Flughafen von Tiflis hörten überraschte ausländische Reisende, daß ein Moskauflug als Flug »in die Sowjetunion« angekündigt wurde.

Während die Georgier gegen die Russen demonstrierten, trafen sich in der Hauptstadt Suchumi Vertreter der Abchasen — einer Minderheit innerhalb Georgiens — und forderten ihre eigene Unabhängigkeit — von Georgien! In drei Städten wurde diesen Forderungen auf Massenversammlungen Nachdruck verliehen. Funktionäre der Kommunistischen Partei wurden in die Wüste geschickt, und Moskau verkündete, um die Abchasen zu besänftigen, einen großzügigen Entwicklungsplan für ihr Gebiet.

Eine korrekte Einschätzung der Stärke des separatistischen Potentials in verschiedenen Teilen der UdSSR ist nicht möglich. Doch die Behörden muß der Gedanke an Sezessionsbewegungen wie ein Alptraum verfolgen. Sollte ein Krieg mit China ausbrechen oder Osteuropa plötzlich von einer Serie von Aufständen erschüttert werden, dann ist es denkbar, daß Moskau es auch mit offenen sezessionistischen oder autonomistischen Revolten in vielen seiner Republiken zu tun bekommen wird.

Die meisten Amerikaner können sich eine Spaltung der USA kaum vorstellen. Aber noch vor zehn Jahren ging es den meisten Kanadiern ebenso. Separatistische Tendenzen haben zur Zeit Hochkonjunktur. Ein avantgardistischer Roman, der in Kalifornien gegenwärtig zu den Bestsellern zählt, beschreibt, wie sich der amerikanische Nordwesten von den Vereinigten Staaten lossagt, indem er damit droht, nukleare Sprengsätze in Washington und New York detonieren zu lassen. Auch andere Sezessionsszenarien sind im Gespräch. So wurde in einem Bericht an den damaligen Sicherheitsberater Henry Kissinger die mögliche Unabhängigkeit Kaliforniens und des Südwestens sowie die Bildung spanischsprachiger oder zweisprachiger Staatsgebilde in diesen Regionen erörtert — »Chicano Quebecs«. In Leserbriefen ist die Rede von einem neuerlichen Anschluß des US-Bundesstaates Texas an Mexiko, wodurch eine mächtige Ölmacht entstehen würde — »Texico«.

In einem Hotel in Austin kaufte ich mir kürzlich eine Ausgabe des

Texas Monthly, in der Washingtons »Gringo-Politik« gegenüber Mexiko scharf kritisiert wurde. »In den letzten Jahren,« so hieß es dort u.a., »hatten wir offenbar mehr mit unseren alten Feinden in Mexico City gemeinsam als mit unseren Führern in Washington... Seit Spindletop haben die Yankees unser Öl gestohlen... Mexikos Versuche, dem gleichen ökonomischen Imperialismus zu entgehen, sollte daher die Texaner als allerletzte überraschen.«

Am gleichen Kiosk erstand ich auch einen sichtbar zur Schau gestellten Autoaufkleber. Neben dem Texanischen Stern befand sich darauf nur ein einziges Wort: »Secede« (soviel wie: »Macht euch selbständig!«).

Dies mag alles recht weit hergeholt klingen, doch ist es völlig unbestreitbar, daß überall in den Vereinigten Staaten ebenso wie in anderen hochindustrialisierten Ländern die nationale Einheit auf die Probe gestellt wird und regionale Kräfte zunehmend an Boden gewinnen. Ganz abgesehen einmal von dem wachsenden separatistischen Potential in Alaska und Puerto Rico oder den Forderungen der amerikanischen Indianer nach Anerkennung als souveräne Nation, können wir sogar ein Auseinanderdriften der kontinentalen Staaten beobachten. Nach der Nationalen Konferenz der Bundesparlamente »findet in Amerika ein zweiter Bürgerkrieg statt. In dem Konflikt stehen sich die Industriegebiete des Nordostens und Mittleren Westens und die Staaten des ›Sonnengürtels‹ im Süden und Südwesten gegenüber.«

Eine führende Wirtschaftszeitschrift spricht vom »zweiten Krieg zwischen den Staaten« und erklärt, daß »ungleiches Wirtschaftswachstum die Regionen in einen scharfen Konflikt treibt«. Der gleichen martialischen Sprache bedienen sich widerborstige Gouverneure und andere Offizielle aus den Süd- und Weststaaten, die die gegenwärtige Situation das »wirtschaftliche Äquivalent zum Bürgerkrieg« nennen. Die energiepolitischen Maßnahmen des Weißen Hauses haben die offiziellen Vertreter dieser Staaten so in Rage gebracht, daß sie sich, wie die *New York Times* berichtet, »geschworen haben, ihre Erdöl- und Erdgasreserven für die wachsende Industrie ihrer Region mit allen Mitteln zu bewahren und dabei bis an die Grenze der Sezession zu gehen«.

Auch zwischen den Weststaaten untereinander vertiefen sich die Gegensätze. Jeffrey Knight von den »Freunden der Erde« sagt: »Die Weststaaten sehen sich immer mehr als Energiekolonien von Staaten wie Kalifornien.«

Viel öffentliches Aufsehen erregten Autoaufkleber, die während der Heizölengpässe Mitte der siebziger Jahre in Texas, Oklahoma und Louisiana zu sehen waren. Auf ihnen standen Sprüche wie: »Let the Bastards Freeze in the Dark« (soviel wie: »Laßt die Hunde im Dunkeln erfrieren!«). Ein kaum verhüllter Hinweis auf Sezession findet sich auch in einem Anzeigentext des Staates Louisiana in der *New York*

Times. Die Leser werden darin aufgefordert: »Denken Sie über ein Amerika ohne Louisiana nach!«

Der Bevölkerung im Mittleren Westen rät man heute, nicht länger den »Schornsteinen nachzurennen«, sondern sich den weiter fortgeschrittenen Industriezweigen zuzuwenden und regionalistisch zu denken. Die Gouverneure im Nordosten treffen Vorkehrungen, die Interessen ihrer Region gemeinsam zu verteidigen. In der ganzseitigen Anzeige einer »Koalition zur Rettung New Yorks« kam die Stimmung der Öffentlichkeit zum Ausdruck. Es hieß darin: »New York wird vergewaltigt« durch die Bundespolitik, und »die New Yorker können zurückschlagen«.

Was steckt hinter diesem verbalen Säbelrasseln in aller Welt, ganz zu schweigen von den Protesten und Gewaltakten? Die Antwort ist unmißverständlich: potentiell explosive innere Spannungen in den Nationen, die ihre Entstehung der Industriellen Revolution verdanken.

Einige dieser Belastungen gehen offensichtlich auf die Energiekrise und die notwendige Umstellung von der Energiebasis der Zweiten auf die der Dritten Innovationswelle zurück. Bei anderen liegen Konflikte vor, die aus dem Übergang von den Industrien der Zweiten zu denen der Dritten Welle resultierten. Vielerorts erleben wir auch, wie in Kapitel 19 dargestellt, das Heranwachsen subnationaler oder regionaler Wirtschaftseinheiten, die mittlerweile den Umfang, die Komplexität und den inneren Differenzierungsgrad nationaler Wirtschaftsräume der vorigen Generation erreicht haben. All diese Schwierigkeiten bilden gleichsam die ökonomische Abschußrampe für separatistische Bewegungen und Autonomiebestrebungen.

Ob sie nun in Form von offenem Sezessionismus, als Regionalismus, Zweisprachigkeit, Denzentralismus oder als Forderung nach innerer Autonomie auftreten — die zentrifugalen Kräfte bekommen auch deshalb Zulauf, weil die nationalen Regierungen unfähig sind, auf die rapide Individualisierung der Gesellschaft flexibel zu reagieren.

Während die Massengesellschaft der industriellen Epoche sich unter dem Einfluß der Dritten Welle auflöst, verlieren auch regionale, lokale, ethnische, soziale und religiöse Gruppen ihre Uniformität. Bedingungen und Bedürfnisse entwickeln sich in verschiedenen Richtungen. Individuen entdecken ihre Unterschiede wieder bzw. bringen sie erneut zur Geltung.

Die typische Reaktion der Konzerne besteht darin, daß sie variantenreichere Angebote einführen und zu einer aggressiven »Marktsegmentierungspolitik« übergehen.

Den Regierungen der Nationalstaaten dagegen fällt es schwer, »maßgefertigte« Politik zu treiben. Noch ganz den bürokratischen und politischen Strukturen der Zweiten Welle verhaftet, sehen sie sich außerstande, jede Region oder Stadt und jede der konkurrierenden rassischen, religiösen, sozialen, sexuellen oder ethnischen Gruppen — ganz zu schweigen von einzelnen Bürgern — individuell zu behandeln. Die Entscheidungsträger auf nationaler Ebene bemerken gar nicht, wie schnell sich durch die Diversifikation die jeweiligen lokalen Voraussetzungen und Erfordernisse ändern, und wenn sie sich schon einmal darum bemühen, diese oft sehr speziellen Bedürfnisse zu analysieren, finden sie sich alsbald vor einem detailüberfrachteten, kaum zu bewältigenden Datenberg wieder.

Pierre Trudeau beschrieb diese Situation schon 1967 aus der Sicht eines Mannes, den der Kampf gegen den kanadischen Sezessionismus geprägt hat: »Eine Bundesregierung kann nicht vernünftig arbeiten, wenn ein Teil des Systems, sei es eine Provinz oder ein Staat, einen Sonderstatus innehat und in einem ganz anderen Verhältnis zur Zentralregierung steht als die übrigen Provinzen.«

Die Regierungen in Washington, London, Paris oder Moskau setzen daher gegenüber der zunehmend individualisierten und segmentierten Öffentlichkeit ihrer Länder ihre uniforme standardisierte Politik fort, die eigentlich auf eine Massengesellschaft zugeschnitten war. Regionale oder individuelle Sorgen werden vergessen oder ignoriert, wodurch die Ressentiments weiter geschürt werden. Wir müssen damit rechnen, daß mit fortschreitender Individualisierung die separatistischen bzw. zentrifugalen Kräfte anwachsen und die Einheit vieler Nationalstaaten von der Basis her bedrohen.

Von oben nach unten

Aber auch von höherer Warte sieht sich der Nationalstaat ähnlich starken Belastungen ausgesetzt. Die Dritte Welle bringt neue Probleme, neue Kommunikationsstrukturen und neue Akteure auf die weltpolitische Bühne — die alle die Machtbefugnisse der einzelnen Nationalstaaten drastisch einengen.

Viele Probleme sind zu klein oder zu lokalbezogen, um von nationalen Regierungen effektiv gelöst zu werden — und andere neue Probleme sind viel zu umfangreich, als daß irgendeine Nation im Alleingang mit ihnen fertig werden könnte. »Der Nationalstaat, der sich selbst als absolut souverän betrachtet, ist offensichtlich zu klein, um im globalen Rahmen eine reale Rolle zu spielen«, schreibt der französische Publizist Denis de Rougement. »Kein einziger der 28 Staaten Europas kann allein seine militärische Verteidigung, seinen Wohlstand und seine technologischen Ressourcen sichern... und die Verhinderung nuklearer Kriege und ökologischer Katastrophen garantieren.« Auch die USA, die Sowjetunion oder Japan sind dazu nicht in der Lage.

Enge wirtschaftliche Verflechtungen zwischen den Nationen erlauben es heute keiner nationalen Regierung mehr, unabhängige Wirtschaftspolitik zu treiben oder die Inflation gleichsam in Quarantäne zu stecken. Der sich immer mehr aufblähende Eurodollar-Ballon kann, wie bereits in einem früheren Kapitel erwähnt, von keiner Regierung mehr kontrolliert werden. Politiker, die von sich behaupten, sie könnten mit ihren innenpolitischen Maßnahmen der Inflation »Einhalt gebieten« oder die Arbeitslosigkeit »abschaffen«, sind entweder naiv — oder sie lügen, denn die meisten Wirtschaftskrankheiten sind ansteckend und scheren sich nicht um nationale Grenzen. Die wirtschaftliche »Schale« des Nationalstaats erweist sich heute immer mehr als undicht.

Dazu kommt, daß Grenzen Wirtschaftsströme nicht mehr aufhalten können und gegen schädliche Umwelteinflüsse noch viel weniger zu verteidigen sind. Wenn Schweizer Chemiefabriken Abwässer in den Rhein leiten, sind Deutschland, Holland und letztlich die Nordsee von der Verschmutzung betroffen. Weder Holland noch Deutschland können als Einzelstaaten die Reinheit ihrer Gewässer garantieren. Die Auswirkungen von Tankerunfällen, Luftverschmutzung, unbeabsichtigten künstlichen Klimaveränderungen, der Zerstörung von Wäldern und ähnlichem mehr sind grenzüberschreitend.

Das neue globale Kommunikationssystem öffnet äußeren Einflüssen Tor und Tür. Seit langem sind die Kanadier darüber ungehalten, daß etwa 70 amerikanische Fernsehstationen entlang der gemeinsamen Grenze das kanadische Publikum mit ihren Sendungen erreichen können.Aber verglichen mit den Kommunikationssystemen der Dritten Welle und den dazugehörigen Satelliten, Computern, Fernschreibern, Kabelsystemen und spottbilligen Bodenstationen, ist dieses Beispiel »kultureller Durchdringung« während der Zweiten Welle nur ein kleiner Fisch.

»Eine Möglichkeit, eine Nation ›anzugreifen‹ schreibt US-Senator George S. McGovern, »besteht darin, den Informationsfluß einzuschränken — also z. B. die Kontakte zwischen dem Hauptsitz eines multinationalen Konzerns und seinen überseeischen Dependencen zu unterbrechen... (und) eine Nation von Informationen abzuschotten... Das internationale Lexikon erhält ein neues Stichwort: Informationssouveränität.«

Es ist jedoch fraglich, ob und für wie lange eine nationale Grenze effektiv abgeriegelt werden kann. Der Übergang zur industriellen Basis der Dritten Welle erfordert die Entwicklung eines weitverzweigten, anpassungsfähigen, leicht zugänglichen »Nerven-« oder Informationssystems, und Versuche einzelner Nationen, den Datenfluß aufzuhalten, dürften die eigene wirtschaftliche Entwicklung eher hemmen als beschleunigen. Darüber hinaus schafft jede technologische Erfindung neue Möglichkeiten, die »äußere Schale« einer Nation zu durchdringen.

Alle derartigen Entwicklungen — die neuen Wirtschafts- und die neuen Umweltprobleme sowie die neuen Kommunikationstechnologien — tragen gemeinsam zu einer weiteren Schwächung des Nationalstaats auf globaler Ebene bei. Und sie treffen ausgerechnet in dem Moment aufeinander, da neue Darsteller auf der Weltbühne erscheinen und die nationalen Gewalten herausfordern.

Globale Konzerne

Die bekannteste und stärkste dieser neuen Kräfte ist der transnationale oder, wie man gemeinhin sagt, der multinationale Konzern.

In den vergangenen 25 Jahren haben wir eine außerordentliche Globalisierung der Produktion erlebt, die nicht nur auf dem Export von Rohstoffen und dem zwischenstaatlichen Handel mit Fertiggütern beruhte, sondern auch auf dem grenzüberschreitenden Ausbau der Fertigungsbetriebe.

Ein transnationaler Konzern kann in einem Land seine Forschungsabteilung haben, in einem zweiten Teile seiner Produkte herstellen, in einem dritten diese Teile montieren, in einem vierten die Fertiggüter verkaufen, in einem fünften seine Reservefonds anlegen usw. Er kann Tochtergesellschaften in ein paar Dutzend Ländern haben. Seit Mitte der fünfziger Jahre ist die Bedeutung und die politische Macht dieses neuen Mitspielers im globalen Theater rasant gewachsen. Heute verfügen mindestens 10000 Konzerne aus den nicht-kommunistischen Industrienationen über Tochterfirmen außerhalb ihres Stammlandes. Über 2000 von ihnen sind in mindestens sechs anderen Ländern vertreten.

Von 382 größeren Industriebetrieben mit einem Umsatz von mehr als einer Milliarde Dollar hatten 24 225 oder mehr Prozent Auslandsanlagen. Zwar gehen die Meinungen der Ökonomen über Definition und Einschätzung dieser Konzerne — und daher auch über die Bewertungsmaßstäbe, nach denen man sie beurteilen soll — weit auseinander; klar ist jedoch, daß sie einen ganz entscheidenden neuen Faktor in der Welt darstellen — und eine Herausforderung für den Nationalstaat.

Ihre tatsächliche Bedeutung erhellt, wenn man sich vergegenwärtigt, daß sie an einem bestimmten Tag des Jahres 1971 über kurzfristig verfügbare Aktiva im Wert von 268 Milliarden Dollar verfügten. Dies war nach dem Bericht eines Unterausschusses für Internationalen Handel des amerikanischen Senats »mehr als das Doppelte dessen, worüber sämtliche Geldinstitute der Welt zu diesem Zeitpunkt verfügten«. Das gesamte *Jahres*budget der UNO z. B. betrug weniger als 1/268stel bzw. 0,0037 Prozent dieser Summe.

Schon in den frühen siebziger Jahren übertraf der Jahresumsatz von General Motors das Bruttosozialprodukt Belgiens oder der Schweiz. Solche Vergleichszahlen veranlaßten den Wirtschaftswissenschaftler

Lester Brown zu der Bemerkung: »Einst pflegte man zu sagen, daß die Sonne über dem Britischen Empire niemals untergehe. Heute geht sie zwar über dem Britischen Empire unter, aber nicht über den Weltreichen großer globaler Konzerne wie IBM, Unilever, Volkswagen und Hitachi.«

Allein Exxon hat eine Tankerflotte, die um 50 Prozent größer ist als die der Sowjetunion. Der Experte für Ost-West-Beziehungen und Wirtschaftswissenschaftler Josef Wilczynski, hat einmal augenzwinkernd darauf hingewiesen, daß 1973 »derUmsatzerlös« von nur zehn transnationalen Konzernen »ausgereicht hätte, um den 58 Millionen Mitgliedern der Kommunistischen Parteien aller vierzehn sozialistischen Länder einen sechsmonatigen Urlaub nach amerikanischem Lebensstandard zu bezahlen«.

Zwar hält man sie oft für eine typische Erfindung des Kapitalismus, doch ist es Tatsache, daß ca. 50 »sozialistische Multis« in den COMECON-Ländern operieren, Rohrleitungen verlegen, chemische Produkte und Kugellager sowie Pottasche und Asbest herstellen und Schiffahrtslinien unterhalten. Sozialistische Banken — und andere Institutionen von der Moskauer Narodny Bank bis zur »Schwarzmeer und Ostsee Versicherungs-AG« — machen außerdem Geschäfte in Zürich, Wien, Frankfurt, London oder Paris. Es gibt einige marxistische Theoretiker, die diese »Internationalisierung der Produktion« jetzt als notwendig und »fortschrittlich« ansehen. Hinzugefügt sei noch, daß von den 500 westlichen, privatwirtschaftlich organisierten Multis, deren Umsatz im Jahr 1973 500 Millionen Dollar überstieg, nicht weniger als 140 »bedeutende Geschäftsbeziehungen« mit einem oder mehreren COMECON-Ländern pflegten.

Die transnationalen Konzerne sind nicht nur in reichen Ländern zu Hause. Die 25 Länder des Lateinamerikanischen Wirtschaftssystems haben kürzlich Schritte unternommen, die zur Gründung von eigenen transnationalen Unternehmen im Agrarbereich, im Wohnungsbau und in der Investitionsgüterindustrie führen sollen. Konzerne mit Hauptsitz auf den Philippinen erschließen Tiefwasserhäfen am Persischen Golf. Indische Multis errichten elektronische Fabriken in Jugoslawien und Stahlwerke in Libyen und sind dabei, in Algerien eine Werkzeugmaschinenindustrie aufzubauen.

Marxisten neigen dazu, in den nationalen Regierungen Handlanger der Konzerne zu sehen und betonen daher die Interessenkongruenz der beiden. In Wirklichkeit haben jedoch die transnationalen Konzerne sehr oft ihre eigenen Interessen, die denen ihrer »Heimatstaaten« zuwiderlaufen.

»Britische« Multis haben britische Handelsembargos gebrochen. »Amerikanische« Multis haben Regierungsbestimmungen über den arabischen Boykott jüdischer Firmen unterlaufen. Während des OPEC-Embargos rationierten die multinationalen Ölgesellschaften ihre Lieferungen nach eigenen, nicht nach nationalen Prioritäten. Nationale Loyalität schwindet schnell, wenn sich woanders günstigere Gelegenheiten bieten: Multis verlagern das Arbeitsplatzangebot von einem Land ins andere, drücken sich vor der Erfüllung von Umweltschutzbestimmungen und spielen ihre »Gastgeber« gegeneinander aus.

»Während der vergangenen Jahrhunderte«, so Lester Brown, »war die Welt säuberlich in unabhängige, souveräne Nationalstaaten aufgeteilt... Mit der Entstehung von buchstäblich Hunderten multinationaler Konzerne wird diese Aufteilung in sich gegenseitig nicht überlappende politische Einheiten von einem Netz wirtschaftlicher Organisationen überlagert...«

Die Macht, die früher ausschließlich den Nationalstaaten zufiel, wird unter diesen Voraussetzungen, zumindest relativ gesehen, stark eingeschränkt.

Die Multis haben sogar schon einige Wesensmerkmale des Nationalstaates übernommen. Sie besitzen ihr eigenes Corps von Quasi-Diplomaten und ausgezeichnet funktionierende Spionageorganisationen.

»Die geheimdienstlichen Interessen der Multis... unterscheiden sich nur wenig von denen der USA, Frankreichs oder anderer Länder... Jede Diskussion über den Spionagekrieg zwischen CIA, KGB und ihren Satellitenorganisationen wäre unvollständig, beschriebe man nicht auch die immer bedeutendere Rolle, die den Apparaten von Exxon, Chase Manhattan, Mitsubishi, Lockheed, Philips und anderer Firmen zukommt«, schreibt Jim Hougan in *Spooks*, einer Analyse privater Spionageagenturen.

Die Multis sind weder rundweg gut noch rundweg böse. Manchmal kooperieren sie mit ihren »Heimatländern«, manchmal beuten sie sie aus. Manchmal führen sie deren Politik aus, und manchmal bedienen sie sich ihrer, um ihrer eigenen Politik zum Erfolg zu verhelfen. Aber dank ihrer Fähigkeit, Milliardenbeträge in kürzester Frist über nationale Grenzen hinweg zu verschieben und Technologien strategisch einzusetzen sowie dank relativ schneller interner Entscheidungsprozesse können sie nationale Regierungen oftmals austricksen.

»Es geht gar nicht, und erst recht nicht hauptsächlich, darum, ob internationale Unternehmen bestimmte regionale Gesetze und Regeln umgehen können«, schreibt Hugh Stephenson in einer Studie über den Einfluß der Multis auf den Nationalstaat, »sondern darum, daß unser gesamtes Denken und Reaktionsverhalten in der Konzeption vom souveränen Nationalstaat wurzelt«, während »internationale Konzerne dieser Konzeption ihre Grundlage entziehen.«

Weltpolitisch gesehen hat der Aufstieg der Multis die Funktion des Nationalstaats genau zu dem Zeitpunkt weiter eingeschränkt, da ihn die zentrifugalen Kräfte von der Basis her auseinanderzureißen drohen.

Das »T-Netz«

Die transnationalen Konzerne sind zwar die bekanntesten, nicht aber die einzigen neuen Akteure auf der Weltbühne. Wir sind z. B. Zeugen des Aufstiegs transnationaler Gewerkschaftsorganisationen — gleichsam Spiegelbildern der Konzerne. Wir können ferner sehen, wie sich religiöse, kulturelle und ethnische Bewegungen über nationale Grenzen hinaus ausdehnen bzw. zusammenwirken. An den Demonstrationen europäischer Kernkraftgegner nehmen jeweils Protestierende aus mehreren Ländern teil. Auch bilden sich transnationale politische Parteien. Christliche Demokraten und Sozialisten sprechen davon, sich in grenzüberschreitenden »Europarteien« zusammenzuschließen — eine Entwicklung, die durch die Schaffung des europäischen Parlaments noch beschleunigt wurde.

Parallel dazu entstehen immer mehr transnationale Verbände, die nicht den Regierungen unterstellt sind. Sie widmen sich so verschiedenen Gebieten wie dem Bildungswesen, der Ozeanforschung, dem Sport und der Wissenschaft, dem Gartenbau und der Katastrophenhilfe. Zu ihnen gehören der Ozeanische Fußballverband, die Föderation der Zahnärzte Lateinamerikas, das Internationale Rote Kreuz, der Internationale Verband kleiner und mittlerer Betriebe und die Internationale Vereinigung weiblicher Rechtsanwälte. Zusammengenommen repräsentieren solche »Dachverbände« Millionen von Mitgliedern und Zehntausende von Filialen in vielen Ländern.

1963 gab es ca. 1300 solcher grenzüberschreitenden Organisationen. Schon Mitte der siebziger Jahre hatte sich ihre Zahl verdoppelt. Man rechnet, daß sie sich 1985 auf 3500 bis 4500 belaufen wird — d. h., daß dann annähernd jeden dritten Tag eine neue entsteht.

Wenn die Vereinten Nationen eine »Weltorganisation« sind, dann bilden diese wenig auffälligen Gruppierungen gewiß eine »zweite Weltorganisation«. Zusammengerechnet betrug ihr Budget 1975 zwar nur 1,5 Milliarden Dollar, doch handelt es sich dabei nur um einen winzigen Bruchteil der Ressourcen, die ihren Mitgliedsorganisationen zur Verfügung stehen. Sie haben ihre eigene »Handelskammer« — die Union of International Associations mit Sitz in Brüssel — und sind vertikal in lokale, regionale, nationale und andere Unterorganisationen gegliedert, die sich in der transnationalen Organisation zusammenfinden. Horizontale Querverbindungen bestehen durch ein dichtes Geflecht von Konsortien, Arbeits- und Projektgruppen sowie durch Komitees, die von verschiedenen Organisationen beschickt werden.

Die transnationalen Verbindungen haben eine enorme Dichte erreicht. Nach einer Studie der Union of International Associations gab es 1977 52075 identifizierbare Einzelbeziehungen und Querverbindungen zwischen 1857 Organisationen. Auch diese Zahl erhöht sich mit rasender Geschwindigkeit. Auf Tausenden von transnationalen

Treffen, Konferenzen und Symposien kommen die Mitglieder dieser unterschiedlichen Gruppen miteinander in Kontakt.

Das Weltsystem der Dritten Welle gewinnt durch dieses noch immer relativ unterentwickelte, schnell wachsende »transnationale Netz« (»T-Netz«) eine neue Dimension.

Die Bedeutung des Nationalstaats wird überdies dadurch noch weiter verringert, daß die Staaten selbst sich gezwungen sehen, supranationale Organisationen zu schaffen. Jeder Nationalstaat kämpft darum, sich so viel Souveränität und Handlungsspielraum wie irgend möglich zu bewahren, muß aber *peu à peu* immer neue Einschränkungen seiner Unabhängigkeit hinnehmen.

Die Länder Europas sahen sich z. B. trotz allen Murrens zur Bildung eines gemeinsamen Marktes, eines Europaparlaments, eines europäischen Währungsverbandes und spezieller Organisationen wie des Europäischen Rates für Kernforschung (CERN) veranlaßt. Richard Burke, Steuerkommissar der EG, versucht, die Mitgliedsländer zur Änderung ihrer nationalen Steuerpolitik zu bewegen. Agrar- und industriepolitische Strategien, über die früher in London oder Paris entschieden wurde, werden jetzt in Brüssel ausgetüftelt.

Die EG ist vielleicht das beste Beispiel für die Schwerkraftverlagerung in Richtung supranationaler Organisationen. Aber sie ist nicht das einzige. Wir erleben auch eine rapide Zunahme der zwischenstaatlichen Organisationen, (»Inter-Governmental Organizations« = IGOs), d. h. von Gruppenbildungen dreier oder mehrerer Staaten. Zu ihnen zählen z. B. der Meteorologische Weltverband, die Internationale Atomenergiebehörde, das institutionalisierte Internationale Kaffee-Abkommen und die Lateinamerikanische Freihandelszone, ganz zu schweigen von der OPEC. Derartige Zusammenschlüsse sind heutzutage für die Koordinierung des weltweiten Transportsystems, der Kommunikationsmittel und Patente sowie für Aktivitäten auf zahllosen anderen Gebieten unerläßlich. Die Anzahl der IGOs hat sich zwischen 1960 und 1977 von 139 auf 262 erhöht, also gleichfalls fast verdoppelt.

Mit Hilfe der IGOs versucht der Nationalstaat Probleme, die nur übernational zu lösen sind, in den Griff zu bekommen. Dabei ist er bestrebt, auf nationaler Ebene ein Maximum an Entscheidungsbefugnissen zu behalten. Dennoch ist eine stetige Schwerpunktverlagerung im Gange, da immer mehr Entscheidungen auf diese internationalen Gremien übertragen bzw. von ihnen übernommen werden.

Der Machtzuwachs der transnationalen Konzerne, die immer größere Zahl nationaler Organisationen und die Errichtung der IGOs sind Entwicklungen, die alle in die gleiche Richtung weisen. Nationen sind immer weniger dazu in der Lage, unabhängig zu agieren. Sie verlieren einen Großteil ihrer Souveränität. Ein radikal neues Weltsystem zeichnet sich ab.

Dem Souveränitätsverlust des Nationalstaats entspricht das neue Weltwirtschaftssystem, das sich seit Beginn der Dritten Welle herausschält. Nationalstaaten waren die notwendigen politischen Gefäße nationaler Ökonomien. Diese Behälter lecken heute, ja, sie sind aufgrund ihres eigenen Erfolges überflüssig geworden.

Die neue Weltwirtschaft wird von den großen transnationalen Konzernen dominiert. Ein weitverzweigtes Banken- und Finanzsystem, das mit elektronischer Geschwindigkeit arbeitet, steht ihr zu Diensten. Sie schafft Gelder und Kredite, die von keiner Nation kontrolliert werden können. Sie steuert auf transnationale Währungen zu — womit nicht ein einziges »Weltgeld« gemeint ist, sondern eine Vielzahl von Währungen oder »Meta-Währungen«, die jeweils auf einem »Einkaufskorb« nationaler Währungen oder Ressourcen beruhen. Sie wird von einem weltweiten Konflikt zwischen Rohstoffproduzenten und Rohstoffverbrauchern bis zum Zerreißen gespannt. Ihre Verschuldung hat unvorstellbare Ausmaße erreicht. Sie ist eine »Mischwirtschaft« mit privatkapitalistischen und staatssozialistischen Unternehmen, die gemeinsame Projekte durchführen. Ihre Ideologie ist weder Laissez-faire noch Marxismus, sondern Globalismus — die Überzeugung, daß der Nationalismus sich überlebt hat.

So wie die Zweite Innovationswelle eine kleine Bevölkerungsgruppe schuf, deren Interessen den regionalen Rahmen sprengten und die Basis für nationalistische Ideologien bildeten, so läßt die Dritte Innovationswelle Gruppen entstehen, deren Interessen über den *nationalen* Rahmen hinausreichen. Diese Gruppen bilden wiederum die Grundlage für globale Ideologien, die mitunter »planetarisches Bewußtsein« genannt werden.

Manager multinationaler Konzerne, Umweltschützer, Banker, Revolutionäre, Intellektuelle, Dichter und Maler teilen dies Bewußtsein. Sogar ein berühmter amerikanischer Viersternegeneral versicherte mir, daß der »Nationalstaat tot« sei. Globalismus ist mehr als eine Ideologie, die nur bestimmten Gruppeninteressen dient. So wie der Nationalismus für sich beanspruchte, im Namen der gesamten Nation zu sprechen, so beansprucht der Globalismus, im Namen der gesamten Welt zu sprechen. Man betrachtet ihn als eine evolutionäre Notwendigkeit — einen weiteren Schritt auf dem Weg zu einem »kosmischen Bewußtsein«, das auch das All umfassen würde.

Überall, in Wirtschaft und Politik, bei Organisationen und Ideologien, beobachten wir also einen von innen wie von außen anbrandenden Doppelangriff auf den Nationalstaat, jenen Stützpfeiler der Zivilisation der Zweiten Welle.

Im selben historischen Moment, da viele arme Länder um nationale Identität ringen — in der Vergangenheit Voraussetzung für eine erfolgreiche Industrialisierung —, beschneiden die reichen Länder, die den Industrialismus mit Riesenschritten hinter sich lassen, die Funktionen des Nationalstaates.

Es steht zu erwarten, daß Jahrzehnte darüber vergehen werden, bis der Kampf um die Errichtung neuer globaler Institutionen, die in der Lage sind, die pränationalen ebenso wie die postnationalen Völker dieser Erde fair zu repräsentieren, vorüber sein wird.

Mythen und Erfindungen

Niemand, weder die Experten im Weißen Haus oder im Kreml noch der sprichwörtliche Mann auf der Straße, weiß heute genau, wie das neue Weltsystem im einzelnen aussehen und durch welche Organisationen die regionale oder globale Ordnung gewährleistet wird. Auf jeden Fall kann man aber einige populäre Mythen *ad acta* legen.

Die erste dieser Mythen wird z. B. von Filmen, wie *Rollerball* und *Network* propagiert: Ein Bösewicht verkündet mit stahlhartem Blick, daß die Welt auf eine Gruppe transnationaler Konzerne aufgeteilt wird bzw. schon aufgeteilt worden ist und nun von diesen Konzernen regiert wird. In der am weitesten verbreiteten Version dieses Märchens gibt es einen einzigen globalen Energiekonzern, einen einzigen Nahrungsmittelkonzern, einen einzigen Wohnungsbaukonzern, einen einzigen Freizeitkonzern usw. In einer Variante gelten alle diese Konzerne als Abteilungen einer noch größeren Mega-Organisation.

Diese simplifizierte Darstellung beruht auf einer gradlinigen Fortführung der für die Zweite Welle charakteristischen Trends: Spezialisierung, Maximierung und Zentralisierung. Sie berücksichtigt weder die phantastische Vielfalt der realen Lebensbedingungen noch die kulturellen, religiösen und traditionsbedingten Gegensätze auf der Welt, weder die Geschwindigkeit des Wandels noch die in den Industrienationen zu beobachtende, geschichtsträchtige Individualisierungstendenz. Sie geht nicht nur von der naiven Vorstellung aus, daß Energie, Wohnungsbau oder Lebensmittel säuberlich auf einzelne Abteilungen aufgeteilt werden können, sondern ignoriert völlig die fundamentalen Veränderungen, die gegenwärtig Struktur und Zweck des Konzerns revolutionieren. Kurzum, sie basiert auf einem längst hinfälligen, von der Zweiten Welle bestimmten Bild des Konzerns und der Konzernstruktur.

Nah verwandt mit diesem Konzept sind Phantasievorstellungen, denen zufolge unser Planet von einer einzigen, zentralistischen Weltregierung beherrscht werden wird. Gemeinhin versteht man darunter eine Art Fortsetzung bereits existierender Institutionen oder Regierungen — so etwas wie »Vereinigte Weltstaaten« oder ganz einfach ein vergrößertes Abbild der Vereinten Nationen. Auch diese Darstellung ist nichts weiter als eine simplifizierte Fortführung von Prinzipien der Zweiten Welle.

In Wirklichkeit zeichnet sich weder eine von Konzernen beherrschte Zukunft noch eine Weltregierung ab, sondern ein weitaus komplizierteres System, das den Matrix-Organisationen ähnelt, die sich, wie wir gesehen haben, in einigen modernen Industriestaaten entwickelt haben. Wir errichten nicht eine oder mehrere bürokratische Pyramiden, sondern knüpfen ein strukturelles Netz, das verschiedenartige Organisationen mit den Interessen der Allgemeinheit verbindet.

So ist es z. B. durchaus möglich, daß wir im kommenden Jahrzehnt die Entstehung einer »Ozean-Matrix« erleben werden, an der nicht nur Nationalstaaten, sondern auch Regionen, Städte, Konzerne, Umweltschutz-Verbände, Wissenschaftlergruppen und andere Interessenten teilnehmen werden. Je nach den Veränderungen, die sich im Lauf der Zeit ergeben, werden neue Gruppierungen entstehen und sich an diese Matrix anschließen, während andere sich wieder von ihr trennen. Ähnliche Organisationsstrukturen könnten sich auf anderen Sektoren entwickeln: eine »Weltraum-Matrix«, eine »Lebensmittel-Matrix«, eine »Energie-Matrix« und ähnliche mehr, die alle in Wechselbeziehungen miteinander stehen, sich gegenseitig überlappen und insgesamt ein eher offenes als geschlossenes System bilden.

Das Weltsystem der Zukunft wird also aus Einzelbausteinen bestehen, die — wie die Neuronen eines Gehirns — eng miteinander verbunden und nicht nach den organisatorischen Gesichtspunkten einer Bürokratie gegliedert sind.

Unter diesen Voraussetzungen müssen wir damit rechnen, daß innerhalb der Vereinten Nationen ein erbitterter Kampf darüber ausbrechen wird, ob die Weltorganisation eine »Handelsvereinigung von Nationalstaaten« bleiben soll oder ob auch andere Einheiten, wie z. B. Regionen, eventuell Religionen oder sogar Konzerne und ethnische Gruppen, in ihr vertreten sein können.

Kapitel 23

Gandhi mit Satelliten

»Konvulsivische Zuckungen ...« — »Unerwarteter Aufstand ...« — »Wilde Schwankungen ...« Hektisch suchen Schlagzeilentexter nach Worten, mit denen sich eine Welt beschreiben läßt, von der sie den Eindruck haben, sie gerate immer mehr aus den Fugen. Sie fühlen sich von der Islamischen Revolution im Iran vor den Kopf geschlagen. Die plötzliche Abkehr von der maoistischen Linie in China, der Kollaps des Dollar, die neue Militanz der armen Länder, Rebellionen in El Salvador oder Afghanistan — man ist überrascht und findet keinen Zusammenhang zwischen diesen Ereignissen. Man will uns glauben machen, die Welt steure wie ein leckgeschlagenes Schiff ins Chaos.

Aber vielleicht trügt der äußere Schein. Nicht alles ist Anarchie. Die eruptionsartige Entstehung einer neuen Zivilisation auf dieser Erde muß alte Bindungen erschüttern, Regierungen stürzen und das Finanzsystem in Unruhe versetzen. Was wie das reine Chaos erscheint, ist in Wirklichkeit eine massive Kräfteverschiebung zugunsten der neuen Zivilisation.

Später werden wir auf unsere Tage zurückblicken als auf die Zeit, in der die Zivilisation der Zweiten Welle im Zwielicht versank, und das, was wir erblicken, wird uns traurig stimmen. Die Industriezivilisation ließ eine Welt zurück, in der ein Viertel der Menschheit in relativem Wohlstand lebte, drei Viertel in relativer Armut — und davon 800 Millionen in, wie es die Weltbank ausdrückt, »absoluter Armut«. 700 Millionen Menschen waren unterernährt und 550 Millionen Analphabeten. Am Ende der Industriellen Epoche hatten etwa 1 200 000 000 Menschen keinen Zugang zu öffentlichen Gesundheitseinrichtungen, ja, nicht einmal sauberes Trinkwasser.

Sie hinterließ eine Welt, in der der wirtschaftliche Erfolg von 20 bis 30 industrialisierten Ländern von verborgenen Subventionen — billiger Energie und billigen Rohstoffen — abhängig war. Sie hinterließ eine globale Infrastruktur, die Handel und Finanzen im Interesse der Industrieländer regelten. Viele ärmere Länder blieben mit Monokulturen zurück, die nur den Bedürfnissen der reichen dienten.

Die Strategie der Zweiten Welle

Seit den späten vierziger Jahren bestimmte eine einzige Strategie nahezu alle Anstrengungen, die unternommen wurden, um die Kluft zwischen reich und arm zu verringern. Ich nenne sie die »Strategie der Zweiten Welle«.

Grundvoraussetzung dieser Strategie ist die These, daß die Gesellschaften der Zweiten Welle an der Spitze des evolutionären Fortschritts stehen und daß alle anderen Gesellschaften, wollen sie ihre Probleme überwinden, die Industrielle Revolution so, wie sie im Westen, in der Sowjetunion und in Japan stattgefunden hatte, nachholen müssen.

Der Fortschritt besteht darin, Millionen von Menschen aus der Landwirtschaft abzuziehen und in die Massenproduktion zu stecken. Er erfordert Verstädterung, Standardisierung und die Anwendung aller anderen Prinzipien der Zweiten Innovationswelle. Entwicklung bedeutet, kurz gesagt, die getreue Imitation eines bereits von Erfolg gekrönten Modells.

Dutzende von Regierungen in einem Land nach dem anderen haben dann auch versucht, dieses Konzept in die Tat umzusetzen. In ein paar Ländern, wie etwa in Südkorea und in Taiwan, wo aber ganz besondere Bedingungen herrschen, scheint der Versuch, eine Industriegesellschaft zu etablieren, auch zu gelingen. Die meisten derartigen Versuche enden jedoch mit einem totalen Mißerfolg.

Eine verwirrende Vielzahl von Gründen hat man für diese Fehlschläge in vielen armen Ländern verantwortlich gemacht. Neokolonialismus; mangelhafte Planung; Korruption; rückständige Religionen; Stammesrivalitäten; transnationale Konzerne; die CIA; zu schnelles oder zu langsames Vorgehen. Was immer die Gründe auch sind — grausame Wahrheit bleibt, daß die Industrialisierung nach dem Modell der Zweiten Welle weit häufiger scheiterte als gelang.

Das deutlichste Beispiel liefert der Iran.

Noch 1975 brüstete sich ein tyrannischer Schah damit, daß er den Iran nach der Strategie der Zweiten Welle zum modernsten Industriestaat des Mittleren Ostens machen wolle. *Newsweek* schrieb: »Die Baumeister des Schahs quälten sich ab mit einer pompösen Serie von Fabriken, Dammbauten, Bahnlinien, Straßen und all dem Zubehör einer Industriellen Revolution mit allen Schikanen.« Noch im Jahr 1978 rangelten internationale Banken darum, der Persian Gulf Shipbuilding Corporation, der Mazadern Textile Company, den Stahlwerken von Isfahan, der Iranischen Aluminium-Gesellschaft und anderen Millionenkredite zu Billigstzinsen zu geben.

Während auf diese Weise der Iran angeblich in eine »moderne« Nation verwandelt werden sollte, herrschte in Teheran Korruption. Demonstrativer Konsum verschärfte die Gegensätze zwischen arm und reich. Ausländische Interessenten — vor allem, wenn auch nicht ausschließlich, Amerikaner — lebten wie die Maden im Speck. (Ein deutscher Manager in Teheran verdiente ein Drittel mehr als zu Hause; seine Angestellten bekamen ein Zehntel von dem bezahlt, was ein deutscher Arbeiter verdient). Die städtische Mittelklasse war eine winzige Insel in einem Meer von Elend. Vom Öl abgesehen, wurden zwei

Drittel aller produzierten Güter in Teheran konsumiert — von einem Zehntel der Gesamtbevölkerung. Auf dem Land, wo das Einkommensniveau kaum ein Fünftel von dem in der Stadt betrug, lebten die bäuerlichen Massen weiterhin unter empörend repressiven Bedingungen.

Vom Westen gepäppelt, versuchten die Millionäre, Generäle und gekauften Technokraten, die in Teheran das Sagen hatten, die Strategie der Zweiten Welle durchzusetzen. Unter Entwicklung verstanden sie im Grunde nur einen wirtschaftlichen Prozeß. Religion, Kultur, Familienleben, Geschlechter-Rollen — all dies würde sich schon von selbst regeln, solange nur die Kasse stimmte. Geblendet von ihrer indust-realen Weltanschauung, glaubten sie an die zunehmende Standardisierung der Welt und ignorierten den Trend zu mehr Vielfalt. Widerstand gegen Ideen, die aus dem Westen kamen, wurde von einem Kabinett, das sich zu 90 Prozent aus Absolventen von Harvard, Berkeley und europäischen Universitäten zusammensetzte, ganz einfach als »rückständig« abqualifiziert.

Trotz einiger spezifischer Umstände — wie zum Beispiel der explosiven Mischung von Öl und Islam — hatte das, was im Iran geschah, eine Menge gemeinsam mit der Situation in anderen Ländern, die die Strategie der Zweiten Welle verfolgten. In Asien, Afrika und Lateinamerika gab es Dutzende von Armut geplagter Staaten, in denen — von lokalen Besonderheiten abgesehen — genau das gleiche geschah.

Am Zusammenbruch des Schah-Regimes in Teheran entzündete sich in anderen Hauptstädten der Welt von Manila bis Mexico City eine rege Debatte. Eine häufig gestellte Frage lautet: Kam der Wandel zu schnell? Litten die Iraner am »Zukunftsschock«? Können Regierungen selbst mit Einkünften aus dem Ölexport keine Mittelklasse schaffen, die breit genug ist, um revolutionären Aufruhr aufzufangen? Die iranische Tragödie und die Ersetzung des Schah-Regimes durch eine gleichermaßen repressive Theokratie zwingen uns, die Grundvoraussetzungen der Strategie der Zweiten Welle in Frage zu stellen.

Ist die klassische Industrialisierung der einzige Weg zum Fortschritt? Und ist es sinnvoll, das industrielle Modell noch zu einem Zeitpunkt zu kopieren, da die Industriezivilisation selbst in der Agonie liegt?

Das gescheiterte Erfolgsmodell

Solange die Industriestaaten »Erfolg hatten«, stabil und reich blieben, ja, immer reicher wurden — solange war es leicht, in ihnen ein Modell für den Rest der Welt zu sehen. Ende der sechziger Jahre kam jedoch die allgemeine Krise des Industrialismus voll zum Ausbruch.

Streiks, Stromausfälle, Konkurse, Kriminalität und psychische Erkrankungen breiteten sich in den Industrieländern aus. Illustrierte und Magazine befaßten sich in ihren Titelgeschichten mit Themen wie »Warum nichts mehr läuft«. Energiesysteme und Familien wurden erschüttert. Wertvorstellungen und städtische Strukturen verfielen. Umweltverschmutzung, Korruption, Inflation, Entfremdung, Einsamkeit, Rassismus, Bürokratismus, Scheidungen, gedankenloses Verbraucherverhalten wurden aufs heftigste angeprangert. Wirtschaftsfachleute sprachen von der Möglichkeit eines vollständigen Zusammenbruchs des Finanzsystems.

Eine weltweite Umweltschutzbewegung warnte davor, daß Umweltverschmutzung und die natürlichen Grenzen der Energie und Rohstoffvorräte es selbst den bereits existierenden Industriestaaten bald unmöglich machen würden, so weiterzuwirtschaften wie bisher. Darüber hinaus wurde darauf hingewiesen, daß, sollte die Strategie der Zweiten Welle in den armen Ländern wunderbarerweise doch funktionieren, die gesamte Erde in eine riesige Fabrik verwandelt würde, deren Einfluß auf die Ökologie katastrophal wäre.

Und plötzlich fragten sich Millionen überall in der Welt nicht nur, ob die Strategie der Zweiten Welle funktionsfähig sei, sondern auch, warum man überhaupt einer Zivilisation nacheifern solle, die von so gewaltsamen Desintegrationserscheinungen heimgesucht wurde.

Eine weitere augenfällige Entwicklung trug dazu bei, daß der Glaube, die Strategie der Zweiten Welle biete den einzigen Ausweg aus dem Elend, unterminiert wurde. Diese Strategie implizierte stets die Vorstellung: »Erst kommt die Entwicklung, und dann wirst du reich«, d. h. also, daß Wohlstand das Ergebnis von harter Arbeit, Sparsamkeit, protestantischem Arbeitsethos und einem langen Prozeß ökonomischer und sozialer Transformation sei.

Das OPEC-Embargo und die plötzliche Flut der Petro-Dollar in den Mittleren Osten stellte diese calvinistische Überzeugung auf den Kopf. Innerhalb von Monaten ergossen sich Milliarden in den Iran, nach Saudi-Arabien, Kuwait, Libyen und in andere arabische Länder. Die Welt erlebte, daß scheinbar grenzenloser Wohlstand der Transformation *vorausging,* ihr also nicht *folgte.* Im Mittleren Osten schuf nicht die »Entwicklung« das Geld, sondern das Geld gab den Anstoß zur »Entwicklung«.

Inzwischen wurde der Konkurrenzkampf zwischen den reichen Nationen untereinander immer hitziger. Ein Korrespondent der *New York Times* in Tokio schrieb: »Südkoreanischer Stahl wird auf Baustellen in Kalifornien verwendet; Fernsehapparate aus Taiwan kommen auf den europäischen Markt; indische Traktoren werden im Mittleren Osten verkauft und ... China entwickelt sich zu einer potentiell wichtigen Industriemacht. Die Sorge wächst, daß aufstrebende Entwicklungsländer die etablierten Industrien in Japan, den Vereinigten Staaten und Europa unterbieten können.«

Streikende französische Stahlarbeiter sagten es noch deutlicher: Sie forderten ein Ende des »Massakers an der Industrie«, und Demonstranten besetzten den Eiffelturm. In einer »alten« Industrienation nach der anderen attackierten Industrievertreter und ihre politischen Helfer den »Export von Arbeitsplätzen« und eine Politik, die der Industrialisierung der ärmeren Länder Vorschub leistete.

Auf allen Seiten mehrten sich also die Zweifel, ob die so großartig ausposaunte Strategie der Zweiten Welle funktionieren konnte — bzw. ob sie es überhaupt sollte.

Die Strategie der Ersten Welle

Angesichts der Fehlschläge der Strategie der Zweiten Welle und zorniger Forderungen der armen Länder nach einer totalen Neuorientierung der Weltwirtschaft sowie aus Sorge um ihre eigene Zukunft, begannen die reichen Nationen in den siebziger Jahren damit, eine neue Entwicklungsstrategie auszuarbeiten.

Beinahe von einem Tag auf den anderen stellten sich viele Regierungen und Internationale »Entwicklungsbehörden« — darunter die Weltbank, die Agentur für Internationale Entwicklung (AID) und der amerikanische Überseeische Entwicklungsrat um — und gingen zu einer Taktik über, die man als »Strategie der Ersten Welle« bezeichnen könnte.

Diese Formel ist beinahe ein Negativabzug der Strategie der Zweiten Welle. Anstatt die Landbevölkerung auszupowern und sie dazu zu zwingen, in die ohnehin schon überlasteten Städte zu ziehen, betont sie besonders die ländliche Entwicklung. Anstelle der Konzentration auf exportfähige Anbauprodukte legt sie Wert auf Selbstversorgung. Anstatt blind auf die Steigerung des Bruttosozialprodukts zu vertrauen — in der Hoffnung, daß dabei auch für die Ärmeren etwas abfällt —, fördert sie eine Ressourcenverwertung direkt zur Erfüllung »menschlicher Grundbedürfnisse«.

Die neue Strategie begünstigt nicht mehr arbeitsplatzgefährdende Technologien, sondern legt besondere Betonung auf arbeitsintensive Produktionsweisen mit geringem Kapitalbedarf, niedrigem Energieaufwand und niedrigen Qualifikationsansprüchen. Anstelle des Baus riesiger Stahlwerke und großangelegter innerstädtischer Fabrikkomplexe fördert sie die Errichtung dezentralisierter, kleinerer, den Ansprüchen der Dorfwirtschaft genügende Anlagen.

Die Befürworter der Strategie der Ersten Welle stellten die Argumente der Zweiten Welle auf den Kopf und bewiesen, daß viele industrielle Technologien katastrophale Auswirkungen hatten, wenn man sie in einem armen Land einführte. Maschinen gingen entzwei und wurden nicht repariert; teure, oft importierte Rohstoffe waren erforderlich; Fachkräfte gab es nur wenige. Nach der neuen Argumentation fehlten daher »angemessene Technologien«, die auch als »intermediäre«, »weiche« oder »alternative« Technologien bezeichnet wurden, Technologien, die irgendwo »zwischen der Sichel und dem Mähdrescher« anzusiedeln waren.

Überall in den USA und Europa entstanden plötzlich Zentren, die sich mit der Entwicklung solcher Technologien befaßten. Die 1965 in Großbritannien gegründete Intermediate Technology Development Group war eine der ersten und erfüllte eine gewisse Modellfunktion. Aber auch die Entwicklungsländer selber errichteten solche Zentren und schufen zahlreiche kleintechnologische Innovationen.

Die Mochudi-Bauern-Brigade in Botswana entwickelte zum Beispiel ein Gerät, das zum Pflügen, Pflanzen und Düngen in ein- oder doppelreihiger Anbauweise benutzt und von Ochsen oder Eseln gezogen werden kann. Das Landwirtschaftsministerium von Gambia hat einen senegalesischen Geräterahmen übernommen, der mit einem einscharigen Pflug, einem Erdnußgräber, einer Sämaschine oder einer Egge verbunden werden kann. In Ghana wird an einem pedalgetriebenen Reisdrescher, einer Schraubpresse für Brauereitreber und einer hölzernen Presse zur Entwässerung von Bananenfasern gearbeitet. Die Regierung Indiens — eines Landes, das noch immer schwer unter den Preissteigerungen für Öl und Düngemittel und den enttäuschenden Erfahrungen mit der Strategie der Zweiten Welle leidet, der Nehru und Indira Ghandi gefolgt waren — untersagte 1978 den weiteren Ausbau der mechanisierten Textilindustrie und förderte mit Nachdruck die Tuchproduktion per Handwebstuhl. Dahinter steckte nicht nur die Absicht, das Angebot an Arbeitsplätzen zu erweitern, sondern man wollte auch durch Begünstigung der ländlichen Heimindustrie der Urbanisierung Einhalt gebieten.

Diese neue Formel hat durchaus einiges für sich. Sie läßt Einsicht in die Notwendigkeit erkennen, daß die Völkerwanderung in die Städte gebremst werden muß. Sie zielt darauf ab, die Lebensbedingungen in den Dörfern, wo die meisten Armen dieser Welt hausen, erträglicher zu gestalten. Sie berücksichtigt ökologische Faktoren. Sie zieht die Verwendung billiger, vor Ort vorhandener Ressourcen teuren Importen vor. Sie stellt konventionelle, viel zu enggefaßte Effektivitätsbegriffe in Frage. Sie beruht auf einem weniger technokratischen Entwicklungsverständnis und nimmt auf lokale Sitten und Gebräuche Rücksicht. Sie legt Wert auf eine Verbesserung der Lebensbedingungen der Armen anstatt einfach nur Kapital in die Hände der Reichen fließen zu lassen, in der Hoffnung, daß schon etwas »durchrieseln« wird.

Jedoch selbst wenn man dies alles berücksichtigt, bleibt die Strategie der Ersten Welle, was sie ist: eine Strategie zur Verbesserung der schlimmsten Mißstände der Agrargesellschaft ohne Aussicht auf eine grundlegende Transformation. Sie ist ein Pflaster, kein Heilmittel, und viele Regierungen auf der Welt wissen das genau.

Der indonesische Präsident Suharto verlieh einer weitverbreiteten Meinung Ausdruck, als er den Vorwurf erhob, diese Strategie »dürfte die neue Form des Imperialismus sein. Wenn uns der Westen nur bei kleintechnischen Projekten unterstützt, dann wird unsere Misere vielleicht etwas gemildert, aber ein echtes Wachstum werden wir nie haben.«

Auch dem plötzlichen Flirt mit arbeitsintensiven Methoden bleibt der Vorwurf nicht erspart, daß er lediglich den Interessen der Reichen dient. Je länger die armen Länder Agrarstaaten bleiben, desto weniger konkurrenzfähige Güter werden vermutlich auf den ohnehin schon überlasteten Weltmarkt drängen. Je länger sie sich auf ihre Landwirtschaft konzentrieren, desto weniger Öl, Gas und andere knappe Rohstoffe und Energien werden sie verbrauchen und desto schwächer und manipulierbarer bleiben sie politisch.

Darüber hinaus enthält die Strategie der Ersten Welle eine paternalistische Grundüberzeugung, die davon ausgeht, daß — im Gegensatz zu anderen Produktionsfaktoren — mit der Zeit und der Energie des Arbeiters keineswegs sparsam umgegangen werden muß; daß Knochenarbeit auf dem Acker oder im Reisfeld schön ist, solange sie von jemand anderem geleistet wird.

Samir Amin, Direktor des afrikanischen Instituts für Wirtschaftsplanung und -entwicklung faßt diese Ansichten zusammen und sagt, daß arbeitsintensive Techniken »dank einer Mischung aus Hippie-Ideologie, Rückkehr zum Mythos vom Goldenen Zeitalter und vom ›Edlen Wilden‹ sowie der Kritik an den Verhältnissen in der kapitalistischen Welt« plötzlich attraktiv geworden seien.

Noch schlimmer jedoch ist, daß die Strategie der Ersten Welle in gefährlicher Weise die Rolle der modernen Wissenschaft und Technologie herunterspielt. Von den Technologien, die heute als »angemessen« gefördert werden, sind viele noch primitiver als diejenigen, die einem amerikanischen Farmer 1776 zur Verfügung standen — sie stehen der Sichel weit näher als dem Mähdrescher. Als die Bauern Amerikas und Europas vor hundertfünfzig Jahren damit begannen, »angemessenere Technologien« einzuführen und von hölzernen auf stählerne Eggenzinken oder den Eisenpflug übergingen, verzichteten sie nicht auf die Kenntnisse der Ingenieure und Metallurgen, sondern machten sich diese zunutze.

In einem zeitgenössischen Bericht über die Pariser Weltausstellung von 1855 ist von einer eindrucksvollen Demonstration neuer Dreschmaschinen die Rede. »Sechs Mann fingen an, mit Dreschflegeln zu arbeiten. Im gleichen Augenblick wurden die verschiedenen Dreschmaschinen in Gang gesetzt. Nach einer Stunde Arbeit ergab sich folgendes Resultat:

Sechs Drescher mit Dreschflegeln ..	36 Liter Weizen
Belgische Dreschmaschine	150 Liter Weizen
Französische Dreschmaschine	250 Liter Weizen
Englische Dreschmaschine	410 Liter Weizen
Amerikanische Dreschmaschine	740 Liter Weizen

Nur diejenigen, die nicht wissen, was jahrelange, zermürbende Handarbeit bedeutet, können leichtfertig über Maschinen hinwegsehen, die schon 1855 Getreide 123mal so schnell wie ein Mensch dreschen konnten. Viel von dem, was wir heute »fortgeschrittene Wissenschaft« nennen, wurde von Wissenschaftlern in den reichen Ländern entwickelt. Herzlich wenig Forschung galt den Alltagsproblemen der Armen dieser Welt. Fest steht jedoch, daß jede »Entwicklungspolitik«, die die Augen vor den Möglichkeiten der modernen Wissenschaft und Technik verschließt, Hunderte von Millionen verzweifelter, hungernder, hart arbeitender Bauern auf Dauer zu einem menschenunwürdigen Dasein verurteilt.

Die Strategie der Ersten Welle kann mancherorts und zu bestimmten Zeitpunkten die Lebensbedingungen zahlreicher Menschen verbessern. Aber es gibt nur wenig Beweise, die darauf deuten, daß es in irgendeinem größeren Land möglich sein wird, mit Hilfe von Methoden aus der Zeit vor der Mechanisierung die Produktion so auszuweiten, daß mit dem Erlös Investitionen für einen Strukturwandel finanziert werden können. In Wirklichkeit lassen sich aus den vorliegenden Daten eher gegenteilige Schlüsse ziehen.

Mit einer heroischen Anstrengung gelang es in Maos China — wo Grundelemente der Strategie der Ersten Welle erfunden und ausprobiert wurden — beinahe, wenn auch nicht völlig, Hungersnöte zu vermeiden. Dies war eine grandiose Leistung. Die von den Maoisten geförderte schwerpunktmäßige Entwicklung des Agrarwesens und der Kleinindustrie geriet jedoch Ende der sechziger Jahre in eine Sackgasse; sie war nicht mehr ausbaufähig.

Die Strategie der Ersten Welle ist *eo ipso* ein Rezept für Stagnation. Ebenso wie die Strategie der Zweiten Welle ist sie auf die armen Länder nicht mehr anwendbar.

Die Frage der Dritten Welle

Sind wir auf ewig dazu verdammt, zwischen zwei längst überholten Visionen wählen zu müssen? Ich habe die beiden alternativen Strategien bewußt überzeichnet, um die Unterschiede deutlich zu machen. In der Praxis können es sich nur wenige Regierungen erlauben, abstrakten Theorien zu folgen, und es gibt genügend Versuche, Elemente aus beiden Strategien miteinander zu kombinieren. Es besteht jedoch

Grund zur Annahme, daß wir mit zunehmendem Einfluß der Dritten Welle immer weniger darauf angewiesen sein werden, zwischen diesen beiden Formeln hin- und herzuschwanken.

Denn die Dritte Welle sorgt überall für drastische Veränderungen. Während keine der kapitalistisch oder marxistisch voreingenommenen Theorien, die in den Industrieländern *en vogue* sind, die Probleme der Entwicklungsländer lösen kann und keines der gegenwärtig existierenden Entwicklungsmodelle einschränkungslos übertragbar ist, entwickelt sich zwischen der rasch heranwachsenden Zivilisation der Dritten Welle und den Agrargesellschaften ein eigenartiges, neues Verhältnis.

Mehr als einmal haben wir naive Versuche erlebt, einem noch weitgehend der Ersten Welle verhafteten Land ungeeignete Strukturen der Zweiten Welle — Massenproduktion, Massenmedien, fabrikartige Erziehungssysteme, parlamentarische Regierungsformen à la Westminster, nationalstaatliche Gliederung usw. — überzustülpen, ohne dabei zu bedenken, daß die totale Zerstörung traditioneller Kultur und Religion sowie die Auflösung herkömmlicher Sozialstrukturen Voraussetzung für den Erfolg eines solchen Vorhabens sind.

Nun stellt sich überraschenderweise heraus, daß die Zivilisation der Dritten Welle viele Merkmale besitzt, die sich ähnlich auch in Gesellschaften finden, die noch von der Ersten Innovationswelle geprägt sind. Dazu gehören, um nur einige zu nennen, dezentralisierte Produktionsweisen, angemessene Größenordnungen, erneuerbare Energien, Stadtflucht, Heimarbeit und ein hoher Prosumanteil. Wir erleben so etwas wie eine dialektische Rückkehr.

Und dies ist ein Grund dafür, daß so viele der beeindruckendsten Neuerungen unserer Zeit gewissermaßen von einem Kometenschweif aus Erinnerungen begleitet werden. Dieses unheimliche Gefühl eines *déjà vu* ist mitverantwortlich für die Faszination, die die agrarische Vergangenheit auf viele Menschen gerade in den Gesellschaften ausübt, in denen sich die Dritte Welle am schnellsten verbreitet. Zu den verblüffendsten Einsichten unserer Zeit gehört die Erkenntnis, daß die Zivilisationsformen der Ersten und der Dritten Welle wahrscheinlich mehr Gemeinsamkeiten untereinander haben als mit der Zweiten Innovationswelle.

Wird diese seltsame Kongruenz vielen Ländern, in denen heute noch die Erste Welle tonangebend ist, die Chance bieten, Wesenszüge der Dritten Welle zu übernehmen, ohne dabei ihre kulturelle Identität aufgeben bzw. erst das Studium klassischer Industrialisierung durchmachen zu müssen? Wird es für einige Länder nicht einfacher sein, Strukturen, die für die Dritte Welle typisch sind, direkt einzuführen?

Ist es für eine Gesellschaft heute — im Gegensatz zu früher — nicht auch möglich, einen hohen Lebensstandard zu erreichen, ohne alle Energien fanatisch auf die Marktgüterproduktion zu konzentrieren?

Kann ein Volk mit Hilfe der von der Dritten Welle gebotenen Optionen nicht die Kindersterblichkeit reduzieren und die Lebenserwartung verlängern sowie den Bildungsstand, die Ernährungslage und die allgemeine Lebensqualität verbessern, ohne dafür seine Religion und Wertvorstellungen aufgeben zu müssen bzw. an ihrer Statt den westlichen Materialismus, eine Begleiterscheinung der Industriezivilisation, zu übernehmen?

Die Entwicklungsstrategien von morgen werden nicht aus Washington oder Moskau, Paris oder Genf kommen, sondern aus Afrika, Asien und Lateinamerika. Sie werden an Ort und Stelle entworfen und sich nach dem jeweiligen lokalen Bedarf richten. Sie werden nicht Ökologie, Kultur, Religion und Familienstruktur und die psychologischen Dimensionen zugunsten der Wirtschaft vernachlässigen. Sie werden keine von außen kommenden Modelle mehr imitieren.

Sonne, Krabben und Chips

Die überraschende Übereinstimmung zwischen zivilisatorischen Strukturelementen der Ersten und der Dritten Welle läßt den Schluß zu, daß es in den vor uns liegenden Jahrzehnten vielleicht möglich sein wird, Elemente der Vergangenheit mit solchen der Zukunft zu verbinden und damit eine neue und bessere Gegenwart zu schaffen.

Betrachten wir zum Beispiel das Energieproblem.

Das Gerede über die Energiekrise in Ländern, die sich im Übergang zur Zivilisation der Dritten Welle befinden, läßt uns oft vergessen, daß sich auch die noch immer agrarisch orientierten Länder mit einer Energiekrise eigener Art auseinanderzusetzen haben. Für sie stellt sich die Frage, für welche Energiesysteme sie sich entscheiden sollen.

Sicherlich benötigen sie große, zentralisierte, von fossilen Brennstoffen gespeiste Kraftwerke von dem Typ, der für die Zweite Welle charakteristisch war. In vielen dieser agrarischen Gesellschaften fehlen jedoch, wie der indische Wissenschaftler Amulya Kumar N. Reddy gezeigt hat, am dringlichsten dezentrale Energieträger auf dem Land und nicht so sehr große, zentralisierte Energieversorgungsbetriebe innerhalb der Städte.

Die Familie eines indischen Bauern ohne Grundbesitz verbringt heute allein sechs Stunden pro Tag auf der Suche nach Feuerholz zum Kochen und Heizen. Weitere vier bis sechs Stunden werden auf das Wasserholen verwendet, und ungefähr ebensoviel Zeit beansprucht das Hüten der Rinder, Ziegen oder Schafe. »Da eine solche Familie es sich nicht leisten kann, Hilfskräfte zu beschäftigen, und auch keine arbeitssparenden Geräte kaufen kann, besteht die einzig rationale Antwort darin, mindestens drei Kinder zu haben, um den Energiebedarf zu decken«, sagt Reddy und weist darauf hin, daß auf dem Land verfügbare Energie »sich als ein hervorragendes Mittel zur Geburtenkontrolle erweisen könnte«.

Reddy untersuchte die ländliche Energiesituation und gelangte zu dem Schluß, daß der Bedarf eines Dorfes leicht mit Hilfe einer kleinen billigen Biogas-Anlage gedeckt werden kann, die von menschlichen und tierischen Abfällen aus dem Dorf gespeist wird. Er wies darauf hin, daß viele tausend solcher Einheiten bei weitem nützlicher, ökonomischer und ökologisch vernünftiger seien als ein paar gigantische, zentralisierte Kraftwerke.

Genau dieselbe Argumentation steht hinter Biogas-Forschungen und der Installation entsprechender Anlagen in Ländern wie Bangladesch und Fidschi. In Indien sind bereits 12000 Anlagen in Betrieb; das Ziel liegt bei 100 000 Einheiten. China plant, 200 000 familiengerechte Anlagen allein in Szetschwan einzurichten. Südkorea besitzt bereits 29 450 und hofft, bis 1985 auf 55 000 zu kommen.

Außerhalb von Neu-Delhi hat der prominente Futurologe und Geschäftsmann Jagdish Kapur zehn Morgen ausgedörrten, höchst unproduktiven Bodens in ein weltweit bekanntes »Sonnenfarm«-Modell mit Biogas-Anlage verwandelt. Die Farm produziert inzwischen soviel Getreide, Obst und Gemüse, daß nicht nur die Familie und die Angestellten versorgt, sondern auch etliche Tonnen Nahrungsmittel mit gutem Gewinn auf dem Markt verkauft werden können.

Das indische Institut für Technologie hat eine 10-Kilowatt-Solaranlage zur speziellen Verwendung in Dörfern konstruiert, die Elektrizität für die Beleuchtung von Häusern, den Betrieb von Wasserpumpen und gemeindeeigenen Fernseh- oder Radioapparaten liefern kann. In Madras im indischen Bundesstaat Tamil Nadu wurde von den Behörden eine mit Solarenergie betriebene Meerwasser-Entsalzungsanlage errichtet, und Central Electronics hat in der Nähe von Neu-Delhi ein Modellhaus gebaut, in dem Solarenergie mit Hilfe von Fotozellen in Elektrizität verwandelt wird.

Der israelische Molekularbiologe Haim Aviv hat ein gemeinsames ägyptisch-israelisches agro-industrielles Projekt im Sinai vorgeschlagen. Mit ägyptischem Wasser und modernster israelischer Bewässerungstechnologie wäre es möglich, Maniokasträucher oder Zuckerrohr zu pflanzen, woraus sich Äthanol, ein in Kraftfahrzeugen verwendbarer Treibstoff, gewinnen ließe. Nach Avivs Plan sollen mit den Nebenprodukten des Zuckerrohrs Schafe und Rinder gefüttert und die Zellulose-Abfälle in Papierfabriken weiter verarbeitet werden, so daß ein integrierter ökologischer Kreislauf entsteht. Ähnliche Projekte könnten in Teilen Afrikas, Südostasiens und Lateinamerikas durchgeführt werden.

Die Energiekrise hat in den ärmeren Regionen der Welt zur Entwicklung vieler neuer Ideen für zentralisierte und dezentralisierte, großtechnische und kleintechnische Energieerzeugungsmethoden geführt. Und es gibt eine Anzahl von Parallelen zwischen den Problemen der Gesellschaften der Ersten und denen der Dritten Welle. Beide können sich nicht mehr auf Energiesysteme verlassen, die für die Ära der Zweiten Welle geschaffen wurden.

Und wie sieht es in der Landwirtschaft aus? Auch hier führt uns die Dritte Welle auf ungewohnte Pfade. Im Umweltforschungslabor von Tucson, Arizona, werden in Gewächshäusern, direkt neben Gurken und Salat, in langen Trögen Krabben gezüchtet, deren Abfälle als Dünger für das Gemüse weiterverwendet werden. In Vermont wird mit Welsen, Forellen und Gemüse ähnlich experimentiert. Das Wasser in den Fischbehältern speichert Sonnenwärme, gibt sie während der Nacht wieder ab und hält so die Temperatur stabil. Auch hier werden die Abfälle der Fische als Gemüsedünger verwendet.

Im New Alchemy Institute in Massachusetts werden Hühner über einem Fischbehälter gezüchtet; ihr Kot dient als Dünger für Algen, von denen sich die Fische ernähren. Diese drei Beispiele stehen stellvertretend für zahllose Neuerungen auf dem Gebiet der Nahrungsmittelproduktion und -verarbeitung, von denen viele für die heute noch existierenden agrarisch orientierten Länder von besonderer Bedeutung sind.

Eine Trendvorhersage des Zentrums für Zukunftsforschung (Center for Futures Research, CFR) an der Universität von Südkalifornien über die Welternährungsbasis innerhalb der nächsten zwanzig Jahre läßt vermuten, daß aufgrund einiger wichtiger Neuentwicklungen der Bedarf an Kunstdünger nicht mehr steigen, sondern zurückgehen wird. Der CFR-Studie zufolge sind mit einer Wahrscheinlichkeit von 9:1 bis 1996 billige Düngemittel mit kontrollierter Stickstoffreisetzung verfügbar, durch deren Einsatz sich der Bedarf an Stickstoffdünger um 15 Prozent reduzieren läßt. Ferner bestehen gute Aussichten, daß es bis zu diesem Zeitpunkt stickstoffbindende Getreidearten gibt, was sich ebenfalls bedarfssenkend auswirken würde.

Nach dem CFR-Bericht ist es so gut wie sicher, daß es neue Getreidesorten geben wird, die höhere Hektarerträge auf nicht bewässertem Land bringen werden, wobei sich die Steigerungsraten in Höhen um 25 bis 50 Prozent bewegen dürften. Man nimmt an, daß Tröpfchenbewässerungsanlagen mit dezentralisierten, windgetriebenen Brunnen und Wasser, das von Zugtieren verteilt wird, die Erträge substantiell steigern und gleichzeitig die Jahr für Jahr auftretenden Ernteschwankungen verringern könnten.

In dem Bericht ist überdies die Rede von Futtergras, das nur minimale Wassermengen braucht und daher den Viehbesatz (= Viehbestand pro Flächeneinheit) von Trockengebieten verdoppeln könnte; von einem potentiellen 30prozentigen Anstieg bei diversen Anbauprodukten (außer Getreide) in tropischen Böden als Ergebnis eines besseren Verständnisses der Nährstoffkombinationen; von neuen, billigen

Wasserpumpen; von entscheidenden Fortschritten bei der Schädlingsbekämpfung, wodurch Ernteverluste drastisch gesenkt werden können; von der Bekämpfung der Tsetse-Fliege, die der Viehwirtschaft weite Landstriche zugänglich machen würde, sowie von vielen anderen Fortschritten.

Längerfristig wird man in der Landwirtschaft auch mit der Entstehung zahlreicher »Energiefarmen« rechnen können, auf denen Pflanzen zur Energiegewinnung angebaut werden. Noch später wird vermutlich die Nahrungsmittelversorgung der Welt durch das Zusammenwirken von künstlichen Klimaveränderungen und Computern von Satellitenüberwachung und genetischer Forschung revolutioniert werden.

Obgleich solche Aussichten heute noch keinem hungernden Bauern den Magen füllen, werden die Regierungen der Entwicklungsländer dieses Potential bei ihren langfristigen landwirtschaftlichen Planungen berücksichtigen müssen. Sie müssen nach Wegen suchen, die Hacke mit dem Computer zu kombinieren.

Die neuen Technologien der Dritten Welle eröffnen ebenfalls neue Möglichkeiten. Der verstorbene Futurologe John McHale und seine Frau und Kollegin Magda Cordell McHale vertraten in ihrer hervorragenden Untersuchung *Basic Human Needs* (Menschliche Grundbedürfnisse) die Ansicht, daß in den entstehenden supermodernen Biotechnologien vielversprechende Chancen für die Transformation der Agrargesellschaften lägen. Zu diesen Technologien gehören zum Beispiel Meeresfarmen, der Einsatz von Insekten und anderen Organismen zu produktiver Arbeit, die Verwandlung von Zellulose-Abfällen in Fleisch mit Hilfe von Mikro-Organismen und die Verarbeitung von Pflanzen wie Wolfsmilch zu schwefelfreien Treibstoffen. In der »Grünen Medizin« — der Herstellung von Arzneimitteln aus bisher unbekannten oder ungenügend genutzten Pflanzen — liegt ebenfalls noch ein gewaltiges Potential für viele Länder der Ersten Welle.

Auch die Fortschritte auf anderen Gebieten lassen Zweifel am traditionellen Entwicklungsbegriff aufkommen. Arbeitslosigkeit und Unterbeschäftigung sind in vielen agrarisch orientierten Ländern ein explosives Thema, an dem sich eine globale Diskussion zwischen den Entwicklungsstrategen der Ersten und denen der Zweiten Welle entzündet hat. Die ersteren meinen, die auf Massenproduktion ausgerichtete Industrie würde nicht genügend Arbeitskräfte beschäftigen, weshalb mehr Betonung auf kleinere, technologisch einfachere Fabriken gelegt werden solle, die weniger Energie und Kapital benötigen und in denen mehr Arbeitskräfte eingesetzt werden könnten. Ihre Gegner drängen statt dessen auf die Einführung eben der Industriebranchen, die aus den technisch fortgeschritteneren Nationen immer mehr »ausgelagert« werden — wie Stahlwerke, Auto-, Schuh- und Textilfabriken usw.

Ebenso sinnlos, wie es die Herstellung von Postkutschen heute wäre, kann die Errichtung eines Walzwerkes sein. Strategische oder andere Gründe mögen für den Bau eines solchen Werks sprechen, aber wie lange wird es dauern, bis die Nachfrage nach Stahl ihren Höhepunkt erreicht hat und die Produktionskapazität gar nicht mehr ausgelastet werden kann? Dies gilt insbesondere angesichts der Entwicklung gänzlich neuer Materialmischungen, die um ein vielfaches fester, stärker und leichter als Aluminium sind, angesichts transparenter Werkstoffe, die so stark wie Stahl sind, und angesichts von Materialien wie Polyesterbeton, mit deren Hilfe galvanisierte Wasserrohre ersetzt werden können. Derartige Fortschritte machen nach Ansicht des indischen Wissenschaftlers M. S. Iyengar »die lineare Expansion der Stahl- und Aluminiumproduktion überflüssig«. Vielleicht sollten sich ärmere Länder nicht mehr um Kredite oder Auslandsinvestitionen für den Ausbau ihrer Stahlproduktion bemühen, sondern sich auf das »Werkstoff-Zeitalter« vorbereiten.

Schon jetzt bietet die Dritte Welle eine Reihe von Möglichkeiten. Ward Morehouse, der an einem Forschungsprogramm an der Universität Lund (Schweden) arbeitet, meint, die armen Länder sollten sich — jenseits von dezentralisierten Kleinbetrieben vom Typ der Ersten Welle und zentralisierten Großtechnologien der Zweiten — auf eine Schlüsselindustrie der Dritten Welle konzentrieren: die Mikro-Elektronik. »Überbetonung arbeitsintensiver Technologie mit niedrigem Produktivitätsgrad könnte für die armen Länder zu einer Falle werden«, schreibt Morehouse. Er weist auf den spektakulären Produktivitätsanstieg der Computer- und Chip-Industrie hin und vertritt die Ansicht, daß »es in den kapitalschwachen Entwicklungsländern sicherlich vorteilhaft wäre, wenn pro investierter Kapitaleinheit ein höherer Ausstoß erzielt werden könnte«.

Noch mehr ins Gewicht fällt die Tatsache, daß die Technologie der Dritten Welle mit den bestehenden sozialen Systemen leicht in Einklang zu bringen ist. Morehouse meint daher, die große Produktivitätsvielfalt in der Mikro-Elektronik führe vielleicht dazu, daß »die Entwicklungsländer eine Basistechnologie übernehmen und sie an ihre eigenen gesellschaftlichen Bedürfnisse oder Rohmaterialien anpassen können. Die mikro-elektronische Technologie läßt sich zur Dezentralisierung der Produktion heranziehen.«

Dies hätte ein Nachlassen des Bevölkerungsdrucks in den städtischen Ballungsgebieten zur Folge, und auch die Aufwendungen für die Verkehrssysteme könnten durch den raschen Übergang zu immer kleineren Einzelteilen gesenkt werden. Vor allem aber hat diese Produktionsweise nur einen geringen Energiebedarf, und der Markt wächst so rapide und der Konkurrenzdruck ist derart stark, daß der Versuch der reichen Nationen, diese Branchen zu monopolisieren, wahrscheinlich keinen Erfolg hätte.

Morehouse steht mit seiner These, daß die modernsten Industriezweige der Dritten Welle für die Bedürfnisse der armen Länder wie geschaffen sind, nicht allein. Roger Melen, Co-Direktor des Labors für Integrierte Schaltkreise an der Stanford University, sagt: »Die Industriegesellschaft holte die Leute in die städtischen Produktionsbetriebe, und jetzt bringen wir die Fabriken und die Arbeitskräfte wieder zurück aufs Land. Viele Nationen, China eingeschlossen, haben aber die Agrarwirtschaft des 17. Jahrhunderts niemals richtig überwunden. Es hat jetzt den Anschein, als ob sie neue Herstellungstechniken ohne große Bevölkerungsverschiebungen in die Gesellschaft integrieren könnten.«

Wenn das zutrifft, dann bietet die Dritte Welle eine neuartige Strategie für den Kampf gegen das Elend.

Auch der Bedarf an Transport- und Kommunikationssystemen erscheint in einem neuen Licht. Zur Zeit der Industriellen Revolution waren Straßen eine Vorbedingung für soziale, politische und wirtschaftliche Entwicklung. Heute ist ein elektronisches Kommunikationssystem unerläßlich. Früher glaubte man, Kommunikationsmittel seien eine Nebenerscheinung der Wirtschaftsentwicklung. »Diese These«, meint John Magee, Präsident des Forschungs- und Beratungsunternehmens Arthur D. Little, ist heute »überholt ... Die Nachrichtentechnik ist eher Voraussetzung als Konsequenz.«

Aufgrund der immer geringeren Kosten der Nachrichtenübermittlung ist damit zu rechnen, daß Kommunikationssysteme viele Funktionen der Transportsysteme übernehmen. Langfristig dürfte es sehr viel billiger, energiesparender und angemessener sein, an Stelle eines verzweigten, kostspieligen Straßennetzes ein modernes Kommunikationssystem aufzubauen. Sicher sind auch weiterhin Straßen für den Transport unerläßlich, doch können die Tranportkosten minimiert werden, ohne Dörfer voneinander, von den Städten oder der Außenwelt zu isolieren.

Immer mehr politische Führer von Ländern der Ersten Welle erkennen die Bedeutung von Kommunikationssystemen. Dies geht schon daraus hervor, daß sie um die Neuverteilung des weltweiten Sendefrequenzbereichs kämpfen. Da die Industrieländer als erste Weitverkehrs-Nachrichtentechniken (Telekommunikationsmittel) entwickelten, gelang es ihnen, die Kontrolle über die verfügbaren Frequenzen an sich zu reißen. Die USA und die Sowjetunion allein beanspruchen 25 Prozent der verfügbaren Rundfunk-Kurzwellenfrequenzen und einen noch größeren Teil der technologisch anspruchsvolleren Frequenzbereiche.

Die Frequenzen gehören jedoch, ebenso wie der Meeresboden und die Atemluft des Planeten, allen Menschen und nicht nur einigen wenigen; jedenfalls sollte es so sein. Viele Länder der Ersten Welle betonen, daß der nutzbare Frequenzbereich ein endlicher »Rohstoff« ist, und wollen sich ihren Anteil daran sichern — selbst wenn ihnen augenblicklich noch die Mittel zur Nutzung fehlen. (Sie gehen davon aus, daß sie ihren Anteil »vermieten« können, bis sie dazu in der Lage sind, ihn selbst zu nutzen.) Gegen den Widerstand der Vereinigten Staaten und der UdSSR verlangen sie nach einer neuen »Weltinformationsordnung«.

Ein größeres Problem für sie ist freilich innenpolitischer Natur: Wie sollen sie ihre beschränkten Mittel auf Nachrichtentechniken und den Ausbau des Verkehrssystems aufteilen? In den meisten Industrieländern stellt sich die gleiche Frage. Preiswerte Bodenstationen, computergesteuerte Bewässerungssysteme von Kibbuzgröße, vielleicht sogar Bodensensoren und äußerst billige Computerterminals für den Einsatz in Dörfern oder in der Heimindustrie könnten es den Gesellschaften der Ersten Welle ermöglichen, einen Teil der enormen Aufwendungen für die Schaffung eines hochentwickelten Verkehrssystems einzusparen, die die Industrienationen einst aufbringen mußten. Heute klingen solche Ideen zweifellos noch utopisch. Aber schon bald werden sie Binsenweisheiten sein.

Mit der Spitze eines traditionellen Schwertes drückte der indonesische Präsident Suharto unlängst auf einen elektronischen Knopf und setzte damit ein Satelliten-Kommunikationssystem in Betrieb, das die einzelnen Teile des Indonesischen Archipels miteinander verbinden soll. Dieser Akt erinnert an den Goldenen Schwellennagel, mit dem vor hundert Jahren die beiden Küsten der Vereinigten Staaten miteinander verbunden wurden, und symbolisiert die neuen Optionen, die die Dritte Welle veränderungswilligen Ländern bietet.

Entwicklungen wie diese, auf dem Gebiet der Energie und in der Landwirtschaft, der Technologie und Kommunikation, lassen noch ganz andere Dinge in den Bereich des Möglichen rücken: die Entstehung völlig neuer Gesellschaftsformen, die auf einer Fusion von Vergangenheit und Zukunft basieren — von Erster und Dritter Innovationswelle.

Man kann sich mittlerweile eine Transformations-Strategie vorstellen, die auf der parallelen Entwicklung von kostengünstigen, ländlichen Industrien auf der einen und sorgfältig ausgewählten Großtechnologien auf der anderen Seite beruht und die mit einer Wirtschaftsordnung gekoppelt ist, die beide Bereiche gleichermaßen fördert bzw. schützt.

Jagdish Kapur schrieb: »Ein neues Gleichgewicht« muß gefunden werden zwischen den fortschrittlichsten wissenschaftlichen Erkenntnissen und Technologien, die dem Menschen zur Verfügung stehen, und »Ghandis Vision idyllischer Weiden und Dorfrepubliken«. Eine solche Kombination erfordert, laut Kapur, »die totale Umformung der Gesellschaft, ihrer Symbole und Wertvorstellungen, ihres Erziehungssystems, ihrer Motivationen und der Verteilung ihrer Energiereserven sowie ihrer wissenschaftlichen und industriellen Forschung neben einer ganzen Anzahl anderer Institutionen«.

Und doch glauben vorausdenkende Gesellschafts- und Naturwissenschaftler, daß eine solche Transformation bereits im Gange ist und uns zu einer von Grund auf neuen Synthese führen wird: Ghandi mit Satelliten.

Der Original-Prosument

Eine weitere Synthese ist in diesem Ansatz inbegriffen: Sie betrifft den Gesamtbereich der ökonomischen Beziehungen zwischen Mensch und Markt, sei er nun kapitalistisch oder sozialistisch. Dabei erhebt sich die Frage, wieviel Zeit jedes Individuum in die Produktion und wieviel es in den Prosum investieren soll — d. h., wie das zeitliche Verhältnis zwischen bezahlter Arbeit für den Markt und (unbezahlter) Arbeit für sich selbst aussehen wird.

Die meisten Völker der noch von der Ersten Welle beherrschten Länder sind bereits vom Geldsystem erfaßt. Sie wurden »vermarktet«. Wenn auch der kümmerliche Verdienst der Ärmsten dieser Welt für ihr Überleben vielleicht entscheidend ist, liefert die »Produktion für den Markt« doch nur einen Teil ihres Einkommens; der Rest kommt aus dem Prosum.

Die Dritte Welle veranlaßt uns, auch diese Situation aus einem neuen Blickwinkel zu betrachten. In zahlreichen Ländern gibt es Millionen Arbeitslose. Doch ist Vollbeschäftigung in diesen Gesellschaften überhaupt ein realistisches Ziel? Welche politischen Strategien müssen angewandt werden, damit eventuell noch innerhalb unserer Generation Arbeitsplätze für dieses wachsende Millionenheer geschaffen werden können? Ist vielleicht allein schon der Begriff »Arbeitslosigkeit«, wie der schwedische Wirtschaftswissenschaftler Gunnar Myrdal vermutet, eine Konzeption der Zweiten Welle?

Paul Streeten von der Weltbank schreibt: »Nicht die ›Arbeitslosigkeit‹ — ein westlicher Begriff, der moderne Lohnarbeit, Arbeitsmärkte, Arbeitsämter und Arbeitslosenunterstützung voraussetzt«, ist das Problem, »... sondern eher die nicht lohnende, unproduktive Arbeit der Armen, insbesondere der armen Landbevölkerung.« Der bemerkenswerte Prosumentenanstieg in den wohlhabenden Ländern — ein auffälliges Phänomen der Dritten Welle — führt dazu, daß wir die Überzeugungen und Zielvorstellungen der meisten Ökonomen der Industriegesellschaft in Frage stellen müssen.

Vielleicht ist es ein Fehler, die Industrielle Revolution des Westens zu kopieren, durch die der überwiegende Teil der wirtschaftlichen Aktivität aus dem Sektor A (dem Prosumentensektor) in den Sektor B (den Marktsektor) übertragen wurde. Vielleicht muß der Prosum als eine positive Kraft angesehen werden — statt als bedauerliches Überbleibsel aus der Vergangenheit. Was uns fehlt, sind vielleicht bezahlte Teilzeit-Beschäftigungen für die meisten Menschen (möglicherweise mit Unterstützungszahlungen) sowie eine weitsichtige Politik, die darauf abzielt, den Prosum »produktiver« zu machen. Eine intelligentere Verknüpfung dieser beiden wirtschaftlichen Tätigkeitsbereiche kann vielleicht sogar für Millionen der Schlüssel zum Überleben sein.

Dies heißt in der Praxis, daß die »Werkzeugausstattung des Prosums« gewährleistet sein muß — so wie dies in den reichen Ländern momentan der Fall ist, wo wir ein faszinierendes Zusammenwirken beider Sektoren beobachten können. Der Markt versorgt die Prosumenten mit Werkzeugen — Waschmaschinen, Handbohrern, Batterie-Testgeräten etc. Das Elend in den armen Ländern ist oft so extrem, daß es zunächst völlig deplaziert zu sein scheint, in diesem Zusammenhang von Waschmaschinen und elektrischen Werkzeugen zu sprechen. Aber gibt es hier wirklich keine Beziehung zu den Gesellschaften, die das Stadium der Ersten Welle hinter sich lassen wollen?

Der französische Architekt und Planer Yona Friedman erinnert uns daran, daß die Armen der Welt nicht unbedingt Arbeitsplätze haben wollen, sondern »etwas zu essen und ein Dach über dem Kopf«. Der Arbeitsplatz ist allenfalls ein Mittel zum Zweck. In vielen Fällen ist es jedoch möglich, daß man sich seine eigenen Lebensmittel anbaut und sich sein eigenes Dach über dem Kopf zurechtzimmert. Zumindest kann man zu beidem einen eigenen Beitrag leisten. In einem Bericht für die UNESCO vertrat Friedman daher die Ansicht, daß Regierungen das, was ich Prosum nenne, durch die Lockerung gewisser bodenrechtlicher Vorschriften und die Vereinfachung von Baugenehmigungsverfahren fördern sollten. Die bestehenden Gesetze machen Siedlern den Bau von Häusern unnötig schwer oder vereiteln ihn sogar.

Friedman fordert die Regierungen nachdrücklich auf, diese Hindernisse zu beseitigen und den Menschen dabei zu helfen, sich ihr eigenes »Dach über dem Kopf« zu schaffen. »Organisatorische Unterstützung, gewisse, schwer erhältliche Materialien ... und, wenn möglich, die Erschließung des Bauplatzes« — also zum Beispiel Wasser- und Stromanschlüsse — sollten angeboten werden. Was Friedman und andere damit sagen wollen, ist, daß alles, was dem Individuum dabei hilft, erfolgreicher zu prosumieren, genauso wichtig sein kann wie die Produktion, die von den traditionellen Bruttosozialprodukts-Berechnungen erfaßt wird.

Um die »Produktivität« des Prosumenten zu steigern, müssen die

Regierungen gezielt wissenschaftliche und technologische Prosum-Forschung unterstützen. Schon jetzt könnten sie mit bemerkenswert geringem Aufwand all denen, die ihren Schweiß in den Bau ihrer Häuser und in die Verbesserung ihres Bodens investieren, einfache Handwerkzeuge, kommunale Werkstätten, gelernte Handwerker oder Fachlehrer, gewisse Kommunikationstechniken und, wo immer möglich, Anlagen zur Stromerzeugung bereitstellen und für moralische Unterstützung und eine positive Darstellung der Problematik in der Öffentlichkeit sorgen.

Selbst den abgeschiedensten und ärmsten Völkern der Welt will die Propaganda der Zweiten Welle auch heute noch weismachen, daß alle Dinge, die sie selbst herstellen, unausweichlich minderwertiger sind als der miserabelste massengefertigte Ramsch. Anstatt den Leuten beizubringen, wie man seine eigenen Leistungen verachtet, sollten die Regierungen Preise aussetzen für die phantasievollsten selbstgebauten Häuser und Waren — den »produktivsten« Prosum. Die Erkenntnis, daß selbst die reichsten Völker der Welt in zunehmendem Maße prosumieren, kann möglicherweise die Einstellungen der Ärmsten ändern helfen.

Auch Gebieten, die nichts mit Wirtschaft und Technologie zu tun haben, wird in der Dritten Welle große Aufmerksamkeit geschenkt. Wir sehen z. B. den Erziehungs- und Bildungsbereich, der, wie jeder weiß, eine zentrale Funktion in der Entwicklungspolitik einnimmt, mit anderen Augen. Aber wie soll diese Bildung aussehen?

Als die Kolonialmächte in Afrika, Indien und anderen Teilen der noch agrarisch geprägten Welt ein formales Bildungssystem einführten, handelte es sich dabei entweder um Miniaturausgaben ihrer eigenen fabrikartigen Schulen oder aber um zweitrangige Imitationen ihrer Eliteschulen. Die Erziehungsmodelle der Zweiten Welle werden heute überall in Frage gestellt. Die Dritte Innovationswelle bedeutet eine Herausforderung für die im Industriezeitalter vorherrschende Auffassung, daß Erziehung und Bildung notwendigerweise im Klassenzimmer stattfinden muß. Heute ist es erforderlich, herkömmliches »Lernen« mit Arbeit, politischer Auseinandersetzung, Gemeinschaftsdienst und Spiel zu verbinden. Alle konventionellen Erziehungsvorstellungen müssen, sowohl in den reichen als auch in den armen Ländern, revidiert werden.

Ist die Abschaffung des Analphabetentums etwa ein zeitgemäßes Ziel? Und wenn, was verstehen wir darunter? Heißt es, daß jeder lesen *und* schreiben können muß? Der bedeutende Anthropologe Sir Edmund Leach hat in einem mutigen Aufsatz für das Nevis-Institut, ein futurologisches Forschungszentrum in Edinburg, argumentiert, daß Lesen einfacher zu erlernen und überdies wichtiger als Schreiben ist. Nicht jeder brauche unbedingt schreiben zu können. Marshall

McLuhan sprach von der Rückkehr zu einer oralen Kultur, die wieder größere Gemeinsamkeiten mit den Kulturformen der Ersten Welle haben würde. Spracherkennungs-Technologien eröffnen unglaubliche Aussichten. Mit Hilfe billigster neuer Kommunikationsmittel — Chips oder winzigen, in einfache landwirtschaftliche Geräte eingebauten Tonbändern — wird es schließlich möglich sein, lese- und schreibunkundigen Bauern mündliche Instruktionen zu geben. Angesichts derartiger Entwicklungen erfordert sogar die Definition des funktionalen Lese- bzw. Schreibvermögens eine Neuinterpretation.

Endlich müssen auch die konventionellen Motivationsbegriffe der Zweiten Welle neu überdacht werden. Bessere Ernährung wird aller Voraussicht nach den allgemeinen Intelligenzgrad und die funktionale Kompetenz von Millionen von Kindern erhöhen — und gleichzeitig ihren Tatendrang und ihre Motivation verstärken.

Menschen, die von der Zweiten Welle geprägt sind, mokieren sich oft über die »Passivität« und den Mangel an Motivation beispielsweise eines indischen Dorfbewohners oder eines kolumbianischen Bauern. Wenn wir einmal von den demoralisierenden Auswirkungen von Unterernährung, Darmparasiten, Klima und politischer Unterdrückung absehen — kann es nicht sein, daß ein Teil dessen, was uns als Motivationsmangel erscheint, nichts weiter ist als die fehlende Bereitschaft, die eigene Familie und den gewohnten Tagesablauf in der zweifelhaften Hoffnung auf ein »besseres Leben« in irgendeiner fernen Zukunft auseinanderzureißen? Solange »Entwicklung« identisch ist mit der totalen Überlagerung einer bestehenden Kultur durch eine andere, vollkommen fremde, und solange wirkliche Verbesserungen so gut wie unerreichbar sind, spricht alles dafür, daß man an dem Wenigen, das man hat, festhält.

Da die Zivilisation der Dritten Welle viele gemeinsame Züge mit der der Ersten Welle hat — in China ebenso wie im Iran —, bieten sich Chancen für einen Wandel ohne allzu schmerzhafte Brüche und ohne Zukunftsschock. Sie rühren an die Wurzeln dessen, was wir »Mangel an Motivation« zu nennen pflegten.

Am Start

Die in Entstehung begriffene Dritte Welle ist kein Modell, das man einfach nachahmen kann. Ihre Zivilisation ist überdies noch nicht ausgeformt. Aber für arm und reich gleichermaßen eröffnet sie neue, vielleicht befreiende Möglichkeiten, da sie nicht nur auf die Schwächen, die Armut und das Elend in den noch von der Ersten Welle beherrschten Gesellschaften hinweist, sondern auch auf deren starke Seiten. Gerade die Eigenschaften dieser alten Zivilisation, die, vom Standpunkt der Zweiten Welle aus gesehen, rückständig wirkte, erscheinen nun, gemessen an den Strukturen der Dritten Welle, potentiell erfolgversprechend.

Die Gemeinsamkeiten zwischen beiden Zivilisationsformen müssen in den vor uns liegenden Jahren unsere Einstellung gegenüber dem Verhältnis zwischen arm und reich verändern. Der Wirtschaftswissenschaftler Samir Amin spricht von der »absoluten Notwendigkeit« einer Überwindung des »falschen Dilemmas: entweder Nachahmung der westlichen Gegenwartstechnik oder Einführung alter Techniken, die den Bedingungen entsprechen, die im Westen vor hundert Jahren herrschten«.

Arm und reich kauern in den Startlöchern. Ein neues, ungewöhnliches Rennen in die Zukunft beginnt.

Kapitel 24

Coda: Der große Zusammenfluß

Vor zehn Jahren fühlten wir uns vor den Kopf geschlagen von Veränderungen, deren Interrelationen uns unbekannt waren. Diesen Punkt haben wir überwunden. Heute zeichnen sich in der Konfusion des Umbruchs bereits neue, klarere Linien ab: Die Zukunft nimmt Gestalt an.

Es ist ein großer geschichtlicher Zusammenfluß: Viele reißende Flüsse vereinigen sich und bilden eine gigantische Dritte Innovationswelle, die Stunde um Stunde weiter anschwillt.

Diese Dritte Welle ist nicht die gradlinige Fortführung der Industriegesellschaft, sondern stellt einen radikalen Richtungswechsel dar. Sie negiert viel von dem, was zuvor verbindlich war. In ihrer Gesamtheit bewirkt sie nichts mehr und nichts weniger als eine vollständige Transformation, die mindestens ebenso revolutionär ist wie die Entwicklung der Industriezivilisation vor dreihundert Jahren.

Wir haben es überdies nicht nur mit einer technologischen Revolution zu tun, sondern im wahrsten Sinne des Wortes mit der Entstehung einer gänzlich neuen Zivilisation. Werfen wir einen kurzen Blick zurück auf das bisher Gesagte, so sehen wir, daß zahlreiche wichtige Veränderungen auf vielen Ebenen gleichzeitig stattfinden.

Jede Zivilisation lebt und arbeitet in einer Biosphäre und beeinflußt diese. Sie ist ein Spiegelbild der Beziehungen zwischen Bevölkerung und Ressourcen. Jede Zivilisation hat eine charakteristische Technosphäre — eine Energiebasis, die mit einem Produktionssystem verknüpft ist, das seinerseits eng verbunden ist mit einem Verteilungssystem. Jede Zivilisation hat eine Soziosphäre, die aus interagierenden sozialen Institutionen besteht. Jede Zivilisation hat eine Infosphäre — Medien bzw. Kommunikationskanäle, durch die die notwendigen Informationsströme fließen. Und jede Zivilisation hat ihre eigene Machtsphäre.

Jede Zivilisation verfügt zudem über charakteristische Beziehungen zur Außenwelt — sie tritt aggressiv oder friedfertig auf, als Ausbeuter oder als symbiotischer Partner. Und jede Zivilisation hat ihre eigene Super-Ideologie — eine Anzahl festverwachsener, kultureller Axiome, die ihr Realitätsverständnis prägen und ihre Handlungsweise rechtfertigen.

Auf all diesen Ebenen bringt nun die Dritte Welle revolutionäre, sich gegenseitig forcierende Veränderungen mit sich. Dies führt nicht nur zur Desintegration der alten Gesellschaft, sondern schafft auch die Grundlagen für die Errichtung der neuen.

Oft beobachten wir nur die Zeichen des Verfalls um uns herum: Die

Institutionen der Zweiten Welle stürzen über uns zusammen, die Kriminalität steigt, Kernfamilien zerbrechen, bei ehemals zuverlässigen Bürokratien ist Sand ins Getriebe geraten, die medizinische Versorgung funktioniert nicht mehr richtig, die Industriewirtschaft wankt bedenklich. Aber sozialer Verfall ist der Nährboden einer neuen Zivilisation. Wir sind dabei, im Bereich von Energie, Technologie, Familie, Kultur und vielen anderen die Grundlagen zu schaffen, die das Wesen dieser neuen Zivilisation prägen werden.

Zum erstenmal sind wir in der Lage, deren wesentliche Charakteristika zu erkennen, und in gewissen Grenzen gilt dies sogar für deren Beziehungen untereinander. Die Entdeckung, daß die junge Zivilisation der Dritten Welle nicht nur ökologisch und ökonomisch voll funktionsfähig ist, ermutigt uns.

Von unvermeidlicher Eigendynamik ist hier nicht die Rede. Schwerste soziale Unruhen, ein wildes Auf und Ab in der Wirtschaft, Zusammenstöße regionaler Interessen, Sezessionsversuche, technische Pannen und Katastrophen, politische Wirren, Gewalt, Kriege und Kriegsdrohungen werden für die Übergangsphase kennzeichnend sein. Der Zerfall bestehender Institutionen und Wertvorstellungen schafft für autoritäre Demagogen und Bewegungen ein günstiges Klima. Sie werden versuchen, die Macht zu übernehmen, und möglicherweise wird es ihnen auch gelingen. Kein intelligenter Mensch wird sich über solche Entwicklungen leichtfertig hinwegsetzen können. Der Zusammenprall zweier Gesellschaftsformen birgt gewaltige Gefahren.

In letzter Konsequenz deuten die Zeichen aber darauf hin, daß das Leben weitergeht und uns die totale Vernichtung erspart bleibt. Wir müssen nur wissen, wohin uns die Welle des Wandels treibt — in was für einer Gesellschaft wir leben werden, wenn es uns gelingt, die unmittelbar vor uns liegenden Klippen unbeschadet zu überwinden.

Die Grundlagen von morgen

Die Zivilisation der Dritten Welle wird, im Gegensatz zu ihrer Vorgängerin, über eine erstaunlich breite Palette von Energiequellen verfügen: über Sonnen- und Erdwärme, Gezeitenkraft, Biomasse und Vorrichtungen zur Ausnutzung von Wasserstoff und Blitzentladungen, schließlich vielleicht auch über fortgeschrittene Kernfusionstechniken sowie über Energieformen, die wir uns jetzt noch gar nicht vorstellen können. (Einige Kernreaktoren werden zweifellos, selbst wenn sich eine Reihe von Katastrophen ereignen sollte, die die Ereignisse von Harrisburg in den Schatten stellen, weiterhin genutzt. Schließlich wird sich jedoch herausstellen, daß die Kernenergie, insgesamt gesehen, ein kostspieliger und gefährlicher Schritt in die falsche Richtung war.)

Ein Stakkato von Verknappungen und Überangeboten sowie

enorme Preisschwankungen werden den Übergang zur neuen, diversifizierten Energiebasis begleiten. Die langfristigen Trends sind jedoch ziemlich unverkennbar: Es handelt sich um die Umwandlung einer Zivilisation, die von ganz wenigen Energiequellen abhängig ist, in eine andere, deren Sicherheit nicht zuletzt auf der Vielfalt ihrer Energiequellen beruht. Im Endeffekt läuft dies auf eine Zivilisation hinaus, deren Energiequellen erneuerbar statt endlich sind.

Auch die technologische Basis der Dritten Welle wird sehr viel stärker diversifiziert sein. Sie stützt sich auf die Biologie, die Genetik, die Elektronik und die Werkstoff-Forschung ebenso wie auf die Weltraum- und die Meeresforschung. Zwar werden einige neue Technologien nach wie vor einen hohen Energiebedarf haben, im großen und ganzen jedoch wird die Technik der Dritten Welle von energiesparenden Konstruktionsweisen geprägt und zudem weniger kompakt und weniger umweltgefährdend sein als die Technik der industriellen Epoche. Viele Technologien der Dritten Welle werden relativ klein und leicht zu bedienen sein, und die Abfälle eines Industriezweiges werden im Recycling-Verfahren zu Rohstoffen für andere Branchen.

Denn der — unerschöpfliche — Basisrohstoff der Dritten Welle sind Informationen und Phantasie. Durch Phantasie und Informationen wird man für viele der endlichen Rohstoffe von heute entsprechenden Ersatz finden können, obgleich es auch hier in der Übergangsphase nur allzu häufig zu drastischen wirtschaftlichen Schwankungen kommen wird.

Die neue Zivilisation, in der Information eine viel größere Rolle spielen wird als jemals zuvor, wird auch das Erziehungswesen, die wissenschaftliche Forschung und vor allem die Medien neu strukturieren und umorganisieren. Die gegenwärtigen Massenmedien — die gedruckten ebenso wie die elektronischen — sind außerstande, die Informationsflut aufzunehmen und können auch die für das Überleben unerläßliche kulturelle Vielfalt nicht bieten. Die Zivilisation der Dritten Welle wird nicht von einigen wenigen Massenmedien kulturell beherrscht, sondern auf interagierenden, individualisierten Medien basieren, die die öffentliche Meinung mit extrem unterschiedlichen und oftmals sehr persönlichen Bildern und Assoziationen versorgen.

Langfristig wird das herkömmliche Fernsehen einem bis ins letzte ausgefeilten individualisierten Programm weichen, d. h., die Bilder, die über die Mattscheibe flackern, werden jeweils ganz persönlich für einen einzigen Menschen bestimmt sein. Noch später werden wir vielleicht Drogen und elektrochemische Kommunikationsformen heranziehen, von denen bis jetzt nur vage Vorstellungen existieren. Aus all dem werden sich beängstigende, wenn auch nicht unlösbare politische und moralische Probleme ergeben.

Der Großcomputer mit seinen surrenden Bändern und komplizierten Kühlsystemen wird — dort, wo es ihn noch gibt — durch Myriaden von Intelligenz-Chips ergänzt werden, die in der einen oder anderen Form in jeder Wohnung, jedem Krankenhaus, jedem Hotel, jedem Wagen und jedem Gerät zu finden sein werden.

Die Umstellung auf eine elektronische, »informierte« Gesellschaft wird — trotz weitverbreiteter Mißverständnisse — unseren Bedarf an kostspieligen Energien zusätzlich verringern.

Die Computerisierung (oder besser: Informationalisierung) der Gesellschaft muß auch keineswegs unausweichlich zu weiterer Entfremdung in den zwischenmenschlichen Beziehungen führen. Im nächsten Kapitel werden wir sehen, daß die Menschen auch in Zukunft miteinander lachen, weinen, spielen, Spaß haben und sich gegenseitig wehtun werden — nur wird sich der Rahmen, in dem sie dies tun, verändern.

Das Leben am Arbeitsplatz wird auch durch die Kombination neuer Energieformen mit neuen Technologien und neuen Informationsmedien revolutionären Veränderungen ausgesetzt sein. Zwar werden noch immer Fabriken gebaut (und in einigen Teilen der Welt wird man auch in Jahrzehnten noch welche bauen), aber — in den reichen Ländern — wird die Zahl der in Fabriken beschäftigten Arbeitnehmer immer weiter zurückgehen. Die »Fabriken« der Dritten Welle, die es bereits gibt, haben nur noch wenig Ähnlichkeit mit dem herkömmlichen Fabriktypus.

In der Zivilisation der Dritten Welle wird die Fabrik nicht mehr als Modell für andere Institutionen dienen. Massenproduktion wird nicht mehr ihre Hauptaufgabe sein. Schon heute werden in hochmodernen Fabriken individualisierte — oft maßgefertigte — Endprodukte hergestellt. Die Fabrik der Dritten Welle wird sich auf holistische und »Schnappschuß«-Verfahren stützen. Sie wird weniger Energie verbrauchen, weniger Rohstoffe verschwenden und weniger Einzelteile verwenden. Dafür erfordert sie weit mehr schöpferische Intelligenz. Insbesondere aber werden zahlreiche Maschinen nicht mehr von Arbeitern bedient, sondern vom Kunden selbst »ferngesteuert«.

Die Beschäftigten in diesen Fabriken werden Tätigkeiten ausüben, die weit weniger abstumpfend und eintönig sind als die Arbeit im traditionellen Industriebetrieb. Der Arbeitsrhythmus wird nicht mehr von mechanischen Fließbändern bestimmt, der Lärmpegel wird niedrig sein und die Arbeiter werden über ihre Arbeitszeit frei entscheiden können. Der eigentliche Arbeitsplatz wird humanere und individuellere Züge tragen; Blumen werden sich den Platz mit den Maschinen teilen. Innerhalb gewisser fixierter Grenzen werden sich Bezahlung und Sozialleistungen zunehmend nach individuellen Vorstellungen richten.

Die Fabriken der Dritten Welle werden überwiegend außerhalb der städtischen Ballungsgebiete liegen. Sie werden vermutlich sehr viel kleiner sein als die Fabriken der Vergangenheit und sich dementsprechend auch aus kleineren organisatorischen Einheiten zusammensetzen, von denen jede einzelne in erhöhtem Maße eigenverantwortlich arbeitet.

Auch das Büro der Dritten Welle wird mit dem Büro von heute nicht mehr viel gemein haben. Ein wesentlicher Faktor im gegenwärtigen Bürobetrieb, das Papier, wird weitgehend (wenn auch nicht vollständig) ersetzt. Das Klappern der Schreibmaschinen verstummt, und die Aktenschränke verschwinden. Durch die Elektronik, die ihr viele ihrer herkömmlichen Aufgaben abnimmt und dafür neue Tätigkeitsbereiche erschließt, ändert sich das Berufsbild der Sekretärin. Die endlose Hin- und Hertragerei von Papieren von einem Schreibtisch zum andern wird immer unwesentlicher, ebenso wie das stumpfsinnige Abtippen von Zahlenkolonnen. Statt dessen werden immer häufiger Ermessensentscheidungen zu treffen sein, und die Zahl der Entscheidungsträger wird sich erhöhen.

Um den reibungslosen Betrieb dieser Fabriken und Büros der Zukunft gewährleisten zu können, werden die Konzerne der Dritten Welle von ihren Beschäftigten Einfallsreichtum und Entscheidungsfreudigkeit verlangen müssen; stereotype Antworten werden weniger gefragt sein. Die Schulen, in denen die Menschen auf solche Tätigkeiten vorbereitet werden sollen, werden in zunehmendem Maße von den heute üblichen Methoden abweichen, die noch immer vor allem dazu dienen, Industriearbeiter für eintönige und stumpfsinnige Arbeiten zu konditionieren.

Die auffallendste Veränderung in der Zivilisation der Dritten Welle wird jedoch die Verlagerung der Arbeit aus Büro und Fabrik in die eigenen vier Wände sein.

Nicht alle Arbeiten können, sollen oder werden zu Hause erledigt werden. Durch den Einsatz billiger Kommunikationssysteme an Stelle aufwendiger Verkehrsmittel, die Höherbewertung von Intelligenz und Phantasie in der Produktion sowie den verminderten Bedarf an roher Körperkraft und geistiger Routinearbeit wird ein bedeutender Teil der Arbeit in den Gesellschaften der Dritten Welle zumindest teilweise zu Hause geleistet werden, so daß Fabriken nur noch für jene bestehen bleiben, die unmittelbar mit den Werkstoffen selbst umgehen.

Dies liefert uns einen Hinweis auf die Struktur der Institutionen in der neuen Zivilisation. Einige Wissenschaftler meinen, die Fabriken als zentrale Einrichtung werden in der Gesellschaft von morgen durch die Universitäten ersetzt. Diese Ansicht, die beinahe ausschließlich in Akademikerkreisen vertreten wird, basiert jedoch auf dem Vorurteil, daß theoretisches Wissen nur in Universitäten zu Hause ist respektive sein kann, und ist kaum mehr als professorales Wunschdenken.

Führungskräfte multinationaler Konzerne allerdings sehen in den Chef-Etagen die Wiege von morgen. Der neue Berufsstand des »Informations-Managers« stellt uns seine Computer-Räume als Zentren der neuen Zivilisation vor. Wissenschaftler setzen indes eher auf das industrielle Forschungslabor. Ein paar Veteranen aus der Hippie-Generation träumen davon, die Land-Kommune zum Zentrum einer Zukunft zu machen, in der das Mittelalter wiederauflebt. Andere wiederum mögen für die Erlebnisräume einer mußegesättigten Gesellschaft votieren.

Ich setze — aus bereits bekannten Gründen — auf keine dieser Vorstellungen, sondern auf die eigenen vier Wände.

Ich glaube, daß der Wohnung in der Zivilisation der Dritten Welle ganz neue Bedeutung zukommen wird. Der Aufstieg des Prosumenten, die Verbreitung des elektronischen Heims, die Erfindung neuer Organisationsstrukturen in der Wirtschaft, die Automatisierung und Individualisierung der Produktion weisen alle auf eine Renaissance des Heims als zentraler Einheit der Gesellschaft von morgen hin — einer Einheit, der immer mehr wirtschaftliche, medizinische, erzieherische und soziale Funktionen zufallen.

Es ist jedoch unwahrscheinlich, daß *irgendeine* Institution eine ähnlich zentrale Rolle übernehmen wird, wie sie die Kirchen und Fabriken in der Vergangenheit innehatten. Wir dürfen annehmen, daß sich die Gesellschaft eher in ein Netz binden, denn eine neue Hierarchie von Institutionen schaffen wird.

Wir können also auch davon ausgehen, daß die Konzerne (und die sozialistischen Produktionsgenossenschaften) von morgen andere soziale Einrichtungen nicht länger überragen werden. In den Gesellschaften der Dritten Welle werden die Konzerne vielerlei Ziele gleichzeitig verfolgen und sich nicht mehr nur auf Profit- und Produktionsziffern beschränken. Anstatt sich auf eine einzige Grundlinie zu konzentrieren, wie es heutige Manager gelernt haben, wird der gewitzte Manager der Dritten Welle vielerlei »Grundlinien« im Auge haben (für die er übrigens persönlich die Verantwortung trägt).

Diese neue Multi-Funktionalität wird sich graduell auf die Gehälter und Prämien der Führungskräfte auswirken, da die Konzerne — entweder freiwillig oder gezwungenermaßen — immer mehr auf Faktoren achten und reagieren werden, die heute noch als unwirtschaftlich und daher im wesentlichen als unwichtig angesehen werden: auf Ökologie, Politik, Soziologie, Kultur und Moral.

Vorstellungen von Effizienz, die noch aus der Zweiten Innovationswelle stammen und gewöhnlich auf der Fähigkeit der Konzerne basieren, ihre indirekten Kosten auf den Konsumenten oder Steuerzahler abzuwälzen, werden eine neue Konzeption erfahren, die die verborgenen sozialen, wirtschaftlichen und anderen Kosten, welche sich häufig als aufgeschobene volkswirtschaftliche Kosten erweisen, einbezieht. Das »Rentabilität-Denken« *(Econo-think)* — eine typische geistige Deformation der Manager des Industriezeitalters — wird weniger verbreitet sein.

Die Konzerne — wie auch die meisten anderen Organisationen — werden ebenfalls eine drastische Umstrukturierung erfahren. Die Gesellschaft der Dritten Welle wird sich, anstatt sich dem Tempo von Fließbändern anzupassen, flexible Rhythmen und Zeitpläne setzen, sich nicht auf Standardisierung, sondern auf Segmentierung und Diversifikation gründen. Sie wird die Bevölkerung, die Energieströme und andere Lebensbereiche nicht mehr konzentrieren und nicht mehr bedingungslos auf Maximierung nach dem Prinzip »Je größer, desto besser« setzen, sondern auf »angemessene« Größenordnungen achten; sie ist nicht mehr hochzentralisiert, sondern weiß den Wert dezentralisierter Entscheidungsprozesse zu schätzen.

Derartige Änderungen setzen eine konsequente Abwendung von der herkömmlichen Bürokratie voraus, die in Wirtschaft, Regierungen, Schulen und anderen Institutionen von einem breiten Spektrum neuartiger Organisationen ersetzt wird. Wo Hierarchien überleben, werden sie weniger straff gegliedert sein und eher Übergangserscheinungen darstellen. Viele neue Organisationen werden mit der alten Faustregel »Ein Mann, ein Boß« aufräumen — was uns eine Arbeitswelt verspricht, in der die Entscheidungskompetenzen breiter verteilt sein werden.

In der Übergangsphase wird sich das Arbeitsproblem kurzfristig verschärfen. Seit den fünfziger Jahren kommen Arbeitnehmer, die in der Konsumgüterproduktion freigesetzt wurden, im Büro- und Dienstleistungssektor unter. Heute, da auch die Büroarbeit automatisiert wird, taucht die ernste Frage auf, ob eine weitere Expansion des konventionellen Dienstleistungs-Sektors den entstehenden Überhang auffangen kann. Es gibt Länder, die dieses Problem verschleiern, indem sie Arbeitskräfte einstellen, die eigentlich nicht benötigt werden, indem sie öffentliche und private Bürokratien ausbauen, überschüssige Arbeitskräfte »exportieren« usw. Unter den wirtschaftlichen Bedingungen der Zweiten Welle bleibt das Problem jedoch unlösbar.

Dies hilft uns, die Bedeutung der kommenden Fusion von Produzent und Konsument zu erklären — den »Aufstieg des Prosumenten«, wie ich es genannt habe. Die Zivilisation der Dritten Welle bringt die Renaissance eines riesigen Wirtschaftszweiges mit sich, der auf der Produktion zum Eigenverbrauch statt auf der Produktion für den Markt basiert, auf *do-it-for-yourself* statt auf *do-it-for-the-market*. Dieser dramatische Wendepunkt nach dreihundert Jahren der »Vermarktung« erfordert radikales Umdenken — und ermöglicht es. Und dies gilt für alle unsere wirtschaftlichen Probleme wie Arbeitslosigkeit und Sozialfürsorge, aber auch für Freizeitprobleme, den Stellenwert der Arbeit usw.

Außerdem wird er der »Hausarbeit« eine neue Rolle in unserem Wirtschaftssystem zuweisen, woraus sich ein fundamentaler Wandel des weiblichen Rollenverständnisses ergibt, da Frauen ja noch immer die Majorität der »Hausarbeiter« stellen. Die »Vermarktung« der Erde hat ihren Höhepunkt überschritten. Die Konsequenzen, die sich daraus für künftige Gesellschaften ergeben, sind bislang unabsehbar.

Die Menschen der Dritten Welle werden neue Vorstellungen über Natur, Fortschritt, Evolution, Zeit, Raum, Materie und Kausalität entwickeln. Ihr Denken wird weniger von Analogien zur Maschine beeinflußt sein und sich statt dessen mehr an Konzeptionen wie Entwicklung, Rückkoppelung und Ungleichgewicht orientieren. Ihr Bewußtsein für Kontinuitätsbrüche wird sich schärfen.

Die wachsende gesellschaftliche Differenzierung wird auch den Spielraum des Nationalstaats einschränken, der bis heute die Standardisierung entscheidend fördert. Die Zivilisation der Dritten Welle wird auf andersgearteten Machtverhältnissen beruhen. Die Nation als solche verfügt nicht mehr über den gleichen Einfluß wie früher, während andere Institutionen — multinationale Konzerne, autonome Nachbarschaften oder sogar Stadtstaaten — an Bedeutung gewinnen.

Mit der Aufsplitterung nationaler Märkte in einzelne Teile werden die Regionen mächtiger. Es dürften neue Allianzen entstehen, die sich eher an gemeinsamen kulturellen, ökologischen, religiösen oder wirtschaftlichen Interessen orientieren als an geographischen Kriterien. So ist es etwa vorstellbar, daß eine Region in Nordamerika mit einer Region Europas oder Japans engere Beziehungen unterhalten wird als mit ihren unmittelbaren Nachbarn oder sogar mit ihrer eigenen nationalen Regierung. Keine zentralistische Weltregierung, sondern ein dichtes Netz neuer transnationaler Organisationen wird dies alles koordinieren.

Die nicht-industrialisierten Länder, in denen drei Viertel der Weltbevölkerung leben, werden den Kampf gegen die Armut mit neuen Waffen fortsetzen. Sie werden nicht mehr blindlings die Industriegesellschaft kopieren, noch werden sie sich damit zufriedengeben, weiterhin unter den Bedingungen der Ersten Welle zu existieren. Es wird neue »Entwicklungsstrategien« geben, die die jeweiligen religiösen oder kulturellen Traditionen einer Region berücksichtigen und speziell darauf ausgerichtet sind, die Auswirkungen des Zukunftsschocks in kleinstmöglichen Grenzen zu halten.

Viele Länder werden nicht mehr rücksichtslos ihre religiöse Überlieferung, die Familienstrukturen und das soziale Leben zerstören, in der Hoffnung, so zu werden wie die Industrieländer England, Deutschland, die USA oder auch die UdSSR, sondern sich auf ihre eigene Vergangenheit besinnen. Sie werden die Übereinstimmungen, die in einigen gesellschaftlichen Teilbereichen zwischen der Ersten Welle und den sich entwickelnden hochtechnisierten Gesellschaftsformen der Dritten Welle bestehen, mit in Betracht ziehen.

Wir erkennen hier die Umrisse eines völlig neuen Lebensstils, dessen Auswirkungen nicht nur den einzelnen, sondern die gesamte Erde betreffen. Die hier skizzierte neue Zivilisation läßt sich wohl kaum als Utopie bezeichnen. Sie wird sich mit schwerwiegenden Problemen auseinandersetzen müssen, von denen wir uns einige auf den uns verbleibenden Seiten noch genauer ansehen werden. Es sind dies Probleme der Ichfindung und des Zusammenlebens, politische, rechtliche und moralische Probleme sowie Probleme, die sich aus der neuen Wirtschaftsform (insbesondere aus dem Verhältnis zwischen Beschäftigung, Sozialfürsorge und Prosum) ergeben.

Aber die Zivilisation der Dritten Welle ist auch keine »Anti-Utopie«. Sie ist nicht einfach ein vergrößertes Abbild der in Orwells Roman *1984* dargestellten Gesellschaft oder ein Aufguß von Aldous Huxleys *Schöner Neuer Welt*. Diese beiden brillanten Bücher — sowie Hunderte ihnen nachempfundener Science-fiction-Erzählungen — entwerfen das Bild einer Zukunft mit hochzentralisierten, bürokratisierten und standardisierten Gesellschaftsformen, in denen individuelle Unterschiede gänzlich verschwunden sind. Wir bewegen uns jedoch in die entgegengesetzte Richtung.

Obgleich die Dritte Welle menschheitsbedrohende Gefahren mit sich bringt, die von ökologischen Katastrophen über die Bedrohung durch nuklearen Terrorismus bis hin zu elektronischer Tyrannei reichen, so ist sie doch keineswegs bloß eine alptraumhafte, lineare Fortsetzung des Industrialismus.

Statt dessen sind wir Zeugen der Geburt von »Praktopia« — einer Welt, die weder die beste noch die schlimmste aller denkbaren Welten ist, dafür aber realisierbarer und der Welt, in der wir zuvor lebten, vorzuziehen. Anders als in einer Utopie gibt es in einer Praktopie durchaus Krankheiten, schmutzige politische Geschäfte und schlechtes Benehmen. Anders als die meisten Utopien ist sie nicht in unwirklichem Perfektionismus erstarrt. Sie ist nicht rückwärtsgewandt, richtet sich also nach keinem idealisierten geschichtlichen Vorbild.

Umgekehrt verkörpert aber eine Praktopie auch nicht den bösen Kern einer auf den Kopf gestellten Utopie. Sie ist weder rücksichtslos antidemokratisch noch *eo ipso* militaristisch. Sie verdammt ihre Bürger nicht zu gesichtsloser Uniformität. Sie zerstört ihre Nachbarn nicht und richtet auch ihre natürliche Umwelt nicht zugrunde.

Kurz gesagt, eine Praktopie bietet eine positive, ja revolutionäre Alternative und läßt sich dennoch in die Tat umsetzen.

Und all dies trifft genau auf die Zivilisation der Dritten Welle zu: Sie bietet eine praktopische Zukunft. In ihr läßt sich der Keim einer Gesellschaft erkennen, in der es genügend Raum für individuelle Unterschiede gibt, die rassische, regionale, religiöse und subkulturelle

Abwandlungen eher in sich aufnimmt, als daß sie sie unterdrückt. Sie ist eine Zivilisation, in deren Mittelpunkt weitgehend das eigene Heim steht, eine Zivilisation, die nicht erstarrt ist, sondern durch eine ständige Flut von Innovationen belebt wird, und dennoch dazu in der Lage, Enklaven relativer Stabilität für diejenigen bereitzuhalten, die solcher Enklaven bedürfen. Sie ist eine Zivilisation, die nicht mehr darauf angewiesen ist, ihre besten Energien auf die »Vermarktung« zu konzentrieren; eine Zivilisation, die große Leidenschaften für die Kunst freizusetzen vermag; eine Zivilisation, die vor Entscheidungen ungeahnten Ausmaßes steht — etwa in den Biowissenschaften, um nur ein einziges Beispiel zu nennen — und sich neue ethische oder moralische Kriterien schafft, um mit derart komplizierten Problemen fertigzuwerden. Sie ist schließlich eine Zivilisation, die zumindest potentiell demokratisch und human ist und ein gesünderes Verhältnis zur Biosphäre besitzt. Sie ist nicht mehr in gefährlicher Weise abhängig von ausbeuterischen Subventionen aus der übrigen Welt. Es wird harte Arbeit erfordern, um dies zu erreichen, aber unmöglich ist es nicht.

Die falsche Frage

Warum ist die Zweite Welle plötzlich nicht mehr funktionsfähig? Warum kollidiert sie plötzlich mit einem neuen Gezeitenstrom?

Kein Mensch kann diese Fragen beantworten. Die Historiker sind noch heute, dreihundert Jahre nach dem Ereignis, nicht dazu in der Lage, die genaue »Ursache« der Industriellen Revolution zu benennen. Wie wir gesehen haben, hat jede akademische Zunft oder philosophische Schule ihre eigene Erklärung. Die technologischen Deterministen verweisen auf die Dampfmaschine, die Ökologen auf die Zerstörung der britischen Wälder, die Wirtschaftshistoriker auf Fluktuationen bei den Wollpreisen. Andere betonen religiöse oder kulturelle Veränderungen, die Reformation, die Aufklärung usw.

Auch in der Welt von heute lassen sich viele kausale Kräfte identifizieren, die einander wechselseitig beeinflussen. So weisen Experten auf den steigenden Ölbedarf bei schwindenden Vorräten, auf die Bevölkerungsexplosion oder die eskalierenden Gefahren globaler Umweltverschmutzung hin, wenn man sie nach den Schlüsselfaktoren für weltweite Strukturveränderungen fragt. Andere betonen die unglaublichen Fortschritte, die seit dem Zweiten Weltkrieg in Naturwissenschaft und Technik gemacht wurden, sowie auf die daraus resultierenden sozialen und politischen Veränderungen. Wieder andere heben das Erwachen der nicht-industrialisierten Welt und die damit zusammenhängenden politischen Umbrüche hervor, die die lebensnotwendigen Nachschublinien für billige Rohstoffe und Energien bedrohen.

Man kann auch einen verblüffenden Wandel in den Wertvorstellungen zitieren — z. B. die sexuelle Revolution, die Rebellion der Jugend in den sechziger Jahren und die sich rasch verändernden Einstellungen gegenüber der Arbeit. Oder den Rüstungswettlauf, der in einigen Bereichen der Technik die Entwicklung sehr beschleunigt hat.

Es dürfte uns nicht schwerfallen, Dutzende, ja Hunderte von verschiedenen Nebenflüssen zu finden, die nun in den großen Strom des Wandels einmünden und alle miteinander in gegenseitigen Wechselbeziehungen stehen. Erstaunliche Windungen ließen sich entdecken, durch die es zu positiver Rückkoppelung kommt, die gewisse Veränderungen im sozialen System ungemein beschleunigen und erweitern, und andere, bei denen Veränderungen infolge von negativer Rückkoppelung unterdrückt werden. Wir könnten in dieser turbulenten Zeit Analogien zu dem von Wissenschaftlern wie Ilya Prigogine beschriebenen großen »Sprung« finden, mit dem eine einfache Struktur, teilweise zufallsbedingt, plötzlich auf eine neue Komplexitätsebene vorstößt.

Was wir jedoch nicht finden können, ist *die* Ursache für die Dritte Welle im Sinne einer einzigen unabhängigen Variablen. Ja, es dürfte so sein, daß die Frage, »was« nun eigentlich die Ursache sei, entweder inkorrekt formuliert oder sogar in Bausch und Bogen falsch ist. »Was ist die Ursache für die Dritte Welle?« ist vermutlich eine Frage, wie man sie nur in der Zweiten Welle stellen konnte.

Diese Behauptung soll die Kausalität nicht außer acht lassen, sondern dient lediglich dazu, deren Komplexität entsprechend zu würdigen. Sie soll auch nicht den Eindruck erwecken, als ob es eine zwangsläufige, durch nichts aufzuhaltende historische Entwicklung gäbe. Die Industriegesellschaft mag in Scherben liegen und funktionsunfähig sein, aber das heißt noch lange nicht, daß die hier dargestellte Zivilisation der Dritten Welle unbedingt Gestalt annehmen *muß*. Die Perspektive kann sich noch radikal verändern, etwa durch Krieg, wirtschaftlichen Zusammenbruch und ökologische Katastrophen.

Die Entscheidungen, die wir als Individuen, Gruppen oder Regierungen heute fällen, können die reißenden Ströme des Wandels umleiten oder kanalisieren. Auf die Herausforderungen, die sich aus dem Superkampf zwischen den Vertretern der Zweiten und denen der Dritten Welle ergeben, wird jedes Volk anders reagieren. Die Reaktion der Russen wird anders aussehen als die der Amerikaner. Japaner, Deutsche, Franzosen und Norweger werden ihrerseits anders reagieren, und die Unterschiede zwischen den einzelnen Ländern werden sich wahrscheinlich vertiefen.

Innerhalb der jeweiligen Länder gilt das gleiche: Kleine Veränderungen können enorme Konsequenzen nach sich ziehen — in Konzernen, Schulen, Kirchen, Krankenhäusern und im nachbarschaftlichen Bereich. Und deshalb wird, trotz allem, der Mensch — auch als Individuum — nach wie vor zählen.

Dies gilt vor allem deshalb, weil die vor uns liegenden Veränderungen aus Konflikten und nicht aus automatischem Fortschritt resultieren. So bemühen sich in allen technologisch hochentwickelten Ländern rückständige Regionen darum, ihre Industrialisierung weiter voranzutreiben. Sie versuchen, ihre von der Zweiten Welle geprägten Fabriken und Arbeitsplätze zu schützen. Dadurch geraten sie in einen direkten Konflikt mit Regionen, die bereits große Fortschritte beim Aufbau einer technologischen Basis im Sinne der Dritten Welle gemacht haben. Die Gesellschaft wird durch derartige Konflikte auseinandergerissen, doch ergeben sich aus ihnen auch viele Gelegenheiten zur politischen und sozialen Einflußnahme.

Der Superkampf, der gegenwärtig in jedem Land zwischen den Anhängern der Zweiten und denen der Dritten Innovationswelle tobt, schränkt die Bedeutung anderer Auseinandersetzungen nicht ein. Klassen- und Rassenkonflikte, der Kampf der Alten und Jungen gegen den — wie ich es andernorts genannt habe — »Imperialismus der mittleren Jahrgänge«, Auseinandersetzungen zwischen den Geschlechtern, Regionen, Religionen, sie alle gehen weiter. Einige von ihnen werden eskalieren. Aber alle sind sie vom Superkampf geprägt und ihm untergeordnet.

Zwei Faktoren treten bereits überall in Erscheinung, während die Dritte Welle heranrollt: einerseits der Übergang zu immer größerer gesellschaftlicher Diversifikation, die Individualisierung der Massengesellschaft; andererseits die Beschleunigung, das immer schnellere Tempo des Wandels. Individuen und Institutionen sind aufgrund des Zusammenwirkens dieser beiden Faktoren, die den Superkampf nur noch intensivieren, enormen Belastungen ausgesetzt.

Einzelpersonen und Institutionen, die einen niedrigen Diversifikationsgrad und allmähliche Veränderungen gewohnt sind, müssen nun mit hoher Diversifikation und schnellem Wandel fertigwerden. Die wechselseitigen Belastungen drohen ihre Entscheidungskompetenzen überzubeanspruchen. Ergebnis: Zukunftsschock.

Wir haben nur eine einzige Option. Wir müssen bereit sein, uns selbst und unsere Institutionen so umzuformen, daß wir und sie die neuen Realitäten bewältigen können.

Dies ist gleichsam der »Eintrittspreis« in eine funktionsfähige und menschenwürdige Zukunft. Um die notwendigen Änderungen vollziehen zu können, müssen wir zu zwei hochbrisanten Themen eine völlig neue Einstellung gewinnen. Beide sind von entscheidender Bedeutung für unser Überleben, obgleich sie in der öffentlichen Diskussion noch kaum erwähnt werden: Es geht um die Zukunft der Persönlichkeit und um die Politik der Zukunft, mit denen wir uns nun befassen wollen.

Schlußfolgerungen

Kapitel 25

Die neue Psychosphäre

Eine neue Zivilisation nimmt Gestalt an.

Aber wie passen *wir* da hinein? Bedeuten der technische Wandel und die sozialen Unruhen von heute nicht das Ende von Freundschaft, Liebe, menschlicher Anteilnahme und Gemeinschaft? Werden die elektronischen Wunderdinge von morgen nicht unsere zwischenmenschlichen Beziehungen noch mehr aushöhlen, sie noch unverbindlicher machen als bisher?

Diese Fragen sind nur allzu berechtigt. Sie resultieren aus verständlichen Ängsten, und nur ein naiver Technokrat kann sie leichten Herzens beiseiteschieben. Denn wenn wir uns genauer umsehen, finden wir allenthalben Anzeichen eines psychologischen Zusammenbruchs. Es ist, als sei eine Bombe in unserer »Psychosphäre« hochgegangen — und tatsächlich erleben wir dort einen Umbruch, wie wir ihn bereits in Techno-, Info- und Soziosphäre der Zweiten Welle haben konstatieren können.

In allen reichen Ländern ist es das gleiche, schon viel zu vertraute Leid: steigende Selbstmordraten bei Jugendlichen, schwindelnd hohe Alkoholikerzahlen, weitverbreitete psychische Depression, Vandalismus und Kriminalität. In den Krankenhäusern der Vereinigten Staaten sind die Notaufnahmestationen überfüllt mit »Haschern«, »Koksern«, »Fixern« und Tablettensüchtigen — ganz zu schweigen von Menschen mit »Nervenzusammenbrüchen«.

Sozialarbeit und »Psycho-Industrie« erleben überall einen Boom. In Washington verkündet eine vom Präsidenten eingesetzte Kommission, daß nicht weniger als ein Viertel der US-Bevölkerung ernsthaft an psychischem Streß leidet. Und ein Psychologe vom National Institute of Mental Health, der beklagt, daß fast keine Familie frei sei von irgendeiner Form seelischer Krankheit, erklärt, daß »psychische Störungen ... überhandnehmen in einer amerikanischen Gesellschaft, die verwirrt, gespalten und um ihre Zukunft besorgt ist«.

Durch schwammige Begriffe und unzuverlässige Statistiken geraten solche Verallgemeinerungen in ein schiefes Licht. Sicher ist auch, daß die psychische Verfassung vergangener Gesellschaftsformen nicht eben vorbildhaft war. Und dennoch: Irgend etwas stimmt heute einfach nicht mehr.

Das Alltagsleben ist zu einer qualvollen Gratwanderung geworden. Unsere Nerven sind zerschlissen. Die Emotionen sind kaum noch unter Kontrolle zu halten. Raufereien und Schießereien in U-Bahnen und in den Schlangen, die sich vor überlasteten Tankstellen bilden, legen davon beredtes Zeugnis ab. Millionen von Menschen haben es buchstäblich »bis oben hin« satt.

Zusätzlich wird die Stimmung noch angeheizt durch ein wachsendes Heer von Schwärmern, Spinnern, Ausgeflippten, Freaks und Psychopathen, deren asoziales Verhalten häufig noch von den Medien verklärt wird. Zumindest im Westen läßt sich eine verhängnisvolle Romantisierung geistiger Krankheiten beobachten, eine Glorifizierung der Insassen des »Kuckucksnests«. Bestseller verkünden, Verrücktheit sei ein Mythos, und in Berkeley setzt sich eine Literatur-Zeitschrift das Motto, daß »Verrücktheit, Genialität und Heiligkeit auf einer Ebene liegen und daher den gleichen Namen erhalten und die gleiche Wertschätzung genießen sollten«.

Währenddessen suchen Millionen von Individuen hektisch nach ihrer eigenen Identität oder bemühen sich um irgendeine Wundertherapie, die ihr defektes Ego wiederherstellen, ihnen zu größerer Spontaneität verhelfen oder sie einer »höheren« Bewußtseinsstufe zuführen soll.

Die Selbsterfahrungsbewegung, die sich von Kalifornien aus gen Osten ausbreitete, hatte Ende der siebziger Jahre rund 8000 verschiedene »Therapien« hervorgebracht — ein Sammelsurium aus Psychoanalyse, östlichen Religionen, Sexualexperimenten, Spielen und althergebrachten Erweckungsbewegungen. In einer kritischen Untersuchung heißt es:»Diese Techniken wurden hübsch verpackt und unter Bezeichnungen wie ›Mind Dynamics‹, ›Arica‹ und ›Silva Mind Control‹ von Küste zu Küste unters Volk gebracht. ›Transzendentale Meditation‹ wurde verkauft wie Schnellesekurse. Scientologen warfen ihre eigene Populartherapie ›Dianetics‹ schon in den fünfziger Jahren auf den Massenmarkt. Gleichzeitig kamen die religiösen Sekten Amerikas in Fahrt. Stillschweigend verbreiteten sie sich über das ganze Land, organisierten Spendenaktionen und betrieben Mitgliederwerbung in großem Stil.«

Wichtiger noch als die wachsende Selbsterfahrungsindustrie ist die Christliche Erweckungsbewegung. Die »Wiedergeburtsbewegung«, die besonders in ärmeren und weniger gebildeten Bevölkerungskreisen Anklang findet, macht sich geschickt Radio und Fernsehen zunutze und dehnt sich sehr schnell aus. Die religiösen Marktschreier, die auf dieser Welle mitschwimmen, lassen ihre erlösungshungrigen Jünger auf eine Gesellschaft los, von der sie behaupten, sie sei dekadent und rettungslos verloren.

Nicht alle Teile der industriellen Welt sind von dieser Malaise in gleicher Weise betroffen. Deshalb werden Leser in Europa und anderswo versucht sein, sie achselzuckend als »typisch amerikanisches« Phänomen abzutun. Selbst in den USA meinen viele, es handele sich dabei nur wieder einmal um eine neue kalifornische Marotte.

Solcherlei Ansichten sind jedoch wirklichkeitsfremd. Wenn psychisches Leid und seelische Auflösungserscheinungen in den Vereinigten Staaten — und dort vor allem in Kalifornien — besonders augenfällig sind, spiegelt das lediglich den Umstand wider, daß die Dritte Welle dort ein wenig früher als anderswo heranrollt und die sozialen Strukturen der Zweiten Innovationswelle dementsprechend früher und spektakulärer hinwegfegt.

In der Tat hat sich beileibe nicht nur in den USA vielerorts eine Art Psychose breitgemacht. In Rom und Turin verbreiten Terroristen Furcht und Schrecken. In Paris und selbst im einstmals so friedvollen London kommt es immer häufiger zu Raubüberfällen und Vandalismus. In Chicago trauen sich ältere Menschen nach Anbruch der Dunkelheit kaum noch auf die Straße. In New Yorker Schulen und U-Bahnen herrscht die Gewalt. Und in Kalifornien wiederum bietet eine Zeitschrift ihren Lesern einen Leitfaden an für »Pistolen und Schießkurse, scharfe Wachhunde, Einbrecher-Alarmanlagen, Ratschläge zur persönlichen Sicherheit, Selbstverteidigungskurse und computerisierte Sicherheitssysteme«.

Der Angriff auf die Einsamkeit

Wenn unser Leben in der Zivilisation von morgen emotionell befriedigend und die neue Psychosphäre gesund sein soll, müssen wir von drei Grundbedürfnissen des Individuums ausgehen: dem Verlangen nach Gemeinschaft *(community)*, Struktur *(structure)* und Sinn *(meaning)*. Der Aufbau einer gesünderen psychischen Umgebung für uns und unsere Kinder fällt uns leichter, wenn wir zuvor erkennen, wie sehr die Erfüllung dieser drei Bedürfnisse durch den Zusammenbruch der überkommenen Industriegesellschaft erschwert wird.

Jede moralisch intakte Gesellschaft muß imstande sein, ein Gemeinschaftsgefühl zu schaffen. Gemeinschaft verhindert Einsamkeit. Sie gibt den Menschen ein lebensnotwendiges Zusammengehörigkeitsgefühl. Doch zur Zeit zerfallen die Institutionen, von denen Gemeinschaft abhängt: Einsamkeit ist zu einer Seuche geworden.

Von Los Angeles bis Leningrad klagen Teenager, unglücklich Verheiratete, alleinstehende Mütter und Väter, einfache Arbeiter und Senioren über gesellschaftliche Isolation. Eltern geben zu Protokoll, daß ihre Kinder zu viel zu tun haben, um sie zu besuchen oder sie auch nur anzurufen. Vereinsamte legen in Bars und Waschsalons »jene unendlich traurigen Lebensbeichten« ab, wie ein Soziologe es ausdrückte. »Single«-Clubs und Diskotheken dienen verzweifelten Geschiedenen als Sexmärkte.

Einsamkeit ist sogar ein, wenngleich vernachlässigter, Wirtschaftsfaktor. Wie viele Hausfrauen aus der gehobenen Mittelklasse, die die dröhnende Leere ihrer wohlausgestatteten Vorstadthäuser fast zum Wahnsinn treibt, haben sich einen Job gesucht, um nicht verrückt zu werden? Wie viele Haustiere (und Waggonladungen von Tierfutter) werden gekauft, damit ein wenig Leben in die stillen Häuser kommt? Ein großer Teil unserer Reise- und Vergnügungsindustrie lebt von der Einsamkeit. Sie trägt bei zu Drogenmißbrauch, Depressionen und Leistungsschwund — und fördert ein lukratives Geschäft mit »einsamen Herzen«, das dem Einsamen angeblich dabei hilft, den idealen Ehepartner zu finden.

Natürlich ist das schmerzhafte Gefühl des Alleinseins nicht eben neu, doch ist die Einsamkeit inzwischen so weit verbreitet, daß sie paradoxerweise zur »gemeinsamen Erfahrung« vieler Menschen geworden ist.

Gemeinschaft verlangt allerdings mehr als nur emotionell befriedigende Bindungen zwischen einzelnen. Sie erfordert ebenso starke Loyalitätsbande zwischen Individuen und ihren Organisationen. Doch weil heute Millionen die Gesellschaft anderer Menschen fehlt, fühlen sie sich auch von den Organisationen ausgeschlossen, deren Mitglieder sie eigentlich sind. Sie sehnen sich nach Institutionen, die ihren Respekt, ihre Zuneigung und Loyalität verdienen.

Die Großunternehmen bieten hierfür ein Beispiel.

Alle Konzerne sind größer und unpersönlicher geworden und haben sich auf eine Vielzahl unterschiedlicher Aktivitäten verlegt, so daß ihren Angestellten das Gefühl einer gemeinsamen Mission weitgehend abhanden gekommen ist. Der Ausdruck »Firmenloyalität« klingt eher archaisch, und vielen erscheint die Loyalität zum Konzern tatsächlich wie ein Verrat an sich selbst. In *The Bottom Line*, dem beliebten Roman von Fletcher Knebel über das *big business*, faucht die Heldin ihren Ehemann, einen leitenden Angestellten, an: »Loyalität zur Firma! Wenn ich das bloß höre, könnte ich schon kotzen!«

Sogar in Japan, wo lebenslange Bindungen an einen Arbeitgeber durchaus noch gang und gäbe sind und wo der Konzern noch immer etwas Patriarchalisches an sich hat (wenn auch für einen sinkenden Prozentsatz der Arbeitnehmer), werden die menschlichen Beziehungen immer flüchtiger und emotional unbefriedigender. Selbst wo Konzerne sich bemühen, dem Beschäftigungsverhältnis eine gesellschaftliche Komponente zu geben, indem sie alljährlich Picknicks und Weihnachtsfeiern veranstalten und den betrieblichen Kegelverein bezuschussen, bleiben die zwischenmenschlichen Kontakte am Arbeitsplatz oberflächlich.

Aus all diesen Gründen fühlen sich heute nur wenige Menschen zu etwas zugehörig, das größer und besser ist als sie selber. »Gemeinschaft« gibt es höchstens noch gelegentlich, ganz spontan, bei Krisen, Streß, Katastrophen oder Massenerhebungen, wie beispielsweise in der Studentenbewegung der sechziger Jahre und bei den gegenwärtigen

Anti-Atom-Demonstrationen. Aber Bewegungen und die von ihnen hervorgerufenen Emotionen sind vergänglich.

Ein Grund für die Einsamkeitsgeißel ist die wachsende gesellschaftliche Vielfalt. Indem wir die Gesellschaft individualisieren und Unterschiede mehr betonen als Gemeinsamkeiten, verhelfen wir auch dem einzelnen dazu, seine Individualität auszuleben. Doch im gleichen Moment erschweren wir die Kontakte der Menschen untereinander, denn je stärker unsere Individualität ausgeprägt ist, desto schwerer fällt es uns, Partner und Freunde zu finden, die unsere spezifischen Interessen und Wertvorstellungen teilen. Wir werden wählerischer — und andere nicht minder. Dadurch kommt es zu Beziehungen zwischen Menschen, die nicht gut miteinander harmonieren — oder eben zu gar keinen Beziehungen.

Die Auflösung der Massengesellschaft verspricht zwar größere individuelle Selbsterfüllung, verbreitet jedoch, zumindest gegenwärtig, schmerzvolle Einsamkeit. Wenn die künftige Gesellschaft der Dritten Welle seelisch nicht erkalten soll, dann muß sie dieses Problem frontal angehen. Sie muß wieder für Gemeinschaft sorgen.

Wie läßt sich dies erreichen?

Sobald wir erkannt haben, daß Einsamkeit nicht nur eine Privatsache, sondern ein Problem ist, das die Allgemeinheit betrifft und auf die Desintegration der Institutionen unserer Industriegesellschaft zurückzuführen ist, können wir eine ganze Menge unternehmen. Wir können dort anfangen, wo üblicherweise die Gemeinschaft beginnt — in der Familie, deren eingeschränkten Wirkungsbereich es wieder zu erweitern gilt.

Seit der Industriellen Revolution ist die Familie in zunehmendem Maße der Sorge um ihre Alten enthoben worden. Inzwischen ist möglicherweise der Zeitpunkt gekommen, ihr diese Verantwortung teilweise wiederzugeben. Nur ein nostalgischer Narr würde einer Demontage öffentlicher oder privater Rentenversicherungssysteme das Wort reden oder alte Menschen wieder voll und ganz von ihren Familien abhängig machen wollen, so wie es einstmals der Fall war. Aber warum sollten wir Familien, die sich selbst um ihre Alten kümmern anstatt sie in unpersönliche Alters»heime« abzuschieben, nicht steuerliche oder andere Anreize bieten? Wäre es nicht sinnvoller, diejenigen, die Familienbande über Generationen hinweg aufrechterhalten und festigen, wirtschaftlich zu belohnen, anstatt sie zu bestrafen?

Auch auf andere Funktionen der Familie kann dieses Prinzip ausgedehnt werden. Die Familien sollten dazu ermutigt werden, bei der Erziehung und Ausbildung ihrer Kinder eine größere Rolle als bisher zu übernehmen. Eltern, die ihre Kinder zu Hause unterrichten wollen, sollten von den Schulen unterstützt und nicht mehr als »Freaks« und

Gesetzesbrecher angesehen werden. Und in den Schulen sollten die Eltern mehr (und nicht weniger) Mitspracherecht haben.

Gleichzeitig könnten die Schulen selbst eine Menge tun, um die Entwicklung eines Zusammengehörigkeitsgefühls zu fördern. Anstatt persönliche Leistung zum einzigen Benotungskriterium zu machen, sollte auch die Teamleistung der Klasse oder eines Teils der Klasse berücksichtigt werden. Diese Methode würde frühzeitig und für jedermann ersichtlich zur Mitverantwortung für andere erziehen.

Auch die Konzerne könnten einiges tun, um die zwischenmenschlichen Beziehungen wieder aufzuwerten. Die Produktionsweise der Dritten Welle ermöglicht Dezentralisierung und kleinere, persönlichere Arbeitseinheiten. Moral und Zusammengehörigkeitsgefühl könnten gefördert werden, wenn reformfreudige Konzerne einzelne Arbeitsgruppen zur Bildung von Minifirmen oder Kooperativen anregen und mit ihnen Direktverträge über bestimmte Spezialaufgaben abschließen würden.

Die Aufteilung riesiger Konzerne in kleine, selbstverwaltete Einheiten könnte überdies enorme schöpferische Kräfte freisetzen.

Norman Macrae, stellvertretender Chefredakteur des *Economist*, hat vorgeschlagen, daß »halb-autonomen Teams von sechs bis 17 Menschen, die sich dazu entschlossen haben, als Freunde zusammenzuarbeiten, von den Marktkräften gesagt werden sollte, welches Produktionsmodul mit welchem Preis pro Einheit vergütet wird. Die Produktionsmethode sollte weitgehend ihnen selbst überlassen werden«.

Macrae fährt fort: »Diejenigen, die erfolgreiche Freundschafts-Kooperativen entwickeln, werden der Gesellschaft große Dienste erweisen und verdienen vielleicht Subventionen oder Steuervorteile.« (Was solche Arrangements besonders interessant macht, ist, daß man Kooperativen innerhalb eines profitorientierten Konzerns schaffen könnte oder auch profitorientierte Gesellschaften im Rahmen sozialistischer Produktionsgenossenschaften.)

Konzerne könnten auch die Pensionierungspraktiken kritisch unter die Lupe nehmen. Die abrupte Beendigung des Beschäftigungsverhältnisses wegen Erreichens der Altersgrenze bedeutet für den Betroffenen nicht nur eine spürbare finanzielle Einschränkung und beraubt ihn, nach herkömmlichen gesellschaftlichen Vorstellungen, seiner produktiven Aufgabe, sondern führt auch zur Verkümmerung zahlreicher sozialer Bindungen. Könnte man nicht mehr Pläne für den stufenweisen Übergang entwickeln und Programme erarbeiten, die es »Teilzeit-Rentnern« ermöglichen, ehrenamtlich oder mit reduziertem Gehalt in unterbesetzten kommunalen Gremien und in der Sozialarbeit tätig zu sein?

Es gibt noch eine weitere Möglichkeit, die Gemeinschaft zu stärken und Rentner mit jungen Menschen in Kontakt zu bringen: Ältere

Gemeindemitglieder könnten an Schulen Aufgaben als »Hilfslehrer« oder »Mentoren« übernehmen und in dieser Funktion auf Teilzeit- oder Freiwilligenbasis ihre Kenntnisse und Erfahrungen weitervermitteln. Sie könnten auch jeweils einzelne Schüler zu Privatunterricht bei sich zu Hause empfangen. Unter schulischer Oberaufsicht würden zum Beispiel Fotografen im Ruhestand Foto-Unterricht geben; ehemalige Mechaniker könnten lehren, wie man widerspenstige Motoren zur Raison bringt, Buchhalter Kurse in Buchhaltung abhalten etc. In vielen Fällen würden sich gesunde Beziehungen zwischen Mentoren und Schülern über den Unterricht hinaus entwickeln.

Einsam zu sein, ist keine Sünde, und in einer strukturell desintegrierenden Gesellschaft sollte es auch keine Schande sein. Ein Leser schrieb an den Londoner *Jewish Chronicle*: »Warum gilt es als ›ungehörig‹, sich Gruppen anzuschließen, bei denen von vornherein klar ist, daß alle nur kommen, um mit dem anderen Geschlecht anzubandeln?« Diese Frage kann man auch bei Single-Bars, Diskotheken und Feriensiedlungen für Alleinstehende stellen.

In dem Brief wird auch darauf hingewiesen, daß in den *shtetls*, den jüdischen Enklaven Osteuropas, die Institution des *shadchan* oder Ehestifters einen guten Zweck erfüllte, da sie Heiratsfähige miteinander in Kontakt brachte, und daß Bekanntschafts- und Heiratsvermittlungsbüros sowie ähnliche Einrichtungen heute noch genauso wichtig sind. »Wir sollten offen eingestehen, daß wir Hilfe, menschlichen Kontakt und gesellschaftlichen Umgang brauchen.«

Neue und traditionelle Methoden sind gleichermaßen vonnöten, wenn man einsamen Menschen auf seriöse Weise helfen will, miteinander in Kontakt zu kommen. Manche Leute, die Freunde oder Partner suchen, vertrauen heute auf »Einsame-Herzen«-Anzeigen in der Tages- und Wochenpresse. Schon bald wird es Kabelfernsehprogramme mit lokalem Sendebereich geben, die Video-Anzeigen dieser Art ausstrahlen. Potentielle Partner werden also die Gelegenheit haben, einander zu sehen, bevor sie sich zum erstenmal treffen.

Aber müssen Bekanntschaftsdienste auf die Vermittlung romantischer Kontakte beschränkt bleiben? Warum sollte es nicht auch Vermittlungsstellen für Leute geben, die nicht unbedingt einen Sexual- oder Ehepartner suchen? Keine Gesellschaft kommt ohne solche »Kontaktdienste« aus, und wir sollten uns, solange sie seriös sind, nicht scheuen, von ihnen Gebrauch zu machen und unsererseits neue zu erfinden.

Langfristig ist auch mit dem Entstehen einer »Telegemeinschaft« zu rechnen. Gerade diejenigen, die die »Gemeinschaft« wieder festigen wollen, sollten ihr Augenmerk auf die Auswirkungen des beruflichen Pendelverkehrs und eines hohen gesellschaftlichen Mobilitätsgrades richten, die der Vereinsamung Vorschub leisten. Im *Zukunftsschock* bin ich auf diese Problematik ausführlich eingegangen und will mich daher an dieser Stelle nicht wiederholen. Festzuhalten bleibt aber auf jeden Fall, daß während der Dritten Welle die Substituierung von Transport durch Kommunikationsmittel in ausgewählten Bereichen einen wichtigen Beitrag zur Schaffung eines »Gemeinschaftsgefühls« leisten kann.

Die weitverbreitete Furcht, Computer und die moderne Nachrichtentechnik würden unmittelbare Kontakte von Mensch zu Mensch unterbinden bzw. weiter entpersonalisieren, beruht auf naiver Vereinfachung. Das Gegenteil dürfte nämlich der Fall sein. Vielleicht werden die Beziehungen am Arbeitsplatz etwas eingeschränkt. Familiäre und gemeinschaftliche Bindungen dürften hingegen durch diese neuen Technologien eher gestärkt werden. Computer und moderne Kommunikationsmittel können uns dabei helfen, Gemeinschaftssinn zu entwickeln.

Zumindest würden sie viele von uns vom Pendelverkehr befreien, jener Zentrifugalkraft, durch die wir morgens in alle Winde zerstreut und in oberflächlichen Arbeitsplatz-Beziehungen zusammengewürfelt werden, während die viel wichtigeren sozialen Bindungen zu Hause oder im Bereich der Gemeinde unter ihr zu leiden haben. Die neuen Technologien können den Zusammenhalt der Familien stärken und das Gemeindeleben intensivieren, da sie vielen Menschen die Möglichkeit geben, zu Hause (oder in nahegelegenen Arbeitszentren) zu arbeiten. Das elektronische Heim kann, wie wir gesehen haben, zum charakteristischen »Familienbetrieb« der Zukunft werden.

Es ist damit zu rechnen, daß Paare, die tagsüber zu Hause miteinander arbeiten, abends gern ausgehen werden. (Der typische Pendler von heute klappt bei der Rückkehr nach Hause erschöpft zusammen und weigert sich, die Wohnung noch einmal zu verlassen.) Wenn Kommunikationsmittel den Berufsverkehr ersetzen, wird es in den Vorstädten sehr viel lebendiger werden: Restaurants, Theater, Kneipen und Clubs werden wie Pilze aus dem Boden schießen; Kirchen und karitative Organisationen erhalten neuen Zulauf. Und bei all diesen Aktivitäten kommt es zu direkten zwischenmenschlichen Kontakten.

Davon abgesehen, sind auch indirekte Beziehungen nicht pauschal abzulehnen. In Wirklichkeit geht es oft nicht so sehr darum, ob eine Beziehung mittelbar oder unmittelbar ist, als vielmehr um die Überwindung von Passivität und Ohnmacht. Schüchternen oder Invaliden, die ihre Wohnung nicht verlassen können oder sich vor direkten Begegnungen mit anderen Menschen fürchten, ermöglicht die in Entstehung begriffene Infosphäre elektronische Kontaktaufnahme mit Gleichgesinnten, seien es nun Schachspieler, Briefmarkensammler, Lyrikfreunde oder Sportfans, die in Sekundenschnelle in allen Teilen des Landes angewählt werden können.

Obgleich diese Kontakte nur indirekt sind, dürften sie ein weitaus besseres Gegengift gegen Einsamkeit sein als das Fernsehen in seiner heutigen Form, bei dem es nur einen einseitigen Nachrichtenstrom gibt und der Empfänger den Flimmerszenen auf der Mattscheibe hilflos ausgeliefert ist und selbst passiv bleibt.

Die Heroinstruktur

Der Neuaufbau des Gemeinschaftslebens muß jedoch stets als Bestandteil eines viel größeren Prozesses gesehen werden, denn der Zusammenbruch der von der Zweiten Welle geschaffenen Institutionen zerstört auch »Struktur« und »Sinn« unseres Lebens.

Das Leben jedes einzelnen Individuums verlangt nach einer gewissen Strukturierung. Ein Leben ohne faßbare Struktur entspricht einem ziellos treibenden Wrack.

Struktur liefert uns notwendige Bezugspunkte. Dies ist der Grund dafür, daß für das seelische Gleichgewicht vieler Menschen der Arbeitsplatz als solcher wichtiger ist als das Geld, das sie dort verdienen. Mit seinen klar umrissenen zeitlichen und kräftemäßigen Anforderungen ist der Beruf für sie ein Strukturelement, an dem sie ihr übriges Leben ausrichten können. Die Anforderungen eines Kindes an seine Eltern, die Sorgepflicht für einen Invaliden, die strenge Disziplin, die manche Kirchen und in einigen Ländern auch politische Parteien von ihren Mitgliedern fordern — all dies sind Beispiele für einfache Lebensstrukturen.

Junge Menschen, die keine klar umrissenen Strukturen in ihrem Leben erkennen können, schaffen sich mitunter welche durch den Griff zur Droge. Der Psychologe Rollo May schreibt: »Heroinsucht vermittelt dem jungen Menschen eine Art Lebensstil. Nachdem er zuvor beständig unter Orientierungslosigkeit gelitten hat, verfügt er jetzt über eine Struktur: Er muß sich überlegen, wie er den Bullen entwischt, wie er sich das nötige Geld beschafft und woher er seinen nächsten Schuß bekommt — all dies aktiviert in ihm neue Energien, die seine ehemals so strukturlose Welt ausfüllen.«

Während der industriellen Epoche wurde das Leben der meisten Menschen durch die Kernfamilie, von der Gesellschaft auferlegte Zeitpläne, klar definierte Rollen und Statussymbole sowie leicht verständliche Hierarchien strukturiert.

Der Zusammenbruch der Industriegesellschaft hat in unseren Tagen zur Folge, daß im Leben vieler Menschen die Struktur zerstört wird, noch ehe die strukturbildenden Institutionen der Dritten Welle ihren Platz eingenommen haben. Dies — und nicht ein wie auch immer geartetes persönliches Versagen — erklärt, warum Millionen heute das Gefühl haben, daß dem Alltagsleben jegliche erkennbare Ordnung fehlt.

Zum Verlust an Ordnung gesellt sich der Verlust an »Sinn«. Das Gefühl, etwas im Leben »zu gelten«, entspringt gesunden Beziehungen zum gesellschaftlichen Umfeld, zu Familie, Firma, Kirche oder einer politischen Bewegung. Es wird ferner geprägt von der Fähigkeit, sich selbst als Teil eines größeren, ja kosmischen Gesamtplans begreifen zu können.

Heute werden plötzlich gesellschaftliche Grundregeln in Frage gestellt, Rollen, Statusunterschiede und Autoritätsvorstellungen verlieren ihre Konturen. Wir tauchen gleichsam in eine »Signalkultur» ein, das große Gedankengebäude der Indust-Realität stürzt zusammen. Diese Ereignisse haben das Weltbild der meisten Menschen zerstört. Wohin sie auch sehen — sie erblicken nur noch Chaos. Sie leiden unter Gefühlen persönlicher Ohnmacht und wissen nicht weiter.

Wenn wir all diese Begleiterscheinungen des Untergangs der Industriezivilisation in Rechnung ziehen — Einsamkeit, Struktur- und Sinnverlust, entschleiern sich einige der rätselhaftesten gesellschaftlichen Phänomene unserer Zeit. Zu ihnen zählt nicht zuletzt die Hochkonjunktur des Sektenwesens.

Das Geheimnis der Sekten und Kulte

Woher kommt es, daß sich Tausende anscheinend doch ganz vernünftiger und erfolgreicher Menschen heutzutage von einer Vielzahl von Sekten und Kulten angezogen fühlen, die aus den Bruchspalten des industriellen Systems hervorwuchern? Was steckt hinter der totalen Kontrolle, die ein Jim Jones über seine Anhänger ausüben konnte?

Man schätzt, daß rund drei Millionen US-Bürger heute Mitglieder in ungefähr eintausend religiösen Sekten sind. Die größten von ihnen tragen Namen wie »Vereinigungskirche«, »Mission des göttlichen Lichts«, »Hare Krischna« und »Der Weg« und unterhalten in den meisten größeren Orten eigene Kultstätten. Eine einzige von ihnen, die »Vereinigungskirche« des Sun Myung Moon, zählt 60000 bis 80000 Mitglieder, gibt in New York eine Tageszeitung heraus und nennt eine Fischfabrik in Virginia sowie zahlreiche andere profitträchtige Unternehmen ihr eigen. Ihre mechanisch lächelnden Spendensammler hat jeder schon einmal gesehen.

Es gibt derartige Gruppen keineswegs nur in den Vereinigten Staaten. Ein sensationelles Gerichtsverfahren, das jüngst in der Schweiz über die Bühne ging, machte die Welt auf das »Divine-Light-Center« in Winterthur aufmerksam. Der Londoner *Economist* schreibt: »Die Kulte, Sekten und Kommunen ... sind in den USA am häufigsten, weil Amerika auch hier dem Rest der Welt um zwanzig Jahre voraus ist. Aber man kann sie auch in West- und Osteuropa sowie in vielen anderen Gegenden finden.« Doch was ist der Grund dafür, daß derartige Gruppen von ihren Mitgliedern fast völlige Selbstaufgabe und blinden Gehorsam verlangen können? Ihr Geheimnis ist leicht zu erraten. Sie kennen die Sehnsucht nach Gemeinschaft, Struktur und Sinn. Alle Sekten und Kulte hausieren mit diesen Gefühlen.

Einsamen Menschen offerieren die Sekten zunächst bedingungslose Freundschaft. Ein Sprecher der Vereinigungskirche sagt: »Wenn jemand einsam ist, reden wir mit ihm. Es laufen viele einsame Menschen herum.« Der Neuling sieht sich umgeben von Menschen, die ihm Freundschaft und herzliche Anteilnahme entgegenbringen. In vielen Sekten gehört gemeinsames Leben zur Tagesordnung. Die plötzliche Wärme und Aufmerksamkeit berührt viele Sektenmitglieder so tief, daß sie oftmals bereit sind, den Kontakt mit ihren Familien und früheren Freunden abzubrechen, ihren gesamten Verdienst der Sekte auszuhändigen und auf Drogen und Sex zu verzichten.

Aber die Sekte handelt nicht nur mit Gemeinschaft. Sie hat auch die so dringend benötigte Struktur im Angebot. Sekten und Kulte haben rigorose Verhaltensvorschriften. Sie verlangen straffe Disziplin, wobei einige von ihnen offenbar so weit gehen, diese Disziplin mit Prügeln, Zwangsarbeit, Einkerkerung und Scherbengerichten eigener Art durchzusetzen. Der Psychiater H. A. S. Sukhdeo von der New Jersey School of Medicine kam nach Interviews mit den Überlebenden des Massenselbstmords von Jonestown und dem Studium der Schriften von »Volkstempel«-Mitgliedern zu dem Schluß: »Unsere Gesellschaft ist so frei und tolerant und den Leuten stehen so viele Optionen offen, daß sie keine eigenen Entscheidungen mehr zu treffen vermögen. Sie wollen Entscheidungen anderen überlassen und ihnen folgen.«

Ein Mann namens Sherwin Harris, dessen Tochter und ehemalige Frau mit Jim Jones in Guayana den Tod suchten, faßte dies alles in einem einzigen Satz zusammen, als er sagte: »Hier haben wir ein Beispiel dafür, wozu Amerikaner bereit sind, um etwas Struktur in ihr Leben zu bringen.«

Das dritte lebenswichtige »Produkt«, das von den Sekten und Kulten vermarktet wird, ist »Sinn«. Alle verfügen sie über eigene, einspurige Interpretationen der religiösen, politischen oder kulturellen Wirklichkeit. Die Sekte besitzt die einzig gültige Wahrheit, und Außenstehende, die den Wert dieser Wahrheit nicht anerkennen, gelten entweder als schlecht informiert — oder als vom Teufel besessen. Die Ideologie der Sekte wird den neuen Mitgliedern rund um die Uhr eingehämmert, bis sie schließlich anfangen, selber diese sekteneigenen Kategorien anzuwenden, ihr Vokabular und ihren Existenzbegriff. Der »Sinn«, den die Sekte vermittelt, mag Außenstehenden absurd erscheinen. Aber das macht nichts.

Tatsächlich ist es so, daß der eigentliche Inhalt der Sektenideologie beinahe zufällig ist. Ihr starker Einfluß beruht vielmehr darauf, daß sie eine Synthese anbietet, eine Alternative zu der zersplitterten »Signalkultur«, die uns umgibt. Sobald der Neuling den Rahmen akzeptiert hat, fällt es ihm leichter, in das Informations-Chaos, das von außen auf ihn einstürmt, eine gewisse Ordnung zu bekommen. Ob dieser Ideen-»rahmen« mit der Realität etwas zu tun hat oder nicht, ist dabei nebensächlich: Auf jeden Fall schafft er ein übersichtliches System von geistigen Schubladen, in denen das Sektenmitglied die eintreffenden Daten unterbringen kann. Der Streß, der aus Informationsüberfrachtung und Widersprüchlichkeiten resultiert, läßt daher nach.

Indem die Sekte ihrem Mitglied das Gefühl gibt, die Realität sei »sinnvoll« — und daß dieser Sinn an Außenstehende weitervermittelt werden müsse —, bietet sie ein Ziel und ein in sich geschlossenes System innerhalb einer anscheinend zusammenhanglosen Welt.

Aber der Preis, den die Sekte für Gemeinschaft, Struktur und Sinn verlangt, ist extrem hoch: Sie verlangt nämlich kritiklose Selbstaufgabe. Für manche ist dies zweifellos die einzige Alternative zum persönlichen Zusammenbruch. Aber den meisten von uns ist dieser Ausweg zu teuer. Wenn wir eine Zivilisation der Dritten Welle haben wollen, die sowohl geistig gesund als auch demokratisch ist, dann müssen wir mehr tun als nur neue Energiequellen schaffen oder neue Technologien einführen. Wir müssen mehr tun, als nur Gemeinschaftsgefühl zu erzeugen: Wir müssen auch für Struktur und Sinn sorgen. Und auch hier gibt es ein paar ganz einfache Dinge, die wir schon jetzt tun können.

Lebensorganisatoren und Halbkulte

Warum sollten wir nicht zuallererst einmal eine Truppe professioneller oder halb-professioneller »Lebensorganisatoren« auf die Beine stellen? Wir brauchen z.B. vermutlich nicht so viele Psychotherapeuten, die sich maulwurfsartig durchs Id und Ego wühlen, sondern vielmehr Leute, die uns, und sei es nur in kleinen Bereichen, helfen können, unseren Alltag zu gestalten. Zu den heutzutage am weitesten verbreiteten Redewendungen gehören Sätze wie: »Morgen werde ich mich mal zusammenreißen« oder »Ich bin noch nicht bühnenreif.«

Manche Psychiater üben heute die Funktion von »Lebensorganisatoren« aus. Sie bieten nicht mehr jahrelange Therapie auf der Couch an, sondern praktische Lebenshilfe, zum Beispiel bei der Arbeitssuche und der Partnerwahl. Sie helfen ihren Klienten dabei, die Finanzen in Ordnung zu halten oder eine Diätkur durchzustehen usw. Viel mehr derartige Ratgeber — »Struktur-Lieferanten« — sind erforderlich, und wir sollten uns nicht scheuen, ihre Dienste in Anspruch zu nehmen.

Im Bildungswesen werden wir zunehmend auf Dinge achten müssen, die bislang routinemäßig ignoriert wurden. Wir verwenden enorm viel Zeit darauf, in einer Vielzahl von Kursen meinetwegen die Struktur einer Regierung oder die Struktur einer Amöbe zu erklären. Aber kümmern wir uns auch um die Struktur des Alltagslebens? Lehren wir, wie man sich die Zeit einteilt, wie man mit Geld umgeht und was für Anlaufstellen es gibt, wenn man in dieser so ungeheuer kompiexen Gesellschaft Hilfe braucht? Wir gehen davon aus, daß die Jugendlichen sich ohnehin in unserer gesellschaftlichen Struktur auskennen. In Wirklichkeit haben die meisten höchstens eine ganz vage Vorstellung von der Organisation der Arbeits- oder Geschäftswelt. Manche Studenten haben keinen Begriff von der Wirtschaftsstruktur der Stadt, in der sie leben; sie wissen nicht, wie die Stadtverwaltung funktioniert und an welche Stelle sie sich wenden müssen, wenn sie sich über irgendeinen Geschäftemacher beschweren wollen. Die meisten haben noch nicht einmal eine Ahnung, wie ihre eigenen Schulen — ja sogar Universitäten — aufgebaut sind, ganz zu schweigen davon, welchen Veränderungen derartige Strukturen unter dem Einfluß der Dritten Welle ausgesetzt sind.

Wir werden auch die strukturfördernden Institutionen, einschließlich der Sekten, unter den neuen Gesichtspunkten betrachten müssen. Eine verständnisvolle Gesellschaft sollte für ein breites institutionelles Spektrum sorgen, in dem sowohl Einrichtungen mit großer innerer Freizügigkeit als auch solche mit strengen Regeln vertreten sind. Wir brauchen »offene Klassenzimmer« genauso wie traditionelle Schulen. Wir brauchen sowohl Institutionen mit einfachen Ein- und Austrittsprinzipien als auch rigide mönchische Orden (sowohl säkularer wie religiöser Natur).

Heute ist die Kluft zwischen der »totalen Struktur«, die die Sekten bieten, und der scheinbar »totalen Strukturlosigkeit« des Alltagslebens viel zu weit.

Wenn uns die vollständige Unterwerfung, die von vielen Sekten verlangt wird, abstößt, dann sollten wir vielleicht die Bildung von Organisationen, die man »Halbkulte« nennen könnte und die irgendwo *zwischen* strukturloser Freiheit und streng strukturierter Reglementierung anzusiedeln sind, fördern. Man könnte sogar religiöse Organisationen, Vegetarier und andere Sekten und Gruppen dazu ermuntern, Gemeinden zu bilden, in denen Menschen, denen eine solche Lebensweise gefällt, eine mehr oder weniger starke Struktur auferlegt wird. Diese Halbkulte könnten lizensiert oder überwacht werden, um sicherzustellen, daß es nicht zu physischer oder psychischer Gewaltanwendung, zu Unterschlagungen, Erpressungen oder ähnlichen Praktiken kommt. Sie könnten so organisiert sein, daß Menschen, die eine äußere Struktur benötigen, sich ihnen für einen Zeitraum von sechs Monaten oder einem Jahr anschließen — und dann wieder austreten können, ohne daß man Druck auf sie ausübt oder ihnen Vorwürfe macht.

Manche Menschen finden es vielleicht hilfreich, eine gewisse Zeit in einem Halbkult zu leben, dann wieder in die Außenwelt zurückzukehren, um sich darauf erneut der Organisation anzuschließen usw. Sie wollen vielleicht zwischen den Anforderungen einer starken, auferlegten Ordnung und der Freiheit der übrigen Gesellschaft hin- und herpendeln. Sollte man ihnen das nicht ermöglichen?

Die Schaffung solcher Halbkulte legt auch die Errichtung säkularer Organisationen nahe, die eine Art Zwischenstufe zwischen dem freien Zivilleben und dem disziplinierten Leben in einer Armee bilden. Warum sollte es nicht eine Anzahl — etwa von der Gemeinde organisierter — ziviler Hilfskorps, Schulsysteme oder sogar private Gesellschaften geben, die auf Vertragsbasis nützliche Gemeinschaftsdienste übernehmen und junge Leute beschäftigen, die unter strikten disziplinarischen Regeln zusammenleben und nach Armeetarifen bezahlt werden? »Umweltschutz-Korps«, »Hygiene-Korps«, »medizinische Hilfskorps« oder »Korps für die Altenhilfe« könnten sich sowohl für die Allgemeinheit wie für den einzelnen auszahlen.

Abgesehen vom Nutzen solcher Dienstleistungen als solcher und einem gewissen Maß an Lebensstruktur, könnten derartige Organisationen in das Leben ihrer Mitglieder auch den so dringend nötigen »Sinn« bringen — und zwar nicht irgendeinen falschen Zauber oder eine politische Theologie, sondern das einfache Ideal vom Dienst an der Gemeinschaft.

Wir werden über all diese Maßnahmen hinaus aber auch das persönliche »Sinn«verständnis mit umfassenderen Weltanschauungen in Einklang bringen müssen. Es genügt nicht, daß Menschen ihre eigenen kleinen Beiträge zum gesellschaftlichen Leben verstehen (bzw. zu verstehen glauben). Sie müssen auch eine leise Ahnung von ihrer Position innerhalb eines größeren Ganzen haben.

Es gibt keine Weltanschauung, die die Wahrheit für sich gepachtet hat. Nur temporär können wir ein annähernd abgerundetes Weltbild gewinnen. Die Anerkennung dieses Axioms ist jedoch nicht gleichbedeutend mit der Feststellung, daß das Leben »sinn«los sei. Selbst wenn das Leben in kosmischer Sicht tatsächlich sinnlos *ist*, können wir dennoch aus gesunden sozialen Beziehungen und dadurch, daß wir uns als Teil eines größeren Dramas — d. h., einer zusammenhängenden geschichtlichen Entwicklung — empfinden, einen Sinn ableiten. Und oftmals tun wir das auch.

Kapitel 26
Die Persönlichkeit der Zukunft

Wenn in unserer Mitte plötzlich eine neue Zivilisation entsteht, bleibt die Frage nicht aus, ob wir selbst nun nicht hoffnungslos »veraltet« sind. Da so viele unserer Gewohnheiten, Wertvorstellungen und Reaktionen in Zweifel gezogen werden, ist es kaum verwunderlich, daß wir uns ab und zu wie Menschen aus vergangenen Zeiten fühlen, wie Relikte aus der Industriezivilisation.

Nun mag es durchaus richtig sein, daß unter uns auch ein paar lebende Anachronismen herumlaufen — aber gibt es nicht auch zukunftsorientierte Menschen unter uns, Bürger, die gleichsam schon in der Zivilisation der Dritten Welle leben? Können wir jenseits der allgemeinen Verfallserscheinungen bereits die Umrisse der Persönlichkeit der Zukunft erkennen — einen »neuen Menschen« sozusagen?

Es wäre nicht das erste Mal, daß *un homme nouveau* am Horizont entdeckt worden wäre. André Reszler, Direktor des Europäischen Kulturzentrums, hat sich in einem brillanten Aufsatz mit den historischen Ankündigungen eines neuen Menschentypus auseinandergesetzt. Gegen Ende des 18. Jahrhunderts gab es z. B. den »Amerikanischen Adam« — die Neugeburt des Menschen in Nordamerika, ohne die Laster und Schwächen der Europäer. In der ersten Hälfte des 20. Jahrhunderts erwartete Hitler-Deutschland den »neuen Menschen«. Nach Hermann Rauschning war der Nationalsozialismus mehr als eine Religion, nämlich der Wille, den »Übermenschen« zu schaffen. Dieser kernige Arier sollte teils Bauer, teils Krieger, teils Gott sein.

Das Bild vom »neuen Menschen« spukt auch bei den Kommunisten herum. In der Sowjetunion spricht man noch immer vom kommenden »Sozialistischen Menschen«. Es war Trotzki, der am überschwenglichsten vom Menschen der Zukunft schwärmte. »Der Mensch ist unvergleichlich stärker, weiser und aufnahmefähiger. Sein Körperbau wird harmonischer sein, seine Bewegungen rhythmischer, seine Stimme melodiöser. Sein Leben wird starke dramatische Züge annehmen. Der Durchschnittsmensch wird das Niveau eines Aristoteles, eines Goethe, eines Marx erreichen.«

Vor noch nicht allzulanger Zeit kündigte Frantz Fanon die Ankunft eines weiteren »neuen Menschen« an, der ein »neues Bewußtsein« haben sollte. Nach den Vorstellungen Che Guevaras würde der Idealmensch der Zukunft über ein reicheres Innenleben verfügen.

Kein Bild gleicht dem anderen. Reszler weist jedoch nach, daß sich hinter den meisten Vorstellungen dieser Art eine recht vertraute Figur verbirgt: der »Edle Wilde«, ein mythisches Wesen, das mit allen Tugenden ausgestattet ist, die die Zivilisation angeblich korrumpiert oder zerschlissen hat. Zu Recht stellt Reszler diese Romantisierung des Primitiven in Frage und erinnert uns daran, daß Regime, die bewußt das Bild eines »neuen Menschen« auf ihre Fahnen heften, gemeinhin totalitär sind und großes Unheil anrichten.

Es wäre daher töricht, einmal mehr die Geburt eines »neuen Menschen« zu verkünden (es sei denn, wir beziehen diesen Begriff in strikt biologischem Sinn auf die furchterregende Arbeit der Genchirurgen). Es handelt sich um einen Prototyp für eine ganze Zivilisation. In einer Gesellschaft, die sich immer rascher individualisiert, dürfte solch ein Idealtypus kaum Chancen haben.

Genauso töricht wäre es allerdings anzunehmen, daß von Grund auf gewandelte Lebensbedingungen die menschliche Persönlichkeit — oder besser den »sozialen Charakter« des Menschen — völlig unberührt ließen. Wenn wir die Tiefenstruktur einer Gesellschaft ändern, verändern wir auch die Menschen. Selbst wenn man an so etwas wie eine unwandelbare menschliche Natur glaubt — eine weitverbreitete Ansicht, die ich nicht teile —, würde die Gesellschaft noch immer bestimmte Eigenschaften begünstigen und andere benachteiligen, was evolutionäre Charakterveränderungen innerhalb der Bevölkerung zur Folge hätte.

Der Psychoanalytiker Erich Fromm, dessen Schriften über den sozialen Charakter vielleicht die besten sind, definiert diesen als »den Teil der Charakterstruktur, der den meisten Mitgliedern einer Gruppe gemeinsam ist«. In jeder Kultur, so Fromm, gibt es viele gemeinsame Züge, die den sozialen Charakter bestimmen. Der soziale Charakter wiederum prägt die Menschen so sehr, daß »ihr Verhalten nicht das Ergebnis einer bewußten Entscheidung ist, ob ein soziales Muster eingehalten wird oder nicht, sondern des Bestrebens, *so handeln zu wollen, wie sie handeln müssen* und gleichzeitig darin Befriedigung zu finden, daß sie sich den Ansprüchen der Kultur gemäß verhalten.«

Die Dritte Welle kreiert also keinen idealen Übermenschen, keine neue Spezies, die heroisch zwischen uns einherschreitet, sondern bewirkt drastische Änderungen im sozialen Charakter. Unsere Aufgabe ist es daher, nicht einem »mythischen Menschen« nachzueifern, sondern die Charakterzüge herauszufinden, von denen wir annehmen können, daß sie sich in der Zivilisation von morgen hoher Wertschätzung erfreuen.

Diese Charakterzüge lassen sich nicht einfach auf äußere Einwirkungen zurückführen. Sie entstehen aus der Spannung zwischen innerem Antrieb, d. h. den Wünschen der Individuen, und dem äußeren Antrieb, d. h. den gesellschaftlichen Zwängen. Sobald diese gemeinsamen Charakterzüge ausgeformt sind, spielen sie in der wirtschaftlichen und sozialen Entwicklung der Gesellschaft eine einflußreiche Rolle.

Das Herannahen der Zweiten Innovationswelle war z. B. begleitet von der Verbreitung der protestantischen Ethik, in deren Mittelpunkt

Sparsamkeit, unablässige Plackerei und aufgeschobener Lustgewinn standen. Diese Eigenschaften setzten enorme Energien für die wirtschaftliche Entwicklung frei. Unter den Vorzeichen der Zweiten Welle veränderten sich auch die Begriffe von Objektivität, Subjektivität und Individualismus sowie das Verhalten gegenüber Autoritäten, die Fähigkeit zu abstraktem Denken und das Einfühlungs- und Vorstellungsvermögen.

Den Bauern, die zum Industrieproletariat umfunktioniert wurden, mußten wenigstens rudimentäre Lese- und Schreibkenntnisse beigebracht werden. Sie mußten erzogen und ausgebildet, informiert und angepaßt werden. Von immer mehr Menschen wurde die Fähigkeit verlangt, sich in eine neue Rolle und in eine neue Umgebung hineinzudenken. Ihr Bewußtsein mußte aus seiner unmittelbaren Gegenwartsbezogenheit befreit werden. Der Industrialismus war daher gezwungen, die Vorstellungskraft zu demokratisieren, so wie er in gewissem Maße die Kommunikationsmittel und die Politik demokratisierte.

Dieser psychokulturelle Wandel führt zu einer Umstrukturierung der Charaktereigenschaften — d. h. zu einem neuen sozialen Charakter. Und heute stehen wir wieder vor einem ähnlichen psychokulturellen Umbruch.

Da wir uns immer geschwinder von der Orwellschen Uniformität der Zweiten Welle entfernen, ist es schwierig, allgemeine Worte über die aufkeimende neue Psyche zu finden. Mehr noch als in anderen Bereichen sind wir hier, was die Zukunft angeht, auf Spekulationen angewiesen.

Eine andere Jugend

In der Gesellschaft von morgen wird das Kind vermutlich weit weniger im Mittelpunkt stehen als in unseren Tagen.

Das Durchschnittsalter der Bevölkerung in den hochtechnisierten Ländern nimmt ständig zu. Die Aufmerksamkeit der Öffentlichkeit wird sich daher immer mehr auf die Bedürfnisse der älteren Mitbürger konzentrieren und entsprechend weniger auf die der jungen. Da ihre Berufs- und Karrierechancen auf dem Arbeitsmarkt steigen, sind Frauen überdies nicht mehr genötigt, all ihre Energien wie früher in die Mutterschaft zu investieren.

Während der Zweiten Welle sahen Millionen Eltern ihre Träume in ihren Kindern verwirklicht — häufig deshalb, weil sie Grund zu der Annahme hatten, daß es ihren Sprößlingen einmal besser gehen würde als ihnen selbst. Diese Aufstiegserwartungen ermutigten die Eltern, enorme psychische Energien für ihre Kinder zu mobilisieren. Heute sehen sich viele Eltern aus der Mittelschicht derartiger Illusionen beraubt; ihre Kinder sind vielfach nicht mehr Auf- sondern Absteiger im sozioökonomischen Sinn. Damit schwindet für die Eltern die Hoffnung, in der Karriere ihrer Kinder eine Ersatzbefriedigung zu finden.

Die Gesellschaft, in die das Baby von morgen hineingeboren wird, wird sich daher nicht mehr bedingungslos den Bedürfnissen, Ansprüchen und Wünschen des Kindes und seiner seelischen Entwicklung unterordnen. Die Dr. Spocks von morgen werden daher vielleicht fordern, daß von den Kindern mehr verlangt und daß die Kindheit als solche besser strukturiert wird. Die Eltern werden weniger nachgiebig sein.

Auch das Erwachsenwerden wird für viele vermutlich kein so langwieriger und schmerzvoller Prozeß sein wie heute. Millionen von Kindern werden in Haushalten mit nur einem Elternteil aufwachsen, mit arbeitenden Müttern (oder Vätern), die unter unberechenbaren Wirtschaftsschwankungen zu leiden haben. Ihnen wird weniger Luxus und weniger Zeit zur Verfügung stehen als der Blumenkinder-Generation der sechziger Jahre.

Andere werden später wahrscheinlich in Heimarbeiter-Familien aufwachsen. Ähnlich wie in den kleinen Familienbetrieben der Zweiten Welle werden Kinder im elektronischen Heim der Zukunft von Anfang an direkt in den familiären Arbeitsprozeß miteinbezogen und schon früh verantwortungsvolle Aufgaben übernehmen.

Die Kindheit und Jugend wird aus all diesen Gründen voraussichtlich kürzer, dafür aber mit mehr Verantwortung und Produktivität erfüllt sein. Durch die Zusammenarbeit mit Erwachsenen sind Kinder, die unter solchen Bedingungen aufwachsen, wahrscheinlich auch weniger häufig Gruppenzwängen durch Altersgenossen ausgeliefert.

Während des Übergangs zur neuen Gesellschaft werden die Gewerkschaften der Zweiten Welle überall dort, wo Arbeitsplätze rar sind, dafür kämpfen, daß jungen Menschen, die nicht zu Hause arbeiten, der Arbeitsmarkt verschlossen bleibt. Gewerkschaften (und Lehrer, gleichgültig, ob sie gewerkschaftlich organisiert sind oder nicht) werden für eine Verlängerung der Schulpflicht plädieren. Sollte ihnen dabei Erfolg beschieden sein, werden Millionen junger Menschen auch in Zukunft noch die Qualen eines in die Länge gezogenen Reifeprozesses ertragen müssen. Zwischen den Jugendlichen, die sich aufgrund frühzeitiger verantwortungsvoller Arbeit im elektronischen Heim schneller entwickeln, und denen, die außerhalb dieses Systems nur langsam erwachsen werden, kann eine tiefe Kluft entstehen.

Langfristig ist jedoch damit zu rechnen, daß sich auch das Erziehungswesen ändert. Außerschulisches Lernen gewinnt immer größere Bedeutung. Trotz des gewerkschaftlichen Drucks wird die Schulpflicht nicht verlängert, sondern verkürzt. Die rigide Trennung nach Altersgruppen verschwindet. Die Ausbildung wird enger mit der Arbeitswelt verknüpft und über einen längeren Zeitraum des Lebens verteilt. Und die Arbeit selbst — egal, ob es sich dabei um Produktion für den Markt oder um Prosum für den Eigenbedarf handelt — beginnt wahrscheinlich früher als noch während der vergangenen zwei Generationen. Daher dürften in der Zivilisation der Dritten Welle weniger Kumpanei mit Gleichaltrigen, weniger Konsumorientierung und hedonistische Nabelschau, sondern ganz andere Eigenschaften gefragt sein.

Auf jeden Fall wird die Jugend anders aufwachsen als heute, und entsprechend anders werden die Persönlichkeiten sein, die sich dabei entwickeln.

Der neue Arbeiter

Wenn der junge Mensch erwachsen wird und ins Berufsleben eintritt, ist seine Persönlichkeit neuen Einflüssen ausgesetzt, die ihn für einige seiner Eigenschaften belohnen und für andere bestrafen oder benachteiligen.

Während der Zweiten Welle wurde die Arbeit in den Büros und Fabriken zunehmend spezialisierter und monotoner. Der Zeitdruck verstärkte sich, Arbeitgeber bevorzugten gehorsame, pünktliche Arbeiter, die bereit waren, stumpfsinnige Tätigkeiten zu übernehmen. Dementsprechend wurden die dafür erforderlichen Eigenschaften von den Schulen gefördert und von den Konzernen honoriert.

Je stärker der Einfluß der Dritten Welle gesellschaftlich spürbar wird, desto abwechslungsreicher wird die Arbeit, und desto weniger Stückwerk produzieren wir. Gleitzeit und selbstgesetzte Arbeitsrhythmen ersetzen die alte Massensynchronisation des Verhaltens. Von den Arbeitern wird größere Vielseitigkeit verlangt. Sie müssen sich auf häufigere innerbetriebliche Versetzungen, auf Produktwechsel und Reorganisationen einstellen.

Die Arbeitgeber der Dritten Welle werden deshalb Männer und Frauen brauchen, die gern Verantwortung übernehmen, die ihre Arbeit mit der ihrer Kollegen in Einklang zu bringen wissen und mit immer größeren Aufgaben fertigwerden, die sich veränderten Umständen leicht anpassen und gut mit den Menschen in ihrer Umgebung harmonieren.

Pingeliges bürokratisches Benehmen zahlte sich in Betrieben der Zweiten Welle häufig aus. Der Betrieb der Dritten Welle erfordert Menschen, die weniger vorprogrammiert sind und schneller schalten. Der Unterschied ähnelt, so Donald Conover, Leiter der innerbetrieblichen Weiterbildung bei Western Electric, dem Unterschied zwischen Musikern eines Orchesters, die jede Note vom Blatt spielen, und Jazz-Musikern, die, nachdem sie sich zunächst auf den Song, den sie spielen wollen, geeinigt haben, feinfühlig auf kleine Andeutungen ihrer Kollegen eingehen und danach meisterhaft improvisieren.

Menschen dieses Schlages sind Individualisten, die stolz sind auf alles, was sie von anderen Menschen unterscheidet. Sie sind der Prototyp der individualisierten Arbeitskraft, die in der Industrie der Dritten Welle unentbehrlich sein wird.

Nach dem Meinungsforscher Daniel Yankelovich werden nur mehr 56 Prozent aller amerikanischen Arbeiter — vor allem die älteren unter ihnen — von herkömmlichen wirtschaftlichen Anreizen motiviert. Sie fühlen sich am wohlsten mit strikten Arbeitsanweisungen und klar umrissenen Aufgabengebieten. Sie erwarten nicht, »Sinn« in ihrer Arbeit zu finden.

Demgegenüber kommen neue, auf die Dritte Welle zurückzuführende Wertvorstellungen, schon bei 17 Prozent der Berufstätigen zum Ausdruck, insbesondere bei jüngeren Managern der mittleren Führungsschicht, die, laut Yankelovich, »am meisten auf mehr Verantwortung und auf eine anregende Arbeit erpicht sind, die ihren Talenten und Fähigkeiten entspricht«. Sie suchen nicht nur finanzielle Entlohnung, sondern auch »Sinn«.

Um derartige Arbeitskräfte für sich zu gewinnen, beginnen Arbeitgeber damit, individualisierte Prämien auszusetzen. Einige Industriebetriebe neuen Stils bieten ihren Angestellten z.B. nicht mehr einen feststehenden Satz von Sozialleistungen, sondern ein Smorgasbrød aus zusätzlichen freien Tagen, Kranken-, Renten- und anderen Versicherungen. Jeder Angestellte kann sich ein eigenes »Paket«, das seinen ganz persönlichen Bedürfnissen entspricht, heraussuchen. Dazu meint Yankelovich: »Es gibt keine allgemeinen Anreize mehr, mit denen sich das gesamte Arbeitnehmerspektrum motivieren läßt.« Überdies sei in dem Sammelsurium der Vergütungen die Motivationskraft des Geldes nicht mehr so stark wie früher.

Niemand behauptet, daß die Arbeiter kein Geld mehr haben wollen. Natürlich wollen sie. Doch sobald einmal ein bestimmtes Einkommensniveau erreicht ist, gehen die Wünsche weit auseinander. Zusätzlicher Verdienst bestimmt das Verhalten längst nicht mehr in dem Maße wie früher. Als die Bank of America in San Francisco ihren zweiten Vizepräsidenten Richard Easley befördern und in eine nur dreißig Kilometer entfernte Zweigstelle versetzen wollte, lehnte dieser ab. Er wollte nicht zum Pendler werden. Zehn Jahre zuvor, als der *Zukunftsschock* erstmals den Streß der beruflichen Mobilität beschrieb, lehnten nur etwa zehn Prozent der Angestellten eine Versetzung ab. Heute sind es (nach Auskunft der Merrill-Lynch-Manager-Vermittlung) zwischen 33 und 50 Prozent, obwohl die Versetzung oft mit einer erheblichen Gehaltserhöhung gekoppelt ist. »Die Gewichte haben sich eindeutig verschoben: Wer früher noch salutierte und sich nach Timbuktu schicken ließ, legt heute größeren Wert auf sein Familienleben und seinen Lebensstil«, sagt ein Vizepräsident der Celanese Corporation.

Die meisten tiefverwurzelten Autoritätsraster sind gleichfalls im

Wandel begriffen. In den Firmen der Zweiten Welle hat jeder Angestellte nur einen Chef. Kommt es zu Konflikten zwischen den Angestellten, trifft der Boß die Entscheidung. In den neuen Matrix-Organisationen ist der Arbeitsstil völlig anders. Die Arbeiter und Angestellten haben nicht mehr nur einen einzigen Chef. In temporären, »adhocratischen« Gruppen treffen sich Leute verschiedener Berufe und unterschiedlichen Ranges. Davis und Lawrence, Autoren eines Standardwerkes zu diesem Thema, schreiben: »Differenzen ... werden ohne einen jederzeit schlichtungsbereiten Boß aus der Welt geschafft ... In einer Matrix geht man davon aus, daß dieser Konflikt durchaus gesund sein kann ... Differenzen werden ausgewertet, und die Leute sagen ihre Meinung, selbst wenn sie wissen, daß andere eventuell anderer Ansicht sind.«

Dieses System benachteiligt Arbeiter, die blind gehorchen. Es bevorzugt diejenigen, die — in Grenzen — widersprechen. Arbeitnehmer, die »Sinn« suchen, die Autoritäten in Frage stellen, die mehr Entscheidungsfreiheit haben wollen oder fordern, daß ihre Arbeit einen sozialen Bezug haben soll, gelten in Industriebetrieben der Zweiten Welle vielleicht als Unruhestifter. Aber die Industrie der Dritten Welle kommt ohne sie nicht aus.

Die Ethik des Prosumenten

Die Persönlichkeitsentwicklung in der Zivilisation der Dritten Welle wird nicht nur von Erziehung, Bildung und Arbeit beeinflußt. Tiefere Kräfte wirken auf die Psyche von morgen ein. Denn die Wirtschaft besteht nicht nur aus Jobs und bezahlter Arbeit.

Wie ich bereits erwähnte, können wir von der Vorstellung ausgehen, daß die Wirtschaft in zwei Sektoren aufgeteilt ist: in einen Markt- oder Produktionssektor und in einen Prosumentensektor. Wir werden von beiden Sektoren in jeweils spezifischer Weise psychisch beeinflußt, da jeder von ihnen seiner eigenen Ethik, eigenen Wertvorstellungen und eigenen Erfolgsbegriffen Vorschub leistet.

Die Expansion der Marktwirtschaft förderte eine aggressive Erwerbsethik, und persönlicher Erfolg wurde an rein wirtschaftlichen Kriterien gemessen.

In der Dritten Welle erlebt jedoch der Prosum, wie wir gesehen haben, einen phänomenalen Boom. Die Produktion zum Eigenverbrauch wird nicht mehr nur reines Freizeitvergnügen sein und wahrscheinlich größere ökonomische Bedeutung erlangen. Und da sie unsere Energie und Zeit immer mehr beanspruchen wird, prägt auch sie allmählich unser Leben und den sozialen Charakter.

Nicht mehr der Besitz, sondern die Tätigkeit der Menschen wird in der Prosumentenethik einen hohen Stellenwert haben. Zwar wird Geld nach wie vor prestigeträchtig sein, doch zählen nun auch persönliche Eigenschaften wie Selbstvertrauen, die Fähigkeit, sich an schwierige Bedingungen anzupassen, anstatt sich von ihnen unterkriegen zu lassen, sowie handwerkliches Können — ob man nun einen Zaun baut, ein gutes Essen kocht, seine eigene Kleidung schneidert oder eine alte Truhe restauriert.

Während die Produktions- oder Marktethik einspuriges Denken guthieß, liegt die Betonung in der Prosumentenethik eher auf Vielseitigkeit. Da die Dritte Welle die Produktion für den Markt und die Produktion für den Eigenverbrauch besser austariert, verlangen immer mehr Menschen nach einem »ausgeglichenen« Lebensstil.

Die Aktivitätsverlagerung vom Produktions- zum Prosumsektor sorgt auch in anderen Lebensbereichen für besseres Gleichgewicht. Eine wachsende Anzahl von Beschäftigten in der Produktion für den Markt hat nur noch mit Abstrakta zu tun — mit Worten, Zahlen, Modellen — und kaum noch mit Menschen.

»Kopfarbeit« dieser Art mag für viele faszinierend und lohnend sein. Aber sie geht nicht selten mit dem Gefühl einher, allen profanen Ansichten, Geräuschen, Strukturen und Emotionen des Alltags entrückt zu sein. Tatsächlich ist vermutlich ein Großteil der gegenwärtigen Glorifizierung von Handwerk, Gartenarbeit, Bauern- und Arbeitermoden und dem, was man »Lastwagenfahrer-Chic« nennen könnte, nichts weiter als eine Kompensation für die anschwellende Flut des Abstrakten im Produktionssektor.

Im Prosum haben wir es dagegen mit einer konkreten, unmittelbaren Realität zu tun. Wir stehen mit Menschen und Dingen in direktem Kontakt. Teilzeit-Arbeit in Verbindung mit Teilzeit-Prosum wird immer mehr Menschen die Möglichkeit verschaffen, sowohl die Freuden der Handarbeit wie die der Kopfarbeit, Konkretes wie Abstraktes, zu genießen. In der Prosumentenethik kommt die Handarbeit, auf die man dreihundert Jahre lang herabsah, wieder zu Ehren. Und auch dieses neue Gleichgewicht wird höchstwahrscheinlich die Persönlichkeitsbildung beeinflussen.

Wir haben gesehen, wie der Aufstieg des Industrialismus mit seiner interdependenten Fabrikarbeit die Männer »objektiv« und die Frauen, die zu Hause blieben und Arbeiten mit geringem Interdependenzgrad verrichteten, »subjektiv« werden ließ. Heute, da immer mehr Frauen berufstätig sind und für den Markt produzieren, werden sie zunehmend »objektiviert«. Sie werden ermutigt, »wie ein Mann zu denken«. Da andererseits immer mehr Männer zu Hause bleiben und einen größeren Anteil der Hausarbeit übernehmen, sinkt ihr Bedürfnis nach »Objektivität«: Die Männer werden »subjektiviert«.

Wenn in Zukunft viele Menschen ihr Leben in Teilzeitarbeit für große, interdependente Unternehmen oder Organisationen und

Teilzeit-Prosum in kleineren, autonomen Einheiten aufteilen, dürfte die geschlechtsspezifische Relation zwischen Objektivität und Subjektivität durchaus ausgeglichen werden.

Statt unausgewogener »männlicher« und »weiblicher« Verhaltensweisen wird sich im System der Dritten Welle eher die Fähigkeit bezahlt machen, die Welt aus beiden Blickwinkeln betrachten zu können: »Objektive Subjektivisten« sind gefragt.

Kurzum: Je größer die gesamtwirtschaftliche Bedeutung des Prosums wird, desto schneller verändert sich auch die menschliche Psyche. Der kombinierte Einfluß von grundlegenden Änderungen in Produktion und Prosum, Kindererziehung und Ausbildung verspricht unseren sozialen Charakter mindestens so drastisch umzumodeln, wie es die Zweite Welle vor dreitausend Jahren tat.

Ja, selbst wenn sich jede dieser Überlegungen als falsch erweisen sollte, wenn alle Veränderungen, die wir zur Zeit bemerken, sich in ihr Gegenteil verkehrten — es gibt noch ein weiteres, gewichtiges Indiz, das auf einen Umbruch in unserer Psychosphäre schließen läßt: die »Revolution im Kommunikationswesen«.

Das konfigurative Ich

Zwischen Kommunikationsmitteln und Charakter besteht ein komplexer, aber unauflösbarer Zusammenhang. Wenn wir das Kommunikationswesen von Grund auf reformieren, können wir nicht erwarten, daß wir als Volk davon unberührt bleiben. Eine Revolution der Medien führt unweigerlich zu einer Revolution der Psyche.

Die Zweite Welle überschwemmte die Menschen mit massenproduzierten visuellen Eindrücken. Relativ wenige, zentral hergestellte Zeitungen, Zeitschriften, Radio- und Fernsehsendungen sowie Kinofilme nährten ein »monolithisches Bewußtsein«, wie Kritiker es nannten. Die Menschen wurden ununterbrochen dazu angehalten, sich und ihren Lebensstil mit einer relativ kleinen Anzahl vorgegebener Rollen zu vergleichen. Dementsprechend war das Spektrum der gesellschaftlich anerkannten Verhaltensweisen nicht sonderlich breit.

Die derzeitige Individualisierung der Medien bietet eine verwirrende Auswahl von Modellen und Lebensweisen, an denen wir uns messen können. Überdies offerieren uns die neuen Medien keine perfekten Identifikationsmodelle, sondern nur bruchstückhafte visuelle Eindrücke, weshalb wir gezwungen sind, uns selbst ein solches Modell aus lauter Einzelteilen zusammenzusetzen: ein konfiguratives oder modulares »Ich«. Dies ist nicht einfach und erklärt, warum so viele Millionen verzweifelt nach Identität suchen.

Bei unseren diesbezüglichen Bemühungen entwickeln wir ein geschärftes Bewußtsein für unsere eigene Individualität — für die

Eigenschaften, die uns von anderen Menschen unterscheiden. So ändert sich unser Bild von uns selbst. Wir wollen als Individuen angesehen und behandelt werden — und dies geschieht genau zu dem Zeitpunkt, da das neue Produktionssystem individualisierte Arbeitskräfte braucht.

Die neuen Medien helfen uns nicht nur dabei, unsere persönlichen Eigenarten besser zu erkennen, sondern sie verwandeln uns auch in Produzenten — oder besser: Prosumenten eines eigenen Bildes von uns selbst.

Der sozialkritische deutsche Schriftsteller Hans Magnus Enzensberger bemerkte, daß in den Massenmedien von gestern die technische Trennung zwischen Empfängern und Sendern die gesellschaftliche Arbeitsteilung zwischen Produzenten und Konsumenten reflektiere. Während der gesamten industriellen Ära bedeutete dies, daß professionelle »Kommunikatoren« Botschaften *für* das Publikum produzierten. Das Publikum selbst hatte keinen Einfluß auf die Sendungen und konnte mit den Produzenten keine Verbindung aufnehmen.

Die revolutionärste Eigenschaft der neuen Medien besteht nun gerade darin, daß viele von ihnen »interaktiv« sind, d.h., dem Benutzer nicht nur den simplen Empfang, sondern auch die Eigenproduktion und Ausstrahlung von Bildern erlauben. Zweiweg-Kabelfernsehsysteme, Videokassetten, billige Kopier- und Tonbandgeräte — in all diesen Fällen handelt es sich um Kommunikationsmittel in den Händen von Individuen.

Langfristig kann man sich vorstellen, daß selbst ganz normales Fernsehen interaktiv wird. Wir würden also in diesem Fall irgendeinen Fernsehstar der Zukunft nicht nur bloß sehen können, sondern wären in der Lage, uns mit ihm zu unterhalten und auf sein Verhalten innerhalb der Show Einfluß zu nehmen. Schon heute ist es mit dem Qube-Kabelsystem technisch möglich, daß Zuschauer bei einer Fernsehshow den Regisseur anrufen und ihn bitten, die Handlung zu beschleunigen bzw. zu verlangsamen.

Die Medienrevolution verschafft jedem von uns ein komplexeres Bild vom eigenen Ich. Sie läßt die persönlichen Eigenarten deutlicher hervortreten. Sie beschleunigt die Entwicklungsphasen, in denen wir verschiedene Bilder von uns gleichsam »ausprobieren«. Sie gibt uns die Möglichkeit, unser »Image« elektronisch zu verbreiten. Kein Mensch weiß, wie sich dies alles auf unsere Persönlichkeitsstruktur auswirken wird. In keiner Zivilisationsform der Vergangenheit standen uns derartige Apparate zur Verfügung.

Die neue Welt ist unserem bisherigen Erfahrungsschatz so fremd, daß alle psychologischen Spekulationen zugegebenermaßen auf schwankendem Grund stehen. Absolut sicher ist jedoch, daß sich machtvolle Strömungen zu einem gewaltigen Fluß vereinen, der den sozialen

Charakter ändert, gewisse Eigenschaften besonders pointiert, andere unterdrückt und auf diese Weise uns alle transformiert.

Die Abkehr von der Zivilisation der Zweiten Welle bedeutet mehr als nur den Übergang von einem Energiesystem zum nächsten oder von einer technologischen Basis zu einer anderen. Wir revolutionieren auch unser Innenleben. Unter diesen Voraussetzungen wäre es absurd, die Vergangenheit einfach auf die Zukunft zu projizieren, d.h. die Menschen, die unter den von der Dritten Welle geschaffenen Bedingungen leben, mit Begriffen aus der Zweiten Welle erklären zu wollen.

Wenn unsere Annahmen sich auch nur teilweise bewahrheiten sollten, werden sich die Menschen von morgen lebhafter voneinander unterscheiden, als sie es heute tun. Sie werden früher erwachsen sein und früher Verantwortung übernehmen. Sie werden anpassungsfähiger sein und ein höheres Maß an Individualität an den Tag legen. Eher als ihre Eltern werden sie dazu bereit sein, Autoritäten in Frage zu stellen. Sie werden zwar Geld verdienen wollen, sich aber — außer in extremen Notlagen — weigern, ausschließlich für Geld zu arbeiten.

Vor allem aber werden sie wohl danach streben, Ausgeglichenheit in ihr Leben zu bringen — Gleichgewicht zwischen Arbeit und Spiel, zwischen Produktion und Prosum, zwischen Kopf- und Handarbeit, zwischen Abstraktem und Konkretem, zwischen Objektivität und Subjektivität. Und sie werden sich selbst weitaus differenzierter sehen und darstellen als frühere Generationen.

In der Zivilisation der Dritten Welle werden wir keinen utopischen Mann und keine utopische Frau schaffen, die über Menschen vergangener Epochen herausragen, keine Übermenschen-Rasse aus Genies, sondern hoffentlich nur eine Rasse bzw. eine Zivilisation, die es verdient, »menschlich« genannt zu werden.

Alle Hoffnungen auf eine solche Entwicklung und einen sicheren Übergang zu einer moralisch intakten neuen Zivilisation sind jedoch vergeblich, wenn wir nicht einen letzten Imperativ berücksichtigen, nämlich die Notwendigkeit politischer Transformation. Wir werden die Aussichten dafür, die sowohl grauenerregende wie erheiternde Aspekte haben, auf den uns verbleibenden Seiten erörtern. Die Persönlichkeit der Zukunft muß in der Politik der Zukunft eine Entsprechung finden.

Kapitel 27

Das politische Mausoleum

Eine Revolution auf dem Energiesektor, eine technologische Revolution, eine revolutionäre Umgestaltung des Familienlebens, eine Revolution im geschlechtsspezifischen Rollenverhalten und eine weltweite Revolution im Kommunikationswesen — dies alles führt notwendigerweise zu einer Situation, in der auch die politische Lage explosiv wird.

Alle politischen Parteien der industriellen Welt, alle unsere Kongresse, Parlamente, Oberste Sowjets, Präsidentschaften sowie die Hierarchien der Verwaltungsbürokratie — kurzum, all die Werkzeuge, mit deren Hilfe wir Kollektiventscheidungen treffen und durchsetzen, sind hinfällig und werden umgeformt. Mit der politischen Struktur der Zweiten Welle kann die Zivilisation der Dritten Welle nicht funktionieren.

Ebensowenig wie die Revolutionäre, die das Industriezeitalter einleiteten, mit dem noch aus der Feudalepoche stammenden Apparat regieren konnten, so sind auch wir Heutigen mit der Notwendigkeit konfrontiert, neue politische Instrumente zu erfinden.

Das Schwarze Loch

Wir erleben heute nicht die Krise dieser oder jener Regierung, sondern die Krise der repräsentativen Demokratie an sich. In zahlreichen Ländern gerät die politische Maschinerie der Zweiten Welle ins Wanken und funktioniert nur noch leidlich. Das hat gefährliche Konsequenzen.

In den Vereinigten Staaten ist der politische Entscheidungsprozeß in allen Fragen, die für die Gesellschaft lebenswichtig sind, nahezu völlig gelähmt. Sechs Jahre nach dem OPEC-Embargo, das die Wirtschaft wie ein Hammerschlag traf — trotz der daraus hervorgehenden Bedrohung der Unabhängigkeit und sogar der militärischen Sicherheit, trotz wiederholter Reorganisierung der Bürokratie und trotz leidenschaftlicher Appelle des Präsidenten — dreht sich die politische Maschinerie der USA hilflos um ihre eigene Achse und ist unfähig, etwas, das auch nur entfernte Ähnlichkeit mit einer kohärenten Energiepolitik hätte, in die Wege zu leiten.

Dies ist nicht das einzige politische Vakuum. In den Vereinigten Staaten gibt es auch keine planvolle Städtebaupolitik, keine Umweltpolitik, keine Familienpolitik und keine Technologiepolitik. Nach dem Urteil ausländischer Kritiker existiert auch keine erkennbare außenpolitische Konzeption. Und selbst wenn es auf all diesen Gebieten adäquate politische Strategien gäbe, das amerikanische politische System hat keine Integrationskraft und wäre nicht dazu in der Lage, Prioritäten zu setzen. Der Zusammenbruch des Entscheidungsprozesses ist bereits so weit fortgeschritten, daß Präsident Carter in einer beispiellosen Rede sich dazu gezwungen sah, die »Lähmung..., Stagnation ... und Ziellosigkeit« seiner eigenen Regierung zu verurteilen.

Die Krise des Entscheidungsprozesses ist indessen nicht das Monopol einer bestimmten Partei oder eines bestimmten Präsidenten. Sie hat sich vielmehr seit den frühen sechziger Jahren immer mehr verstärkt und spiegelt lediglich tieferliegende Strukturprobleme wider, die kein Präsident — sei er nun Demokrat oder Republikaner — im Rahmen der bestehenden Ordnung lösen kann. Auch auf andere gesellschaftliche Institutionen wie die Familie, die Schule und die Wirtschaftsunternehmen wirkt sich diese politische Situation destabilisierend aus.

Dutzende von Gesetzen, die unmittelbar ins Familienleben eingreifen und sich gegenseitig aufheben bzw. widersprechen, verschlimmern die Krise der Familie. Im Bildungswesen wurden in dem Augenblick Gelder für den Neubau von Schulen bewilligt, als die Schülerzahlen zu sinken begannen. Die Folge war eine Bauorgie — und nutzlose neue Schulgebäude. Die Gelder wurden dann gestrichen — obwohl man sie zu anderen Zwecken dringend benötigt hätte. Die Unternehmen müssen sich derweilen in einem Klima politischer Unbeständigkeit zurechtfinden, so daß es ihnen praktisch unmöglich ist, heute zu sagen, was die Regierung morgen von ihnen verlangt.

Da verlangt beispielsweise der Kongreß, daß General Motors und andere Automobilhersteller aus Umweltgründen in allen neuen Wagen katalytische Konverter installieren sollen. Kaum hat GM 300 Millionen Dollar für die Konverter ausgegeben und einen 500 Millionen Dollar schweren Zehnjahresvertrag für die Lieferung der zu ihrer Herstellung nötigen wertvollen Metalle unterzeichnet, verkündet die Regierung, daß die Auspuffgase von Autos mit katalytischen Konvertern 35mal so viel Schwefelsäure enthalten wie die von Wagen ohne Konverter ...

Gleichzeitig produziert eine außer Kontrolle geratene Verordnungsmaschinerie ein immer undurchdringlicheres Netz von Vorschriften,45 000 Seiten pro Jahr! 27 verschiedene Behörden wachen allein auf dem Sektor der Stahlherstellung über die Einhaltung von 5 600 Bundesgesetzen (dazu kommen Tausende von zusätzlichen Verordnungen, die sich auf die Rohstofförderung, den Verkauf der Produkte und auf Transportfragen beziehen). Eli Lilly, ein führendes pharmazeutisches Großunternehmen, verwendet mehr Zeit auf die Ausfüllung amtlicher Formulare als auf die Erforschung von Krebs und Herzkrankeiten. Ein einziger Rechenschaftsbericht des Ölkonzerns Exxon an die staatliche Energiebehörde umfaßt 450 000 Seiten — das enspricht ungefähr 1 000 Bänden!

Dieser exotische Wildwuchs der Bürokratie überlastet die Wirtschaft, während die sprunghaften Mal-so-mal-so-Entscheidungen der Behörden das allgemeine Gefühl von Anarchie noch verstärken. Der sich täglich ändernde Zickzackkurs der Politik erschwert den Überlebenskampf unserer Institutionen erheblich.

Der Zusammenbruch des Entscheidungsprozesses ist keineswegs ein rein amerikanisches Phänomen. In Frankreich, Deutschland, Japan und England — ganz zu schweigen von Italien — zeigen sich ähnliche Symptome. Das gleiche gilt für die kommunistischen Industrieländer. Und der japanische Ministerpräsident erklärt: »Wir hören immer häufiger von einer weltweiten Krise der Demokratie. Ihre Fähigkeit, Probleme zu lösen — die sogenannte Regierbarkeit der Demokratie —, wird in Frage gestellt. Auch in Japan sitzt die parlamentarische Demokratie auf der Anklagebank.«

In all diesen Ländern sind die politischen Entscheidungsträger überbeansprucht, überlastet und überarbeitet. Sie versinken in einer Flut irrelevanter Daten und sehen sich unbekannten Gefahren gegenüber. Wir erleben Regierungen, die nicht mehr oder kaum noch zu Entscheidungen höchster Dringlichkeitsstufe imstande sind und sich statt dessen in hektischem Aktionismus mit Tausenden von weniger wichtigen, oftmals völlig trivialen Dingen abgeben.

Wenn wirklich einmal wichtige Beschlüsse zustandekommen, dann geschieht das gemeinhin zu spät, um das zu erreichen, was mit ihnen beabsichtigt ist. Ein geplagter britischerAbgeordneter klagt: »Wir haben alle Probleme mit Gesetzen gelöst. Wir haben sieben Gesetze gegen die Inflation erlassen. Wir haben in zahlreichen Fällen Ungerechtigkeiten beseitigt. Wir haben die ökologische Frage gelöst. Jedes Problem ist von der Gesetzgebung unzählige Male gelöst worden. Aber die Probleme bleiben. Die Gesetzgebung funktioniert nicht.«

Ein amerikanischer Fernsehmoderator drückte es mit einem historischen Vergleich aus: »Mir kommt es so vor, als wäre die Nation eine Kutsche, mit der die Pferde durchgehen. Jemand versucht, sie im Zaum zu halten, aber sie reagieren nicht auf ihn.«

Dies ist der Grund dafür, daß sich viele ohnmächtig fühlen, führende Politiker eingeschlossen. Ein amerikanischer Senator erwähnte mir gegenüber im vertraulichen Gespräch, daß er zutiefst frustriert sei und das Gefühl habe, nichts Nützliches zustande zu bringen. Er fragt sich, wofür er sein Privatleben geopfert habe und wozu sein hektischer Lebenstil, die Überstunden, die dauernden Reisen, endlosen Konferenzen und der ständige Streß gut sein sollen. Ein britischer Parlamentsabgeordneter stellte die gleiche Frage und fügte noch hinzu: »Das Unterhaus ist ein Museumsstück — ein Relikt!« Ein hoher Beamter des Weißen Hauses klagte mir gegenüber, daß sich selbst der Präsident, angeblich der mächtigste Mann der Welt, ohnmächtig fühlt. »Der Präsident kommt sich vor , als brülle er ins Telefon — und am anderen Ende der Leitung ist keiner.«

Die wachsende Unfähigkeit, zeitgemäße und sachkundige Entscheidungen zu treffen, hat das Machtgefüge innerhalb der Gesellschaft verändert. Unter normalen Umständen, wenn nicht gerade eine Revolution ins Haus steht, bedienen sich die gesellschaftlichen Eliten des politischen Systems, um ihre Vorherrschaft weiter zu festigen. Ihre Macht läßt sich an ihrer Fähigkeit, gewisse Dinge geschehen zu lassen bzw. zu verhindern, ablesen. Voraussetzung dazu ist freilich, daß sie imstande sind, den Gang der Ereignisse vorherzusagen und zu kontrollieren. Wenn sie an den Zügeln ziehen, müssen die Pferde stehenbleiben.

Heutzutage können die Eliten die Folgen ihres eigenen Handelns nicht mehr voraussagen. Die politischen Systeme, die ihnen zur Durchsetzung ihrer Ziele zur Verfügung stehen, sind von den Ereignissen längst überholt. Selbst wenn die Eliten diese Systeme strikt »kontrollieren«, verfehlen im Eigeninteresse getroffene Entscheidungen oft ihren Zweck.

Dies soll natürlich nicht heißen, daß die Macht, die die Eliten verloren haben, nun einfach anderen gesellschaftlichen Gruppen zugefallen ist. Die Macht wird nicht übertragen; sie wird statt dessen immer mehr vom Zufall geleitet, so daß niemand weiß, wer in einem gegebenen Moment für was verantwortlich ist, wer nun eigentlich die reale (nicht nominale!) Autorität besitzt und wie lange er diese Autorität haben wird. In dieser brodelnden Semi-Anarchie entwickelt der Durchschnittsbürger nicht nur einen bitteren Zynismus gegenüber seinen eigenen »Repräsentanten«, sondern auch — was noch bedrohlicher ist — gegenüber dem Repräsentationsprinzip an sich.

Das »Selbstbestätigungs-Ritual« der Zweiten Welle — die Wahlen — beginnt aus diesen Gründen seinen Einfluß zu verlieren. Jahr für Jahr geht in den Vereinigten Staaten die Wahlbeteiligung weiter zurück. Bei der Präsidentschaftswahl 1976 blieben 46 Prozent der Wahlberechtigten zu Hause, das heißt, daß der Präsident mit den Stimmen eines Viertels der Wählerschaft gewählt wurde, was seinerseits ungefähr einem Achtel der Gesamtbevölkerung entspricht. Der Meinungsforscher Patrick Caddell fand zudem heraus, daß nur zwölf Prozent der Wählerschaft der Wahl überhaupt noch Bedeutung beimessen.

Auch die politischen Parteien verlieren an Anziehungskraft. Zwischen 1960 und 1972 nahm die Zahl der »Unabhängigen«, die keiner Partei angehören, in den USA um 400 Prozent zu. 1972 war das erste Jahr seit über einem Jahrhundert, in dem die Anzahl der Unabhängigen so hoch war wie die Mitgliederzahl einer der großen Parteien.

Parallele Tendenzen zeigen sich auch anderswo. Die britische Labour Party, die bis 1979 in London regierte, kann von Glück sagen, wenn sie bei einer 56-Millionen-Bevölkerung noch über 100 000 aktive Mitglieder verfügt. Die japanische Zeitung *Yomiuri Shimbun* berichtet, daß die »Wähler wenig Vertrauen in ihre Regierungen haben. Sie fühlen sich von ihren politischen Führern entfremdet«. Eine Welle politischer Enttäuschungen überrollt Dänemark. Befragt, warum, antwortet ein dänischer Ingenieur stellvertretend für viele andere: »Die Politiker scheinen die Trends nicht aufhalten zu können.«

Der sowjetsche Dissident Viktor Nekipelow schreibt, daß in seinem Land die »letzten zehn Jahre von zunehmendem Chaos, Militarisierung, katastrophalen Zuständen in der Wirtschaft, steigenden Lebenshaltungskosten, ungenügender Versorgung mit Grundnahrungsmitteln, wachsender Kriminalität und Alkoholismus, Korruption und Diebstahl, vor allem aber von einem unkontrollierbaren Prestigeverlust der gegenwärtigen Führung in den Augen der Bevölkerung« gekennzeichnet waren.

In Neuseeland protestierte ein Bürger gegen das politische Establishment, indem er unter dem Namen »Micky Mouse« kandidierte. Ihm folgten so viele andere — mit Namen wie beispielweise »Alice im Wunderland« —, daß sich das Parlament genötigt sah, im Eilverfahren ein Gesetz durchzuboxen, das jedem, der seinen Namen in einem Zeitraum von sechs Monaten vor der Wahl ändert, das Recht abspricht, für ein öffentliches Amt zu kandidieren.

Bürger ärgern sich nicht mehr nur über ihre politischen Führer und über die Staatsbürokratie — sie legen ihnen gegenüber immer mehr Abscheu und Verachtung an den Tag. Sie fühlen, daß das politische System, das in einer außer Kontrolle geratenen Gesellschaft als Steuerrad oder Stabilisator fungieren sollte, selbst nicht mehr funktioniert.

Ein Team von Politikern und Wissenschaftlern, das kürzlich die Bundeshauptstadt Washington unter die Lupe nahm, um die Frage »Wer gibt hier den Ton an?« zu beantworten, kam zu einem verblüffenden, einfachen Schluß. Professor Anthony King von der Essex-Universität in England faßte die Ergebnisse des Reports, der vom amerikanischen Wirtschaftsinstitut veröffentlicht wurde, wie folgt zusammen: »Die knappe Antwort...müßte lauten: ›Niemand. Niemand hat dort das Sagen.‹ «

Und nicht nur in den USA, sondern in vielen Industriestaaten, die von der Dritten Innovationswelle betroffen sind, gibt es dieses immer größer werdende Machtvakuum — ein »Schwarzes Loch« in der Gesellschaft.

Privatarmeen

Ein Blick zurück in die Mitte der siebziger Jahre vermittelt einen Eindruck von den Gefahren eines solchen Machtvakuums. Damals, als die Energie- und Rohstoffströme nach dem OPEC-Embargo zu versiegen drohten und Inflation und Arbeitslosigkeit überall rapide zunahmen, als der Dollarkurs absackte und Afrika, Asien und Südamerika nach einer neuen Wirtschaftsordnung riefen, zeigten sich in den meisten von der Zweiten Welle geprägten Ländern politische Krankeitserscheinungen.

In England, der vielgepriesenen Heimat von Toleranz und Höflichkeit, rekrutierten pensionierte Generäle Privatarmeen zur Aufrechterhaltung der Ordnung, und eine neofaschistische Bewegung namens *Nationale Front* stellte in rund 90 Wahlkreisen Kandidaten auf. Faschisten und Linksradikale lieferten sich Schlägereien in den Straßen von London. In Italien eskalierten Faschisten von links, die Roten Brigaden, ihren Terror mit Kniedurchschüssen, Entführungen und Mordanschlägen. In Polen wurde, nachdem die Regierung, um der Inflation Herr zu werden, die Lebensmittelpreise erhöht hatte, ein Volksaufstand nur mit Mühe verhindert.

Gewiß, die Situation entschärfte sich etwas, als die Wirtschaft der Industrieländer sich gegen Ende der siebziger Jahre teilweise (und vorübergehend) erholte. Die britischen Privatarmeen kamen glücklicherweise nicht zum Einsatz. Die italienischen Roten Brigaden schienen sich nach der Ermordung Aldo Moros für eine Weile zurückzuziehen, um sich neu zu formieren. In Japan vollzog sich ein reibungsloser Machtwechsel. Die polnische Regierung fand einen *modus vivendi* mit den Rebellen.

Trotz allem müssen wir uns fragen, ob die in den Industrieländern bestehenden politischen Institutionen die nächste Krisenrunde überstehen können, zumal die Krisen der achtziger und neunziger Jahre noch gravierender und gefährlicher sein werden als die der jüngsten Vergangenheit. Nur wenige informierte Beobachter glauben, daß wir das Schlimmste schon hinter uns haben, und unheilverkündende Szenarien haben Hochkonjunktur.

An amerikanischen Tankstellen kam es schon zu Gewalttätigkeiten und Chaos, als die iranischen Ölhähne ein paar Wochen lang zugedreht blieben. Was wird erst — und nicht nur in den USA — passieren, wenn die gegenwärtigen Herrscher Saudi-Arabiens gestürzt werden sollten? Kann man damit rechnen, daß diese winzige Familienclique, die 25 Prozent der gesamten Erdölreserven der Welt kontrolliert, immer und ewig an der Macht bleibt, während sich in unmittelbarer Nachbarschaft Nord- und Südjemen blutige Gefechte liefern und Saudi-Arabien selbst von der Flut der Petro-Dollar, durch Gastarbeiter und radikale Palästinenser destabilisiert wird? Werden die von Schützengraben-Neurosen (und vom Zukunftsschock) geplagten Politiker in Washington, London, Paris, Moskau, Tokio und Tel Aviv auf einen Staatsstreich, eine religiöse Erhebung oder einen revolutionären Aufstand in Riad—ganz zu schweigen von einer eventuellen Sabotage der Ölfelder von Ghawar und Abqaiq — vernünftig reagieren?

Wie würden dieselben überarbeiteten und nervösen politischen Führer der Zweiten Innovationswelle in Ost und West reagieren, wenn, wie (der saudi-arabische Ölminister) Scheich Jamani voraussagt, eines Tages Froschmänner in der Straße von Hormus ein Schiff versenken oder die Meeresenge verminen und dadurch die Hälfte der Öllieferungen, von denen das Überleben der westlichen Welt abhängt, blockieren? Es stimmt nicht gerade optimistisch, wenn man auf der Karte sieht, daß auf der einen Seite dieser strategisch wichtigen, allzu engen Meeresstraße der Iran liegt, der kaum dazu imstande ist, die Ordnung im eigenem Land aufrechtzuerhalten. In einem anderen Gruselszenario wird die Frage gestellt, was passiert, wenn Mexiko ernsthaft daran geht, *sein* Öl auszubeuten — und dann mit einem plötzlichen, überwältigenden Ansturm von Petro-Pesos konfrontiert wird? Wird die herrschende Oligarchie bereit sein, den Großteil dieses neuen Wohlstandes der unterernährten, leidenden Landbevölkerung des Landes zukommen zu lassen, und verfügt sie über die dazu nötigen technischen Hilfsmittel? Ist sie überdies in der Lage, schnell genug zu handeln, um zu verhindern, daß sich die sich derzeit noch in Grenzen haltenden Guerilla-Aktionen zu einem echten Bürgerkrieg vor der Tür der Vereinigten Staaten ausweiten? Wie würde Washington im Fall eines solchen Krieges reagieren? Und wie die große Chicano-Bevölkerung in den Gettos südkalifornischer und texanischer Städte? Können wir bei dem gegenwärtigen Durcheinander im Kongreß und im Weißen Haus auch nur mit halbwegs vernünftigen Entscheidungen rechnen, wenn es zu derartigen Krisen kommen sollte?

Was nun die Wirtschaft betrifft: Können Regierungen, die schon jetzt die makro-ökonomischen Kräfte nicht mehr unter Kontrolle haben, mit noch wilderen Turbulenzen oder gar dem totalen Zusammenbruch des internationalen Finanzsystems fertigwerden? Wie kann jemand angesichts unkontrollierbarer Währungsschwankungen, einem Euro-Währungsballon, der sich unaufhaltsam weiter aufbläht, und zunehmender öffentlicher Verschuldung in den kommenden Jahren mit einer Stabilisierung der Wirtschaftslage rechnen? Wenn Inflationsraten und Arbeitslosenzahlen nach oben schnellen, das Kreditwesen zusammenbricht oder andere Wirtschaftskatastrophen auftreten, werden die Privatarmeen vielleicht doch noch in Aktion treten.

Was wird schließlich geschehen, wenn sich einige der zahllosen religiösen Sekten, die gegenwärtig ins Kraut schießen, plötzlich politischen Zielen zuwenden? Während die größeren Religionsgemeinschaften unter dem individualisierenden Einfluß der Dritten Welle immer mehr zersplittern, muß mit ganzen Heerscharen selbstgeweihter Priester, Prediger und Lehrer mit zum Teil disziplinierten, vielleicht sogar paramilitärisch organisierten politischen Gefolgschaften gerechnet werden.

Die Vorstellung ist gar nicht so abwegig, daß in den USA irgendeine neue politische Partei einen Billy Graham aufstellt und mit einem kruden, autoritären »Law-and-order«-oder »Anti-Porno«-Programm in den Wahlkampf zieht. Oder daß eine bislang noch unbekannte Anita Bryant verlangt, daß Homosexuelle und ihre Sympathisanten hinter Schloß und Riegel kommen. Diese Beispiele geben nur einen vagen Eindruck von dem, was uns dort, wo Religion und Politik ineinander übergehen, möglicherweise noch bevorsteht. Man kann sich alle möglichen politischen Kulte und Sekten vorstellen, mit Ayatollahs namens Smith, Schultz oder Santini an der Spitze.

Ich behaupte nicht, daß diese Szenarien Wirklichkeit werden müssen. Sie könnten sich alle als weit hergeholt erweisen. Aber selbst wenn dies so ist, müssen wir doch davon ausgehen, daß andere dramatische Krisen ausbrechen werden: Krisen, die noch gefährlicher sind als die der jüngsten Vergangenheit. Auch dürfen wir unsere Augen nicht mehr vor der Tatsache verschließen, daß unsere gegenwärtige politische Führung auf die kommenden Krisen in geradezu grotesker Weise unvorbereitet ist.

Der Messias-Komplex

Der Messias-Komplex besteht in der Illusion, daß wir uns irgendwie retten können, indem wir den Mann (oder die Frau) an der Spitze auswechseln.

Millionen von Menschen haben eine simple, leicht verständliche Erklärung für all unsere Sorgen parat. Verleitet von der Presse und der Hilflosigkeit der Politiker, die auf die von der Dritten Welle heraufbeschworenen Probleme keine Antwort wissen, meinen sie, das »Versagen der Führung« sei an allem schuld. Wenn doch nur ein Messias am politischen Horizont auftauchen und die Dinge wieder ins Lot bringen würde!

Diese Sehnsucht nach einem gebieterischen, aggressiv-männlichen Führer findet sich heute sogar bei wohlmeinenden Leuten, die die ihnen vertraute Welt um sich herum ins Wanken geraten sehen und deren Hunger nach Ordnung, Struktur und Verläßlichkeit wächst, je unberechenbarer die Situation wird, in der sie leben. Und so hören wir »einen furchtbaren Schrei, der anschwillt, als ob unzählige Hunde den Mond anbellten, und der nach irgend etwas oder irgend jemand heischt, der das Kommando übernimmt« — so Ortega y Gasset während der dreißiger Jahre, als Hitler sich auf dem Vormarsch befand.

In den Vereinigten Staaten wirft man dem Präsidenten Führungsschwächen vor. In England wird Margaret Thatcher gewählt, da sie zumindest den Anschein erweckt, eine »eiserne Lady« zu sein. Sogar in den kommunistischen Industrieländern, wo die Führung ohnehin alles andere als zimperlich ist, werden die Rufe nach »stärkerer Führung« immer lauter. In der Sowjetunion erscheint ein Roman, der in übler Weise Stalins Fähigkeit verherrlicht, »die notwendigen politischen Schlußfolgerungen« zu ziehen. Die Veröffentlichung von Alexander Tschakowskis *Sieg* wird als Teil einer Restalinisierungs-Kampagne gesehen. Immer öfter findet man kleine Stalinbilder auf Windschutzscheiben, in Wohnungen, Hotels und Kiosken. Viktor Nekipelow, der Autor von *Institute of Fools*, schreibt: »Der Stalin, der heute an den Windschutzscheiben zu sehen ist, ist Ausdruck einer Protestbewegung von unten ... so paradox es sein mag, eines Protests gegen die gegenwärtigen Zerfallerscheinungen und den Mangel an ›Führung‹ .«

Das heutige Bedürfnis nach »Führung« fällt in eine Zeit, in der sich mitten unter uns längst vergessen geglaubte Kräfte wieder regen. Die *New York Times* berichtet, daß in Frankreich »nach einem mehr als drei Jahrzehnte währenden Winterschlaf kleine, aber einflußreiche rechtsradikale Gruppen wieder das intellektuelle Rampenlicht suchen. Sie entwickeln Theorien über Rasse, Biologie und politische Elitenbildung, die nach dem Zweiten Weltkrieg durch die Niederlage des Faschismus diskreditiert waren.«

Sie schwadronieren von der Überlegenheit der arischen Rasse, sind leidenschaftlich antiamerikanisch eingestellt und verfügen über einen journalistischen Tummelplatz in der Wochenendausgabe des *Figaro*. Sie sind der Ansicht, daß Menschen und Rassen ungleich geboren werden und mit Hilfe der Sozialpolitik in diesem Zustand belassen werden sollten. Sie schmücken ihre Ausführungen mit Hinweisen auf E. O. Wilson und Arthur Jensen, um ihren hartnäckig antidemokratischen Vorurteilen einen wissenschaftlichen Anstrich zu verleihen.

Auf der anderen Seite des Erdballs, in Japan, verbrachten meine Frau und ich unlängst eine Dreiviertelstunde in einem riesigen Verkehrsstau und beobachteten eine langsam vorbeifahrende Lastwagenkolonne voller uniformierter und behelmter politischer Draufgänger, die mit Sprechchören und himmelwärts gereckten Fäusten gegen irgendeine Maßnahme der Regierung protestierten. Unsere japanischen Freunde sagen, diese paramilitärischen Truppen stünden in Verbindung mit den mafia-ähnlichen *Yakuza-Banden* und würden von einflußreichen Hintermännern finanziert, die an einer Rückkehr zu einem autoritären Regierungssystem nach Art des Vorkriegsregimes interessiert seien.

Alle diese Phänomene haben ihre »linken« Pendants — terroristische Banden, die zwar Slogans von sozialistischer Demokratie im Munde führen, in Wirklichkeit aber bereit sind, mit Hilfe von Kalaschnikows und Plastikbomben der Gesellschaft ihre eigene Version totalitären Führungsstils aufzuzwingen.

In den USA erleben wir, neben anderen beunruhigenden Zeichen, die Wiedergeburt eines unverhüllten Rassismus. Auf das Konto des wiedererstarkten Ku Klux Klan kommen seit 1978 Kreuzverbrennungen in Atlanta, die Umzingelung des Rathauses von Decatur, Alabama, durch eine Gruppe von Bewaffneten, Feuerüberfälle auf Kirchen der Schwarzen und auf eine Synagoge in Jackson, Missisippi. Anzeichen für gesteigerte Aktivitäten des Klans gab es in 21 Staaten, von Kalifornien bis Connecticut. In North Carolina haben Klanmitglieder, die gleichzeitig überzeugte Nazis waren, fünf linksstehende Klan-Gegner ermordet.

Dies alles sind Beispiele dafür, daß die immer lautere Forderung nach »starker Führung« zeitlich mit der Wiedererstehung hochgradig autoritärer Gruppen zusammenfällt, die vom Zusammenbruch der repräsentativen Regierungsform profitieren wollen. Der Zunder und der Funke kommen einander gefährlich nahe.

Der Ruf nach »Führung« basiert auf drei Fehleinschätzungen: Die erste von ihnen ist der Mythos von der Effizienz autoritärer Regime. Nur wenige Vorstellungen erfreuen sich weiterer Verbreitung, als die, daß dort, wo sonst nichts mehr hilft, nur Diktatoren dafür sorgen können, daß »die Züge wieder pünktlich fahren«. Heute versagen derart viele Institutionen und die Ungewißheit ist so groß, daß Millionen von Menschen gerne etwas Freiheit (vorzugsweise nicht die eigene) aufzugeben bereit sind, wenn dafür ihre wirtschaftlichen, sozialen und politischen Züge wieder fahrplanmäßig verkehren würden.

Aber starke Führung und selbst Totalitarismus haben mit Effizienz wenig zu tun. Daß die Sowjetunion heutzutage besonders »effizient« verwaltet wird, läßt sich wohl kaum nachweisen, obgleich ihre Führung gewiß »stärker« und autoritärer ist als die der Vereinigten Staaten, Frankreichs oder Schwedens. Sieht man einmal vom Militär, der Geheimpolizei und ein paar anderen Sektoren ab, die das Regime zum Überleben braucht, dann ist nach allen verfügbaren Daten — einschließlich vieler Berichte in der sowjetischen Presse — das sowjetische Staatsschiff ziemlich abgetakelt. Verschwendung, Verantwortungslosigkeit, Trägheit und Korruption — kurz: »totalitäre Ineffizienz« — lähmen die sowjetische Gesellschaft.

Selbst Nazideutschland, das unglaubliche »Effizienz« bei der Vernichtung von Polen, Russen, Juden und anderen »Nicht-Ariern« an den Tag legte, war längst nicht auf allen Gebieten so »effizient«. Raymond Fletcher, ein in Deutschland ausgebildeter britischer Parlamentsabgeordneter, der ein guter Kenner der deutschen Szene ist, erinnert uns an eine vergessene Realität: »Wir stellen uns Nazideutschland immer als Modell für Effizienz vor. In Wirklichkeit war England besser auf den Krieg vorbereitet als die Deutschen. Im Ruhrgebiet bauten die Nazis noch Panzer und gepanzerte Truppentransporter, als schon längst keine Bahnkapazitäten mehr für deren Transport verfügbar waren. Ihrer Wissenschaftler bedienten sie sich kaum. Von 16000

Erfindungen mit militärischer Bedeutung, die während des Krieges gemacht wurden, erreichten aufgrund der vorherrschenden Ineffizienz nur sehr wenige das Produktionsstadium. Die Spionage-Organisationen der Nazis bespitzelten sich gegenseitig, während der britische Geheimdienst hervorragend funktionierte. Als die Briten bereits aufgerufen waren, schmiedeeiserne Zäune und Kochtöpfe für die Kriegsanstrengung beizusteuern, produzierten die Deutschen noch Luxusgüter. Als die Briten schon längst Frauen dienstverpflichtet hatten, dachten die Deutschen noch nicht daran. Hitler selbst war ein Muster an Unentschlossenheit. Das Dritte Reich als Beispiel für militärische und industrielle Effizienz ist nichts weiter als ein albernes Märchen.«

Der zweite fatale Fehlschluß hinter dem Ruf nach starker Führung ist die unausgesprochene Annahme, daß der Führungsstil der Vergangenheit auch noch in der Gegenwart oder in der Zukunft erfolgreich sein könne. Wenn wir an »Führung« denken, beschwören wir immer Bilder aus der Vergangenheit herauf — Roosevelt, Churchill, de Gaulle. Unterschiedliche Zivilisationsformen erfordern aber auch unterschiedliche Führungsqualitäten. Und was sich in einem Fall als Stärke erweist, kann in einem anderen Fall unangebracht, ja, eine katastrophale Schwäche sein.

Während der Ersten, agrarisch orientierten Innovationswelle erwarb man unter normalen Umständen eine Führungsposition nicht durch Leistung, sondern man erbte sie. Ein Monarch benötigte einige begrenzte praktische Fähigkeiten: Er mußte seine Männer ins Feld führen und mit ein bißchen Raffinesse seine Barone gegeneinander ausspielen können. Er mußte clever genug sein, um eine vorteilhafte Ehe zu schließen. Die Fähigkeit, lesen und schreiben zu können, oder ein ausgeprägtes analytisches Denkvermögen zählten nicht zu diesen Grundvoraussetzungen. Abgesehen davon konnte der Herrscher seine umfassenden, persönlichen Machtbefugnisse je nach Launen und Schrullen frei ausüben, ungehindert von Verfassung, Parlament und öffentlicher Meinung. Wenn er sich überhaupt um Zustimmung bemühen mußte, dann allenfalls um die einer kleinen Clique von Adeligen, Lords und Ministern. Ein Führer, der in der Lage war, diesen Anhang einzusetzen, galt als »stark«.

In der industriellen Epoche beschäftigte sich der politische Führer im Gegensatz dazu immer mehr mit unpersönlichen und abstrakten Machtfaktoren. Die Entscheidungen, die er zu treffen hatte, erstreckten sich über ein sehr viel weiteres Spektrum — von der Medienmanipulation bis zur Wirtschaftslenkung. Seine Entscheidungen mußten mit Hilfe einer Reihe von Organisationen und Behörden, deren komplexe Beziehungen untereinander er durchschaute und koordinierte, in die Tat umgesetzt werden. Er mußte lesen und schreiben können und zu abstrakter Analyse fähig sein. Anstatt eine Handvoll Barone mußte er komplexe Eliten und Subeliten gegeneinander ausspielen. Selbst wenn er ein totalitärer Diktator war, so war seine Autorität zumindest nominell durch eine Verfassung, juristische Präzedenzfälle, parteipolitische Rücksichten oder die Kraft der öffentlichen Meinung eingeschränkt.

Bei derartigen Gegensätzen wäre selbst der »stärkste« Herrscher der Ersten Welle unter den politischen Rahmenbedingungen der Zweiten Welle schwächer, verwirrter, unberechenbarer und untauglicher erschienen als der »schwächste« Politiker des Industriezeitalters.

Heute stehen wir vor einer ähnlichen Situation. Während des rasanten Übergangs zu einer neuen Zivilisationsform wären »starke« Politiker wie Roosevelt, Churchill, de Gaulle, Adenauer (oder auch Stalin) in den Industriegesellschaften genauso fehl am Platz wie der Ludwig II. von Bayern im Weißen Haus. Die Suche nach scheinbar resoluten politischen Führerpersönlichkeiten mit Ellbogenkraft und unverrückbaren »Standpunkten« — ob sie nun Kennedy, Connally, Reagan, Chirac oder Thatcher heißen — ist nichts weiter als Nostalgie, die fragwürdige Suche nach einer Vater- oder Mutterfigur. Denn die »Schwäche« heutiger politischer Führer reflektiert kaum deren persönliche Qualitäten, sondern ist die Konsequenz des Zusammenbruchs der Institutionen, auf denen ihre Macht beruht.

Im Grunde ist es sogar so, daß ihre scheinbare »Schwäche« das unmittelbare Ergebnis ihrer vermehrten »Macht« ist. Je weiter die Transformation der Gesellschaft durch die Dritte Welle voranschreitet, desto größer wird die Anzahl derer, von denen die politischen Führer abhängig sind, wenn sie Entscheidungen treffen und durchsetzen wollen. Je wirksamer die Hilfsmittel werden, die ihm zu Gebote stehen — Überschall-Kampfflugzeuge, Nuklearwaffen, Computer, Nachrichtentechnik —, desto abhängiger, und nicht etwa freier, wird der politische Führer.

Die innere Logik dieser Beziehung ist zwingend, da sie die wachsende Komplexität der Macht in unserer Zeit widerspiegelt. Dies ist der Grund dafür, daß der amerikanische Präsident einerseits die Macht hat, mit einem Druck auf den nuklearen Knopf die ganze Erde in Schutt und Asche zu legen, sich aber andererseits so hilflos fühlen kann wie jemand, der telefonieren will und keine Antwort bekommt. Macht und Ohnmacht sind zwei Seiten desselben Halbleiter-Chips.

Daher erfordert die Zivilisation der Dritten Welle einen völlig neuen Führungsstil. Wie dieser im einzelnen aussehen wird, steht noch nicht fest. Vielleicht liegen die Stärken des politischen Führers von morgen gerade *nicht* in selbstbewußtem Auftreten, sondern in seiner Fähigkeit, zuhören zu können; nicht Kraftmeierei, sondern in Vorstellungsvermögen und Phantasie; nicht in Größenwahn, sondern in Einsicht in die Grenzen, die politischer Führung in einer gewandelten Welt gesetzt sind.

Die politischen Führer von morgen werden es mit einer viel individuelleren und partizipatorischeren Gesellschaft zu tun haben als heute. Sie werden es nie mehr allen Leuten gleichzeitig recht machen können. Überhaupt ist es sehr fraglich, ob die erforderlichen Führungsqualitäten jemals wieder in Einzelpersonen vereinigt sein können. Wahrscheinlich werden Kollegialität, Konsens und kürzere Zeitspannen den Führungsstil von morgen prägen.

Jill Tweedie spürte diesem Wandel in einem scharfsinnigen Artikel nach, der im *Guardian* erschien: »Es ist leicht, Carter zu kritisieren«, schrieb sie. »Es ist möglich, daß er ein Schwächling und Zauderer war. Aber es ist genauso möglich ..., daß Jimmy Carters Hauptsünde seine stillschweigende Erkenntnis ist, daß die Probleme auf unserem kleiner werdenden Planeten ... so allgemein, grundlegend und interdependent sind, daß sie nicht, wie dereinst üblich, durch die Initiative eines einzelnen Menschen oder einer einzelnen Regierung gelöst werden können.« Jill Tweedie geht davon aus, daß sich politische Führer neuen Stils entwickeln — nicht etwa, weil irgend jemand dies für gut hält, sondern weil die Sachzwänge uns keine andere Wahl lassen. Der »starke Mann« von gestern kann gut und gern der Schwächling von morgen sein.

Ganz unabhängig davon krankt die Ansicht, wir hätten eine Art politischen Messias nötig, der uns vor dem Untergang rettet, an einer weiteren gefährlichen Schwäche, da sie davon ausgeht, daß es sich hauptsächlich um ein Personalproblem handelt. Und genau dies trifft ganz und gar nicht zu. Selbst wenn unsere führenden Politiker Heilige, Genies und Helden wären, so würde sich daran nichts ändern, daß das repräsentative Regierungssystem, die politische Technologie des Industriezeitalters, in der Agonie liegt.

Das Welt-Netz

Wäre die Wahl des »besten« politischen Führers unsere einzige Sorge, so ließen sich unsere Probleme leicht im Rahmen der bestehenden Ordnung lösen. In Wirklichkeit liegen unsere Probleme jedoch tiefer. Kurz gesagt: Auch die »besten« Politiker können nichts mehr ausrichten, weil die Institutionen, mit denen sie arbeiten müssen, veraltet sind.

Unsere politischen Strukturen entstanden zu einer Zeit, als der Nationalstaat noch in den Kinderschuhen steckte. Jede Regierung war in ihren Entscheidungen mehr oder weniger unabhängig. Heutzutage ist dies längst nicht mehr der Fall, obwohl wir den Mythos der Souveränität nach wie vor aufrechterhalten. Die Inflation macht vor keiner Grenze mehr halt; selbst Herr Breschnew oder sein Nachfolger können nicht verhindern, daß sie auf ihren Machtbereich übergreift. Die kommunistischen Industriestaaten sind, obwohl sie sich teilweise von der Weltwirtschaft abgrenzen und rigider innerstaatlicher Kontrolle unterworfen sind, von ausländischen Ressourcen wie Öl, Nahrungsmitteln, Technologie, Krediten und anderen lebenswichtigen Gütern abhängig. 1979 sah sich die UdSSR gezwungen, viele Verbraucherpreise anzuheben. Die Tschechoslowakei verdoppelte die Preise für Benzin. Die ungarische Regierung verblüffte die Verbraucher mit einer 51prozentigen Strompreiserhöhung. Jede Entscheidung, die von einem Land getroffen wird, drängt einem anderen Probleme auf und verlangt nach entsprechenden Reaktionen.

Frankreich baut eine Wiederaufbereitungsanlage für nukleare Brennstoffe am Cap de la Hague (das London näher liegt als der Reaktor von Windscale). Radioaktiver Staub oder Gasemissionen würden, sollten sie freigesetzt werden, von den in diesem Gebiet vorherrschenden Winden auf England zugetrieben. Mexikanische Öllecks gefährden die 750 Kilometer entfernte texanische Küste. Und wenn Saudi-Arabien oder Libyen ihre Ölfördermengen senken bzw. erhöhen, ergeben sich daraus unmittelbare oder langfristige Folgen für die Wirtschaft vieler Länder.

In diesem engverwobenen Netz bleibt viel von der »Effektivität« nationaler politischer Führer auf der Strecke — ganz egal, welcher Rhetorik sie sich bedienen und mit welchen Säbeln sie rasseln. Im typischen Fall lösen ihre Entscheidungen teure, ungewollte, häufig auch gefährliche »Nachbeben« sowohl im globalen Raum wie auf lokaler Ebene aus. Weder die Größe der Regierungsapparate noch die Verteilung der Entscheidungskompetenzen entsprechen den heutigen Anforderungen.

Das Vermittlungsproblem

Unsere politischen Institutionen leiden auch an der veralteten Organisation des Wissens. Jede Regierung hat Ministerien oder Abteilungen, die sich jeweils mit Spezialgebieten wie Finanzen, Außenpolitik, Verteidigung, Landwirtschaft, Handel, dem Postwesen oder dem Verkehr befassen. Der amerikanische Kongreß und andere gesetzgebende Körperschaften verfügen ihrerseits über Ausschüsse, die sich mit diesen Themenbereichen befassen. Keine von der Zweiten Welle bestimmte Regierung — und sei sie noch so zentralistisch und autoritär — kann das Vermittlungsproblem lösen, d.h. die Frage, wie man die Aktivitäten aller dieser Einheiten integrieren und dafür sorgen kann, daß gute holistische Programme entwickelt werden anstelle eines Mischmaschs aus widersprüchlichen, sich gegenseitig aufhebenden Beschlüssen.

Eines sollten wir in den vergangenen Jahrzehnten gelernt haben, nämlich daß alle sozialen und politischen Probleme aufs engste miteinander verknüpft sind; daß z.B. die Energiesituation die Wirtschaft beeinflußt, diese sich wiederum auf die Gesundheit auswirkt, welche ihrerseits Bildung und Erziehung, das Familienleben und tausend andere Dinge mitbestimmt. Der Versuch, sauber voneinander abgegrenzte Problembereiche separat zu lösen — auch dies eine Methode der Zweiten Welle — erzeugt nur Verwirrung und ist zum Scheitern verurteilt. Die Organisationsstruktur unserer Regierungen ist jedoch ein getreues Abbild jenes für die Zweite Welle typischen Realitätsbegriffs.

Diese anachronistische Struktur führt zu nicht enden wollenden juristischen Machtkämpfen und zur Verlagerung der Kosten nach außen (jede Behörde versucht ihre Probleme auf Kosten anderer zu lösen) sowie zu Nebeneffekten, die das Gegenteil von dem bewirken, was ursprünglich beabsichtigt war, und oftmals sogar schlimmer sind als das ursprüngliche Problem.

Die normale Reaktion der Regierungen auf das Vermittlungsproblem besteht in weiterer Zentralisierung: Ein »Zar« wird ernannt, der mit dem Bürokratismus aufräumen soll. Er sorgt für ein paar Veränderungen — ohne sich um deren destruktive Nebenwirkungen zu kümmern —, oder aber er produziert selbst soviel zusätzlichen bürokratischen Ballast, daß seine »Entthronung« nicht lange auf sich warten läßt. Die Zentralisierung der Macht ist längst kein probates Mittel mehr.

Die Schaffung unzähliger ressortübergreifender Komitees zur Koordinierung und Überprüfung von Entscheidungen ist eine weitere Verzweiflungsmaßnahme. Sie führt nur zur Errichtung neuer Filtersysteme, durch die der Entscheidungsprozeß geleitet werden muß; das bürokratische Labyrinth wird zusätzlich kompliziert. Unsere gegenwärtigen Regierungsformen sind nutzlos, da sie die Welt durch die Brille der Zweiten Innovationswelle sehen.

Die Beschleunigung des Entscheidungsprozesses

Die Regierungen und Parlamente der Zweiten Welle waren auf einen vergleichsweise »gemütlichen« Entscheidungsprozeß zugeschnitten, der zu einer Welt paßte, in der eine Botschaft von Boston nach New York oder Philadelphia bisweilen eine Woche lang unterwegs war. Wenn heute ein Ayatollah in Teheran Geiseln festsetzt oder in Gom hustet, müssen die zuständigen Stellen in Washington, Moskau, Paris oder London unter Umständen innerhalb von Minuten entscheiden, wie sie reagieren wollen. Die rasante Geschwindigkeit, in der sich der Wandel vollzieht, überrascht oftmals die Politiker und verstärkt ihre Hilflosigkeit und Konfusion. »Noch vor drei Monaten,« so schreibt *Advertising Age*, »empfahl das Weiße Haus den Verbrauchern, ihre Dollar erst nach genauer Prüfung verschiedener Angebote auszugeben. Jetzt drängt die Regierung die Konsumenten, möglichst freigebig mit dem Geld umzugehen.« Die deutsche Fachzeitschrift *Außenpolitik* berichtet, daß Branchenkenner die Ölpreisexplosion voraussahen, aber nicht die Geschwindigkeit der Entwicklung. Die Rezession von 1974/75 traf die US-Politiker mit »verblüffender Geschwindigkeit und Wucht«, schreibt *Fortune.*

Der sich gleichfalls beschleunigende soziale Wandel verstärkt den Druck auf die politischen Entscheidungsträger. *Business Week* meinte dazu, daß in den USA »die Binnenwanderung der Industrie und der Bevölkerung, solange sie graduell vonstatten ging..., die Nation zu einen half. Aber innerhalb der letzten fünf Jahre ist dieser Prozeß den bestehenden politischen Institutionen über den Kopf gewachsen.«

Auch politische Karrieren beschleunigen sich und überraschen oft die Betroffenen selbst. Noch 1970 prophezeite Margaret Thatcher, innerhalb ihrer Lebenszeit würde es keiner Frau gelingen, in ein hohes britisches Regierungsamt berufen zu werden. 1979 wurde sie selbst Premierministerin.

In den Vereinigten Staaten dauerte es nur wenige Monate, bis ein »Jimmy Who?« ins Weiße Haus einziehen konnte. Obwohl ein neuer Präsident nicht vor dem Januar des Jahres nach der Wahl sein Amt antritt, wurde Carter *de facto* unverzüglich Präsident. Es war Carter, nicht der noch amtierende Gerald Ford, den man mit Fragen über den Nahen Osten, die Energiekrise und andere Themen bombardierte, als die Stimmen noch kaum ausgezählt waren. Die »lahme Ente« Ford wurde praktisch sofort zur »toten Ente«, da in der Politik heute gleichsam mit Zeitraffer gearbeitet wird. Die Geschichte rast — für traditionelle Atempausen bleibt keine Zeit mehr.

Auch die »Flitterwochen« mit der Presse, die einst jeder neue Präsident genießen konnte, wurden gestutzt. Noch vor seiner Inauguration wurde Carter wegen der Auswahl seiner Minister angegriffen und gezwungen, seinen Kanditaten für das Amt des CIA-Chefs zurückzuziehen. Der kluge politische Journalist Richard Reeves prophezeite dem Präsidenten, als dieser noch nicht einmal die Hälfte seiner vierjährigen Amtszeit hinter sich hatte, eine kurze Karriere, da »die blitzschnelle Nachrichtenübertragung die Zeit derartig verdichtet hat, daß in einer vierjährigen Präsidentschaft heute mehr Ereignisse, Schwierigkeiten und Informationen auftreten als in jeder achtjährigen Präsidentschaft der Vergangenheit«.

Die rapide Beschleunigung der politischen Entwicklung, in der sich der beschleunigte Rhythmus des allgemeinen Wandels widerspiegelt, intensiviert den Verfall der politischen Institutionen. Gezwungen, mit Institutionen der Zweiten Welle zu arbeiten, die für eine langsamere Gesellschaft konzipiert waren, sehen sich unsere politischen Führer einfach außerstande, intelligente Entscheidungen in der erforderlichen Geschwindigkeit zu treffen: Entweder die Beschlüsse kommen zu spät, oder es kommen überhaupt keine Entscheidungen mehr zustande.

So schreibt z.B. Professor Robert Skidelsky von der Johns-Hopkins-Universität: »Die Steuer- und Geldpolitik greift praktisch nicht, da es zu lange dauert, bis geeignete Maßnahmen vom Kongreß verabschiedet werden — selbst wenn es eine Mehrheit für sie gibt.« Und dies schrieb Skidelsky bereits 1974 — lange vor dem sechsten Jahr der Energiekrise.

Der Konsens zerbricht

Während die Zweite Welle eine Massengesellschaft schuf, individualisiert uns die Dritte Welle und hebt das gesamte soziale System auf ein höheres Komplexitätsniveau. Dieser revolutionäre Vorgang, der der biologischen Differenzierung während der Evolution sehr ähnelt, kann eines der auffallendsten politischen Phänomene unserer Zeit erklären — den Zusammenbruch des Konsenses.

Überall in der industrialisierten Welt klagen Politiker darüber, daß es keine »nationale Sache« mehr gibt, und trauern dem guten alten »Geist von Dünkirchen« nach. Sie beklagen die »Erosion der nationalen Einheit« und die bestürzende Verbreitung dynamischer Splittergruppen. Das neueste Schlagwort in Washington lautet »Ein-Thema-Gruppe« *(single issue group)* und nimmt Bezug auf jene politischen Organisationen, die sich gewöhnlich um eine einzige, ihnen besonders am Herzen liegende Sache gruppieren: Schwangerschaftsunterbrechung, Waffenscheinpflicht, Homosexuellenrechte, Einsatz von Schulbussen zur Rassenintegration, Kernenergie usw. Die Zahl dieser Gruppen geht in die Tausende. Ihre Interessen sind auf nationaler wie auf lokaler Ebene so unterschiedlich, daß Politiker und Beamte sie gar nicht mehr im einzelnen im Auge behalten können.

Die Besitzer mobiler Häuser schließen sich zusammen, um die Änderung regionaler Flächennutzungspläne durchzusetzen. Farmer bekämpfen Überlandleitungen. Pensionäre wollen keine Schulsteuern mehr entrichten. Feministinnen, Chicanos, Tagebauarbeiter und Leute, die gegen den Tagebau sind, organisieren sich ebenso wie alleinstehende Väter und Mütter und Kreuzzügler gegen die Pornographie. In einer im Mittleren Westen erscheinenden Zeitschrift wird sogar über die Bildung einer Organisation »homosexueller Nazis« berichtet, wovon sowohl heterosexuelle Nazis wie die »Bewegung zur Befreiung der Homosexuellen« *(Gay Liberation Movement)* peinlich berührt sein dürften.

Gleichzeitig zeigen sich bei nationalen Massenorganisationen Probleme, die den inneren Zusammenhalt bedrohen. Ein Teilnehmer an einer Konferenz von Wohltätigkeitsorganisationen sagt: »Ortskirchen folgen der nationalen Kirchenleitung nicht länger.« Ein Kenner der Arbeiterbewegung berichtet, daß anstelle einheitlicher politischer

Aktionen des Gewerkschaftsdachverbands AFL/CIO immer mehr die in ihm zusammengeschlossenen Einzelgewerkschaften eigene Kampagnen für eigene Ziele führen.

Es kommt nicht nur zu einer Zersplitterung der Wählerschaft, sondern die Splittergruppen selbst werden immer flüchtiger, entstehen und vergehen immer schneller. Sie bilden einen gärenden, nur schwer zu analysierenden Strom. »In Kanada«, so berichtet ein Regierungsbeamter, »rechnen wir jetzt bei neuen Gruppierungen mit einer durchschnittlichen Lebensdauer von sechs bis acht Monaten. Es gibt immer mehr Gruppen, die immer kurzlebiger sind.« Beschleunigung und Diversifikation tragen so gemeinsam zur Schaffung einer völlig neuen politischen Welt bei.

Aufgrund dieser Entwicklungen geraten auch unsere herkömmlichen Vorstellungen von politischen Koalitionen, Allianzen und Volksfronten in Vergessenheit. Im Industriezeitalter konnte ein politischer Führer — z.B. Roosevelt im Jahr 1932 — ein halbes Dutzend größere Blöcke zusammenschweißen und darauf bauen, daß diese Koalition über viele Jahre Bestand haben würden.

Heute muß man Hunderte oder gar Tausende winziger, kurzlebiger Interessengruppen miteinander verbinden, und der auf diese Weise entstehenden Koalition wird kein langes Leben beschieden sein. Sie mag vielleicht lange genug halten, um einem Präsidenten ins Amt zu verhelfen, kann aber schon am Tag nach der Wahl wieder auseinanderfallen, so daß der Gewählte keine politische Basis mehr zur Durchführung seines Programms besitzt.

Die Individualisierung des politischen Lebens, in der sich all die Trends auf den Gebieten Technologie, Produktion, Kommunikation und Kultur manifestieren, die wir bereits diskutiert haben, zerstört ihrerseits die Fähigkeit der Politiker, lebenswichtige Entscheidungen zu treffen. Gewohnt, mit wenigen übersichtlich organisierten Wählergruppen oder Wahlkreisen zu jonglieren, merken sie plötzlich, daß sie selbst belagert werden. Auf allen Seiten verlangen unzählige neue, oft temporäre Wählergruppen für sich und ihre realen, wenngleich enggefaßten Forderungen besondere Aufmerksamkeit.

Von überall her werden die Parlamente und Bürokratien mit Spezialwünschen bestürmt. Der gewaltige Berg von Forderungen läßt keine Zeit mehr zum Nachdenken. Da aufgrund des schnellen gesellschaftlichen Wandels eine verzögerte Entscheidung viel schlimmer sein kann als gar keine Entscheidung, verlangt jeder umgehend Antwort. Der amerikanische Kongreß ist daher so geschäftig, daß nach Meinung des demokratischen Abgeordneten N.Y. Mineta aus Kalifornien »die Leute sich nur im Vorbeigehen treffen. Für einen zusammenhängenden Gedankenaustausch bleibt keine Zeit.«

Die Umstände variieren von Land zu Land. Was *nicht* variiert, ist die revolutionäre Herausforderung der unbrauchbar gewordenen Institution des Industriezeitalters durch die Dritte Welle. Unsere für eine viel einfachere und langsamere Gesellschaft konzipierten Institutionen sind überlastet und veraltet. Der Herausforderung kann nicht mit simplen Verfahrensänderungen begegnet werden, da sie sich auch gegen ein theoretisches Grundprinzip der Zweiten Welle richtet: gegen das Konzept der Repräsentation.

Die zunehmende Diversifikation bringt es mit sich, daß Mehrheiten, obgleich unsere politischen Systeme theoretisch auf dem Mehrheitsprinzip beruhen, selbst in lebenswichtigen Fragen bisweilen nicht mehr zustande kommen. Der Zusammenbruch des Konsenses führt vielmehr dazu, daß immer mehr Regierungen *Minderheits*regierungen sind, die sich auf unsichere, schwankende Koalitionen stützen.

Die fehlende Mehrheit läßt die demokratische Standardrhetorik zur Farce werden. Sie zwingt uns zu der Frage, ob angesichts der doppelten Beeinflussung durch beschleunigten Wandel und höhere Diversifikation die »Repräsentation« einer Wählergruppe überhaupt noch möglich ist. In einer industriellen Massengesellschaft, in der die Menschen und ihre Bedürfnisse ziemlich einfach und uniform waren, war Konsens ein erreichbares Ziel. In einer individualisierten Gesellschaft fehlt es uns nicht nur an einer »nationalen Sache«, sondern auch an regionalem, bundesstaatlichem oder städtischem Bewußtsein. In einem Kongreßdistrikt oder einem Wahlkeis, ob in Frankreich, Japan oder Schweden, können so große Unterschiede herrschen, daß der jeweilige »Repräsentant« kaum noch einen legitimen Anspruch darauf zu erheben vermag, für irgendeinen »Konsens« zu sprechen. Da es keinen »allgemeinen Willen« mehr gibt, kann er auch nicht repräsentiert werden. Was geschieht unter solchen Umständen mit der »repräsentativen Demokratie«?

Diese Fragestellung bedeutet keinen Angriff auf die Demokratie. Aber sie führt unweigerlich zu dem Schluß, daß nicht nur die Institutionen der Zweiten Welle, sondern auch die theoretischen Konzepte, auf denen sie gegründet waren, keine Gültigkeit mehr besitzen.

Die Implosion des Entscheidungsprozesses

Zu viele und zu schnelle Entscheidungen über zu viele fremde und ungewohnte Probleme — und nicht »Führungsschwäche« — erklären die Inkompetenz unserer politischen Entscheidungsträger.

Der Spielraum für effektive Regierungsentscheidungen verkleinert sich angesichts unserer veralteten politischen Strukturen rapide. »Als alle Entscheidungen im Weißen Haus getroffen werden mußten,« so William Shawcross in *Harper's* Magazin anläßlich einer Erörterung der Kambodscha-Politik Nixons und Kissingers, »gab es kaum Zeit dafür, eine einzige von ihnen genau zu durchdenken.« Der Entscheidungsdruck, der auf dem Weißen Haus lastet — in nahezu allen Bereichen, von der Luftverschmutzung über die Krankenhauskosten und die Kernkraft bis hin zur Abschaffung gefährlicher Spielzeuge (!) — ist in der Tat so groß, daß ein Berater des Präsidenten mir anvertraute: »Alle leiden wir hier am Zukunftsschock!«

Den Exekutivorganen geht es kaum besser. Jedes Ministerium wird von der ständig wachsenden Bürde anstehender Entscheidungen geradezu erdrückt. Alle sind sie gezwungen, jeden Tag zahllose Verordnungen in Kraft zu setzen und unter unaufhörlich steigenden Belastungen eine enorme Anzahl von Entscheidungen zu treffen.

Es gibt nur wenige gute Untersuchungen über diese Entscheidungsblockierung. Zu den besten zählt Trevor Armbristers Analyse des *Pueblo*-Zwischenfalls von 1968. Damals war ein amerikanisches Spionageschiff von den Nordkoreanern aufgebracht worden, wodurch es zu einer gefährlichen Krise zwischen den beiden Ländern kam. Nach Armbrister hatte der Pentagon-Beamte, der die »Risikoberechnung« für die *Pueblo*-Mission ausführte — und danach das Unternehmen guthieß —, nur ein paar Stunden Zeit für die Risikoeinschätzung von 76 vorgeschlagenen militärischen Unternehmen. Der Beamte weigerte sich später zu schätzen, wie lange er tatsächlich an der *Pueblo*-Mission gesessen hatte.

Ein Beamter der Defense Intelligence Agency (DIA) gab jedoch folgenden entlarvenden Kommentar, den Armbrister zitiert: »Wahrscheinlich lief das alles so ab:...Er bekam eines Morgens um neun Uhr das Buch auf den Schreibtisch und dazu den Auftrag, es bis mittags zwölf Uhr zurückzugeben. Jenes Buch hat den Umfang eines Versandhauskatalogs. Es wäre ihm schon rein physisch unmöglich gewesen, jede einzelne Aktion im Detail zu prüfen.« Jedenfalls wurde das Risiko der *Pueblo*-Mission unter Zeitdruck als »minimal« eingestuft. Wenn die Angaben des DIA-Mannes stimmen, dann entfielen auf jedes militärische Vorhaben, das an jenem Morgen begutachtet werden sollte, weniger als zweieinhalb Minuten Bedenkzeit.

Pentagon-Beamte wissen zum Beispiel nicht, wohin 30 Milliarden Dollar aus internationalen Waffengeschäften verschwunden sind, ob dieser Fehlbetrag auf kolossale Fehler im Rechnungswesen zurückgeht, ob ganz einfach vergessen wurde, den Käufern den vollen Preis zu berechnen oder ob das Geld bei ganz anderen Dingen verschludert wurde. Die Milliarden-Schlamperei hat nach Ansicht eines Bilanzprüfers des Verteidigungsministeriums das »tödliche Potential einer unbefestigten Kanone, die auf dem Deck unseres Staatsschiffs hin- und herrollt«. Er gesteht ein: »Traurige Wahrheit ist, daß wir nicht einmal genau wissen, wie groß diese [Konfusion] eigentlich ist. Wahrscheinlich wird es fünf Jahre dauern, bis wir einen genauen Überblick haben.« Wenn schon das Pentagon, was offenbar gut möglich ist, mit seinen Computern und Informationssystemen zu groß und zu komplex wird, um vernünftig geführt zu werden — gilt nicht genau das gleiche auch für die Regierung in ihrer Gesamtheit?

Die alten Entscheidungsinstanzen reflektieren in zunehmendem Maße die Unordnung der Außenwelt. Stuart Eizenstat, ein Berater Präsident Carters, spricht vom »Zerfall der Gesellschaft in Interessengruppen« und einem entsprechenden »Zerfall des Kongresses in Untergruppen«. In dieser neuartigen Situation kann ein Präsident dem Kongreß nicht mehr so leicht seinen Willen aufzwingen.

Früher konnte ein amtierender Präsident mit einem halben Dutzend älterer, einflußreicher Ausschußvorsitzender einen Kuhhandel schließen und von ihnen dann erwarten, daß sie die für sein Gesetzgebungsprogamm notwendigen Stimmen mobilisierten. Heute verfügen die Damen und Herren Ausschußvorsitzenden nicht mehr so ohne weiteres über die Stimmen der Hinterbänkler, genausowenig, wie der Gewerkschaftsdachverband oder die Katholische Kirche über die Stimmen ihrer Gefolgsleute. Die Bürger — Kongreßabgeordnete eingeschlossen — denken heutzutage selbständiger und sind nicht mehr nur unterwürfige Befehlsempfänger. Allerdings wird dadurch dem Kongreß in seiner jetzigen Struktur die Möglichkeit genommen, irgendeiner Sachfrage intensivere Aufmerksamkeit zu widmen und schnell auf nationale Probleme zu reagieren.

Ein Report des »Congressional Clearinghouse on the Future« spricht von einem »wahnwitzigen Stundenplan« und gibt eine anschauliche Situationsschilderung: »Zunehmende Komplexität und brisante Krisen — in einer einzigen Woche zum Beispiel Abstimmungen über die Aufhebung von Benzinrationierungen, über Rhodesien, den Panamakanal, ein neues Bildungsministerium, Essensmarken, die Eisenbahn, Abfallbeseitigung und gefährdete Tierarten — machen den Kongreß, der einst ein Forum für gründliche Debatten war, zur Witzfigur der Nation.«

Natürlich sind die politischen Entscheidungsprozesse von Land zu Land unterschiedlich, doch sind in allen Industriestaaten ähnliche Kräfte am Werk. »Die USA sind nicht das einzige Land, in dem Verwirrung und Stagnation zu herrschen scheinen«, erklärt der *U.S. News & World Report.* »Sehen Sie sich die Sowjetunion an... Keine Antwort auf amerikanische Vorschläge zur nuklearen Rüstungskontrolle. Lange Verzögerungen bei den Beratungen über Handelsabkommen sowohl mit sozialistischen wie mit kapitalistischen Ländern. Widersprüchliche Behandlung des französischen Präsidenten Giscard d'Estaing während eines Staatsbesuchs. Unentschlossenheit in der Mittelostpolitik. Widersprüchliche Aufforderungen an die westeuropäischen Kommunisten zur Konfrontation bzw. Kooperation mit den Regierungen ihrer Heimatländer... Selbst in einem Einparteien-System ist es fast unmöglich, eine klare politische Linie abzustecken — oder auf komplexe Probleme schnell ein Antwort zu finden.«

In London sagte uns ein Parlamentsmitglied, die Zentralregierung sei »völlig überlastet«, und Sir Richard Marsh, ein ehemaliger Minister, der jetzt der Vorsitzende des Verbandes der Britischen Zeitungsverleger ist, erklärt, daß »die Struktur des Parlaments in den letzten 250 Jahren relativ unverändert geblieben und einfach nicht für den heute notwendigen Entscheidungsprozeß nach Managerart gerüstet ist...« Er meint: »Das ganze Ding ist völlig uneffektiv...«, und: »Das Kabinett ist auch nicht viel besser.«

Und wie sieht es in Schweden mit seiner wackeligen Koalitionsregierung aus, die kaum dazu in der Lage ist, das Thema Kernenergie zu lösen, ein Problem, das das Land seit fast einem Jahrzehnt spaltet? Oder in Italien mit seinem Terrorismus und seinen ständig wiederkehrenden politischen Krisen, wo es sechs Monate lang nicht einmal gelingt, ein Regierung zu bilden?

Ein politisches System muß nicht nur Entscheidungen treffen und durchsetzen können; es muß auch seine Grenzen kennen, divergierende politische Richtungen integrieren und im richtigen Moment entscheiden können. Es muß die gesellschaftliche Diversifikation reflektieren. Wenn es auch nur in einem dieser Punkte versagt, kann dies katastrophale Folgen haben. Unsere Probleme lassen sich nicht mehr ins »Rechts-Links«-Schema einordnen und haben auch nichts mit »starker« oder »schwacher Führung« zu tun. Das Entscheidungssystem selbst ist zu einer Bedrohung geworden.

Was dabei wirklich überrascht, ist die Tatsache, daß unsere Regierungen heute überhaupt noch funktionieren. Kein Konzernboß würde versuchen, eine große Firma nach einem Organisationsplan zu leiten, der aus der Feder eines Vorfahren aus dem 18. Jahrhundert stammt, dessen einzige Management-Erfahrungen aus der Leitung einer Farm herrühren. Kein vernünftiger Pilot würde versuchen, einen Überschalljet mit den veralteten Navigations- und Kontrollinstrumenten zu fliegen, die einem Blériot oder Lindbergh zur Verfügung standen. In der Politik jedoch tun wir im Grunde nichts anderes.

Die Überalterung der politischen Systeme des Industriezeitalters bedeutet in einer spannungsgeladenen Welt — mit ihren Nuklearwaffen und den hohen wirtschaftlichen und ökologischen Risiken — eine extreme Gefahr, nicht nur für die Regierten, sondern auch für die Entscheidungsträger selbst, nicht nur für die Armen, sondern auch für die Reichen und für die nicht-industrialisierten Teile der Welt. Denn die unmittelbare Gefahr für uns liegt nicht so sehr in der kalkulierten Machtanwendung derer, die diese Macht haben, sondern in den unkalkulierten Nebenwirkungen von Maßnahmen, die von Entscheidungsmaschinerien in Politbürokratien ausgebrütet werden, die so gefährlich anachronistisch sind, daß selbst die besten Absichten zu mörderischen Ergebnissen führen können.

Unsere sogenannten »zeitgenössischen« politischen Systeme richten sich nach Modellen, die aus einer Zeit stammen, bevor es ein Fabriksystem gab, bevor es Konserven, Kühlverfahren, Gasbeleuchtung und Fotografie gab, bevor die Bessemerbirne und das Telefon erfunden und die Schreibmaschine eingeführt wurde, bevor Orville und Wilbur Wright Flügel bekamen, Auto und Flugzeug die Entfernungen schrumpfen ließen, bevor Radio und Fernsehen auf unseren Verstand einzuwirken begannen, bevor Auschwitz den Tod industrialisierte und bevor es Nervengas, Atomsprengköpfe, Computer, Kopiergeräte, Antibabypillen, Transistoren und Laser gab. Sie wurden konzipiert in einem intellektuellen Umfeld, das wir uns heute kaum noch vorstellen können — in einer Welt, die weder einen Marx noch einen Darwin, weder einen Freud noch einen Einstein kannte.

Das wichtigste politische Problem der Gegenwart ist daher die Überalterung der Basisstrukturen unserer politischen Institutionen.

Eine Krise nach der anderen erschüttert uns. Ehrgeizige Hitlers und Stalins werden aus den Trümmern hervorkriechen und uns erzählen, es sei an der Zeit, unsere Probleme zu lösen. Sie werden uns weismachen wollen,daß dies nicht nur durch die Abschaffung des veralteten institutionellen Wusts, sondern auch durch die Aufgabe unserer Freiheit zu bewerkstelligen sei. Diejenigen unter uns, die unsere Freiheitsräume erweitern wollen, werden auf dem Marsch in die Ära der Dritten Welt keinen Erfolg haben, wenn sie nur die bestehenden Institutionen verteidigen. Wir werden — so wie die »Gründereltern« Amerikas vor zwei Jahrhunderten — neue Institutionen erfinden müssen.

Kapitel 28
Demokratie im 21. Jahrhundert

An die Gründereltern,

Ihr seid die toten Revolutionäre. Ihr seid die Männer und Frauen, die Farmer, Kaufleute, Handwerker, Anwälte, Drucker, Flugblattschreiber, Ladenbesitzer und Soldaten, die an den fernen Küsten Amerikas gemeinsam eine Nation errichteten. Zu Euch gehören die Fünfundfünfzig, die im glühendheißen Sommer 1787 in Philadelphia zusammenkamen, um jenes aufsehenerregende Dokument zu entwerfen, das als »Verfassung der Vereinigten Staaten« in die Geschichte einging. Ihr seid die Erfinder einer Zukunft, die meine Gegenwart wurde.

Jenes Papier, zusammen mit der 1791 hinzugefügten *Bill of Rights*, ist gewiß eine der erstaunlichsten Leistungen der Menschheitsgeschichte. Wie so viele andere muß auch ich mich wieder und wieder fragen, wie Ihr das fertigbrachtet, wie Ihr — die Ihr umgeben wart von bitteren sozialen und wirtschaftlichen Wirren und schwer unter Druck gesetzt von hochaktuellen Problemen — jenes Bewußtsein für die heraufziehende Zukunft entwickeln konntet. Ihr hattet ein offenes Ohr für sie und fühltet, daß eine Zivilisation im Sterben lag und eine neue geboren wurde. Ich ziehe daraus den Schluß, daß Ihr getrieben wurdet — gezwungen, mitgerissen vom Gezeitenstrom der Ereignisse. Ihr fürchtetet den Zusammenbruch einer untauglichen Regierung, die von Prinzipien und Strukturen gelähmt war, welche längst nicht mehr der Realität entsprachen.

Selten ist ein solches Meisterstück von Menschen mit so unterschiedlichen Temperamenten gefertigt worden — von brillanten, antagonistischen und egoistischen Menschen, die leidenschaftlich unterschiedliche regionale und wirtschaftliche Interessen vertraten, sich aber dennoch so sehr entrüsteten über die fürchterliche »Ineffizienz« einer Regierung, daß sie zueinanderfanden und eine radikal neue Regierungsform vorschlugen, die auf verblüffenden Prinzipien beruhte.

Diese Prinzipien bewegen mich noch heute, so wie sie unzählige Millionen überall auf diesem Planeten bewegt haben. Ich gestehe offen, daß es mir schwerfällt, einige Passagen von Jefferson oder Paine zu lesen, ohne daß mich deren Schönheit und tiefer Sinn zu Tränen rührt.

Ich möchte Euch, Ihr toten Revolutionäre, danken, daß Ihr es mir ermöglicht habt, ein halbes Jahrhundert lang als amerikanischer Bürger unter der Herrschaft von Gesetzen und nicht von Menschen zu leben, und ganz besonders auch für jene wertvolle *Bill of Rights*, die es mir möglich machte zu denken, unpopuläre Meinungen zu äußern — so dumm und falsch sie bisweilen auch waren—, ja, und schließlich auch die folgenden Zeilen ohne Angst vor Unterdrückung schreiben zu können.

Denn das, was ich nun schreiben muß, kann allzu leicht von meinen Zeitgenossen mißverstanden werden. Einige von ihnen werden es zweifellos aufrührerisch nennen. Aber es handelt sich um eine schmerzvolle Wahrheit, die Ihr, wie ich glaube, sehr schnell erkannt haben würdet. Denn das von Euch entworfene Regierungssystem einschließlich der Grundprinzipien, auf denen Ihr es errichtet habt, veraltet immer mehr und wird daher auch, wenn auch unbeabsichtigterweise, immer bedrückender und gefährlicher für unser aller Wohlergehen. Es bedarf einer radikalen Neuorientierung. Ein neues Regierungssystem muß gefunden werden — eine Demokratie für das 21 Jahrhundert.

Ihr wußtet besser, als wir es heute wissen, daß keine Regierung, kein politisches System, keine Verfassung, keine Charta und kein Staat ewig Bestand haben und daß Entscheidungen aus der Vergangenheit die Zukunft nicht bis in alle Ewigkeit binden können. So kann auch keine Regierungsform, die für eine ganz bestimmte Zivilisationsform konzipiert war, in angemessener Weise mit den Problemen der nächsten fertigwerden.

Ihr würdet daher verstehen, daß sogar die Verfassung der Vereinigten Staaten neu überdacht und geändert werden muß — und dies nicht, um das Budget zu kürzen oder um dieses oder jenes engstirnige Prinzip in ihr zu verankern, sondern um ihre *Bill of Rights* zu erweitern und dabei Freiheitsbedrohungen Rechnung zu tragen, die in der Vergangenheit unvorstellbar waren. Sie muß geändert werden, um eine gänzlich neuartige Regierungsstruktur zu schaffen, mit deren Hilfe intelligente und demokratische Entscheidungen getroffen werden können, die für unser Überleben in einer neuen Welt unerläßlich sind.

Mein Plan für die Verfassung von morgen ist nicht einfach. Ich mißtraue denjenigen, die glauben, sie hätten längst eine Antwort gefunden, während wir in Wirklichkeit noch immer versuchen, die Fragen zu formulieren. Dennoch ist es an der Zeit, daß wir uns völlig neue Alternativen überlegen; daß wir von Grund auf die Architektur der Demokratie von morgen konzipieren und daß wir über sie streiten und debattieren.

Nicht Zorn oder Dogmatismus, nicht emotionale Überreaktion sollen uns dabei leiten. Vielmehr ist es nötig, daß wir unter Teilnahme der Öffentlichkeit zusammenfinden und ausgiebig beraten, um Amerika eine neue Verfassung zu geben.

Ihr hättet Verständnis gehabt für diese Notwendigkeit. Denn einer aus Eurer Generation — Jefferson — war es, der in einer weisen Reflexion erklärte: »Einige Menschen betrachten Verfassungen mit scheinheiliger Reverenz und halten sie wie die Bundeslade für etwas, das zu heilig ist, um auch nur berührt zu werden. Sie billigen den Menschen der vergangenen Epoche übermenschliche Weisheit zu und gehen davon aus, daß das, was diese taten, nicht mehr verbesserungsfähig sei ... Ich bin gewiß kein Fürsprecher häufiger und ungeprüfter Gesetzes- und Verfassungsänderungen ... Aber ich weiß auch, daß Gesetze und Institutionen mit dem Fortschritt des menschlichen Geistes Hand in Hand gehen müssen ... Mit neuen Entdeckungen und neuen Wahrheiten, mit der Veränderung der Sitten und Meinungen sowie dem Wandel der äußeren Bedingungen müssen auch die Institutionen Schritt halten und sich den Zeitläuften entsprechend weiterentwickeln.«

Für diese Einsicht vor allem danke ich Jefferson, der half, dieses System zu schaffen, das uns so lange Zeit so gute Dienste leistete, das aber nun, da seine Stunde geschlagen hat, ersetzt werden muß.

Alvin Toffler,
Washington, Connecticut

Ein imaginärer Brief ... Gewiß gibt es in vielen Nationen Menschen, die, wenn sie die Gelegenheit bekämen, ähnlichen Gefühlen Ausdruck verleihen würden. Denn daß viele heutige Regierungsformen veraltet sind, ist kein Geheimnis, das ich allein gelüftet habe. Es ist auch keine nur auf Amerika beschränkte Krankheit.

Höchstwahrscheinlich wird ein langer Kampf erforderlich sein, um den amerikanischen Kongreß, die Zentralkomitees und Politbüros der kommunistischen Industriestaaten, die beiden Kammern des britischen Parlaments, die französische Abgeordnetenkammer und den deutschen Bundestag, den Reichstag in Japan, die riesigen Ministerien und die verkrusteten Bürokratien, die Verfassungen und Rechtssysteme vieler Länder radikal zu reformieren oder gar abzuschaffen — eben einen Großteil jenes schwerfälligen und zunehmend verwendungsunfähigen Apparates angeblich repräsentativer Regierungen.

Die Woge der politischen Auseinandersetzungen wird nicht auf die nationale Ebene beschränkt bleiben. In den vor uns liegenden Monaten, Jahren und Jahrzehnten wird die gesamte »globale Gesetzesmaschinerie« — von der UNO bis herab zu den Stadtparlamenten — mit dem immer lauter werdenden und schließlich unüberhörbaren Verlangen nach Neustrukturierung konfrontiert werden. Von dieser Aufgabe werden Millionen von Menschen betroffen sein. Dort, wo der radikalen Reform hartnäckiger Widerstand geboten wird, kann es leicht zu Blutvergießen kommen. Es hängt von vielen Faktoren ab, wie der Prozeß verlaufen wird — z. B. davon, wie flexibel oder intransigent sich die bestehenden Eliten verhalten werden; davon, ob der Wandel durch wirtschaftliches Chaos beschleunigt und davon, ob es Bedrohungen von außen und militärische Interventionen geben wird. Die Risiken sind sicher sehr groß.

Die Risiken, die der Verzicht auf eine Reform unserer politischen

Institutionen mit sich bringen würde, sind freilich noch viel größer. Je eher wir beginnen, desto besser.

Wenn wir neue, funktionstüchtige Regierungsformen aufbauen wollen — was die wichtigste politische Aufgabe unserer Zeit sein dürfte —, dann müssen wir die Klischees der Zweiten Welle über Bord werfen. Wir werden die Politik unter Berücksichtigung dreier Schlüsselprinzipien neu zu überdenken haben.

Diese drei könnten sich eines Tages als die Grundprinzipien zukünftiger Regierungsformen erweisen.

Das Minoritätsprinzip

Der erste häretische Grundsatz der Politik der Dritten Welle ist das Minoritätsprinzip. Es geht davon aus, daß das Majoritätsprinzip, das im Industriezeitalter die Macht legitimierte, immer weniger den Gegebenheiten entspricht. Es sind nicht mehr die Mehrheiten, die zählen, sondern die Minderheiten. Und unser politisches System muß dieser Entwicklung Rechnung tragen.

Wieder war es Jefferson, der die Überzeugungen seiner revolutionären Generation in Worte faßte, als er erklärte, daß Regierungen sich »Mehrheitsentscheidungen absolut unterwerfen« müssen. Die Vereinigten Staaten und Europa befanden sich damals erst am Beginn eines langen Prozesses, an dessen Ende schließlich die industrielle Massengesellschaft stand. Das Konzept der Mehrheitsregierung entsprach den Bedürfnissen dieser Gesellschaften perfekt.

Heute wird es immer schwieriger — oft sogar unmöglich—, Mehrheiten zu mobilisieren oder gar eine Regierungskoalition auf die Beine zu stellen. Italien, das sechs, und Holland, das fünf Monate lang ohne Regierung waren, sind Beispiele dafür. Der Politologe Walter Dean Burnham meint zur Situation in den USA: »Ich sehe heute keine Basis für eine positive Mehrheit auf irgendeinem Gebiet.«

Die Eliten der Zweiten Welle behaupteten stets, im Namen der Mehrheit zu sprechen: Schließlich beruhte darauf ihre Legitimation. Die Regierung der Vereinigten Staaten bestand »aus dem Volk, durch das Volk und ... für das Volk«. Die KPdSU sprach für die »Arbeiterklasse«. Mr. Nixon behauptete von sich, Amerikas »schweigende Mehrheit« zu repräsentieren. Und heute kämpfen amerikanische neokonservative Intellektuelle gegen die Forderungen neuer Minderheiten wie der Schwarzen, der Feministinnen oder der Chicanos und behaupten von sich, sie verträten die Interessen der großen, soliden, gemäßigten, der politischen Mitte zugeneigten Mehrheit.

Jene akademisch gebildeten Neokonservativen, deren Hochburgen die Universitäten des Nordostens und die »Denkfabriken« in Washington sind, und die nur selten in Orte wie Marietta (Ohio) oder Salina

(Kansas) kommen, scheinen unter der politischen »Mitte« Amerikas eine große, primitive, uniforme »Masse« zu verstehen, die sich aus mehr oder weniger einfältigen, anti-intellektuellen, schutzhelmtragenden Arbeitern und den Angestellten der Schlafstädte zusammensetzt. Aber diese Gruppen sind weit weniger uniform oder »einfarbig«, als es Intellektuellen und Politikern aus der Ferne erscheint. In der politischen »Mitte« Amerikas läßt sich Konsens genauso schwer finden wie anderswo; er ist bestenfalls temporär und auf einige wenige Themenkreise beschränkt. Das Mehrheitsmäntelchen, hinter dem die Neokonservativen ihre gegen Minoritäten gerichtete Politik verstecken, hat mit der Wirklichkeit vermutlich nicht allzuviel zu tun und gehört in den Bereich des Mythos.

Genau das gleiche gilt übrigens auch für das andere Ende des politischen Spektrums. In vielen westeuropäischen Ländern behaupten sozialistische und kommunistische Parteien, für die »arbeitenden Massen« zu sprechen. Je weiter wir jedoch die industrielle Massengesellschaft hinter uns lassen, desto unhaltbarer werden die marxistischen Postulate, da in der sich entwickelnden Zivilisation der Dritten Welle sowohl Massen wie Klassen enorm an Bedeutung verlieren.

An Stelle einer deutlich geschichteten Gesellschaft, in der ein paar größere Blocks mehrheitsbildende Allianzen schließen, werden wir eine konfigurative Gesellschaft haben — eine Gesellschaft, in der Tausende von Minoritäten, von denen viele nur sehr kurzfristig existieren, gänzlich neue, flüchtige Strukturen formen und nur selten in wichtigen Fragen einen 51prozentigen Konsens zustandebringen. Die Zivilisation der Dritten Welle schwächt somit die Basis der Legitimation vieler gegenwärtiger Regierungen.

Die Dritte Welle stellt auch eine Herausforderung an alle konventionellen Auffassungen über das Verhältnis zwischen Mehrheitsherrschaft und sozialer Gerechtigkeit dar. Wie auf so vielen anderen Gebieten beobachten wir auch hier ein aufregendes historisches Hin und Her. Während der gesamten Dauer der Zweiten Welle diente der Kampf für die Mehrheitsherrschaft den Völkern und befreite sie. In Ländern, deren Industrie noch im Aufbau ist, wie z. B. dem heutigen Südafrika, gilt dies nach wie vor. In den von der Zweiten Welle geprägten Gesellschaften bedeutete die Mehrheitsherrschaft fast immer eine fairere Chance für die Armen, denn die Armen *waren* die Mehrheit.

Heute ist jedoch in den Ländern, die von der Dritten Welle erschüttert werden, genau das Gegenteil der Fall. Die wirklich Armen haben nicht immer notwendigerweise die Mehrheit auf ihrer Seite. In einer Reihe von Ländern sind sie zu einer Minderheit geworden. Und wenn kein wirtschaftlicher Holocaust eintritt, dann wird dies auch so bleiben.

Mehrheitsherrschaft ist daher nicht länger ein adäquates Legitimationsprinzip; sie übt darüber hinaus auch nicht mehr notwendigerweise einen humanisierenden oder demokratisierenden Einfluß auf Gesellschaften im Übergangsstadium zur Dritten Welle aus.

Die Ideologen der Zweiten Welle jammern über die Aufsplitterung der Massengesellschaft. Sie sehen in reicherer Vielfalt keine Chance für die Menschheit, sondern schimpfen über »Fragmentierung« und »Balkanisierung«, die sie auf den erwachenden »Gruppenegoismus« der Minoritäten zurückführen. Diese triviale Erklärung ersetzt die Ursache durch die Wirkung, denn der wachsende Aktionismus der Minoritäten ist nicht das Ergebnis einer plötzlichen Anwandlung von Egoismus; er reflektiert vielmehr u. a. das wachsende Bedürfnis nach einem neuen Produktionssystem, das zu seinen Existenzbedingungen eine variablere und offenere Gesellschaft als bisher zählt.

Aus diesem Umstand ergeben sich weitreichende Folgen; so z.B., daß die Russen, wenn sie die neue Vielfalt zu unterdrücken versuchen oder den dazugehörigen politischen Pluralismus abwürgen, in Wirklichkeit ihre »Produktionsmittel fesseln« (um ihren eigenen Jargon zu benutzen) — d. h. sie verlangsamen die wirtschaftliche und technologische Transformation der Gesellschaft. Wir, die wir in der nichtkommunistischen Welt leben, stehen vor derselben Wahl: Entweder wir widerstehen in einem letzten, vergeblichen Grabenkrieg dem Drang nach größerer Vielfalt, um die politischen Institutionen der Zweiten Welle zu retten, oder wir erkennen die Vielfalt an und ändern demgemäß die Institutionen.

Die erstgenannte Strategie kann nur mit totalitären Mitteln durchgesetzt werden und führt unumgänglich zu wirtschaftlicher und kultureller Stagnation, die zweite dagegen zu sozialer Evolution und zur minderheitendominierten Demokratie des 21. Jahrhunderts.

Gesellschaftlicher Konflikt ist nicht nur unvermeidbar, sondern innerhalb gewisser Grenzen sogar wünschenswert. Doch wenn hundert Personen verzweifelt dasselbe wollen, dann bleibt ihnen kaum etwas anderes übrig, als sich darum zu schlagen. Wenn aber jeder einzelne ein eigenes Ziel hat, dann lohnt es sich für ihn viel eher, mit anderen zu handeln oder sonstwie zusammenzuarbeiten. Mit den entsprechenden gesellschaftlichen Einrichtungen kann Mannigfaltigkeit durchaus Grundlage einer sicheren und stabilen Zivilisation werden.

Der Mangel an adäquaten politischen Institutionen verschärft heute unnötigerweise den Konflikt zwischen den Minoritäten bis zur Gewalttätigkeit. Er ist dafür verantwortlich, daß die Minderheiten immer unnachgiebiger werden und daß es immer schwerer wird herauszufinden, was nun eigentlich die Mehrheit will.

Die Antwort auf diese Probleme besteht nun nicht darin, Andersdenkende zu unterdrücken oder den Minoritäten Gruppenegoismus vorzuwerfen (als ob die Eliten und deren Experten nicht ebenso eigennützig handelten). Sie liegt vielmehr in der Schaffung phantasievoller neuer Rahmenbedingungen, durch die die Vielfalt legitimiert wird, in neuen Institutionen, die auf die sich schnell wandelnden Bedürfnisse von Minderheiten — die ihrerseits in einem permanenten Wandel begriffen sind und deren Zahl in sämtlichen Industriestaaten immer größer wird — eingehen.

Eines fernen Tages werden Historiker vielleicht Wahlen und die Suche nach Mehrheiten als ein archaisches Ritual kommunikationstechnisch primitiver Völker betrachten. In der gefährlichen Welt von heute können wir es uns jedoch nicht leisten, irgend jemandem die totale Macht zu übertragen. Wir können nicht auch noch den schwachen Volkseinfluß, der in mehrheitsdominierten Systemen herrscht, aufgeben. Wir können nicht zulassen, daß winzige Minderheiten bedeutungsschwere Entscheidungen treffen, die alle andere Minderheiten tyrannisieren.

Worauf es ankommt, ist, die groben Methoden der Zweiten Welle, mit deren Hilfe wir illusionäre Mehrheiten zu erreichen suchen, drastisch zu revidieren. Wir brauchen neue Denkansätze, die sie zu einer Demokratie der Minderheiten führen — Methoden, deren Aufgabe es sein muß, Unterschiede klar herauszustellen, anstatt sie mit erzwungenen oder vorgetäuschten Mehrheiten zu überkleistern, die auf selektiver Wahlberechtigung, sophistischer Formulierung der Themen oder waschechten Wahlmanipulationen beruhen. Wir müssen das gesamte System mit dem Ziel modernisieren, daß die Rolle der einzelnen Minderheiten gestärkt wird, die Möglichkeit zur Mehrheitsbildung aber bestehen bleibt.

In den Gesellschaften der Zweiten Welle waren Wahlen, in denen sich der Volkswille manifestierte, eine wichtige Rückkoppelungsquelle für die herrschenden Eliten. Wenn die Mehrheit aus diesem oder jenem Grund die Lebensbedingungen für unerträglich hielt und 51 Prozent der Wähler ihrem Kummer Ausdruck verliehen, dann konnten die Eliten zumindest die Partei wechseln, die Politik ändern oder einen anderen *modus vivendi* finden.

Aber selbst in der Massengesellschaft von gestern war dieses 51-Prozent-Prinzip ein stumpfes, rein quantitatives Instrument. Eine Wahl, in der eine Mehrheit ermittelt wird, sagt uns nichts über die Qualität dessen, was die Leute denken. Sie sagt uns lediglich, wie viele Menschen zu einem gegebenen Zeitpunkt »X« wollen, aber nichts darüber, wie dringend sie es wollen. Vor allem aber gibt sie uns keinerlei Aufschluß darüber, was die Wähler für »X« einzutauschen bereit sind — und enthält uns damit eine Information vor, die in einer aus vielen Minderheiten zusammengesetzten Gesellschaft von entscheidender Bedeutung ist.

Eine herkömmliche Wahl signalisiert uns auch nicht, ob sich eine

Minderheit sehr bedroht fühlt und ob sie ein spezielles Thema zur Frage über Leben und Tod erhebt; in beiden Fällen sollten ihre Ansichten vielleicht mehr Beachtung als sonst finden.

In einer Massengesellschaft wurden diese wohlbekannten Schwächen der Mehrheitsherrschaft u. a. auch deshalb toleriert, weil es den meisten Minderheiten an strategischer Macht zur Lahmlegung des Systems fehlte. In der hochempfindlichen Gesellschaft von heute, in der wir alle Minderheiten angehören, gilt dies nicht länger.

Für die zukünftige individualisierte Gesellschaft sind die Rückkoppelungssysteme der industriellen Vergangenheit viel zu grob. Wir werden daher Wahlen und Wahlergebnisse unter ganz anderen Gesichtspunkten als bisher sehen müssen.

Wir müssen an Stelle der einfältigen Ja-oder-Nein-Fragen Möglichkeiten für potentielle »Geschäfte« schaffen, also zum Beispiel für Fragen wie: »Wenn ich bei der Abtreibung nachgebe, steckst du dann bei den Verteidigungsausgaben oder der Kernkraft zurück?« oder: »Was bekomme ich dafür, wenn ich mit einer kleinen, für dein Projekt gedachten Einkommensteuererhöhung im nächsten Jahr einverstanden bin?«

In einer Gesellschaft, die über ein derart reiches Angebot an Kommunikationstechnologien verfügt wie die künftige, gibt es zahlreiche Methoden für die Beantwortung solcher Fragen, ohne daß man seinen Fuß in eine Wahlkabine setzen muß; außerdem lassen sich diese Antworten in den politischen Entscheidungsprozeß einspeisen.

Wir sollten auch unsere Wahlgesetze von ihrer minderheitenfeindlichen Voreingenommenheit befreien. Dies läßt sich auf vielfache Weise bewerkstelligen. Eine ziemlich konventionelle Methode wäre die Einführung einer Art kumulativen Stimmverfahrens, wie es bereits in vielen Großunternehmen zum Schutz von Aktionärsminoritäten existiert. Hierbei wird den Wählern die Chance gegeben, auch die Reihenfolge ihrer Präferenzen mitzubestimmen.

Die Beseitigung der veralteten Parteistrukturen wird kaum zu umgehen sein. Sie waren für eine sich nur langsam verändernde Welt mit Massenbewegungen und Massengütermarkt bestimmt. An ihrer Stelle werden wir modulare Parteien erfinden müssen, die wechselnden Konstellationen von Minderheitengruppierungen gerecht werden.

Wir könnten »Diplomaten« oder »Botschafter« ernennen, die nicht im zwischenstaatlichen Bereich, sondern als Vermittler zwischen einzelnen landesinternen Minderheiten fungieren. Wir werden für berufsständische, ethnische, sexuelle, regionale oder religiöse Minderheiten sowie Freizeitgruppen quasi-politische Institutionen erfinden müssen, durch die ihnen die Bildung bzw. Auflösung von Interessenkoalitionen erleichtert wird.

Wir könnten z. B. Foren bereitstellen, in denen diverse Minderheiten nach dem Rotationsprinzip — oder sogar durch Zufallsauswahl —

zusammenkommen können, um Probleme zu diskutieren, Kompromisse auszuhandeln und Streitfragen zu lösen. Wenn man Ärzte, Motorradfahrer, Programmierer, Adventisten und »Graue Panther« mit Hilfe von Diskussionsleitern, die in Themenformulierung, Prioritätenfestsetzung und Schlichtungswesen ausgebildet sind, zusammenbringt, können überraschende, konstruktive Allianzen entstehen.

Zumindest würden auf diese Weise Unterschiede klar herausgearbeitet und die Grundlagen für einen politischen Handel ausgelotet. Freilich können (und sollen) solche Maßnahmen nicht alle Konflikte eliminieren, doch heben sie die gesellschaftspolitische Auseinandersetzung auf ein intelligenteres, potentiell konstruktiveres Niveau, insbesondere, wenn eine langfristige Zielsetzung dahintersteckt.

Die Komplexität der Themen vergrößert heute allein schon den Verhandlungsspielraum, wenngleich das politische System noch nicht so strukturiert ist, daß wir daraus Nutzen ziehen können. Potentielle Allianzen und Chancen für politische Geschäfte werden gar nicht erkannt, wodurch die Spannung zwischen den einzelnen Interessengruppen und die Überlastung der bestehenden politischen Institutionen noch verstärkt werden.

Schließlich werden wir wohl nicht umhinkönnen, den Minderheiten bei der Regelung ihrer Angelegenheiten mehr Rechte einzuräumen und sie dazu zu ermuntern, langfristige Ziele zu formulieren. Wir könnten zum Beispiel den Mitgliedern eines bestimmten Stadtbezirks, einer klar umrissenen Subkultur oder einer ethnischen Gruppe dabei helfen, eigene staatlich überwachte Jugendgerichte einzusetzen und ihnen somit die Möglichkeit geben, ihre jugendlichen Straftäter selbst zu disziplinieren, anstatt dies dem Staat zu überlassen. Einrichtungen wie diese würden die Gemeinsamkeit und die Identität einer Gemeinde festigen, die öffentliche Ordnung aufrechterhalten helfen und den überlasteten Behörden unnötige Arbeit abnehmen.

Es kann jedoch gut sein, daß wir gezwungen werden, Maßnahmen zu ergreifen, die weit über die geschilderten Reformen hinausgehen. Um die Minderheitenrepräsentation in einem für eine individualisierte Gesellschaft konzipierten politischen System zu verstärken, werden wir vielleicht sogar zumindest einige unserer Politiker nach dem ältesten aller Wahlverfahren bestimmen müssen — durch das Los. Von verschiedenen Seiten ist bereits ernsthaft vorgeschlagen worden, die Mitglieder künftiger Gesetzgebungskörperschaften nach der Art von Geschworenen zu bestimmen.

Theodore Becker, Professor für Recht und Politik an der Universität von Hawaii, fragt: »Wieso kann das Volk über Leben und Tod durch ... Geschworene entscheiden, während Beschlüsse über die Finanzierung von Kindertagesstätten und Militärhaushalten seinen ›Repräsentanten‹ vorbehalten bleiben?«

Becker, eine Autorität auf dem Gebiet des Verfassungsrechts, erhebt den Vorwurf, daß die bestehenden politischen Vereinbarungen die Minderheiten systematisch benachteiligen, und erinnert daran, daß Nicht-Weiße zwar fast 20 Prozent der amerikanischen Bevölkerung ausmachen, aber 1976 nur vier Prozent der Sitze im Repräsentantenhaus und nur ein Prozent der Senatssitze innehatten. Mehr als die Hälfte der Bevölkerung sind Frauen, aber nur vier Prozent der Sitze im Repräsentantenhaus und null Prozent im Senat sind mit Frauen besetzt. Arme, Jugendliche, Leute, die sich nicht artikulieren können und viele andere Gruppen sind ähnlich benachteiligt. Und dies gilt nicht nur für die Vereinigten Staaten. Nur sieben Prozent der Abgeordneten des Deutschen Bundestags sind Frauen. Ähnliche Verzerrungen finden sich in vielen anderen Ländern. Zwangsläufig leidet unter ihnen die Sensibilität des Systems gegenüber den Bedürfnissen unterrepräsentierter Gruppen.

Becker meint dazu: »Zwischen 50 und 60 Prozent der Mitglieder des US-Kongresses sollten durch Zufallsauslese bestimmt werden, ganz in der Art, wie die Leute heute durch Losentscheid zum Militärdienst herangezogen werden, wenn man es für nötig hält.« So überraschend dieser Vorschlag auf den ersten Blick sein mag — man muß sich doch ernsthaft fragen, ob ausgeloste Volksvertreter wirklich so viel schlechter wären (bzw. sein könnten) als die, die nach den heute üblichen Methoden ausgewählt werden.

Wenn wir unserer Phantasie einen Augenblick lang freien Lauf lassen, können wir uns viele andere außergewöhnliche Möglichkeiten vorstellen. Mit den Techniken, über die wir heute verfügen, lassen sich weitaus gerechtere Repräsentativgruppen ermitteln als etwa mit dem Geschworenensystem.

Es gibt noch ganz andere Formen, die der Kongreß bzw. das Parlament der Zukunft annehmen kann — und dies ist paradoxerweise ohne große Traditionsbrüche möglich.

Wir müssen gar nicht irgendeine Gruppe von Menschen durchs Los bestimmen lassen und sie dann buchstäblich in die Hauptstädte karren. Wenn wir wollten, könnten wir unsere gewählten Volksvertreter beibehalten, ihnen aber z. B. bei allen Abstimmungen nur die Hälfte der Stimmen zubilligen, während die andere Hälfte aus Personen bestehen könnte, die durch eine Stichprobe bestimmt worden sind.

Dank Computern, moderner Nachrichtentechniken und neuer Abstimmungsmodi ist es nicht nur einfach geworden, eine Stichprobe aus der Bevölkerung zu machen und gegebenenfalls täglich auf den neuesten Stand zu bringen, sondern es ist auch möglich, den Betroffenen die neuesten Informationen über die zur Debatte stehenden Themen zukommen zu lassen. Dann könnte sich, wie gehabt, ein auf traditionelle Weise gewähltes Abgeordnetengremium in traditioneller Form im Capitol, in Westminster, im Bundeshaus oder im japanischen

Reichstagsgebäude versammeln und über Gesetzesvorschläge debattieren, Anträge einbringen etc.

Bei der Abstimmung verfügten dann allerdings die gewählten Repräsentanten nur über 50 Prozent der abzugebenden Stimmen, während die andere Hälfte von den Mitgliedern der gerade »aktuellen Stichprobe« — die nicht in der Hauptstadt weilen, sondern an geographisch weit auseinanderliegenden Orten in ihren Wohnungen und Büros sitzen — elektronisch abgegeben würde. Ein solches System würde nicht nur »repräsentativer« sein als herkömmliche »repräsentative« Regierungen, sondern wäre auch ein vernichtender Schlag gegen die Interessengruppen und Lobbies, die die Korridore der meisten Parlamente heimsuchen. Sie müßten nun um die Gunst des Volkes buhlen — nicht nur um die einiger weniger gewählter »Volksvertreter«.

Man kann noch weiter gehen und sich vorstellen, daß die Wahlberechtigten in einem bestimmten Bezirk nicht mehr nur ein Individuum zu ihrem »Repräsentanten« wählen, sondern eine Stichproben-Gruppe aus ihrer Mitte. Diese Stichproben-Gruppen könnten direkt — wie eine Person — im Kongreß auftreten und ihre Meinungsäußerungen statistisch in Stimmen hochgerechnet werden. Oder sie könnten ihrerseits einzelne Individuen zu Repräsentanten der Gruppe wählen und sie oder ihn zu dieser oder jener Stimmabgabe veranlassen. Oder ...

Die neuen Kommunikationstechnologien bieten unzählige Variationsmöglichkeiten. Kaum haben wir erkannt, daß unsere gegenwärtigen Institutionen und Verfassungen veraltet sind, und uns auf die Suche nach Alternativen gemacht, da eröffnet sich uns schon eine Vielzahl faszinierender politischer Optionen, die früher undenkbar gewesen wären. Wenn wir Gesellschaften des 21. Jahrhunderts regieren wollen, dann sollten wir den Einsatz der Technologien und intellektuellen Hilfsmittel des 20. Jahrhunderts zumindest erwägen.

Es kommt in diesem Zusammenhang nicht so sehr auf die oben erwähnten Vorschläge an. In gemeinsamer Anstrengung könnten wir zweifellos bessere, weniger grobschlächtige Konzepte und Ideen entwickeln, die leichter durchzusetzen sind. Es geht vielmehr um den Weg, den wir einschlagen werden. Wir können versuchen, die heute allenthalben aufblühenden Minderheiten zu unterdrücken. Aber eine solche Schlacht wäre von vornherein aussichtslos. Wir können aber auch unsere politischen Systeme dahingehend reformieren, daß sie die neue Vielfalt entsprechend berücksichtigen. Wir können uns weiterhin der politischen Holzhammermethoden der Zweiten Welle bedienen — oder aber neue, feinere Instrumentarien für eine zukünftige auf Minderheiten basierende Demokratie entwerfen.

Die von der Dritten Welle bewirkte Individualisierung der überkommenen Massengesellschaft bringt Belastungen mit sich, die uns, wie ich glaube, kaum noch eine Wahl lassen. Während die Politik der Ersten

Welle »prä-majoritär« war und die der Zweiten »majoritär«, wird die der Dritten Welle wahrscheinlich »mini-majoritär« sein — d. h. eine Mischform aus Mehrheits- und Minderheitsprinzip darstellen.

Semidirekte Demokratie

Der zweite Baustein der politischen Systeme von morgen muß das Prinzip der »semidirekten Demokratie« sein — d. h. die Abkehr von der Abhängigkeit von Repräsentanten und die Hinwendung zur »Eigenrepräsentation«.

Der Zerfall des Konsenses höhlt, wie wir gesehen haben, das Repräsentationsprinzip aus. Wen »repräsentiert« der Repräsentant eigentlich, wenn unter den Wählern im Wahlkreis keine Übereinstimmung besteht? Außerdem sind die Abgeordneten dazu übergegangen, sich bei der Formulierung der Gesetze immer mehr auf ihre Assistenten und auf Experten zu verlassen. Die schwache Stellung britischer Parlamentsabgeordneter gegenüber der Bürokratie von Whitehall ist notorisch; ihnen fehlen adäquate Mitarbeiter. Die tatsächliche Macht verschiebt sich immer mehr vom Parlament auf den nichtgewählten Beamtenapparat.

Der US-Kongreß hat versucht, dem Einfluß der Regierungsbürokratie entgegenzuwirken und sich daher eine eigene Bürokratie geschaffen — ein Amt für Budgetfragen, ein Amt für Technologie usw. So ist das Kongreßpersonal im vergangenen Jahrzehnt von 10 700 auf 18 400 Personen angewachsen. Doch dadurch wurde das Problem lediglich von außen nach innen verlagert. Unsere gewählten Volksvertreter wissen immer weniger über die zahllosen Maßnahmen, die sie beschließen müssen, und sind dazu gezwungen, sich immer mehr auf das Urteil anderer zu verlassen. Sie vertreten nicht einmal mehr sich selbst.

Grundsätzlich waren Parlamente, Kongresse oder gesetzgebende Versammlungen der Ort, wo theoretisch die Ansprüche rivalisierender Minoritäten auf einen Nenner gebracht werden konnten. Ihre »Repräsentanten« handelten politische Geschäfte für sie aus. Die politischen Instrumente sind antiquiert und stumpf geworden. Kein Abgeordneter kann mit ihrer Hilfe noch die Interessen der vielen Gruppen und Grüppchen, die er zwar nominell repräsentiert, aber kaum noch überblickt, effektiv vertreten.

Dies erklärt, warum politische Interessenverbände, die nur ein einziges Anliegen oder Ziel haben, so unversöhnlich werden. Sie sehen, daß der Kongreß oder die Parlamente nur noch begrenzte Chancen für differenzierte Verhandlungen und Kompromisse bieten, weshalb ihre Forderungen an das System immer radikaler werden. Auch die Theorie, nach der die repräsentative Regierung oberste Vermittlungsinstanz ist, stürzt in sich zusammen.

Die Unfähigkeit, Kompromisse zu schließen, der Sand in den Entscheidungsmühlen, die zunehmende Lähmung der repräsentativen Institutionen bedeuten auf lange Sicht, daß viele Entscheidungen, die jetzt von einer kleinen Zahl von Pseudo-Repräsentanten getroffen werden, wieder schrittweise an die Wählerschaft delegiert werden müssen. Wenn unsere gewählten Unterhändler keine Abschlüsse mehr für uns tätigen können, müssen wir selbst es wieder tun. Wenn die Gesetze, die sie für uns beschließen, uns und unseren Bedürfnissen immer weniger entsprechen, müssen wir uns selbst Gesetze geben. Dazu allerdings bedürfen wir neuer Institutionen ebenso wie neuer Technologien.

Die Revolutionäre des Industriezeitalters, die die Grundlagen zu unseren heutigen Institutionen legten, waren sich sehr wohl über die Vorteile der direkten Demokratie gegenüber der repräsentativen im klaren. Die französische Verfassung von 1793 zeigt Züge direkter *do-it-yourself*-Demokratie. Die amerikanischen Revolutionäre wußten genau, wie in den Rathäusern von Neu-England die Konsensbildung vor sich ging. In Europa zitierten Marx und seine Jünger die Pariser Kommune als Modell für partizipatorische Gesetzgebung. Aber die Unzulänglichkeiten und Grenzen direkter Demokratie waren ebenso bekannt — und hatten zu jener Zeit größere Überzeugungskraft.

»In *The Federalist* wurden zwei Einwände gegen eine solche Innovation erhoben«, schreiben McCauley, Rood und Johnson, die sich für die Einführung eines Volksentscheids in den Vereinigten Staaten aussprechen. »Erstens gestattete direkte Demokratie keine Überprüfung oder Verzögerung im Falle temporärer und emotionaler Reaktionen der Öffentlichkeit. Und zweitens waren die Kommunikationsmöglichkeiten jener Tage den technischen Problemen nicht gewachsen.«

Diese Einwände sind berechtigt. Wie hätte wohl eine frustrierte und gereizte amerikanische Öffentlichkeit Mitte der sechziger Jahre über die Frage eines Atombombenabwurfs über Hanoi entschieden? Oder wie hätte eine über die Baader-Meinhof-Terroristen aufgebrachte bundesdeutsche Öffentlichkeit auf den Vorschlag reagiert, »Sympathisanten« in Lager zu stecken? Was wäre geschehen, wenn die Kanadier eine Woche nach der Machtübernahme René Lévesques in Quebec zum Plebiszit aufgerufen worden wären? Bei gewählten Volksvertretern wird vorausgesetzt, daß sie weniger emotional reagieren und sorgfältiger abwägen als die Öffentlichkeit.

Das Problem überzogen emotionaler Reaktionen kann jedoch auf verschiedene Weise gelöst werden, wie z. B. durch die Einführung einer »Abkühlungs-Phase« oder von Zweit-Abstimmungen vor Inkraftsetzung wichtiger Entscheidungen.

Mitte der siebziger Jahre rief die schwedische Regierung die Öffentlichkeit dazu auf, an der Formulierung der nationalen Energiepolitik mitzuwirken. Die Regierung erkannte, daß die meisten Bürger nicht die technischen Kenntnisse besaßen, um die verschiedenen Energie-Optionen — solare, nukleare, geothermische und andere — beurteilen zu können. Daher richtete sie Zehn-Stunden-Kurse über Energiefragen ein. Jeder Schwede, der daran — oder an einem entsprechendem Kurs — teilnahm, wurde aufgefordert, der Regierung seine Meinung mitzuteilen.

Gewerkschaften, Institutionen der Erwachsenenbildung und Parteien aus dem gesamten politischen Spektrum — sie alle boten eigene Zehn-Stunden-Kurse an. Man hoffte, daß vielleicht 10 000 Schweden daran teilnehmen würden. Zu jedermanns Erstaunen kamen dann aber 70 000 bis 80 000 Menschen zu den Diskussionen, die in Privathäusern und kommunalen Einrichtungen stattfanden. Auf Amerika umgerechnet, würde das bedeuten, daß ungefähr 2 Millionen Menschen gemeinsam über ein nationales Problem nachdächten. Ähnliche Methoden könnten eingeführt werden, um »überzogenen Emotionen« bei Referenden oder anderen Formen direkter Demokratie vorzubeugen.

Auch dem zweiten Einwand kann begegnet werden. Denn technische Probleme stehen einer Ausweitung der direkten Demokratie nicht mehr im Wege. Spektakuläre Fortschritte im Kommunikationswesen eröffnen eine verwirrende Vielzahl von Möglichkeiten für die direkte Einbeziehung der Bürger in den politischen Entscheidungsprozeß.

Vor nicht allzu langer Zeit hatte ich das Vergnügen, im Qube-Kabelfernsehen in Columbus (Ohio) über eine historische Neuerung — das erste »elektronische Rathaus« der Welt — berichten zu können. Mit Hilfe dieses interaktiven Kommunikationssystems konnten die Bürger einer kleinen Vorstadt von Columbus an einer politischen Versammlung ihrer lokalen Planungsbehörde elektronisch teilnehmen und per Knopfdruck vom Wohnzimmer aus über Bauvorschriften, Straßenbau u. ä. abstimmen. Und sie konnten nicht nur mit »Ja« oder »Nein« stimmen, sondern sich auch in die Diskussion einschalten; ja, sie konnten sogar per Knopfdruck die Diskussionsleitung auffordern, zum nächsten Punkt der Tagesordnung überzugehen.

Dies ist nur ein erster Ausblick auf künftige Möglichkeiten zur Ausübung direkter Demokratie. Moderne Computer, Satelliten, Telefone, Kabelfernsehsysteme und Umfragetechniken ermöglichen den Bürgern zum erstenmal in der Geschichte, an politischen Entscheidungen direkt mitzuwirken.

Es geht hier nicht um einen unversöhnlichen Gegensatz zwischen direkter und indirekter Demokratie, zwischen Selbst-Repräsentation und Repräsentation durch andere. Denn beide Systeme haben ihre Vorteile. Direkte Bürgerteilnahme läßt sich auf mannigfache Weise mit »Repräsentation« verbinden und in ein neues System semidirekter Demokratie verwandeln.

Wir könnten zum Beispiel ein Referendum über ein kontroverses Thema wie die Kernenergie abhalten; Kalifornien und Österreich haben es uns bereits vorexerziert. Anstatt die Entscheidung direkt dem Wähler zu übertragen, ziehen wir es vielleicht vor, eine repräsentative Körperschaft beizubehalten, die ungelöste Probleme debattiert und das letzte Wort hat.

Wenn sich also die Mehrheit der Bevölkerung für Atomkraft entscheidet, könnte eine gewisse, vorher festgelegte Anzahl von Stimmen den Atomkraft-Befürwortern im Kongreß zufallen, und ihnen ein Bonus von 10 oder 25 Prozent auf ihre Stimmen im Kongreß gutgeschrieben werden. Auf diese Weise wird eine direkte Umsetzung des Bürgerwillens vermieden, ihm aber doch Gewicht beigemessen.

Es gibt noch viele andere Kombinationen von direkter und indirekter Demokratie. Gegenwärtig steht es in der Macht des Parlaments, Ausschüsse und Komitees ins Leben zu rufen. Die Bürger haben keine Möglichkeit, den Gesetzgeber dazu zu zwingen, einen Ausschuß einzusetzen, der sich mit Themen befaßt, die entweder vernachlässigt werden oder sehr kontrovers sind. Könnte man den Wählern nicht das Recht einräumen, den Gesetzgeber durch Petitionen zur Bildung von Ausschüssen zu zwingen?

Ich mache solche »blauäugigen« Vorschläge nicht etwa, weil ich von ihnen absolut begeistert wäre. Ich will damit nur sagen, daß es gangbare Wege zur Öffnung und Demokratisierung eines Systems gibt, das kurz vor dem Zusammenbruch steht und in dem sich, wenn überhaupt, nur wenige Bürger angemessen repräsentiert fühlen. Aber wir dürfen nicht länger in den Kategorien der vergangenen dreihundert Jahre denken. Mit den Ideologien, Modellen und überkommenen Strukturen der Zweiten Innovationswelle können wir unsere Probleme nicht mehr lösen.

Bevor wir jedoch neue Vorschläge auf breiter Ebene in die Tat umsetzen, ist eine sorgfältige Erprobung auf lokaler Ebene angeraten. Was immer wir von dem einen oder anderen Vorschlag halten mögen: Die alten Einwände gegen die direkte Demokratie verlieren an Zugkraft, da die Argumente gegen die repräsentative Demokratie an Einfluß gewinnen. Das Prinzip der semidirekten Demokratie mag manchen gefährlich oder absurd vorkommen. Dennoch kann es uns dabei helfen, arbeitsfähige neue Institutionen für die Zukunft zu konzipieren.

Entscheidungsteilung

Das System muß sowohl dem Minoritätsprinzip Rechnung tragen als auch den Bürgern größere Mitspracherechte einräumen. Aber damit allein ist es nicht getan. Das dritte lebenswichtige Prinzip der Politik von morgen zielt darauf ab, den ins Stocken geratenen Entscheidungsprozeß wieder in Gang zu bringen. Nur so — und nicht durch Auswechslung von Spitzenpolitikern — läßt sich die politische Lähmung überwinden. Ich nenne dieses Prinzip die »Entscheidungsteilung«.

Manche Probleme können nicht auf lokaler Ebene gelöst werden, andere auch nicht auf nationaler Ebene. Manche erfordern gleichzeitiges Handeln auf mehreren Ebenen.

Um die auf die Überlastung der Institutionen zurückzuführende Entscheidungsblockierung zu beseitigen, müssen wir die Entscheidungskompetenzen aufteilen und je nach Problemstellung neu delegieren.

Die heutigen politischen Institutionen sind dazu nicht geeignet. Die Probleme haben sich verlagert, die Entscheidungskompetenzen hingegen nicht. So werden noch immer zu viele Entscheidungen auf nationaler Ebene gefällt, wo die institutionelle Struktur am dichtesten ist. Auf transnationaler Ebene werden dagegen zu wenig Entscheidungen getroffen. Die Strukturen, die dazu erforderlich wären, sind noch völlig unterentwickelt. Auch werden der subnationalen Ebene zu wenige Entscheidungen überlassen — d. h. den Regionen, Bundesstaaten, Provinzen und regional nicht gebundenen sozialen Gruppen.

Viele der Probleme, mit denen sich nationale Regierungen herumschlagen, sind von ihnen, wie wir gesehen haben, überhaupt nicht zu bewältigen. Wir müssen daher auf transnationaler Ebene dringend neue Institutionen schaffen, denen viele Entscheidungen übertragen werden können. Es ist z. B. kaum zu erwarten, daß wir die weitreichende Macht eines multinationalen Konzerns allein durch nationale Gesetze einschränken können. Das Verhalten der Konzerne muß durch neue transnationale Vereinbarungen auf globaler Ebene geregelt und strikt kontrolliert werden.

Das Thema Korruption liefert ein Beispiel: US-Konzerne, die nach Übersee verkaufen, sind von den amerikanischen Anti-Korruptions-Gesetzen schwer betroffen, weil andere Regierungen ihren Herstellern erlauben, ja, sie sogar ermutigen, an Auslandskunden Schmiergelder zu bezahlen. Und multinationale Konzerne, die eine verantwortungsvolle Umweltpolitik betreiben wollen, sehen sich der unfairen Konkurrenz von Firmen ausgesetzt, die sich um solche Probleme nicht scheren, solange auf transnationaler Ebene keine zureichende Infrastruktur existiert.

Wir brauchen transnationale Nahrungsmittelreserven und eine stets einsatzbereite Katastrophenhilfe. Wir brauchen Weltbehörden, die uns rechtzeitig von drohenden Ernteausfällen in Kenntnis setzen, Preisschwankungen bei wichtigen Rohstoffen ausgleichen und den ungezügelten Waffenhandel kontrollieren. Wir brauchen Konsortien regierungsunabhängiger Organisationen, um verschiedener globaler Probleme Herr zu werden.

Wir brauchen weitaus bessere Instanzen zur Kontrolle der außer Rand und Band geratenen Devisenmärkte. Wir werden den Weltwährungsfonds, die Weltbank, COMECON, die NATO und ähnliche Institutionen entweder total reorganisieren oder durch Alternativen ersetzen müssen. Wir werden neue Behörden benötigen, um die Vorteile der modernen Technologie breiten Bevölkerungskreisen zugänglich zu machen und die schädlichen Nebenwirkungen einzudämmen. Wir müssen handlungsfähige transnationale Behörden zur Koordinierung der Weltraum- und Meeresforschung aufbauen. Wir müssen die verknöcherten bürokratischen Strukturen der UNO von Grund auf überholen.

Der transnationale Bereich ist heute genauso primitiv und politisch unterentwickelt, wie es der nationale Sektor zu Beginn der Industriellen Revolution vor dreihundert Jahren war. Eine Kompetenzübertragung vom Nationalstaat auf »höhere« Instanzen würde nicht nur die Problemlösung auf die Ebene verlagern, auf der viele unserer gravierendsten Probleme tatsächlich angesiedelt sind, sondern gleichzeitig die Entscheidungslast der Nationalstaaten verringern. Entscheidungsteilung ist unerläßlich.

Aber Entscheidungen »nach oben« zu delegieren, ist nur die eine Seite der Medaille, denn andererseits müssen auch viele Kompetenzen »unteren« Instanzen übertragen werden.

Die Frage darf nicht »Entweder — Oder« lauten, nicht »Dezentralisierung oder Zentralisierung« in irgendeinem absoluten Sinn. Vielmehr geht es um eine rationale Umverteilung des Entscheidungsprozesses innerhalb eines total überzentralisierten Systems, dessen Entscheidungsträger in der Flut neuer Informationen buchstäblich versinken.

Politische Dezentralisierung ist keine Garantie für Demokratie. Auf lokaler Ebene kann es durchaus zu üblen Formen von Tyrannei kommen. Mehr noch als die »große Politik« leidet oftmals die Kommunalpolitik unter Korruption. Und vieles, was unter dem Namen »Dezentralisierung« läuft — wie etwa die Verwaltungsreform unter Nixon — ist nichts als Pseudo-Dezentralisierung, von der außer den Zentralisten niemand profitiert.

Viele Regierungen werden nur dann wieder sinnvoll und effizient arbeiten können, wenn es ihnen gelingt, die Zentralgewalt substantiell zu entzerren. Die Entscheidungslast muß aufgeteilt und ein beträchtlicher Teil von ihr auf untere Instanzen verlegt werden.

Dies ist nicht etwa deshalb nötig, weil romantische Anarchisten die Wiederherstellung der »Dorfdemokratie« verlangen oder weil erzürnte, wohlhabende Steuerzahler die staatlichen Sozialausgaben gesenkt sehen wollen. Der Zwang zur Dezentralisierung ergibt sich vielmehr daraus, daß jede politische Struktur, mag sie auch noch so viele Computer haben, nur ein bestimmtes Maß an Informationen verarbeiten und nur eine beschränkte Zahl qualitativ wertvoller Entscheidungen produzieren kann. Die Implosion des Entscheidungsprozesses beweist, daß das Maß inzwischen voll ist.

Behörden müssen überdies mit der Wirtschaftsstruktur, dem Informationssystem und anderen Wesensmerkmalen der Zivilisation in Einklang stehen. Von der traditionellen Volkswirtschaft fast unbemerkt, vollzieht sich gegenwärtig ein grundlegender ökonomischer Dezentralisierungsprozeß. Die nationale Ökonomie ist möglicherweise schon längst nicht mehr die Grundeinheit.

Statt dessen beobachten wir die Herausbildung großer, in sich geschlossener regionaler Wirtschaftsräume. Diese »Subökonomien« weisen immer individuellere Züge auf, und die spezifischen Probleme sind von Region zu Region verschieden. In einigen Gebieten herrscht Arbeitslosigkeit, in anderen Arbeitskräftemangel. Die Wallonen in Belgien protestieren gegen die Abwanderung der Industrie nach Flandern; die US-Bundesstaaten in den Rocky Mountains wollen nicht zu »Energie-Kolonien« der Weststaaten werden usw.

Eine in Washington, Paris oder Bonn ausgetüftelte einheitliche Wirtschaftspolitik wirkt sich auf jede dieser diversen Subökonomien anders aus. Wirtschaftspolitische Maßnahmen, die einer Region oder einem Industriezweig helfen, können anderswo katastrophale Folgen haben. Der wirtschaftspolitische Entscheidungsprozeß muß daher entstaatlicht und dezentralisiert werden.

Auch in den Konzernen sind interne Dezentralisierungs-Bestrebungen im Gange. Kürzlich trafen sich z. B. 280 leitende Angestellte von General Motors und diskutierten zwei Tage lang darüber, wie sich die bürokratische Struktur aufbrechen und der Entscheidungsprozeß dezentralisieren ließe. Darüber hinaus steht auch die geographische Dezentralisierung auf der Tagesordnung. *Business Week* spricht von einer »geographischen Gewichtsverlagerung der US-Wirtschaft, da immer mehr Konzerne Fabriken in weniger erschlossenen Gebieten errichten und auch ihre Verwaltung dorthin verlegen«.

All dies signalisiert einen gewaltigen Richtungswechsel der gesellschaftlichen Informationsströme. Im Kommunikationswesen kommt es, wie berichtet, zu einer tiefgreifenden Dezentralisierung, während die großen, überregionalen Fernseh- und Rundfunkgesellschaften an Einfluß verlieren. Kabelfernsehen, Kassetten, Computer und private elektronische Postsysteme erleben einen verblüffenden Aufschwung. All diese Entwicklungen deuten in Richtung Dezentralisierung.

Jede Gesellschaft, die das Wirtschaftsleben, das Kommunikationswesen und viele andere wichtige Bereiche dezentralisiert, muß früher oder später auch den politischen Entscheidungsprozeß entzerren.

All dies erfordert mehr als nur kosmetische Korrekturen an den bestehenden politischen Institutionen. Schwere Verteilungskämpfe über die Kontrolle des Finanz- und Steuersektors, über Grund und Boden, Energie und andere Ressourcen sind zu erwarten. Die Entscheidungsteilung wird nicht leicht durchzusetzen sein. Sie ist jedoch in allen überzentralisierten Ländern unvermeidlich.

Bisher haben wir die Entscheidungsteilung hauptsächlich als Mittel betrachtet, mit dem sich das verkrustete politische System wieder funktionstüchtig machen läßt. Aber die konsequente Anwendung dieses Prinzips bewirkt weit mehr als nur eine Linderung der Entscheidungsbürde, die auf den nationalen Regierungen lastet. Sie ändert auch die Struktur der Eliten und bringt sie in Einklang mit den Erfordernissen der neuen Zivilisation.

Die Expansion der Eliten

Wer verstehen will, was Demokratie eigentlich ist, muß sich mit dem Begriff der »Entscheidungslast« auseinandersetzen. Eine Gesellschaft, in der keine Entscheidungen getroffen werden, ist politisch funktionsunfähig. In der Tat verfügt jede Gesellschaft über eine eigene, spezifische Entscheidungsstruktur. Je mehr und häufiger Entscheidungen unterschiedlicher Art zu treffen sind, desto schwerer wird die politische »Entscheidungslast«. Das demokratische Niveau einer Gesellschaft ist weitgehend davon abhängig, von wem diese »Entscheidungslast« mitgetragen wird.

In vorindustriellen Gesellschaften, in denen die Arbeitsteilung nur rudimentär entwickelt war und der Wandel nur sehr langsam vonstatten ging, waren nur wenige administrative und politische Entscheidungen erforderlich. Die Entscheidungslast war gering. Eine kleine, herrschende Elite ohne Spezialausbildung bestimmte den Gang der Dinge und trug die Entscheidungslast ohne Unterstützung von seiten der Basis.

Erst als die Entscheidungslast den alten Eliten über den Kopf wuchs, entwickelte sich eine Demokratie im heutigen Sinn. Als zu Beginn der Zweiten Welle der Handel expandierte, die Arbeitsteilung zunahm und ein völlig neues gesellschaftliches Komplexitätsniveau erreicht wurde, kam es zu einer ganz ähnlichen Entscheidungsimplosion wie heute angesichts der Dritten Welle.

Als die herrschenden Gruppen schließlich von der Entscheidungslast überwältigt wurden, mußten neue Eliten und Sub-Eliten rekrutiert werden. Zu diesem Zweck bedurfte es politischer Institutionen revolutionären Charakters.

Mit fortschreitender Entwicklung und zunehmender Komplexität der Industriegesellschaft sahen sich ihre integrierenden Eliten, die »Techniker der Macht«, ihrerseits dazu gezwungen, ständig »frisches Blut« zu rekrutieren, das ihnen half, die Entscheidungslast zu tragen. Dieser unsichtbare, aber unaufhaltsame Prozeß verschaffte dem Bürgertum immer größeren politischen Einfluß und führte zu einer kontinuierlichen Ausweitung des Wahlrechts. Außerdem schuf er Lücken, die von der Basis gefüllt werden mußten.

Über diese freiwerdenden Plätze in den Elite-Strukturen wurden in den Industriestaaten die erbittertsten Schlachten ausgetragen. Der Kampf der amerikanischen Schwarzen für die Rassenintegration und der der britischen Gewerkschaften für gleiche Bildungschancen, der Kampf der Frauen um politische Rechte und der verborgene Klassenkampf in Polen und in der Sowjetunion lassen sich als Beispiele anführen.

Die Aufnahmefähigkeit der Regierungs-Eliten blieb jedoch stets begrenzt, und zwar im wesentlichen durch den jeweiligen Umfang der Entscheidungslast.

Obwohl in den Gesellschaften der Zweiten Welle ihrem eigenen meritokratischen Anspruch zufolge nur die Leistung zählte, wurden ganze Bevölkerungsteile aus rassistischen, sexistischen und ähnlichen Gründen diskriminiert. Wenn die Gesellschaft in periodischen Abständen neue Komplexitätsstufen erreichte und die Entscheidungslast entsprechend anschwoll, witterten die ausgeschlossenen Gruppen Morgenluft und verstärkten ihre Forderungen nach Gleichberechtigung. Die Eliten machten die Tür ein kleines bißchen weiter auf, und es schien so, als würde die Gesellschaft von einer neuen Demokratisierungswelle überrollt.

Wenn dieses Bild auch nur halbwegs stimmt, läßt sich der Schluß ziehen, daß der demokratische Spielraum nicht so sehr von der Kultur, dem marxistischen Klassenbegriff, vom Mut auf dem Schlachtfeld, von Rhetorik und politischen Willensäußerungen abhängig ist als vielmehr von der jeweiligen Entscheidungslast einer Gesellschaft. Eine hohe Belastung wird letztlich von breiterer demokratischer Partizipation aufgefangen werden müssen. Daher ist Demokratie, solange die Entscheidungslast des sozialen Systems wächst, keine Frage der freien Wahl, sondern eine evolutionäre Notwendigkeit, ohne die das System überhaupt nicht funktionieren kann.

Dies alles besagt, daß wir möglicherweise kurz vor einem großen demokratischen »Sprung nach vorn« stehen. Denn die Entscheidungsimplosion, die gegenwärtig unsere Präsidenten, Premierminister und Regierungen heimsucht, eröffnet — zum ersten Mal seit der Industriellen Revolution — erregende Aussichten auf eine radikale Erweiterung der politischen Mitbestimmung.

Der kommende Superkampf

Die Notwendigkeit neuer politischer Institutionen findet Parallelen in der Notwendigkeit neuer Familien- und Ausbildungsformen und neuer Institutionen. Sie ist eng verbunden mit unserer Suche nach einer neuen Energiebasis, neuen Technologien und neuen Industrien. Sie reflektiert die Revolution im Kommunikationswesen und den Zwang, die Beziehungen zur nicht-industrialisierten Welt neu zu gestalten. Sie ist, kurz gesagt, die politische Reaktion auf den allenthalben beschleunigten Wandel.

Wenn wir diese Zusammenhänge nicht erkennen, können wir auch die Schlagzeilen nicht verstehen. Der entscheidende politische Konflikt unserer Tage spielt sich nicht zwischen reich und arm, zwischen herrschender und beherrschter ethnischer Gruppe oder gar zwischen Kapitalisten und Kommunisten ab, sondern zwischen denen, die die Industriegesellschaft stützen und erhalten wollen, und denen, die bereit sind, sie hinter sich zu lassen. Dies ist der Superkampf um die Zukunft.

Die traditionellen Konflikte zwischen Klassen, Rassen und Ideologien werden nicht von der Bildfläche verschwinden. Sie können sich sogar durch schwere Wirtschaftskrisen noch verschärfen. Alle werden sie jedoch innerhalb des Superkampfes ausgetragen, der alles menschliche Tun in seinen Bann schlägt.

Um uns herum toben *zwei* politische Schlachten: Erstens das herkömmliche Gerangel zwischen konkurrierenden Gruppen der Zweiten Welle, die sich um kurzfristige Profite balgen; und zweitens die Auseinandersetzung zwischen einer *Koalition* aus all diesen Gruppen und den neuen politischen Kräften der Dritten Welle.

Daraus erklärt sich auch, warum unsere strukturell und ideologisch veralteten politischen Parteien einander gleichen wie ein Ei dem andern. Demokraten und Republikaner, Tories und Labour-Mitglieder, Christdemokraten und Gaullisten, Liberale und Sozialisten, Kommunisten und Konservative — sie alle sind trotz ihrer Unterschiede Parteien der Zweiten Welle. Sie alle haben sich dem Erhalt der sterbenden industriellen Ordnung verschrieben und kämpfen lediglich um die Macht *innerhalb* dieser Ordnung.

Mit anderen Worten: die wichtigste politische Entwicklung unserer Zeit liegt in der Herausbildung zweier politischer Lager, von denen das eine der Zweiten und das andere der Dritten Welle verpflichtet ist. Während die einen hartnäckig bemüht sind, die Kerninstitutionen der industriellen Massengesellschaft zu erhalten — die Kernfamilie, das fabrikartige Bildungssystem, den Riesenkonzern, die Massengewerkschaft, den zentralisierten Nationalstaat und die Politik pseudorepräsentativer Regierungssysteme —, erkennen die anderen, daß die Probleme unserer Zeit — Energie, Kriegsgefahr, Armut, ökologischer Ausverkauf und der Zusammenbruch der familiären Bindungen — nicht mehr im Rahmen der Industriezivilisation zu lösen sind.

Noch sind die Trennungslinien zwischen diesen beiden Lagern nicht deutlich gezogen. Die meisten von uns fühlen sich hin und her gerissen und stehen mit einem Fuß diesseits, mit dem anderen jenseits der Linie. Einzelne Themenbereiche erscheinen noch immer unklar und unzusammenhängend. Hinzu kommt, daß sich beide Lager aus vielen Einzelgruppen zusammensetzen, die engstirnige Sonderinteressen verfolgen und keinen »Blick fürs Ganze« haben. Keine der beiden Seiten besitzt ein moralisches Monopol. In beiden Lagern gibt es anständige Leute.

Die Verteidiger der Zweiten Welle kämpfen gegen das Minoritätsprinzip; direkte Demokratie tun sie verächtlich als »Populismus« ab; sie sträuben sich gegen Dezentralisierung, Regionalisierung und größere Mannigfaltigkeit; sie leisten Widerstand gegen Bemühungen, die Schulen zu individualisieren; sie kämpfen für die Erhaltung eines rückständigen Energiesystems; sie vergöttern die Kernfamilie; sie mißachten ökologische Vorbehalte; sie predigen den traditionellen Nationalismus der Industrie-Epoche und stemmen sich gegen alle Bemühungen, die eine fairere Weltwirtschaftsordnung zum Ziel haben.

Die Vorkämpfer der Dritten Welle setzen sich dagegen für eine Demokratie der Minderheiten ein; sie sind bereit zu Experimenten in direkter Demokratie; sie sind sowohl für Transnationalismus wie für eine fundamentale Entzerrung der Macht. Sie verlangen den Abbau der Bürokratien. Sie fordern ein auf erneuerbaren Quellen beruhendes, dezentralisiertes Energiesystem. Sie wollen Alternativen zur Kernfamilie legitimieren. Sie kämpfen für weniger Standardisierung und stärkere Individualisierung in den Schulen. Sie messen ökologischen Problemen höchste Priorität bei. Sie erkennen die Notwendigkeit, daß die Weltwirtschaft auf einer gerechteren Basis neu aufgebaut werden muß.

Vor allem aber sind die Verfechter der Dritten Welle mißtrauisch gegenüber allen — selbst neuen — politischen Kandidaten und Parteien und spüren, daß lebenswichtige Entscheidungen im gegenwärtigen politischen Rahmen nicht getroffen werden können, solange die Verteidiger der Zweiten Welle nach wie vor ihr konventionelles politisches Süppchen kochen.

Noch immer gehören die meisten nominellen Machthaber unserer Gesellschaft — Politiker, Geschäftsleute, Gewerkschaftsführer, Pädagogen, die Chefs der Massenmedien — zum Lager der Zweiten Welle, obgleich die Unzulänglichkeiten der indust-realen Weltanschauung viele von ihnen zutiefst beunruhigen. Rein zahlenmäßig kann das Lager der Zweiten Welle zweifellos auch mit der gedankenlosen Unterstützung der meisten einfachen Bürger rechnen, obgleich sich bei ihnen Pessimismus und Desillusionierung rasch breitmachen.

Die Anhänger der Dritten Welle sind schwieriger zu charakterisieren. Einige finden sich in Spitzenpositionen der Konzerne, während andere eifrige Verteidiger von Verbraucher-Interessen sind, die mit den Konzernen ganz und gar nichts im Sinn haben. Einige sind besorgte Umweltschützer, andere beschäftigen sich mehr mit Problemen der sexuellen Rollenverteilung, der Familie oder der persönlichen Emanzipation. Einige konzentrieren sich fast ausschließlich auf die Entwicklung alternativer Energieformen, andere begeistern sich vor allem für die von der Revolution im Kommunikationswesen ausgehende demokratische Verheißung.

Einige von ihnen stammen aus der politischen »Rechten« der Zweiten Innovationswelle, andere aus der »Linken« — Freidenker, Neosozialisten, Feministinnen, Bürgerrechtler und frühere Blumenkinder. Zu ihnen zählen erfahrene Aktivisten der Friedensbewegung, während andere niemals in ihrem Leben für irgend etwas auf die Straße gegangen sind. Einige sind tief-religiös, andere in der Wolle gefärbte Atheisten.

Es bleibt der akademischen Diskussion überlassen, ob eine solche scheinbar formlose Gruppe eine »Klasse« darstellt, und, wenn ja, vielleicht eine »neue Klasse« aus Informatikern, Intellektuellen und Technikern. Im Lager der Dritten Welle finden sich gewiß viele Bürger aus der Mittelklasse mit Hochschulbildung, und viele von ihnen haben beruflich mit der Produktion oder Verbreitung von Informationen zu tun oder sind im Öffentlichen Dienst beschäftigt. Wenn man den Begriff ein wenig dehnt, lassen sich solche Leute vermutlich als »Klasse« bezeichnen, im Grunde wird dadurch aber mehr verschleiert als enthüllt.

Zu den Gruppen, die am nachhaltigsten auf die Individualisierung der Industriegesellschaft hinarbeiten, zählen nämlich ethnische Minderheiten mit relativ niedrigem Ausbildungsniveau. Viele ihrer Mitglieder passen kaum in das Bild des »Kopfarbeiters« mit Diplomatenköfferchen.

Wie lassen sich Frauen charakterisieren, die aus der engen Rolle ausbrechen wollen, die ihnen die Zweite Welle aufoktroyiert hat? Wie beschreibt man den immer größer werdenden Kreis derer, die in Selbsthilfegruppen organisiert sind? Und wo ordnet man die »psychisch Unterdrückten« ein — jene Millionen, die von der Seuche Einsamkeit befallen sind, die zerstörten Familien, die alleinstehenden Mütter und Väter, die sexuellen Minderheiten? Sie alle lassen sich nicht irgendeinem Klassenbegriff zuordnen. Sie rekrutieren sich vielmehr aus allen gesellschaftlichen Schichten und Berufsgruppen. Die Bewegung für die Dritte Welle findet in ihren Reihen großen Rückhalt.

Aber selbst der Begriff »Bewegung« kann in die Irre führen — teils, weil er im Grunde ein höheres Maß an gemeinsamem Bewußtsein voraussetzt, als bislang überhaupt existiert, teils, weil Menschen, die dem Lager der Dritten Welle zuzurechnen sind, eigentlich allen »Massenbewegungen« der Vergangenheit mißtrauen.

Ob sie nun eine Klasse, eine Bewegung oder einfach wechselnde Konstellationen von Individuen und lose zusammengefügten Gruppen darstellen — Illusionen über die alten Institutionen macht sich unter ihnen keiner mehr. Gemeinsam ist ihnen die Erkenntnis, daß das alte System irreparabel ist.

Wie eine Zickzacklinie verläuft die Front im Superkampf zwischen den Kräften der Zweiten und der Dritten Innovationswelle quer durch alle Klassen und Parteien, Alters- und Volksgruppen, sexuelle Neigungen und Subkulturen. Er reorganisiert unser politisches Leben und schafft neue Allianzen. Und er kündigt nicht gerade eine harmonische, klassenlose, konflikt- und ideologiefreie Gesellschaft an, sondern läßt eher darauf schließen, daß schon in naher Zukunft die Krisen eskalieren und die sozialen Spannungen sich verschärfen. In vielen Nationen wird der politische Kampf zur offenen Feldschlacht ausarten, und es wird nicht nur darum gehen, wer von der Konkursmasse der Industriegesellschaft am meisten profitiert, sondern auch darum, wer am Aufbau der nachfolgenden Gesellschaft mitwirken und sie letztlich auch kontrollieren wird.

Zukunftsgestaltung

Manche Generationen werden geboren, um eine Zivilisation aufzubauen, andere, um sie zu bewahren. Der Druck der Umstände ließ die Generationen, die die Zweite Welle entfesselten, kreativ werden. Von den Montesquieus, Mills und Madisons wurde ein Großteil der politischen Institutionen und Begriffe, die wir heute noch als Selbstverständlichkeiten betrachten, eingeführt. Sie standen zwischen zwei Zivilisationen, und daher war es ihr Schicksal, kreativ zu sein.

Heute müssen auch wir in allen gesellschaftlichen Bereichen neue, der Dritten Welt angemessene Formen schaffen — im Bereich der Familie, in den Schulen, am Arbeitsplatz und in den Religionsgemeinschaften, im Energie- und Kommunikationsbereich.

Nirgendwo ist die Antiquiertheit der Institutionen jedoch so kraß und so gefährlich wie in der politischen Sphäre. Und nirgends finden wir heute weniger Phantasie, weniger Experimentierfreudigkeit und weniger Bereitschaft, grundlegende Veränderungen ins Auge zu fassen, als gerade hier.

Selbst Menschen, die am eigenen Arbeitsplatz — in Anwaltskanzleien, Laboratorien, Küchen, Klassenzimmern oder in Betrieben — zu mutigen Neuerungen bereit sind, scheinen vor Schreck zu erstarren, wenn jemand behauptet, unsere Verfassung und unsere politischen Strukturen seien veraltet und bedürften dringend einer Überholung. Die Furcht vor weitreichendem politischem Wandel und seinen Risiken sitzt so tief, daß der Status quo, wie absurd und bedrückend er auch sein mag, plötzlich als die beste aller Welten erscheint.

Andererseits gibt es auch in jeder Gesellschaft eine Randgruppe von Pseudorevolutionären mit längst veralteten, für die Zweite Welle typischen Ansichten, denen kein Veränderungsvorschlag radikal genug ist. Zu ihnen gehören Uralt-Marxisten, anarchistische Romantiker, rechtsradikale Fanatiker, Salon-Guerillas und überzeugte Terroristen, die von totalitären Technokratien oder mittelalterlichen Utopien träumen. Während wir bereits in eine neue Geschichtsepoche eintreten, beziehen sie ihre Revolutionsphantasien aus vergilbten Traktaten von vorgestern.

Der sich zuspitzende Superkampf führt jedoch nicht zur Neuauflage irgendeines alten Revolutionsdramas — weder zu einem zentralgesteuerten Sturz der herrschenden Eliten durch eine revolutionäre Kaderpartei mit den Massen im Schlepptau, noch zu einer angeblichen Katharsis durch eine spontane, von terroristischen Anschlägen vorbereitete Massenerhebung. Neue politische Strukturen einer Zivilisation der Dritten Welle werden nicht in einer einzigen, gewaltigen revolutionären Anstrengung geschaffen, sondern entstehen im Lauf von Jahrzehnten als Folge vieler Tausender Innovationen und Kollisionen auf den verschiedensten Ebenen an den verschiedensten Orten.

Es ist nicht auszuschließen, daß es auf dem Weg dorthin zu Gewalttätigkeiten kommt. Der Übergang von der Ersten zur Zweiten Innovationswelle war ein langes, blutiges Drama mit Kriegen, Revolten, Hungersnöten, erzwungenen Bevölkerungsverschiebungen, Staatsstreichen und Katastrophen. Heute sind der Einsatz noch viel höher, die zur Verfügung stehende Zeit knapper, die Beschleunigung rasanter und die Gefahren größer.

Vieles hängt von der Flexibilität und Intelligenz der heutigen Eliten, Sub-Eliten und Super-Eliten ab. Wenn sie sich genauso kurzsichtig, phantasielos und furchtsam verhalten wie die meisten herrschenden Gruppen in der Vergangenheit, dann werden sie der Dritten Innovationswelle hartnäckig Widerstand leisten, die Gefahr gewalttätiger Zusammenstöße vergrößern und damit ihren eigenen Untergang riskieren.

Lassen sie sich statt dessen von der Dritten Welle mitreißen und erkennen sie die Notwendigkeit einer demokratischen Basiserweiterung, dann können sie allerdings beim Aufbau der Zivilisation der Dritten Welle mitwirken — genauso wie die intelligentesten Eliten der Ersten Innovationswelle das Kommen einer Industriegesellschaft vorhersahen und sich an ihrem Aufbau beteiligten.

Die meisten von uns wissen oder spüren, wie viele Gefahren die Welt birgt, in der wir leben. Wir wissen, daß gesellschaftliche Instabilität und politische Ungewißheiten zerstörerische Energien freisetzen können. Wir wissen, was Krieg und wirtschaftliche Katastrophen heute bedeuten, und erinnern uns, wie oft aus der Kombination von besten Absichten und gesellschaftlichem Chaos totalitäre Regime hervorgegangen sind. Freilich scheinen die meisten Menschen die *positiven* Unterschiede zwischen heute und der Vergangenheit völlig zu ignorieren.

Die Umstände variieren von Land zu Land, doch niemals in der Geschichte gab es so viele gutausgebildete Leute, die gemeinsam über ein so unglaublich großes Reservoir an Wissen verfügten. Niemals haben so viele Menschen sich eines so hohen Lebensstandards erfreuen können, der zwar vielleicht auf etwas schwankendem Grund steht, ihnen aber immer noch genug Zeit und Energie für die aktive Beteiligung am gesellschaftlichen Leben läßt. Nie zuvor konnten so viele Menschen so weit umherreisen, mit anderen Menschen kommunizieren und von anderen Kulturen lernen. Vor allem aber hatten noch nie so viele so viel zu gewinnen, wenn Gewähr dafür geschaffen wird, daß die notwendigen, freilich tiefgreifenden Veränderungen friedlich vollzogen werden.

Eliten, so aufgeklärt sie sein mögen, können allein keine neue Zivilisation schaffen. Vielmehr müssen die Energien ganzer Völker mobilisiert werden — und sie sind in der Tat verfügbar und warten nur darauf, freigesetzt zu werden. Wenn wir uns — vor allem diejenigen unter uns, die in hoch-industrialisierten Ländern leben — für die nächste Generation die Schaffung neuer Institutionen und Verfassungen zum Ziel setzen, dann könnten wir noch etwas viel Mächtigeres als Energie freisetzen: die kollektive Phantasie.

Je eher wir damit anfangen, alternative politische Institutionen zu entwerfen, die auf den genannten drei Grundsätzen: Minoritätsprinzip, semidirekte Demokratie und Entscheidungsteilung beruhen, desto besser stehen unsere Chancen für einen friedlichen Übergang. Nicht die Veränderungen selbst erhöhen das Risiko, sondern Versuche, sie zu blockieren. Der blinde — und zudem vergebliche — Versuch, Überholtes zu verteidigen, schafft gefährliche Situationen, in denen es zu Blutvergießen kommen kann.

Um diese Gefahr zu *vermeiden*, müssen wir uns schon jetzt die veralteten politischen Strukturen in aller Welt vornehmen. Und wir dürfen uns mit diesem Thema nicht nur an Experten, an Verfassungsrechtler, Anwälte und Politiker wenden, sondern müssen es auch in die Öffentlichkeit tragen — müssen es in Vereinen, Gewerkschaften, Kirchen, Frauengruppen, bei ethnischen und rassischen Minderheiten, Wissenschaftlern, Hausfrauen und Geschäftsleuten zur Sprache bringen.

Wir müssen zunächst eine breite öffentliche Debatte in Gang bringen, in der über die Notwendigkeit eines neuen politischen Systems, das den Bedürfnissen einer zukünftigen Zivilisation entspricht, diskutiert wird. Wir brauchen Konferenzen, Fernsehsendungen, Wettbewerbe, Rollenspiele und simulierte Verfassungskonvente, auf denen ein breites Spektrum an kreativen Vorschlägen und neuen Ideen zur politischen Neustrukturierung geschaffen wird. Wir sollten bereit sein, dazu die modernsten verfügbaren Mittel einzusetzen — Satelliten und Computer, Videogeräte und interaktive Fernsehsysteme.

Niemand weiß genau, was uns die Zukunft bringt oder was in einer Gesellschaft der Dritten Welle am besten funktioniert. Wir sollten uns daher von dem Gedanken freimachen, eine einzige, massive Anstrengung oder eine gewaltige Revolution »von oben« könne den Wandel erzwingen. Statt dessen werden wir in Tausenden durchdachter, dezentralisierter Experimente neue politische Entscheidungsprozesse auf lokaler und regionaler Ebene testen müssen, bevor wir sie auch im nationalen oder transnationalen Rahmen anwenden.

Darüber dürfen wir aber nicht vergessen, auf nationaler und transnationaler Ebene eine Art Lobby für institutionelle Experimente ähnlicher Art aufzubauen. Die heute weitverbreitete Desillusionierung, der Ärger und die bittere Wut über die noch von der Zweiten Welle beherrschten Regierungen können von Demagogen, die nach autoritärer Führung rufen, zu fanatischem Wahn aufgepeitscht oder aber für den Neuaufbau mobilisiert werden.

Durch eine in vielen Ländern gleichzeitig stattfindende, breitangelegte gesellschaftliche Aufklärungskampagne, ein Experiment in antizipatorischer Demokratie, können wir die drohende totalitäre Gefahr abwenden.

Wir können Millionen auf die uns bevorstehenden gefährlichen Krisen und Erschütterungen vorbereiten und auf die bestehenden politischen Systeme strategischen Druck ausüben, um die Durchsetzung der notwendigen Veränderungen zu beschleunigen.

Ohne diesen starken Druck von unten ist nicht damit zu rechnen, daß viele unserer heutigen nominellen politischen Führer — Präsidenten, Senatoren und Zentralkomitee-Mitglieder — ausgerechnet die Institutionen in Frage stellen, die ihnen, wie veraltet sie auch sein mögen, Geld, Prestige sowie die Illusion der Macht verschaffen. Ein paar ungewöhnliche, weitblickende Politiker werden schon bald den Kampf für die politische Transformation unterstützen. Die meisten von ihnen werden sich jedoch nur dann rühren, wenn die Forderungen von außen unüberhörbar geworden sind oder wenn die Krise bereits so weit fortgeschritten ist und so kurz vor einem Gewaltausbruch steht, daß ihnen gar keine Alternative mehr bleibt.

Die Verantwortung für den Wandel liegt daher bei uns. Wir müssen bei uns selbst anfangen und uns selbst dazu bringen, daß wir allem Neuen gegenüber offen bleiben, auch wenn es uns fremd und radikal erscheint. Dies heißt unter anderem, daß wir uns die »Ideenmörder« vom Leibe halten müssen, die alles Neue im Keim ersticken, weil es angeblich unpraktikabel ist, und gleichzeitig alles Bestehende als »praktisch« verteidigen — egal, wie absurd, bedrückend oder funktionsunfähig es sein mag. Es bedeutet auch, daß wir uns für die Meinungsfreiheit einsetzen — das Recht der Menschen, ihren Ideen Ausdruck zu verleihen, selbst wenn sie uns ketzerisch erscheinen mögen.

Vor allem aber heißt es, daß wir mit dem Neuaufbau jetzt beginnen müssen, bevor der Zerfall unserer bestehenden politischen Systeme die Kräfte der Tyrannei in unseren Straßen aufmarschieren läßt und einen friedlichen Übergang zur Demokratie des 21. Jahrhunderts unmöglich macht.

Wenn wir jetzt beginnen, werden wir und unsere Kinder an einem erregenden Neuaufbau nicht nur unserer veralteten politischen Strukturen, sondern auch der gesamten Zivilisation teilnehmen.

Wie die Generation der toten Revolutionäre haben auch wir die Aufgabe, unser Geschick zu formen.

Anhang

Dank

Bei meiner Arbeit an dem Buch *Die Zukunftschance* habe ich mich auf mehrere Informationsquellen verlassen. Da sind zum einen die ungezählten Bücher, Zeitungen und Zeitschriften, Fachberichte, Dokumente und Monographien aus vielen Ländern, die ich gelesen und ausgewertet habe. Zum zweiten stütze ich mich auf meine zahlreichen Interviews mit Persönlichkeiten aus aller Welt, die sich mit Fragen der Innovation beschäftigen, unter ihnen Physiker, Experten für Familienfragen, Minister und Ministerpräsidenten. Ich habe sie in ihren Laboratorien und Büros aufgesucht; sie waren äußerst entgegenkommend, widmeten mir ihre Zeit und ließen mich an ihren Gedanken und Ideen teilhaben.

Schließlich habe ich mich bei meinen Reisen auf mein stets offenes Ohr und Auge verlassen. Häufig warfen erst eigene Anschauung oder zufällige Gespräche ein erklärendes Licht auf all die abstrakten Informationen, die ich zusammentragen konnte. So habe ich von einem Taxifahrer in einer lateinamerikanischen Hauptstadt in mancher Hinsicht mehr erfahren als aus den optimistischen Statistiken seiner Regierung: Als ich ihn fragte, warum das Volk nicht gegen die steigende Inflationsrate protestiere, ahmte er nur das Rattern eines Maschinengewehrs nach.

Es ist mir ganz unmöglich, mich einzeln bei den vielen Menschen zu bedanken, die mir in der einen oder anderen Weise bei der vorliegenden Arbeit geholfen haben. Drei meiner Freunde aber will ich erwähnen: Donald F. Klein, Harold L. Strudler und Robert I. Weingarten, die das Manuskript gelesen sowie mir mit Rat und konstruktiver Kritik beigestanden haben.

Lea Guyer Gordon und Eleanor Nadler Schwartz, die gewiß zu den besten, versiertesten Fachlektorinnen gehören, haben das fertige Manuskript auf Fehler hin durchgesehen. Mrs. Schwartz war mir während der letzten schlimmen Tage, als das Manuskript druckreif gemacht wurde, eine gutgelaunte und nimmermüde Hilfe. Besonderen Dank schulde ich auch Betsy Canedella vom Verlag William Morrow für ihren Einsatz rund um die Uhr bei den Korrekturen, Jeannie Luttenton für ihre unter schwierigen Umständen geleisteten Sekretärinnendienste und schließlich Karen Toffler, die beim Ordnen der Stichworte für das Register half und sie in langen Nachtstunden in den Computer eingab.

Verantwortlich für alle Fehler, die sich trotz unserer Mühe in das Buch eingeschlichen haben mögen, bin natürlich ich selbst.

Anmerkungen

Die Ziffern in eckigen Klammern verweisen auf in der Bibliographie genannte Titel. [1] zum Beispiel steht für den dort an erster Stelle angeführten Titel: Boucher, François: *20 000 Years of Fashion.*

Seite *Kapitel I*

20 Über die Ursprünge der Landwirtschaft: siehe Cipolla [103], S. 18.
20 Begriffe zur Beschreibung der neuen Gesellschaft: siehe Brzezinski [200] und Bell [198]. Bell führt den Terminus »post-industriell« zurück auf einen englischen Autor namens Arthur J. Penty, 1917. Zur marxistischen Terminologie: siehe [211].
20 Ich schrieb über die »super-industrielle Gesellschaft« in [502] und [150].
25 Stämme, die keinen Ackerbau betreiben, sind u.a. beschrieben in Niedergang [95] und Cotlow [74].

Seite *Kapitel II*

32 Zum Seehandel: siehe [504], S. 3. Geoffrey Blaineys kluges Buch analysiert die Auswirkungen von Isolation und großen Entfernungen am Bei spiel der Entwicklung des australischen Kontinents.
33 Griechische Fabriken sind kurz erwähnt in [237], S. 40.
33 Über frühe Ölbohrungen: siehe [155], S. 30.
33 Frühe Bürokratien sind beschrieben in [17], Bd. 1, S. 34.
33 Die Dampfmaschine von Alexandria wird in einem Kapitel von Ralph Linton in [494], S. 435, erwähnt, ebenso von Lilley in [453], S. 35f.
33 Über prä-industrielle Zivilisation: siehe [171], S. 15.
34 Zur Meiji-Ära in Japan: siehe [262], S. 307.
36 Schätzungen über den Pferde- und Rinderbestand in Europa finden sich in [244], S. 257.
36 Newcomens Dampfmaschine ist beschrieben in Lilley [453], S. 94, und Cardwell [433], S. 69.
37 Vitruvius ist zitiert in [171], S. 23.
37 Präzisions-Maschinen: siehe [438], Vorwort und Einführung.
37 Die Rolle der Werkzeugmaschinen wird erörtert in [237], S. 41.
38 Früher Handel ist beschrieben in [259], S. 64-71.
38 Fortschritte bei der Verteilung von Massengütern sind beschrieben in [29], S. 85. Zur Entwicklung und Ausbreitung der A&P-Kette: siehe S. 159 und 162.
39 Über frühe Familienverbände: siehe [191], Bd. 1, S. 64.
39 Die Ortsgebundenheit der agrarischen Familie ist beschrieben in [508], S. 196.
40 Andrew Ure wurde zitiert nach [266], S. 359f.

40 Das Schulwesen der USA im 19. Jahrhundert wird erörtert in [528], S. 450f.
40 Zur Länge des Schuljahrs: siehe *Historical Statistics of the United States,* S. 207.
40 Über Pflichtschuljahre: siehe [528], S. 451.
41 Die Erklärung der Mechaniker wurde zitiert nach [492], S. 391.
41 Arthur Dewing wurde zitiert nach [14], S. 15.
41 Anzahl der US-Konzerne vor 1800 nach [101], S. 657.
42 Der Begriff der »Unsterblichkeit der Konzerne« wurde eingeführt von John Marshall in *Dartmouth College v. Woodward,* 4 Wheat. 518, 4 L. Ed. 629 (1819).
42 Sozialistische Konzerne sind Thema einer Abhandlung von Leon Smolinski in *Survey,* London, Winter 1974.
42 Zur Evolution des Orchesters: siehe Sachs [7], S. 389, und Mueller [6].
44 Die Geschichte der Post ist das Thema von Zilliacus [56], S. 21.
45 Edward Everetts Lobgesang auf die Post findet sich in [385], S. 257.
45 Die weltweite Postlawine ist beschrieben in [41], S. 34. Siehe auch *UNESCO Statistical Yearbook* 1965, S. 482.
46 Über Telefon und Telegraf: siehe Singer [54], S. 18f., und Walker [268], S. 261.
46 Die statistischen Angaben zum Telefon stammen aus [39], S. 802.
46 Servan-Schreiber wurde zitiert nach [52], S. 45.
48 Eine Darstellung des utopischen Sozialismus findet sich in [476], Kap. 8.

Seite *Kapitel III*

49 Zur Rolle des Marktes: siehe Polanyis grundlegendes Werk [115], S. 49.
50 Der Markt von Tlatelolco wurde lebendig beschrieben in [246], S. 133.
50 Die Kommentare des Pfefferhändlers finden sich in [259], S. 64-71.
50 Braudel wurde zitiert nach seinem Werk [245], Bd. 1, S. 247 und 425.
50 Über den Zusammenhang zwischen Produktion und Konsum: siehe [265], S. 30.
50 Eine Untersuchung der sozialen und politischen Rolle des Konsumenten findet sich in Horace M. Kallens [61], S. 23.
54 Meinem Freund Bertrand de Jouvenel verdanke ich die Beobachtung, daß ein und dieselbe Person durch die Rollen »Produzent« und »Konsument« entgegengesetzten psychologischen Einflüssen ausgesetzt ist.
55 Zu Objektivität und Subjektivität: Den Gedanken habe ich ursprünglich übernommen aus einem Vortrag von Zaretsky [196].

Seite *Kapitel IV*

58 Die Geschichte von Theodore Vail findet sich in [50]. Vail war eine bedeutende Persönlichkeit, dessen Karriere viel über den Ablauf der frühen industriellen Entwicklung aussagt.

59 Frederick Winslow Taylors Einfluß wird beschrieben von Friedmann [79] und Dickson [525]. Siehe auch Taylor Collection, Stevens Institute of Technology. Lenins Ansicht über den Taylorismus stammt aus [79], S. 271.

60 Standardisierte Intelligenz-Tests sind beschrieben in [527], S. 226f.

60 Über die Unterdrückung von Sprachen der Minoritäten: siehe Thomas [290], S. 31, sowie *Challenge to the Nation-State* in *Time* (europäische Ausgabe) vom 27. Okt. 1975.

60 Die Maßnahmen der französischen Revolutionäre bezüglich des metrischen Systems und des Kalenders wurden beschrieben bei Morazé [260], S. 97f., und Klein [449], S. 117.

60 Über private Münzstätten und die Standardisierung der Währung wurde zitiert aus [144], S. 10 und S. 33.

60 Zur Fixpreispolitik: siehe [29].

61 Zu *The Advantages of the East India Trade:* siehe [138], Bd. 1, S. 330.

61 Zu Adam Smiths Beobachtungen siehe [149], S. 3-7. Smith schrieb den erstaunlichen Produktivitätsanstieg der Tatsache zu, daß spezialisierte Arbeiter mehr Geschicklichkeit entwickelten; daß sie Zeit sparten, wenn sie nicht mehr von einer Aufgabe zur anderen wechseln mußten; und daß spezialisierte Arbeiter eher in der Lage sein würden, ihre Werkzeuge zu verbessern. Nicht weniger klar erkannte Smith das, worauf es ankam: den Markt. Wer würde ohne den Markt, der Produzent und Konsument miteinander verbindet, 48000 Nadeln täglich benötigen oder aus einem Grund haben wollen? Je größer der Markt sein würde, überlegte Smith weiter, um so mehr Spezialisierung stünde zu erwarten. Smith hatte recht.

62 Henry Fords eiskalte Rechnung stammt aus seiner Autobiographie [442], S. 108f.

62 Zur Zahl der Beschäftigungsarten: siehe *Dictionary of Occupational Titles,* hrsg. vom amerikanischen Arbeitsministerium, 1977.

63 Zu Lenins Ansicht: siehe Christman [474], S. 137.

63 Zur Rolle der Arbeitslieder bei der Synchronisation des Arbeitsrhythmus: siehe [8], S. 18.

64 Zu E. P. Thompson: siehe *Time, Work-Discipline, and Industrial Capitalism* in *Past and Present,* London, Nr. 38.

65 Zu Stan Cohens Ausführungen: siehe seine Rezension von David J. Rothman, *The Discovery of the Asylum,* in *New Society,* London, 7. Februar 1974.

66 Zu den Zahlen der europäischen Automobil-Produktion: siehe [126], S. 3917.

66 Zur Konzentration der Aluminium-, Zigaretten- und Lebensmittel-Industrie: siehe Standard & Poors *Industry Surveys,* 1978, 1979. Zur Konzentration der Bierbrauereien: siehe *New Survival Plan for Olympia Beer* in *The New York Times,* 15. Mai 1979.

66 Zur Konzentration der deutschen Industrie: siehe [126], S. 3972.

66 Der Konzentrationsprozeß der Industrie findet sein Pendant in der Konzentration der Gewerkschaftsbewegung. Da die Einzelgewerkschaften sich mit stetig wachsenden Monopolen und Kartellen konfrontiert sahen,

schlossen auch sie sich zusammen. Der Trend zur Konzentration kam zu Beginn dieses Jahrhunderts in der Kampagne der Industrial Workers of the World, der sogenannten »Wobblies«, für »O. B. U.« — One Big Union (Eine Große Gewerkschaft) — zum Ausdruck.

66 Zur Einstellung der Marxisten gegenüber der Konzentration: siehe Leon M. Herman, *The Cult of Bigness in Soviet Economic Planning* [126], S. 4349f.
Dieser Aufsatz enthält ein bekanntes Zitat des amerikanischen Sozialisten Daniel De Leon, der gegen Ende des vorigen Jahrhunderts behauptete, daß »der Fortschritt in den Produktionsmethoden und die wachsende Effizienz der Produktionsmittel die Leiter darstellen, auf der die Menschheit zur Zivilisation aufgestiegen ist. Der Konzern nimmt die oberste Stufe dieser Leiter ein. Und genau um diesen toben die sozialen Stürme unserer Zeit. Die kapitalistische Klasse versucht, ihn ausschließlich für ihre eigenen Zwecke zu nutzen. Die Mittelklasse versucht ihn aufzubrechen und verzögert dadurch die Entwicklung der Zivilisation. Das Proletariat wird sich zum Ziel setzen, ihn zu erhalten, zu verbessern und jedermann zugänglich zu machen.«

66 Der Artikel von N. Lelyuchina ist abgedruckt in [126], S. 4362 .

67 Die Matsushita-Hymne wurde zitiert nach *The Japanese Dilemma* von Willard Barber, *Survey,* London, Herbst 1972.

67 Zu den Beschäftigtenzahlen bei AT&T: siehe [39], S. 702.

68 Zur französischen Arbeitsmarkt-Statistik: siehe [126], S. 3958.

68 Zum sowjetischen Konzentrationsprozeß und Stalins »Gigantomanie«: siehe [126], S. 4346-4352.

68 Zu diesem Komplex siehe auch Hedrick Smiths anschaulichen Bericht [484], S. 58f., 106 und 220.

69 Zur Frage des Kapitals amerikanischer Unternehmen im Jahre 1850 und zu den Management-Innovationen der Eisenbahngesellschaften: siehe Alfred D. Chandler jr. und Stephen Salisbury, *Innovations in Business Administration* in [454], S. 130, 138-141.

70 Zum Thema einer starken Zentralregierung: siehe [389], S. 20.

70 In seinem Buch *The Imperial Presidency* [398] schreibt Schlesinger: »Es muß gesagt werden, daß Historiker und Politikwissenschaftler, der Autor dieses Buches einbegriffen, zum Entstehen des Präsidenten-Mythos beigetragen haben.«

71 Zur Reaktion der Regierungsseite auf politischen Protest: siehe [482], S. 189f.

71 Marx wurde zitiert von Christman in [474], S. 359; Engels: siehe S. 324.

71 Zum Entstehen der Zentralbanken in Großbritannien, Frankreich und Deutschland: siehe Galbraith in [127], S. 31-35 und 39-41.

71 Zu Hamiltons Bemühungen um eine Nationalbank: siehe [254], S. 187.

Seite *Kapitel V*

76 Blumenthal wird zitiert in Korda [22], S. 46.

76 Mit dem Aufstieg der Führungselite in den sozialistischen Ländern beschäftigen sich viele Autoren.

Zu Lenins Standpunkt: siehe [480], S. 102-105; zu Trotzki [475], S. 30, und [487], S. 138, 249; Djilas wanderte für sein Buch *Die neue Klasse* ins Gefängnis; zu Titos Klage: siehe *Social Stratification and Sociology in the Sovjet Union* von Seymour Martin Lipset und Richard B. Dobson in *Survey*, London, Sommer 1973.

Seit James Burnhams 1941 erschienenem bahnbrechenden Buch *The Managerial Revolution* [330], bildete sich eine Literaturgattung heraus, die sich ausschließlich mit der Machtübernahme der neuen Führungselite befaßt. Siehe: *Power Without Property* von A. A. Berle jr. John Kenneth Galbraith entwickelte den Gedanken noch weiter und prägte in *The New Industrial State* den Begriff *Technostruktur* zur Beschreibung der neuen Elite.

Seite *Kapitel VI*

83 Zu Newtons Synthese: siehe [433], S. 48.
83 De Lamettrie wurde zitiert nach *Man a Machine* [302], S.93.
83 Zu Adam Smith über die Ökonomie als System: siehe *Operating Rules for Planet Earth* von Sam Love in *Environmental Action*, 24. Nov. 1973; das Smith-Zitat stammt aus seinem postum veröffentlichten Werk [148], S. 60.
83 Madison wurde zitiert aus [388].
83 Zu Jefferson: siehe [392], S. 161.
83 Lord Cromer wurde zitiert nach [96], S. 44.
85 Zu Lenin: siehe [480], S. 163; Trotzki: siehe [486], S. 5, 14.
85 Zu Bihari: siehe [347], S. 102f.
85 Zu V. G. Afanasjew: siehe [344], S. 186f.
85 Zu den Angaben über öffentlich gewählte Beamte: siehe [334], S. 167.

Seite *Kapitel VII*

91 Zum Versuch, Abaco in Besitz zu nehmen: siehe *The Amazing New-Country Caper* von Andrew St. George in *Esquire*, Febr. 1975.
92 Zu S. E. Finer: siehe *The Fetish of Frontiers* in *New Society*, London, 4. Sept. 1975.
92 Zum Konglomerat aus kleinen Gemeinden und Regionen: siehe Braudel [245], Bd. 2, Kap. IV; ebenso Bottomore [490], S. 155.
92 Voltaires Klage wird zitiert in Morazé [260], S. 95.
93 Zu Deutschlands 350 Kleinstaaten: siehe [285], S. 13.
93 Zu den verschiedenen Erläuterungen zum Thema Nationalstaat: siehe [277], S. 19, 23.
94 Zu den Daten der ersten Eisenbahnverbindungen: siehe [55], S. 13.
95 Zu Morazé: siehe [260], S. 154.
95 Zu Bruce Mazlish: siehe [454], S. 29.

Seite *Kapitel VIII*

97 Zu den Lebensmitteln aus Übersee: siehe [119], S. 11.
97 Chamberlain und Ferry wurden zitiert nach Birnie [100], S. 242f.
98 Über Derwische und andere Opfer des Maschinengewehrs: siehe John Ellis [436].
98 Zu Ricardo: siehe [77], Einleitung, S. XII f.
98 Zum Volumen des Welthandels: siehe [119], S. 7.
101 Zum Thema Margarine: siehe Magnus Pyke in [461], S. 7ff.
102 Zur Versklavung der Indianer im Amazonasgebiet: siehe Cotlow [74], S. 5f. Detaillierter behandelt ist das Thema in Bodard [70].
103 Woodruff wurde zitiert aus [119], S. 5.
103 Zur politischen Kontrolle der Europäer: siehe [497], S. 6.
103 Zum Welthandel zwischen 1913 und 1950: siehe [109], S. 222f.
104 Zur Einrichtung des Weltwährungsfonds (IWF): siehe [109], S. 240.
104 Zu den Goldreserven der USA und den Krediten der Weltbank an nicht-industrialisierte Länder: siehe [87], S. 63, 91.
105 Zu Lenin: siehe [89] sowie Cohen [73], S. 36, 45-47.
106 Die Behauptungen Lenins und das Senin-Zitat stammen aus [146], S. 22f.
107 Zu den sowjetischen Bauxitkäufen: siehe *Success Breeds Success* in *The Economist*, 2. Dez. 1978; genauere Angaben zu sowjetischen Käufen in Indien, Iran und Afghanistan: siehe *How Russia Cons the Third World* in *To The Point*, Sandton, Transvaal, Südafrika, 23. Febr. 1979. Diese südafrikanische Wochenzeitung liefert trotz ihrer eindeutig tendenziösen Berichterstattung umfangreiche Informationen über die Dritte Welt, besonders über Afrika.
107 Zum sowjetischen Imperialismus: siehe auch Edward Crankshaw in [80], S. 713.
107 Sherman wurde zitiert nach [147], S. 316f.
108 Zum COMECON: siehe *COMECON BLUES* von Nora Beloff in *Foreign Policy*, Sommer 1978.

Seite *Kapitel IX*

111 Zum Thema »Herrschaft über die Natur«: siehe Clarence J. Glacken, *Man Against Nature: An Outmoded Concept* in [162], S. 128f.
112 Zu Darwin und frühen Evolutionstheorien: siehe Hyman [306], S. 26f., 56; zum Sozialdarwinismus: siehe S. 432f.
114 Zum Fortschrittsbegriff bei Leibniz, Turgot u.a.: siehe Charles Van Doren in [184], Einleitung.
114 Heilbroner wurde zitiert nach [234], S. 33.
115 Zur Messung von Zeitspannen: siehe *Time, Work-Discipline, and Industrial Capitalism* von E. P. Thompson in *Past and Present* Nr. 38. Siehe auch Cardwell [433], S. 13.
116 Zur Greenwich Mean Time: siehe [519], S. 115.
116 Zum Zeitbegriff der Buddhisten und Hindus: siehe [509], S. 248.

117 Zu Needham: [515], S. 47.
117 Zu Whitrow: siehe [520], S. 18.
118 Zur flächenextensiven Existenz: siehe Morrill in [514], S. 23f.
118 Zu den kleinen Bauerndörfern: siehe *The Shaping of Englands Landscape* von John Patten in *Observer Magazine*, London, 21. April 1974.
118 Hale wurde zitiert aus [252], S. 32.
119 Zur Länge eines »Rood«: siehe [449], S. 65f.
120 Zu Navigationspreisen: siehe Coleman [506], S. 103f.
120 Zum metrischen System: siehe [449], S. 116, 123-125.
121 Zu Clays Ausführungen: siehe [505], S. 46f.
121 Zur S-förmigen Spur: siehe John Patten in *Observer Magazine*, S. 122.
122 Zum Menschen als Bestandteil der Natur: siehe Clarence J. Glacken in [162], S. 128.
122 Zu Demokrits Atomismus: siehe Munitz [310], S. 6; Asimow [427], Bd. 3, S. 3f.; Russell [312], S. 64f.
122 Zum *Mo Ching* und dem indischen Atomismus: siehe Needham [455], S. 154f.
122 Über Atomismus als Minderheiten-Meinung: siehe [312], S. 72f.
123 Descartes: siehe [303], S. 19.
123 Dubos wird zitiert in [159], S. 331.
125 Zu Aristoteles: siehe Russell [312], S. 169.
125 Zu Yin und Yang: siehe Needham [456], S. 273f.
125 Newton wurde zitiert nach seinen *Fundamental Principles of Natural Philosophy* in [310], S. 205.
125 Zu Laplace: siehe Gellner [305], S. 207.
126 Holbach wird zitiert in Matson [309], S. 13.

Seite *Kapitel X*

128 Zur Industriellen Revolution in Europa: siehe Williams [118]; Polanyi [115]; Lilley [453].
130 Zu den Gerüchen der Ersten und Zweiten Welle: siehe [420], S. 125-131.
130 Zur Verhaltensänderung: siehe Norbert Elias, *The Civilizing Process*, [250], S. 120, 164.
131 Jauchegruben: siehe Hartwell [107] und Hayek [108].
131 Vaizey wurde zitiert nach *Is This New Technology Irresistible?* in *Times Educational Supplement*, London, 5. Jan. 1973.
132 Die Rezension von Christina Larner erschien in *New Society*, London, 1. Jan. 1976.
136 Zur Untersuchung der »American Management Association«: siehe [33], S. 1f.

Seite *Kapitel XI*

141 Zu Zeugnissen: siehe *Making the Grade: More Schools Demand A Test of Competency for Graduating Pupils* in *The Wall Street Journal*, 9. Mai 1978.

141 Zu Wiederverheiratungen: siehe *Social Indicators 1976*, Bericht des amerikanischen Handelsministeriums, S. 53.
141 Zu Antifeministinnen: siehe *Anti-ERA Evangelist Wins Again* in *Time*, 3. Juli 1978.
141 Zum Konflikt zwischen Homosexuellen und Anita Bryant: siehe *How Gay Is Gay?* in *Time*, 23. April 1979.

Seite *Kapitel XII*

144 Zu Rathbones Entscheidung und der Gründung der OPEC: siehe [168], Kap. 8.
145 Zu den Kernreaktoren in Seabrook und Grohnde: siehe [163], S. 7, 88.
145 Zum Energieverbrauch der Welt: siehe [160], S. 17.
146 Zum Rückgang der Rohölreserven: siehe *The Oil Crisis is Real This Time* in *Business Week*, 30. Juli 1979.
146 Zur Kohlevergasung und -verflüssigung: siehe Commoner [157], S. 67f. Siehe auch *A Desperate Search for Synthetic Fuels* in *Business Week*, 30. Juli 1979.
147 Zu Atomkraft und Regierungssubventionen: siehe [157], S. 65.
147 Zu terroristischen und anderen Gefahren in bezug auf Plutonium: siehe Thomas Cochran, Gus Speth und Arthur Tamplin, *Plutonium: An Invitation to Disaster*, in [166], S. 102; siehe auch Commoner [157], S. 96.
147 Carr wurde zitiert nach [153], S. 7.
148 Zu den Fotozellen von Texas Instruments: siehe *Energy: Fuels of the Future* in *Time*, 11. Juni 1979. Zu Solarex: siehe *The New Business of Harnessing Sunbeams* von Edmund Faltermayer in *Fortune*, Febr. 1976. Siehe auch *A New Promise of Cheap Solar Energy* in *Business Week*, 18. Juli 1977.
148 Zu den Windmühlen tragenden Ballons in der Tropopause: siehe [153], S. 123.
148 Zu Elektrizität aus geothermischen Quellen: siehe *The Coming Energy Transition* von Denis Hayes in *The Futurist*, Okt. 1977.
148 Zur Wellenenergie in Japan: siehe *Waking Up to Wave Power* in *Time*, 16. Okt. 1978.
148 Zum »Stromturm« der Southern California Edison Company: siehe *Energy: Fuels of the Future* in *Time*, 11. Juni 1979.
149 Zur Entwicklung von Wasserstoff-Energie: siehe *Can Hydrogen Solve Our Energy Crisis?* von Roger Beardwood in *Telegraphy Sunday Magazine*, London, 29. Juli 1979.
149 Zu »Redox«: siehe *Washington Report* in *Product Engineering*, Mai 1979.
149 Zur Supraleitfähigkeit: siehe *Scientists Create a Solid Form of Hydrogen* in *The New York Times*, 2. März 1979.
149 Zu Teslawellen : siehe das *Omni*-Interview mit Alvin Toffler im November 1978.
152 Zum Übergang von Industrien der Zweiten Welle auf Industrien der Dritten Welle: siehe *The Cross of Lorraine* in *Forbes*, 16. April 1979. Zur

Verstaatlichung der Eisenbahnen, der Kohle- und Stahlindustrie in England: siehe *The Grim Failure of Britain's Nationalized Industries* von Robert Ball in *Fortune*, Dez. 1975. Zur Strukturpolitik: siehe *How Schmidt Is Using His Economic Leverage* in *Business Week*, 24. Juli 1978.

153 Zum Rolls-Royce-Vergleich: siehe Anzeige von CW Communications, Newton, Massachusetts, in *Advertising and Publishing News*, Sept. 1979.

155 Zur Herstellung von Heimcomputern: siehe *Micro Shopper: The Microcomputer Guide*, hrsg. von Micro Age Wholesale, Tempe, Arizona. Siehe auch *Plugging in Everyman* in *Time*, 5. Sept. 1977.

154 Zu faseroptischen Systemen: siehe *Lightbeams in Glass-Slow Explosion Under the Communications Industry* von Robin Lanier in *Communications Tomorrow*, Nov. 1976. Der Vergleich zwischen Kupferdraht und Glasfaser stammt aus einem Interview mit Donald K. Conover, Generaldirektor der Corporate Education bei Western Electric Co., Hopewell, New Jersey.

155 Das *Science*-Zitat stammt aus der Ausgabe vom 18. März 1977.

155 Zum Raumfähren-Programm: siehe *The Shuttle Opens the Space Frontier to U.S. Industry* in *Business Week*, 22. Aug. 1977.

156 Die Informationen über Urokinase erhielt ich von Abbott Laboratories, North Chicago, Illinois. Von Puttkamer wurde zitiert nach *The Industrialization of Space* in *Futurics*, Herbst 1977.

156 Zur Identifizierung von Legierungen bei TRW: siehe *Industry's New Frontier in Space* von Gene Bylinsky in *Fortune*, 29. Jan. 1979.

156 Zu Brian O'Learys Untersuchungen und den Konferenzen in Princetown: siehe G. K. O'Neill in *Newsletter on Space Studies*, 12. Juni 1977.

157 Zur Proteingewinnung aus den Ozeanen, zur drohenden Ausrottung von Meereslebewesen sowie zur Aquakultur: siehe *The Oceans: World Breadbasket or Breakdown?* von Robert M. Girling in *Friends Magazine*, Febr. 1977.

157 Lawrence Raymond ist zitiert in John P. Craven, *Tropical Oceania: The Newest World* in *Problems of Journalism: Proceedings of the 1977 Convention of the American Society of Newspaper Editors*, 1977, S. 364.

157 Zu Mineralien in den Ozeanen: siehe *Oceanic Mineral Resources* von John L. Mero in *Futures*, Dez. 1968. Siehe auch *The Sea-Bed* von P. N. Ganapati in *Seminar*, Neu-Delhi, Mai 1971; *The Oceans: Wild West Scramble for Control* in *Time*, 29. Juli 1974; *Seabed Mining Consortia Hope to Raise the Political Anchor* in *The Financial Times*, London, 7. Aug. 1979.

158 Zu Arzneimitteln aus den Weltmeeren: siehe eine Broschüre des Roche Research Institute of Marine Pharmacology, Dee Why, New South Wales, Australien.

158 Zur Technologie von Aquadörfern: siehe *Floating Cities* in *Marine Policy*, Juli 1977.

159 Zu D. M. Leipzigers »Kolonisten« und »gemeinsames Erbe« siehe: *Mining the Deep Seabed* in *Challenge*, März-April 1977.

160 Zur Genchirurgie: siehe Howard und Rifkin [446] sowie *Industry Starts To Do Biology With Its Eyes Open* in *The Economist*, London, 2. Dez. 1978.

161 Über die nationale Politik zur Kontrolle der Genforschung: siehe *Dradt*

Information Document on Recombinant DNA, Mai 1978, Scientific and Technical Committee of the North Atlantic Assembly.

161 Der Präsident der Cetus wurde zitiert nach [446], S. 190.

161 Zur offiziellen politischen Verlautbarung in Moskau: siehe *Socialism: Theory and Practice*, ein monatlich erscheinender Überblick über die theoretische und politische Presse der Sowjetunion, Jan. 1976.

163 Zum Report der National Science Foundation: siehe Lawless [452].

163 Zu den Ludditen: siehe [453], S. 111.

165 Zu den Anti-Atomkraft-Kampagnen: siehe *Crusading Against the Atom* in *Time*, 25. April 1977, und *Nuclear Power: The Crisis in Europe and Japan* in *Business Week*, 25. Dez. 1978.

166 Zu »angemessenen Technologien«: siehe [425]; siehe auch Harper und Boyle in [444].

166 Ein Beispiel für das neuerwachte Interesse an Luftschiffen bietet die Broschüre von Aerospace Developments, London. Siehe auch *Lighter-Than-Air Transport: Is the Revival for Real?*, von James Wargo in *New Engineer*, Dez. 1975.

Seite *Kapitel XIII*

171 Die Auflagenziffern amerikanischer Zeitungen stammen von der »American Newspaper Publishers Association«. Zu den Prozentzahlen amerikanischer Zeitungsleser: siehe *General Social Surveys* 1972 und 1977 vom National Opinion Research Center an der University of Chicago. Zu den Auflagenverlusten: siehe *Newspapers Challenged as Never Before* in *Los Angeles Times,* 26. Nov. 1976. Siehe auch *Time Inc. Buys Washington Star; It Will Pay Allbritton 20 Million* $ in *The New York Times,* 4. Febr. 1978. Zur Lage in England: siehe *Newspaper Sales* von Tom Forester in *New Society,* London, 16. Okt. 1975.

171 Zu den Verlusten bei Illustrierten und Magazinen: siehe *The Gallagher Report* Supplement, 22. Aug. 1977.

172 Zur Auflagenexplosion auf dem Sektor der Mini-Magazine: siehe *Folio,* Dez. 1977.

173 Richard Reeves wurde zitiert aus *And Now a Word from God...* in *Washington Star,* 2. Juni 1979.

173 Zu den Gewohnheiten jugendlicher Rundfunkhörer: siehe *Radio Facts,* hrsg. vom Radio Advertising Bureau, New York.

173 Zum CB-Funk: siehe *Citizens Band: Fad or Fixture* von Leonard M. Cedar in *Financial World,* 1. Juni 1976. Die Anzahl der CB-Geräte, die 1977 in Gebrauch waren, wird wiedergegeben in dem Radio Research Report, hrsg. vom Radio Advertising Bureau, New York. Zur Auswirkung der Sprechfunkgeräte auf die Rundfunkhörerzahlen: siehe die Presseverlautbarung von CBS Radio Network, 20. Juni 1977. Siehe auch die Marsteller-Untersuchung in *Broadcasting,* 15. Aug. 1977.

174 Zum *Time*-Zitat: siehe *The Year That Rain Fell Up* in der Ausgabe vom 9. Jan. 1978.

174 Zum NBC-Zitat: siehe *Webs Nailed for »Stupidity«; Share Seen Dipping 50%* von Peter Warner in *The Hollywood Reporter*, 15. Aug. 1979.

174 Zur Verbreitung des Kabelfernsehens: siehe *Cable TV: The Lure of Diversity* in *Time*, 7. Mai 1979; siehe auch *Media Decisions*, Jan. 1978.

177 Zu satellitenübertragenen Programmen; siehe *New Flexibility in Programming Envisioned Resulting from Upsurge in Satellite Distribution* von John P. Taylor in *Television/Radio Age*, 27. Febr. 1978.

177 John O'Connor wurde zitiert nach seinem Artikel *TV on the Eve of Drastic Change* in *The New York Times*, 13. Nov. 1977.

Seite *Kapitel XIV*

180 Das Zitat zur Computer-Entwicklung stammt aus einem Interview mit Harvey Poppel vom 27. März 1978.

181 Die Angaben zu den Kosten für dezentrale Datenverarbeitung stammen von der International Data Corporation, Stamford, Connecticut.

181 Zum Aufstieg der Heimcomputer: siehe *The Electronic Home: Computers Come Home* von Lee Edson in *The New York Times Magazine*, 30. Sept. 1979.

181 Zu den Kosten für Heimcomputer siehe *TI Gets Set to Move Into Home Computers* in *Business Week*, 19. März 1979.

181 »Die Quelle« ist beschrieben im Informationsmaterial der Telecomputing Corporation of America, McLean, Virginia; siehe auch das Interview mit Vizepräsident Marshall Graham vom 12. Oktober 1979.

182 *Fred the House* erschien in *Micro Shopper*, hrsg. von Micro Age, Tempe, Arizona, Frühjahr 1979.

184 Zu den Robotern: siehe Isaac Asimov in [426].

184 Zu Maschinenstimmen: siehe *Computers Can Talk to You* in *The New York Times*, 2. Aug. 1978. Siehe auch *Random-Access Monthly*, Mai 1979, hrsg. von Dean Witter Reynolds Inc., New York, sowie *Speech Is Another Microelectronics Conquest* in *Science*, 16. Febr. 1979.

186 Zu den »Webfehlern«: siehe [462], S. 113.

Seite *Kapitel XV*

191 Zur Schrumpfung des Sektors der Produktionsgüterindustrie im industrialisierten Teil der Welt: siehe *Yearbook of Labour Statistics* 1961, 1965, 1966, 1975, International Labor Organization.

192 Zur Auslagerung der Fließbandarbeit in Entwicklungsländer: siehe *Vast Global Changes Challenge Private-Sector Vision* von Frank Vogl in *Financier*, April 1978; siehe auch John E. Ullman, *Tides and Shallows* in [12], S. 289.

192 Zur Individualisierung der Produktion: siehe Jacobs [448], S. 239; siehe auch *Programmable Automation: The Bright Future of Automation* von Robert H. Anderson in *Datamation*, Dez. 1972; A. E. Kobrinsky und N.

E. Kobrinsky, *A Story of Production in the Year 2000* in Fedchenko [205], S. 64.

193 Zur Prozentzahl der Fabrikproduktion von Massengütern: siehe *Computer-controlled Assembly* von James L. Nevins und Daniel E. Whitney in *Scientific American,* Febr. 1978.

193 Zur Produktion von kleineren Serien: siehe *When Will Czechoslovakia Become an Underdeveloped Country,* Palach Press, London, zitiert nach *Critique,* Glasgow, Winter 1976/77. Siehe auch *New Programmable Control Aims at Smaller Tasks* in *American Machinist,* Sept. 1976; *The Computer Digs Deeper Into Manufacturing* in *Business Week,* 23. Febr. 1976; und *In the Amsterdam Plant, The Human Touch* von Ed Grimm in *Think,* Aug. 1973.

193 Zur Produktion kleiner Serien in Europa: siehe *Inescapable Problems of the Electronic Revolution* in *The Financial Times,* London, 13. Mai 1976, und *Aker Outlook* in *Nothern Offshore,* Oslo, Nov. 1976.

193 Zu den Ausgaben des Pentagon für die Anschaffung von Endprodukten: siehe Robert H. Anderson und Nake M. Kamrany, *Advanced Computer-Based Manufacturing Systems for Defense Needs,* hrsg. vom Information Sciences Institute, University of Southern California, Sept. 1973. Die japanischen Produktionsmethoden sind zitiert nach brieflicher Mitteilung von Jiro Tokuyama vom Nomura Research Institute of Technology & Economics, Tokio, 14. Juni 1974.

194 Das Zitat von Robert H. Anderson stammt aus einem Interview mit dem Autor.

196 Zur Canon AE-1-Kamera: siehe *Report of First Quarter and Stockholders Meeting,* Texas Instruments, 1977.

197 Zur Anzahl der »Informations-Transaktionen« und zum Anstieg der Bürokosten: siehe Randy J. Goldfield, *The Office of Tomorrow Is Here Today!* in *Time,* Special Advertising Section, 13. Nov. 1978.

197 Zu den Auswirkungen der Büro-Automatisierung auf den Arbeitsmarkt: siehe *Computer Shock: The Inhuman Office of the Future* von Jon Steward in *Saturday Review,* 23. Juni 1979.

198 Zu Micronets integriertem Büro mit Papier»verbot«: siehe *Firms Sponsor Paperless Office* in *The Office,* Juni 1979; siehe auch *Paperless Office Plans Debut* in *Information World,* April 1979.

200 Zu Alternativen zum Postsystem: siehe *Another Postal Hike, and Then –,* in *U.S. News & World Report,* 29. Mai 1978.

200 Zum elektronischen Postsystem schreibt der *U.S. News & World Report* vom 29. Dez. 1975: »Die Gesamtzahl der Poststücke, die von der Post befördert wurden, sank im vergangenen Jahr zum ersten Mal in der Geschichte, und zwar um etwa 830 Millionen Stück. Es ist damit zu rechnen, daß sich dieser Trend fortsetzt und beschleunigt.« Die papierabhängige Post — Prototyp der Institutionen der Zweiten Welle — hatte ihren Höhepunkt überschritten.

200 Zu Satellite Business Systems: siehe *Special Report* von Dr. William Ginsberg und Dr. Robert Golden für Shearson Hayden Stone, New York. Vincent Giuliano wurde zitiert nach einem Interview mit dem Autor.

Randy Goldfield erwähnte die »Bei-Direktoren« in einem Interview mit dem Autor.

200 Zur Büro-Automatisierung und der Studie über sieben Länder: siehe *The Coming of the Robot Workplace* in *The Financial Times,* London, 14. Juni 1978.

Seite *Kapitel XVI*

207 Zur Heimarbeit bei Konzernen wie United Airlines und McDonalds: siehe *A Way to Improve Office's Efficiency: Just Stay at Home* in *The Wall Street Journal,* 14. Dez. 1976.

207 Harvey Poppel wurde zitiert nach einem Interview mit dem Autor sowie nach seinem unveröffentlichten Ausblick auf die Zukunft, *The Incredible Information Revolution of 1984.*

208 Latham wurde zitiert nach [54], S. 30.

208 Zu Hollis Vail: siehe *The Automated Office* in *The Futurist,* April 1978.

208 Zum Standpunkt des amerikanischen Institute for the Future: siehe Paul Baran, *Potential Marked Demand for Two-Way Information Services to the Home 1970 - 1990,* hrsg. vom Institute for the Future, Menlo Park, California, 1971.

208 Zum Programmieren von Computern in Heimarbeit: siehe *Fitting Baby Into the Programm* in *The Guardian,* Manchester, 9. Sept. 1977.

208 »Leute, die sich um einen Computer drängeln« ist zitiert aus *Communicating May Replace Commuting* in *Electronics,* 7. März 1974.

209 Zum »Haus-auf-halbem-Wege« der Nilles-Gruppe: siehe *Electronics,* 7. März 1974.

209 Zur Untersuchung der Nilles-Gruppe: siehe [49].

Seite *Kapitel XVII*

217 Carter-Zitat nach *Right Now* in *McCall's,* Mai 1977.

218 Der führende amerikanische Statistiker für Familienfragen, Dr. Paul Glick vom U.S. Census Bureau, wurde zitiert nach Dr. Israel Zwerling, *Is Love Enough to Hold a Family Together?* in *Cincinnati Horizons*, Dez. 1977.

220 Zur Prozentzahl der Bevölkerung, die in klassischen Kernfamilien lebt: siehe *Marital and Family Characteristics of the Labor Force in March 1976* in *Monthly Labor Review,* Juni 1977, hrsg. vom US-Arbeitsministerium, Bureau of Labor Statistics, Special Labor Force Report 206.

220 Zu »Singles«: siehe *Today's Family Something Different* in *U.S. News & World Report,* 9. Juli 1979; siehe auch *Trend to Living Alone Brings Economic and Social Change* in *The New York Times,* 20. März 1977; und *The Ways »Singles« Are Changing U.S.* in *U.S. News & World Report,* 31. Jan. 1977.

221 Zum Anstieg der Zahl unverheirateter Paare: siehe Unwed Couples Living Together Increase by 117% in *The Washington Post,* 28. Juni 1979, sowie

H.U.D. Will Accept Unmarried Couples for Public Housing in *The New York Times,* 29. Mai 1977.

221 Zu den Schwierigkeiten der Gerichte bei »Scheidungen« unverheirateter Paare: siehe *How to Sue Your Live-in Lover* von Sally Abrahms in *New York,* 13. Nov. 1978, sowie *Unmarried Couples: Unique Legal Plight* in *Los Angeles Times,* 13. Nov. 1977.

221 Zur korrekten Anrede und »Partnerberatung«: siehe *Living in Sin Is In Style* in *The National Observer,* 30. Mai 1977.

221 Zu James Ramey: siehe den Rundbrief der National Organization for Non-Parents (inzwischen umbenannt in National Alliance for Optional Parenthood) vom November/Dezember 1975.

222 Zu kinderlosen Ehepaaren: siehe *In New German Attitude on Family Life, Many Couples Decide to Forgo Children* in *The New York Times,* 25. Aug. 1976; siehe auch *Marriage and Divorce, Russian Style-»Strange Blend of Marx and Freud«* in *U.S. News & World Report,* 30. Aug. 1976.

222 Zu Familien mit nur einem Elternteil siehe [194], S. 1.

222 Zu Familien mit nur einem Elternteil in Großbritannien, Deutschland und Skandinavien: siehe *The Contrasting Fortunes of Europes One-parent Families* in *To The Point International,* Sandton, Transvaal, Südafrika, 23. Aug. 1976.

223 Zur »Aggregatfamilie« siehe [502], S. 248f.

223 Davidyne Mayleas wurde zitiert nach *About Women: The Post-Divorce »Poly-Family«* in *Los Angeles Times*, 7. Mai 1978.

223 Zur Vielzahl unterschiedlicher Familientypen: siehe *Family Structure and the Mental Health of Children* von Sheppard G. Kellam, M.D., Margaret E. Ensminger, M.A., und R. Jay Turner, Ph.D., in *Archives of General Psychiatry* (American Medical Association), Sept. 1977.
Jessie Bernard wurde zitiert nach [187], S. 3/2 und 305.

231 Lesbierinnen: siehe *Judge Grants a Lesbian Custody of 3 Children* in *The New York Times,* 3. Juni 1978; siehe auch *Victory for Lesbian in Child Custody Case* in *San Francisco Chronicle,* 12. April 1978.

231 Zur Presseberichterstattung über eine Frau, die ein durch künstliche Befruchtung gezeugtes Kind ausgetragen hat: siehe *Astonishing Plan Says the Judge* in *Evening News,* London, 20. Juni 1978. Siehe auch *Woman Hired to Have a Child* in *The Guardian,* Manchester, 21. Juni 1978.

231 Zum Gerichtsverfahren über elterliches Fehlverhalten: siehe *Son Sues Folks for Malpractice* in *Chicago Tribune,* 28. April 1978.

233 »Firmenehepaare«: siehe *The Corporate Woman: »Company Couples« Flourish* in *Business Week,* 2. Aug. 1976.

Seite *Kapitel XVIII*

235 Carter und Blumenthal wurden zitiert nach *I Dont Trust Any Economists Today* von Juan Cameron in *Fortune,* 11. Sept. 1978.

235 Zur Euro-Währung »ECU« siehe André M. Coussement, *Why the Ecu Still Isnt Quite Real* in *Euromoney,* Okt. 1979.

236 Zum Thema Eurowährungen und zum weltweiten Netz von Bankverbindungen: siehe *Stateless Money: A New Force on World Economics* in *Business Week,* 21. Aug. 1978; John B. Caouette, *Time Zones and the Arranging Centre* in *Euromoney,* Juli 1978; und *Clash over Stateless Cash* in *Time,* 5. Nov. 1979.

236 Eurodollar: siehe [150], S. 11.

237 Zum Thema Korruption in den UdSSR: siehe Smith [484], S. 86ff. Zur Abhängigkeit der UdSSR von Technologie- und Kapital-Infusionen: siehe *Rollback, Mark II* von Brian Crozier in *National Review,* 8. Juni 1978. Zu den Problemen Polens bezüglich der Lebensmittelpreise und der Arbeiterproteste: siehe *Poland: Meat and Potatoes* in *Newsweek,* 2. Jan. 1978; zu finanziellen Problemen: siehe *Polands Creditors Watch the Ripening Grain* von Alison MacLeod in *Euromoney,* Juli 1978.

237 Das Zitat aus *Euromoney* stammt aus dem Artikel *Time Zones and the Arranging Center,* s.o.

237 Zum Thema »Internationaler Cash-Manager«: siehe *Stateless Money: A New Force on World Economies* in *Busines Week,* 21. Aug. 1978.

237 Zum Thema Beschleunigung in Marketing und Fernsehen: siehe *Editorial Viewpoint* in *Advertising Age,* 13. Okt. 1975.

237 Zur Preisanpassung des COMECON: siehe *L inflation se généralise* in *Le Figaro,* Paris, 4. März 1975.

237 Der britische Wirtschaftsexperte Graham Hutton schreibt in einer Veröffentlichung des Institute of Economic Affairs, daß, »da im Zuge der Beschleunigung der Inflation alle langfristigen staatlichen und privatwirtschaftlichen Verschuldungen zu kürzeren Laufzeiten übergehen ..., der Geldkreislauf immer schneller wird; Verträge, die nur auf drei Jahre abgeschlossen waren, müssen geändert werden, um der zu erwartenden Beschleunigung der Inflationsrate Rechnung zu tragen; Tarifabschlüsse kommen schneller zustande und gelten für kürzere Zeiträume.« Siehe *Inflation and Legal Institutions* in [129], S. 120.

239 Zu den Eskimos in Kanada: siehe *Eskimos Seek Fifth of Canada as Province* in *The New York Times,* 28. Febr.1976.

240 Zu den Forderungen der Indianer: siehe *Settlement of Indian Land Claim in Rhode Island Could Pave Way for Resolving 20 Other Disputes* in *The Wall Street Journal,* 13. Sept. 1978; siehe auch *A Backlash Stalks the Indians* in *Business Week,* 11. Sept. 1978.

240 Zur Ainu-Minorität in Japan: siehe *Ainus Appeal Printed in Book* in *Daily Yomiuri,* Tokio, 15. Nov. 1973.

240 Zur koreanischen Minderheit: siehe *Rightists Attack Korean Office; Six Arrested* in *Daily Yomiuri*, Tokio, 4. Sept. 1975.

240 Zu David Ewing: siehe *The Corporation As Public Enemy No. 1* in *Saturday Review*, 21. Jan. 1978.

241 Zu John C. Biegler: siehe *Is Corporate Social Responsibility a Dead Issue?* in *Business and Society Review,* Frühjahr 1978.

245 Zur Olin Corporation: siehe *Olin Shareholder Quarterly and Annual Meeting Report*, Mai 1978.

245 Zum Thalidomid-Skandal: siehe *A Scandal Too Long Concealed* in *Time*, 7. Mai 1979.

246 Zu Henry Ford II: siehe *Is Corporate Social Responsibility a Dead Issue?* in *Business and Society Review*, Frühjahr 1978.

246 Zur Geschäftspolitik von Control Data Corp.: siehe *The Mounting Backlash Against Corporate Takeovers* von Bob Tamarkin in *Forbes*, 7. Aug. 1978, sowie das hauseigene *Mission Statement*, 1978.

247 Zu Allen Neuharth: siehe *The News Mogul Who Would Be Famous* von David Shaw in *Esquire*, Sept. 1979.

247 Rosemarie Bruner wurde zitiert nach einem Interview mit dem Autor.

248 Zur mannigfaltigen Zielsetzung der Konzerne: siehe *The New Corporate Environmentalists* in *Business Week*, 28. Mai 1979, sowie *MCSI: The Future of Social Responsibility* von George C. Sawyer in *Business Tomorrow*, Juni 1979.

248 Zu den Berichten der American Accounting Association: siehe [16], S. 13.

248 Zum Vorschlag von Juanita Kreps: siehe *A Bureaucratic Brainstorm* von Marvin Stone in *U.S. News & World Report*, 9. Jan. 1978.

249 Zum Migros-Genossenschafts-Bund und zum Zitat Pierre Arnolds: siehe *When Businessmen Confess Their Social Sins* in *Business Week*, 6. Nov. 1978.

249 Zu den Sozialberichten europäischer Konzerne: siehe *Europe Tries the Corporate Social Report* von Meinolf Dierkes und Rob Coppock in *Business and Society Review*, Frühjahr 1978.

249 Zu Cornelius Breevoord: siehe *Effective Management in the Future* in [12].

Seite *Kapitel XIX*

252 Aus dem Berg von Literatur zum Thema der »gleitenden Arbeitszeit« seien hier einige Quellen genannt: *Workers Find Flextime Makes for Flexible Living* in *The New York Times*, 15. Okt. 1979; *Flexible Work Hours a Success, Study Says*, in *The New York Times*, 9. Nov. 1977; *The Scheme That's Killing The Rat-Race Blues* von Robert Stuart Nathan in *New York Times*, 18. Juli 1977; *Work When You Want To* in *Europa-Magazin*, April 1972; *Flexing Time* von Geoffrey Sheridan in *New Society*, London, November 1972; und Kanter in [529].

254 Zur Frage der Ausbreitung der Nachtarbeit: siehe *Le Sommeil du Travailleur de Nuit*, in *Le Monde*, Paris, 14. Dez. 1977; siehe auch Packard [500], Kap. 4.

255 Zur Ausbreitung der Teilzeitarbeit: siehe *In Permanent Part-Time Work, You Cant Beat the Hours* von Roberta Graham in *Nations Business*, Jan. 1979; siehe auch *Growing Part-Time Work Force Has Major Impact on Economy* in *The New York Times*, 12. April 1977.

256 Der Citibank-Fernsehspot wurde zitiert nach einer Transskription der Werbeagentur Wells, Rich, Greene, Inc. in New York.

257 Zu den im Dienstleistungssektor Beschäftigten im Vergleich zu Fabrikarbeitern: siehe [63], S. 3.

257 Zu »Tagestarifen«: siehe *Environmentalists Are Split Over Issue of Time-of-Day Pricing of Elektricity* in *The Wall Street Journal*, 5. Okt. 1978.

257 Zur Aufforderung der Umweltschutzbehörde von Connecticut: siehe *Your (Flex) Time May Come* von Frank T. Morgan in *Personnel Journal*, Febr. 1977.

258 Zum Einfluß von Videorecordern auf Fernsehgewohnheiten: siehe *Will Betamax Be Busted?* von Steven Brill in *Esquire*, 20. Juni 1978.

259 Computerkonferenzen sind aufgrund eigener Erfahrungen des Autors beschrieben; Unterlagen dazu vom Electronic Information Exchange System am New Jersey Institute of Technology, Newark, New Jersey; siehe auch *Planet News*, Dez. 1978, eine Veröffentlichung der Infomedia Corporation, Palo Alto, California.

261 Zu Veränderungen bei Löhnen und Sozialleistungen: siehe *Companies Offer Benefits Cafeteria-Style* in *Business Week*, 13. Nov. 1978.

262 Zu Trends in der deutschen Kunst: siehe Dieter Hönisch, *What is Admired in Cologne May Not Be Appreciated in Munich* in *Art News*, Okt. 1978.

263 Zur Massenproduktion gebundener Bücher (hardcover): siehe *Just A Minute, Marshall McLuhan* von Cynthia Saltzman in *Forbes*, 30. Okt. 1978.

264 Über Dezentralisierung in Kiew: siehe [478], S. 67.

264 Über die Niederlage der schwedischen Sozialdemokraten: siehe *Swedish Socialists Lose to Coalition After 44-Year Rule* in *The New York Times*, 20. Sept. 1976.

264 Über die Schottischen Nationalisten: siehe [370], S. 14.

264 Zum Programm der »Werte-Partei« in Neuseeland: siehe *Values Party, Blueprint for New Zealand*, 1972.

264 Zur »Wohnbezirksmacht«: siehe *Cities Big and Small Decentralize in Effort to Relieve Frustrations* in *The New York Times*, 29. April 1979; und *Neighborhood Planning: Designing for the Future* in *Self-Reliance*, hrsg. vom Institute for Local Self-Reliance, Washington, D.C., Nov. 1976.

264 Über ROBBED und andere Nachbarschaftsgruppen: siehe *Activist Neighborhood Groups Are Becoming a New Political Force* in *The New York Times*, 18. Juni 1979.

264 Senator Mark Hatfield (Republikaner, Oregon) brachte einmal eine Gesetzesvorlage zugunsten der Wiederbelebung von Nachbarschafts- und Gemeindeselbstverwaltung ein, derzufolge es den Bürgern gestattet sein sollte, bis zu 80 Prozent ihrer Einkommensteuern an ordentliche »Nachbarschafts-Regierungen« zu zahlen.

265 Zur Umstrukturierung der Esmark Inc.: siehe *Esmark Spawns A Thousand Profit Centers* in *Business Week*, 3. Aug. 1974; siehe auch Esmarks Jahresreport 1978.

265 Zur »Adhocratie«: siehe [502], Kap. 7.

266 Zu »Matrix-Organisationen»: siehe [13].

266 Zum Aufstieg der Regionalbanken: siehe *The Fancy Dans at the Regional Banks* in *Business Week*, 17. April 1978.

269 Zur Dezentralisierung von Massenzusammenballungen: siehe *Cities: More People Moving Out Than In, New Census Confirms* in *Community Planning Report*, Washington, D.C., 17. Nov. 1975.

270 Zu Lester Wunderman: siehe *The Village Voice*, 14. Aug. 1978.

270 Zu Anthony J. N. Judge: siehe *Networking: The Need for a New Concept* in *Transnational Associations*, Brüssel, Nr. 172, 1974; und *A Lesson in Organization From Building Design – Transcending Duality Through Tensional Integrity: Part I* in *Transnational Associations*, Nr. 248, 1978.

Seite *Kapitel XX*

272 Zum Thema Selbsthilfe: siehe *Doctoring isn't Just for Doctors* von Robert C. Yeager in *Medical World News*, 3. Okt. 1977.

272 Zu Blutdruck-Münzautomaten: siehe *Medical Robot: A Slot Machine for Blood Pressure* in *Time*, 10. Okt. 1977.

272 Zum Boom bei medizinischen Instrumenten: siehe *The Revolution in Home Health Care* von John J. Fried in *Free Enterprise*, Aug. 1978.

274 Zu Selbsthilfe-Organisationen: siehe Interview mit Dr. Alan Gartner, Co-Direktor am New Human Services Institute; *Bereavement Groups Fill Growing Need* in *Los Angeles Times*, 13. Nov. 1977, sowie verschiedene Nummern des *Self-Help Reporter*, hrsg. vom National Self-Help Clearinghouse, New York.

275 Frank Riessman und Alan Gartner erwähnen über 500 000 Selbsthilfe-Gruppen in [58], S. 6; siehe auch ihr Buch [59].

276 Zur Selbstbedienung an Tankstellen: siehe *Save on Gasoline: Pump It Yourself* in *Washington Star*, 6. Juni 1975. Siehe auch *Now, the No-Service Station* in *Time*, 22. Aug. 1977; *Business Around the World* in *U.S. News & World Report*, 9. Febr. 1976.

276 Zur Einführung der Elektronik im Bankwesen: siehe *Tellers Work 24-Hour Day, and Never Breathe a Word* in *The New York Times*, 14. Mai 1976.

277 Über Selbstbedienungsläden: siehe *Futureshock/Store Service: The Pressure on Payroll Overload* in *Chain Store Age*, Sept. 1975. Siehe auch *Marketing Observer* in *Business Week*, 9. Nov. 1974.

277 Zu Caroline Bird: siehe [489], S. 109.

277 Nach Unterlagen zur »Cool-Line« der Firma Whirlpool von Warren Baver, Direktor der Abteilung Kundenbetreuung bei Whirlpool Corporation, Benton Harbor, Michigan.

278 Zum Verkauf von Elektrowerkzeugen: siehe *Tools for the Home: Do-It-Yourself Becomes a National Pastime* von John Ingersoll in *Companion*, Sept. 1977. Siehe auch *Psychographics: A Market Segmentation Study of the D-I-Y Customer* in *Hardware Retailing*, Okt. 1978.

278 Die Angaben von Frost & Sullivan stammen aus *Study of the Market for Home Improvement and Maintenance Products*, 1976; *Home Center & Associated Home Improvement Products Market*, 1978; und *The Do-It-Yourself Market in the E.E.C. Countries*, 1978, Frost & Sullivan, New York.

279 Zum Zitat des *U.S. News & World Report*: siehe *A Fresh Surge in Do-It-Yourself Boom* vom 23. April 1979.

280 Der Manager von Texas Instruments und Cyril Brown sind zitiert nach

Top Management Develops Strategy Aimed at Penetrating New Markets in *Electronics*, 25. Okt. 1978.

280 Inyong Ham wurde zitiert nach einem Interview mit dem Autor.

281 Robert Anderson wurde zitiert nach einem Interview mit dem Autor.

282 Eine interessante Folge des Aufstiegs des Prosumenten ist der Wandel, der, wie man es nennen könnte, »Markt-Intensität« innerhalb des täglichen Lebens. Gibt es Gesellschaften, die mehr Markt-Aktivität entwickeln als andere? Ein Gradmesser für diese Frage ist die Art und Weise, wie die Menschen mit ihrer Zeit umgehen. Mitte der sechziger Jahre untersuchten Soziologen in zwölf Ländern, wie Städter ihre Zeit verbrachten. Die »Zeit-Etat«-Forscher teilten das Alltagsleben in 37 verschiedene Tätigkeiten ein, in Arbeiten, Essen, Schlafen, Besuch bei Freunden usw.

Diese 37 Tätigkeiten faßte ich, ohne irgendeinen Anspruch auf Wissenschaftlichkeit zu erheben, in drei Gruppen zusammen: in die, die mir am »markt-intensivsten« erschienen; die, die überhaupt nicht »markt-intensiv« waren; und die, die irgendwo dazwischen lagen. So ist die Zeit, die wir für die bezahlte Arbeit, für den Berufsverkehr und für unsere Einkäufe aufwenden, viel »markt-intensiver« als die Zeit, die wir damit verbringen, die Geranienstöcke zu begießen, mit dem Hund herumzutollen oder mit dem Nachbarn einen Schwatz zu halten.

Andere Tätigkeiten dagegen werden zwar scheinbar nicht für den Markt ausgeübt, sind aber tatsächlich längst so kommerzialisiert, daß sie in der Mitte zwischen den beiden genannten Kategorien anzusiedeln sind: Abenteuerreisen, Skiwochenenden, ja, sogar das Camping sind mit so viel zu kaufendem Drum und Dran verbunden, mit so vielen bezahlten Dienstleistungen, so vielen ökonomischen Transaktionen, daß sie kaum mehr etwas anderes darstellen als eine besondere Form des Einkaufs.

Diese drei Kategorien im Auge, las ich die Zeit-Etat-Untersuchung noch einmal, und ich entdeckte, daß es Gesellschaften gibt, die »marktintensiver« leben als andere.

Ein Beispiel: In 44 amerikanischen Städten waren durchschnittlich nur 36 Prozent der Stunden, während derer die Menschen nicht schliefen, mit dem Markt verbundenen Tätigkeiten gewidmet. Die restlichen 64 Prozent der Zeit wurden mit Kochen, Wäschewaschen, Gartenarbeit, Essen, Zähneputzen, Lernen, Beten, Lesen, mit freiwilliger Arbeit in Gemeinde-Organisationen, Fernsehen, Schwatzen verbracht.

Für West-Europa ergab sich ein ähnliches Bild: Der Durchschnittsfranzose verbrachte die gleiche Stundenzahl mit marktverbundenen Tätigkeiten; der Belgier etwas mehr — 38 Prozent — und der Bundesdeutsche etwas weniger, nämlich 34 Prozent.

Bezeichnenderweise steigen die Prozentzahlen, sobald wir uns geographisch nach Osten und politisch nach »links« wenden. In der DDR, dem technologisch fortschrittlichsten der kommunistischen Staaten, wendete der Durchschnittsmensch 39 Prozent seines Tages für marktverbundene Tätigkeiten auf; in der ČSSR waren es schon 42 Prozent, in Ungarn 44 Prozent, und in der Sowjetunion brachte er es gar auf 47 Prozent.

Es stellte sich heraus, daß der Lebensstil eines Normalbürgers in Pskov markt-intensiver ist als der seines amerikanischen Pendants. Das liegt nicht nur an den längeren Arbeitszeiten, sondern hat auch noch andere Gründe. Trotz der herrschenden sozialistischen Ideologie ist der Durchschnittsmensch dort über einen großen Teil seines Alltags mit Kaufen und Verkaufen, mit dem Austausch von Waren und Dienstleistungen beschäftigt.

283 Zu den Abwesenheitsquoten in Schweden: siehe *Shorter Hours of Work* von Birger Viklund in *Arbetsmiljö International – 78.*

284 Zum Thema »Bradley-GT«-Bausatz standen Unterlagen der Firma Bradley Automative Division of Thor Corporation, Edina, Minnesota, zur Verfügung.

286 Zu Victor Fuchs: siehe *How Does Self-Help Work?* von Frank Riessman in *Social Policy*, September/Oktober 1976.

287 Zur Frage der Bekämpfung der Arbeitslosigkeit in Industriegesellschaften: siehe [106].

290 Eine Bemerkung zum System des Tauschhandels und zum Geldsystem: Die Ausweitung des Prosums zwingt uns, die Zukunft des Tauschhandels neu zu überdenken, der zur Zeit eine Hochphase erlebt. Er beschränkt sich nicht mehr auf Einzelpersonen, die zum Beispiel eine Couch gegen eine Autoreparatur eintauschen oder juristische Hilfe gegen zahnärztliche Leistungen. (Immer mehr Leute entdecken, daß Tauschhandel Steuern spart.) Tauschhandel spielt auch in der Weltwirtschaft eine größere Rolle, je mehr Länder und Konzerne, unsicher wegen ständig schwankender Kurse von harten und schwachen Währungen, dazu übergehen, Öl gegen Kampfflugzeuge, Kohle gegen Elektrizität, brasilianisches Eisenerz gegen chinesisches Öl zu tauschen. Dabei handelt es sich um eine Markt-Transaktion, die Sektor B zuzurechnen ist.

Vieles, was in Selbsthilfe-Gruppen stattfindet, könnte als Tauschhandel bezeichnet werden — etwa der Austausch von Lebenserfahrung und Ratschlägen. Auch die herkömmliche Rolle der Hausfrau kann man als Tausch von Dienstleistungen gegen vom Ehemann verdiente Erwerbsgüter interpretieren. Gehört demnach ihre Arbeit zu Sektor A oder zu Sektor B ? Solange die Wirtschaftswissenschaftler der Dritten Welle auf solche Fragen noch keine Antwort wissen, können wir die wirtschaftliche Realität, in der wir leben, kaum von der nun schon fast historischen Wirtschaft der Zweiten Welle unterscheiden.

Auch die Frage nach der Zukunft des Geldsystems muß gestellt werden. In der Vergangenheit wurde der direkte Warentausch vom indirekten Tausch mittels des Geldes abgelöst, da sonst bei komplexen Transaktionen mit vielen unterschiedlichen Maßeinheiten kaum noch ein Überblick zu wahren war. Mit zunehmendem Einsatz von Computern jedoch schwindet die Bedeutung des Geldes, da jetzt extrem komplexe Transaktionen ohne Schwierigkeit abgewickelt werden können. Auch darüber haben wir noch kaum nachgedacht. Die Ausweitung des Prosums, verbunden mit Tauschhandel und neuer Technologie, wird uns zwangsläufig alte Themen neu überdenken lassen müssen.

295 Zum Bericht des Urban Land Institute: siehe *Rural U.S. Growing Faster Than Cities* in der internationalen *Herald Tribune*, 4./5. Aug. 1979.
295 Zu Lasern, Raketen usw.: siehe *Contemporary Frontiers in Physics* von Victor F. Weisskopf in *Science*, 19. Jan. 1979.
296 Otto Struve ist zitiert in *Negotiating with Other Worlds* von Michael A. G. Michaud in *The Futurist*, April 1973.
296 Zu Signalen aus dem All: siehe Sullivan [468], S. 204.
297 Zu François Jacob: siehe seinen Beitrag *Darwinism Reconsidered* in *Atlas World Press Review*, Jan. 1978.
297 Zum »genetischen Drift« und zu den Bemerkungen von Dr. Motoo Kimura: siehe *The Neutral Theory of Molecular Evolution* in *Scientific American*, Nov. 1979.
297 Zu »Eukaryonten« und »Prokaryonten«: siehe *What Came First?* in *The Economist*, 28. Juli 1979.
297 Zum Grant Park Zoo in Atlanta: siehe *Ape Hybrid Produced* in *Daily Telegraph*, London, 28. Juli 1979. Siehe auch *Old Evolutionary Doctrines Jolted by a Hybrid Ape* in *The New York Times*, 29. Juli 1979.
297 Zur Evolutionsgeschichte: siehe Warshofsky [470], S. 122-125. Siehe auch Jantsch und Waddington [180], Einleitung.
298 Zur Entdeckung der DNS-Struktur: siehe Watson [471].
298 Zu Kornbergs Entdeckung und der populärwissenschaftlichen Zusammenfassung: siehe [446], S. 24-26.
299 Zum britischen Kritiker: siehe S. Beynon John, »Albert Camus«, in [5], S. 312.
299 Zum Report des Club of Rome: siehe [165], S. 23f.
300 Zur Einstellung gegenüber der Zeit während der Zweiten Welle: siehe Whitrow [520], S. 100f, sowie G. J. Whitrow, *Reflections on the History of the Concept of Time* in [510], S. 10f.
300 Zu John Gribbin: siehe [512], S. XIIIf.
300 Zu »Schwarzen Löchern«: siehe *Those Baffling Black Holes* in *Time*, 4. Sept. 1978; *The Wizard of Space and Time* von Dennis Overbye in *Omni*, Febr. 1979; und Warshofsky [470], S. 19f.
302 Zu »Tachyonen«: siehe [304], S. 265f.
302 Zu Taylor: siehe seinen Artikel *Time in Particle Physics* in [510], S. 53.
302 Zu Fritjof Capra: siehe [300], S. 52.
302 Zu alternativen und pluralen Zeiten: siehe John Archibald Wheeler, *Frontiers of Time*, Sommer 1977, Vorlesung in Varenna, Italien.
303 Zum Rückgang der Bevölkerungszahl in Großstädten: siehe *Rush to Big Cities Slowing Down: Poll* in *Daily Yomiuri*, Tokio, 9. Juli 1973; *Exploding Cities* in *New Society*, London, 5. Juli 1973; und *Swiss Kaleidoscope* in *Swiss Review of World Affairs*, April 1974.
303 Zum American Council of Life Insurance: siehe *Changing Residential Patterns and Housing* in TAP Report 14, Herbst 1976.
303 Zum *Fortune*-Zitat: siehe *Why Corporations Are on the Move* von Herbert E. Meyer, Mai 1976.

304 Arthur H. Robinson: *A Revolution in the Art of Mapmaking* in *San Francisco Chronicle*, 29. Aug. 1978.
304 Zu Arno Peters: siehe *The Peters World Map: Is it an Improvement?* von Alexander Dorozynski in *Canadian Geographic*, August/September 1978.
305 Zu Simon Ramo: siehe [311], S. 6.
306 Zu Barry Lopez: siehe *Environmental Action*, 31. März 1973.
306 Frederick S. Perls, *Gestalt Therapy and Human Potentialities* in [418], S. 1.
306 Zur Holismus-Bewegung: siehe *Holistic Health Concepts Gaining Momentum* von Constance Holden in *Science*, 2. Juni 1978.
307 Zum Experten der Weltbank: siehe Charles Weiss, Jr., *Mobilizing Technology for Developing Countries* in *Sience*, 16. März 1979.
307 Zu Ervin Laszlo: siehe [308], S. 161.
307 Zu Eugene P. Odum: siehe *The Emergence of Ecology as a New Integrative Discipline* in *Science*, 25. März 1979.
308 Maruyama wurde zitiert aus *The Second Cybernetics: Deviation-Amplifying Mutual Causal Processes* in *American Scientist*, Juni 1963, S. 164-179 und 250-256. Siehe auch Maruyama, *New Movements in Old Traps* in *Futurics*, Herbst 1977, S. 59-62; und *Heterogenistics and Morphogenetics* in *Theory and Society*, Bd. 5, No. 1, S. 75-96, 1978.
308 Die Ausführungen über Prigogine basieren auf Interviews und persönlicher Korrespondenz mit dem Autor sowie auf [458].
313 Zum Termiten-Beispiel: siehe Ilya Prigogine, *Order Through Fluctuation: Self-Organization and Social System* in [180].
313 Zum Prigogine-Zitat: siehe *From Being to Becoming*, hrsg. vom University of Texas Center for Statistical Mechanics and Thermodynamics, Austin, Texas, April 1978. Siehe ferner *Time, Structure, and Fluctuations* in *Science*, 1. Sept. 1978; *Order Out of Chaos*, Center for Statistical Mechanics and Thermodynamics, University of Texas at Austin, und Faculté des Sciences, Université Libre de Bruxelles; sowie *La Nouvelle Alliance* von Ilya Prigogine und Isabelle Stengers, Paris 1979.

Seite *Kapitel XXII*

315 Zu den Korsen und anderen Separatisten: siehe *Fissionable Particles of State* in *Telegraph Sunday Magazine*, London, 11. Juni 1978; siehe auch *Europe's Passionate Separatists* in *Sunday Examiner & Chronicle*, San Francisco, 8. Okt. 1978.
316 Über das schottische Parlament siehe *Home-Rule Plan Suffers Setback in British Votes* in *The New York Times*, 3. März 1979.
316 Zu schottischen Autonomiebestrebungen: siehe *The Devolution Pledges Which Will Not Go Away* in *The Guardian*, Manchester, 28. Juli 1979.
316 Über Wales: siehe *Welsh Nationalists, Rebuffed, Fight Fiercely for Their Language* in *The New York Times*, 6. Nov. 1979.
316 Zu Belgien: siehe *Belgium: New Government Rides the Tiger* in *To The Point*, Sandton, Transvaal, Südafrika, 27. Okt. 1978.

317 Zu Südtirol: siehe Conflict Within a Community von Frances Pinter in *New Society,* London, 22. März 1973.

317 Zu den Slowenen, Basken, Katalanen und Kroaten: siehe *How Unhappy Minorities Upset Europe's Calm* in *U.S. News & World Report,* 31. Jan. 1977.

317 Über Pierre Trudeau: siehe *Language Dispute is Termed Threat to Canada's Unity* in *The New York Times,* 26. Okt. 1976.

317 Zu Alberta: siehe *Western Canadians Plan Own Party* in *The New York Times,* 15. Okt. 1974; siehe auch *Canada, a Vast, Divided Nation, Gets Ready for a Crucial Election* in *The New York Times,* 16. Mai 1979.

317 Zu West-Australien: siehe *How the West May Be Lost* in *The Bulletin,* Sydney, 26. Jan. 1974.

318 Zu Amalrik: siehe [472].

318 Zu Armenischen Nationalisten: siehe *Armenia: The USSR's Quiet Little Hotbed of Terror* in *San Francisco Examiner,* 9. Okt. 1978.

318 Georgier und Abchasen: siehe *Georgian and Armenian Pride Lead to Conflicts With Moscow* in *The New York Times,* 27. Juni 1978; *Dispute in Caucasus Mirrors Soviet Ethnic Mosaic* in *The New York Times,* 25. Juni 1978.

318 Zu dem Roman: siehe [275].

318 Autor des Berichts an Kissinger ist Professor Arthur Corwin, Direktor der Cooperative Study for Mexican Migration.

319 Über *Texas Monthly:* siehe *Portillo's Revenge* von John Bloom, April 1979.

319 Über Puerto Rico: siehe *F.A.L.N. Organization Asks Independence for Puerto Rico* in *The New York Times,* 9. Nov. 1975.

319 Zu Alaska: siehe *Alaska Self-Determination* in *Reason,* Sept. 1973.

319 Über amerikanische Indianer: siehe *Black Elk Asks Young Americans: Recognize Indians as Sovereign Nation* in *The Colorado Daily,* Boulder, 18. Okt. 1974; *American Indian Council Seeks U.N. Accreditation* in *The New York Times,* 26. Jan. 1975.

319 Zur National Conference of State Legislatures: siehe *America's Regional Economic War* in *State Legislatures,* Juli/August 1976.

319 Zum »wirtschaftlichen Äquivalent zum Bürgerkrieg«: siehe *Coal and Oil States, Upset by Carter Plan, Prepare for »Economic War« Over Energy* in *The New York Times,* 27. April 1977.

319 Zu Jeffrey Knight: siehe *After Setbacks-New Tactics in Environmental Crusade* in *U.S. News & World Report,* 9. Juni 1975.

319 *Let the Bastards Freeze in the Dark:* Leitartikel von Philip H. Abelson in *Science,* 16. Nov. 1973.

320 Zum Mittleren Westen: siehe *Midwest, U.S. Heartland, Is Found Losing Economic Vitality* in *The Cleveland Plain Dealer,* 9. Okt. 1975.

320 Über Gouverneure im Nordosten: siehe *Playing Poorer Than Thou: Sunbelt v. Snowbelt in Washington* in *Time,* 13. Febr. 1978.

321 Zu Pierre Trudeau: siehe Shaw [287], S. 51.

321 Zu Denis de Rougement: siehe *Bulletin* der Schweizer Kreditbank, Zürich, Mai 1973.

322 Senator McGovern wurde zitiert nach seinem Beitrag *The Information Age* in *The New York Times,* 9. Juni 1977.

323 Zu den statistischen Angaben über supranationale Konzerne: siehe *Supplementary Material on the Issue of Defining Transnational Corporations,* Bericht des Sekretariats an die Commission on Transnational Corporations, UNESCO, 23. März 1979.

323 Die außerordentlich rasche Ausbreitung supranationaler Konzerne hat, den Forschungen Professor Brent Wilsons, University of Virginia, zufolge, möglicherweise ihren Höhepunkt erreicht. Wilson zeigt auf, daß viele Großkonzerne, z. B. aus Industriezweigen mit niedrigem technologischen Entwicklungsstand — etwa aus der Leder-, der Textil- oder der Gummibranche — ihre ausländischen Tochtergesellschaften veräußern. Dies trifft jedoch nicht auf die hoch-technologische Industrie zu. Siehe *Why the Multinational Tide Is Ebbing* von Sanford Rose in *Fortune,* Aug. 1977.

323 Zur Bedeutung der Multis: siehe Aussage von Alvin Toffler vor dem Außenpolitischen Ausschuß des US-Senats, [294], S. 265; im Reprint: *The USA, the UN and Transnational Networks* in *International Associations,* Brüssel, Nr. 593, 1975.

324 Über General Motors und Lester Brown: siehe [272], S. 214-216.

324 Zu Exxons Tankerflotte: siehe Wilczynski [297], S. 40.

324 Über Mitglieder der kommunistischen Partei: siehe [297], S. 40.

324 Über »sozialistische Multis«: siehe [297], S. 134-145.

324 Über westliche Multis und ihre Geschäftsbeziehungen zu COMECON-Ländern: siehe [297], S. 57.

324 Über Multis in nicht-industrialisierten Ländern: siehe *The Rise of Third World Multinationals* von David A. Heenan und Warren J. Keegan in *Harvard Business Review,* Januar/Februar 1979.

324 Über britische Multis: siehe *BP Confesses It Broke Sanctions and Covered Up* in *Sunday Times,* London, 27. Aug. 1978; *Oil Chiefs Bust Sanctions* in *The Observer,* London, 25. Juni 1978; und Rhodesia (Oil Sanctions Inquiry), House of Commons *Hansard,* 15. Dez. 1978, S. 1184-1186.

324 Zum arabischen Boykott: siehe *Boycott Report: Developments and Trends Affecting the Arab Boycott,* hrsg. vom American Jewish Congress, New York, Febr. 1979.

325 Zu Prioritäten der transnationalen Ölgesellschaften: siehe [168], S. 312f.

325 Über Lester Brown: siehe [272], S. 222.

325 Zu geheimdienstlichen Interessen der Multis: siehe [390].

325 Zu Hugh Stevenson: siehe [289], S. 3.

326 Zur Zahl der grenzüberschreitenden Organisationen: siehe [294], S. 270; siehe auch [298].

327 Zu supranationalen Organisationen und »IGOs«: siehe Interview des Autors mit A. J. N. Judge, Union of International Associations, Brüssel.

327 Steuerkommissar der EG: siehe *An EEC Flea in Russia's Ear* in *The Economist,* London, 13. Jan. 1979.

327 Zu agrar- und industriepolitischen Strategien: siehe *Farmer Solidarity Increases in Europe* in *The New York Times,* 6. Okt. 1974.

331 Die Angaben über Armut, Gesundheit, Ernährung und Analphabetentum wurden zitiert aus Robert S. McNamaras Reden vor dem Verwaltungsrat der Weltbank vom 24. Sept. 1973 und vom 26. Sept. 1977.

332 Zur Industrialisierung des Iran: siehe *Iran's Race for Riches* in *Newsweek*, 24. März 1975.

332 Über Zinsen und Kredite: siehe *Iranian Borrowing: The Great Pipeline Loan Will Be Followed by Many More* von Nigel Bance in *Euromoney*, Juni 1978.

332 Über Verdienste deutscher Manager: siehe Marion Dönhoff in *Die Zeit*, Hamburg, 10. Okt. 1976.

333 Zu den Angaben über Konsum und Bevölkerung im Iran: siehe *Regime of the Well-Oiled Gun* von Darryl D'Monte in *Economic & Political Weekly* (Indien), 12. Jan. 1974, Auszug in *Iran Research*, London, Jan. 1975.

333 Über das Einkommensniveau auf dem Land: siehe *Iran: The Lion That Stopped Roaring* in *Euromoney*, Juni 1978.

333 Der Sturz des Schahs traf zwar die Politiker in Washington und die internationalen Bankiers unvorbereitet, kam jedoch nicht unerwartet für jene, die den »inoffiziellen« Informationsstrom aus dem Iran verfolgt hatten. Bereits im Januar 1975, vier Jahre vor dem Umsturz, berichtete das Bulletin Nr. 8 der kostenlos vertriebenen, linksgerichteten Zeitschrift *Iran Research*, die Bewegung für den Sturz des Schahs habe »eine höheres Stadium des revolutionären Kampfes« erreicht. Der Bericht enthielt genaue Angaben über bewaffnete Aktionen gegen das Regime, über ein Bombenattentat auf die Irana Tile Factory, die Ermordung des »berüchtigten Besitzers der Jahan-Chit-Fabriken«, den Ausbruch politischer Gefangener mit Unterstützung ihrer Wärter. Er gab die Botschaft eines Leutnants der Luftwaffe wieder, der an seine »militärischen Brüder« appellierte, »sich der schimpflichen Uniform zu entledigen und statt dessen zu den Waffen der Guerilla zu greifen«. Vor allem aber druckte und pries der Bericht die neueste »Fatva« (Proklamation) des im Exil lebenden Ayatollah Chomeini, in der er zur Intensivierung des Widerstands gegen das Regime aufrief.

334 Zur *New York Times*: siehe *Third World Industrializes, Challenging the West ...*, 4. Febr. 1979.

334 Zu den französischen Stahlarbeitern: siehe *Steel's Convulsive Retreat in Europe* von Agis Salpukas in *The New York Times International Economic Survey*, 4. Febr. 1979.

335 »Zwischen der Sichel und dem Mähdrescher«: siehe *Second Class Capitalism* von Simon Watt in *Undercurrents* (Reading, Berkshire), Oktober/November 1976.

336 Zur »Intermediate Technology Development Group«: siehe *Appropriate Technology in the Commonwealth: A Directory of Institutions*, hrsg. von der Food Production and Rural Development Division des Commonwealth Secretariat, London.

336 Zu Indiens Begünstigung von ländlichen Heimindustrien: siehe *India Goes Back to Using the Handloom* in *Financial Times,* London, 20. Juni 1978.

337 Suharto wurde zitiert von Mohammad Sadli, dem indonesischen Bergbauminister, in *A Case Study in Disillusion: U.S. Aid Effort in India* in *The New York Times,* 25. Juni 1974.

337 Zu Samir Amin: siehe [66], S. 592f.

338 Zum Dresch-Wettbewerb 1855: siehe [101], S. 303f.

340 Amulya Kumar N. Reddy: siehe sein Papier *Simple Energy Technologies for Rural Families* für das UNICEF-Seminar on Simple Technology for the Rural Family, Nairobi, Juni 1976.

341 Zu Biogas: siehe *Integrated Microbial Technology for Developing Countries: Springboard for Economic Progress* von Edgar J. DaSilva, Reuben Olembo und Anton Burgers in *Impact,* April-Juni 1978.
Siehe auch *Fuels from Biomass: Integration with Food and Materials Systems* von E. S. Lipinsky; und *Solar Energy for Village Development* von Norman L. Brown und James W. Howe, beide in *Science,* 10. Febr. 1978.

341 Zur Technologie in Indien: siehe *India Developing Solar Power for Rural Electricity* in *The New York Times,* 11. Mai 1979.

341 Haim Aviv: siehe *Envisions Israel-Egypt Joint Food-Fuel Project* in *Post,* New York, 14. April 1979.

342 Zum Environmental Research Lab·in Tuscon: siehe *Powdered Martinis and Other Surprises Coming in the Future* in *The New York Times,* 10. Jan. 1979.

342 Zum Experiment in Vermont und zum New Alchemy Institute: siehe *Future Farming* von Alan Anderson, Jr., in *Omni,* Juni 1979.

342 Zur Trendvorhersage des Center for Futures Research: siehe *Neither Feast nor Famine: A Preliminary Report of the Second Twenty Year Forecast* von Selwyn Enzer, Richard Drobnick und Steven Alter.

343 Zu John McHale and Magda Cordell McHale: siehe [91], S. 188-190.

344 Zu M. S. Iyengar: siehe sein Papier *Post-Industrial Society in the Developing Countries* für die Special Conference on Futures Research in Rom 1973.

344 Zu Ward Morehouse: siehe *Microelectronic Chips to Feed the Third World* von Stephanie Yanchinski in *New Scientist,* London, 9. Aug. 1979.

345 Zu Roger Melen: siehe *San Francisco Chronicle,* 31. Jan. 1979.

345 Zu John Magee: siehe *The New World Information Order,* Bericht von George Kroloff und Scott Cohen an den außenpolitischen Ausschuß des Senats, November 1977.

346 Zu Suharto: siehe *Asia's Communications Boom: The Promise of Satellite Technology* in *Asiaweek,* Hongkong, 24. Nov. 1978.

346 Jagdish Kapur wurde zitiert aus seiner Rede *India – 2000 A.D.: A Framework for Survival,* gehalten im India International Centre, Neu-Delhi, 17. Jan. 1974.

347 Zu Myrdal: siehe [94], S. 961.

347 Hier ist ein Hinweis angebracht auf den Unterschied zwischen dem, was ich mit »Prosum« bezeichne, und dem, was Entwicklungsökonomen den

»formlosen Sektor« nennen. Über diese formlose Wirtschaft, die in vielen armen Ländern entsteht, werden intensive Diskussionen geführt. Millionen verzweifelter Menschen in diesen Ländern schlagen sich mühsam mit Hausieren, Schreinern, Chauffeurjobs, Bauarbeiten oder als Schuhputzer durchs Leben. Manche Wirtschaftswissenschaftler beurteilen den erwähnten Sektor positiv, da er einen Einstieg in die Wirtschaft biete. Andere Ökonomen meinen dagegen, die formlose Wirtschaft verdamme die Betroffenen zu permanentem Elend.
Gleich, welcher Standpunkt richtig ist: Dieser formlose Sektor bietet eine »Kleingüterproduktion« und bildet somit einen Teil der Marktwirtschaft. Daher unterscheidet er sich auch grundsätzlich vom »Prosum-Sektor«, der ja auf einer Produktion für den Eigenverbrauch beruht. Der formlose Sektor gehört nach meiner Auffassung und Terminologie zum Sektor B, zur Produktion für den Markt.

347 Paul Streeten wurde zitiert nach seinem Papier *Development Ideas in Historical Perspective: The New Interest in Development* (o.J.).

348 Yona Friedman wurde zitiert nach seinem Papier *No-Cost Housing*, vorgelegt bei einer UNESCO-Konferenz, 14. - 18. Nov. 1977.

348 Einige Projekte der Weltbank legen besonderen Wert auf Selbsthilfe und den Einsatz körperlicher Arbeit. Siehe hierzu zum Beispiel *The Bank and Urban Poverty* von Edward Jaycox in *Finance & Development*, Sept. 1978. Jaycox, Direktor des Bank's Urban Projects Department, weist auf einen anderen Aspekt hin: »Da von den Hilfeempfängern erwartet wird, daß sie die Kosten (in Form eigener Arbeit) selbst tragen, ist es oft nicht nur wünschenswert, sondern für den Erfolg ausschlaggebend, daß sie an Planungsentscheidungen und an der Durchführung eines Projekts beteiligt werden.« Prosum bringt einen höheren Grad an Selbstbestimmung mit sich als Produktion.

349 Edmund Leach: *Literacy*, A Nevis Institute Working Paper, Edinburgh 1977.

349 Zu Marshall McLuhan siehe [46], S. 50.

351 Samir Amin: siehe [66], S. 595.

Seite *Kapitel XXV*

366 Zur vom Präsidenten eingesetzten Kommission sowie zum National Institute of Mental Health: siehe [409], S. 6.

367 Zu »Verrückheit, Genialität und Heiligkeit«: siehe *The Marketplace* in *PENewsletter*, Okt. 1974.

367 Zu 8000 »Therapien«: siehe [404], S. 11.

367 Zur Kritischen Untersuchung: siehe [404], S. 56.

368 Zur Zeitschrift in Kalifornien: siehe *In Guns We Trust* von Karel Greene und Schuyler Ingle in *New West*, 23. April 1979.

369 Zu Fletcher Knebels Roman: siehe [21], S. 377.

371 Norman Macrae: siehe *The Coming Entrepreneurial Revolution* in *The Economist*, 25. Dez. 1976.

372 Zum Ehestifter: siehe *Jewish Chronicle,* 16. Juni 1978.
373 Zukunftsschock: siehe [502], Kap. 5.
374 Zu Rollo May: siehe [414], S. 34.
375 Zu Sekten und Kulten: siehe [404], S. 12, 16 und 35.
375 Zu den Unternehmen der »Vereinigungskirche« siehe *Gone Fishing* in *Newsweek,* 11. Sept. 1978.
375 Zum Gerichtsverfahren gegen das »Divine Light Center«: siehe *Cuckoo Cult* in *Time,* 7. Mai 1979.
376 Zum Zitat des Sprechers der Vereinigungskirche: siehe *Honor Thy Father Moon* von Berkeley Rice in *Psychology Today*, Jan. 1976.
376 Zu Dr. Sukhedo: siehe *Jersey Psychiatrist, Studying the Guyana Survivors, Fears Implications for U.S. Society From Other Cults* von Jon Nordheimer in *The New York Times,* 1. Dez. 1978.
376 Zu Sherwin Harris: siehe *I Never Once Thought He Was Crazy* von Jon Nordheimer in *The New York Times,* 27. Nov. 1978.

Seite *Kapitel XXVI*

380 André Reszler, *»L'homme nouveau«: espérance et histoire* in *Cadmos,* Genf, Winter 1978.
381 Zu Fromm: siehe [406], S. 304; und [407], S. 77.
384 Donald Conover wurde zitiert nach einem Interview mit dem Autor.
385 Zu flexiblen Sozialleistungen: siehe *Companies Offer Benefits Cafeteria-Style* in *Business Week,* 13. Nov. 1978.
385 Zur Ablehnung von Versetzungen: siehe *Mobile Society Puts Down Roots* in *Time,* 12. Juni 1978.
386 Zur Matrix: siehe [13], S. 104.
389 Enzensberger: siehe [42], S. 97.

Seite *Kapitel XXVII*

392 Das Zitat Präsident Carters stammt aus seiner energiepolitischen Rede an die Nation; Text in *The New York Times,* 16. Juli 1979.
392 Zu General Motors: siehe *Why Don't We Recall Congress for Defective Parts?* von Robert I. Weingarten in *Financial World,* 26. März 1975.
392 Verordnungen: siehe *Regulatory Failure III*, Washington, D.C.: National Association of Manufacturers, April 1978, S. A-2.
392 Zur Stahl-Industrie: siehe Anzeige von Bethlehem Steel in *Time,* 26. Juni 1978.
392 Eli Lilly: siehe *The Day the Paper Stopped* von Robert Bendiner in *The New York Times,* 16. März 1977.
392 Zum Exxon-Rechenschaftsbericht: siehe Michael C. Jensen und William H. Meckling, *Can the Corporation Survive?*, Rochester, New York: University of Rochester Graduate School of Management, Mai 1976, S. 2.
393 Zu Symptomen politischer Lähmung: Die Franzosen sprechen von einer

politischen »Eiszeit« oder von »blockierter Politik«. Der frühere Ministerpräsident Michael Debré sieht eine »Krise des Regimes«. Siehe Flora Lewis, *Life's Not Bad, but French Foresee Disaster* in *The New York Times,* 17. Nov. 1979.

393 Zum japanischen Ministerpräsidenten Takeo Miki: siehe *Fragility of Democracy Stirs Japanese Anxiety* von Richard Halloran in *The New York Times,* 9. Nov. 1975.

394 Zur Wahlstatistik von 1976: siehe Election Research Center, *America Votes 12* Washington, D.C.: Congressional Quarterly, 1977, und Bureau of the Census, US-Handelsministerium.

394 »Unabhängige«: siehe *As the Parties Decline* von Frederick G. Dutton in *The New York Times,* 8. Mai 1972.

394 Zum Mitgliederschwund der Labour Party: siehe *How Labour Lost Its Legions* von Dr. Stephen Haseler in *Daily Mail,* London, 9. Aug. 1979.

394 *Yomiuri Shimbum*-Zitat: siehe *The Daily Yomiuri,* Tokio, 28. Dez. 1972.

394 Zu Viktor Nekipelov: siehe *Here a Stalin There a Stalin Everywhere a Stalin Stalin* in *The New York Times,* 14. Aug. 1979.

395 Zu Neuseeland: siehe *NZ Elections Give Rise to a Time Like Alice* von Christopher Beck in *The Asian,* 22. Nov. 1972.

395 American Enterprise Institute: siehe *Who's in Charge in Washington? No One's in Charge There* in *Inquirer,* Philadelphia, 3. März 1979.

395 Zu Privatarmeen in England: siehe *Thunder From the Right* in *Newsweek,* 26. Aug. 1974; *Phantom Major Calls up an Anti-Chaos Army* von John Murchie in *Daily Mirror,* London, 23. Aug. 1974.

395 Zu den Roten Brigaden: siehe Curtis Bill Pepper, *The Possessed* in *New York Times Magazine,* 18. Febr. 1979.

395 Zu Aldo Moro: siehe *Roman Outrage* in *Time,* 14. Mai 1979.

396 Zu Saudi-Arabien: siehe *External Threats to Saudi Stability* in *Business Week,* 12. Febr. 1979.

396 Zu Scheich Jamani: siehe *Relax and Enjoy a Drive* von Julian Snyder in *International Moneyline,* 11. Aug. 1979.

398 Zu Tschakowskis *Sieg*: siehe Michael Simmons, *Literary Victory for Stalin in Russia* in *The Guardian,* Manchester, 4. Aug. 1979.

399 Zu rechtsradikalen Gruppen in Frankreich: siehe *Rightist Intellectual Groups Rise in France* von Jonathan Kandell in *The New York Times,* 8. Juli 1979; und *The New Rigth Raises Its Voice* in *Time,* 6. Aug. 1979. Siehe auch William Pfaff in International *Herald Tribune,* 3. Aug. 1979.

399 Zum Ku Klux Klan: siehe *Violent Klan Group Gaining Members* von Wayne King in *The New York Times,* 15. März 1979; *Vengeance for Raid Seen as Motive for 4 Killings at Anti-Klan March* in *The New York Times,* 5. Nov. 1979; und *Prosecutor in Klan-Protest Killings Terms 12 Suspects Equally Guilty* in »The New York Times«, 7. Nov. 1979.

400 Zu »totalitärer Ineffizienz«: siehe *What Does Russia Want?* von Robin Knigth in *U.S. News & World Report,* 16. Juli 1979.

400 Raymond Fletcher wurde zitiert aus einem Interview mit dem Autor.

402 Jill Tweedie, *Why Jimmy's Power Is Purely Peanuts* in *The Guardian,* Manchester, 2. Aug. 1979.

404 Zu Preiserhöhungen in der Tschechoslowakei und Ungarn: siehe *Inflation Exists* in *The Economist,* 28. Juli 1979.

405 Zu *Advertising Age*: siehe Stanley E. Cohen, *President's Economic Switch Puts Emphasis on Spending,* 20. Jan. 1975.

405 Zur Ölpreisexplosion: siehe Helmut Bechtaldt, *Das Diktat der Öl-Millionen* in *Außenpolitik,* 3. Quartal 1974.

405 Zur Rezession von 1974/75: siehe *Business Roundup* in Fortune, Jan. 1975.

406 Zu Magaret Thatchers Prophezeiung: siehe John Cunningham, *Guardian Women* in »The Guardian«, Manchester, 31. Juli 1979.

406 Richard Reeves, *The Next Coming of Teddy* in *Esquire,* 9. Mai 1978.

407 Zu Robert Skidelsky: siehe *Keynes and Unfinished Business* in *The New York Times,* 19. Dez. 1974.

407 Zu homosexuellen Nazis: siehe *Out of Focus* in *Focus/Midwest,* Bd. 10, No. 66.

408 Zu politischen Aktionen der Gewerkschaften: siehe A. H. Raskin, *Mr. Labor: »Ideology is Baloney«,* Rezension der George-Meany-Biographie von Joseph C. Goulden in *The New York Times,* 23. Okt. 1972.

408 Zu N. Y. Mineta: siehe *The Great Congressional Power Grab* in *Business Week,* 11. Sept. 1978.

410 Zu *Harper's*: siehe William Shawcross, *Dr. Kissinger Goes to War,* Mai 1979.

410 Zur Entscheidungslast: siehe *The National Endowment for the Arts Grows Up* von Malcolm N. Carter in *Art News,* Sept. 1979.

410 Armbrister: siehe [379], S. 191f. Die Angabe »76 vorgeschlagene militärische Unternehmen« stammt aus einem Interview mit dem Autor.

410 Zur 30-Milliarden-Schlamperei: siehe *The Case of the Misplaced $ 30 Billion* in *Business Week,* 24. Juli 1978.

411 Zu Stuart Eizenstat: siehe *The Great Congressional Power Grab* in *Business Week,* 11. Sept. 1978.

411 Zum Kongreß: siehe den Bericht des Congressional Clearinghouse on the Future and the Congressional Institute for the Future, Washington, D.C., Juli 1979.

412 Zur Entscheidungs-Problematik in der Sowjetunion: siehe *Worldgram* in *U.S. News & World Report,* 24. Nov. 1975.

412 Das Parlamentsmitglied ist Gerald T. Fowler, zitiert in *Devolution Will Ease Load at Whitehall, Minister Says* von Trevor Fishlock in *The Times,* London, 16. Jan. 1976.

412 Sir Richard Marsh, *Why Westminster Can't Take Business Decisions* in *Industrial Management,* Wembley, Middlesex, Juli 1979.

412 Zur politischen Krise in Italien: siehe *Italy Seeks a Government* in *Financial Times,* London, 3. Aug. 1979; *Italy's Coalition Gets a Vote of Approval in Parliament* von Henry Tanner in *The New York Times,* 12. Aug. 1979.

414 Zur Verfassung der USA: siehe Flexner [387], S. 117.
415 Jefferson-Zitat: siehe [392], S. 32, 67.
417 Walter Dean Burnham, *A Disenchanted Electorate May Stay Home in Droves* in *The New York Times,* 1. Febr. 1976.
417 Zur »Schweigenden Mehrheit«: siehe [391], S. 410.
418 Zu Südafrika: siehe das Interview mit Roelof Frederik »Pik« Botha in Starcke [378], S. 68.
Südafrika gilt, wiewohl es über eine moderne Technologie verfügt, als Land, dessen Industrie noch im Aufbau begriffen ist, da große Bevölkerungsteile noch immer von der Industrialisierung ausgeschlossen sind. Es handelt sich um eine prä-industrielle Gesellschaft mit fortgeschrittenen Industrie-Enklaven. Ähnliches gilt beispielsweise auch für Brasilien, Mexiko, Indien usw.
422 Theodore Becker: siehe [380], S. 183-185.
425 Zum Anstieg der Kongreßbürokratie: siehe *Proxmire's Well-Placed Jab* von Marvin Stone in *U.S. News & World Report,* 10. Sept. 1979.
426 Zur französischen Revolutions-Verfassung: siehe [347], S. 18.
426 Über Marx zur Pariser Kommune siehe [347], S. 61.
426 Zu den Einwänden des *Federalist*: siehe Clark McCauley, Omar Rood und Tom Johnson, *The Next Democracy* im *Bulletin* der World Future Society, November/Dezember 1977.
426 Zu René Lévesque: siehe *Business Has the Jitters in Quebec* von Herbert E. Meyer in *Fortune,* Okt. 1977.
427 Zum Referendum über Kernenergie in Kalifornien: siehe *Atomic Reaction: Voters in California Weigh Pros and Cons of Nuclear Energy* in *Wall Street Journal,* 1. März 1976.
431 Zu Protesten der Wallonen: siehe *Wallonia* in *Financial Times Survey,* London, 12. Mai 1976.
431 Weststaaten als »Energiekolonien«: siehe *After Setbacks-New Tactics in Environmental Crusade* in *U.S. News & World Report,* 9. Juni 1975.
431 Zur »geographischen Gewichtsverlagerung«: siehe *Corporate Flying: Changing the Way Companies Do Business* in *Business Week,* 6. Febr. 1978.
432 Der Begriff der Entscheidungslast läßt den traurigen Verdacht aufkommen, daß, ohne Rücksicht auf politische Auseinandersetzungen, jede Entscheidung von der geringsten Anzahl Menschen getragen wird, die mit ihr umzugehen wissen — daß wenige Menschen die Macht zur Entscheidung so lange monopolisieren können, bis sie, überwältigt von dem Druck des Entscheidungsprozesses, die Bürde einfach nicht länger allein tragen können.

Bibliographie

Kunst

[001] Boucher, François: *20000 Years of Fashion.* New York 1968.
[002] Harling, Robert (Hg.): *The Modern Interior.* New York 1968.
[003] Hauser, Arnold: *Sozialgeschichte der Kunst und Literatur.* München 1953.
[004] Klingender, Francis D.: *Art and the Industrial Revolution,* hg. v. Arthur Elton. London 1972.
[005] Kostelanetz, Richard (Hg.): *On Contemporary Literature.* New York 1964.
[006] Mueller, John H.: *The American Symphony Orchestra.* Bloomington 1951.
[007] Sachs, Curt: *The History of Musical Instruments.* New York 1940.
[008] Thomson, George: *Marxism and Poetry.* New York 1946.

Wirtschaft/Management/Organisationstheorie

[009] Adams, T. F. M. und N. Kobayashi: *The World of Japanese Business.* Tokio 1969.
[010] Anthony, William P.: *Participative Management.* Reading, Mass. 1978.
[011] Beer, Stafford: *Brain of the Firm: The Managerial Cybernetics of Organizations.* London 1972.
[012] Benton, Lewis (Hg.): *Management for the Future.* New York 1978.
[013] Davis, Stanley M., u.a.: *Matrix.* Reading, Mass. 1977.
[014] Dewing, Arthur S.: *Financial Policy of Corporations,* Bd. I u. II, 5.Aufl. New York 1953.
[015] Drucker, Peter F.: *The Concept of the Corporation.* New York 1964.
[016] Gambling, Trevor: *Societal Accounting.* London 1974.
[017] Gross, Bertram M.: *The Managing of Organizations: The Administrative Struggle,* Bd. I u. II. Glencoe, Ill. 1964.
[018] Gvishiani, D.: *Organization and Management: A. Sociological Analysis of Western Theories,* übers. v. Robert Daglish u. Leonid Kolesnikov. Moskau 1972.
[019] Janger, Allen R.: *Corporate Organization Structures: Service Companies.* New York 1977.
[020] Kahn, Herman (Hg.): *The Future of the Corporation.* New York 1974.
[021] Knebel, Fletcher: *The Bottom Line.* New York 1975.
[022] Korda, Michael: *Macht und wie man mit ihr umgeht,* übers. v. R. u. R. Düser. München 1976. New York 1975.
[023] Labor Research Association: *Billionaire Corporations.* New York 1954.
[024] Lawrence, Paul R., u. Jay W. Lorsch: *Developing Organizations: Diagnosis and Action.* Reading, Mass. 1969.
[025] Moore, Wilbert E.: *The Conduct of the Corporation.* New York 1962.

[026] Newman, Peter C.: *The Canadian Establishment,* Bd. I. Toronto 1977.
[027] Pattee, Howard H. (Hg.): *Hierarchy Theory: The Challenge of Complex Systems.* New York 1973.
[028] Roy, Robert H.: *The Cultures of Management.* Baltimore 1977.
[029] Scull, Penrose, u. Prescott C. Fuller: *From Peddlers to Merchant Princes.* Chicago 1967.
[030] Sloan, Alfred P., Jr.: *My Years With General Motors.* New York 1965.
[031] Stein, Barry A.: *Size, Efficiency, and Community Enterprise.* Cambridge, Mass. 1974.
[032] Tannenbaum, Arnold S., u.a.: *Hierarchy in Organizations.* San Francisco 1974.
[033] Tarnowieski, Dale.: *The Changing Success Ethic: An AMA Survey Report.* New York 1973.
[034] Toffler, Alvin: *Social Dynamics and the Bell System, a Report to the American Telephone & Telegraph Co.* New York 1972.
[035] Van der Haas, Hans: *La Mutation de L'Enterprise Européenne,* übers. v. Pierre Rocheron. Paris 1971.
[036] Yoshino, M. Y.: *Japan's Managerial System: Tradition and Innovation.* Cambridge, Mass. 1968.

Medien

[037] Aranguren, J. L.: *Human Communication,* übers. v. Frances Partridge. New York 1967.
[038] Baran, Paul: *Potential Market Demand for Two-Day Information Services to the Home, 1970-1990.* Menlo Park 1971.
[039] *Bell System Statistical Manual 1940-1969.* American Telephone & Telegraph Co., Corporate Results Analysis Division. New York 1970.
[040] Brunner, John: *The Shockwave Rider.* New York 1975.
[041] Cherry, Colin. *World Communication: Threat or Promise?* London 1971.
[042] Enzensberger, Hans Magnus. *The Consciousness Industry: On Literature, Politics and the Media.* New York 1974.
[043] Innis, Harold A.: *The Bias of Communication.* Toronto 1951.
[044] — : *Empire and Communications,* rev. v. Mary Q. Innis. Toronto 1972.
[045] Laborit, Henri: *Decoding the Human Message,* übers. v. Stephen Bodington u. Alison Wilson. London 1977.
[046] McLuhan, Marshall: *Understanding Media: The Extensions of Man.* New York 1965.
[047] Martin, James: *The Wired Society.* Englewood Cliffs 1978.
[048] Mathison, Stuart L., u. Philip M. Walker: *Computers and Telecommunications: Issues in Public Policy.* Englewood Cliffs 1970.
[049] Nilles, J. M., u. a.: *The Telecommunications-Transportation Tradeoff: Options for Tomorrow.* New York 1976.
[050] Paine, Albert Bigelow: *In One Man's Life.* New York 1921.
[051] Pye, Lucian W. (Hg.): *Communications and Political Development.* Princeton 1963.

[052] Servan-Schreiber, Jean-Louis: *Le Pouvoir d' informer.* Paris 1972.
[053] Singer, Benjamin D.: *Feedback and Society: A Study of the Uses of Mass Channels for Coping.* Lexington 1973.
[054] — (Hg.): *Communications in Canadian Society.* Toronto 1972.
[055] Soper, Horace N.: *The Mails: History, Organization and Methods of Payment.* London 1946.
[056] Zilliacus, Laurin: *From Pillar to Post.* London 1956.

Konsument/Selbsthilfe/Dienstleistungen

[057] Friedman, Yona: *Une Utopie Réalisée.* Paris 1975.
[058] Gartner, Alan, u. Frank Riessman: *Self-Help in the Human Services.* San Francisco 1977.
[059] — : *The Service Society and the Consumer Vanguard.* New York 1974.
[060] Halmos, Paul: *The Personal Society.* London 1970.
[061] Kallen, Horace M.: *The Decline and Rise of the Consumer.* New York 1936.
[062] Katz, Alfred H., u. Eugene I. Bender: *The Strength In Us: Self-Help Groups in the Modern World.* New York 1976.
[063] Lewis, Russell: *The New Service Society.* London 1973.
[064] Steidl, Rose E., u. Esther Crew Bratton: *Work in the Home.* New York 1968.

Entwicklungstheorie/Imperialismus

[065] Alatas, Syed Hussein: *Modernization and Social Change.* Sydney 1972.
[066] Amin, Samir: *Accumulation on a World Scale: A Critique of the Theory of Underdevelopment,* übers. v. Brian Pearce. New York 1974.
[067] Aron, Raymond: *Die industrielle Gesellschaft,* übers. v. G. Gother. Frankfurt 1964.
[068] Arrighi, Giovanni: *The Geometry of Imperialism: The Limits of Hobson's Paradigm,* übers. v. Patrick Camiller. London 1978.
[069] Bhagwati, Jagdish N. (Hg.): *The New International Economic Order: The North-South Debate.* Cambridge, Mass. 1977.
[070] Bodard, Lucien: *Green Hell: Massacre of the Brazilian Indians,* übers. v. Jennifer Monaghan. New York 1971.
[071] Brown, Michael Barratt: *The Economics of Imperialism.* Harmondsworth 1974.
[072] Brown, Richard D: *Modernization: The Transformation of American Life 1600-1865,* hg. v. Eric Foner. New York 1976.
[073] Cohen, Benjamin J.: *The Question of Imperialism: The Political Economy of Dominance and Dependence.* London 1974.
[074] Cotlow, Lewis: *The Twilight of the Primitive.* New York 1973.
[075] Curtin, Philip D. (Hg.): *Imperialism.* New York 1971.
[076] Deutsch, Karl W. (Hg.): *Ecosocial Systems and Ecopolitics: A Reader on*

Human and Social Implications of Environmental Management in Developing Countries. Paris 1977.
[077] Emmanuel, Arghiri: *Unequal Exchange: A Study of the Imperialism of Trade,* übers. v. Brian Pearce. London 1972.
[078] Erb, Guy F., u. Valeriana Kallab (Hg.): *Beyond Dependency: The Developing World Speaks Out.* Washington, D.C. 1975.
[079] Friedmann, Georges: *Industrial Society: The Emergence of the Human Problems of Automation,* hg. v. Harold L. Sheppard. Glencoe 1955.
[080] Goldwin, Robert A. (Hg.): *Readings in Russian Foreign Policy.* New York 1959.
[081] Goulet, Denis: *The Cruel Choice: A New Concept in the Theory of Development.* New York 1971.
[082] Harvie, Christopher, Graham Martin u. Aaron Scharf (Hg.): *Industrialisation and Culture 1830-1914.* London 1970.
[083] Hobsbawm, E. J.: *Industry and Empire: From 1750 to the Present Day.* Baltimore 1969.
[084] Hoselitz, Bert F., u. Wilbert E. Moore (Hg.): *Industrialization and Society.* Proceedings of the Chicago Conference on Social Implications of Industrialization and Technical Change, 15.-22. September 1960. Mouton 1963.
[085] Howe, Susanne: *Novels of Empire.* New York 1949.
[086] Hudson, Michael: *Global Fracture: The New International Economic Order.* New York 1977.
[087] — : *Super Imperialism: The Economic Strategy of American Empire.* New York 1972.
[088] Lean, Geoffrey: *Rich World, Poor World.* London 1978.
[089] Lenin, V.I.: *Der Imperialismus als höchstes Stadium des Kapitalismus.* Moskau 1940.
[090] Lerner, Daniel: *The Passing of Traditional Society: Modernizing the Middle East.* New York 1958.
[091] McHale, John, u. Magda Cordell McHale: *Basic Human Needs: A Framework for Action.* New Brunswick 1977.
[092] Magdoff, Harry: *The Age of Imperialism: The Economics of U.S. Foreign Policy.* New York 1969.
[093] Mathias, Peter: *The First Industrial Nation: An Economic History of Britain 1700-1914.* London 1969.
[094] Myrdal, Gunnar: *An Approach to the Asian Drama: Methodological and Theoretical.* New York 1970.
[095] Niedergang, Marcel: *The 20 Latin Americas,* Bd. I u. II, übers. v. Rosemary Sheed. Harmondsworth 1971.
[096] Said, Edward W.: *Orientalism.* New York 1978.
[097] Schumpeter, Joseph: *Aufsätze zur Soziologie.* Tübingen 1953.
[098] Toynbee, Arnold. *The Industrial Revolution.* Boston 1956.
[099] World Bank: *Rural Development,* Sector Policy Paper. Washington, D.C. 1975.
[100] Birnie, Arthur: *History of Europe 1760-1939.* London 1962.

[101] Bogart, Ernest L., u. Donald L. Kemmerer: *Economic History of the American People.* New York 1942.
[102] Burton, Theodore E.: *Financial Crises and Periods of Industrial and Commercial Depression.* Wells 1966.
[103] Cipolla, Carlo M.: *The Economic History of World Population.* Harmondsworth 1964.
[104] Clough, Shepard B., Thomas Moodie u. Carol Moodie (Hg.): *Economic History of Europe: Twentieth Century.* New York 1968.
[105] Fohlen, Claude: *The Fontana Economic History of Europe,* Bd. VI., Kap. 2, *France 1920-1970,* übers.v. Roger Greaves. London 1973.
[106] Garraty, John A.: *Unemployment in History: Economic Thought and Public Policy.* New York 1978.
[107] Hartwell, R. M., u. a.: *The Long Debate on Poverty: Eight Essays on Industrialization and »The Condition of England«.* London 1973.
[108] Hayek, Friedrich A. (Hg.): *Capitalism and the Historian.* Chicago 1954.
[109] Kenwood A. G. u. A. L., Lougheed: *The Growth of the International Economy 1820-1960.* London 1971.
[110] Kindleberger, Charles P.: *Manias, Panics, and Crashes: A History of Financial Crises.* New York 1978.
[111] — : *The World in Depression 1929-1939.* London 1973.
[112] LeClaire, Edward E., Jr., u. Harold K. Schneider (Hg.): *Economic Anthropology: Readings in Theory and Analysis.* New York 1968.
[113] Maizels, Alfred: *Growth & Trade.* London 1970.
[114] Nove, Alec: *An Economic History of the U.S.S.R.* Harmondsworth 1969.
[115] Polanyi, Karl: *The Great Transformation.* Boston 1957.
[116] Ringer, Fritz K. (Hg.): *The German Inflation of 1923.* New York 1969.
[117] Sahlins, Marshall: *Stone Age Economics.* Chicago 1972.
[118] Williams, Glyndwr: *The Expansion of Europe in the Eighteenth Century: Overseas Rivalry, Discovery and Exploitation.* New York 1967.
[119] Woodruff, William: *The Fontana Economic History of Europe,* Bd. IV, Kap. 2, *The Emergence of an International Economy 1700-1914.* London 1971.

Betriebswirtschaft

[120] Alampiev, P., O. Bogomolov u. Y. Shiryaev: *A New Approach to Economic Integration,* übers. v. Y. Sdobnikov. Moskau 1974.
[121] Aliber, Robert Z.: *The International Money Game,* 2. erw. Aufl. New York 1976.
[122] Balassa, Bela: *The Theory of Economic Integration.* London 1962.
[123] Bozyk, Pawel: *Poland as a Trading Partner.* Warschau 1972.
[124] Brittan, Samuel: *Participation Without Politics: An Analysis of the Nature and the Role of Markets.* London 1975.
[125] *Concentration in American Industry.* Report of the Subcommittee on Antitrust and Monopoly to the Committee on the Judiciary, U.S. Senate. Washington 1957.

[126] *Economic Concentration.* Hearings before the Subcommittee on Antitrust and Monopoly of the Committee on the Judiciary, U.S. Senate. Parts 7 and 7A. Washington 1968.
[127] Galbraith, John Kenneth: *Geld. Woher es kommt, wohin es geht,* übers. v. K.O.v. Czernicki. Stuttgart 1977.
[128] Henderson, Hazel: *Creating Alternative Futures: The End of Economics.* New York 1978.
[129] *Inflation: Economy and Society.* London 1972.
[130] Ivens, Michael (Hg.): *Prophets of Freedom and Enterprise.* London 1975.
[131] Kornai, János: *Anti-Equilibrium: On Economic Systems Theory and the Tasks of Research.* Amsterdam 1971.
[132] Kuznetsov, V. I.: *Economic Integration: Two Approaches,* übers. v. Bean Brian. Moskau 1976.
[133] Leiss, William: *The Limits to Satisfaction: On Needs and Commodities.* London 1978.
[134] Little, Jane Sneddon: *Euro-Dollars: The Money-Market Gypsies.* New York 1975.
[135] Loebl, Eugen: *Humanomics: How We Can Make the Economy Serve Us Not Destroy Us.* New York 1976.
[136] Mandel, Ernest: *Der Sturz des Dollars,* übers. v. W. Olle, Ch. Seeger u. U. Wolter. New York 1972, Berlin 1973.
[137] Marris, Robin: *The Economic Theory of »Managerial« Capitalism.* London 1967.
[138] Marx, Karl. *Das Kapital.* Kritik der politischen Ökomomie. Stuttgart 1962.
[139] Mintz, Morton, u. Jerry S. Cohen: *America, Inc.: Who Owns and Operates the United States.* New York 1971.
[140] Pasinetti, Luigi L.: *Lectures on the Theory of Production.* London 1977.
[141] Ritter, Lawrence S., u. William L. Silber: *Money,* 2. Aufl. New York 1973.
[142] Robertson, James: *Profit or People?: The New Social Role of Money.* London 1974.
[143] Röpke, Wilhelm. *Economics of the Free Society,* übers. v. Patrick M. Boarman. Chicago 1963.
[144] Rothbard, Murray N., u. I. W. Sylvester: *What is Money?* New York 1972.
[145] Scott, D. R.: *The Cultural Significance of Accounts.* Columbia o.J.
[146] Senin, M.: *Socialist Integration.* Moskau 1973.
[147] Sherman, Howard: *Radical Political Economy: Capitalism and Socialism from a Marxist-Humanist Perspective.* New York. 1972
[148] Smith, Adam: *Essays on Philosophical Subjects, with An Account of the Life and Writings of the Author* von Dugald Stewart. Dublin 1795.
[149] — : *Der Wohlstand der Nationen,* übers. v. H. C. Recktenwald. München 1974.
[150] Toffler, Alvin: *Die Grenzen der Krise,* übers. v. J. Bavendam. Bern/München 1975.
[151] Ward, Benjamin: *What's Wrong with Economics?* London 1972.

[152] Brown, Lester R.: *In the Human Interest: A Strategy to Stabilize World Population.* New York 1974.

[153] Carr, Donald E.: *Energy the Earth Machine.* New York 1976.

[154] *Choosing Our Environment: Can We Anticipate the Future?* Hearings before the Panel on Environmental Science and Technology of the Subcommittee on Environmental Pollution of the Committee on Public Works, U.S. Senate. Parts 2 and 3. Washington, D. C. 1976.

[155] Clark, Wilson: *Energy for Survival: The Alternative to Extinction.* Garden City 1974.

[156] Commoner, Barry: *Wachstumswahn und Umweltkrise,* übers. v. E. Schäfer. München 1971.

[157] — : *Energieeinsatz und Wirtschaftskrise,* übers. v. H. Gaethe. Hamburg 1977.

[158] Dansereau, Pierre: *Inscape and Landscape.* Toronto 1973.

[159] Dubos, René: *Man Adapting.* New Haven 1965.

[160] *Energy: Global Prospects 1985-2000.* Report of the Workshop on Alternative Energy Strategies, sponsored by MIT. New York 1977.

[161] Hayes, Denis: *The Solar Energy Timetable.* Washington, D. C. 1978.

[162] Helfrich, Harold W., Jr. (Hg.): *The Environmental Crisis: Man's Struggle to Live With Himself.* New Haven 1970.

[163] Jungk, Robert: *Der Atom-Staat.* München 1977.

[164] Lyons, Barrow: *Tomorrow's Birthright: A. Political and Economic Interpretation of Our Natural Resources.* New York 1955.

[165] Meadows, Donella H., u. a.: *The Limits to Growth: A Report for the Club of Rome's Project on the Predicament of Mankind.* New York 1972.

[166] Munson, Richard (Hg.): *Countdown to a Nuclear Moratorium.* Washington, D. C. 1976.

[167] Odum, Howard T.: *Environment, Power, and Society.* New York 1971.

[168] Sampson, Anthony: *The Seven Sisters: The Great Oil Companies and the World They Shaped.* New York 1976.

[169] Schumacher, E. F.: *Small is Beautiful: Economics as if People Mattered.* New York 1973.

[170] *Tokyo Fights Pollution: An Urgent Appeal for Reform.* Liaison and Protocol Section, Bureau of General Affairs, Tokyo Metropolitan Government. Tokio 1971.

[171] Ubbelohde, A. R.: *Man and Energy.* New York 1955.

[172] Université de Montréal/McGill University, Conserver Society Project. *The Selective Conserver Society,* Bd. 1. *The Integrating Report.* Montreal 1976.

Evolution und Fortschritt

[173] Bury, J. B.: *The Idea of Progress.* New York 1932.
[174] Calder, Nigel: *The Life Game: Evolution and the New Biology.* New York 1973.
[175] Crozier, Michel: *The Stalled Society.* New York 1973.
[176] De Closets, François: *En Danger de Progrès.* Paris 1970.
[177] *Evolution and the Fossil Record: Readings from* Scientific American. San Francisco 1978.
[178] James, Bernard: *The Death of Progress.* New York 1973.
[179] Jantsch, Erich: *Design for Evolution: Self-Organization and Planning in the Life of Human Systems.* New York 1975.
[180] —, u. Conrad H. Waddington (Hg.): *Evolution and Consciousness: Human Systems in Transition.* Reading, Mass. 1976.
[181] Kusnetsov, B.: C. *Philosophy of Optimism,* übers. v. Ye. D. Khakina u. V. L. Sulima. Moskau 1977.
[182] Sorel, Georges. *The Illusions of Progress,* übers. v. John und Charlotte Stanley. Berkeley 1969.
[183] Vacca, Roberto: *The Coming Dark Age,* übers. v. J. S. Whale. Garden City 1973.
[184] Van Doren, Charles: *The Idea of Progress.* New York 1967.
[185] Williams, George C: *Adaptation and Natural Selection: A Critique of Some Current Evolutionary Thought.* Princeton 1966.

Familie/Sexualität

[186] Beard, Mary R.: *Woman as Force in History: A Study in Traditions and Realities.* New York 1946.
[187] Bernard, Jessie: *The Future of Marriage.* New York 1973.
[188] — : *The Future of Motherhood.* New York 1974.
[189] Francœur, Robert T., u. Anna K. (Hg.): *The Future of Sexual Relations.* Englewood Cliffs 1974.
[190] Friedan, Betty: *Der Weiblichkeitswahn oder die Mystifizierung der Frau,* übers. v. M. Carroux. Reinbek 1966.
[191] Ginsberg, Eli (Hg.): *The Nation's Children.* New York 1960.
[192] Peck, Ellen, u. Judith Senderowitz (Hg.): *Pronatalism: The Myth of Mom & Apple Pie.* New York 1974.
[193] Rapoport, Rhona, u. Robert N. Rapoport: *Dual-Career Families.* Harmondsworth 1971.
[194] Ross, Heather L., u. Isabel V. Sawhill: *Time of Transition: The Growth of Families Headel by Women.* Washington, D. C. 1975.
[195] Tripp, Maggie (Hg.): *Woman in the Year 2000.* New York 1974.
[196] Zaretsky, Eli: *Capitalism, the Familiy and Personal Life.* London 1976.

[197] Albrecht, Paul, u.a. (Hg.): *Faith, Science and the Future,* preparatory readings for a world conference. Genf 1978.

[198] Bell, Daniel: *The Coming of Post-Industrial Society: A Venture in Social Forecasting.* New York 1973.

[199] Bonn, Anne-Marie: *La Rêverie Terrienne et l'Espace de la Modernité.* Paris 1976.

[200] Brzezinski, Zbigniew: *Between Two Ages: America's Role in the Technetronic Era.* New York 1970.

[201] Clarkson, Stephen (Hg.): *Visions 2020.* Edmonton 1970.

[202] Cornish, Edward (Hg.): *1999 The World of Tomorrow: Selections from The Futurist.* Washington, D.C. 1978.

[203] Daglish, Robert (Hg.): *The Scientific and Technological Revolution: Social Effects and Prospects.* Moskau 1972.

[204] Economic Commission for Europe: *Overall Economic Perspective for the ECE Region up to 1990.* New York 1978.

[205] Fedchenko, V. (Hg.): *Things to Come.* Moskau 1977.

[206] Ford, Barbara: *Future Food: Alternate Protein for the Year 2000.* New York 1978.

[207] Gross, Bertram M: *»Space-Time and Post-Industrial Society«,* paper presented to 1965 seminars of Comparative Administration Group of American Society for Public Administration. Syracuse University 1966.

[208] Harman, Willis W.: *An Incomplete Guide to the Future.* San Francisco 1976.

[209] Laszlo, Ervin, u.a.: *Goals for Mankind: A Report to the Club of Rome on the New Horizons of Global Community.* New York 1977.

[210] Malita, Mircea: *Chronik für das Jahr 2000.* Bukarest 1973.

[211] *Man, Science, Technology: A Marxist Analysis of the Scientific Technological Revolution.* Prag 1973.

[212] Maruyama, Magoroh, u. Arthur Harkins (Hg.): *Cultures Beyond the Earth.* New York 1975.

[213] *Cultures of the Future.* Den Haag 1978.

[214] Mesarovic, Mihajlo, u. Eduart Pestel: *Mankind at the Turning Point: The Second Report to The Club of Rome.* New York 1974.

[215] *1985: La France Face au Choc du Futur.* Plan et prospectives. Paris 1972.

[216] Royal Ministry for Foreign Affairs in Cooperation with the Secretariat for Future Studies: *To Choose a Future: A Basis for Discussion and Deliberations on Future Studies in Sweden,* übers. v. Rudy Feichtner Stockholm 1974.

[217] Sorrentino, Joseph N.: *The Moral Revolution.* New York 1974.

[218] Spekke, Andrew A. (Hg.): *The Next 25 Years: Crisis & Opportunity.* Washington, D.C. 1975.

[219] Stillman, Edmund, u.a.: *L'Envol de la France: Portrait de la France dans les anneés 80.* Paris 1973.

[220] Tanaka, Kakuei: *Building a New Japan: A Plan for Remodeling the Japanese Archipelago.* Tokio 1973.
[221] Theobald, Robert: *Habit and Habitat.* Englewood Cliffs 1972.
[222] *Thinking Ahead: UNESCO and the Challenges of Today and Tomorrow.* Paris 1977.

Allgemeine Zukunftsfragen

[223] Ackoff, Russel L.: *Redesigning the Future: A Systems Approach to Societal Problems.* New York 1974.
[224] Arab-Ogly, E.: *In the Forecasters' Maze,* übers. v. Katherine Judelson. Moskau 1975.
[225] Bell, Wendell, u. James A. Mau (Hg.): *The Sociology of the Future.* New York 1971.
[226] Boucher, Wayne I. (Hg.): *The Study of the Future: An Agenda for Research.* Washington, D.C. 1977.
[227] *Choosing Our Environment: Can We Anticipate the Future?* s. [154].
[228] Cornish, Edward (Hg.): *Resources Directory for America's Third Century,* Teil I, *An Introduction to the Study of the Future.* Washington, D.C. 1977.
[229] —: *Resources Directory for America's Third Century,* Teil 2, *Information Sources for the Study of the Future.* Washington, D.C. 1977.
[230] —u.a.: *The Study of the Future: An Introduction to the Art and Science of Understanding and Shaping Tommorrow's World.* Washington, D.C. 1977.
[231] Dickson, Paul: *The Future File: A Guide for People with One Foot in the 21st Century.* New York 1977.
[232] Emery, F. E., u. E. L. Trist: *Towards a Social Ecology Contextual Appreciation of the Future in the Present.* London 1973.
[233] Feinberg, Gerald: *The Prometheus Project: Mankind's Search for Long-Range Goals.* Garden City 1969.
[234] Heilbroner, Robert: *The Future as History.* New York 1961.
[235] Jouvenel, Bertrand de: *Die Kunst der Vorausschau,* übers. v. H. Roetger. Neuwied 1967.
[236] Jungk, Robert. *Der Jahrtausendmensch.* München 1973. Ins Am. übers. v. Gabriele Annan und Renate Esslen. New York 1977.
[237] McHale, John: *The Future of the Future.* New York 1969.
[238] —u. Magda Cordell McHale: *Futures Studies: An International Survey.* New York 1975.
[239] Polak, Fred: *The Image of the Future,* übers. v. Elise Boulding. Amsterdam 1973.
[240] —: *Prosgnostics.* Amsterdam 1973.
[241] Sullivan, John Edward: *Prophets of the West: An Introduction to the Philosophy of History.* New York 1970.

[242] Bloch, Marc: *Feudal Society,* Bd. 1, *The Growth of Ties of Dependence,* übers. v. L. A. Manyon. Chicago 1964.
[243] —: *Feudal Society,* Bd. 2, *Social Classes and Political Organization,* übers. v. L. A. Manyon. Chicago 1964.
[244] Braudel, Fernand: *Die Geschichte der Zivilisation* übers. v. R. Nickel u. T. Piehler. München 1979.
[245] —: *The Mediterranean and the Mediterranean World in the Age of Philip II,* Bd. I u. II, übers. v. Siân Reynolds. New York 1973.
[246] Collins, Maurice: *Cortés and Montezuma.* London 1963.
[247] Commager, Henry Steele (Hg.): *Documents of American History,* 3. Aufl. New York 1943.
[248] Darlington, C. D.: *The Evolution of Man and Society.* London 1969.
[249] Deane, Phyllis: *The First Industrial Revolution.* London 1965.
[250] Elias, Norbert: *The Civilizing Process: The Development of Manners,* übers. v. Edmund Jephcott. New York 1978.
[251] Glass, D. V., u. D. E. C. Eversley (Hg.): *Population in History.* London 1965.
[252] Hale, J. R.: *Renaissance Europe 1480-1520.* London 1971.
[253] Hill, Christopher: *Reformation to Industrial Revolution: 1530-1780.* Baltimore 1969.
[254] Hofstadter, Richard, William Miller u. Daniel Aaron: *The United States: The History of a Republic,* 2. Aufl. Englewood Cliffs 1967.
[255] Huggett, Frank E.: *The Past, Present and Future of Factory Life and Work: A Documentary Inquiry.* London 1973.
[256] Kirchner, Walter: *Western Civilization Since 1500.* New York 1969.
[257] Littlefield, Henry W.: *History of Europe 1500-1848,* 5. Aufl. New York 1939.
[258] Mannix, Daniel P.: *About to Die.* New York 1958.
[259] Matthews, George T. (Hg.): *The Fugger Newsletter.* New York 1970.
[260] Morazé, Charles: *The Triumph of the Middle Classes: A Study of European Values in the Nineteenth Century.* London 1966.
[261] Plumb, J. H.: *The Growth of Political Stability in England 1675-1725.* Harmondsworth 1967.
[262] Sansom, G. B.: *The Western World and Japan: A Study in the Interaction of European and Asiatic Cultures.* New York 1973.
[263] Segal, Ronald: *The Struggle Against History.* New York 1973.
[264] Stewart, Donald H.: *The Opposition Press of the Federalist Period.* Albany 1969.
[265] Tawney, R. H.: *Religion and the Rise of Capitalism: A Historical Study.* New York 1954.
[266] Thompson, E. P.: *The Making of the English Working Class.* New York 1963.
[267] Turner, Frederick J.: *The Significance of the Frontier in American History.* Readex Microprint 1966.
[268] Walker, James Blaine: *The Epic of American Industry.* New York 1949.

[269] Weber, Max: *Die protestantische Ethik und der Geist des Kapitalismus.* Tübingen 1934.

Nationen/Separatismus/Transnationale Institutionen

[270] Barnet, Richard J., u. Ronald E. Miller: *Global Reach: The Power of the Multinational Corporations.* New York 1974.
[271] Bendix, Reinhard: *Nation-Building and Citizenship: Studies of Our Changing Social Order.* Garden City, N. Y. 1969.
[272] Brown, Lester R.: *World Without Borders.* New York 1972.
[273] Brown, Seyom: *New Forces in World Politics.* Washington, D. C. 1974.
[274] — u. a.: *Regimes for the Ocean, Outer Space, and Weather.* Washington, D. C. 1977.
[275] Callenbach, Ernest: *Ecotopia: The Notebooks and Reports of William Weston.* New York 1977.
[276] Cobban, Alfred: *The Nation State and National Self-Determination.* New York 1969.
[277] Deutsch, Karl W.: *Nationalism and Social Communication: An Inquiry into the Foundations of Nationality.* Cambridge, Mass. 1966.
[278] Falk, Richard A.: *A Study of Future Worlds.* New York 1975.
[279] Fawcett, J. E. S.: *The Law of Nations.* New York 1968.
[280] *Information, Perception and Regional Policy,* Report prepared for National Science Foundation, Research Applications Directorate, RANN. Washington, D. C. 1975.
[281] Kaldor, Mary: *The Disintegrating West.* New York 1978.
[282] Kohn, Hans: *Die Idee des Nationalismus,* übers. v. G. Nast-Kölb. Frankfurt 1962.
[283] Lenin, V. I.: *Das Selbstbestimmungsrecht der Völker.* O. O. 1932.
[284] Lévesque, René: *An Option for Quebec.* Toronto 1968.
[285] Minogue, K. R.: *Nationalism.* Baltimore 1967.
[286] Servan-Schreiber, Jean-Jacques: *Die föderale Macht oder Wie unterentwickelt ist Frankreich?* übers. v. A. Dünnwald. Hamburg 1971.
[287] Shaw, Brian: *The Gospel According to Saint Pierre.* Richmond Hill 1969.
[288] Smith, Anthony D.: *Theories of Nationalism.* New York 1971.
[289] Stephenson, Hugh: *The Coming Clash: The Impact of Multinational Corporations on National States.* New York 1972.
[290] Thomas, Ned: *The Welsh Extremist.* Talybont 1973.
[291] Trudeau, Pierre Elliott: *Federalism and the French Canadians.* Toronto 1968.
[292] Turner, Louis: *Multinational Companies and the Third World.* New York 1973.
[293] *The United Nations and the Future,* Proceedings of UNITAR Conference on the Future, Moscow, June 10-14, 1974. Moskau 1976.
[294] *The United States and the United Nations,* Hearings before the Committee on Foreign Relations, U. S. Senate. Washington, D. C. 1968.

[295] Unterman, Lee D., u. Christine W. Swent (Hg.): *The Future of the United States Multinational Corporation.* Charlottesville 1975.
[296] Webb, Keith: *The Growth of Nationalism in Scotland.* Glasgow 1977.
[297] Wilczynski, J.: *The Multinationals and East-West Relations: Towards Transideological Collaboration.* London 1976.
[298] *Year-Book of World Problems and Human Potential.* Brüssel 1976.

Philosophie

[299] Borodulina, T. (Hg.): *K. Marx, F. Engels, V. Lenin: On Historical Materialism.* Moskau 1974.
[300] Capra, Fritjof: *The Tao of Physics: An Exploration of the Parallels Between Modern Physics and Eastern Mysticism.* New York 1977.
[301] DeGreene, Kenyon B. (Hg.): *Systems Psychology.* New York 1970.
[302] De La Mettrie, Julien Offray: *Man a Machine,* kommentiert v. Gertrude Carman Bussey. La Salle, Ill., 1972.
[303] Descartes, René: *Abhandlung über die Methode des richtigen Vernunftgebrauchs,* übers. v. K. Fischer. Mainz 1948.
[304] Feinberg, Gerald: *What is the World Made Of?: Atoms, Leptons, Quarks, and Other Tantalizing Particles.* Garden City 1978.
[305] Gellner, Ernest: *Thought and Change.* Chicago 1965.
[306] Hyman, Stanley Edgar: *The Tangled Bank: Darwin, Marx, Frazer and Freud as Imaginative Writers.* New York 1974.
[307] Lewin, Kurt: *Theory in Social Science: Selected Theoretical Paper,* hg. v. Dorwin Cartwright. New York 1951.
[308] Lilienfeld, Robert: *The Rise of Systems Theory: An Ideological Analysis.* New York 1978.
[309] Matson, Floyd, W.: *The Broken Image: Man, Science and Society.* New York 1966.
[310] Munitz, Milton K. (Hg.): *Theories of the Universe: From Babylonian Myth to Modern Science.* Glencoe 1957.
[311] Ramo, Simon: *Cure for Chaos: Fresh Solutions to Social Problems Through the Systems Approach.* New York 1969.
[312] Russell, Bertrand: *Philosophie des Abendlandes,* übers. v. E. Fischer-Wernecke. Darmstadt 1951.
[313] —. *Human Knowledge: Its Scope and Limits.* New York 1948.
[314] Webb, James: *The Flight from Reason.* London 1971.
[315] Weizenbaum, Joseph: *Computer Power and Human Reason: From Judgment to Calculation.* San Francisco 1976.

Politik-Theorie/Allgemeines

[316] Jacker, Corinne: *The Black Flag of Anarchy: Antistatism in the United States.* New York 1968.
[317] Johnson, Chalmers: *Revolutionary Change.* Boston 1966.

[318] Jouvenel, Bertrand de: *Über die Staatsgewalt,* übers. v. H. R. Ganslandt. Freiburg 1972.
[319] Krader, Lawrence: *Formation of the State.* Englewood Cliffs 1968.
[320] Lenin, V. I.: *Staat und Revolution.* Berlin 1967.
[321] Oppenheimer, Franz: *Staat und Gesellschaft.* Berlin 1920.
[322] Ortega y Gasset, José: *Das Wesen geschichtlicher Krisen,* übers. v. G. Lepiorz. Stuttgart 1958.
[323] Rousseau, Jean-Jacques: *Der Gesellschaftsvertrag,* übers. v. H. Denhardt. Stuttgart 1958.
[324] Silvert, Kalman H.: *The Reason for Democracy.* New York 1977.
[325] Swartz, Marc J., Victor W. Turner u. Arthur Tuden (Hg.): *Political Anthropology.* Chicago 1966.

Politik-Theorie/Eliten

[326] Barber, Bernard: *Social Stratification: A Comparative Analysis of Structure and Process.* New York 1957.
[327] Benveniste, Guy: *The Politics of Expertise.* Berkeley 1972.
[328] Bottomore, T. B.: *Elites and Society.* New York 1964.
[329] Brewer, Garry D.: *Politicians, Bureaucrats, and the Consultant: A Critique of Urban Problem Solving.* New York 1973.
[330] Burnham, James: *The Managerial Revolution.* Bloomington 1960.
[331] Dimock, Marshall E.: *The Japanese Technocracy: Management and Government in Japan.* New York 1968.
[332] Djilas, Milovan: *Die neue Klasse,* übers. v. R. Federmann. Wien/München 1976. New York 1957.
[333] — : *Die unvollkommene Gesellschaft,* übers. v. Z. Shaked. Wien/München 1969.
[334] Dye, Thomas, u. L. Harmon Zeigler: *The Irony of Democracy: An Uncommon Introduction to American Politics,* 2. Aufl. Belmont 1972.
[335] Girvetz, Harry K.: *Democracy and Elitism: Two Essays with Selected Readings.* New York 1967.
[336] Gouldner, Alvin W.: *The Future of Intellectuals and the Rise of the New Class.* New York 1979.
[337] Gvishiani, D. M., S. R. Mikulinsky u. S. A. Kugel (Hg.): *The Scientific Intelligentsia in the USSR: Structure and Dynamics of Personnel,* übers. v. Jane Sayers. Moskau 1976.
[338] Keller, Suzanne: *Beyond the Ruling Class: Strategic Elites in Modern Society.* New York 1963.
[339] Lederer, Emil: *State of the Masses: The Threat of the Classless Society.* New York 1967.
[340] Meynaud, Jean: *Technocracy,* übers. v. Paul Barnes. London 1968.
[341] Ortega y Gasset, José: *Der Aufstand der Massen,* übers. v. H. Weyl. Reinbek 1962.
[342] Phillips, Kevin P.: *Mediacracy: American Parties and Politics in the Communications Age.* Garden City 1975.

[343] Young, Michael: *The Rise of the Meritocracy 1870-2033: An Essay on Education and Equality.* Harmondsworth 1961.

Politik-Theorie: Repräsentation/Partizipation

[344] Afanasyev, V. G.: *The Scientific Management of Society,* übers. v. L. Ilyitskaya. Moskau 1971.
[345] Araneta, Salvador: *The Effective Democracy For All.* Manila 1976.
[346] Bezold, Clement (Hg.): *Anticipatory Democracy: People in the Politics of the Future.* New York 1978.
[347] Bihari, Otto: *Socialist Representative Institutions,* übers. v. Jozef Desényi u. Imre Móra. Budapest 1970.
[348] Birch, A. H.: *Representation.* London 1972.
[349] Crick, Bernard: *The Reform of Parliament.* London 1970.
[350] Finletter, Thomas K.: *Can Representative Government Do the Job?* New York 1945.
[351] Haefele, Edwin T.: *Representative Government and Environmental Management.* Baltimore 1973.
[352] International Labour Office: *Participation by Employers' and Workers' Organisations in Economic and Social Planning: A General Introduction.* Genf 1971.
[353] Ionescu, Ghita, u. Ernest Gellner (Hg.): *Populism: Its Meanings and National Characteristics.* London 1970.
[354] Jones, Charles O.: *Every Second Year: Congressional Behavior and the Two-Year Term.* Washington, D. C. 1967.
[355] Kozak, Jan: *Without a Shot Being Fired: The Role of Parliament and the Unions in a Communist Revolution.* London 1957.
[356] Langton, Stuart (Hg.): *Citizen Participation in America: Essays on the State of the Art.* Lexington 1978.
[357] Loewenberg, Gerhard (Hg.): *Modern Parliaments: Change or Decline?* Chicago 1971.
[358] Mill, John Stuart: *Utilitarianism, Liberty and Representative Government.* New York 1951.
[359] Partridge, P. H.: *Consent & Consensus.* New York 1971.
[360] Pateman, Carole: *Participation and Democratic Theory.* Cambridge 1970.
[361] Pitkin, Hanna Fenichel (Hg.): *Representation.* New York 1969.
[362] Schramm, F. K. (Hg.): *The Bundestag: Legislation in the Federal Republic of Germany.* Bonn 1973.
[363] Spufford, Peter: *Origins of the English Parliament.* New York 1967.

Vergleichende Politikwissenschaft

[364] Berkowitz, S. D., u. Robert K. Logan (Hg.): *Canada's Third Option.* Toronto 1978.

[365] Blondel, Jean: *Comparing Political Systems.* London 1973.
[366] Cohen, Ronald, u. John Middleton (Hg.): *Comparative Political Systems: Studies in the Politics of Pre-industrial Societies.* Garden City 1967.
[367] Finer, S. E.: *Comparative Government.* Harmondsworth 1970.
[368] Gorden, Morton: *Comparative Political Systems: Managing Conflict.* New York 1972.
[369] Hamilton, Alastair: *Appeal of Fascism: A Study of Intellectuals and Fascism 1919-1945.* London 1971.
[370] Kennedy, Gavin (Hg.): *The Radical Approach: Papers on an Independent Scotland.* Edinburgh 1976.
[371] McClelland, J. S. (Hg.): *The French Right: From De Maistre to Maurras,* übers. v. Frears, Harber, McClelland u. Phillipson. London 1970.
[372] Macridis, Roy C., u. Robert E. Ward (Hg.): *Modern Political Systems: Europe,* 2. Aufl. Englewood Cliffs 1968.
[373] Mosse, George L.: *The Crisis of German Ideology: Intellectual Origins of the Third Reich.* London 1966.
[374] Parti Socialiste Unifié. *Controler Aujourd'hui pour Décider Demain.* Manifest, Paris 1972.
[375] Russett, Bruce M.: *Trends in World Politics.* New York 1965.
[376] Scalapino, Robert A., u. Junnosuke Masumi: *Parties and Politics in Contemporary Japan.* Berkeley 1962.
[377] Smith, Gordon: *Politics in Western Europe: A Comparative Analysis.* London 1972.
[378] Starcke, Anna: *Survival: Taped Interviews With South Africa's Power Elite.* Kapstadt 1978.

Politik: USA

[379] Armbrister, Trevor: *A Matter of Accountability: The True Story of the Pueblo Affair.* New York 1970.
[380] Becker, Ted, u. a.: *Un-Vote for a New America: A Guide to Constitutional Revolution.* Boston 1976.
[381] Becker, Theodore L.: *American Government: Past, Present, Future.* Boston 1976.
[382] Boorstin, Daniel J.: *The Decline of Radicalism: Reflections on America Today.* New York 1970.
[383] Brant, Irving: *The Bill of Rights: Its Origin and Meaning.* New York 1965.
[384] Cullop, Floyd G.: *The Constitution of the United States: An Introduction.* New York 1969.
[385] Everett, Edward: *The Mount Vernon Paper,* No. 27. New York 1860.
[386] Fisher, Louis: *President and Congress: Power and Policy.* New York 1972.
[387] Flexner, James Thomas: *George Washington and the New Nation (1783 to 1793).* Boston 1970
[388] Gilpin, Henry D. (Hg.): *The Papers of James Madison,* Bd. II. Washington, D. C. 1840.

[389] Hamilton, Alexander, John Jay u. James Madison: *The Federalist: A Commentary on the Constitution of the United States.* New York o. J.
[390] Hougan, Jim: *Spooks: The Haunting of America – The Private Use of Secret Agents.* New York 1978.
[391] Nixon, Richard: *The Memoirs of Richard Nixon.* New York 1978.
[392] Padover, Saul K. (Hg.): *Thomas Jefferson on Democracy.* New York 1939.
[393] Paine, Thomas: *Die Rechte des Menschen,* übers. v. D. M. Forkel. Frankfurt 1973.
[394] Parrington, Vernon Louis: *Main Currents in American Thought: An Interpretation of American Literature from the Beginnings to 1920.* New York 1927.
[395] Perloff, Harvey S. (Hg.): *The Future of the United States Government: Toward the Year 2000.* New York 1971.
[396] Saloma, John S., III., u. Frederick H. Sontag: *Parties: The Real Opportunity for Effective Citizen Politics.* New York 1972.
[397] Scammon, Richard, u. Alice V. McGillivray (Hg.): *America Votes 12: A Handbook of Contemporary Election Statistics.* Washington, D. C. 1977.
[398] Schlesinger, Arthur M., Jr.: *The Imperial Presidency.* New York 1974.
[399] Smith, Edward Conrad (Hg.): *The Constitution of the United States: With Case Summaries.* New York 1972.
[400] Steinfels, Peter: *The Neoconservatives: The Men Who Are Changing Americas Politics.* New York 1979.
[401] Tocqueville, Alexis de: *Die Demokratie in Amerika,* übers. v. F. A. v. d. Heydte. Regensburg 1955.

Psychologie

[402] Allport, Gordon W.: *Persönlichkeit,* übers. v. H. v. Bracken. Stuttgart 1949.
[403] Back, Kurt W.: *The Story of Sensitivity Training and the Encounter Movement.* New York 1972.
[404] Conway, Flo, u. Jim Siegelman: *Snapping: America's Epidemic of Sudden Personality Change.* Philadelphia 1978.
[405] Freedman, Alfred M., Harold I. Kaplan u. Benjamin J. Sadock: *Modern Synopsis of Comprehensive Textbook of Psychiatry.* Baltimore 1972.
[406] Fromm, Erich: *Escape from Freedom.* New York 1965.
[407] — : *Der moderne Mensch und seine Zukunft,* übers. v. E. Rotten. Frankfurt 1960.
[408] Gerth, Hans, u. C. Wright Mills: *Character and Social Structure: The Psychology of Social Institution.* New York 1953.
[409] Gross, Martin L.:*The Psychological Society.* New York 1978.
[410] Gross, Ronald, u. Paul Osterman (Hg.): *Individualism: Man in Modern Society.* New York 1971.

[411] Hall, Calvin S., u. Gardner Lindzey: *Theories of Personality,* 3. Aufl. New York 1978.
[412] Kardiner, Abram, u. a.: *The Psychological Frontiers of Society.* New York 1945.
[413] Kilpatrick, William: *Identity & Intimacy.* New York 1975.
[414] May, Rollo: *Power and Innocence: A. Search for the Sources of Violence.* New York 1972.
[415] Reich, Wilhelm: *Die Massenpsychologie des Faschismus,* übers. v. H. Graf. Köln 1971.
[416] Ruitenbeek, Hendrik M. (Hg.): *Varieties of Personality Theory.* New York 1964.
[417] Smirnov, Georgi: *Soviet Man: The Making of a Socialist Type of Personality,* übers. v. Robert Daglish. Moskau 1973.
[418] Stevens, John O. (Hg.): *Gestalt Is – A Collection of Articles About Gestalt Therapy and Living.* New York 1977.
[419] Sullivan, Harry Stack: *The Fusion of Psychiatry and Social Science.* New York 1964.
[420] Winter, Ruth: *The Smell Book.* Philadelphia 1976.
[421] Zurcher, Louis A., Jr.: *The Mutable Self: A Self-Concept for Social Change.* Beverly Hills 1977.

Wissenschaft/Technologie

[422] Anderson, Robert H., u. Nake M. Kamrany: *Advanced Computer-Based Manufacturing Systems for Defense Needs.* Marina del Rey 1973.
[423] *The Application of Computer Technology for Development.* United Nations, Department of Economic and Social Affairs, Second Report of the Secretary-General. New York 1973.
[424] *Appropriate Technology in the Commonwealth, A Directory of Institutions.* Food Production & Rural Development Division, Commonwealth Secretariat. London 1977.
[425] *Appropriate Technology in the United States: An Exploratory Study,* study conducted by Integrative Design Associates for the National Science Foundation RANN program. Washington, D. C. 1977.
[426] Asimov, Isaac: *Ich der Robot,* übers. v. O. Schrag. München 1970.
[427] — : *Understanding Physics,* Bd. III, *The Electron, Proton, and Neutron.* New York 1966.
[428] Baldwin, J., u. Stewart Brand (Hg.): *Soft-Tech.* New York 1978.
[429] Boorstin, Daniel J.: *The Republic of Technology: Reflections on Our Future Community.* New York 1978.
[430] Brand, Stewart (Hg.): *Space Colonies.* New York 1977
[431] Bucholz, Hans, u. Wolfgang Gmelin (Hg.): *Wissenschaft, Technik und Zukunft.* Teil 1 u. 2. München 1979.
[432] Butterfield, Herbert: *The Origins of Modern Science: 1300-1800.* New York 1957.

[433] Cardwell, D. S. L.: *Turning Points in Western Technology.* New York 1972.
[434] Cross, Nigel, David Elliot u. Robin Roy (Hg.): *Man-Made Futures: Readings in Society, Technology and Design.* London 1974.
[435] Einstein, Albert. *Ideas and Opinions,* übers. v. Sonja Bargmann. New York 1954.
[436] Ellis, John: *The Social History of the Machine Gun.* New York 1975.
[437] Etzioni, Amitai: *Genetic Fix.* New York 1973.
[438] Farago, F. T.: *Handbook of Dimensional Measurement.* New York 1965.
[439] Farrington, Benjamin: *Head and Hand in Ancient Greece: Four Studies in the Social Relations of Thought.* London 1947.
[440] Feyerabend, Paul: *Against Method: Outline of an Anarchistic Theory of Knowledge.* London 1975.
[441] Fidell, Oscar H. (Hg.): *Ideas in Science.* New York 1966.
[442] Ford, Henry: *Mein Leben und Werk,* übers. v. C. u. M. Thesing. München 1952.
[443] H. B. Maynard and Company: *Production: An International Appraisal of Contemporary Manufacturing Systems and the Changing Role of the Worker,* hg. v. Rolf Tiefenthal. Maidenhead 1975.
[444] Harper, Peter, u. Godfrey Boyle (Hg.): *Radical Technology.* New York 1976.
[445] Heppenheimer, T. A.: *Colonies in Space.* Harrisburg 1977.
[446] Howard, Ted, u. Jeremy Rifkin: *Who Should Play God? The Artificial Creation of Life and What It Means for the Future of the Human Race.* New York 1977.
[447] Illich, Ivan: *Selbstbegrenzung,* übers. v. N. Th. Lindquist. Reinbek 1975.
[448] Jacobs, Jane: *The Economy of Cities.* New York 1969.
[449] Klein, H. Arthur: *The World of Measurements.* New York 1974.
[450] Kranzberg: Melvin, u. Carroll W. Pursell, Jr.: *Technology in Western Civilization,* Bd. I. New York 1967.
[451] Kuhn, Thomas S.: *The Structure of Scientific Revolutions.* Chicago 1962.
[452] Lawless, Edward W.: *Technology and Social Shock.* New Brunswick 1977.
[453] Lilley, Samuel: *Men, Machines and History.* New York 1966.
[454] Mazlish, Bruce (Hg.): *The Railroad and the Space Program: An Exploration in Historical Analogy.* Cambridge, Mass. 1965.
[455] Needham, Joseph: *Science and Civilization in China,* Bd. I. *Introductory Orientations.* Cambridge 1965.
[456] — : *Science and Civilization in China,* Bd. II. *History of Scientific Thought.* Cambridge 1969.
[457] Newman, James R. (Hg.): *What Is Science?* New York 1961.
[458] Nicolis, G., u. I. Prigogine: *Self-Organization in Nonequilibrium Systems: From Dissipative Structures to Order Through Fluctuations.* New York 1977.
[459] Nikolaev, L.: *Space Chemistry,* übers. v. Y. Nadler. Moskau 1976.
[460] O'Neill, Gerald K.: *The High Frontier: Human Colonies in Space.* New York 1978.

[461] Pyke, Magnus: *Technological Eating, or Where Does the Fish-Finger Point?* London 1972.
[462] Ritner, Peter: *The Society of Space.* New York 1961.
[463] Schey, John A.: *Introduction of Manufacturing Processes.* New York 1977.
[464] Schofield, Robert E.: *The Lunar Society of Birmingham: A Social History of Provincial Science and Industry in Eighteenth-Century England.* Oxford 1963.
[465] Sharlin, Harold I.: *The Convergent Century: The Unification of Science in the Nineteenth Century.* New York 1966.
[466] Sorenson, James R.: *Social Science Frontiers,* Bd. 3, *Social Aspects of Applied Human Genetics.* New York 1971.
[467] Stine, G. Harry: *The Third Industrial Revolution.* New York 1975.
[468] Sullivan, Walter: *We Are Not Alone: The Search for Intelligent Life on Other Worlds.* New York 1964.
[469] U.S. Department of Labor: *Technological Change and Manpower Trends in Five Industries: Pulp and Paper/Hydraulic Cement/Steel/Aircraft and Missile/Wholesale Trade.* Washington, D. C. 1975.
[470] Warshofsky, Fred: *Doomsday: The Science of Catastrophe.* New York 1977.
[471] Watson, James D.: *The Double Helix: A Personal Account of the Discovery of the Structure of DNA.* New York 1969.

Sozialismus/Kommunismus

[472] Amalrik, Andrei: *Kann die Sowjetunion das Jahr 1984 erleben?* übers. v. B. Nielsen-Stokkeby. Zürich 1970.
[473] Bruns, Wlodzimierz: *The Economics and Politics of Socialism: Collected Essays,* übers. v. Angus Walker: Kap. 3-6. London 1973.
[474] Christman, Henry M. (Hg.): *Essential Works of Lenin.* New York 1966.
[475] Howe, Irving (Hg.): *The Basic Writings of Trotsky.* New York 1965.
[476] Laidler, Harry W.: *History of Socialism.* New York 1968.
[477] Marx, Karl, und Friedrich Engels: *Das Kommunistische Manifest.* Wien 1932.
[478] Nicolaus, Martin: *Restoration of Capitalism in the USSR.* Chicago 1975.
[479] Nordhoff, Charles: *The Communistic Societies of the United States.* New York 1965.
[480] Possony, Stefan T. (Hg.): *The Lenin Reader: The Outstanding Works of V.I. Lenin.* Chicago 1969.
[481] Revel, Jean-François: *Die totalitäre Versuchung,* übers. v. E. Brückner-Pfaffenberger. Frankfurt 1976.
[482] — : *Uns hilft kein Jesus und kein Marx,* übers. v. M. Carroux. München 1973.
[483] Smelser, Neil J. (Hg.): *Marx on Society and Social Change, with Selections by Friedrich Engels.* Chicago 1973.
[484] Smith, Hedrick: *Die Russen,* übers. v. J. Bavendam. München 1976.

[485] *Socialism Theory and Practice*, Soviet Monthly Digest of the Theoretical and Political Press. Moskau 1976.
[486] Trotzky, Leon. *Political Profiles*, übers. v. R. Chappell. London 1972.
[487] — : *Die Verratene Revolution*, übers. v. W. Steen. Zürich 1958.
[488] Wesson, Robert G.: *The Soviet State: An Aging Revolution*. New York 1972.

Soziologie/Gesellschaftstheorie

[489] Bird, Caroline: *The Crowding Syndrome: Learning to Live with Too Much and Too Many*. New York 1972.
[492] Davis, Kingsley, Harry C. Bredemeier u. Marion J. Levy: *Modern American Society*. New York 1950.
[493] Etzioni, Amitai: *The Active Society: A Theory of Societal and Political Processes*. New York 1968.
[494] — u. Eva Etzioni (Hg.): *Social Change: Sources, Patterns, and Consequences*. New York 1964.
[495] Greer, Colin (Hg.): *Divided Society: The Ethnic Experience in America*. New York 1974.
[496] Harris, Marvin: *The Rise of Anthropological Theory: A History of Theories of Culture*. New York 1968.
[497] Isaacs, Harold R.: *Idols of the Tribe*. New York 1975.
[498] Kardiner, Abram, u. Edward Preble: *Wegbereiter der modernen Anthropologie*, übers. v. U. Bahn. Frankfurt 1974.
[499] Moore, Wilbert E.: *The Professions: Roles and Rules*. New York 1970.
[500] Packard, Vance: *Die ruhelose Gesellschaft*, übers. v. E. Linpinsel u. R. Möhle. Düsseldorf 1973.
[501] Raison, Timothy (Hg.): *The Founding Fathers of Social Science*: Harmondsworth 1969.
[502] Toffler, Alvin: *Der Zukunftsschock*. Bern/München 1970.

Zeit/Raum

[503] Abler, Ronald, u. a.: *Human Geography in a Shrinking World*. Belmont 1975.
[504] Blainey, Geoffrey: *The Tyranny of Distance*. Melbourne 1971.
[505] Clay, Grady: *Close-Up: How to Read the American City*. New York 1973.
[506] Coleman, Lesley: *A Book of Time*. London 1971.
[507] Dean, Robert D., William H. Leahy u. David L. McKee (Hg.): *Spatial Economic Theory*. New York 1970.
[508] De Grazia, Sebastian: *Of Time, Work and Leisure*. New York 1962.
[509] Fraser, J. T. (Hg.): *The Voices of Time*. New York 1966.
[510] — F. C. Haber u. G. H. Muller (Hg.): *The Study of Time*. New York 1972.
[511] Gould, Peter, u. Rodney White: *Mental Maps*. Baltimore 1974.

[512] Gribben, John: *Time-Warps.* New York 1979.
[513] Haggett, Peter, u. Richard J. Chorley: *Network Analysis in Geography.* New York 1969.
[514] Morrill, Richard L.: *The Spatial Organization of Society.* Belmont 1970.
[515] Needham, Joseph: *Time and Eastern Man,* the Henry Myers Lecture 1964, Royal Anthropological Institute Occasional Paper No. 21. Glasgow 1965.
[516] Norberg-Schultz, Christian: *Space & Architecture.* New York 1971.
[517] Sandow, Stuart A.: *Durations: The Encyclopedia of How Long Things Take.* New York 1977.
[518] Tooley, R. V., Charles Brisker u. Gerald Roe Crone: *Landmarks of Mapmaking.* Amsterdam 1969.
[519] Welch, Kenneth F.: *Time Measurement: An Introductory History.* Newton Abbot 1972.
[520] Whitrow, G. J.: *What is Time?* London 1972.

Arbeit/Erziehung

[521] Anderson, Dennis, u. Mark W. Leiserson: *Rural Enterprise and Nonfarm Employment.* Washington, D. C. 1978.
[522] Bartlett, Laile E.: *New Work/New Life.* New York 1976.
[523] Best, Fred (Hg.) *The Future of Work.* Englewood Cliffs 1973.
[524] Bowman, Jim, u. a.: *The Far Side of the Future: Social Problems and Educational Reconstruction.* Washington, D. C. 1978.
[525] Dickson, Paul: *The Future of the Workplace: The Coming Revolution in Jobs.* New York 1975.
[526] Evans, Archibald A.: *Flexibility in Working Life: Opportunities for Individual Choice.* Paris 1973.
[527] Gates, Arthur I., u. a.: *Educational Psychology, a Revision of Psychology for Students of Education.* New York 1942.
[528] Good, H. G. A.: *History of Western Education.* New York 1947.
[529] Kanter, Rosabeth Moss: *Social Science Frontiers,* Bd. 9, *Work and Family in the United States: A Critical Review and Agenda for Research and Policy.* New York 1977.
[530] Poor, Riva (Hg.): *4 Days, 40 Hours: and Other Forms of the Rearranged Workweek.* New York 1973.
[531] Roberts, Paul Craig: *Alienation and the Soviet Economy: Toward a General Theory of Marxian Alienation, Organization Principles, and the Soviet Economy.* Albuquerque 1971.
[532] *The Shorter Work Week,* Papers Delivered at the Conference on Shorter Hours of Work. Washington, D. C. 1957.
[533] Wells, H. G.: *Arbeit, Wohlstand und das Glück der Menschheit,* übers. v. H. M. Reiff. Berlin 1932.
[534] *Work in America,* Report of a Special Task Force to the Secretary of Health, Education, and Welfare, W. E. Upjohn Institute for Employment Research. Cambridge, Mass. 1973.

Register